现代建筑产业发展理论与工程实践

栾世红　邱明浩　主　编
刘益彤　焦红超　副主编

中国建筑工业出版社

图书在版编目（CIP）数据

现代建筑产业发展理论与工程实践/栾世红，邱明浩主编；刘益彤，焦红超副主编. —北京：中国建筑工业出版社，2023.6
ISBN 978-7-112-28778-9

Ⅰ.①现…　Ⅱ.①栾…②邱…③刘…④焦…　Ⅲ.①建筑业-产业发展-研究-中国　Ⅳ.①F426.9

中国国家版本馆CIP数据核字（2023）第099254号

责任编辑：费海玲　陈小娟
文字编辑：汪箫仪
责任校对：姜小莲

现代建筑产业发展理论与工程实践

栾世红　邱明浩　主　编

刘益彤　焦红超　副主编

*

中国建筑工业出版社出版、发行（北京海淀三里河路9号）

各地新华书店、建筑书店经销

霸州市顺浩图文科技发展有限公司制版

北京市密东印刷有限公司印刷

*

开本：850毫米×1168毫米　1/16　印张：23½　字数：720千字

2023年8月第一版　2023年8月第一次印刷

定价：**88.00**元

ISBN 978-7-112-28778-9

（41118）

目　录

第四部分　企业·绩效

第五部分　工程·应用

第六部分 人才·培养

第一部分

产业·发展

"双碳"目标下基于 SWOT 的现代建筑产业化发展研究

沈阳建筑大学管理学院

魏春波　　成欣宇

摘　要： 随着我国碳达峰、碳中和政策的相继出台，中国将加快形成节约资源和保护环境的产业结构、生产生活方式、空间格局。建筑业是中国碳达峰、碳中和工作的重要领域之一，建筑产业化对于推动我国建筑业转型升级，实现绿色可持续发展具有重要意义。基于此，应用 SWOT 分析我国现代建筑产业化发展的优势、劣势、机遇与挑战，并对未来"双碳"目标下现代建筑产业化的路径进行了探究。

关键词： 双碳目标；现代建筑产业化；SWOT 分析

一、引言

建筑业作为我国国民经济的支柱型产业，其增加值占国内生产总值的比重达到 7.2%，截至 2021 年底，我国既有建筑保有量超过 700 亿 m^2，每年新增建筑竣工面积均在 40 亿 m^2 以上。但是，从总体上看，目前建筑业还是高污染、高能耗、低效率以及粗放的传统建造模式比较普遍，导致建筑业碳排放居高不下，与绿色低碳发展要求差距较大，也与当前的新型城镇化、工业化、信息化发展要求不相适应。早在 2013 年 12 月，全国住房城乡建设工作会议就已经提出：加快推进建筑节能工作，促进建筑产业现代化。由此可见，建筑产业化是传统建筑行业转型升级的必由之路，是解决建筑工程质量安全、效率效益、低碳环保等一系列重大问题的根本路径，是实现国家节能减排战略的重要举措。因此，分析现代建筑产业化发展的优势、劣势、机会和挑战，并提出切合实际的建议是十分必要的。

二、"双碳"目标下现代建筑产业化发展现状

(一)"双碳"目标下现代建筑产业化发展的优势

1. 节省能源资源，促进可持续发展

现代建筑产业化通过利用标准化设计、工业化生产、装配化施工、一体化装修等手段来建造建筑，利用信息化等方式来管理建筑，将建造的全过程形成一个产业链，实现了由传统向现代工业化生产方式的转变，在提高建筑施工速度和建筑工程品质的同时，还能节约资源能源。据相关数据统计，采用工业化的施工方式，每平方米建筑面积要比传统施工方式的水资源耗用节约 65%，能源耗用节约 37%，人工节约 47%，可以减少 59% 的建筑垃圾以及减少 65% 的污水排放，对资源节约的贡献非常重大。

2. 推动技术创新，提高建筑品质

现代建筑产业化从项目的设计，就采用了标准化的设计，施工很大一部分在工厂里完成，这有助于提升建筑的品质和质量，还减少了施工现场的大量粉尘。在工厂里对预制构件的质量比现场更容易控制一些，一般情况下，现浇混凝土结构的尺寸偏差在 8～10mm 之间，而预制装配式混凝土结构的施工偏差在 5mm 以内。同时，建筑产业化的内在动力可以带动新材料、新设备和新工艺的大量推广应用，在保障建筑安全性、舒适性和耐久性同时，还会促进轻工、化工、设计、建材、装修装饰等多个关联产业的产品技术创新。

3. 改善作业环境，提高施工效率

由于大部分的作业可以在工厂里完成，然后工厂根据现场进度的需要去提供构制件，这就减少了建筑原始材料，比如砂、石、水泥等在城市内运输和现场搅拌，可以有效减少有害气体和污水的排放，减少噪声和施工粉尘，减少固体废物的产生，这样就可以在很大程度上改善现场的施工环境，同时也保护了施工人员健康和施工场地周边的环境，同时也会减少施工扰民的投诉。据统计，与传统施工方式相比，工业化方式可以缩短工期 30%~70%，现场工人最多可减少 80%，经济效益、社会效益也会得到显著提升。

4. 合理利用人力资源，缓解劳动力短缺

我国社会的老龄化问题日益突出，人口红利逐渐消失，劳动力成本快速上涨。建筑产业化就是将大部分现场作业转移到预制件工厂里面去，把现场施工人员转变为工厂产业工人，通过生产机械化与管理信息化，势必会大大减少现场作业工人的数量，不但可以降低人工费用在整个建筑费用中的比重，同时也在一定程度上缓解了社会老龄化问题。

(二)"双碳"目标下现代建筑产业化发展的劣势

1. 缺乏"产业思维"

建筑产业由设计、生产、施工、安装和装修等行业共同组成，它们的共同产品是"建筑"。然而，在建筑业的长期发展过程中，脱离了以建筑为最终产品的理念，同时忽视了各个行业之间的相关性和产业的系统性，忽视了建筑的全生命周期管理，也没有过多地注重建筑产品的整体效益和效率最大化问题，产业结构尚未完全优化，资源没有得到合理配置。

2. 产业技术水平较低

首先，建筑业企业对于科学技术的重视程度不够，创新思维和创新能力都比较薄弱，特别是在数字化和信息化建设层面，一些建筑企业未建立有效的信息共享系统，这严重阻碍了企业自身与外界在资金、信息等方面的交流，严重制约了自身技术成果的转化，也阻碍了外界向企业传递低碳技术和管理经验。其次，相比其他行业，建筑业的科技创新成本比较高，在短期内很难形成规模效益，也使得从业人员难以进行科技创新。最后，目前高校培养的建筑人才仍是传统建筑人才，而早期从事建筑的人群受教育程度比较低，缺乏职业技能培训，能力有限，进行新技术转化的积极性低。这些都导致了建筑产业化人才匮乏、科技创新水平较弱，严重影响现代建筑产业化进程。

3. 建筑造价成本较高

据相关数据统计，与传统方法相比，采用建筑工业化建造的建筑造价每平方米要高出 500 元左右，机械化程度高的施工技术成本比传统施工高出 7.1%。这主要是由于我国目前正处于建筑工业化的探索和研发阶段，应用规模还比较小，没有实现规模效应，再加上建筑工业化还没有形成完整的产业链，成本与产业链之间相互影响和制约，也使得建筑工业化的成本很难降低，从而导致建筑产业化的进程难以推进。

(三)"双碳"目标下现代建筑产业化发展的机遇

1. 市场需求不断扩大

作为世界上超大体量建筑市场之一，中国建筑投资总额约占全球建筑投资总额的 20%。据统计，到 2050 年，超低能耗建筑、近零能耗建筑将会带来 7 万亿~15 万亿元的市场规模。为顺应建筑领域碳达峰、碳中和行动，我国必将大力推广超低能耗和近零能耗的低碳建筑，绿色建筑也会从单一化发展向规模化发展转变。目前我国建筑运行阶段的碳排放量占全国碳排放总量的 22%，主要是由于我国现存的大部分建筑都不符合绿色低碳的标准，那么为了实现"双碳"目标，必然会对这些不符合低碳标准的建筑进行大规模的更新建造或重建，这些都将会推动建筑产业化的发展。

2. 新业态助力建筑产业化发展

我国目前每年的碳排放总量在 100 亿 t 以上，到 2025 年，如果纳入碳交易市场的比重按照

30%～40%测算，未来中国碳排放配额交易市场的规模将达到30亿t，预计碳市场市值将达到1500亿元，若考虑期货等衍生品，我国碳交易市场的交易额规模则预计可达5000亿～6000亿元。现代产业的发展需要金融服务的支持，还会催生出许多"低碳"业态，建筑产业化发展需要经济和技术投入，以及政府和市场两手并重，应主动抓住碳交易市场机制带来的机遇，推进建筑产业化进程。

(四)"双碳"目标下现代建筑产业化发展的挑战

1. 建材价格上涨

建材费用是建安工程费的重要组成部分，建筑材料价格的上涨下降对建筑企业的成本有很大的影响。受能耗"双控"影响，大宗商品供应趋紧，2021年中国建材行业迎来一轮涨价潮，像陶瓷、钢材、防水涂料、照明、定制家居等价格均有所上涨，预计未来几年建材价格走势还是以上涨为主。

2. 供求双方之间信息不对称

很多开发商在进行销售时，只是以低碳建筑为卖点，没有对低碳建筑本身的特质进行详细的说明，因此很多消费者对低碳建筑的认知程度不够，也不能预见低碳建筑所带来的效益，导致大部分消费者对低碳建筑的认可度不高，对低碳建筑的大规模推广造成了阻力，进而也会影响建筑产业化的发展进程。如何增加消费者对低碳建筑的认可度，提高消费者购买动力，也是建筑产业化要面临的一个挑战。

综上分析，目前现代建筑产业化的发展，优势与劣势并重，机遇与挑战并存，要想实现建筑产业化，还需要在很多方面做出调整和改进。

三、推动现代建筑产业化发展的路径

(一)完善现代建筑产业链条

产业链是建筑产业化的发展环境，决定了建筑产业化完整有序的进行，没有完整的产业链，建筑产业化很难快速发展。可以借助BIM技术建立信息管理服务平台，将设计、采购、生产、运输、施工、装修、运维等各环节的信息集成存储在此平台内，打通各个环节之间的信息孤岛，形成整个信息链，实现信息数据共享，从而实现产业链各环节之间协同作业。此外，还可以推行EPC的全产业链发展模式，做到合理衔接设计、采购、施工、安装、技术培训等各个阶段的工作。

(二)推动技术和管理创新

在技术创新方面，坚持一体化的建造发展方向，鼓励重点发展建筑、结构、机电、装修一体化的集成技术体系。同时也要通过更多的优惠政策引导、鼓励企业进行管理模式创新，进行发展战略、管理体制、组织结构、运营方式以及具体的管理方法等与技术深度融合的创新型管理，实现技术创新与管理模式创新的有机结合。

(三)加大政府调控力度

首先，政府要根据现代建筑产业化的发展状况动态地出台相关扶持政策，加大财政补贴、补助和奖励，加大对现代建筑产业化的支持力度，设置建筑产业化专项资金，优先扶持现代建筑产业，鼓励现代建筑产业重大项目积极向国家争取专项资金支持。其次，政府机构还应为现代建筑产业建立绿色审批通道，以确保现代建筑产业项目的审批速度，但同时也要注意遵循市场规律，不能盲目地运用行政手段推进。此外，还可以通过减免税费以及建设奖励的方式激励开发商，降低开发商的成本，从而提高开发商的建造意愿；对于消费者而言，也可以通过降低税负来分担消费者的增量成本，从而刺激消费者的购买欲望，实现建筑产业化的推广。

(四)培育龙头企业

要推动建筑产业化的顺利进行，需要培育一批具有发展潜力的建筑龙头企业，以点带面，发挥龙头企业的示范引领作用，在政策上向龙头企业倾斜，鼓励龙头企业积极进行人才培养、技术创新项目合作，通过吸引产业链内上下游企业向龙头企业集聚，扩大产业集群效应，助力建筑产业高质量发展。

（五）降低消费者进入障碍

一方面，媒体要通过各种方式向大众积极宣传低碳建筑的优势，用实际数据向消费者展示低碳建筑的效益，提高消费者对低碳绿色建筑的认知水平。另一方面，金融机构如果可以优先满足购买低碳建筑消费者的贷款需求并在贷款利率上给予一定的优惠，这对于刺激消费者购买力也会起到一定的正向作用。只有购买力上去了，逐步推进建筑产业化才有了保障。

四、结语

我国仍处于工业化、现代化关键时期，建筑行业作为碳排放大户，是实现"双碳"目标至关重要的一环，现代建筑产业化发展是建筑行业实现产业转型升级的必由之路，不但能够实现节能减排、提高工程质量、缩短工期等工程管理目标，也是推动城乡建设全面绿色发展的科学轨道。基于当前社会发展状况，建筑业在机遇增多的同时，挑战也更加严峻，建筑产业化发展任重而道远，需要社会各方的协同协作。

参 考 文 献

[1] 清华大学建筑节能研究中心. 中国建筑节能年度发展研究报告 2021 城镇住宅专题 [M]. 北京：中国建筑工业出版社，2021.

[2] 王英华，郑文博. 基于全产业链视角的现代建筑产业化发展问题及对策研究 [J]. 工程经济，2020，30（11）：11-13.

[3] 孔令名. 建筑产业现代化研究与应用现状 [J]. 住宅与房地产，2020，（26）：81-82，84.

[4] 陈贺. 装配式混凝土建筑结构施工技术要点分析 [J]. 低温建筑技术，2022，44（4）：151-154.

[5] 王玮. 绿色装配式建筑发展现状及策略研究 [J]. 居业，2021，（8）：177-178.

[6] 王叶鹏，黄海燕. 装配式建筑与传统式建筑分析对比 [J]. 安徽建筑，2020，27（2）：163，214.

[7] 宋越超，赵艳华. 双碳背景下建筑企业低碳转型的制约因素及对策研究 [J]. 天津科技，2022，49（S1）：99-102.

[8] 中国建筑科学研究院. 近零能耗建筑规模化推广：政策、市场与产业研究 [R]. 北京：中国建筑科学研究院，2020.

[9] 杨斌，杨海军，乔振勇，等. "双碳"目标下国有大型建筑企业应对策略研究 [J]. 四川建筑科学研究，2022，48（4）：72-80.

[10] 王徐宝. 建筑施工企业成本核算及其应用研究 [J]. 财会学习，2021（14）：109-110.

辽宁省建筑业高质量发展评价研究

沈阳建筑大学管理学院

周　琳　张立娇

摘　要：建筑业作为我国经济主要支柱性产业之一，一直以来都备受关注。新时代发展背景下推进辽宁省建筑业高质量发展对推进社会经济发展具有重大意义。本文以辽宁省 14 座城市为研究对象，从产业规模、效益水平、绿色发展、创新驱动、协调发展五个方面构建建筑业高质量发展评价指标体系。应用因子分析法、聚类分析法对研究城市的建筑业高质量发展水平进行评价，分类并得出对策及建议。

关键词：建筑业；辽宁省；因子分析；聚类分析

一、引言

自从新发展理念被提出以来，党中央便明确指出要切实贯彻新发展理念，着力推动经济高质量的发展。近年来，在新发展理念的推动下我国建筑业的生产规模不断扩大，进一步巩固了其产业支柱性的地位。建筑业的发展对于促进我国社会经济发展、改善人民生活、推动城乡建设具有重大的意义。"十四五"规划对建筑业提出了"坚持统筹谋划，系统推进；坚持市场主导，政府引导；坚持创新驱动，绿色发展；质量第一，安全为本"的发展原则。

通过整理相关文献发现，近年来国内学者们针对建筑业高质量发展的相关研究内容较为丰富。杜小武等（2022）在创新驱动的视角下构建建筑业高质量发展水平评价指标体系，应用熵权法和复相关系数法对我国建筑业的高质量发展水平进行实证分析。邓加（2022）在新发展理念的基础上构建我国建筑业高质量发展评价指标体系，应用组合赋权模型，对建筑业的高质量发展水平进行测度。章蓓蓓等（2022）在新发展理念的背景下，从行业规模、质量结构、效益水平、绿色发展、创新驱动五个方面构建建筑业高质量发展评价指标体系。应用熵权 TOPSIS 法对安徽省建筑业的高质量发展水平进行测度，并给出相关的对策建议。盛子葳等（2022）以高质量发展为核心，构建武汉市建筑业高质量发展水平评价指标体系，采用熵权 TOPSIS 法对 2010—2019 年武汉市建筑业高质量发展水平进行测度。王泽宇（2022）通过三角模糊数改进层次分析法，构建了建筑业高质量发展评价指标体系。采用灰色模糊物元法对 30 个省市的建筑业高质量发展水平进行测度分析。吴翔华等（2021）在经济发展新常态的背景下，以江苏省作为研究对象构建建筑业高质量发展水平评价指标体系。结合应采用 AHP 法和熵值法对江苏省高质量发展水平进行实证分析，进而得出科学的研究成果。高华建等（2021）在高质量发展内涵的基础上构建了建筑业高质量发展水平评价指标体系。以北京、上海、天津、重庆 4 个直辖市为研究对象，通过构建物元可拓模型对研究城市的建筑业高质量发展水平进行实证分析。管丹丹等（2021）在新发展理念的背景下，基于 DPSIR 模型从驱动力、压力、状态、影响与响应五个维度构建建筑业高质量发展水平评价指标体系。应用 PCA（主成分分析）对江苏省建筑业高质量发展水平进行测度分析。高华建（2021）通过梳理相关研究，深入探寻了建筑业高质量发展的内涵。通过专家研讨改进了构建的建筑业高质量发展水平评价指标体系，并以北京市建筑业的实际发展情况，验证了评价指标体系的可靠性。杨承乾等（2020）以高质量发展的内涵为基础构建了湖北省建筑业高质量发展水平评价指标体系。应用因子分析法、聚类分析法对湖北省 1998—2017 年的建筑业高质量发展水平进行实证分析。

二、研究方法与评价指标体系的构建

(一)研究方法

建筑业高质量发展的影响因素众多,在具体的研究中应该抓住主要因素且忽略次要因素,才能够保证得出准确高效的结果。因子分析法常用来研究一组变量之间的相关性问题,本文采用因子分析法作为主要的研究方法。因子分析法根据相关性,从所选取的不同指标之间提取公共因子,并以此为基础对研究对象进行评价赋予分值。通过应用因子分析法可以得到各城市建筑业高质量发展水平的得分排名,但是无法进一步得到城市之间的相似程度。为了使研究结果更为直观,在因子分析法的基础上应用聚类分析法对研究样本城市进行分类。

(二)构建评价指标体系

建筑业发展的影响因素众多,为了尽可能客观地反映研究城市的建筑业高质量发展水平,本文严格遵循评价指标选取的综合性、科学性、代表性等原则。在深刻探寻建筑业高质量发展内涵的基础上,从产业规模、效益水平、绿色发展、创新驱动、协调发展五个方面构建了建筑业高质量发展评价指标体系。并参考借鉴当前学者们的经验和研究成果,进一步对评价指标体系进行改善。在此基础上构建形成最终的建筑业高质量发展水平评价指标体系,如表1所示。

建筑业高质量发展水平评价指标体系 表1

一级指标		二级指标
建筑业高质量发展水平	产业规模	建筑业总产值 X1/千元
		建筑企业数 X2/个
		房屋建筑竣工面积 X3/hm^2
	效益水平	建筑业产值占 GDP 比率 X4/%
		建筑业企业利润总额 X5/千元
		建筑业企业利税总额 X6/千元
	绿色发展	污水处理率 X7/%
		建成区绿化覆盖面积 X8/hm^2
	创新驱动	劳动生产率 X9/(元/每人)
		自有机械设备总功率 X10/万 kW
		自有机械设备净值 X11/万元
	协调发展	建筑业在岗职工数占比 X12/%
		国有企业值占比 X13/%

三、建筑业高质量发展综合评价

(一)数据获取与处理

本文主要相关数据主要来源于《辽宁省统计年鉴2021》及各相关城市的统计公报。由于各指标初始数据的单位量纲不同,本文应用软件 SPSS 采用 z-score 标准化方法对初步评价指标数据进行无量纲化处理。其样本数据标准化计算如式(1):

$$Z = \frac{(F - \overline{F})}{S} \tag{1}$$

其中,Z 为数据标准化后数值;S 表示样本数据的标准差值;F 为样本观测值;表示研究数据的样本均值。

(二)因子分析

1. 因子分析适用情况检验

KMO(Kaiser-Meyer-Olkin)和 Bartlett 球形检验值适宜是展开因子分析的前提条件。在进行因子分析前对样本数据的 KMO 值和 Bartlett 球形检验的显著性进行测试。KMO 的检验值越接近1证明变量间相关性越强，越适合对变量进行因子分析。只有同时满足 KMO 检验值大于 0.5，Bartlett 球形检验的显著性小于 0.05 时，才可以对变量进行因子分析。经测试后发现研究数据的 KMO 检验值为 0.566（大于 0.5），Bartlett 球形检验的显著性为 0.000（小于 0.05），因此可以对该研究数据进行因子分析。

2. 提取公共因子

在提取指标变量之间共同解释部分的主成分因子时，应遵循旋转后的因子的累积方差贡献率大于 80% 且特征值大于 1 的原则。该样本数据共提取了三个公共因子，累积方差贡献率高达 83.054%，证明这三个因子能反映大部分指标。三个公共因子分别包含数据 60.243%、12.121%、10.689% 的原始信息，分别用 $F1$、$F2$、$F3$ 表示提取的三个因子。总方差解释如表 2 所示。因子计算如式（2）～式（4）：

$$
\begin{aligned}
F1 = &0.123X1 + 0.118X2 + 0.138X3 + 0.064X4 \\
&+ 0.134X5 + 0.128X6 - 0.068X7 + 0.113X8 \\
&- 0.016X9 + 0.120X10 + 0.124X11 + 0.010X12 \\
&- 0.031X13
\end{aligned}
\tag{2}
$$

$$
\begin{aligned}
F2 = &0.013X1 - 0.034X2 - 0.099X3 + 0.090X4 \\
&- 0.025X5 + 0.003X6 - 0.147X7 + 0.011X8 \\
&+ 0.343X9 + 0.012X10 + 0.020X11 + 0.538X12 \\
&+ 0.435X13
\end{aligned}
\tag{3}
$$

$$
\begin{aligned}
F3 = &0.020X1 + 0.022X2 - 0.169X3 + 0.120X4 \\
&- 0.074X5 - 0.016X6 + 0.702X7 + 0.041X8 \\
&+ 0.416X9 - 0.024X10 - 0.042X11 - 0.028X12 \\
&- 0.208X13
\end{aligned}
\tag{4}
$$

各因子对应的特征根及方差贡献率　　　　表 2

成分	解释的总方差								
	初始特征值			提取平方和载入			旋转平方和载入		
	合计	方差/%	累积/%	合计	方差/%	累积/%	合计	方差/%	累积/%
1	7.928	60.987	60.987	7.928	60.987	60.987	7.832	60.243	60.243
2	1.589	12.22	73.207	1.589	12.22	73.207	1.576	12.121	72.365
3	1.28	9.847	83.054	1.28	9.847	83.054	1.39	10.689	83.054
4	0.914	7.03	90.085						

3. 因子得分计算

各城市公共因子得分及综合得分见表 3，根据方差贡献率得出的综合因子 F 得分的计算如式（5）：

$$
F = (60.243F1 + 12.121F2 + 10.689F3) \div 83.054
\tag{5}
$$

各城市公共因子得分及综合得分情况　　　　表 3

城市	F1 得分	F2 得分	F3 得分	综合得分	排名
沈阳	3.13	0.15	0.01	2.29	1
大连	1.00	−0.24	1.05	0.83	2
鞍山	0.21	1.45	−0.79	0.26	3
抚顺	−0.53	1.72	0.06	−0.12	5
本溪	−0.55	−0.41	0.58	−0.38	12
丹东	−0.13	−0.57	−1.58	−0.38	11
锦州	−0.56	1.46	−1.21	−0.35	9
营口	0.04	−1.69	−1.2	−0.37	10

续表

城市	F1 得分	F2 得分	F3 得分	综合得分	排名
阜新	−0.54	0.05	0.65	−0.3	8
辽阳	−0.21	0.29	1.14	0.04	4
铁岭	−0.56	0.12	1.51	−0.2	6
朝阳	−0.55	−1.32	0.45	−0.53	14
盘锦	−0.35	−0.44	0.43	−0.26	7
葫芦岛	−0.42	−0.57	−1.08	−0.53	13

根据研究结果显示沈阳市的建筑业高质量发展水平综合得分为 2.29 分，排名第一。其中 F1 得分 3.13 分，明显优于其他城市。沈阳市作为辽宁省的省会城市，是东北地区中最具有发展潜力的城市之一。总占地面积约 12948km^2，是一座综合性的枢纽城市。2021 年沈阳市 GDP 总量为 7249.7 亿元，建筑业总产值为 1713.5 亿元。沈阳市在多方面都具备引领促进全东北地区建筑业发展的功能。大连市建筑业高质量发展水平综合得分为 0.83 分，以 1.46 分之差排名第二。大连市劳动生产率值要优于其他城市，但是在建筑业产业规模方面较沈阳仍有进步的空间。

鞍山市和辽阳市的建筑业高质量水平综合得分分别位列第三名和第四名。鞍山市作为最早的工业城市之一，是全国重要的钢铁基地之一，其公因子 F2 的得分为 1.45 分。排名末尾的城市是葫芦岛市和朝阳市，这两座城市在建筑业的高质量发展水平与其他城市有较大的差距。

(三) 聚类分析

为了进一步将各研究城市的建筑业高质量发展水平进行分类。在因子分析的基础上，运用系统聚类分析法将其建筑业高质量发展水平共分为五类。具体如图 1 所示。

第一类城市为沈阳市。沈阳市的建筑业高质量发展水平明显优于辽宁省其他城市，综合得分位列首位。

第二类城市为大连市。大连市的建筑业高质量发展水平排名第二，在创新驱动方面较其他城市具有优势。

第三类城市为鞍山市，属于综合得分较高的两极分化类。鞍山市在 F2 得分上具有明显优势，但是 F3 仅为−0.79 分。

第四类城市为抚顺市和锦州市。这两个城市的建筑业高质量发展水平的公因子 F2 得分均较高。

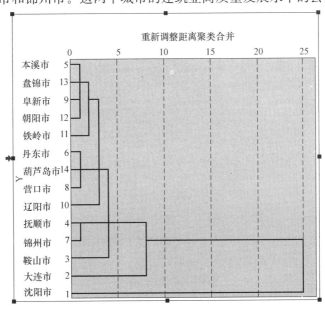

图 1　使用平均连接（组间）的树状图

第五类城市为丹东市、阜新市、铁岭市、葫芦岛市、本溪市、辽阳市、营口市、盘锦市、朝阳市。这些城市的建筑业高质量发展属于中下水平，应该在保持建筑业稳定发展的情况下，积极出台相关利好政策，以促进该地区建筑业的发展。

四、结论与对策

（一）研究结论

本文通过应用因子分析法、聚类分析法对辽宁省 14 座城市的建筑业高质量水平进行评价、分类。研究结果表明辽宁省城市建筑业高质量发展水平具有明显差异。其中沈阳市、大连市的建筑业高质量发展水平最为优越，应该充分发挥其引领作用，带动东北地区建筑业的整体发展。鞍山市建筑业高质量发展水平较为优越，应该结合本地区的自身优势，进一步查漏补缺。建筑业得分较低的地区，应在稳定社会经济发展的基础上，给予适当优惠政策以刺激建筑业的良性发展。

（二）对策和建议

综合各个城市建筑业高质量发展水平评价结果可以看出辽宁省各城市间建筑业高质量发展水平差异较大，各有特色，应该充分发挥沈阳市、大连市的引领功能，带动周边城市建筑业区域性发展。应该"因城施策"，结合每个城市建筑业的发展现状，完善相关政策，制定具有针对性的措施。增加地区优惠的招商引资政策，推崇优惠的行业政策，以此实现建筑行业的逐步改善。此外要将相关手续的办理程序进行简化；重视建筑业相关的服务工作；为建筑业企业持续输入大量专业型人才。

参 考 文 献

[1] 杜小武，尚旭珊，董仲慧. 基于创新驱动的中国建筑业高质量发展评价 [J]. 西安石油大学学报（社会科学版），2022，31（6）：39-47.
[2] 邓加，徐鹏鹏，孙旭. 基于组合赋权法的区域建筑业高质量发展评价研究 [J]. 工程管理学报，2022，36（5）：1-6.
[3] 章蓓蓓，何南方. 基于熵权 TOPSIS 法的安徽省建筑业高质量发展评价 [J]. 安徽建筑大学学报，2022，30（5）：45-50.
[4] 盛子葳，李晓峰，沈伊瓦，等. 新时代武汉市建筑业高质量发展指标体系构建及评价 [J]. 华中建筑，2022，40（10）：8-13.
[5] 王泽宇，郑凯玥，蒋俊杰，等. 我国省域建筑业高质量发展评价研究 [J]. 工程管理学报，2022，36（4）：5-10.
[6] 吴翔华，张利婷. 建筑业高质量发展综合评价研究：以江苏省为例 [J]. 建筑经济，2021，42（12）：20-26.
[7] 高华建，李小冬. 基于物元可拓模型的建筑业高质量发展评价研究 [J]. 建筑经济，2021，42（11）：85-89.
[8] 管丹丹，朱建君. 基于 DPSIR-PCA 模型的江苏省建筑业高质量发展评价研究 [J]. 工程管理学报，2021，35（2）：6-10.
[9] 高华建，李小冬，高晓江. 建筑业高质量发展评价指标体系研究 [J]. 工程管理学报，2021，35（1）：1-6.
[10] 杨承乾，熊华平，李木子. 湖北省建筑业高质量发展评价研究 [J]. 建筑经济，2020，41（12）：15-20.

辽宁省建筑业纳税能力及影响因素研究
——基于税收产出效率视角

沈阳建筑大学管理学院

刘益彤　师一凡

摘　要：本文基于税收产出效率角度，运用 DEA-Malmquist 指数模型从辽宁省建筑业内部衡量纳税能力变化差异，并构建面板 Tobit 回归模型探究了税源与征管履约因素对建筑业纳税能力的影响。结果表明：建筑业生产经营绩效增长与人力资本水平通过作用于纯技术效率促进税收产出效率提升，但相比这类税源增长，辽宁省建筑业税收效率的提高更多是由征管履约角度的技术进步带来的，本文为辽宁省提升建筑业纳税能力提供了重要的政策启示。

关键词：营改增；建筑业；纳税能力；税收产出效率

一、引言

建筑业是辽宁省支柱产业，根据《国务院办公厅关于促进建筑业持续健康发展的意见》（国办发〔2017〕19 号）部署和要求，2020 年辽宁省人民政府办公厅下发《关于促进建筑业高质量发展的意见》（辽政办发〔2020〕8 号）以促进建筑业发展，提升建筑业对全省经济发展贡献率，助力辽宁省全面振兴、全方位振兴。建筑业纳税能力，即建筑业创造和提供税收的能力，在一定程度上直接反映和影响了建筑业对经济发展的贡献程度。建筑业在营业税税制下作为地方税的重点税源行业，在增值税税制下是否还能给地方政府带来持续稳定充盈的税收增长是十分重要的，特别是对辽宁省这样财政收支压力较大的省份来说，探究这一问题具有重要意义。

评价纳税能力及探究影响因素的常用方法有回归分析法中的代表性税制法（RTS）、税柄法以及效率分析法中的数据包络分析法和随机前沿面分析法。Bahl（1971）在美国政府间关系咨询委员会（ACIR）提出的"代表性税制法"（RTS）估算纳税能力的基础上提出利用回归的 RTS 法对税收收入能力进行测算，Ronald John Hy，et al.（1993）运用修正的 RTS 法分析论证了阿肯色州及其各县普遍低估了自身纳税能力。国际货币基金组织（IMF）及 Lotz 和 Morss（1967）发展的税柄法为采用因素分析回归法对纳税能力进行预测。福建税务学会课题组、吴诚和白芸（2014）运用税柄法回归分析了福建与台湾税收能力差距的原因。李国锋和刘黎明（2016）基于数据分布估计法等对地区税收努力、税收收入能力进行了测算和研究。

鉴于建筑业缴纳的税收涉及多个税种且研究涉及税种变动，由于各税种税基的适用范围、税率、计税方法等税收政策均不相同，在衡量各税种的纳税能力标准上难以统一，而 RTS 回归分析需要分税种对纳税能力进行估算，税柄法产生的估计值更适合作税收收入的预测值，因而本文借鉴 Arthur M. Okun（2010）、邵华璐和刘丽（2018）采用效率分析法，从投入产出的角度以税收产出效率衡量纳税能力水平，即由各类生产要素的投入与税收制度所决定的创造和提供税收的规模来反映建筑业的纳税能力，基于这一衡量角度，在效率分析法中，不采用随机前沿面分析法，避免税收产出函数设定偏差，直接选择非参数估计的数据包络分析法，并在此基础上进一步建立 Tobit 回归模型对辽宁省建筑业纳税能力影响因素进行分析。

二、研究方法

（1）为了能够在不同时间段内对建筑业税收产出效率进行比较分析，运用面板数据，采用

Malmquist 生产效率指数方法，Malmquist 生产率指数模型（1）如下：

$$M_0(x^{t+1}, y^{t+1}; x^t, y^t) = \left\{ \left[\frac{D_0^t(x^{t+1}, y^{t+1})}{D_0^t(x^t, y^t)} \right] \left[\frac{D_0^{t+1}(x^{t+1}, y^{t+1})}{D_0^{t+1}(x^t, y^t)} \right] \right\}^{\frac{1}{2}}$$

$$= EC(x^{t+1}, y^{t+1}; x^t, y^t) \times TP(x^{t+1}, y^{t+1}; x^t, y^t) \tag{1}$$

其中，$EC(x^{t+1}, y^{t+1}; x^t, y^t)$ 是技术效率值，$TP(x^{t+1}, y^{t+1}; x^t, y^t)$ 是技术进步指数，(x^t, y^t) 与 (x^{t+1}, y^{t+1}) 分别为时间 t 和 $t+1$ 的投入产出向量，D_0^t 和 D_0^{t+1} 分别为时间 t 和 $t+1$ 基于规模报酬不变的实际产出与理想状态下最优产出的距离函数。

（2）面板 Tobit 回归模型为了进一步分析影响效率的因素，将测算出的效率值作为被解释变量构建回归模型，由于被解释变量存在数据截断，直接使用普通最小二乘法进行回归将导致参数估计值有偏且不一致，因而建立面板 Tobit 模型（2）：

$$Y_{it} = \begin{cases} \omega X', \omega X_{it} + \varepsilon_{it} > 0 \\ 0, \omega X_{it} + \varepsilon_{it} \leqslant 0 \\ \varepsilon_{it} \sim N(0, \delta^2) \end{cases} \tag{2}$$

其中，Y_{it} 代表效率值，ω 代表回归系数，X_{it} 代表影响因素，ε_{it} 代表随机误差项。由于测算出的效率值包括 Malmquist 生产率指数动态效率值以及从中分离出来的效率变化和技术进步值，因而进一步细化模型为：

$$M_{it} = \alpha_0 + \alpha_1 Influence_{it} + \alpha_2 Control_{it} + \varepsilon_{it} \tag{3}$$

$$EC_{it} = \beta_0 + \beta_1 Influence_{it} + \beta_2 Control_{it} + \varepsilon_{it} \tag{4}$$

$$TP_{it} = \gamma_0 + \gamma_1 Influence_{it} + \gamma_2 Control_{it} + \varepsilon_{it} \tag{5}$$

其中，M_{it}、EC_{it} 和 TP_{it} 为被解释变量，分别代表 Malmquist 生产率指数动态效率值、技术效率值和技术进步值，$Influence_{it}$ 为影响效率的解释变量，$Control_{it}$ 为控制变量，α_0、β_0、γ_0 表示回归常数，α_i、β_i、γ_i 表示回归系数。模型（3）将用于探讨各影响因素对建筑业税收产出全要素生产率变化的影响，模型（4）和模型（5）分别用于探讨各影响因素对建筑业税收产出技术效率变化和技术进步的影响，通过设置模型（4）和模型（5）检验各影响变量主要通过哪种途径影响税收产出效率。

三、指标选取与数据来源

（一）指标的选取

1. 效率评价指标选取

为了从建筑业内部观测其创造和提供税收的能力，投入变量选择为生产经营配置的主要投入资源，包括固定资产、营运物料和劳动力投入，固定资产用固定资产净值衡量，代表建筑业使用设备的投入情况，营运物料用主营业务成本衡量，代表建筑业营运成本投入情况，劳动力用建筑业在岗职工人数衡量，代表包括临时用工在内的提供建筑服务的劳动力投入量。选择建筑业缴纳的税金总和作为产出变量，用以衡量纳税能力的差异。

2. 税收产出效率影响因素指标选取

税收产出效率的影响因素应从两个角度进行考虑，并在此基础上选择合理指标变量。

第一，税源角度。辽宁省建筑业通过在竞争动态化、多样化的市场环境中利用并调整配置资源，由此形成的经营成果和经营效益的变化必然影响税收产出效率发生变化。从经营角度主要选择三项指标，第一选择收入利润率，代表建筑业生产经营绩效水平；第二选择人力资本水平，人力资本水平越高，对资源的配置效率和利用水平越高，由于辽宁省建筑业人力资本水平数据缺失，以每十万人高等学校平均在校学生数作为人力资本替代指标；第三考虑技术发展水平，选择技术装备率作为衡量建筑业技术发展水平的指标。

第二，征管履约角度。从税收履约机制来看，税收制度和税收管理是影响税收效率的两大主要因素。营改增后，税制更加完善，营业税改征为增值税大大消除了重复征税，增值税实行的购进扣税法形成了上下游行业企业纳税的相互监督机制，因而能否实现进项抵扣对建筑业纳税能力产生重要影响。因此，税制完善指标选择可抵扣进项占主营业务成本比重进行衡量，营改增前该项指标为0，营改增后可抵扣进项根据建筑业主营业务收入乘以适用税率减去应交增值税统计数据进行估算，由于税率在2016—2019年发生两次下降调整，按照调整月份计算加权平均税率作为适用税率。税收管理方面，使用税收管理费用率作为衡量征管水平的指标，税收管理费用率以单位税收占用的管理费用比重进行衡量。

另外选择行业规模、财务杠杆、建筑业成长性作为控制变量指标。其中行业规模用建筑业总资产对数进行衡量，财务杠杆以总负债占总资产比重进行衡量，建筑业成长性以总资产增长率进行衡量。

面板 Tobit 回归模型中各主要变量说明及统计性描述分别如表1所示。

面板 Tobit 回归模型主要变量说明 表 1

变量类型	变量名称	变量符号	变量说明
被解释变量	生产率指数值	M	为 DEA-Malmquist 模型(1)估计的辽宁省建筑业税收产出生产率
	技术效率值	EC	为 DEA-Malmquist 模型(1)指数分解出的技术效率
	技术进步值	TP	为 DEA-Malmquist 模型(1)指数分解出的技术进步
解释变量	生产经营绩效	PR	建筑业收入利润率
	人力资本水平	HC	每十万人高等学校平均在校学生数(万人)
	技术发展水平	EQU	建筑业技术装备率(万元/人)
	税制完善程度	INP	建筑业可抵扣进项占主营业务成本比重
	税收管理水平	ADM	单位税收占用的管理费用比重
控制变量	行业规模	SCA	建筑业总资产(万元)取对数
	财务杠杆	LEV	建筑业总负债占总资产比重
	建筑业成长性	GRO	建筑业总资产增长率

数据来源 DEA-Malmquist 模型与面板 Tobit 回归模型均选取辽宁省所属各市规模以上建筑业2013—2019年数据，所选年度涵盖2016年建筑业营改增前后各3年，既能够反映近年来建筑业税收产出总体情况，也便于观察营改增对纳税能力的影响，所使用数据来源于2014—2020年辽宁省统计年鉴、国家统计局官方网站以及 CSMAR 数据库。

四、实证结果分析

（1）基于 DEA-Malmquist 生产率指数的动态化分析在考虑随时间变化的前沿面移动情况的基础上，通过 Malmqiust 生产率指数模型（1）分析辽宁省建筑业税收产出效率的波动状况，模型结果如表2所示。

2013—2019 年辽宁省建筑业税收产出效率分年变化及分解情况 表 2

年份	技术效率	技术进步	纯技术效率	规模效率	生产率指数
2013—2014	1.047	0.890	1.029	1.018	0.931
2014—2015	0.970	0.897	0.963	1.007	0.869
2015—2016	1.024	0.719	1.001	1.023	0.736
2016—2017	0.924	1.375	0.956	0.966	1.270
2017—2018	0.956	1.543	1.041	0.919	1.476
2018—2019	1.035	0.854	0.967	1.071	0.885
均值	0.992	1.006	0.992	1.000	0.998

表2给出了2013—2019年 Malmqiust 生产率指数变化及其分解结果：

从生产率指数变化及其分解情况来看，2013—2019年辽宁省建筑业整体税收产出效率均值为0.998，技术效率变动幅度较小，均值为0.992，可见总体上税收产出效率与技术效率仍有进步空间。技术进步在2013—2016年间以及2018—2019年间效率值小于1，受2016—2018年技术进步效率拉动，其均值超过1。2013—2019年生产率指数总体上受技术进步影响较大，特别是2016—2018年刚完成营改增的两年，技术进步水平分别在 2016—2017 年和 2017—2018 年增长 37.5％和 54.3％，生产率指数受技术进步影响超过 1，可见营改增后相对效率得到改进，但仍需预防改革仅发挥短期效应，而在长期中失效。

从技术效率及其分解情况来看，2013—2019 年规模效率均值为 1，纯技术效率均值为 0.992，从波动上看，营改增之前技术效率与纯技术效率走向一致，营改增后，技术效率更多与规模效率走向一致，且在营改增后纯技术效率和规模效率变动明显增大，主要由于建筑业营改增本身政策变动幅度较大，再加上税改后政策不断完善调整，截至 2019 年 12 月涉及建筑业的增值税税收政策调整文件共 22 个，建筑材料、机械设备、人力投入等营运状况、税收核算、税收管理等方面都存在一定的适应期，例如建设单位、施工单位、材料供应商之间相互拖欠货款，跨区域经营带来的"四流"不一致抵扣争议等，对建筑业纳税效率带来较大影响，建筑业在提供建筑服务时既要注重各要素投入规模，也要注重要素配置的优化。

（2）基于面板 Tobit 模型的税收效率影响因素分析　使用 LLC 检验方法进行面板数据单位根检验，结果显示全部变量均为平稳变量，使用 Kao 面板协整检验方法进行协整检验，结果表明各模型变量间均存在长期稳定的协整关系，基于此，根据模型（3）、模型（4）、模型（5）进行回归分析，结果如表 3 所示。

辽宁省建筑业税收产出效率影响因素回归结果　　　　　　　　　表 3

变量	模型（3）	模型（4）	模型（5）
	M	EC	TP
c	0.760154	1.399414***	0.712190
	(0.799448)	(0.464775)	(0.720028)
PR	3.417121*	2.475983**	−0.150281
	(1.954976)	(1.136563)	(1.760762)
HC	0.385975*	0.320603**	0.110578
	(0.227925)	(0.132509)	(0.205282)
EQU	−0.000311	0.001867	−0.002237
	(0.003548)	(0.002063)	(0.003196)
INP	4.905453***	0.092645	4.993207***
	(0.932434)	(0.542089)	(0.839803)
ADM	−0.336072***	−0.045838	−0.290071***
	(0.081793)	(0.047552)	(0.073667)
SCA	−0.016843	−0.064347*	0.033644
	(0.059683)	(0.034698)	(0.053754)
LEV	0.957989**	0.698979***	0.080739
	(0.426836)	(0.248150)	(0.384433)
GRO	−0.001760	0.118925*	−0.122026
	(0.118289)	(0.068769)	(0.106538)

注：括号内为回归标准误；*、**和***分别表示在 10％、5％和 1％的水平上显著

从回归结果中可以看到：

第一，生产经营绩效对税收产出效率有正向的促进作用，且主要通过技术效率作用于税收产出效率。从表 3 中可以看到，在模型（3）中，生产经营绩效对税收产出效率的影响在 10％的显著性水平下正相关，在模型（4）和模型（5）中，其对技术效率的影响显著正相关，但对技术进步的影响并不显著，可见在生产经营过程中通过生产投入的规模调整和对资源的配置营运，创造更多的税基，从而提升创造税收的能力和税收产出效率。

第二，人力资本水平对税收产出效率有正向的促进作用，且主要通过技术效率作用于税收产出效率。从表 3 显示的模型（3）、模型（4）和模型（5）中可以看到，人力资本水平对税收产出效率和技术效率的影响分别在 10％和 5％的显著性水平下正相关，对技术进步的影响并不显著。这意味着人力资本主要通过企业管理优化资源配置、加强企业内部控制，进而提升技术效率，提升企业纳税能力。

第三，从模型（3）、模型（4）和模型（5）中可以看到建筑业技术发展水平对税收产出效率影响不显著，对技术效率和技术进步的影响也不显著，可能的原因为：技术装备率利用建筑业机械装备情况反映技术发展水平，一方面技术装备率的提升能够带来生产水平的提升，进而提升企业纳税能力，另一方面受营改增影响，机械装备率的提升使得可抵扣进项增加，从而减少企业的应纳税额，进而影响税收产出下降，回归结果的不显著，可能是由于这两种情况相互抵消而致。

第四，税制完善对税收产出效率有显著的正向促进作用，且这一作用是通过技术进步发挥作用的。从表4中可以看到，在模型（3）中，营业税改征增值税后由进项抵扣产生的税收产出效率的变化与其在1%的显著性水平下呈正相关关系，在模型（4）中与技术效率的影响不显著，但在模型（5）中对技术进步的影响在1%的显著性水平下正相关，可见由于税制的完善，建筑业一般纳税人纳税方式使用购进扣税法，在机制上形成了以增值税专用发票为连接的上下游纳税监督体系，显著地促进了建筑业税收产出效率的提高。

第五，税收管理水平与税收产出效率呈负相关关系，当单位税收占用的管理费用越少，税收产出效率越高，从回归结果中可以看到，税收管理水平对税收产出效率主要是通过技术进步发挥作用的，近年来大数据、互联网井喷式发展，并随着营改增的推开，税务系统实现了标准化外部数据接口、银行账户分类及支付结算管理，大大加强了信息化税收征管技术水平，大幅提升了税收产出效率。

五、结论

根据 DEA 模型结果，辽宁省建筑业税收产出生产率、技术效率与纯技术效率仍有提升空间，且在 Tobit 模型回归中，生产经营绩效水平、人力资本水平通过技术效率发挥作用的显著性弱于税制完善和税收管理通过影响技术进步作用于税收产出效率的显著性，可见当前辽宁省建筑业税收产出效率的变化更多来源于税收征管履约角度，而不是经营角度，这意味着辽宁省建筑业税收效率的提高并不主要来自税源增长，而税源增长才是税收产出增加、纳税能力增强的根本。因而提高建筑业生产能力、增强经营绩效，是提高其税收产出效率、增强建筑业纳税能力的关键。辽宁省应在市场配置资源的基础上，紧抓新一轮减税降费政策，并随着增值税进入实质性减税阶段，进一步加强对建筑业税费减免清单梳理，包括建筑业适用的普惠性税收政策以及辽宁省促进建筑业高质量发展的专项财政政策，认真落实各项政策措施实施准备、运行服务管理、日常会审评估以及效应分析等工作，切实减轻企业税费负担，撬动企业资金等要素自由流动。

参 考 文 献

［1］ Bahl R W. A Regression Approach to Tax Effort and Tax Ratio Analysis ［J］. International Monetary Fund Staff Papers，1971，18（3）.

［2］ ACIR. Measuring of State and Local Fiscal Capacity and Tax Effort ［R］. Information Report M-16，Washington：Advisory Commission Intergovernmental Relations，1962.

［3］ Ronald John Hy，Cindy Boland，Richard Hopper and Richard Sims. Measuring Revenue Capacity and Effort of County Governments：A Case Study of Arkansas ［J］. Public Administration Review，1993，53（3）.

［4］ Kaldor N. The Choice of Taxes in Developing Countries ［M］. in Jackson E F（editor），Economic Developing in Africa，Blackwell，Oxford，1965.

［5］ 毛程连，侯敬雯. 在华外资经济流转税税收流失规模的比较研究：基于税收收入能力法的测算 ［J］. 江苏大学学报（社会科学版），2012，14（2）：80-88.

［6］ 福建税务学会课题组，吴诚，白芸. 立足闽台税收收入能力比较分析探索福建经济增长方式 ［J］. 发展研究，2014（11）：23-27.

［7］ 李国锋，刘黎明. 税收收入能力测算模型方法研究 ［M］. 北京：中国人民大学出版社，2016.

［8］ 阿瑟·奥肯著. 平等与效率：重大抉择 ［M］. 王奔洲，等译. 北京：华夏出版社，2010.

［9］ 邵华璐，刘丽. "营改增"对金融业税收产出效率的动态影响分析 ［J］. 管理世界，2018，34（4）：176-177.

关于沈阳市建筑产业的研究
——以装配式建筑为例

沈阳建筑大学管理学院

兰国海　聂　贞

摘　要：现代建筑产业高质量发展已经成为当今产业发展趋势，本文以沈阳建筑产业中的装配式建筑发展为研究对象，通过分析近年来沈阳现代建筑产业中装配式建筑的优势与劣势，结合国内外学者的先进经验，结合沈阳现代建筑产业的发展，总结先进的经验与不足，并针对不足提出自己的一系列见解。

关键词：现代建筑产业发展；沈阳市；建筑产业高质量；装配式建筑

一、现代建筑产业高质量发展的提出

改革开放以来，由于建筑企业一味地追求经济高速发展而忽视了产品质量的提高以及企业自身的效率增长，使得我国建筑产业出现了施工周期长且施工单位效率低、客户投诉现象多等一系列的问题。不仅建材消耗大，造成人力资源的浪费，而且给生态带来巨大的破坏，使得环境造成了严重污染，长期发展下去只会形成无限恶性循环，会严重影响建筑产业的发展，所以改革迫在眉睫。2013年两会期间我国首次提出建筑产业现代化的概念，九三学社中央委员会经过深入调研后，提交了《关于促进建筑产业化的建议》。全国政协双周协商座谈会也在同年提出"建言现代化"的概念，建筑产业现代化真正做到了政府层面的有效推动。全国各地企业也开始纷纷重视起来，积极加入现代建筑产业高质量发展的队伍。此外，在《建筑业"十二五"发展规划》中住房城乡建设部也明确提出坚持节能减排与创新一体化的概念，将低碳环保的生产方式作为我国发展两型社会的需求之一，将低碳发展列入我国积极发展的道路之一。至此，由于国家政府的大力推动，越来越多的龙头建筑企业积极加入我国现代化企业的大潮中，积极跟随国家的发展步伐，积极推进我国的现代化建设进程。

二、高质量发展现代化建筑产业的概念

高质量发展现代化建筑产业概念是在企业内部生产服务等一系列创新的基础上，将建筑从设计标准化，到产品部门化生产，再到施工装配组装一体化、售后服务系统化，实现过程管理信息化、公开化、透明化，从而提高自身生产效率，节约资源，降低人工劳动强度，以降低劳动成本为宗旨。以此来实现企业更高质量、更绿色、更高效率、更可持续发展的概念。具体表现为预制化生产构件、装配式施工完善、企业设计标准化、产品构件化、施工机械化，完成从生产装配服务的一系列标准化过程，从而实现企业手工生产向机械生产、工地生产向现场装配、进城务工人员向产业工人、传统化向现代化的转变形式。

三、现代建筑产业发展概况

（一）国外的发展概况

在第二次世界大战之后，现代建筑产业化在世界范围越来越多地兴起，由于战争的爆发，使得越来越多的人背井离乡，所以住宅成为当时人们的一大需求，但是由于传统建筑生产行业效率低、生产速度慢且售后繁琐等一系列问题，无法满足大规模的人们的住房需求，所以住宅建筑的改革迫在眉

睫。其中 Avi Friedman 的理论认为由于工业化的住宅技术和预制体系影响了工业化住宅的发展，所以在发展工业化的过程中应该重视住宅技术和预制构建体系的影响。Robert P. 认为解决预制构件间的连接是保证预制混凝土结构的质量的关键点，Colin H. D. 认为应将工业化与企业化相结合，通过企业来开展住宅技术研究从而更好地推动企业化发展。丹麦成为世界上第一个将模数法制化的国家，瑞典是世界上工业化住宅最发达的国家之一，它们都有严格的建筑物品的规格。

（二）国内的发展概况

我国现代建筑业于 2006 年开始发展，论文文献于 2010 年达到高峰。其中，于振明提出现代建筑产业具有生产的产品质量高、能量消耗低、生产效率高且对环境污染率低的特点。常春光提出了现代建筑产业的具体发展框架，从生产到驱动到装配，从而将现代建筑产业的重要性和相关性融入其中。包红霏以沈阳市现代建筑企业的发展为例，在分析各种优缺点的基础上，提出了自己的相关发展例子。李丽红分析总结了现代建筑产业的生态文明评价指标体系，她将指标体系有控制项等一系列项目体系，并且在项目建设的基础上提出自己的星级评价，总结自己的评价体系。张建在分析现代建筑产业的体系上总结各种方案的成本因素，将成本进行分析从而提出自己的成本分析体系。1956 年 5 月 8 日，国务院出台了《关于加强和发展建筑工业的决定》；1996 年建设部又出台了《住宅产业现代化试点工作大纲》（建房〔1996〕181 号），将现代产业从住宅落实；2006 年，建设部又下发《国家住宅产业化基地实行办法》，使得现代建筑产业不仅"工业化"，更加"产业化"。不仅在住宅方面，更体现在其他方方面面。

（三）国外装配式建筑的发展

在国外装配式建筑发展的国家中，美国和日本走在前列，法国其次，丹麦和瑞典在最后。美国和日本属于最早在住宅中应用装配式建筑的国家，其中日本更为先进，最早将装配式建筑进行量产。丹麦最早实现装配化建筑参数化、模式化。美国的装配式建筑以混凝土为主，而日本更是以多层住宅为主，丹麦将产品目录住宅通用体系设计化。

（四）中国装配式建筑的发展

20 世纪 50 年代，在我国发展的第一个"五年计划"中，工业化迅速崛起，我国借鉴苏联、东欧的国家经验，并学习苏联模式的现代化建设，向社会主义工业化积极迈进。最具代表的是在 1955 年北京东郊百子湾兴建的北京第一建筑构件厂。在 20 世纪 60—80 年代，我国各类建筑标准还有待提高，各类装配式建筑总量有待提高，装配式建筑体系得到快速发展，在 2016 年，国家颁布装配式建筑的纲领性文件，自此，国家装配式建筑面积大幅度增长。不论是住房，还是道路、桥梁、铁路，现代化装配式体系由此建立。

（五）现代装配式建筑产业发展现状——以沈阳市为例

沈阳市于 2011 年 1 月被批准为全国第一个建设现代建筑产业的试点城市。近年来，随着政府的大力支持，沈阳的建筑产业也越来越得到发展，尤其是在装配式建筑方面。2014 年更是被住房城乡建设部授予建筑产业现代化示范城市。其具体表现为：2010 年 8 月 21 日，沈阳市人民政府印发了《关于印发沈阳市现代建筑产业发展规划的通知》（沈政发〔2010〕31 号），强调了建设以铁西现代建筑产业园为核心的现代建筑产业空间格局；又于 2010 年 12 月 21 日印发《关于加速发展现代建筑产业若干政策的通知》（沈政发〔2010〕54 号），强调了在房地产开发企业新开发建筑面积为 10 万 m² 以上的，至少有 20% 的建筑应采用现代化、绿色化、智能化产品。2011 年 10 月 13 日沈阳市人民政府办公厅在《市建委关于加快推进现代建筑产业化发展指导意见的通知》中强调在具备装配式建筑技术应用条件的保障性安居工程等政府投资项目中，应全部采用装配式建筑技术进行建设。并于 2012 年 12 月 25 日沈阳市城乡建设委员会提出《关于印发沈阳市装配式建筑工程建设管理实施细则的通知》中提到提倡装配式建筑工程的混凝土构件生产。2016 年 7 月 4 日沈阳市城乡建设委员会颁发的《沈阳市关于建筑产业化示范工程补贴资金办法》中强调对符合条件的建筑产业化示范工程项目，建设单位享受 100 元/m² 且最高补贴为 500 万元的补助的文件。从上述文件中可以看出，关于沈阳现代建筑产业发展有如下特点：

1）现代产业化产业格局匀速发展。沈阳市现代建筑产业形成了以铁西现代为核心，浑南万融现代建筑产业园、沈北亚泰产业园和法库陶瓷产业园为补充的特色产业集群。从住宅方面入手，加大对现代化建筑产业空间格局的建设。

2）装配式建筑技术体系初步建立。2011 年 10 月 13 日在沈阳市人民政府办公厅关于《市建委关于加强推进现代化产业化发展指导意见的通知》中强调在具备装配式建筑技术应用条件的保障性安居工程等政府投资项目，全部采用装配式建筑技术进行建设。并在《关于印发沈阳市装配式建筑工程建设管理细则的通知》中表示提倡装配式建筑建设工程的混凝土构件生产和施工安装实行总承包。2014 年开始，装配的规模不断扩大，使用比例不断提高。

3）装配式建筑产业协同化发展。不仅形成以"铁西"为核心的发展群，更在沈阳中辰开启规模化生产。同时，虽然沈阳市在建筑产业加大了现代建筑产业化的示范和引导力度。而且大型房地产企业如万科、中建、宝业等企业都使用了装配式建筑。不仅在房地产业，厂房、仓库、商场、停车场等一系列场所都使用装配式建筑。

4）不断加强"互联网＋现代建筑产业"模式。由于互联网极大地改变了人们的生产生活方式，从而在云服务平台互通互联形成一套完整的体系，近些年由于互联网的不断应用，现代建筑产业的应用也在不断发展。

5）沈阳市政府的大力推广。作为国内第一个落实现代建筑产业的城市，不断求索、不断创新，由点及面，形成了有序发展的新格局。并且，不仅在住宅方面，市政、交通、保障性住房方面都有现代化建筑产业的应用。同时，建筑产业从三环不断扩展到新民市、辽中县、康平县、法库县，不仅实现了纵向发展，更实现了横向递进。

6）装配式建筑结构体系清晰。低层建筑使用井干式木结构，多层建筑使用轻型木结构，高层建筑善于运用梁柱—支撑结构，以及大跨建筑擅长使用网壳张弦结构。

四、沈阳市装配式建筑产业存在的问题

（一）现代建筑产业市场不平衡

由于沈阳市政府的大力支持，现代化产业建设不断落地，尤其在房地产行业，更是出现井喷式增长。弊端也在不断显现，随着近两年房地产行业的不断下行，现代建筑行业的整体装配化率不断降低，市场需求也不断下降。

（二）人员素质有待提高

相较于传统建筑行业，装配式建筑产业的施工人员更加注重精细化管理。对人员的素质和技术水平要求更高，知识层面也要求更广，不论是产品的设计、生产还是后期的服务，装配式建筑的发展对于人员的素质要求更高。如何将核心思想系统有力地进行传导并加以落实，从而打造一支服从指挥、能打胜仗的队伍，成为管理者很大的一个挑战。

（三）建筑产业发展效率不高

在现代建筑产业中，由于没有一套完整的生产体系，有的现代建筑行业没有搭载互联网的快车，出现了效率低下的问题。尤其是 BIM 的应用，使得企业从设计到研发到出厂装配以及最后的服务都有了自己完整的体系。但是怎么用，如何用，怎么快速有效的应用，成为现代建筑产业面临的最大问题。

（四）研发技术不成熟

在现代化建筑发展过程中，由于加工设备的水平、技术、配套设施等一系列的要求，现代建筑还

存在一系列如强度低、抗震性能差、接缝处渗透等一系列问题。对于研发团队来说，又是新的考验。

（五）成本控制不完善

目前沈阳市现代建筑行业的成本较高，在市场上处于劣势状态，对现代建筑产业在沈阳的发展有强大的阻碍作用。

五、沈阳市现代建筑产业的发展对策

（一）加大市场拓展能力

近年来，随着企业技术的不断发展，BIM 技术应运而生，企业不仅从生产加工装配，以及最后的服务都有了一套完整的流程体系，充分发挥高质量信息化的流程体系，使得企业自身的竞争力大大加强。

（二）提高企业内部人员的素质教育

与传统建筑产业相比，现代建筑行业人们的专业知识性更强、专业技能更高、人员素质更强，对于管理人员的组织管理能力提出更高的发展。在此情况下，不论是对于管理者还是企业内部人员，都提出了更大的挑战。所以加强现代建筑企业内部人员的素质教育刻不容缓。

（三）提高内部产业效率

企业的成功离不开强有力的内部控制。在越来越现代化发展的今天，不论是企业的成本控制，还是上交的税收制度和优惠，都能有效加强企业自身的内部控制力，加强企业在市场上的有效竞争力，实现内部有效控制。

（四）提高产品研发技术

对于政府而言，对于现代建筑产业应有一套完整的评判体系，不论是企业内部的管理制度，还是相应的技术流程，以及对于绿色建筑的性能指标，都应具有一套自身的完整的评判体系。发展企业内部研发技术，使得企业能够高质量、高技能、绿色地发展。

（五）加大对外交流与学习

与我国相比，西方的现代建筑产业更先进、更成熟，发展更早，我们应该积极加大对外学习的途径，不断汲取国外的先进技术和先进制度，并积极与我国国情相结合，实现技术制度本土化、先进化。

（六）有效控制企业成本

加大企业成本控制，提高自身发展效率，提高产品研发，加大企业内部宣传，有力提高装配式建筑在企业的内部控制。

参 考 文 献

[1] 孔凡文，张旭. 沈阳市现代建筑发展与对策 [D]. 沈阳：沈阳建筑大学，2012.
[2] 李惠玲，宋宸珠，牟勇霖. 沈阳市现代建筑产业高质量发展的瓶颈与对策 [J]. 辽宁经济，2019，（2）：62-63.
[3] 包红霏，刘亚臣. 沈阳市现代建筑产业发展对策研究 [J]. 辽宁经济，2013，（7）：30-31.
[4] 靖晋曦. 现代建筑产业园区选址规划研究：以重庆市为例 [D]. 重庆：重庆大学，2014.
[5] 刘若南，等. 中国装配式建筑发展背景及现状 [J]. 住宅与房地产，2019，（32）：32-47.
[6] 刘凯，等. 国内外装配式建筑发展现状及趋势 [J]. 北方建筑，2021，6（3）：5-9.
[7] 马荣全. 装配式建筑的发展现状与未来趋势 [J]. 施工技术，2021，50（13）：（64-68）.
[8] 程晓珂. 国内外装配式建筑发展 [J]. 中国建设信息化，2021（20）：28-33.

前景理论视角下农村装配式建筑推广策略博弈研究

沈阳建筑大学管理学院

韩旭航　张玉琢

摘　要：为促进农村装配式建筑的推广进而加快推进农村建设，提高农村住房质量，更好实现建筑业成功转型。基于前景理论构建农村装配式建筑推广策略演化博弈模型，根据复制动态方程分析政府、开发商、农村居民的策略选择演化及其影响因素，并通过仿真软件进行模拟，对影响决策的重要因素进行分析，提出相应策略，推广农村装配式建筑的发展。

关键词：装配式建筑；前景理论；演化博弈；仿真分析

一、引言

作为国家建筑产业的重要组成部分，农村住宅质量的提升对于推动农村地区经济发展具有重要意义。传统的农村住宅多为砖混结构或砖砌体结构，建造使用中易出现资源浪费、能耗高等问题，影响美丽乡村的实现和住房质量的提升。装配式建筑具有节能环保、降低污染等优势，恰好符合我国农村地区的发展建设。在农村建设中推广装配式建筑，既能提升农村住宅的建筑质量，符合农村特色，又能实现绿色环保，加快建筑业转型升级。因此，在农村推广装配式建筑，分析推广策略参与方的行为选择，对推广农村装配式建筑的发展具有重要意义。

诸多学者对装配式建筑在农村的推广进行了研究。李一凡等人分析农村建筑建设现状及问题，提出加强质量监督、发展农村装配式建筑来提高农村地区经济水平。Xia Yuxin 等以博弈论方法构建政府、建筑企业、消费者博弈模型进行研究装配式建筑发展政策，为政府策略的推广提出了最佳建议。杨莹莹从针对装配式建筑成本过高等制约发展因素提出政府激励措施实现技术创新减少成本等建议，促使装配式建筑更好的发展。

综上，学者对装配式建筑在农村推广的可行性进行分析，并从参与方角度研究农村装配式建筑的适用性，但由于装配式建筑推广中涉及的各参与方具有有限理性，大多倾向于保护自身利益，阻碍了装配式建筑在农村地区的广泛应用。针对不同利益主体，如何设计出有效的行动方案有待研究。因此，引入前景理论考虑参与方在面临未知风险和收益的有限理性抉择，从参与方各自收益化角度构建推广策略博弈模型真实反映参与方对推广策略行为选择的实际感知，为政府设计出更有效的政策提供理论依据，能更好促进农村装配式建筑的推广，推动农村地区的经济发展。

二、模型假设

（一）基本假设

假设 1：农村装配式建筑推广中政府、开发商、农村居民三方均为有限理性，三方均以自身利益最大为决策依据，进行重复博弈，策略选择受到各自喜好等因素影响。政府的策略决策集为｛采取，不采取｝；开发商策略决策集为｛开发，不开发｝；农村居民策略决策集为｛购置装配式建筑，不购置装配式建筑｝。政府、开发商、农村居民分别选择采取措施引导、开发、购置农村装配式建筑推广的概率为 x、y、z，且 $0 \leqslant x, y, z \leqslant 1$。

假设 2：政府、开发商和居民根据自身感知收益进行策略选择，并通过前景理论中的主观概率权重函数 $\varphi(p_i)$ 和价值函数 $v(\Delta\pi_i)$ 作为三方在风险与收益不确定下感知收益的衡量依据，表现形式如式（1）所示。

$$V = \sum_{i=1}^{n} v(\Delta\pi_i)\varphi(p_i) \tag{1}$$

式（1）中 $\varphi(p_i)$ 表示决策者在决策某一事件 i 的决策程度，如式（2）所示。其中，p 为该事件发生的概率，$\varphi(p)$ 函数为单增函数，图像为倒"S"形，τ 值越小，函数图像越弯曲。τ 为决策函数的调节参数（$0 < \tau < 1$）。

$$\varphi(p) = \frac{p^\tau}{[p^\tau + (1-p)^\tau]^{1/\tau}} \tag{2}$$

式（1）中 $v(\Delta\pi_i)$ 表示决策者对未来决策产生的不确定收益与损失的主观感受价值，如式（3）所示。参数 $\Delta\pi$ 表示博弈前后实际收益或损失差额，α、$\beta \in (0, 1)$ 表示决策者的风险偏好系数。$\lambda(\lambda > 0)$ 是决策者对损失的规避程度，$\lambda > 1$ 时，表明决策者对收益感知不及损失的感知价值更高，且值越大，敏感程度越高。

$$v(\Delta\pi) = \begin{cases} \Delta\pi^\alpha, & \Delta\pi \geq 0 \\ -\lambda^{(-\Delta\pi)^\beta}, & \Delta\pi < 0 \end{cases} \tag{3}$$

假设 3：政府采取措施促进农村装配式建筑推广的管理成本为 C_1，政府给开发商建设装配式建筑提供的补贴为 L_1，给居民提供的购房补贴为 L_2，采取措施提高居民选择传统住宅的购置成本 P（如减少房屋购置税减免等），提供经费补贴等措施加大推广成本进而提高装配式建筑的使用收益 K，并获得环境友好、资源节约等带来的感知收益为 R_1。开发商建设装配式建筑提供相关服务所需成本为 C_2，获得房产促销及带来的品牌收益等为 R_2。居民购买装配式建筑的感知收益为 R_3，购置传统住宅的感知收益为 R_4，其中，由于装配式建筑在我国仍处于发展时期，价格和传统住宅相比略高，且居民对装配式建筑的认知度较低，导致居民购买传统住宅的感知收益大于装配式建筑，即 $R_3 < R_4$。

（二）感知收益矩阵的构建

前景理论能够在收益不确定的情况下分析决策者对策略选择的判断，存在心理感知效用。政府推广装配式建筑成本与自身有关，对开发商与居民的补贴均为直接发放，开发商建设装配式建筑以及推销时的服务成本均与自身有关，以上均为确定性支出。即 C_1、C_2、L_1、L_2 确定不存在感知偏差，R_1、R_2、R_3、R_4、P、K 具有成本或收益的不确定性，存在行为的感知偏差，由以上分析构建政府、开发商、居民三方对装配式建筑推广策略的感知收益矩阵，如表 1 所示。

三、推广策略模型构建与分析

（一）演化博弈模型的构建

由政府、开发商、居民三方博弈的感知收益矩阵得到复制动态方程如式（4）~式（6）所示。

$$V_{11} = [v(R_1) - C_1 - L_1 - L_2 - v(K)]yz + [v(R_1) - C_1 - L_1]y(1-z) + [v(R_1) - C_1 - L_2 - v(K)](1-y)z + [v(R_1) - C_1](1-y)(1-z)$$

$$V_{12} = 0$$

$$V_1 = xV_{11} + (1-x)V_{12}$$

$$V(x) = \frac{dx}{dt} = x(V_{11} - V_1) = x(1-x)[v(R_1) - C_1 - yL_1 - zL_2 - zv(K)] \tag{4}$$

$$V_{21} = [v(R_2) - C_2 + L_1]xz + [v(R_2) - C_2 + L_1]x(1-z) + [v(R_2) - C_2](1-x)z + [v(R_2) - C_2](1-x)(1-z)$$

$$V_{22} = 0$$

$$V_2 = yV_{21} + (1-y)V_{22}$$

$$V(y) = \frac{dy}{dt} = y(V_{21} - V_2) = y(1-y)[v(R_2) - C_2 + xL_1] \tag{5}$$

$$V_{31}=[v(R_3)+L_2+v(K)]xy+[v(R_3)+L_2+v(K)]x(1-y)+v(R_3)(1-x)y$$
$$+v(R_3)(1-x)(1-y)$$

感知收益矩阵 表1

部门	开发商积极开发		开发商不开发	
	农村居民购置	农村居民不购置	农村居民购置	农村居民不购置
采取措施推广	$v(R_1)-C_1-L_1-L_2-v(K)$	$v(R_1)-C_1-L_1$	$v(R_1)-C_1-L_2-v(K)$	$v(R_1)-C_1$
	$v(R_2)-C_2+L_1$	$v(R_2)-C_2+L_1$	0	0
	$v(R_3)+L_2+v(K)$	$v(R_4)-v(P)$	$v(R_3)+L_2+v(K)$	$v(R_4)-v(P)$
不采取措施推广	0	0	0	0
	$v(R_2)-C_2$	$v(R_2)-C_2$	0	0
	$v(R_3)$	$v(R_4)$	$v(R_3)$	$v(R_4)$

$$V_{32}=[v(R_4)-v(P)]xy+[v(R_4)-v(P)]x(1-y)+v(R_4)(1-x)y+v(R_4)(1-x)(1-y)$$
$$V_3=zV_{31}+(1-z)V_{32}$$
$$V(z)=\frac{dz}{dt}=z(V_{31}-V_3)=z(1-z)[v(R_3)-v(R_4)+xL_2+xv(K)+xv(P)] \tag{6}$$

（二）演化分析

1. 政府策略选择的演化分析

根据公式（4）知，当 $y=\dfrac{v(R_1)-C_1-zL_2-zv(K)}{L_1}$ 时，$V(x)=0$，政府选择"采取"措施策略

的概率为任何值时都是稳定策略；当 $y\neq\dfrac{v(R_1)-C_1-zL_2-zv(K)}{L_1}$ 时，$x=1$ 和 $x=0$ 时，$V(x)=0$，

稳定点为 $x=1$ 和 $x=0$ 两种情况：当 $v(R_1)-C_1-yL_1-zL_2-zv(K)>0$ 时，$V'(x)|_{x=1}<0$，

$V'(x)|_{x=0}>0$，演化稳定点为 $x=1$，政府的策略选择是采取措施推广农村装配式建筑；当 $v(R_1)-$

$C_1-yL_1-zL_2-zv(K)<0$ 时，$V'(x)|_{x=1}>0$，$V'(x)|_{x=0}<0$，演化稳定点为 $x=0$，政府的策略

选择是不采取措施推广农村装配式建筑。即政府的决策取决于给开发商、居民提供的补贴数额和自身

管理成本，以及加强推广成本投入的收益和获得资源友好等公信力提升带来的不确定收益。

2. 开发商策略选择的演化分析

同理，根据式（5）知，当 $x=\dfrac{C_2-v(R_2)}{L_1}$ 时，$V(y)=0$，开发商策略选择处于稳定状态；当 $x\neq$

$\dfrac{C_2-v(R_2)}{L_1}$ 时，$y=1$ 和 $y=0$ 时，$V(y)=0$，稳定点为 $y=1$ 和 $y=0$ 两种情况：当 $v(R_2)-C_2+xL_1>0$

时，$V'(y)|_{y=1}<0$，$V'(y)|_{y=0}>0$，演化稳定点为 $y=1$，开发商的策略选择是开发农村装配式建

筑；当 $v(R_2)-C_2+xL_1<0$ 时，$V'(y)|_{y=1}>0$，$V'(y)|_{y=0}<0$，演化稳定点为 $y=0$，开发商的策

略选择是不开发农村装配式建筑。即开发商的决策取决于政府提供的补贴数额、服务成本和销售房产

带来的不确定收益。

3. 农村居民策略选择的演化分析

同理，根据公式（6）知，当 $x=\dfrac{v(R_4)-v(R_3)}{L_2+v(K)+v(P)}$ 时，$V(z)=0$，居民策略选择处于稳定状态；

当 $x\neq\dfrac{v(R_4)-v(R_3)}{L_2+v(K)+v(P)}$ 时，$z=1$ 和 $z=0$ 时，$V(z)=0$，稳定点为 $z=1$ 和 $z=0$ 两种情况：当

$v(R_3)-v(R_4)+xL_2+xv(K)+xv(P)>0$ 时，$V'(z)|_{z=1}<0$，$V'(z)|_{z=0}>0$，演化稳定点为 $z=$

1，农村居民的策略选择是购置农村装配式建筑；当 $v(R_3)-v(R_4)+xL_2+xv(K)+xv(P)<0$ 时，

$V'(z)|_{z=1}>0$，$V'(z)|_{z=0}<0$，演化稳定点为 $z=0$，农村居民的策略选择是不购置农村装配式建筑。

即农村居民的决策取决于政府补贴的数额，以及政府限制措施、加大推广成本产生的使用收益等不确定收益。

（三）博弈主体策略选择的混合稳定性分析

假设点 E_1（1，1，1）代表的策略组合为｛采取，开发，购置农村装配式建筑｝，根据 $E_1 \sim E_8$ 均衡点的特征根判断小于零进行演化稳定分析，对政府、开发商和居民三方博弈模型均衡点特征根的稳定性进行分析如表2所示。

博弈主体混和稳定性分析   表2

均衡点	特征根		
	λ_1	λ_2	λ_3
E_1(1,1,1)	$-v(R_1)+C_1+L_1+L_2+v(K)$	$-v(R_2)+C_2-L_1$	$-v(R_3)+v(R_4)-L_2-v(K)-v(P)$
E_2(1,1,0)	$-v(R_1)+C_1+L_1$	$-v(R_2)+C_2-L_1$	$v(R_3)-v(R_4)+L_2+v(K)+v(P)$
E_3(1,0,1)	$-v(R_1)+C_1+L_2+v(K)$	$v(R_2)-C_2+L_1$	$-v(R_3)+v(R_4)-L_2-v(K)-v(P)$
E_4(1,0,0)	$-v(R_1)+C_1$	$v(R_2)-C_2+L_1$	$v(R_3)-v(R_4)+L_2+v(K)+v(P)$
E_5(0,1,1)	$v(R_1)-C_1-L_1-L_2-v(K)$	$-v(R_2)+C_2$	$-v(R_3)+v(R_4)$
E_6(0,1,0)	$-v(R_1)+C_1+L_2+v(K)$	$-v(R_2)+C_2$	$v(R_3)-v(R_4)$
E_7(0,0,1)	$v(R_1)-C_1-L_2-v(K)$	$v(R_2)-C_2$	$-v(R_3)+v(R_4)$
E_8(0,0,0)	$v(R_1)-C_1$	$v(R_2)-C_2$	$v(R_3)-v(R_4)$

为使得农村装配式建筑越来越为大众接受，推动农村地区建设与发展，应达到政府采取措施推广、开发商开发装配式建筑、居民购置装配式建筑的理想状态，即演化博弈模型逐步演化最终达到 E_1（1，1，1）。由表2可知，特征根应小于零，即 $-v(R_1)+C_1+L_1+L_2+v(K)<0$，$-v(R_2)+C_2-L_1<0$，$-v(R_3)+v(R_4)-L_2-v(K)-v(P)<0$，即政府采取的措施获得的感知收益应大于成本支出，并且采取的措施应提高开发商和居民对装配式建筑的感知收益，由此才能达到理想状态 E_1（1，1，1）。调整 L_1、L_2、$v(P)$、$v(K)$ 的数值，能够使 E_2、E_3、E_4 演化为 E_1，而当今现状是开发商建设装配式建筑的成本投入大于出售房屋获得的收益，居民对于装配式建筑的选择比较保守，由此带来的感知收益不及传统住宅的多，即 $v(R_2)-C_2<0$，$v(R_3)-v(R_4)<0$，也即 E_5、E_6、E_7、E_8 状态，而政府此时若不采取措施进行干预，演化模型将会趋向 E_8 状态。故政府给开发商建设装配式建筑提供的补贴 L_1，给居民提供的购房补贴 L_2，采取措施获得的感知收益 R_1，限制收益 $v(P)$，加强推广成本投入提高装配式建筑的使用收益 $v(K)$ 都是使演化模型达到 E_1（1，1，1）状态的重要因素。

四、数据模拟与仿真分析

通过仿真软件进行模拟，验证模型的可靠性，演化轨迹更为清晰直观，更方便理解政府、开发商、居民三方的策略选择。设置参数应满足 $-v(R_1)+C_1+L_1+L_2+v(K)<0$，$-v(R_2)+C_2-L_1<0$，$-v(R_3)+v(R_4)-L_2-v(K)-v(P)<0$，博弈模型才能达到理想状态 E_1（1，1，1）。参数初始值设定为：$C_1=35$，$C_2=22$，$L_1=5$，$L_2=3$，$R_1=52$，$R_2=20$，$R_3=10$，$R_4=15$，$P=2$，$K=2$。

（一）不同初始策略选择概率下的演化轨迹

由上述分析，设政府、开发商、居民初始策略选择概率 $x=0.5$、$y=0.5$、$z=0.5$，分析不同 y 与 z、x 与 z、x 与 y 的策略搭配，得到如图1～图3所示的演化轨迹。

根据图1所示，政府最终均演化为"采取措施推广农村装配式建筑"的策略，其中开发商、农村居民对装配式建筑策略选择的概率越低，政府的演化速度越快，政府更好地发挥职能采取鼓励措施，引导装配式建筑在农村推广。

根据图 2 所示，开发商最终演化为"开发农村装配式建筑"的策略，其中由于政府鼓励推广的概

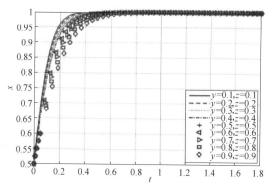

图 1　y 与 z 变化下政府的策略演化

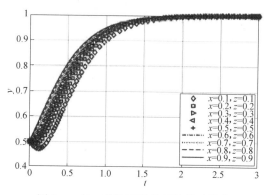

图 2　x 与 z 变化下开发商的策略演化

率低以及居民对装配式建筑的购买意愿不高，博弈前期开发商朝向不开发装配式建筑策略演化，但随着农村经济发展与装配式建筑的普及，开发商最终向开发装配式建筑策略演化。

根据图 3 所示，农村居民最终演化为"购置农村装配式建筑"的策略，其中由于政府鼓励刺激推广的概率低以及开发商前期建设装配式建筑成本高、进度慢，博弈前期居民依然选择不购置农村装配式建筑而是购置一般住宅的策略演化，但随着政府推广鼓励措施的实施、农村地区经济显然的发展与装配式建筑的普及，居民最终选择购置装配式建筑。

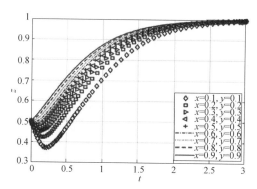

图 3　x 与 y 变化下农村居民的策略演化

（二）政府不同补贴对开发商与居民策略选择的分析

设定初始值 $x=0.5$，$y=0.5$，$z=0.5$，选取不同补贴值 L_1、L_2 的初始值，分析对开发商和居民策略演化轨迹的影响，如图 4、图 5 所示。

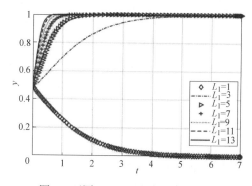

图 4　不同 L_1 下开发商的策略演化

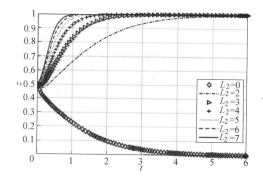

图 5　不同 L_2 下居民的策略演化

根据图 4、图 5 可知，补贴值 L_1 对开发商和 L_2 对农村居民的策略选择都起到促使达到理想状态即选择装配式建筑的作用。且政府的补贴值增大的同时，开发商与居民的演化速度逐渐加快，但过少的补贴并不能起到有效的促进作用，反而使开发商与居民的策略选择偏向不选择装配式建筑。

（三）政府限制措施以及提高推广成本的投入对居民策略选择的分析

同理，设定初始值 $x=0.5$，$y=0.5$，$z=0.5$，选取不同 P、K 的初始值，分析对居民策略演化轨迹的影响，如图 6、图 7 所示。

根据图 6、图 7 可知，采取措施限制农村居民购置传统住宅和加强推广成本的投入对农村居民的策略选择都起到促使达到理想状态即选择装配式建筑的作用。政策实施前期存在滞后性，居民在博弈前期朝传统住宅方向演化，但随着政策的普及完善，以及限制政策的实施使传统住宅的购买成本增大，购买装配式建筑的感知收益增加，居民最终将选择农村装配式建筑。

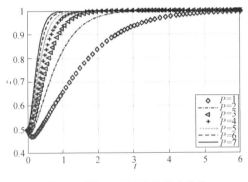

图 6 不同 P 下居民的策略演化

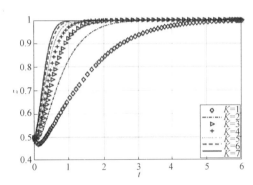

图 7 不同 K 下居民的策略演化

五、结论与策略

分析农村装配式建筑推广策略利益主体三方的行为选择，得出如下结论：农村装配式建筑的推广离不开政府、开发商、居民三方的协同作用，三方在博弈的过程中相互制约、相互影响；当满足 $-v(R_1)+C_1+L_1+L_2+v(K)<0$，$-v(R_2)+C_2-L_1<0$，$-v(R_3)+v(R_4)-L_2-v(K)-v(P)<0$，博弈模型才能达到理想状态 $E_1(1,1,1)$；政府的补贴值 L_1 和 L_2 对开发商和农村居民的策略选择都起到促使达到理想状态即选择装配式建筑的作用；政府采取的措施限制农村居民购置传统住宅能够提高居民购置传统建筑的感知成本，推广成本的增加能够提高居民购置装配式建筑的感知收益。

综上，为提高农村住宅质量，推动新农村发展，实现乡村振兴战略，促使装配式建筑在农村普及推广，需要政府、开发商、居民共同努力：政府在农村装配式建筑推广中应充分发挥职能，加强引导、提供政策支持；政府给予补贴政策在短期内行之有效，但长远考虑，会使政府的投资回报率、开发商和居民的补贴感知度降低，因此可以采取部分限制传统住宅的措施，通过提高装配式建筑的感知收益刺激居民选择，起到引导作用；居民应转变以往传统观念，提高对装配式建筑的认知意识，响应政府号召，购置房屋时在选择舒适经济的前提下有效节约资源、保护环境，积极践行环保节能的生活方式。

参 考 文 献

［1］ 张翩翩. 装配式住宅建筑在乡村发展中的探索［D］. 杭州：浙江大学，2018.

［2］ 敖翔，杨高远，符煜昊. 装配式建筑助推村居环境的推广现状和策略研究［J］. 智能建筑与智慧城市，2022（2）：50-53.

［3］ 李芊，张明帅. 装配式住宅环境效益量化评价研究：以乡村装配式住宅为例［J］. 建筑经济，2018，39（3）：92-98.

［4］ 李一凡，汪可欣，徐学东. 新农村住宅建设中存在的问题及对策［J］. 山东农业大学学报（自然科学版），2017，48（5）：694-696.

［5］ Xia Yuxin，Qi Yuan，Chen Jiayao. Research on the Development Policy of Prefabricated Building based on asymmetric Evolutionary Game［J］. IOP Conference Series：Earth and Environmental Science，2021，634（1）.

［6］ 杨莹莹，李可用. 装配式建筑发展面临的问题与对策研究［J］. 建筑经济，2022，43（S1）：54-56.

［7］ Kahneman D，Tversky A．Prospect Theory：An Analysis of Decision Under Risk ［J］．Econometrica，1979，（2）．

［8］ 何寿奎，梁功雯，蒙建波．基于前景理论的重大工程多主体利益博弈与行为演化机理 ［J］．科技管理研究，2020，40（5）：207-214．

［9］ 王志强，赵婷婷，刘硕．基于 SD 模型的装配式住宅政府激励机制博弈研究 ［J］．沈阳建筑大学学报（社会科学版），2021，23（5）：484-491．

基金项目：

辽宁省教育厅人文社会科学研究项目（LJKR0211）；沈阳市重大技术攻关专项（20-202-4-39）。

沈阳市装配式建筑发展影响因素与对策分析

沈阳建筑大学管理学院

王玉冰　孔凡文

摘　要：为分析沈阳市装配式建筑发展的影响因素，文章首先运用 PEST 法对沈阳市装配式建筑发展影响因素的四个因素来源进行分析，总结出 15 个影响因素，再结合 AHP 分析法对因素权重进行排序总结，最后针对 PEST 的 4 个方面提出相关对策建议。

关键词：沈阳市装配式建筑；PEST；AHP；发展对策

一、引言

2016 年 2 月，中共中央国务院印发《关于进一步加强城市规划建设管理工作的若干意见》（中发〔2016〕6 号）提出要发展新型建造方式，大力推广装配式建筑，加大政策支持力度，力争用 10 年左右时间，使装配式建筑占新建建筑的比例达到 30%。为贯彻落实党中央国务院的决策部署，同年 9 月，国务院办公厅印发《关于大力发展装配式建筑的指导意见》（国办发〔2016〕71 号），住房和城乡建设部于 2020 年联合其他部门印发《关于加快新型建筑工业化发展的若干意见》。随着国家产业政策的引导，沈阳市装配式建筑产业的发展也取得了积极的进展。2021 年 11 月，沈阳市政府办公室印发《沈阳市大力发展装配式建筑工作方案》提出：到 2023 年，全市新开工装配式建筑项目的建筑面积占新建建筑面积比例达到 65% 以上；培育 8 个以上国家级装配式建筑产业示范基地，新增 10 个以上省级装配式建筑产业基地。

二、沈阳市装配式建筑发展现状

自 2009 年起沈阳市开始大力推广以装配式建筑为主的现代建筑产业发展，历时两年的加速推动，于 2011 年成为全国首个现代建筑产业化试点城市，2014 年 5 月被打造成为全国首个现代建筑产业示范城市，2017 年成为全国首批装配式建筑示范城市。

沈阳市的装配式建筑始终采用"稳扎稳打、逐步推进"的方式发展，通过政府投资的保障房项目为引导，不断提升技术，完善管理体系，再通过政策引导装配式技术应用于房地产项目。在"十三五"期间，政府投资丽水新城二期三期、洪汇园、惠民、惠生等公租房项目陆续建设完工，总建筑面积近 100 万 m^2，这些项目发挥了很好的示范引领效应。沈阳市应用产业化技术的房地产项目范围也在逐步扩大，早在 2018 年就已经覆盖到沈阳全市。

沈阳市近年来始终大力推动以装配式建筑为核心的建筑工业化的发展，并且已经取得显著成效。截至 2022 年 7 月，沈阳市已累计推广装配式建筑面积近 4000 万 m^2；成功培育了 6 个国家级装配式建筑产业基地；培养出一批装配式建筑人才；成功举办了九届中国（沈阳）国际现代建筑产业博览会；多项地方标准中的内容被纳入国家标准中；多项经验、措施在全省乃至全国得到推广与效仿。

虽然沈阳市在装配式建筑产业的发展上已经取得了很大的成效，但仍存在一些问题，比如装配式建筑在设计、生产、施工一体化和集成化方面水平偏低，未成体系，各环节衔接不畅；万科、恒大等企业在别墅项目以外的项目上推行的全装修仅限于传统式作业的装修，并未应用装配化装修，装配化装修发展速度缓慢；随着全国各地装配式建筑的加速推进，沈阳市熟悉装配式建筑的人才及产业工人都产生缺口，亟须完善人才培养体系，加速培养新一代现代建筑产业人才等，这些问题需要加以解决。

三、沈阳市装配式建筑发展影响因素分析

（一）基于 PEST 的影响因素来源分析

1. 政策方面

在装配式建筑发展的过程中政策起到了很强的引领作用。近年来为了大力推广装配式建筑，我国推行了一系列相关政策。中共中央国务院印发的《关于进一步加强城市规划建设管理工作的若干意见》、国务院办公厅印发的《关于大力发展装配式建筑的指导意见》都明确指出要大力推动装配式建筑建设。沈阳市城乡建设局印发的《沈阳市现代建筑产业发展"十四五"规划》、沈阳市政府办公室印发的《沈阳市大力发展装配式建筑工作方案》等都对沈阳市装配式建筑发展提出了相关要求。从近几年沈阳市装配式建筑的发展状况来看，政策的引导对其发展影响很大。

装配式建筑的发展与标准体系的建立及其完善程度联系紧密，装配式建筑建设周期中的每个环节都需要标准作为参考，真正地做到有标准可依，这样才能提高建设能力，避免因盲目生产造成资源浪费。关于装配式建筑发展的相关标准分为以下几种：

设计方面，装配式建筑各个构件的设计都要进行标准化，这与传统建筑建造模式有很大差别。因此为了使生产出的构件能够满足后续工作的要求，就需要有完善的设计标准为依托。

施工方面，在装配式建筑建设的整个周期中，现场施工极为重要。沈阳市城乡建设局于 2022 年 1 月发布了《沈阳市装配式建筑装配率计算细则》，后续还应该出台更为完善的标准规范，使各施工企业在进行施工时有相关的技术标准可作为支撑，降低出现构件安装失误或施工环节衔接不顺畅等状况的风险。

计价方面，沈阳市现行的传统现浇建筑计价体系中所包含的计价项目与装配式建筑中的计价项目差别很大，装配式建筑中用到的部分构件在现浇建筑计价体系中没有体现，因此完善装配式建筑计价标准体系很重要。

2. 经济方面

宏观经济与建筑产业的发展高度正相关，宏观经济形势的好坏对建筑业的发展起到决定性作用。装配式建筑发展作为建筑业发展中的一部分，依附于建筑业的发展情况，因此自然也受到宏观经济的影响。

另外，由于沈阳市装配式建筑现阶段还没有形成比较完整的规模效益，并且装配式建筑构件在生产和物流运输方面的成本较高，导致装配式建筑的初始投资和增量建造成本都高于传统现浇建筑，这也在一定程度上影响了装配式建筑的发展。虽然经过近几年的发展，一些企业的装配式建筑成本与传统模式相比已经相差不多或更低，但大部分的装配式建筑成本还是偏高，成本瓶颈问题有待解决。

3. 社会方面

人才问题始终是建筑业发展中存在的重要问题，对技术、管理有着更高要求的装配式建筑来说更需要相关专业人才的支持。近年来，全国各地都在推进发展装配式建筑，沈阳市的人才大量流动，熟悉装配式建筑的人才及产业工人产生缺口，管理人才、研发专家及专业技术人才供应不足，劳动力培训体系还有待进一步完善，并且缺少行业人员技术鉴定单位，这都在一定程度上影响了沈阳市装配式建筑的发展。

资源的投入是工程建设活动的基础前提。长期以来高污染、高投入、高消耗的粗犷型建筑业发展模式造成了大量的资源消耗及环境污染，因此对社会资源进行合理高效的利用就显得尤为重要。装配式建筑区别于传统建筑的优势之一就是能够高效地利用资源、保护环境、绿色发展。反之，社会资源对于装配式建筑的发展也产生了很大影响，并且这种影响会随着建筑业的发展而不断发展。社会资源能否合理利用成为影响装配式建筑的重要因素。

4. 技术方面

技术是装配式建筑发展与应用的基础，装配式建筑在规划设计、建设施工、运营维护以及竣工验收等各个环节都离不开技术的支持。在各个环节应用高新技术及信息化手段，能够提升建造效率，提高建筑质量，减少施工过程中因失误造成的经济损失，减少资源和能源的消耗，降低废弃物的排放，

避免对自然环境造成破坏。

除了资源的合理高效利用，技术对装配式建筑发展的影响还体现在建筑施工上。目前，沈阳市装配式建筑的施工普遍还在使用落后、破损、机械化程度低的传统施工机械设备，而适合装配式建筑的新设备、新工艺、新方法的引进十分缓慢，因此大力推广适合于装配式建筑的新设备、新工艺、新方法，推动装配式建筑机械化对于沈阳市装配式建筑的发展有很大的促进作用。

（二）基于文献分析法的影响因素初步识别

本节在上文的基础上通过文献分析法对沈阳市装配式建筑发展影响因素进行初步识别。首先在万方数据库、中国知网等文献检索网站中输入关键词"建筑工业化""沈阳市装配式建筑""现代建筑产业化"，然后从检索出的文献中筛选出 2009 年以后与装配式建筑发展影响因素相关的文献资料 150 余篇，最后从中选取最具有代表性的文献共 34 篇，结合上文沈阳市装配式建筑发展的现状及特点对这些文献中所提到的影响因素进行研究分析，分析结果如表 1 所示：

沈阳市装配式建筑发展影响因素　　　　　　　　　　　　　　　　表 1

	影响来源	影响因素
A:沈阳市装配式建筑发展的影响因素	B1:政策方面	C1:财政扶持力度 C2:行业准则完善程度 C3:标准化体系完善程度 C4:市场体系标准化程度
	B2:经济方面	C5:规模效益 C6:增量建造成本 C7:科技研发投入
	B3:社会方面	C8:建筑工人综合素质 C9:专业人才及劳动力数量 C10:废弃物排放程度 C11:企业发展意识
	B4:技术方面	C12:施工技术水平 C13:信息化技术水平 C14:建筑设计水平 C15:项目管理水平

（三）基于 AHP 法的影响因素确定

1. 构造层次结构模型

AHP 模型方法原理这里不再赘述。在文献分析的基础上，将沈阳市装配式建筑发展影响因素设定为目标层，将政策、经济、社会、技术四个方面设定为准则层，将各个影响因素设定为指标层，建立层次分析模型，如图 1 所示。

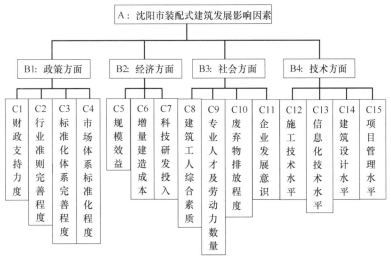

图 1　层次结构模型

2. 建立判断矩阵与一致性检验

利用 1～9 标度法对重要性进行打分，建立判断矩阵，并进行一致性检验，如表 2～表 6 所示。

A-B 判断矩阵及一致性检验　　　　表 2

A	B1	B2	B3	B4	权重
B1	1	0.5	3	2	0.2788
B2	2	1	4	2	0.4871
B3	0.3333	0.25	1	0.3333	0.0585
B4	0.5	0.5	3	1	0.1756

一致性检验：$\lambda_{max}=4.2399, CR=0.0899<0.1$

B1-C 判断矩阵及一致性检验　　　　表 3

B1	C1	C2	C3	C4	权重
C1	1	2	2	3	0.4754
C2	0.5	1	1	2	0.2077
C3	0.5	1	1	3	0.2377
C4	0.3333	0.5	0.3333	1	0.0792

一致性检验：$\lambda_{max}=4.1526, CR=0.0572<0.1$

B2-C 判断矩阵及一致性检验　　　　表 4

B2	C5	C6	C7	权重
C5	1	0.3333	2	0.249
C6	3	1	3	0.594
C7	0.5	0.3333	1	0.157

一致性检验：$\lambda_{max}=3.0536, CR=0.0462<0.1$

B3-C 判断矩阵及一致性检验　　　　表 5

B3	C8	C9	C10	C11	权重
C8	1	2	0.5	3	0.29
C9	0.5	1	0.5	2	0.16
C10	2	2	1	3	0.47
C11	0.3333	0.5	0.3333	1	0.08

一致性检验：$\lambda_{max}=4.1770, CR=0.0663<0.1$

B4-C 判断矩阵及一致性检验　　　　表 6

B4	C12	C13	C14	C15	权重
C12	1	3	3	2	0.5145
C13	0.3333	1	1	0.3333	0.0944
C14	0.3333	1	1	0.5	0.1080
C15	0.5	3	2	1	0.2831

一致性检验：$\lambda_{max}=4.1716, CR=0.0643<0.1$

权重总排序　　　　表 7

准则层	权重	指标层	权重	指标层总权重
B1:政策方面	0.2788	C1:财政支持力度	0.4754	0.1325
		C2:行业准则完善程度	0.2077	0.0579
		C3:标准化体系完善程度	0.2377	0.0663
		C4:市场体系标准化程度	0.0792	0.0221
B2:经济方面	0.4871	C5:规模效益	0.249	0.1213
		C6:增量建造成本	0.594	0.2893
		C7:科技研发投入	0.157	0.0765
B3:社会方面	0.0585	C8:建筑工人综合素质	0.29	0.0170
		C9:专业人才及劳动力数量	0.16	0.0094
		C10:废弃物排放程度	0.47	0.0275
		C11:企业发展意识	0.08	0.0047

准则层	权重	指标层	权重	指标层总权重
B4:技术方面	0.1756	C12:施工技术水平	0.5145	0.0903
		C13:信息化技术水平	0.0944	0.0166
		C14:建筑设计水平	0.1080	0.0190
		C15:项目管理水平	0.2831	0.0497

3. 结果分析

综上分析可知，在沈阳市装配式建筑发展影响因素的四个来源中，重要程度从大到小依次为经济方面、政策方面、技术方面、社会方面。由此可见，在沈阳市装配式建筑发展的过程中，成本瓶颈问题要重点关注，同时也要加强政策方面的支持。

政策方面，影响程度较大的因素是财政支持力度；经济方面，影响程度较大的因素是规模效益、增量建造成本；社会方面，各影响因素影响程度较小；技术方面，影响程度较大的因素是施工技术。

四、促进沈阳市装配式建筑发展的对策

(一) 政策方面

1. 加强政策支持力度，提高企业发展意识

在申报高新技术企业方面，优先推荐拥有自主知识产权和技术体系的优势企业。鼓励沈阳市龙头企业与外埠企业联合投标，积极参与本地重大项目的建设活动。积极引导传统装备制造、建材企业研发生产与装配式建筑相关的产品，相关企业可跨工业、建筑门类享受有关政策支持。对于满足一定条件的采用装配式建筑生产方式的建设项目，提供财政补贴、容积率奖励、返还部分土地出让金等奖励。

2. 推行消费政策，刺激消费市场

针对购买采用装配式建造的住宅的消费者提供一定的优惠条件，比如对符合装配式建筑相关政策的购房者提供比个人住房贷款利率低、期限久的贷款优惠政策。同时，要增加对装配式建筑的宣传报道，积极宣传沈阳市装配式建筑取得的显著成效，加大在沈阳市各大媒体的宣传推广力度，及时向社会通报沈阳市装配式建筑发展状况，提升社会公众对装配式建筑的认知度。

(二) 经济方面

1. 发挥规模效应

目前工业化住房建设受限的原因之一就是没有形成规模化生产导致成本较高，如果实现了规模化生产，形成规模经济，成本将会大大减少。而保障性住房对房屋建筑多样性的要求不高，比较适合大规模建造。目前我国对于保障房的建设多为传统现浇方式，这种建设方式的速度较慢，而运用装配式建造方式不但可以提升建造效率，还可以实现规模生产，形成规模经济，降低建设成本，从而为装配式建筑的发展创造机会。

近年来，沈阳市一直非常重视保障性租赁住房的建设。截至2022年末已筹集保障性租赁住房6万套，争取在2023—2025年间每年再筹集保障性租赁住房2.5万套，预计在"十四五"期间累计新增保障性租赁住房达到13.5万套，实现更稳定的房源供给。时间紧迫，任务艰巨，采取装配式建造技术将在很大程度上解决保障性住房建设质量及工期问题，同时保障性住房的大规模建造也会使沈阳市的装配式建造技术更加成熟，因此沈阳市的保障性租赁住房建设为装配式建筑发展创造了机会。

2. 加大科技研发投入

在装配式建筑发展的过程中要将科技放在第一位。当前沈阳市装配式建筑在科技创新方面的投入比较少，如果想更好地解决建筑建设中存在的问题，就需要持续完善技术体系，加大现代建筑产业产品、关键技术和智能建造技术研发投入，打造核心竞争力。充分融入工业化、自动化、信息化技术，

实现人性化、智能化、低能耗、高品质建筑产品代替传统建筑产品的"现代建筑产业 2.0"。

（三）社会方面

1. 提升企业发展意识

装配式建筑最大的优势就在于完全符合我国绿色环保和可持续发展理念的需要，很好地支撑了我国现代建筑业的发展。然而由于其建设成本较高，导致各个企业对于装配式建筑的热情不高，这在很大程度上制约了沈阳市装配式建筑的发展。但从长远角度来看，装配式建筑具有节能、节材、节水等特点，并且装配式建筑质量相较于传统建筑来说明显提高，这样后期的维修费用就会减少，因此，装配式建筑具有长期经济效益。对于建筑企业来说，不能只看重短期经济效益，要有长远的发展目光，要认识到只有掌握了装配式建筑的核心技术才能够在以后建筑业的发展中站稳脚跟。

积极引导国内外装配式建筑龙头企业进入沈阳市，鼓励本地企业结合自身优势及特点与外地龙头企业进行深度交流合作，提升自身产业能力。积极引进装配式研发设计、装配化装修等企业，完善产业配套。

结合国家建设，加速推进沈阳市企业向海外拓展，引进国内外先进技术及管理经验，努力提升沈阳市企业核心竞争力。利用沈阳市装配式建筑技术优势、设计生产施工集成优势、东北亚经济圈的区域优势，积极开拓海外建筑市场，推动沈阳市现代建筑产业向外发展延伸，提升国际竞争力。

2. 大力培养装配式建筑人才

推广以产学研合作作为基础的教育培训模式，与各大协会及院校联合建设装配式建筑实训基地，培养具有高超技术的专业技术人才及能力突出的产业化工人。同时，有计划地引进一批高端技术人才，与北京、深圳、上海等城市的先进人才进行交流对话，多渠道、多方位、多层次的培育人才。

以企业、协会为主体，培养实用性管理人才；以高等院校、科研单位为主体，培养以硕士、博士研究生为主的国际化、高层次、复合型人才。在沈阳大学、沈阳建筑大学等高等院校完善建筑产业化相关专业的课程设置；支持沈阳建筑大学等高等院校与海外知名高校建立联合教学和培训计划。采取现场培训及线上培训等方式，培养大批适应产业转型发展的新一代产业工人和科技人才，努力将沈阳市打造成为国家级的装配式建筑咨询服务和培训基地。

（四）技术方面

1. 推动科研创新，完善技术体系

装配式建筑在设计、施工、维护等环节与传统现浇建筑相比都有很大的差别，需要依靠科学技术的支持解决装配式建筑在建设使用过程中出现的问题。因此，应当加大科研投入，提高科技创新意识，提升科技研发水平，将科技创新对装配式建筑的推进作用凸显出来，引领装配式建筑更快、更好的健康发展。

具体来说，就是要充分发挥沈阳市政府的带头作用，举办各种装配式建筑技术创新方案竞赛，鼓励本地企业积极参加，调动企业对于装配式建筑技术研发的热情，提升沈阳市装配式建筑设计创新、施工建设等方面的技术水平。

2. 提高信息技术应用程度

装配式建筑的建造过程包含开发、设计、生产、施工、运营维护及竣工验收，其中的每一个环节都需要进行信息共享。因此，需要积极引进国内外先进的装配式建筑科学技术，大力推广信息化技术在装配式建筑中的应用，推动 BIM 建筑信息模拟技术与 RFID 无线射频技术应用于装配式建筑的建设过程中。BIM 技术的应用可以在设计环节检测出设计错误，降低项目设计方案反复修改的风险。RFID 技术能够定位构件的尺寸、性能等信息，减少施工过程中因构件安装位置错误造成的损失。BIM 技术和 RFID 技术作为装配式建筑领域极为重要的两项信息技术，为装配式建筑建造的各个环节增添了信息元素，很大程度上提升了建造效率。

五、结语

沈阳市作为国家装配式建筑示范城市，对我国装配式建筑的发展起到了良好的推进和示范作用。为了更快更好地推进沈阳市装配式建筑持续健康的发展，日后还要完善装配式建筑的标准化程度，注重发挥规模效应，加大科研投入，提升企业发展意识，使企业更注重装配式建筑的长期经济效益，加大质量安全监管及政策扶持力度，同时，要重视装配式建筑人才的培养，加快推进装配式建筑信息技术的应用，鼓励各科研单位大力开展相关技术研究。通过这些来推动沈阳市装配式建筑产业快速、健康、可持续的发展，进而实现减少污染、节约资源能源、提高劳动效率及质量安全水平的目的。

参 考 文 献

[1] 砥砺前行　推动沈阳装配式建筑再上新台阶 [J]. 住宅产业，2017 (4)：35-36.
[2] 刘斌，呼妍. 冬季施工建筑设计方法及意义 [J]. 建筑设计管理，2018, 35 (11)：84-86.
[3] 程亚茹，郑生钦，刘金花. 装配式建筑发展制约因素分析 [J]. 山东建筑大学学报，2021, 36 (6)：54-61.
[4] 王兴冲，唐琼，董志胜，等. BIM＋技术在装配式建筑建设管理中的应用研究 [J]. 建筑经济，2021, 42 (11)：19-24.
[5] 程晓珂. 国内外装配式建筑发展 [J]. 中国建设信息化，2021 (20)：28-33.
[6] 丁少华. 基于 BIM 的装配式建筑全产业链项目管理模式研究 [J]. 建筑经济，2021, 42 (8)：67-71.
[7] 马荣全. 装配式建筑的发展现状与未来趋势 [J]. 施工技术（中英文），2021, 50 (13)：64-68.
[8] 刘凯，张英彤，段万国，等. 国内外装配式建筑发展现状及趋势 [J]. 北方建筑，2021, 6 (3)：5-9.
[9] 许志权. 装配式建筑全产业链成本管理研究 [J]. 建筑经济，2021, 42 (2)：81-85.
[10] 曹新颖，鲁晓书，王钰. 基于 BIM-RFID 的装配式建筑构件生产质量管理 [J]. 土木工程与管理学报，2018, 35 (4)：102-106, 111.

现代建筑工程与绿色施工的研究

沈阳建筑大学管理学院

信一楠　栾世红

摘　要：为应对全球气候变化、资源能源短缺、生态环境恶化的挑战，人类正在遵循碳循环的概念，以低碳为导向，发展循环经济、建设低碳生态城市、推广普及低碳绿色建筑。随着中国绿色建筑政策的不断出台、标准体系的不断完善、绿色建筑实施的不断深入及国家对绿色建筑财政支持力度的不断增大，中国绿色建筑在未来几年将继续保持迅猛发展态势。到 2025 年，我国城镇新建建筑能够完成既有建筑节能改造面积 3.5 亿 m^2 以上，建设超低能耗、近零能耗建筑 0.5 亿 m^2 以上的目标。因此，在新建建筑的施工管理过程中也应该进一步融入该理念，为绿色施工管理取得可持续发展提供必要保障，为生态文明和建筑环保目标的充分落实奠定基础。现代建筑工程的施工建设过程中要体现出绿色建筑的价值和作用，在工程周期内采用更切实可行且节能环保的方式，使环境得到更充分保护，打造更加绿色高效健康的环境空间，这样才能确保人与自然和谐相处，空间和居住环境切实融合。本文重点探究现代建筑工程绿色施工的管理策略的相关内容。

关键词：现代建筑工程；绿色施工；管理策略

一、引言

截至 2021 年底，85 亿 m^2 是我国累计建成的绿色建筑面积，全国新建绿色建筑面积由 2012 年的 400 万 m^2，增长至 20 亿 m^2，占新建建筑的比例达到 84%。预计在 2022 年，我国累计绿色建筑面积超过 15 亿 m^2，市场空间巨大。到了 2025 年，这个比例将会达到 100%。因此，在建筑工程的施工管理过程中需要施工企业高度顺应绿色建筑理念和绿色市容管理的思想，对于资源、能源进行充分利用，尽可能有效应用绿色材料和绿色施工技术，达成节能降耗的目标。施工企业在绿色施工过程中要结合绿色节能设计理念，注重质量，做好工程把关，确保绿色建筑得以施工建设为绿色施工管理目标的落实提供必要保障，同时要体现出节能降耗效能，对于可再生能源进行充分有效利用，确保从业人员具备绿色节能意识，使得建筑工程施工管理呈现出预期的成效（图 1、图 2）。

图 1　绿色建筑实景图（一）　　　　　　　　图 2　绿色建筑实景图（二）

二、现代建筑工程领域实施绿色生物管理的重要优势

（一）有效满足时代创新发展要求

要使现代建筑行业充分满足时代发展要求和行业的客观需要，在具体的绿色管理环节充分融入节能环保和持续发展理念，就要在建筑工程管理过程中融入绿色施工的理念，呈现绿色施工管理的效能，在施工材料、施工人员等各个方面进行绿色管理和有效控制，为节能环保材料的有效应用和生态环境的维护提供必要支持和专业保障，同时确保资源能源的利用率得到最大化的提升，减少能源浪费问题的出现。此外，为了强化自身市场竞争优势提供必要保障，建筑企业可以通过推进绿色施工管理的手段，使自身实现转型升级、创新发展，强化企业本身的影响力和竞争力，满足新时代的新要求（图3）。

（二）有效提升企业本身的经济效益、社会效益和生态效益

在绿色施工管理过程中确保承包相关工程的施工企业在经济效益方面也有所提升，通过节能降耗目标的实现为其利润的提高提供保障，在社会层面上提升其自身的影响力。企业通过对于生态环境维护和准确高效的资源使用，在人力、物力、财力方面与自身进行科学合理的匹配，为工程社会效益、经济效益和生态效益的充分体现提供必要前提（图4）。

图3 建筑行业发展变化和要求

图4 建筑行业的节能改造变化

（三）确保现代建筑工程施工管理方式转型升级

在现代建筑的施工建设过程中，转变和创新管理方式是新时代的必然要求。在此背景之下，企业通过对于绿色施工管理的加强，在管理模式、管理方法等方面进行有效创新，确保新理念、新技术、新材料和绿色管理思想进行有机结合，以此尽量满足建筑行业本身的客观需求，使企业在竞争日益激烈的市场环境中占有更多的市场份额。同时促进建筑工程管理向着绿色化、专业化和产业化发展，在合乎相关法律法规和规章条例的基础之上，使自身实现资源整合和优化发展，进而推动建筑行业实现绿色可持续运行。

三、现代建筑工程绿色施工管理策略

目前，装配式建筑等绿色建筑占当年城镇新建建筑的比例达到30%，全国新增建筑太阳能光伏装机容量达到0.5亿kW（50GW）以上，地热能建筑应用面积达到1亿 m^2 以上，城镇建筑可再生能源替代率达到8%，建筑能耗中电力消费比例超过55%。在此背景之下，相关企业需要在建筑工程管理过程中充分融入绿色施工理念。实施绿色施工的管理过程中需要着重管理各类资料资源，实施绿色技术，制定更切实可行的管理规划，结合工程的具体需求和基本特点选择更适宜的管理措施，展现出应有的绿色节能效果，助力绿色建筑和绿色施工管理目标的切实落实。具体来说，相关企业可以主要在以下几个方面落实绿色施工管理策略（图5）。

（一）优化组织，明确绿色施工管理目标

在针对现代建筑工程进行绿色施工管理过程中，要想使建筑体现出建筑节能的思想，企业在施工管理过程中需要在管理目标方面进行明确，并且注重做好相对应的组织管理，这样才能使建筑具备绿色节能效应。在具体操作环节要把落实建筑工程的具体要求作为出发点，做好全面深入的环境调研和实地分析，制定确切的绿色施工的系列计划和指标，同时做好细致的优化和量化，为后期施工提供参考。此外，企业要

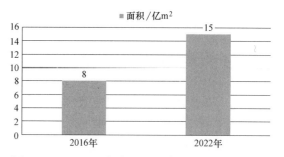

图5 2016—2022年中国绿色建筑面积预测趋势图

结合绿色发展规律对于不同单位和不同组织个人的职责进行有效分配，明确不同分工，建立相对应的责任机制和监管机制是有效手段之一。在管理目标层层落实逐步推进的背景之下，体现出绿色施工管理效果，才能进一步提高管理效率，使施工管理各项工作取得卓越的成效。

除此之外，相关施工单位也要结合工程的阶段性目标，根据情况设计各类施工工程的程序，在具体推进环节定期监督相关指标的完成情况，确保分项目标的实施质量得到落实。相关业务单位需与监管部门和绿色管理部门分开设立，分成不同的级别。一个级别是由设计单位、监理单位、建设单位和施工单位来进行融合，强化组织的保障作用。该级别中要确立建设单位的主导作用并落实项目经理的责任制度。针对二级机构来说，其工程部门主要包括施工单位、职能部门等，通过项目经理负责人来推动项目的开展。项目中要细化工作任务且落实责任、细化机制，进而充分调动各类工作人员的积极性、主动性，使得他们的参与程度最大化，为各类目标切实完成基础，进而在绿色施工管理目标层层推进、逐步落实的背景之下体现绿色管理效能。

（二）有效利用绿色原材料，确保资源能源节约利用

在现代建筑工程的绿色施工管理过程中，管理效果的展现离不开节能原材料的高效应用，确保相关木材、钢材、混凝土等材料全部符合企业绿色施工的要求，同时确保各类高分子原材料得到精准的应用，在节能环保目标融合方面体现出其根本属性。例如，针对墙体部分在绿色施工管理过程中要应用绿色材料，可以应用空心砖，使墙面的重量得到承托，同时设计师在设计过程中对墙体的热值保温性、开裂度等情况进行有效考量，确保空心砖持续稳定堆砌，达到墙体质量的提升和性能优化（图6）。

图6 绿色原材料标志

要落实节约节能的基本原则，那么相关施工人员也要有全面的资源能源节约意识，能够做到因地制宜，选择最佳施工方式，在明确可持续发展理念的基础之上体现各类施工技术和管理模式的节能环保效应。例如，在针对电源区域进行施工管理过程中，可以设置自动化感应开启装置，在非用电操作过程中可以自动关闭电源，防范可能出现的资源能源浪费。在针对绿色原材料进行应用的过程中，充分落实可回收再利用的基本原则，匹配与之相对应的施工废料回收系统，在回收利用分类处理方面体现出资源能源的循环利用效果，体现出原材料本身的应用价值，进而为绿色建筑施工管控取得明显成效奠定坚实基础。

据统计，所有建筑消耗的饮用水占全世界的13.6%，大概每年为15万亿加仑，采用绿色建筑利用水能效系统，可以将建筑用水量减少15%。因此，对于水资源进行有效利用和管理的过程中要使得水资源能够回收，完成绿色建筑水能效系统的匹配，需要应用水资源回收再利用技术，防范可能出现的漏水或滴水问题。同时，施工企业相关部门可以对施工污水或者废水进行科学合理的收集，进行集中处理，对于雨水也可以适当地回收。例如建造可挖掘的专业处理池塘，配备对应的处理设备，使得施工中的各类废水污水得到正确的回收处理，实现再利用，使水资源的利用率得到显著提升（图7）。

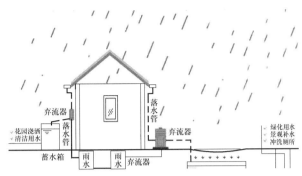

图 7　建筑屋面雨水收集与利用系统

（三）加大绿色施工监管力度，切实控制各类污染

在建筑工程绿色施工管理过程中，做好绿色施工管理的监督管理工作是重中之重。向施工人员明确绿色施工的标准和具体要求，以企业因地制宜制定的阶段性目标为出发点，对绿色施工的实况进行严格细致的监督管控，确保整体工程的施工质量，高度符合绿色施工的基本要求和设计图纸的各项内容。在绿色节能效应方面要达到绿色建筑的标准，在质量控制、安全检测、节能评估方面体现出方案的可行性，确保各类材料不达标的情况不复存在，做好节能环保材料的充分高效应用。此外，施工企业对于监督管理机制进行改进创新也是手段之一，如安装全天候智能化、自动化监测体系，对于绿色施工现状进行评估和查漏补缺。

此外，施工企业需要确认各类安装材料结构配件配有对应的合格证书和质量检测证明，确保其符合绿色施工的需求。在各类污染控制方面加强管控，防控可能出现的空气污染、粉尘污染、噪声污染等，结合防污染管控要求与政府部门达成协同效应，在严格按照相关法律法规的基础之上体现绿色施工的成效。施工企业在环境质量方面也要加大监督管理力度，对于污染严重的施工单元进行严厉惩处。进一步应用更为先进的施工技术使得绿色施工取得更加卓越的效能，对于整体工程的顺利施工和绿色发展目标的落实有着关键作用。

（四）做好绿色施工管理培训和宣传推广

在绿色施工过程中，要想体现出工作的实效性和针对性，需要加强宣传绿色施工的管理理念和管理模式，使得相关管理人员从思想层面高度重视绿色施工管理的相关内容，使从业者能够高度配合，推进绿色施工管理的各项工作。技术人员要明确各个施工环节的绿色施工标准和具体要求，形成绿色施工管理体系，并根据具体情况做好调整和优化。

此外，从根本上提升绿色施工管理效率和整体工程质量的必要手段是做好员工的绿色生物管理培训和考核，使其绿色管理认可度和熟悉度、专业度得到提升。相关施工人员在业务单元监督之下能够按照既定标准进行查漏补缺、优化和完善施工情况。

四、结语

综上所述，绿色节能技术在现代建筑的应用是至关重要的，并且其建筑绿色节能设计的优劣会关系到现代建筑绿色节能目标的实现程度。因此，想要施工企业在绿色施工管理方面得到有效加强，整体操作过程中要落实绿色施工管理的各项操作要领和技术要点，同时要制定更切实可行的绿色施工方案和明确目标，并逐步分解，结合相对应的绿色管理标准来查漏补缺，科学应用绿色施工材料、施工技术，并在风险防控方面有效加强，做好废水废弃物的回收再利用，以此达到节约能源，进而达成建筑工程经济效益以及社会效益的最大化。

总而言之，施工企业对于现代建筑应用绿色节能技术，不只是顺应当下行业的时尚潮流，还是促进企业升级转型、扩大企业影响力的重要动力，甚至是企业促进人类社会实现绿色发展的历史责任。

参 考 文 献

［1］ 高青云. 绿色施工技术在水电安装工程中的应用分析［J］. 建筑工程技术与设计. 2018（31）：222.

［2］ 张永升. 房屋建筑工程施工中的绿色节能施工技术分析［J］. 建材与装饰，2020（1）：55-56.

［3］ 王艾琳. 建筑工程绿色施工管理措施初探［J］. 绿色环保建材，2018（11）：149-150.

［4］ 朱卫卫. 绿色施工管理理念下建筑工程施工管理创新探究［J］. 科技经济导刊，2018，26（31）：61.

［5］ 桑荣强，冯赞景，孙建波. 对建筑工程绿色施工技术的相关探讨［J］. 智能城市，2018，4（19）：73-74.

［6］ 丁耀湘. 基于绿色理念的建筑施工技术研究［J］. 建筑技术开发，2018，45（12）：49-50.

［7］ 李巧虹. 建筑工程绿色施工技术应用策略分析［J］. 城市建设理论研究，2018（15）：96.

［8］ 刘磊. 建筑工程项目绿色施工管理研究［J］. 城市建设理论研究（电子版），2013（14）：68-69.

基于 SWOT 分析现代建筑企业现状及可持续发展建议

沈阳建筑大学管理学院

李　丹　吴访非

摘　要：建筑行业作为我国社会经济发展的支柱产业，近年来由于疫情的影响受到了很大的冲击，市场竞争也比较激烈，且我国建筑行业已经进入了行业发展成熟期，市场规模增速处于低速增长的阶段。如今随着国家对于疫情防控政策的调整，社会经济环境发生改变，当前正是建筑企业进行战略升级、推进可持续发展的重要阶段。本文采用 SWOT 分析法，对我国建筑企业优势和普遍存在的不足以及在向可持续发展转变过程中面对的机遇和威胁等因素进行系统分析。

关键词：SWOT 分析；建筑企业；可持续发展

一、引言

疫情无论是对国民经济的发展，还是对大众生活都产生了广泛而深刻的影响，建筑企业作为国家基础性行业近年来也受到不小的影响。目前国家政策调整，市场大环境发生改变，正是建筑企业开展战略计划，推进可持续发展的重要节点。因此，有必要深入分析现代建筑企业发展的优势、劣势、机会、挑战，提出切实可行的发展建议。

二、基于 SWOT 分析现代建筑企业发展现状

（一）现代建筑企业发展优势

1. 建筑产品质量提升，实现建筑业战略转型升级

现代化建筑企业的工厂的设备精湛，生产工人的生产技术也比较熟练，能够对产品质量有所保证。现代建筑企业的建设品质通过当前建筑的抗震性可以完美体现。此外，现代建筑企业的施工工期较之前会显著减少，这会降低开发商的风险，同时可以增加企业投资资金的周转效率，对于企业的财务状况有一定的改善，提高企业的盈利能力。

2. 节能减排

在"双碳"的背景之下，中国建筑业正在加快推进绿色环保健康发展道路。近年通过使用"浅层地热能"等先进的方式方法，我国的绿色建筑企业实现了大幅度上升。至今已经基本实现全面新建建筑节能减排，满足人民对环保要求的向往。此外，大力推行现代建筑产业化，不仅可以解决可持续发展问题，也能满足人们日益增长对环保要求。

3. 解决建筑行业劳动力短缺、劳动成本过高问题

传统建筑模式下，工人作业条件差，而且相比现在危险系数更高，随着我国人口老龄化的加剧以及目前年轻人对工作环境的要求更加苛刻，劳动力短缺成为建筑行业非常显著的缺点。而现代建筑企业的住宅建筑生产与过去不同，主要构件都是由工厂集中机械化生产，因此对施工现场工人的需要减少，一定程度上解决了建筑行业劳动力缺乏问题。在此基础上，许多进城务工人员从施工现场投入建筑产业工人的行列，这使他们享受到更好的工作环境和福利待遇，有时间和精力去提升专业素质，促进了建筑业工业化建设。

（二）现代建筑企业发展劣势

1. 现代建筑产业的需求减少

建筑企业的发展的增长速度逐渐变慢。近年来全球经济的发展速度趋缓，我国人口老龄化加剧，

都对我国的建筑企业产生了一定的冲击——虽然建筑企业的总产值一直处于上升的趋势，但是上升速度越来越慢。这很大程度上表明了我国建筑企业的发展已接近饱和状态，发展空间逐渐减少；如果建筑行业仍然按照固有方式继续下去，势必造成严重的后果。

2. 人力资源管理体系不健全

目前我国大多数建造企业并没有认识到人力资源的巨大作用，没有建立合理的人力资源管理体系。具体表现为：没有根据企业的发展战略需要去管理人力资源体系，企业也没有制定合理的管理人员的提拔和考核等评价体系。此外，企业的管理人员很少能够同时具备技术和管理能力，这就导致企业缺少复合型人才，大大降低了企业的自主创新能力，从而不能很好地对建筑企业进行规划、设计等，严重阻碍了建筑企业的发展。

3. 市场竞争激烈，行业收益较低

建筑行业属于比较传统的行业，技术含量低，进入门槛也相对较低，因此建筑行业的市场竞争日渐增大。尤其在基建的大爆发后，涌入了许多不正规的建筑企业，大家为了抢夺项目，低价竞标、不正当竞争，致使建筑行业注定会牺牲一定的利润。此外建筑行业项目体量大、历经时间较长，所以在整个产业链中涉及业主方、设计方等多方，利润也会被逐级削减。在这种大环境下，我国建筑企业尤其是中小型建筑企业的处境非常艰难，经常会出现没有好项目，或者有项目但利润低的现象。

（三）现代建筑企业发展机遇

1. 新基建市场潜力巨大

根据目前国家的发展导向，如今市场经济正朝着数字化、信息化、智能化发展，建筑业和智能化结合是时代化发展的必然产物，因此传统基础设施将会融入新的元素，建筑业的生产结构、组织方式等也将会发生改变，新基建市场将会是建筑业未来的盈利行业走向。

2. 城镇化建设仍有较长红利期

虽然近年我国城镇率不断提高，截至2021年末我国常住人口城镇化率达到64.72%。但根据国家"十四五"规划和2035年远景目标纲要中也提出"十四五"时期城镇化率要提高到65%，在2035年要达到75%，2050年达到80%。由此来看，建筑行业城镇化建设仍有较大的发展空间，建筑行业仍有较长的红利期。

3. 持续拓宽绿色节能建筑新航道

国家明确了"十四五"时期9项重点任务：提升绿色建筑发展质量、加强既有建筑节能绿色改造、提高新建建筑节能水平、推动可再生能源应用、推进区域建筑能源协同、推广新型绿色建造方式、实施建筑电气化工程、促进绿色建材推广应用、推动绿色城市建设。无论从国家导向还是从人民对绿色建筑要求，持续推进绿色节能建筑是未来建筑企业可持续发展的一个重要需求。

（四）现代建筑企业发展挑战

1. 资源成本成为建筑业发展的制约因素

供应链资源成本不断上升，当前无论是人工还是原材料的价格都在不断上涨，导致建筑企业的成本上升，利润逐渐缩小，劳动力不断减少，同时建筑企业缺少协作团队的资源。因此，通过混改、兼并、收购等方式增加工人队伍，掌控优质供应链资源，向供应链延伸成为必然趋势。

2. 建筑企业经营风险不断攀升

各类业主高负债、高杠杆，资金短缺，偿债能力成为最大风险。部分地方的高债务风险，政府一定要谨慎。根据财政资料显示，江苏、湖南、贵州、云南等地政府财政压力较大。即使各大开发商积极配合落实政策，加强去杠杆、降风险，但目前所采用的大节点付款对建筑企业来说仍然有很大的压力。

3. 新技术的应用加快产业工人职业化转型

近年来，智能建筑、BIM技术、无人机、智慧工地等技术在建筑业中盛行，这些新技术的应用，需要员工对新技术、新设备、新材料等进行学习。这加快了建筑施工企业推进产业工人职业化的步伐，培养一批适应市场需求的较高技能的建筑产业工人，可以在满足效率的同时质量也有所保证。但是产业工人老龄化日益加剧，且缺少专业素质能力，这些都会影响建筑行业整体发展。因此，随着新技术的发展，工人进行职业化转型是建筑企业要面临的挑战。

通过以上分析可得出现代建筑企业的 SWOT 矩阵（如表1），并根据对现代建筑企业的了解，为现代建筑企业的可持续发展提出战略性发展建议。

我国现代建筑企业发展矩阵　　　　　　　　　　　　　　表 1

1）提升建筑品质，实现建筑业战略转型升级 2）节能减排 3）解决建筑行业劳动力短缺、劳动成本过高问题 <div style="text-align:center">S（优势）</div>	1）现代建筑产业的需求减少 2）人力资源管理体系不健全，一线人员素质偏低 3）市场竞争激烈，行业收益较低 <div style="text-align:center">W（劣势）</div>
1）新基建市场潜力巨大 2）城镇化建设仍有较长红利期 3）持续拓宽绿色节能建筑新航道 <div style="text-align:center">O（机遇）</div>	1）资源成本成为建筑业发展的制约因素 2）建筑企业经营风险不断攀升 <div style="text-align:center">T（挑战）</div>

三、推进建筑企业可持续发展建议

（一）成本管控升级

1. 建筑企业要做好成本控制计划的编制

在进行成本预算的编制过程中，当施工中出现影响成本的因素时，要根据具体情况及时修改编制好的成本预算表等。在成本控制计划初级阶段，建筑企业要进行现场考察，掌握最准确的第一手的数据，同时要把施工中可能出现的影响成本的全部因素纳入成本控制计划的考虑中。之后，要对收集到的数据进行全面分析，了解成本的各项费用构成，然后根据建筑企业的战略方案去实行后续预控工作。

2. 强化管理举措的监督与落实

成本管控就是在不影响企业施工进度并且满足质量要求的情况下，通过一系列措施去降低成本，比如合同措施、经济措施、技术措施与组织措施等。比如贯穿整个合同周期的措施：合同结构、考虑影响成本和效益的合同条款等，根据成本预算编制确定合理的工作流程，制定采购计划，同时加强对施工技术和经济方面的研究，确定最佳施工方案，选择绿色经济的材料，同时严格把控施工过程中的进度并且根据情况随时修改方案，严控各项开支，及时准确地记录、收集、整理、核算实际发生的成本，采取预防措施和纠偏措施等。

总之，施工的成本控制对于建筑企业来说非常重要，当前建筑企业利润偏低，成本管控升级已经刻不容缓，建筑企业必须深入分析成本问题，管理层也要对落实情况进行查验。这对企业推进可持续发展战略具有重要意义。

（二）创新人力资源管理模式

1. 专业人才培养系统

建筑行业入门门槛低，近年来越来越多的人加入建筑业中，但很多人都是看中了建筑行业好就业或者薪酬较好的方面，而缺乏专业能力。因此，现代建筑企业要创新人力资源管理模式。首先，要提升高专业素质员工的各种待遇，比如社保的投入、项目奖金等，激励员工去成为高素质人才。其次，如果缺少人力资源管理的专业人才，那么企业就会按照固有制度进行管理，不会根据人才需要对人力资源体系进行改进，而且对制度履行情况缺乏监督和管理，这样就很难达到制度实施的预期效果。所以，管理模式创新一定要有相应的人员储备。建筑企业要对相关人员进行系统性专业培训，培养员工创新意识，从而使其能够更好地将人力资源管理模式创新与企业实际情况相结合，提升制度的有效性，使管理更加符合员工的进步要求，同时满足行业的发展要求，提升企业的核心竞争力。

2. 建立双重职业发展渠道

随着社会不断发展变化，建筑行业对多元化、复合型人才的需求不断增强，现代建筑企业有必要建立双重的职业发展渠道，让员工在工作的同时能够学习不擅长的知识。当前，很多的建筑企业的投资和回报不成正比，薪酬也不能满足员工的需求，进而导致企业甚至行业性的人才流失。基于这种情况，建筑企业应对员工真实需求进行了解，制定合理的绩效考核制度和晋升制度，基于双重发展渠道，使员工找到更适合自己的道路，培养其多元化能力，顺应时代需求，实现员工与企业的协同发展。

综上所述，人力资源管理工作是建筑行业发展中非常重要的一环。为了适应时代发展，建筑企业需要积极地将新理念、新技术、新方法科学合理地融入人力资源管理模式，以人为本，提高对员工发展的关注与支持，使员工愿意将个人的发展与企业发展"绑定"，实现个人与企业的双赢。

（三）持续推进绿色建造技术

1. 强化对绿色建筑工程施工的多方支持

首先，政府支持。建筑企业绿色施工使用的施工技术、施工材料等都属于新型产品，价格较高。因此建筑企业需要更多的资金去推进绿色建造技术，这就需要政府根据自身职能加大对建筑企业绿色施工的帮助。

其次，资金支持。建筑企业想推进绿色建筑，需要更多的资金，因此政府加强对建筑企业的补贴是非常有必要的，可以更好地调动绿色施工企业发展的积极性，使越来越多的人员能够参与到建筑工程绿色施工管理中，培养绿色施工观念，促进建筑企业的可持续发展。

最后，政策支持。政府部门的政策对建筑行业具有很强的导向作用，如果建筑企业想要持续推进绿色建造技术、推进可持续发展，就需要政府在政策方面提供一些支持，比如政府可以根据绿色建造技术难度和成本费用等作为依据去减免赋税，也可以拓宽建筑的融资渠道等。此外，政府支持能够帮助绿色建造技术形成从上到下的绿色建造意识，从而发挥出绿色施工管理在推进建筑工程长远发展中的重要作用。

四、结语

现如今正是建筑企业战略升级的关键时刻，建筑企业必须树立全新的发展战略观念，从可持续发展的角度出发分析企业内部的优劣势，正视发展过程中存在的机会与威胁，进行成本管控，培养复合型人才，持续推进绿色发展。同时，要结合当下大数据发展趋势，将人工智能与BIM技术等运用到建筑企业的工作中，抓住当前经济复苏的时机大力发展建筑业，让建筑企业在未来能够具备竞争优势，实现可持续发展。

参 考 文 献

[1] 陈以春. 建筑施工管理绿色施工管理应用分析 [J]. 中国建筑装饰装修，2022（2）：63-64.
[2] 庄妙莉. 管理模式创新，提升建筑企业竞争能力 [J]. 人力资源，2021（22）：10-11.
[3] 冷世春. 综合管理信息系统在现代建筑企业中的应用 [D]. 沈阳：沈阳建筑大学，2017.
[4] 武丽娟. 加强现代建筑工程技术管理，提升建筑企业经营管理能力 [J]. 科技与企业，2015（13）：61，63.
[5] 孙岩. 创新人力资源管理模式，提升现代建筑企业竞争能力 [J]. 科技与企业，2013（3）：22，24.

现代建筑产业化对企业的影响研究
——以 Z 集团为例

沈阳建筑大学管理学院

赵子慧　金晓玲

摘　要：近些年来，我国大力推动装配式建筑等新型建筑模式的发展，在政府工作报告中多次提到要发展绿色、生态、环保的现代建筑，这对于建筑行业来说是促进转型升级的良好契机。Z 集团作为建筑行业的前排企业，一直走在现代建筑产业化发展的前端，其产业化发展的模式和方法对整个建筑行业来说具有重要意义，为行业内其他企业的产业化发展提供了借鉴意义。

关键词：现代建筑；产业化；智能研发；Z 集团

一、引言

建筑业是我国国民经济中的重要组成部分，现代建筑是随着资本主义的产生而形成和发展起来的。建筑的问题关乎人民生活、国家经济等多个方面的发展，近年来，我国重视经济的高质量发展，对建筑行业也提出了更高的发展要求，传统的主要依靠人工和劳动力发展起来的建筑产业与现在倡导的绿色、持续发展已经不相匹配了。2020 年以来，我国提出要加快推进 5G 网络、大数据中心、人工智能、工业互联网等新型基础设施建设；此外，受到新冠疫情的影响，各个行业都面临着转型升级的难题，建筑行业也不例外。现代建筑产业化以及智能化发展，是我国建筑行业发展的新阶段，对于建筑行业内的每一个企业来说都具有重大影响，建筑企业在这样的背景下如何开展与国家政策相适应的业务，如何推进现代化、智能化、产业化的发展是面临的重要问题。

二、现代建筑产业化的相关概念

（一）建筑产业

建筑产业是一个跨越了第二产业并延伸到第三产业的综合性产业，涵盖了房地产业、建设行业、咨询服务行业等，包括了从建设投资、生产到流通、消费的全过程。建筑产业是一个产业链前后联系极其紧密的行业，它和建筑设计、建筑材料等相关产业的关联性极强，建筑产业不仅指的是房屋的建造，更是指一个完善的产业生产链。

（二）现代建筑产业

现代建筑产业在传统建筑业的基础上加上了科学技术的支撑，强调建筑产业的部品化、绿色化、智能化发展，现代建筑产业在发展的过程中呈现出了产品的设计有统一的标准、结构和建筑的构建逐渐部品化、施工过程机械智能化、管理方式信息化等特点，将设计、生产、施工等整个产业相整合，目的是推动建筑产业向绿色、环保、持续、智能的方向迈进，实现全生命周期的价值最大化。现代建筑产业的发展是为了解决传统建筑建造中存在的一系列问题，比如产品的质量低、性能差、效益低、不环保、不安全等，其发展可以促进设计、生产、建造之间的联系，改善传统落后的生产方式，推动传统建筑业的转型升级。

（三）建筑产业化

建筑产业化是对建筑行业更广泛的概括，强调的是整个产业链的发展，是将建筑产业的各个环节联系起来，从产品设计到材料制造、建筑施工、建筑物的能源消耗、最终产品的销售，这些过程连接起来构成了整个建筑行业的产业化。建筑产业化的目的是实现整个建筑行业的一体化发展，建立一个完整的产业链，在整个建筑产业链内合理调配资源，实现产业链各部门之间的良性互动和建筑产业内部的协调发展。建筑产业化是在建筑工业化的基础上进一步发展起来的，建筑的工业化发展使得全产业链的发展有了基础，在工业化达到一定的程度之后，才能将建筑技术与经济和市场发展相结合，实现建筑行业的产业化发展。

（四）我国现代建筑产业化的发展现状

最早的"住宅产业化"概念源于日本，随着我国市场经济的发展，国家出台了一些举措促进住宅产业化的发展与基础设施建设，"住宅产业化"在我国开始出现，并逐渐演变为建筑产业化。目前，我国现代化建筑产业化的发展主要集中在装配式建筑、数字化、智能化方面，2017年住房城乡建设部印发了《"十三五"装配式建筑行动方案》，其中提出到2020年，全国装配式建筑的比例达15%以上，形成一批装配式建筑设计、施工、部品部件规模化生产企业和工程总承包企业，全面提升装配式建筑质量、效益和品质，实现装配式建筑全面发展。装配式建筑将装配式材料比如楼梯、墙板等作为材料部件，根据建筑物建造所需的具体尺寸加工成一个个的产品部件，将传统的现场施工环节转移到工厂生产中去，在这种装配式建筑结构的发展方式下，建筑材料和建筑生产之间的上下游关系更加紧密，对传统的建材行业生产制造也提出了新的要求。

近年，我国出台了《建筑产业现代化发展纲要》，提到2020年，装配式建筑占新建筑的比例达20%以上，直辖市、计划单列市及省会城市30%以上；建筑业劳动生产力、施工机械装备率提高1倍。到2025年，装配式建筑占新建筑的比例50%以上。装配式建筑在我国的现代建筑产业化发展中的地位逐步提高，也越来越得到国家的政策支持，是建筑行业的重点研发方向，在建筑物中的比重会越来越大。装配式的建筑模式对建筑产业链上下游之间的融合提出了更高的要求，在建筑产业化的进程中起到了越来越重要的作用。

三、Z集团的建筑产业化发展案例分析

（一）Z集团有限公司简介

Z集团有限公司（以下简称Z集团），成立于1982年，在我国的发展已有40余年的历史，其建筑业的专业化程度高、市场经营时间长、一体化程度高、产业链体系完善、在全球的投资建设集团中占有重要地位，共拥有上市公司8家，二级控股子公司100余家，业务范围遍布全球多个国家和城市。Z集团作为全世界较大的工程承包商，在房屋建筑领域占有重要地位，体现了建筑领域的较高水平，其业务范围广泛、项目工程涉及城市建设中的多个环节，在国内外都留下了许多经典建筑；其次，Z集团在投资方面也占有重要地位，房地产开发、融投资建设、城镇综合建设等领域都有其投资建设的项目，形成了一个集投资、开发、设计、建造、运营、服务等于一体的建筑体系。其企业集团发展，在全世界范围内都具有重要地位，2022年位列《财富》世界500强第9位，中国企业500强第3位。

Z集团作为建筑行业的引领企业，积极推进企业的产业化发展。2015年，Z集团三局在武汉主导成立了Z集团三局武汉绿色建筑产业园，形成了PC构建厂、装配式装饰部品厂、机电设备安装数字化加工厂、钢结构加工厂、临时设施制造厂和技术研发中心。Z集团在发展的过程中，紧跟国家政策要求，是我国第一批"走出去"的企业，也是走在创新和发展前沿的企业。

（二）Z集团的产业化发展

1. 注重建筑产业智能化发展

在新冠疫情的背景下，各行各业都面临着转型升级的困境，随着国家相关政策的扶持，智能建造在建筑业内逐渐发展起来。Z集团将智能制造技术运用到建筑施工的各个环节，使用智能化的无人机测绘技术进行测绘建模，代替了传统的人工手段。在传统的测绘技术中，首先需要人工建立二维模

型，再利用 BIM（建筑信息模型）技术转换成三维的立体效果；而在无人机测绘技术下，从主体测绘到建筑施工，各个环节都可以使用无人机完成测绘拍照，通过测绘的高度、坡度、面积、长度等直接导出三维模型。这种方式一方面提高了测绘的精度，另一方面大大提高了工作效率，原来需要三四个工人 2 天时间才能完成的建模任务，在智能化的无人机测绘下只需要 2 个工人半天时间就能完成。除此之外，以无人机为主要工具的测绘技术构成的建筑信息模型不仅在空间范围内实现了直接建立三维信息模型，还增加了时间的维度，实现了从设计阶段到施工阶段再到运营管理全方位的智能化，通过智能化的模型建造实现了全方位的设计模拟。Z 集团的建筑智能化发展在建筑施工领域的广泛应用，是其建筑产业化中的重要一环，加大了设计建模和施工以及后续运营之间的联系，对整个产业链的运营起到了重要作用。

2. 加强科技创新

在现代信息技术的背景下，传统的建造方式对于建筑行业来说效率低下、耗时耗力，受到了较大冲击。Z 集团在信息技术的背景下，注重自身产业的信息化、技术化，专门成立了技术研发中心，每年投入的科研经费近百亿元，目前已经自主研发了自动化的实测测量、机械化设备移动端的巡检、机电数字化的加工等智能建造技术。这些研发经费的投入给企业带来了巨大的科技成果，在绿色建筑、智能建造、建筑工业化三大领域不断突破，形成了企业强大的科技竞争力，"十三五"以来，Z 集团多次承担国家重点项目的研发，主导了 37 个、参与了 46 个课题的研发等，多次获得中央财政专项支持，政府补助经费金额约为 1.9 亿元，其在建筑领域的科技创新以及研究成果为国家建筑的产业化发展做出了重大贡献，这些创新技术是企业走向建筑产业化的重要保障和动力。

3. 积极推动装配式建筑发展

装配式建筑因为绿色、环保、高效等特点，适应我国对建筑行业可持续、绿色发展的要求，是我国近年来提倡的建筑业发展方向，Z 集团积极推动装配式建筑的发展，是最早进行装配式建筑研发的企业之一。从 2016 年开始，Z 集团进行了首个装配式建筑项目"哈工大项目"的施工，之后一直积极拓展装配式建筑项目范围。从首个项目开始，就成立了一支高技术水平的创新团队进行装配式建筑的技术研发，同时其严格把控项目质量，从设计、生产到施工，都有专业人员进行严格把控，相关材料通过了市住建局认定，保证了高质量、高效率完成装配式建筑项目。

在进行装配式建筑研发时，Z 集团进行的是全过程的 BIM 管理，对施工的各个环节提前进行模拟，在这个过程中可以对可能遇到的问题提前预演，让施工人员对项目一目了然，提早发现在设计环节出现的问题，减少了施工过程中的失误和返工；全过程的 BIM 管理对各个部门之间协作的要求也更高，实现了更高层次的协同（图 1）。

Z 集团在"哈工大项目"的基础上，积极完善与装配式建筑相关的生产经验，联合中国工程建设标准化协会牵头编制了《装配式混凝土建筑工程总承包管理标准》，对装配式建筑的混凝土建筑工程提供了一套标准，这一标准的制定在一定程度上减少了标准不一导致的技术推广困难，对装配式建筑

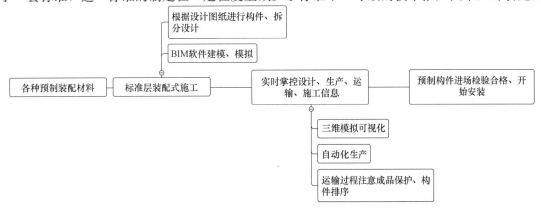

图 1　装配式建筑简要建造过程

的发展起到了重要作用。

4. 参与新型基础设施建设

从 2018 年开始，我国政府就提出了加快物联网等新型基础设施建设；2020 年提出大力倡导新型基础设施建设，以新发展理念为引领，以技术创新为驱动，以信息网络为基础，提供数字转型、智能升级、融合创新等新型基础设施；2022 年的政府工作报告中也提到了要全面加强新型基础设施建设、新型城镇化建设、交通水利等重大工程建设。Z 集团近年来积极参与构建现代化的基础设施建设，在移动通信、工业互联网、大数据中心建设等方面都做出了巨大贡献；其关于基础设施的国内新签业务量在其主营业务中占有重要比重，稳定在 21% 左右，基础设施建设为企业创造的毛利率逐年升高；近些年来基础设施业务的建造工程面积逐年增加，在近两年有一个飞速增长，道路的基础设施新增量一直保持着一个较稳定的状态，并呈现逐年回升的趋势（图 2、图 3）。

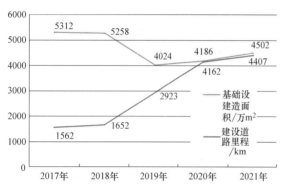

图 2　Z 集团基础设施业务工程量折线统计图
数据来源：Z 集团官网年度报告

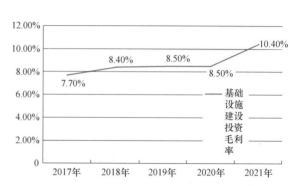

图 3　Z 集团基础设施建设和投资项目毛利率统计图
数据来源：Z 集团官网年度报告

四、建筑产业现代化发展对 Z 集团的影响

1）全产业链的优势保证了企业营业收入稳定增长

Z 集团现代化的产业发展，使得其逐步建立起了全产业链的布局，并且有新型的建筑工艺和国家倡导的装配式建筑等项目的支撑，即便在 2020 年新冠疫情的冲击下，其营业收入仍然逐年增长，每年较上期的营业收入变动比例也维持在 10% 左右。2018 年、2019 年集团新签了许多基建业务，对营业收入增长的贡献极大，正是集团对于全产业链的布局，紧跟国家政策导向，使得企业培育出了新的市场增长点，即便在外部环境波动较大的情况下，依然实现了整体收入稳步增长（图 4，表 1）。

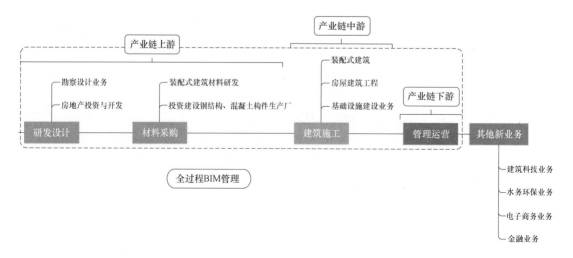

图 4　Z 集团的全产业链布局

Z集团营业收入统计					表 1
年份	2021	2020	2019	2018	2017
营业收入/千元	1891338970	1615050549	1419836588	1199324525	1054106503
较上期变动比例/%	17.1	13.7	18.4	13.8	9.8

数据来源：Z集团官网年度报告

2）研发费用在企业中的影响加大

目前，我国现代建筑企业的产业化发展还处在探索和完善的阶段，各方面的技术等都不够成熟，例如装配式建筑材料的标准、如何减少装配过程中的失误、提高装配材料的使用效率、提高各个环节的相互衔接等，企业想要推进产业化发展必须加大技术的研发，那么前期研发费用就会大幅增加。对于 Z 集团来说，其每年投入的研发费用都高达数百亿元，这些研发费用如果能够形成一些科研成果，对于企业来说会对其长远发展产生积极作用。但对于小企业来说，研发投入过大可能会给企业带来较大风险，如果没有国家相关研发经费的支持，巨额的研发费用可能会给企业带来沉重负担或是抑制产业化发展的进程（图5）。

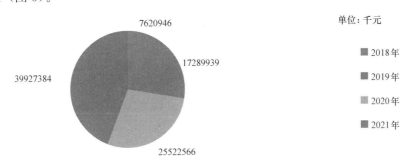

图 5　Z集团近四年研发费用统计

数据来源：Z集团官网年度报告

3）对专业的技术工人的需求加大

现代建筑产业化的发展，形成了一系列智能化的新技术，装配式的建筑材料、新型的技术体系等持续发展，但是相应的技术操作工人严重不足，如果没有与新技术相匹配的产业工人来落实新技术的生产，那么最后呈现出的产品和预期可能就会出现较大落差，产品质量也无法得到保障。为了应对产业工人和新型技术水平不匹配的问题，首要的就是要对产业工人进行技术培训，产业工人原有的技术水平已经不能满足现有的生产制造的需要了。对于建筑产业来说，建筑工人是将建筑产业落到实处的重要人员，产品的设计、升级，都需要建筑工人的执行。做好基础的、关键性的人员储备和完善的人才体系，对于建筑生产来说十分重要。加强对产业工人的技术培训，可以使他们更快地投入新的技术生产中去，是一种有效的人才培养手段。

4）产业化发展对企业的成本压力增大

现代建筑企业的产业化发展对新工艺的要求较高，这些新工艺的投入使得企业的成本在一定程度上有所提高，新型的机械设备等往往需要企业一次性进行较大投入，会对企业造成较大的成本压力；产业化背景下的装配式建筑需要将装配材料直接运往建筑工地进行组装，对物流运输的要求较高，需要大型的运输工具进行运输，如果装配工厂与建筑场地的距离较远，会进一步加大运输的难度和成本。这对项目各环节之间的衔接以及完善物流运输的通道等提出了进一步的要求。

五、总结

总的来说，我国现代建筑企业的产业化发展还有很长的路要走，现代建筑对于企业的环保、绿色等要求在产业化的推动下可以实现进一步的发展。Z 集团是我国建筑业的龙头企业，其对于行业内的发展具有很好的引领作用，此外 Z 集团作为一家央企集团，其技术研发等会受到更多国家政策的支持，也会更加重视对国家政策导向的履行，因此其产业化较其他企业来说发展迅速，目前为止其产业化发展呈现出了高投入、高回报的特点。对于其他建筑企业来说，可以借鉴 Z 集团成功发展产业化的经验教训，同时 Z 集团也应当承担起企业的社会职责，为行业内标准制定、信息共享等贡献力量，共同推进我国现代建筑企业的产业化发展。

参 考 文 献

［1］ 成立. 从 2020 年《政府工作报告》看房地产市场发展态势［J］. 城乡建设，2020（11）：6-9.

［2］ 住建部印发《"十三五"装配式建筑行动方案》［J］. 建筑技术开发，2017（4）：161.

［3］ 本刊讯.《建筑产业现代化发展纲要》出台进入倒计时［J］. 墙材革新与建筑节能，2015（12）：6.

［4］ 王英华，郑文博. 基于全产业链视角的现代建筑产业化发展问题及对策研究［J］. 工程经济，2020，30（11）：11-13.

［5］ 李海峰. 解读我国建筑产业化未来发展趋势［J］. 居舍，2021（27）：1-2，10.

［6］ 王荣. 我国现代建筑产业园发展现状与思考［J］. 科技促进发展，2018，14（8）：725-733.

［7］ 牛昌林，冯力强，李强，等. 甘肃省装配式建筑产业化发展问题分析与策略研究［J］. 建筑经济，2020，41（11）：66-72.

［8］ 陈金海，李丽红，申佐飞. 基于 SWOT 的现代建筑产业现状分析及发展建议［J］. 工程经济，2018，28（7）：43-46.

［9］ 钱施光，丁晓雯，刘桐序. 沈阳市建筑产业现代化发展制约因素分析［J］. 现代商贸工业，2018，39（9）：19-20.

［10］ 赵昱，王晓鹏，许浩磊. 沈阳市现代建筑产业化的发展路径创新研究［J］. 辽宁经济，2016（7）：52-54.

第二部分

城市·更新

韧性城市建设的研究综述与规划框架

沈阳建筑大学管理学院

蒋明卓 苗 馨

摘 要：在全球疫情持续频发和多起极端天气冲击背景下，如何让城市更具有危险应对和风险抵御的韧性逐渐引起人们的重视。本文通过分析总结韧性城市的基本原理和突出特征，构建韧性城市理论的价值体系。并梳理近年来相关文献的研究成果，分三个维度探讨韧性城市的评价指标。基于此，在防灾减灾规划、基础设施规划、国土空间规划和应急规划治理四个方面构建了从概念理论向实践拓展的规划框架。未来可结合弹性规划思路对韧性城市研究做进一步分析。

关键词：弹性规划；韧性城市；文献综述

一、引言

城市是人口和物质财富高度集中的中心区域，是人类物质文明和精神文明产物。然而，面对自然灾害和人为灾害，我们居住的城市往往表现出高度的脆弱性。随着我国现代化进程的加快，城市发展面临复合型灾害带来的治理挑战越来越严峻。对此我们提出基于韧性治理的弹性城市规划一种空间规划的弹性思维，注重城市在未知干扰下的变化和影响，并预测未来风险发生的可能，提出有针对性的、灵活性和适应性的解决方案，为资源的有效配置提供指导性建议，最终实现城市可持续发展。

基于可持续发展战略，以提升现代城市风险防控治理能力为目标，把韧性城市建设上升到关乎国家发展层面。我国党的十九届五中全会审议通过了《中共中央关于制定国民经济和社会发展第十四个五年规划和二〇三五年远景目标的建议》。其中首次提出建设"韧性城市"。因此，加强韧性城市的建设已经成为实现我国经济高质量发展的必然要求，是新时代我国迫切需要解决的问题之一。

针对频繁的城市问题，国内外相关韧性研究表明，要降低灾害风险，就需要提高当地政府的规划能力。也有许多国际机构建议构建合作计划，以推动韧性城市的可持续。目前，关于韧性城市的发展历程、评价与应用已成为国内外学者关注的热点。从总体上讲，有关弹性规划和韧性城市研究逐步从理论论述向实践发展延伸，从整体研究向专项具体规划，其涵盖的范围不断扩大。

二、韧性理念的内涵与价值

（一）韧性城市概念

"韧性"一词的原本含义是指材料在受到外力影响时，能够及时恢复到原始状态的性质。该词最早被运用于机械、工程、生态系统，并着重其适应性，稳定性和多样性。20世纪90年代，随着经济发展，经济学、地理学等多学科领域下的学者开始关注韧性研究，研究对象向社会科学过渡，各学科研究成果相互融合，最后形成"韧性城市"的理论体系。

国际上较有影响力的研究中将韧性城市定义为城市系统的主体在面对冲击或压力时依靠自身的迅速反应和恢复能力表现出较强的抗灾性能，能够吸纳外在扰动保持原本的城市结构并维持城市正常运行能力。

韧性城市在规划时基于"以人为本"着眼整体利益下对资源的利用和分配，协调利益冲突不仅关注短期效益，且注重长期规划。充分考虑其未来发展的潜力，不可预见方面保留调整规划能力预留更新改造的弹性空间，为城市规划的发展提供客观、合理、可操作的理论支持和价值判断。

（二）韧性城市主要特征

对于城市应具备的韧性特征，学术界已经有大量研究，将其中具有代表性学者的论述进行交叉总结。包括鲁棒性、冗余性、多样性、协同性、可变性、适应性和不确定性等，韧性城市特征与含义如表1所示。

本文认为韧性城市至少应具备四个方面的特征：一是在强化城市物质基础设施和优化功能方面，韧性系统表现出的鲁棒性和冗余性，城市预留额外的储存空间不仅可以及时判断抵御外部冲击的压力又具有充分的自救能力，迅速换取备用模块减少问题对整体系统的影响；二是在对加强和改善系统内部关系方面，韧性系统表现出多样性和协同性，通过多元化城市资源和应用手段，减少危险威胁程度增加城市活力和韧性，整合相关资源的过程中，同时兼顾更多利益方状况，并要求各种社会力量参与其中；三是在对灵活配置不同的韧性规划和提升策略方面，韧性城市表现出可变性与适应性，面对多种潜在的风险，快速做出应变措施保证其在承受灾难破坏后，能够恢复其原有组织结构，累积经验进入新的平稳状态；四是在各种干扰过后，城市应该有足够的恢复学习能力和智慧性，并通过学习和吸取教训使城市更加强大，更具有持续发展的潜力。

具有代表性的韧性城市表现特征　　　　　　　　　　　　　　表 1

提出的学者或组织	韧性城市特征及要素
洛克菲勒基金会	全球 100 韧性城市项目(100RC)实践启示，韧性城市应具有反思力、随机应变性、稳健性、冗余性、灵活性、包容性和综合性七大特性
Michel Bruneau	韧性被定义具有鲁棒性、冗余性、智慧性、快速性等属性并整合形成韧性城市中技术、组织、社会和经济四个相互关联的框架维度
PENNY AllAN	认为城市应具备多样性、适应性、模块性、创新性、迅速反馈性、多储备性以及生态系统服务功能
JACK AHERN	提出韧性城市应具有多功能性、冗余性、模块性、社会生态多样性、多尺度网络连接性和适应性规划设计五个要素(或特征)
Patricia Marana	城市韧性综合评估模型，提出冗余、稳健性、连通性、独立性、效率、资源、多样性、适应、创新、包容和整合等 11 个特征
仇保兴	将韧性系统模型划分为结构韧性、过程韧性和系统韧性三个方面，基于复杂适应(CAS)系统提出一座韧性城市应具备主体性、多样性、自治性、冗余性、慢变量管理和标识六大要素
黄富民	城市韧性特征主要体现在动态平衡性、兼容性、流动性、扁平性、缓冲性和冗余度六方面
王江波	以洛克菲勒基金会启动的 100RC 项目为例，提出全球韧性城市规划的目标具有多样性、导向性以及地域性等特征
黄弘	以安全韧性为关注点构建三角表征模型，分析城市承灾系统结构特点提出安全韧性城市应具有冗余性、多样性、网络连通性、适应性、协同性、快速稳定性、恢复力和学习力等特征
汤放华	韧性是城市的一种本质特征，通过完善的整体格局和持续的功能运行在冲击来临时迅速化解并实现恢复
何继新	城市社区安全韧性作为一种新的治理理念，以复合性、操作性、多样性、恢复性和可变性共生性六大特性为主导实现韧性社区可持续发展之路
肖文涛	韧性城市在面对冲击或遭受突发事件时，能够凭借协同性、自适应力、智慧性、冗余性、自组织性和学习性等特征，有效抵御压力并仍能维持稳定状态

三、韧性城市的评价体系

为将韧性研究逐步从理论研究向实践延伸，通过建立科学、系统的评价标准，可以帮助学者对韧性城市的未来发展路径进行预测，进一步丰富韧性系统理论，构建韧性城市评估指标体系。目前已有许多文献对韧性城市的评价进行了论述，从宏观来看可将韧性城市评价体系总结为灾害恢复、城市建设和管理安全三个维度。

维度一侧重于衡量城市面临灾害危机时的恢复状况，综合充分地考虑社会对不确定因素适应性，不仅注重灾后的反应效果，更应该与不同地区不同情况冲击相结合将韧性理念运用到日常生活中；维度二的城市建设过程是多种因素综合创建的过程，城市中各子系统共同决定，每一区域的变化都影响着韧性水平；维度三集中城市治理的安全管理，建立城市系统评估指标，在政府领导下调动监督各系统协同行动，形成整体性治理格局。伴随着我国城市化进程的持续推进，城市运营机制日趋复杂，城市安全发展面临新局面，而我国关于韧性城市建设还存在薄弱环节，这就要求国家给予标准规范支撑城市的可持续发展。我国从 2022 年 5 月 1 日起开始实施的《安全韧性城市评价指南》，是一项系统化对韧性城市建设进行评价的国家标准，有助于提升城市韧性建设水平。

四、韧性城市规划的路径与机制

城市是一个具有多种形态结构和多元化网络联系的组织系统，这使得城市弹性规划非常复杂。要想制定有效的弹性规划，不仅依赖于对城市风险和弹性现状的科学评估，还需要对城市规划机制进行全面系统的把握，在较大范围上，对社会、经济、科技等方面进行综合的战略部署。近十几年来，已经有越来越多的城市加入韧性发展建设行列，韧性城市建设从规划入手，是国家对城市的未来发展进行宏观调控的重要依据和基本手段。

本文选取 CNKI 等核心数据库对相关文献进行收集，因研究对象为韧性城市，在数据库中，以"韧性"及"规划"及相关关键词进行检索，共计获得密切相关文献 579 篇，在 VOSviewer 中进行关键词共现、聚类分析项目的可视化处理。

如图 1 所示，节点代表选择关键词要素，节点大小表示该关键词的共现程度。利用 VOSviewer 软件分析相关文献数据，将研究热点的关键词进行聚类对比，总结现有的城市规划可以从自然、功能、空间、治理的四个维度来响应城市韧性。目前主要应用于防灾减灾、基础设施功能、国土空间、应急治理等规划领域，结合韧性城市的特征与评价指标形成韧性城市综合体系框架（如图 2）。

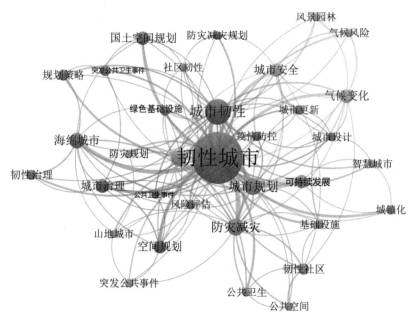

图 1 关键词共现图谱

（一）防灾减灾规划

近年来，我国发生的一系列重大自然灾害，对人民的生命财产构成了巨大的威胁。从统计上说，我国城市的灾害损失在全国排名中位居前列，而在现代都市建设中，各类不安定因素的规避和防范已成为当前城市发展面临的重大课题。

在防灾减灾规划方面的韧性作用机制可概括为预防、承受、修复，将传统的防御思想向适应性转变。在预测阶段根据各类可能发生的灾害类型进行风险评估并进行实时科学监测，提高面对风险的适应和应对能力。在承受阶段要求基础设施具有基本的抗灾能力，需建立紧急避难场所及时弥补损失。在修复阶段应从指挥体系高效救灾，做出详细的应对措施。

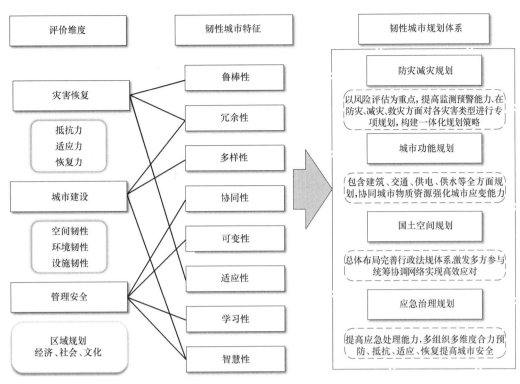

图 2　韧性城市综合体系框架

但从现有城市规划来看，城市功能过于集中、城市防灾能力弱、救援时效不高、恢复力度不足、硬软件适配能力不够。城市安全设施落地难、对灾害风险点避让不够都有可能会对城市韧性建设造成影响。韧性城市在防灾减灾的规划策略需以风险评估为重点，对其承载能力进行分析提高灾害监测预警能力，将专项目标融合、功能布局融合、空间单位融合和虚实融合等多重融合为导向，在国家层面编制防灾规划技术路线，在对建筑抗震、基础设施防灾、次生防灾、避险疏散场所等分区中找到重点进行规划，使得规划更具有针对性。同时提高监管和宣传教育层面全面防灾，从城市布局设施保障层面安全减灾，从指挥体系层面有效应对高效救灾。开展政府主导、社区参与模式，总体加详细地逐层深化编制要点，并融入城市各个阶段的韧性建设。

(二) 城市功能韧性规划

建设韧性城市，应提高城市基本功能的韧性水平，从经济多元化发展、环境绿色安全、社会融合健康等方面营建基础公共设施韧性规划。城市的基础设施不仅是韧性城市在空间上重要的结构支撑，更是保证人民生活品质、社会生产所必需的基础工程，是城市功能中的一个关键单元。

从韧性城市规划角度来看，韧性城市设计应包含建筑、交通、桥隧、供电、医疗等多方面设计规划。需要城市物质空间资源支撑减轻其负担、承受、消化和应对灾害的能力。与过于依赖于稳健、集中的大型基础设施的传统规划理念相比，韧性规划在功能形式、资源流通等方面具有独特的特点。运用生态智慧构建城市管理系统，综合各类专业，融合绿色、灰色、存量、增量等基础设施，采用新科技、高效率手段是实现城市基础设施韧性规划的必由之路。

以排水污水系统为例，中国的多数城市出现由设备不足、容量不够等原因造成的各水系发展不均衡且缺少联系，无法形成互补严重影响污水系统正常运行等问题。从韧性规划理念出发，提出预留系统发展的弹性空间、修复完善污水管网、增大弹性系数等方法，构建了污水管网规划以及定期养护的运行机制。并利用水安全体系规划，从排水、给水、污水处理等多方面构建高效集约的水循环系统，保证韧性污水系统工作正常运行并能够应对各种突发情况，提升城市韧性建设，进一步满足人们居住安全幸福的基本要求。

（三）国土空间规划

国土空间规划是城市发展的总纲，其建设方案和管理水平可推动城市治理格局构建、优化促进资源配置合理化、统筹城市韧性构成要素均衡发展、提升城市韧性治理新模式。

在国土空间规划方面韧性作用思路可概括为评估风险、评价应对能力、提出规划指引。从目前来看，相关学者对韧性城市理念下的国土空间规划进行了深入探讨。首先，"以人为本"是当前国土空间规划工作的核心价值，在进行国土空间韧性规划时应"生态优先"与"以人民为中心"相结合配置公共服务设施。

其次，韧性城市规划理念已经成为实现城市可持续发展的重要手段之一，但我国韧性城市建设国土空间规划方面仍然面临许多安全问题，如面对灾害时往往采用单一模式的应对，体系不健全等。综合以上观点提出我国未来韧性城市国土空间建设应先将韧性理念与国土空间规划融合进行总体布局，并针对不同的灾害情况，进行综合、专业化的统筹编制协调。最后，重点细化相关设施空间位置制定详细的控制指标。规划包括建立健全法律法规体系，完善行政管理体制，统筹多种灾害风险，激发全社会参与机制，利用科学信息技术平台对风险及时评估并构建应急网络实现高效应对。

虽然我国现有大量文献基于韧性理论在国土空间规划方面的研究，但与发达国家相比，我国城市空间规划的韧性建设还处于起步阶段。国土空间规划是我国行政管理体系必须面对的一大挑战，强调具有前瞻性的行动计划和调动多方参与的能力，要求城市应用韧性理论与规划实践紧密结合。以城市发展需求为导向，从多方面、多角度来探讨综合对策研究。实现到 2035 年，国土空间治理水平和治理能力现代化得到全面提升，基本形成美丽富饶的可持续发展空间格局。

（四）应急治理规划

韧性城市的应急治理规划，是指利用空间和时间、运用统筹能力在实践解决突发性问题的方法，对韧性城市规划进行应急性处理。近几年，新冠疫情的暴发给人们的日常生活造成了很大的影响，为了控制疫情的蔓延，需要制定具体的应对机制、战略和规划框架。韧性城市规划是一种对突发事件风险进行预测、快速组织人员、资源合理调配的有力手段。

应急治理下的城市空间规划必须要提高"应急处理能力"。现阶段我国现有应急治理体系还存在部门间协调不顺畅、应急预案准备不足等问题，虽然在应急处理与救援以及恢复重建阶段存在机制优势，但在预防与准备阶段稍显不足。针对以上问题，我国应对韧性城市应急治理体系做出系统性的规划，以求为我国韧性城市健康快速发展提供保证。

韧性城市的应急治理作用机制是以多个部门或组织为主体，相互作用，共同抵御城市风险或灾害的过程。由城市的组织韧性、设施韧性、制度韧性、技术韧性、居民韧性五个维度合力进行预防、抵抗、恢复、适应以提高城市安全。

我国现阶段存在多种多样的风险，对于这些风险采取的治理手段存在一些问题。要想接续推进韧性应急治理体系规划，首先应强化党的领导，完善党建引领韧性治理模式；其次应加快调节政府不同级别之间的协调机制，落实韧性治理顶层设计并应运用科技建立统一的信息管理机制。面对多元复杂的风险综合体，政府的力量是有限的，应急规划需要积极推进全民参与机制，推行宣传教育培训等系统化方式培养群众风险防范意识，动员主体的责权法制化和规范化调动人民积极性，加强激励和保障机制等方式提高韧性城市合作治理合力。

从 2003 年的"非典"到 2008 年的汶川大地震，再到目前的新冠疫情等风险应急防控案例，我国应急治理规划理念都发挥了重大作用。实施了一系列有效的应急安全管理机制，加强了城市安全管理领域的制度合理化，逐步建立了中国韧性城市理念下的应急规划体制。由于风险的不确定性，在城市展开防控应对时，随时都可能出现新的问题，导致防控难度加大。在健全我国安全治理法治体系，完善治理结构，更加准确地提出针对性强、可操作性高的规划方法，以及突发事件应急处理方面，我们还有很大进步空间。

五、小结

本文以韧性城市作为研究对象，梳理了韧性理念、评估方式和规划方法等相关文献。总结归纳韧性城市建设研究成果，构建了科学规划体系框架。在此基础上，还围绕理论机制和实践路径两个方面为韧性城市规划建设提供了方向。在未来的研究上，应对韧性城市建设融入建设管理全过程进行分析，着重预测编制阶段观点的选择，进行具体实施形式探讨。希望本研究能为未来相关研究提供新的视野和借鉴。

参 考 文 献

[1] 朱正威，刘莹莹. 韧性治理：风险与应急管理的新路径 [J]. 行政论坛，2020，27 (5)：81-87.

[2] 中共中央关于制定国民经济和社会发展第十四个五年规划和二〇三五年远景目标的建议 [EB/OL]. （2020-11-03）[2023-06-13]. http://www.gov.cn/zhengce/2020-11/03/content_5556991.htm.

[3] 邵亦文，徐江. 城市韧性：基于国际文献综述的概念解析 [J]. 国际城市规划，2015，30 (2)：48-54.

[4] 100RC. Strategy Guidance Manual：Developing and lmplementing High-lmpact Resilience Strategies Version3.0 [R]. 2017，11：20-33.

[5] Michel Bruneau, Stephanie E. Chang, Ronald T. Eguchi, et al. A Framework to Quantitatively Assess and Enhance the Seismic Resilience of Communities [J]. Earthquake Spectra, 2003，19 (4)：733-752.

[6] Penny Allan, Martin Bryant. Resilience as a framework for urbanism and recovery [J]. Journal of Landscape Architecture, 2011，6 (2).

[7] Jack Ahern. From fail-safe to safe-to-fail：Sustainability and resilience in the new urban world [J]. Landscape and Urban Planning, 2011，100 (4).

[8] Patricia Marana, Leire Labaka, Jose Mari Sarriegi. A framework for public-private-people partnerships in the city resilience-building process [J]. Safety Science, 2017，110.

[9] 仇保兴，姚永玲，刘治彦，等. 构建面向未来的韧性城市 [J]. 区域经济评论，2020 (6)：1-11.

[10] 黄富民，陈鼎超. 城市如何"韧性"而为 [J]. 北京规划建设，2018 (2)：6-10.

[11] 王江波，温佳林，苟爱萍. 全球韧性城市规划的目标特征研究 [J]. 防灾科技学院学报，2022，24 (3)：1-16.

[12] 黄弘，李瑞奇，范维澄，闪淳昌. 安全韧性城市特征分析及对雄安新区安全发展的启示 [J]. 中国安全生产科学技术，2018，14 (7)：5-11.

[13] 汤放华，汤慧，古杰. 韧性城市的概念框架及城乡规划的响应 [J]. 北京规划建设，2018 (2)：11-13.

[14] 何继新，贾慧. 城市社区安全韧性的内涵特征、学理因由与基本原理 [J]. 学习与实践，2018 (9)：84-94.

[15] 肖文涛，王鹭. 韧性城市：现代城市安全发展的战略选择 [J]. 东南学术，2019 (2)：89-99，246.

[16] 缪惠全，王乃玉，汪英俊，林陪晖. 基于灾后恢复过程解析的城市韧性评价体系 [J]. 自然灾害学报，2021，30 (1)：10-27.

[17] 唐皇凤，王锐. 韧性城市建设：我国城市公共安全治理现代化的优选之路 [J]. 内蒙古社会科学，2019，40 (1)：46-54.

[18] 张仲良，徐海贤. 统筹提高城市应对风险能力 [J]. 群众，2021 (22)：55-56.

[19] 栾博，丁戎，王鑫，等. 城市绿色基础设施韧性设计范式转型探索 [J]. 景观设计学（中英文），2020，8 (6)：94-105.

[20] 陈智乾. 韧性城市理念下的市政基础设施规划策略初探 [J]. 城市与减灾，2021 (6)：36-42.

[21] 王佳文，叶裕民，董珂. 从效率优先到以人为本：基于"城市人理论"的国土空间规划价值取向思考 [J]. 城市规划学刊，2020，(6)：19-26.

[22] 翟国方，夏陈红. 我国韧性国土空间建设的战略重点 [J]. 城市规划，2021，45 (2)：44-48.

[23] 谭卓琳，陆明. 预警、响应与恢复：韧性城市视角下应对突发公共卫生事件的规划策略研究 [J]. 西部人居环境学刊，2021，36 (4)：59-65.

沈阳市老旧小区改造居民满意度研究

沈阳建筑大学管理学院

何 阳 刘 宁

摘 要：站在居民对人居环境感知的视角，从感知质量、居民预期、居民信任、居民满意度 4 个维度构建"老旧小区改造居民满意度"结构方程模型，并有针对性地开发感知质量的 7 个质量因子。利用沈阳市实地调研数据，探寻各变量对居民满意度的影响程度并提出提升居民满意度的建议。

关键词：老旧小区改造；居民满意度；环境感知

一、引言

随着社会经济水平的快速发展，城镇化水平的不断提高，城市的有机更新也在全国范围内积极开展，老旧小区改造就是其中的一项重要内容，以期提高居民居住的舒适性而不仅仅是"居者有其屋"。

针对老旧小区改造满意度，已有部分学者开展了相关研究。高辉运用因子分析法对各项改造内容进行重要度排序并提出改造对策；何琴琴建立 SEM 模型计算相关改造内容的路径系数并进一步确定改造内容权重，分析对老旧小区改造内容的优先级，从而为老旧小区改造方案的制定提供依据；王亚坤基于环境感知的概念，研究居民对住区环境的需求并提出改进措施；Marans 最早提出居住满意度评价的概念模型，解释了住房客观条件、居民主观感知和居民满意度之间关系。已有研究对老旧小区改造居民满意度的探讨具有较高参考价值，却很少有学者将老旧小区改造与居民满意度两者结合起来，并且基于老旧小区改造的研究，环境感知理论也为本研究提供了新的思路。本文将研究方向聚焦在老旧小区的改造"后时代"，站在居民的角度，以客体的主观感受来研究目前老旧小区改造的实际情况。

二、理论模型与研究假设

（一）指标构成

结合文献资料以及调研结果，在经典 CSI 理论模型的基础上，选定了居民预期、感知质量、居民满意度、居民信任，以及作为感知质量因子的绿化配置、停车问题、适老性设施、建筑围护结构、安保系统、屋面节能改造、娱乐设施，共 11 个潜变量，确定了每个潜变量对应的观测变量，共有观测变量 28 个。最终得到老旧小区改造居民满意度指标体系如表 1 所示。

老旧小区改造居民满意度指标体系　　　　　　　　　　　　　　　　表 1

潜变量	观测变量	潜变量	观测变量
居民预期（YQ）	对改造后生活水平的预期（YQ1）	安保系统（AB）	增设门禁系统（AB1）
	对改造后享受后续保障的预期（YQ2）		增设监控设备（AB2）
感知质量（ZL）	整体感知老旧小区改造质量（ZL1）		增设消防烟感报警系统（AB3）
绿化配置（LH）	扩大绿化面积和数量（LH1）	屋面节能改造（WM）	增设保温层（WM1）
	丰富植被种类（LH2）		增设防水层（WM2）
	更新绿化标牌（LH3）		屋顶增设绿化（WM3）
停车问题（TC）	增加停车位数量（TC1）	娱乐设施（YL）	儿童类娱乐设施（YL1）
	加强停车管理（TC2）		成人类娱乐设施（YL2）
适老性设施（SL）	增设无障碍坡道（SL1）		老年人康乐设施（YL3）
	增设休息座椅（SL2）	居民满意度（MY）	整体满意度（MY1）
	增设安全扶手（SL3）		与预期相比满意程度（MY2）
建筑围护结构（JZ）	空调机位整修（JZ1）		与理想相比满意程度（MY3）
	建筑外立面粉刷（JZ2）	居民信任（XR）	老旧小区改造政策是否合理（XR1）
	更换门窗（JZ3）		对老旧小区改造工作的支持（XR2）
			对老旧小区改造工作的信心（XR3）

（二）研究假设

1. 居民预期与相关变量之间的关系

对于居民预期与感知质量、居民满意度之间的关系，学者们普遍认为期望的预测功能意味着其对全面的顾客满意有着积极的影响，同时顾客期望应该对感知质量有着直接的作用，因此本研究把居民预期作为感知质量和居民满意度的直接影响因素，提出如下假设：

$H1$：居民预期对居民满意度有显著正向影响。

$H2$：居民预期对感知质量有显著正向影响。

2. 感知质量与相关变量之间的关系

确定了作为感知质量的质量因子，它们与感知质量之间存在着直接的关系。由于本文研究的居民满意度是改造完成之后对于该行为的一个总体评价，所以作者认为应该是感知到的质量驱动居民的满意度，感知质量应是居民满意的前因变量。因而，本研究提出如下假设：

$H3$：感知质量对居民满意度有显著正向影响。

$H4$：绿化配置对感知质量有显著正向影响。

$H5$：停车问题对感知质量有显著正向影响。

$H6$：适老性设施对感知质量有显著正向影响。

$H7$：建筑围护结构对感知质量有显著正向影响。

$H8$：安保系统对感知质量有显著正向影响。

$H9$：屋面节能改造对感知质量有显著正向影响。

$H10$：娱乐设施对感知质量有显著正向影响。

3. 居民信任与相关变量之间的关系

依据以往研究结果，满意度会直接地影响顾客信任。这里的居民信任是居民满意度的结果变量。因而，本研究提出如下假设：

$H11$：居民满意度对居民信任有显著正向影响。

（三）模型路径图

综上所述，老旧小区改造居民满意度理论模型的基本结构如图 1 所示。

三、研究设计与研究样本

（一）调查问卷设计

本调查问卷共有两部分组成，第一部分包含被调查者的性别、年龄、学历、月收入及家庭结构等基本信息。第二部分是针对本文的研究假设所设计的题项。在听取了老师及研究学者的意见和建议，对调查问卷进行了适度的修正，之后收集小样本数据，对问卷进行预调查。此次预调查在沈阳市改造完成的 A 老旧小区内展开，得到 37 份有效问卷，通过进行信度效度检验，发现在屋面节能改造的第三个观测变量 WM3 的信度较低，因此对不符合要求的这一题项予以删除，得到最终调查问卷，设置 28 个题项。采用李克特 5 点计分法对题项进行测量。1、2、3、4、5 这 5 个计分分别代表调查对象对题项所述内容表示非常不满意、不满意、一般、满意、非常满意。

（二）数据获取及样本描述

1. 样本数据获取

本调查以沈阳市三个已改造完成的老旧小区的居民为研究对象，采用实地调查、发放问卷等方式。要求调研对象根据自己的真实感受做出评价。最终，回收调查问卷 320 份，回收率 97%，经过整理后，得到有效问卷 290 份，有效率达 90.6%，问卷样本数量已达到结构方程模型分析的要求。

2. 样本初步描述性统计分析

样本的基本信息如表 2 所示，样本的基本特征分布情况比较全面，具有一定的代表性，能够较好

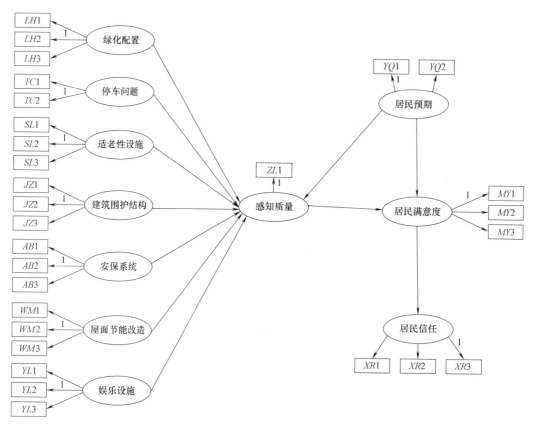

图1 居民满意度结构方程模型

地反映沈阳市老旧小区住户组成结构。

样本基本情况描述性统计表   表2

变量	分类	样本数	占比/%
性别	男	149	51.4
	女	141	48.6
年龄	30岁以下	52	18.0
	30～45岁	108	37.2
	45～60岁	74	25.5
	60岁以上	56	19.3
受教育程度	初中及以下	57	19.7
	高中	83	28.6
	专科	78	26.9
	本科及以上	72	24.8
月收入	小于2000元	25	8.6
	2000～4000元	70	24.1
	4001～6000元	85	29.3
	6001～8000元	63	21.7
	8000元以上	47	16.2

对回收问卷各维度数据进行分析，得出居民总体满意度均值为2.80，介于不满意与基本满意之间。在各项指标中，WM1、WM2、JZ2、JZ3四项的均值达到四分以上，这表明居民对于增设保温层、防水层，建筑外立面粉刷、更换门窗达到了满意甚至非常满意的状态，而这些内容都属于老旧小区改造的基础类内容，可以看出目前老旧小区改造的工作还是注重基础类改造。LH1、LH2、LH3、YL1、YL2、YL3、YQ1、YQ2、XR1、XR2、XR3这些指标都达到了三分以上，表明居民对于绿化配置和娱乐设施的改造工作是属于基本满意的态度，并且对于改造工作有较高的预期和信任。其他项

指标得分较低，处于不满意甚至非常不满意的状态，表明老旧小区改造中的停车问题、适老性设施以及安保系统这些不尽如人意。分析来看，说明目前的老旧小区改造工作对于完善类和提升类的内容还不够重视，而随着人们需求的不断提升，这些改造工作应成为重中之重。老旧小区改造居民满意度测量项的统计结果如表3所示。

测量项描述性统计量 表3

测量变量	均值	标准值	测量变量	均值	标准值
YQ1	3.64	0.975	AB2	1.98	0.827
YQ2	3.56	0.944	AB3	1.63	0.830
LH1	3.36	1.160	WM1	4.22	0.682
LH2	3.25	1.089	WM2	4.26	0.680
LH3	3.25	1.036	YL1	3.34	0.641
TC1	2.12	0.884	YL2	3.97	0.700
TC2	1.91	0.880	YL3	3.78	0.719
SL1	1.95	0.781	ZL1	2.84	0.747
SL2	1.94	0.765	MY1	2.80	0.812
SL3	1.69	0.726	MY2	2.42	0.787
JZ1	3.72	0.712	MY3	2.42	0.817
JZ2	4.23	0.588	XR1	3.37	0.844
JZ3	4.26	0.632	XR2	3.78	0.826
AB1	2.42	0.987	XR3	3.77	0.918

这里用SPSS26.0软件对数据进行信度效度分析。信度分析结果可知，各个研究变量的Cronbach's Alpha值均在0.7以上，说明量表内在信度很高，总体Cronbach's Alpha值为0.87，此问卷具有较好的稳定性和可靠性。效度分析得到KMO值为0.825，球形度检验的卡方是6507.617，显著性值0.000（$P<0.001$），适合进行因子分析。

四、结构方程模型分析

（一）模型估计

根据上一节的信度效度结果，表明本研究适合进行SEM分析。依据满意度观测指标进行拟合度测量，结果如表4所示。对照各指标的标准限度可知，模型整体拟合度不太好，需要进行适当修正。

模型拟合度结果 表4

项目	X^2/df	RMSEA	GFI	AGFI	NFI	CFI	IFI
指标数	3.853	0.099	0.784	0.718	0.824	0.784	0.864
标准限制	1~5之间	<0.1	>0.8	>0.8	>0.8	>0.8	>0.8

（二）模型修正

AMOS22.0软件提供了两种模型修正方法，一是通过修正指数（Modification Index，简称MI）用于模型扩展，二是临界比率（Critical Ratio）用于模型限制。从MI值最大的路径进行调试，在MI值较大的两个残差变量间增加一条相关路径，每增加一个路径运行一次，看拟合指标是否明显变好。根据MI值增加变量残差相关路径会使模型拟合指数逐渐适应，经过系列调试和模型修正，修正结束后模型的拟合指标如表5所示。根据各指标的标准限度显示修正后模型拟合度较好。

修正后模型拟合度结果 表5

项目	X^2/df	RMSEA	GFI	AGFI	NFI	CFI	IFI
指标数	2.806	0.053	0.904	0.874	0.919	0.946	0.946
标准限制	1~5之间	<0.1	>0.8	>0.8	>0.8	>0.8	>0.8

老旧小区改造居民满意度模型修正后SEM的标准化参数路径图，如图2所示。

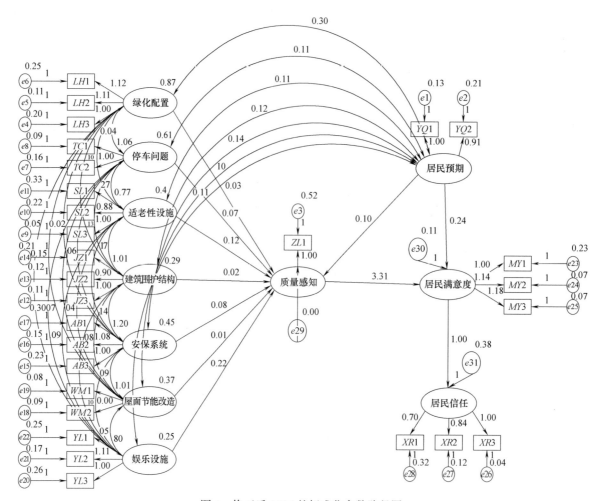

图 2　修正后 SEM 的标准化参数路径图

（三）实证研究结果分析

1. 效应分解

效应分解又被称作为相关系数分解，是指将各个潜变量相关路径回归系数分解成为多个不同的部分。在很多的研究分析中都将效应分解解释为因果效应，主要分为直接效应与间接效应两种形式。对于间接效应所产生的影响程度的大小的衡量标准是：当中介变量仅为 1 个时，两条路径的系数值的乘积所得值就是效应的值；而当中介变量的数量大于等于 2 个时，则需要以每个原因变量为起点，经过中介变量后最后终止于结果变量的"剪头链"上的路径系数值的乘积，最后将乘积相加就能得到效应值，如表 6 所示。

老旧小区改造居民满意度影响因素的程度统计　　　表 6

路径	直接影响	间接影响	总体影响
居民预期→居民满意度	0.357	0.054	0.411
感知质量→居民满意度	0.583	0.000	0.583
绿化配置→居民满意度	0.000	0.401	0.401
停车问题→居民满意度	0.000	0.376	0.376
适老性设施→居民满意度	0.000	0.305	0.305
建筑围护结构→居民满意度	0.000	0.354	0.354
安保系统→居民满意度	0.000	0.390	0.390
屋面节能改造→居民满意度	0.000	0.312	0.312
娱乐设施→居民满意度	0.000	0.368	0.368

综上可知，对老旧小区改造居民满意度影响因素的重要程度由大到小依次为感知质量、居民预期、绿化配置、安保系统、娱乐设施、建筑围护结构、屋面节能改造、停车问题。

2. 标准化回归系数

标准化路径系数图将模型结果直观地展现了出来，下面导出各个潜变量之间的标准化回归系数表，以便于进一步地分析和研究，如表 7 所示。

潜变量间的标准化回归系数　　　　　　　　　　　　　表 7

潜变量关系	标准化系数
感知质量←──绿化配置	0.67
感知质量←──停车问题	0.55
感知质量←──适老性设施	0.64
感知质量←──建筑围护结构	0.71
感知质量←──安保系统	0.62
感知质量←──屋面节能改造	0.59
感知质量←──娱乐设施	0.68
感知质量←──居民预期	0.27
居民满意度←──居民预期	0.33
居民满意度←──感知质量	0.70
居民信任←──居民满意度	0.81

总体上看，模型设立的各个潜变量关系都是成立的，相互之间有直接的正向影响，这符合模型以满意度为中心建立因果关系链的假设。其中，感知质量、居民预期对满意度的影响都较为显著；而绿化配置、停车问题、适老性设施、建筑围护结构、安保系统、屋面节能改造、娱乐设施则极为显著地影响了感知质量，说明质量因子的设置是合理的；同时 7 个质量因子也通过感知质量，间接地对满意度产生了影响，可见满意度是多方面综合影响的结果；同时满意度对居民信任的影响也是显著的。

五、对策建议

本文基于沈阳市老旧小区改造的成果，研究居民对改造内容的满意度以及各影响因素的重要程度，进一步明确后续老旧小区改造的内容和方式，以更好地满足群众的需求。

在微观层面上，依据研究结论，停车问题、适老性设施这些指标的满意度较低，以后的老旧小区改造工作应着力改造。针对停车问题，应统一管理，合理规划。最大化挖掘小区内部资源，避免浪费停车面积、乱停乱放；增设临时车位，规定限停时间，标化潮汐车位。针对适老性设施问题，改造阶梯加装坡道，加装扶手、防滑设施，保障无障碍通行；加装适老型智能应用，强化园区内识别性。

在宏观层面上，政府的资源供给与政策支持是老旧小区改造的主体力量，同时应积极吸纳社会资本参与，引导社会力量以市场化方式参与老旧小区改造。应依据小区的不同情况，有针对性地、个性化地设置改造方案。同时也需要调动居民的积极性，让居民参与到改造工作中来。只有提高了居民的满意程度，从而赢得居民对老旧小区改造工作的信任，由此更好推进以后工作的有序进行。本调研研究结果可作为日后改造工作的参考，不断优化改造内容及方案，以提高居民对小区改造满意度。

参 考 文 献

[1] 高辉，金佳桦，赵小龙. 基于居民满意度的杭州市老旧小区改造案例研究 [J]. 建筑与文化，2020（5）：119-121.

[2] 何琴琴，李希胜，万寅子. 基于 SEM 的老旧小区改造内容优先级分析：以南京市上怡新村为例 [J]. 建筑经济，2021，42（3）：70-74.

[3] 王亚坤. 基于感知的老旧社区环境更新研究 [D]. 西安：西安建筑科技大学，2019.

[4] 戴洁琳. 中低收入群体聚居区居民满意度研究 [D]. 重庆：西南大学，2016.

［5］ 袁哲伟. 基于结构方程模型的征地补偿农民满意度研究［D］. 武汉：华中农业大学，2013.

［6］ 刘晓君，张丽. 居民对公租房社区人居环境感知与居住意愿研究：以西安市为例［J］. 现代城市研究，2018（7）：114-123.

［7］ 沈阳市公共租赁房居民满意度调查研究报告：以丽水新城小区为例［C］//. 2015 年（第四届）全国大学生统计建模大赛论文，2015：2338-2361.

［8］ 王凤媛. 基于 SEM 的沈阳市养老地产住户满意度研究［D］. 沈阳：沈阳建筑大学，2017.

［9］ 马守恒，许东，王雪英. 锦州市老旧小区现状及改造策略研究［J］. 建筑与文化，2022（10）：148-150.

［10］ 胡梦益，郝得云，叶彦，等. 老旧小区满意度及改造需求状况调查与思考［J］. 智能建筑与智慧城市，2022（7）：47-49.

基于可视化分析的城市更新最新研究进展

1. 沈阳建筑大学管理学院
2. 沈阳建筑大学中新国际工程学院
宋伊凡[1]　项英辉[2]

摘　要：借助 CiteSpace 软件对国内外 2017—2021 年城市更新文献进行分析，用图谱进行直观展示，并对热点方向进行分析研究。研究发现：我国城市更新从增量转变为存量发展，存量发展下城市更新兼顾存量用地与公共利益；人居环境改造方式逐渐转变为微改造，实现了经济、环境及文化等问题的共赢；历史与工业遗产保护重视经济、文化、社会等价值的多重实现，实现了二、三产业的转化；国内外公众参与仍有不同，西方"以自存促共存"，我国"以共存保自存"。此外还对国内城市更新研究存在的一些问题提出了几点建议。

关键词：城市更新；中英文文献；CiteSpace 软件；可视化分析

一、引言

近年随着城市产业结构升级、居民消费倾向变化，城市发展逐渐从增量开发转变为存量开发，城市更新也被赋予了远超城市建设的社会与经济内涵。党的十九届五中全会首次将"实施城市更新行动"写入我国"十四五"规划当中。

本文以国内外 2017—2021 年城市更新文献为分析样本，借助 CiteSpace 软件对其进行分析，总结归纳最新研究进展，并针对现存不足之处提出建议，以期能为未来城市更新实践及研究提供可借鉴之处。

二、国内外城市更新研究现状分析

（一）数据来源与分析方法

以知网作为中文文献的收集工具，搜索以"城市更新""旧城改造"及"城市修补"为主题的文献，对其发布时间、期刊类别进行定位，最终筛选出 492 篇有效文献；英文文献来自 Web of Science 核心数据库，以"Urban Renewal"作为关键词，自定义时间范围，按相关度排序；将英文文献分为国内、国外两部分，最终得到国内英文文献 111 篇、国外英文文献 269 篇。利用文献分析工具 CiteSpace 软件对筛选出的文献进行分析，总结归纳城市更新领域研究热点。

（二）文献发表数量

文献发表数量如图 1 所示，中文文献发表数量在 2019 年前较为平缓，2019 后由 78 篇/年突增到 148 篇/年，在此期间召开的党的十九届五中全会明确提出实施城市更新行动，国内学者对城市更新研究热情高涨。国内相关研究英文文献数量于 2018 年跌至谷底，2018 年后开始上升并于 2020 年达到顶峰的 34 篇；国外研究英文文献发表量总体较为平稳，2017 年达到顶峰 59 篇，2018 年下降至 46 篇，2018 年后趋于平稳。

（三）主要研究机构

中文文献刊发机构发表量较多的有同济大学建筑与城市规划学院（7 篇）、重庆大学建筑管理与房

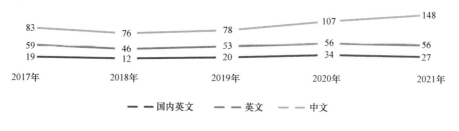

图 1　文献发表数量图

地产学院（6 篇）、住房和城乡建设部政策研究中心（3 篇）等。国内研究英文文献发文机构主要包括重庆大学（15 篇）、中国科学院（10 篇）、香港理工大学（8 篇）等。国外英文文献发文机构包括伊斯坦布尔理工大学（6 篇）、布宜诺斯艾利斯大学（5 篇）等，其余机构发文数量在 3 篇及以下。

（四）关键词分析

中文文献关键词共现图谱如图 2 所示，关键词大体分为更新对象、更新方法、重点研究城市及改造方向四类，其中旧城改造、存量规划及公众参与等词汇出现频率较高。国内研究英文文献关键词图谱如图 3 所示，出现频率最高的是主题词汇城市更新（urban renewal），出现 54 次，其次有城市（city）26 次、重新开发（redevelopment）14 次等，国内研究英文文献在城市再生、绿色及经济方面研究较多。国外研究英文文献关键词图谱如图 4 所示，除主题词汇外，再生（regeneration）、政策（policy）和移居开发（gentrification）等词汇出现频率较高。

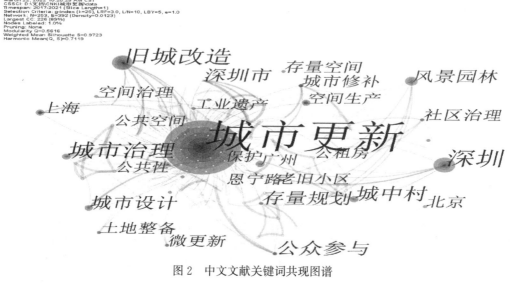

图 2　中文文献关键词共现图谱

（五）城市更新研究的变化与发展

中文文献时间图谱如图 5 所示，2017 年国内研究开始出现"存量规划""绅士化"等全新的字眼，我国城市更新从"增量发展"转变为"存量发展"；2019 年前国内研究主要集中在人居方面，且改造模式为传统拆建模式，2019 年后逐渐转变为"微改造"；工业遗产保护问题逐渐走进公众视野，新型产业园区的建设，产业发展等问题开始出现。国内研究英文文献时间图谱如图 6 所示，2019 年前主要集中研究政府政策、决策及城市扩张等方面，且主要对香港地区进行分析，2019 年后逐渐加入了对大陆一线城市的研究等。国外英文文献时间图谱如图 7 所示，总体上看以城市再生及绿色发展为研究主题，欧美国家已经进入城市土地再利用及城市经济复兴再发展阶段。

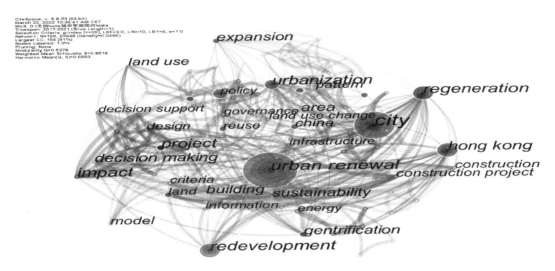

图 3　国内研究英文文献关键词共现图谱

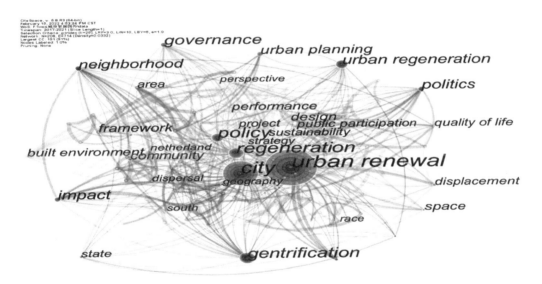

图 4　国外研究英文文献关键词共现图谱

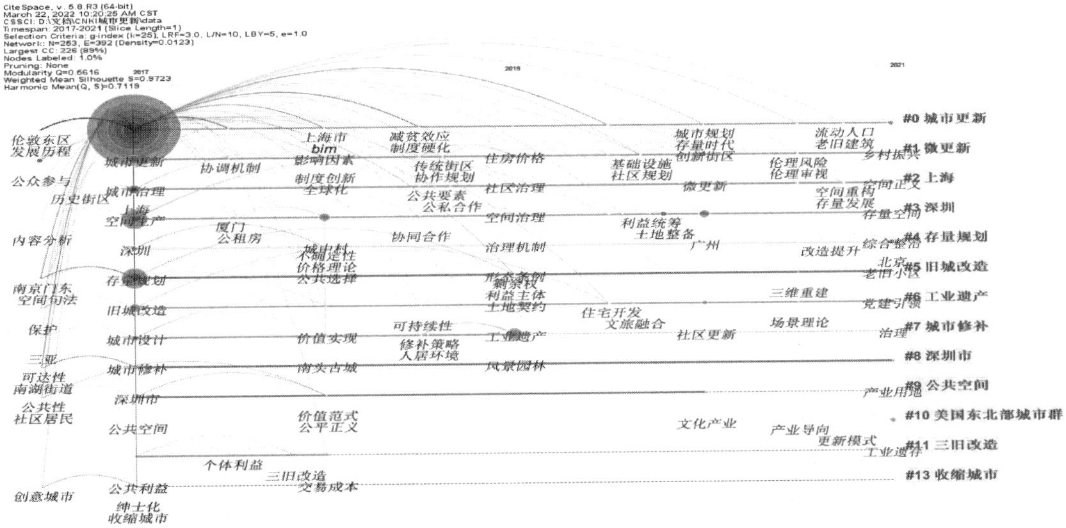

图 5　中文文献时间图谱

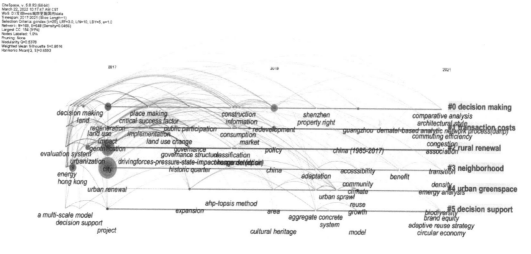

图 6　国内研究英文文献时间图谱

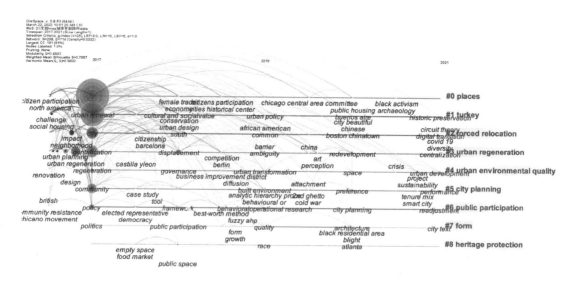

图 7　国外研究英文文献时间图谱

三、国内城市更新研究热点

近 5 年，北京、上海、深圳、广州等一线城市及香港地区成为国内研究的重点城市，城乡规划、经济管理等专业是进行城市更新研究的重点专业。近年国内研究的热点问题包括老旧小区改造、工业遗产保护、存量发展、产业发展及利益等方面内容。

（一）老旧小区改造

我国老旧小区改造模式逐渐成为以保留为主的微改造，这是综合考虑多方因素总结出的模式，实现了经济、环境、文化等综合共赢。

（二）工业遗产保护

近年工业遗产改造开始走向多元化，在拆建重构的基础上融入现代理念，用以带动产业经济发展，刘伯英指出城市工业用地更新为文创产业园、科创园是当下工业遗产保护再利用的主流。徐苏宁等指出目前国内工业遗产保护需注意以下几点：增强保护观念、建立起系统性的保护、注重经济价值的全面考虑、注意保护过程中的安全性问题等。

（三）存量发展

邹兵认为城市更新存量发展是面向存量用地的发展和规划，强调建设用地规模管控和土地使用效率提高。秦红岭认为存量发展阶段的城市更新本质上是一种城市治理，是多元主体相互协同合作，共同解决城市更新问题，调整既存利益格局，实现城市公共利益最大化的过程和机制。随着存量发展研究的到来，公共利益、存量开发等与之相关的话题也逐渐崭露头角。

（四）城市更新背景下的产业发展

李江认为城市更新活动并不仅指拆旧建新或实体环境改善，同时还可以通过更新来引导产业转型发展，这一理念与工业遗产保护再利用有相通之处。刘志亭提出城市更新背景下应加快传统产业升级、构建战略新兴产业人才等推进新兴产业发展的举措。文创产业是近年的新兴产业，受到了广泛关注，建设文创产业园是城市更新背景下产业发展的路径之一，大量厂房改造成为文创基地，用以推动新兴产业发展，促进二、三产业转化。

（五）城市更新"利益"问题

"公共利益""价值提升"及"利益统筹"是近五年研究中常出现的词汇；施卫良指出城市更新本质就是一个利益调整的过程，包括原产权人及周边产权相关人的利益等。王雪梅等指出城市更新涉及的利益相关者众多，且各主体在不同时期有着不同的利益诉求。龙腾飞等曾提出应注重平衡各主体的利益诉求，从源头保护各主体的利益。

四、国外城市更新研究热点

规划学、地理学及经济学等学科是国外城市更新研究的重点学科。基于文献分析可以看出，国外城市更新近年来的热点问题主要包括可持续发展、历史遗产保护、绅士化及公众参与等内容。

（一）可持续发展

国外研究中出现了一个博人眼球的词汇，即可持续发展，实现可持续发展是城市建设的目标之一，将其融入城市更新是国外研究领域中的一大突破。Zhou指出城市更新利益相关者同样会影响可持续发展，其对城市更新所持有意见的分歧会造成许多社会、经济、项目技术以及局地文化等一系列问题，从而不利于可持续发展的实现。除上述两种以外，城市环境、绿色更新也是城市可持续发展的重点研究方向。

（二）历史遗产保护

经研究发现，历史遗产保护有助于推动经济增长，Jayantha指出活化的历史遗址对零售业的影响大于附近新开发的住宅项目。Pascual提出建筑文化遗产具有提高居民生活质量、促进社会融合和营造城市名片的潜力。

（三）绅士化

部分西方国家的大城市都经历过绅士化历程，Waley曾呼吁绅士化研究应该超越传统的英国和美国等西方国家话语，转向东方国家去重新理解固有的理论。从公共利益角度看，Wells认为如果政府支持和鼓励绅士化进程给该地区贫困居民增加成本，或未能在某些方面使居民受益，那么政府就是不尊重居民。绅士化带来的影响对不同的种族或阶层来说是不同的，对贫困居民的影响会相对较大。

（四）公众参与

公众参与下的城市更新是国内外近年来同步研究的问题。Zhou等对中西方城市更新公众参与价值观进行探析，发现西方公众参与以自存促共存，体现为博弈；我国以共存保自存，体现为注重公共利益。Kim提到公众参与下的城市更新对比未参与下的城市更新，无论在角色分配、项目制定及具体实施方面都取得了一定进步。

五、结论与展望

本文基于 CNKI 和 WOS 两大数据库，以 2017—2021 年国内外城市更新文献作为样本，用 CiteSpace 软件进行分析，并对国内外研究热点进行简单梳理，总结出国内外城市更新研究现状如下：

1）国内研究热点问题有老旧小区改造、工业遗产保护、存量发展、产业发展及利益问题等内容。老旧小区改造模式、转变为微改造，实现了经济与公共福利最大化；工业遗产保护重视经济、文化、社会等价值的多重实现；存量发展下的城市更新兼顾存量用地与公共利益，实现用地与利益双赢；产业发展多以文创产业为主，通过建设文旅基地带动新兴产业发展实现经济增长。除上述以外我国城市更新公众参与程度提高，我国公众参与是"以共存保自存"，与西方国家有所不同。

2）国外研究热点问题有可持续发展、历史遗产保护、绅士化及公众参与等内容。可持续城市更新重视资源环境及利益问题，提倡资源节约、环境保护及利益分配共赢；历史遗产保护加入社区及街区历史元素保护，带动了零售产业发展，刺激了城市本地消费；西方公众参与多为"以自存促共存"，公众作为城市更新的利益相关者为城市更新提供改造动力。

对未来城市更新研究提出如下建议：扩大城市更新的研究范围，在对一线城市进行更深入研究的同时，未来应逐步向中小城市扩展；注重研究更新过程中群众的精神心理需求，进一步提升公众参与度及满意度；研究探索人民群众福利最大化的城市更新方式；研究探索绿色低碳城市更新。

参 考 文 献

[1] 张杰. 存量时代的城市更新与织补 [J]. 建筑学报，2019 (7)：1-5.
[2] 王承华，李智伟. 城市更新背景下的老旧小区更新改造实践与探索：以昆山市中华北村更新改造为例 [J]. 现代城市研究，2019 (11)：104-112.
[3] 刘伯英. 中国工业遗产保护利用的新机遇与新任务 [J]. 建筑实践，2021 (11)：16-25.
[4] 徐苏宁，王国庆，李世芬，等. 工业遗产保护与城市更新 [J]. 城市规划，2017，41 (2)：81-84，101.
[5] 邹兵. 存量发展模式的实践、成效与挑战：深圳城市更新实施的评估及延伸思考 [J]. 城市规划，2017，41 (1)：89-94.
[6] 秦红岭. 存量发展阶段城市更新的价值逻辑与整体推进路径 [J]. 城乡建设，2021，(7)：10-13.
[7] 刘志亭. 城市更新中的战略新兴产业选择与发展：以青岛市为例 [J]. 城市管理与科技，2022，23 (3)：26-28.
[8] 王雪梅，于涛. 基于多元利益博弈的南京老城更新困境反思：以仓巷地块为例 [J]. 现代城市研究，2021，(11)：121-126.
[9] 龙腾飞，顾敏，徐荣国. 城市更新公众参与的动力机制探讨 [J]. 现代城市研究，2008 (7)：22-26.
[10] Zhou T，Zhou Y L，Liu G W. Key variables for decision making on urban renewal in China：A case study of Chongqing [J]. Sustainability-Basel，2017，9 (3)：370.
[11] Jayantha W M，Yung E H K. Effect of Revitalisation of Historic Buildings on Retail Shop Values in Urban Renewal：An Empirical Analysis [J]. Sustainability，2018，10 (5)：1418.
[12] Pascual J. Rio+20 and culture：Advocating for culture as a pillar of sustainability [M]. Barcelona，2012.
[13] Waley P. Speaking gentrification in the languages of the GlobalEast [J]. Urban Studies，2016，53 (3)：615-625.
[14] Wells Katy. State-Led Gentrification and Self-Respect [J]. Political Studies，2022，70 (3).
[15] Zhou J，Yao W C，Shan Z R. From Game to Balance：Values Analysis of Public Participation of Chinese and Western in Urban Renewal [J]. Urban Studies，2017，24 (2)：84-90.
[16] Kim D H，Hwang，et al. The citizen participation in urban renewal-The case study of the Jungmoon area in CJeongJu [J]. Regional Policy Review，2002，13 (2)：1-13.

基金项目：
2021 年 一般课题　辽宁省财政科研基金项目"支持辽宁城市更新行动的财政政策研究"（Z2521005）
2021 年 重点课题　"沈阳建设国家中心城市的对策研究"（SY202111Z）

基于 CiteSpace 的保障性住房 REITs 研究综述

1. 沈阳建筑大学管理学院
2. 沈阳建筑大学中新国际工程学院
王紫寒[1]　项英辉[2]

摘　要：REITs 作为盘活存量的重要工具，为探索中国保障性住房投融资模式提供了重要切入口。本文以 CNKI 为数据源，运用 CiteSpace 软件生成科学知识图谱，对保障性住房 REITs 相关文献进行分析。结果表明：发文数量逐年增长，受政策影响较大；融资模式、创新模式、融资渠道、风险管理等成为研究热点；运作机制、风险管理、利益协调等成为保障性住房 REITs 新的研究趋势，并进一步从保障性住房 REITs 的必要性与可行性、运作模式、风险管理、"REITs＋PPP" 和案例分析五个专题下对现有研究展开文献述评。

关键词：REITs；保障性住房；保障性住房融资；CiteSpace

一、引言

自 2006 年以来我国保障房建设步入快速增长阶段，但资金短缺、融资渠道单一问题等因素制约了其进一步发展。在此背景下，"十四五"住房发展规划指出要扩大保障性租赁住房供给，减少市场供给结构的缺位，进一步推进保障性住房研究。REITs 作为解决保障性住房的资金问题和改善保障性住房体系的融资手段将迎来新的发展前景。

文章基于科学图谱对保障性住房 REITs 的相关研究进行可视化分析，并梳理了该领域的发展脉络、研究热点与前沿趋势，以期为后续相关研究提供参考。

二、基本概念

房地产投资基金（Real Estate Investment Trusts，简称 REITs）是一种专门投资于房地产行业的投资基金。相比传统金融产品而言，REITs 在投资门槛、风险收益、流动性、透明度、分红比例等方面具有显著优势，并在企业增强投融资能力、改善财务和经营状况、实现企业战略落地等方面具有重要价值。

目前，运营较为成熟的 REITs 制度市场仍集中在人均收入水平较高的发达国家和地区，如美国、澳大利亚、加拿大、德国、新加坡，以及马来西亚、泰国、南非等发展中国家和地区（如表1）。

各经济体推出 REITs 的时间和标志性条令　　　　　　　　　　　表 1

国家和地区	出台时间	标志性条令	国家和地区	出台时间	标志性条令
美国	1960 年	国内税收法典	马来西亚	2002 年	证监会物业信托基金指引
加拿大	1994 年	所得税法	德国	2007 年	房地产投资信托法
新加坡	1999 年	物业基金指引			

三、数据及图谱分析

本文数据收集来源于知网数据库，检索以"保障房并含 REITs"或者"公租房并含 REITs"为主题词，时间跨度为 2009—2021 年，并设置中文、学术期刊等条件进行高级检索，收集文献 402 篇。

剔除会议纪要和研究无关的文献，得到有效文献 378 篇。运用陈超美博士团队研发的 CiteSpace 软件（5.8. R3 版本）进行数据处理并生成知识图谱。

（一）载文量与突现词分析

对知网检索出的文献进行可视化分析，从（如图 1）发文情况来看，保障性住房相关文献从 2004 年开始出现，随着"十二五"计划新建 3600 万套保障性住房的目标后，文献数量增速达到峰值。文献突现图谱（如图 2）中，"廉租房""租赁住房"和"长租公寓"都是国家对保障性住房提出的重大决策，由此可知，国家政策变化是影响保障性住房研究兴衰的直接因素。

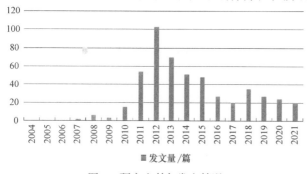

图 1　研究文献年发文情况

图 2　文献突现词图谱

（二）关键词时间线及聚类图谱分析

通过算法进行关键词聚类分析，得到 9 个聚类，包括：公租房（♯0）、融资模式（♯1）、保障房（♯2）、融资（♯3）等。本文截取了 CiteSpace 中前 10 个聚类的相关数据汇入（如表 2）中。在其相关数据中提取了每个聚类中代表性较强的关键词，通过这些关键词可准确掌握城市保障性住房 REITs 建设领域中的研究进展。本文将研究视角集中于"融资模式、融资渠道、创新模式、风险评价、案例建议"等方向，展开保障性住房 REITs 的必要性与可行性、运行模式、风险管理、REITs＋PPP 创新模式、案例研究五个专题的研究。有助于保障性住房 REITs 探索中国化道路的特点与适应性，为 REITs 市场的建设提供提升路径。

关键词聚类汇总　　　　　　　　　　　　　　　　　表 2

聚类	文献量/篇	年份	代表性关键词
♯0 公租房	148	2014	法律障碍；风险评价；融资模式
♯1 融资模式	148	2014	PPP；社会资本；层次分析法
♯2 保障房	85	2013	融资渠道；建议；多元化
♯3 融资	92	2013	对策；创新；模式
♯4 收益率	43	2014	投融资；公租房；建设
♯5 租赁住房	26	2017	利润中心；税前利润率
♯6 契约型	24	2013	净投放；同比增长；管理运营
♯7 廉租房	27	2011	SWOT；保障性住房体系；模式探讨
♯8 房地产	9	2013	不动产证券化；国民经济

关键词时间线图谱将同一聚类的关键词按照时间顺序排布在相同水平线上，关注于聚类内部的相互联系与影响（如图 3）。研究发现，在 2009—2010 年，廉租房与保障房成为研究热点，研究主题集中在"项目融资"方面。2010—2013 年"住房保障"政策的提出，促进了"制度创新、民间资本、投融资"等方向的研究。2016—2019 年资金困境的制约，引起了"税制改革、法律架构、运作策略、风险防控"等方向的探索。2019—2021 年"运作机制、风险管理、利益协调"等成为保障性住房 REITs 新的研究趋势。

四、保障性住房 REITs 投融资研究综述

通过对知识图谱进行解析，得出以下结论：（1）REITs 作为拓宽城市保障性住房新型融资工具，对其进行多视角的研究，有利于突破保障性住房资金短缺、融资渠道单一的瓶颈；（2）融资模式构

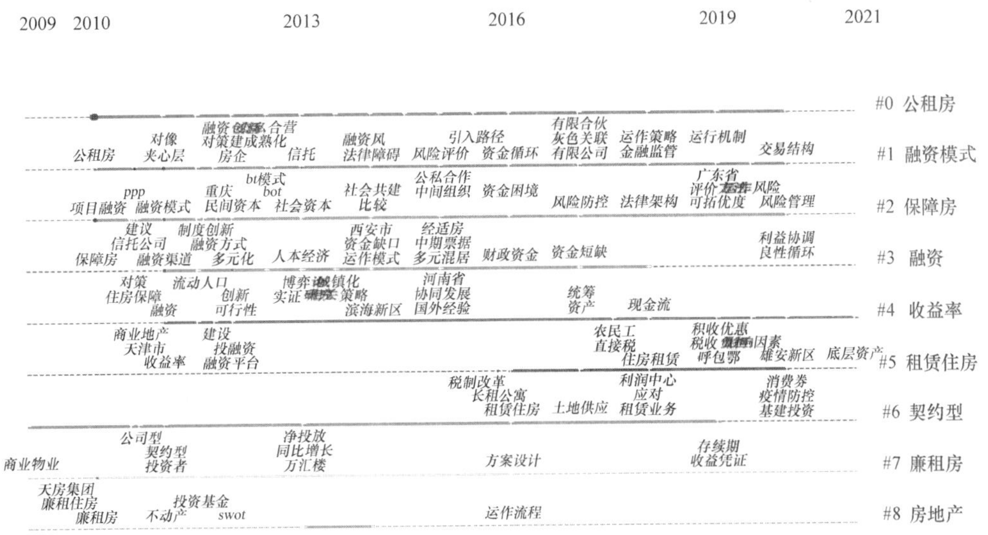

图 3　关键词时间线图谱

建、运作模式、风险防控、制度完善是保障性住房 REITs 的热点话题；（3）"PPP+REITs"创新型融资模式的结合，为保障性住房建设提供了新的研究视角。

由此本文将保障性住房 REITs 的理论进展包含必要性与可行性、运作模式、风险管理、"PPP+REITs"与试点情况五个方面进行专题性研究。

（一）关于保障性住房 REITs 发展的必要性与可行性

刘颖认为中国保障性安居工程的融资困境是资金缺口大、矛盾主要集中在廉租房，现有的融资途径集中于银行贷款。关于如何提高多主体的积极性，扩大资金来源，马智利呼吁引入 REITs，可化解债务、盘活存量资产。

推行保障性住房 REITs 融资可行性，第一相对成熟的金融环境，第二稳定的盈利能力，第三相对良好的政策和法规监管。本文将依照国内学者的文献从这三个方面进行了归纳阐述。

1）在金融市场环境方面，李静静指出我国居民整体储蓄额巨大，但单个数额较小，缺乏个人闲散资金的投资工具，可以采用 REITs 来引导居民储蓄参与长期产业投资。

2）在项目盈利能力方面，高亮指出 REITs 可以加快公租房建设资金的周转速率，加快公租房的供给速度，使各方力量都共同参与到公租房体系，实现不动产收益的共享。

3）在相关政策法规方面，周姣总结出我国在信托法方面、公司法方面与 REITs 相关的法律法规，涉及公共住房融资渠道拓展方向的监管框架和办法尚不成熟。

（二）关于保障性住房 REITs 发展的运行模式

REITs 在保障性住房上发挥积极作用的关键因素是 REITs 组织模式的选择和建立，学者们从产品形式、组织形式、筹集形式、交易形式等方面对 REITs 组织模式进行了分析。苗鹏飞指出适合我国国情的 REITs 产品形式为权益型，交易方式为封闭式，组织形式为契约型。王磊指出 REITs 的筹集形式从私募开始逐步发展为公私募相结合的方式。

（三）关于保障性住房 REITs 发展的风险管理

风险管理是金融中最为核心的内容之一，良好的风险管理有助于降低风险，规避损失。顾家明分析了公租房 REITs 在法律政策、运营管理等方面的风险，利用 WBS-RBS 耦合矩阵和专家判断法，构建了涵盖法律及政策、建设、市场、运营、管理 5 个一级指标和法律不健全风险、项目成本风险、利率风险、维护成本风险、专业人才匮乏风险等 13 个二级指标的公租房 REITs 风险评价指标体系。

（四）关于保障性住房 "REITs+PPP" 模式

近年来，学者们在单一的 REITs 融资模式的基础上进一步提出"PPP+REITs"融资模式。冯伟阐述了"REITs＋PPP"模式的可行性、必要性以及运作过程。赵世强对 SPV 重组—运营—退出三个阶段的各类资金成本和税金进行测算，得出公租房项目 PPP＋REITs 模式是有效的资金回流手段，具备经济可行性。杨丽通过对 REITs、Abs 等公租房融资模式的分析与对比，提出"PPP＋类 REITs"融资模式在公租房项目中发挥使用优势。

（五）关于保障性住房 REITs 案例

2011 年天津市廉租房 REITs 试点的设立结构、发行交易形式以及税收不符合国内市场形式，缺乏相关的法律保障。最终结果是在深交所综合协议交易平台挂牌转让，此次 REITs 没有获得成功的推行。李颖总结深创投、人才安居 REITs 的顺利发行的经验：低融资成本拓宽融资规模、创新交易结构对接公募 REITs、匹配国家政策获得税收优惠。伴随着国内关于 REITs 政策探索和理论研究的脚步，相关的市场实践也逐步展开。推行实施的案例中有失败的教训需要我们汲取，成功的经验也要积累并稳步向前进。

五、总结与展望

本文基于对城市保障性住房 REITs 的相关文献的梳理、科学知识图谱的解读以及重点文献的剖析，得出以下结论：（1）城市保障性住房的研究热点主要集中在"融资模式""融资渠道""创新模式""风险管理"等方面；（2）通过解读关键词时间线图谱保障性住房 REITs 研究趋向于运行模式、退出机制、投资信托、利益协调良性循环等方向；（3）创新融资模式"PPP＋REITs"的推行可以享受税收优惠，避免双重征税，发展前景广阔。

今后应借鉴国外发展经验填补保障房 REITs 制度和法律上的空缺，降低风险，提高投资者对保障性住房的投资兴趣和 REITs 的市场竞争力；政府应加大保障性住房 REITs 试点工作的推进，引进专业人才在 REITs 信用增级手段、绩效考核方面研究，确保融资收益，降低交易成本；建设公司应妥善处理好实体经济与金融资本、商业价值与公共利益之间的关系，结合中国的具体国情去探究不同类型 PPP 项目与 REITs 的适配性问题，推动 REITs 发展和公租房融资模式创新。

参 考 文 献

[1] Gergen M P，The Influence of Tax Law on Securities Innovation in the United States：1981-1997 [J]. TaxL. Rev，1996，52：119.

[2] 刘颖，马泽方. 破解保障性住房融资瓶颈之策：REITs 模式 [J]. 河北经贸大学学报，2011，32 (5)：35-39.

[3] 马智利，王晓燕，马敏达. REITs 在公租房融资中的应用研究 [J]. 建筑经济，2014 (1)：23-26.

[4] 李静静，杜静. 保障性住房融资中运用 REITs 的探讨 [J]. 工程管理学报，2011，25 (1)：75-79.

[5] 高亮. 我国公租房 REITs 融资模式研究 [D]. 重庆：重庆大学，2014.

[6] 周姣. REITs 及其在我国公租房建设中应用的可行性 [D]. 上海：复旦大学，2014.

[7] 苗鹏飞. 我国公共租赁住房投资信托基金（REITs）融资模式研究 [D]. 重庆：重庆大学，2013.

[8] 顾家明，汪霄. 基于熵权法-CIM 的公租房 REITs 融资风险评价 [J]. 建筑经济，2019，40 (7)：116-120.

[9] 冯伟. 公租房"PPP＋类 REITs"融资模式分析：基于陕西省公租房项目视角 [J]. 北方金融，2018 (8)：20-25.

[10] 赵世强，宁勇，秦颖. 公租房 PPP＋REITs 融资模式可行路径选择与应用 [J]. 会计之友，2017 (22)：40-43.

[11] 杨丽. 浅谈公租房"PPP＋类 REITs"融资模式 [J]. 时代经贸，2020 (10)：38-39.

[12] 陈剑煜. 天津市廉租房 REITs 的案例分析：基于金融制度创新理论的视角 [J]. 环渤海经济瞭望，2015 (2)：33-36.

[13] 李颖. 深创投安居集团人才公共租赁住房 REITs 案例研究 [D]. 天津：天津财经大学，2020.

基于 AHP-FCE 法的老旧小区改造综合效益研究

沈阳建筑大学管理学院

薛　立　　孟繁敏

摘　要：随着城镇化改革不断的深入，老旧小区改造成为城市更新的关键性工作，其综合效益也成为改造过程中的重点环节。本文首先构建老旧小区改造的综合效益评价模型并引入沈阳市沈河区安居苑的实例分析，其次通过层次分析法（AHP）明确各项指标权重，再通过模糊评价法（FCE）确定各指标隶属度及综合评价；最后，根据结果提出相关的建议，为今后的老旧小区改造项目提供科学的参考和借鉴。

关键词：老旧小区改造；综合效益；层次分析法（AHP）；模糊评价法（FCE）

一、引言

2020 年 7 月，国务院办公厅发布《关于全面推进城镇老旧小区改造工作的指导意见》（国办发〔2020〕23 号），明确提出老旧小区改造的详细任务与要求，提出我国"十四五"期末要基本完成改造 2000 年底前建成小区（需要更改的小区）任务的指导意见。

2022 年沈阳市沈河区老旧小区改造总改造面积 68 万余平方米，涉及户数 10031 户。老旧小区工程于 2022 年 7 月全面开工，沈河区的老旧小区改造主要对老旧小区的楼体本体保温、防水、楼道内设施、排水、弱电入地、景观提升等项目进行深度改造，目的为整体提升老旧小区的居住品质提升，增强老百姓的生活便利程度与幸福感。

近几年来，诸多学者对老旧小区改造的相关课题进行了研究，认为老旧小区改造不仅有利于存量可持续发展而且有利于居民改善生活质量，提升居民的获得感与幸福感。齐锡晶等采用系统动力学方法对综合效益进行研究，研究结果表示虽然综合效益良好，但经济效益不佳；邵志国指出老旧小区开始积极引进物业，建立科学有效的多元合作社区治理机制，维护社区改造成果，提高社区管理水平。陈立文等指出北京 20 世纪 80 年代老旧小区住宅面对的主要问题有厨房狭小、爬楼困难、户外空间占用等，并相应提出了内部、外部空间的改造方法。刘垚等学者将改造内容划分为环卫设施、康体设施、文化设施等 49 项基础完善类与公共空间建设、雨污分流、停车设施等 11 项优化提升类；张国宗构建结构模型，以居民为出发点对旧改方案进行动态调整；许劲等以重庆市某主干道的改造为例研究其综合效，为推进旧城改造作出贡献；张晓东采用 AHM 与模糊评价相结合的方法对改造的成效进行评价，评价结果表明更新效果良好，并提出相关的建议等。

结合目前相关文献发现大部分学者侧重从居民意愿、配套设施等维度出发对老旧小区改造研究，但对老旧小区改造的综合效益方面评价较少。老旧小区改造综合效益评价不仅可以丰富与完善相关理论内容研究，而且还对相关政策的制定具有一定参考意义。因此，本文利用 AHP-FCE 模型确定各指标权重和对各指标进行模糊综合评价，以供参考。

二、评价指标的构建

（一）研究方法

层次分析法（AHP）根据专家对决策数据进行计算得到各个评价指标的权重，而模糊综合评价法

（FCE）需要确定各指标的权重（权向量）才能进行计算。因此，层次分析法（AHP）法与模糊综合评价（FCE）法相结合使整个计算过程比较简单，轻松地解决了老旧小区改造的综合效益问题。

1. 层次分析法（AHP）法

层次分析法的原理是将决策思维过程数字化。首先，将研究问题（现象）分为若干多层次的因素；其次，确定各个元素的相对的重要性确定排列顺序，采用两两比较的方式进行；最后计算出各个指标权重（W_i），为模糊评价（FCE）提供进一步参考。

2. 模糊综合评价（FCE）法

模糊综合评价法（FCE）是一种采用模糊数学的方法将一些模糊不清的因素进行定量处理，从多个因素出发确定评价对象隶属度并对其进行综合评价。模糊综合评价法（FCE）具有结果清晰、系统性强的特点。

（二）综合评价指标体系的构建

通过参照老旧小区改造相关文献资料、改造技术标准和相关专家建议，将老旧小区改造的综合效益从经济、社会、环境效益三方面出发，确定二级评价指标14个并将其构成综合效益评价体系，具体指标如表1所示。

老旧小区改造综合效益评价指标体系

表 1

目标层	一级指标	二级指标	指标解释
老旧小区改造综合效益评价指标体系 A	经济指标 B1	居住成本降低 B11	改造后用户的用电、供暖等性能得到提升，使居住成本降低
		周边商业价值提升 B12	改造后带动周边店铺装修，商业活动增加，导致商业客流量上涨
		周围不动产升值 B13	改造后，周边商业价值增加，导致人流量增大，使得不动产房价与租金增加
		吸引社会投资 B14	改造后，周边商业与不动产增值，吸引社会资本投资
		运营成本降低 B15	老旧小区改造后建筑物性能增加，使后期维修费用（运营成本）降低
	环境效益 B2	小区环境改善 B21	改造完成后人均公共绿色面积增加，绿色价值提升，小区的环境得到改善
		居住舒适度提高 B22	改造后不仅环境改善还加装电梯、文化娱乐设施等使宜居性提高
		空间布局环境优化 B23	建筑立面整洁、管线整齐、路面平整、公共区域无堆放杂物等
		减排量 B24	改造完成后，二氧化碳等排放量减少，减少空气污染
	社会效益 B3	城市人文形象提升 B31	老旧小区脏乱差环境得到改善，增加绿化面积，使城市形象提升
		社会和谐程度改善 B32	居民健康状况得到改善，促进和谐的人际关系
		居民归属感增加 B33	使租户对小区以及城市更有归属感
		公共设施完善 B34	小区电梯、凉亭等公共设施与基础设施得到改善
		社区安全防范的提升 B35	老旧小区改造更换监控等，提升社会安全度

三、实例分析

（一）项目介绍

本文以辽宁省沈阳市沈河区的安居苑为调研对象，进行老旧小区改造的实证分析。该小区住宅楼为砖混结构，小区有18个单元，层高为6层，共306户，建筑面积约为18347.82m²。2022年7月开始全面开工，9月改造竣工。

该项目改造内容为基础类、完善类和提升类。主要对该小区的楼体本体保温、防水、楼道内设施、排水、弱电入地、景观提升等项目进行深度改造，目的为整体提升老旧小区的居住品质提升，增强老百姓的生活便利程度与幸福感。安居苑是一个回迁楼小区，小区居住百姓年龄平均50岁，在60

岁以上的居民占到 35% 左右，退休人群占比较大，因此居民对小区内的公共活动设施及休息设施有重大需求。该小区的改造增设了中央广场景观廊道、纳凉休息区、标志性社区标识、整体扩宽了绿化面积及景观花坛。

（二）确定指标权重

根据沈河区安居苑改造特点，邀请 5 名专家通过两两指标比较的方法对同一指标层下的指标重要程度对比，再通过采用 Yaanp 软件确定计算指标权重，其各指标权重如下所示。

一级指标中综合效益权重：$W=[0.3656 \quad 0.2041 \quad 0.4303]$；

二级指标中，经济指标权重：$W_1=[0.2705 \quad 0.0999 \quad 0.1422 \quad 0.1587 \quad 0.3287]$；

环境指标权重：$W_2=[0.1447 \quad 0.3617 \quad 0.1631 \quad 0.3306]$；

社会指标权重：$W_3=[0.1777 \quad 0.1912 \quad 0.3572 \quad 0.1035 \quad 0.1705]$。

（三）模糊综合评价的模型建立

1. 确定评价等级

根据沈河区安居苑老旧小区改造项目特点，从经济、环境与社会三个影响方面进行评价，将评价指标影响程度分为五个评价等级，确定评价集 $V=\{$优秀，良好，一般，较差，很差$\}=\{90，80，70，60，50\}$，如表 2 所示。

评价集赋值 表 2

评价集	优秀(V_1)	良好(V_2)	一般(V_3)	较差(V_4)	很差(V_5)
范围取值	[85,100] 90	[75,85] 80	[65,75] 70	[65,55] 60	[0,55] 50

2. 确定评价指标矩阵

为了保证调查数据有效性、真实性和可靠性，通过"问卷星"程序发放调查问卷同时结合线下的走访工作获取数据。调查问卷的对象为：安居苑居住居民、周边的商业租户及建设单位等。根据统计，本次安居苑改造综合效益调查共发放 220 份调查问卷，有效问卷回收数量为 183 份，有效回收率为 83.18%。

将调查数据进行整理，统计各评价指标的等级 V_k（$K=1，2，3，4，5$）的频数 m，n 为评价的总人数，即 $n=183$。由计算公式 V_k 的隶属度 $r_{ij}=\dfrac{m_{ij}}{n}$，带入 m_{ij}、n 计算得出 r_{ij}；并构造一级指标的矩阵 $R_{Bi}=[rij]$（$i=1，2，3\cdots；j=1，2，3\cdots$）。以下分别为安居苑改造二级指标模糊评价隶属度矩阵，即分别为 R_1、R_2、R_3：

$$R_1=\begin{bmatrix} 0.29 & 0.40 & 0.29 & 0.03 & 0.00 \\ 0.13 & 0.41 & 0.38 & 0.06 & 0.02 \\ 0.11 & 0.44 & 0.30 & 0.11 & 0.03 \\ 0.10 & 0.40 & 0.38 & 0.11 & 0.02 \\ 0.10 & 0.38 & 0.41 & 0.08 & 0.03 \end{bmatrix} \quad R_2=\begin{bmatrix} 0.24 & 0.30 & 0.35 & 0.06 & 0.05 \\ 0.21 & 0.33 & 0.35 & 0.06 & 0.05 \\ 0.16 & 0.38 & 0.33 & 0.11 & 0.02 \\ 0.19 & 0.41 & 0.30 & 0.03 & 0.06 \end{bmatrix} \quad R_3=$$

$$\begin{bmatrix} 0.16 & 0.46 & 0.27 & 0.08 & 0.03 \\ 0.10 & 0.51 & 0.33 & 0.06 & 0.00 \\ 0.21 & 0.44 & 0.29 & 0.05 & 0.02 \\ 0.11 & 0.41 & 0.27 & 0.21 & 0.00 \\ 0.14 & 0.43 & 0.32 & 0.10 & 0.02 \end{bmatrix}$$

（四）改造综合效益模糊评价

1. 二级指标隶属度计算

据模糊综合评价法，二级模糊评价隶属度计算公式为 $B_i=W_i \times R_i$（$i=1，2\cdots i$）；公式中，W_i

为二级指标层权重，R_i 为对应模糊评价隶属度矩阵结果。计算得出安居苑改造模糊评价隶属度结果（B_i）如下：

$$B_1 = W_1 \times R_1 = \begin{bmatrix} 0.2705 & 0.0999 & 0.1422 & 0.1587 & 0.3287 \end{bmatrix} \times \begin{bmatrix} 0.29 & 0.40 & 0.29 & 0.03 & 0.00 \\ 0.13 & 0.41 & 0.38 & 0.06 & 0.02 \\ 0.11 & 0.44 & 0.30 & 0.11 & 0.03 \\ 0.10 & 0.40 & 0.38 & 0.11 & 0.02 \\ 0.10 & 0.38 & 0.41 & 0.08 & 0.03 \end{bmatrix} =$$

$$\begin{bmatrix} 0.1558 & 0.4001 & 0.3541 & 0.0735 & 0.0193 \end{bmatrix}$$

同理可得，$B_2 = W_2 \times R_2 = \begin{bmatrix} 0.1996 & 0.3603 & 0.3302 & 0.0582 & 0.0484 \end{bmatrix}$

$B_3 = W_3 \times R_3 = \begin{bmatrix} 0.1578 & 0.4522 & 0.2972 & 0.0832 & 0.0159 \end{bmatrix}$

2. 一级指标隶属度计算

安居苑改造项原始评价值（R_B）是以二级指标效益模糊评价隶属度构成的结果，原始评价值（R_B）也为安居苑老旧小区改造效益一级模糊判断矩阵（R_B），$R_B = \begin{bmatrix} B1 \\ B2 \\ B3 \end{bmatrix}$，如下所示：

$$R_B = \begin{bmatrix} 0.1558 & 0.4001 & 0.3541 & 0.0735 & 0.0193 \\ 0.1996 & 0.3603 & 0.3302 & 0.0582 & 0.0484 \\ 0.1578 & 0.4522 & 0.2972 & 0.0823 & 0.0159 \end{bmatrix}$$

根据一级模糊综合评价公式 $A = W \times R_B$，计算得到一级模糊综合评价隶属度结果：$A = \begin{bmatrix} 0.1656 & 0.4144 & 0.3248 & 0.0742 & 0.0238 \end{bmatrix}$

3. 评价对象得分

根据评价集 V = （优秀，良好，一般，较差，很差）即 V = （90，80，70，60，50），在得到模糊综合评价隶属度矩阵结果后，由公式 $F = A \times V^T$。

其公式中，A 为一级模糊综合评价隶属度，V 为评价集即 V = （90，80，70，60，50）。

通过上述公式，计算可得安居苑老旧小区改造项目经济、环境、社会、综合效益评价得分值分别为 F_1、F_2、F_3、F：

二级效益评分：$F_1 = B_1 \times V^T = \begin{bmatrix} 0.1558 & 0.4001 & 0.3541 & 0.0735 & 0.01938 \end{bmatrix} \times \begin{bmatrix} 90 & 80 & 70 & 60 & 50 \end{bmatrix}^T = 76.192$

$F_2 = B_2 \times V^T = \begin{bmatrix} 0.1996 & 0.3603 & 0.3302 & 0.0582 & 0.0484 \end{bmatrix} \times \begin{bmatrix} 90 & 80 & 70 & 60 & 50 \end{bmatrix}^T = 75.814$

$F_3 = B_3 \times V^T = \begin{bmatrix} 0.1578 & 0.4522 & 0.2972 & 0.0823 & 0.0159 \end{bmatrix} \times \begin{bmatrix} 90 & 80 & 70 & 60 & 50 \end{bmatrix}^T = 77.094$

综合效益评分：

$F = A \times V^T = \begin{bmatrix} 0.1656 & 0.4144 & 0.3248 & 0.0742 & 0.0238 \end{bmatrix} \times \begin{bmatrix} 90 & 80 & 70 & 60 & 50 \end{bmatrix}^T = 76.434$

由上诉可知，安居苑老旧小区改造综合效益评分为 76.434，属于 $V2$ 级，表明可以带来良好的效益，应当实施改造。

四、结果分析

以安居苑改造为例将其进行模糊评价，通过 AHP 确定各指标权重和模糊评价法确定隶属度，然后利用模糊变换原理对指标进行评价，具体结果分析如下：

1）根据安居苑改造项目权重可知，社会效益的重要性（权重为 0.4304）在二级指标中排名第一，说明老旧小区改造综合效益最重要的因素为社会效益；相比之下，权重占 0.2041 的环境效益对综合效益影响较小，环境效益是最小的影响因素。在二级指标层中，居民归属感增加是综合效益的最大影响因素，居民归属感增加这个影响因素是不容被忽视的；其指标权重为 0.3572；综合效益的影响因素最小的是周边商业价值提升指标，其权重为 0.0999。

2）由二级效益评分可知，在二级指标效益评分顺序为社会效益＞经济效益＞环境效益。说明在社会效益（得分为 77.094）在老旧小区改造中的效益最为明显，老旧小区改造不仅完善公共设施和居民生活质量提升，同时也使得城市形象得到提升，进而促进城市经济发展；环境效益评分较低，说明环境效益在老旧小区改造过程中体现不够显著，应调整改造方案，如改造过程使用新型材料、建造绿色建筑、出台相关政策。

3）安居苑综合效益评分为 76.434，属于 V2 级，表明安居苑改造可以带来良好的效益。安居苑改造可为今后的旧改项目提供科学的参考和宝贵的经验，具有重大意义。

五、建议

1）老旧小区改造中应该尽可能保证各项效益均衡发展。安居苑改造案例中可发现社会效益得分远大于经济与环境效益指标的得分，所以政府在调整相关政策时，不仅要保证社会效益正常发展，还要保证经济和环境效益协调均衡的发展，从根本上改变老旧小区"脏、乱、差"的居住环境，进一步保证城市快速发展。

2）提高居民参与度及建立长效管理制度。以居民为出发点，提高居民在改造过程中的积极性，建立长效的老旧小区改造的管理机制。因此，不仅便于社区人员管理，也促进社区全方面稳定、持续、健康的发展。

3）因地制宜制定改造方案。老旧小区改造不仅是具有全局性的长期工程，而且改造过程中应因地制宜。在老旧小区改造过程中应结合小区的地理位置、居住条件等因素制定合理的改造方案，做到一小区一个改造的方案；同时在改造的过程中保留文化古迹与特色街巷，传统文化精神在改造过程中得以继续传承。

六、结语

老旧小区改造不仅仅是一项重要的民生工程，也是稳经济、拉内需的有效举措。本文以沈阳市沈河区安居苑为例，通过 AHP-FCE 法对改造项目综合效益进行模糊评价，结果表明安居苑改造综合效益良好。老旧小区改造综合效益科学的评价，可为相关政策制定者提供决策依据与理论基础。

参 考 文 献

[1] 李玲燕，顾昊. 基于 AHM—可拓评价模型的老旧小区绿色改造综合效益评价研究 [J]. 生态经济，2021，37（3）：95-100，160.

[2] 国务院办公厅. 国务院办公厅关于全面推进城镇老旧小区改造工作的指导意见 [EB/OL]. （2020-07-10）[2023-6-12]. https://www.gov.ch/zhengce/content/2020-07/20/content 5528320.htm.

[3] 齐锡晶，曹赫，文大棒. 我国城市老旧小区改造综合效益的评价与优化研究 [J]. 建筑经济，2022，43（S1）：599-605.

[4] 邵志国，安安，于德湖，等. 基于 CiteSpace 的老旧小区改造研究文献计量分析与展望 [J]. 城市发展研究，2021，28（12）：1-6.

[5] 陈立文，张田，赵士雯. 基于 SNA 的智慧社区项目风险传导路径研究 [J]. 管理现代化，2020，40（1）：101-104.

[6] 刘垚，周可斌，陈晓雨. 广州老旧小区微改造实施评估及延伸思考：实践、成效与困境 [J]. 城市发展研究，2020，27（10）：116-124.

[7] 张国宗，范栩侨，堵亚兰，等. 老旧小区绿色可持续改造居民意愿研究 [J]. 价格理论与实践，2021（9）：

173-204.

［8］ 许劲，吕红，邹小勤. 旧城改造综合效益评价实证：以重庆城市主干道改造为例［J］. 技术经济与管理研究，2015（8）：118-122.

［9］ 张晓东，胡俊成，杨青，等. 基丁 AHM 模糊综合评价法的老旧小区更新评价系统［J］. 城市发展研究，2017，24（12）：144-151.

［10］ 李辉山，司尚怡，白莲. 基于 ANP 和 FCE 的老旧小区改造综合效益评价［J］. 工程管理学报，2021，35（3）：76-81.

［11］ 胡龙伟，王金荣，夏思雨. 基于理想解法—灰色关联法的老旧小区改造综合效益评价［J］. 辽宁工业大学学报（自然科学版），2022，42（4）：253-258.

［12］ 宋子含，黄云德. 基于 AHP 的既有建筑改造方案评价方法研究［J］. 西华大学学报（自然科学版），2017，36（1）：93-98.

［13］ 杜炳臻. 老旧小区改造的综合效益度量与分享机制研究［D］. 南京：东南大学，2021.

［14］ 李玲燕，顾昊. 基于 AHM-可拓评价模型的老旧小区绿色改造综合效益评价研究［J］. 生态经济，2021，37（3）：95-100，160.

［15］ 顾昊. 老旧小区绿色改造综合效益评价研究［D］. 西安：西安建筑科技大学，2020.

房价影响因素研究

沈阳建筑大学管理学院

战　松　路佳慧

摘　要： 随着我国国民经济飞速发展，房地产市场也在我国逐渐崛起并且高速发展，住房价格也持续上涨，而且存在着上涨过度的迹象。近年来我国房价仍然居高不下，但是增长速度有所减缓，要探究中国房价长期波动的影响原因，本文系统分析了我国近 20 年平均房价以及同比涨幅的变化，并在此基础上，建立房价灰色关联分析模型，根据影响因素重要性依次进行排列为：老年人口抚养比、城镇化率、城镇人均可支配收入、房地产投资额、GDP 以及人口数量。最后研究总结，根据关联程度对部分影响房价的因素提出维持房价稳定的合理建议。

关键词： 房价；灰色关联分析；影响因素

一、引言

20 世纪 90 年代的房屋商品化颠覆了传统的住房分配制度，是中国房地产市场的里程碑，把中国的房地产市场带到了全新的高度，国民经济的主要支柱产业也逐步添加了房地产行业，同时房地产市场也获得平稳而长足的发展势头，但同时也使得房价一路水涨船高，除了 2008 年遭受金融危机商品住宅房价小幅回落以外，全国商品住宅平均市场销售价格均保持上涨趋势，从全国房地产市场角度而言，各地城镇的房价在持续波动中上升，一、二线城市的房价保持高位，已经超过了多数家庭的承受范围。所以准确剖析当前房产价格影响原因和影响程度，找到关键性问题，对症下药，对维持房地产市场繁荣稳定发展具有很大意义。

二、房地产发展历程

近几年来，由于全国价格一路上涨，且早已超出了多数家庭的接受程度，导致全国大部分家庭对只升不减的价格不得不望而却步，尤其一线、二线城市的房价的增长速度已经远远超过全国的平均房价水平，而三线、四线城市的价格上升速度相对迟缓，但总体上全国的平均房价仍然保持增长状态。近年来由于政府对房地产市场出台一系列政策，房价上涨有减缓态势。根据中国自 2000—2020 年的全国人均房价，做出其走势图，如图 1 所示。

通过图 1 可以发现，从 2000—2007 年全国平均住房销售价格的涨跌幅较小，且未有较大变化，而此时价格也保持相对平稳且波动较小的态势，房地产业逐渐开始发展。住宅价格在 2008 年有了明显的下滑，而涨幅也明显下降，因为 2008 年由美国次贷经济危机进而引发世界金融市场波动，最后传递至实体经济上，这也使得房地产业遭受了很大打击，我国的房地产市场也不例外。在经历金融危机所带来的长期低迷之后，2009 年房地产价格飞速回温，上涨幅度大大超过了金融危机之前，远高于住房价格的正常增长水平。最近几年房价虽在上升，但增幅忽高忽低，上升速度较之前缓慢。

三、影响因素及数据的选取

在我国国民经济发展进程中，既广泛而又复杂和紧密的技术经济关系在不同产业间逐渐产生，而这些技术经济关系又可以叫作产业关联。房地产行业在我国是重要的支柱产业，既是诸多因素的供给

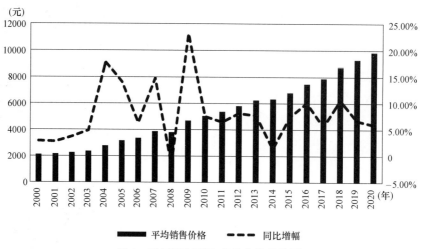

图 1 我国近年平均房价变化趋势图

者，又是诸多因素的需求者，而由于房地产产业链长、关联性高的两大特点，以及其重要作用决定了它对其他行业影响的广度。另外，房地产价格受多种因素的影响。为了能够维持房地产市场稳定发展，稳定房价的波动，可以从影响因素方面着手进行调整，本文从房价影响因素出发，通过灰色关联分析得到众多影响因素与房价的关联度，进而通过调控关联度较大的影响因素来控制房价，为房地产企业及政府提供重要依据，对房地产市场的稳定发展具有重要意义。这里重点对全国平均房价的影响因素展开剖析，影响因素指数的选择要正确科学且对房地产价格有重大影响。

基于有关文献和数据资料，可选取房地产投资额（D1）、人口数量（D2）、老年人口抚养比（D3）、GDP（D4）、城镇人均可支配收入（D5）以及城镇化率（D6）等 6 项指标作为影响需求的因素。从国家统计年鉴、中国人口与就业统计年鉴及房地产统计年鉴中查找自 2000—2020 年的全国住宅平均销售价格及各因素的数据进行灰色关联分析。本文所使用原始数据汇总如表 1 所示。

房价及影响因素数据表 表 1

年份	平均销售价格 D0/元	房地产投资额 D1/万元	人口数量 D2/万人	老年抚养比 D3/%	GDP D4 /美元	城镇人均可支配收入 D5/元	城镇化率 D6/%
2000	2112	4984.1	126743	9.9	12113.47	6280	36.09
2001	2170	6344.1	127627	10.1	13393.96	6859.6	39.09
2002	2250	7790.9	128453	10.4	14705.5	7702.8	40.53
2003	2359	10153.8	129227	10.7	16602.88	8472.2	41.76
2004	2778	13158.3	129988	10.7	19553.47	9421.6	42.99
2005	3167.66	15909.2	130756	10.7	22859.66	10493	43.9
2006	3366.79	19422.92	131448	11.0	27521.32	11759.5	44.34
2007	3863.9	25288.84	132129	11.1	35503.43	13785.8	45.89
2008	3800	31203.19	132802	11.3	45943.07	15780.8	46.99
2009	4681	36241.81	133450	11.6	51017.03	17174.7	48.34
2010	5032	48259.4	134091	11.9	60871.64	19109.4	49.95
2011	5357.1	61739.8	134916	12.3	75515	21427	51.83
2012	5790.99	71803.79	135922	12.7	85322.3	24127	53.10
2013	6237	86013.38	136726	13.1	95704.07	26467	54.49
2014	6324	95035.61	137646	13.7	104756.83	28844	55.75
2015	6793	95978.85	138326	14.3	110615.53	31195	57.33
2016	7476	102580.61	139232	15.0	112332.76	33616	58.84
2017	7892	109798.53	140011	15.9	123104.09	36396	60.24
2018	8726	120164.75	140541	16.8	138948.18	39251	61.50
2019	9310	132194.26	141008	17.8	142799.38	42359	62.71
2020	9860	141443.1	141212	19.7	146876.74	43834	63.89

四、我国房价的灰色关联分析

房地产业是一种关联性很强的综合性产业，房地产价格的变化受多种因素的影响。灰色关联分析是利用一定的方法，来确定某一个问题与其不同影响因素间的数值关联关系。本文主要是研究房价波动与其影响因素间的关系，构建灰色关联分析模型，确定房价波动与不同影响因素间的关联性大小，从而通过分析确定了房价波动的主要影响因素，并可以通过改变这种影响因素来稳定房价波动，维持房地产市场长久的发展。

（一）建模准备

根据搜集的 2000—2020 年房价及其 6 个影响因素的原始数据，以房价为参考序列，其他因素为特征序列，建立灰色关联分析模型来研究 6 个影响因素与房价的关联程度。由于各个序列原始数据的单位及量级各不相同，不能直接进行比较，因此为了更加准确地进行分析，对各个序列的原始数据进行无量纲化处理。选取了标准化处理方法，公式为：

$$D'_{mn} = \frac{D_{mn} - \overline{Dn}}{\sigma_n} \tag{1}$$

式（1）中，D'_{mn} 为标准化之后的数据，D_{mn} 为原始数据，n 为第 n 个序列，从房价、GDP、城镇人均可支配收入、人口数量、房地产投资额、老年人口抚养比以及城镇化率，n 依次为 0、1、2、3、4、5 和 6。σ_n 为第 n 个序列原始数据的标准差，$\overline{Dn}$ 表示 2000—2020 年第 n 序列原始数据均值，利用 EXCEL 进行计算，得到无量纲化的处理结果。标准化数据汇总如表 2 所示。

标准化数据表　　　　　　　　　　　　　　　　　　　　　　　　　　　　表 2

年份	平均销售价格 D0/元	房地产投资额 D1/万元	人口数量 D2/万人	老年人口抚养 D3/%	GDPD4/美元	城镇人均可支配收入 D5/元	城镇化率 D6/%
2000	−1.29	−1.19	−1.68	−1.11	−1.23	−1.23	−1.79
2001	−1.26	−1.16	−1.49	−1.04	−1.20	−1.18	−0.63
2002	−1.23	−1.13	−1.31	−0.93	−1.17	−1.11	−0.08
2003	−1.18	−1.08	−1.14	−0.82	−1.13	−1.05	0.40
2004	−1.01	−1.01	−0.97	−0.82	−1.07	−0.98	0.87
2005	−0.85	−0.95	−0.80	−0.82	−1.00	−0.89	1.22
2006	−0.76	−0.87	−0.65	−0.70	−0.90	−0.79	1.39
2007	−0.56	−0.74	−0.50	−0.67	−0.73	−0.62	1.99
2008	−0.58	−0.61	−0.35	−0.59	−0.50	−0.46	2.41
2009	−0.22	−0.50	−0.21	−0.48	−0.39	−0.35	2.93
2010	−0.07	−0.23	−0.07	−0.37	−0.18	−0.19	3.55
2011	0.06	0.06	0.12	−0.22	0.13	−0.01	4.27
2012	0.24	0.29	0.34	−0.07	0.34	0.21	4.76
2013	0.43	0.60	0.51	0.08	0.57	0.40	5.30
2014	0.46	0.80	0.72	0.30	0.76	0.59	5.78
2015	0.66	0.82	0.87	0.52	0.89	0.78	6.39
2016	0.94	0.97	1.07	0.79	0.92	0.98	6.97
2017	1.12	1.13	1.24	1.12	1.15	1.20	7.51
2018	1.46	1.36	1.35	1.45	1.49	1.43	8.00
2019	1.71	1.63	1.46	1.83	1.58	1.68	8.46
2020	1.93	1.83	1.50	2.53	1.66	1.80	8.92

（二）模型的建立与求解

灰色关联分析的基本思路是根据关联系数折线图形成的曲线的几何形状的相似程度来判断其联系是否紧密。曲线越接近，相应序列之间的关联度就越大，反之就越小。关联程度，指的是曲线间几何形状的差别程度。曲线间几何形状的差异大小可以用来衡量关联程度的大小。根据标准化处理结果，进行关联系数的计算，公式为：

$$L_{om}(k) = \frac{\Delta_{\min} + \rho\Delta_{\max}}{\Delta_{\min}(k) + \rho\Delta_{\max}} \tag{2}$$

式（2）中，$\Delta_{om}(k)$ 代表时刻两比较序列的绝对差，$\Delta_{om}(k) = |D_0(k) - D_m(k)|$，（$1 \leqslant m \leqslant 6$），$\Delta_{\min}$ 代表两比较序列在所有时刻绝对差中的最小值，$\Delta_{\max}$ 代表在所有时刻绝对差中的最大值，ρ 指的是分辨系数，它主要用于削弱最大绝对差的数值太大从而带来的失真，使关联系数之间的差异显著性上升，$0 < \rho < 1$，这里取 $\rho = 0.5$，计算得出的关联系数如表3所示，关联系数曲线图如图2所示。

关联系数表　　　　　　　　　　　　　　　　　　　　　　　　　　　表3

年份	房地产投资额/万元	人口数量/万人	老年人口抚养比/%	GDP/美元	城镇人均可支配收入/元	城镇化率/%
2000	0.989	0.365	1	0.899	0.971	1
2001	0.971	0.364	0.999	0.885	0.964	0.999
2002	0.953	0.363	0.998	0.872	0.954	0.998
2003	0.925	0.361	0.996	0.853	0.946	0.997
2004	0.895	0.361	0.99	0.828	0.939	0.991
2005	0.869	0.36	0.985	0.8	0.931	0.985
2006	0.835	0.359	0.982	0.762	0.918	0.983
2007	0.785	0.359	0.975	0.705	0.9	0.976
2008	0.736	0.357	0.976	0.638	0.877	0.977
2009	0.705	0.358	0.965	0.615	0.871	0.965
2010	0.632	0.357	0.96	0.568	0.855	0.96
2011	0.565	0.356	0.956	0.509	0.835	0.956
2012	0.525	0.355	0.95	0.477	0.813	0.951
2013	0.476	0.355	0.944	0.447	0.795	0.945
2014	0.449	0.353	0.943	0.423	0.775	0.944
2015	0.448	0.353	0.938	0.41	0.76	0.938
2016	0.431	0.352	0.929	0.407	0.746	0.93
2017	0.414	0.352	0.924	0.384	0.728	0.925
2018	0.392	0.352	0.914	0.355	0.713	0.915
2019	0.369	0.353	0.907	0.349	0.695	0.908
2020	0.353	0.353	0.901	0.343	0.689	0.901

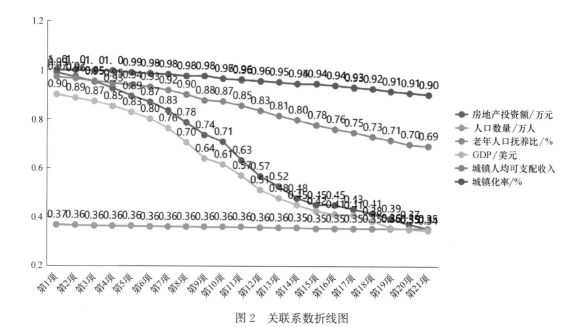

图2　关联系数折线图

关联系数是用来反映特征数列与参考数列在不同时刻内的关联程度值，由于表3中的2000—2020年的价格每一影响因素都有21个关联系数，因此很难直接将6个影响因素和房价间的关联程度大小进行对比，所以需要进一步对数据进行分析，把不同时刻的关联系数加起来再求平均数，最后得出的结果是不同影响因素对价格间的关联度，进而再比较不同影响因素的关联度大小，最后得出它们和价格间的关联程度大小排序。公式如下：

$$r_{om} = \frac{1}{N} \sum_{k=1}^{N} L_{om}(k) \tag{3}$$

式（3）中 r_{om} 为比较数列和参考数列的关联度，N 为年份的个数，这里 N 为 21，结合上述关联系数结果进行加权处理，最终得出房地产投资额、人口数量、老年人口抚养比、GDP、城镇人均可支配收入及城镇化率的关联度结果分别如表 4 所示。

关联度结果   表4

评价项	关联度	排名
房地产投资额/万元	0.653	4
人口数量/万人	0.357	6
老年人口抚养比/%	0.959	1
GDP/美元	0.597	5
城镇人均可支配收入/元	0.842	3
城镇化率/%	0.959	2

（三）模型结果分析

采用关联度值的方式排序，关联度数值一般位于 0~1，其数值越高说明它和"参照值"（母序列）区间的关联性越强，也表明其综合评价越高。从表 4 可以看出：针对本次 6 个评估项，具体关联度的排列为：老年人口抚养比＞城镇化率＞城镇人均可支配收入＞房地产投资额＞GDP＞人口数量，老年人口抚养比和城镇化率的综合评价最高，关联度为 0.959，其次是城镇人均可支配收入关联度为 0.842。

上述结果显示，老年人口抚养比对房价的影响最大。根据全生命周期转变理论，人的一生中不同年龄阶段有不同的消费和储蓄行为，消费和支出的比重不是一成不变的，住房消费也是一样，人在老年时期，可能出租或者出售住房，收入减少并且医疗保健费用升高，分给住房消费的资金变少。老年人口抚养比增多证明老年人口比例增多，会导致房价产生下跌的趋势，目前我国老龄化程度不断加深，因此，老年人口抚养比对房价的影响也越来越显著。

城镇化率对房价的影响也不容忽视，关联度与老年人口抚养比趋近，均为 0.959，城镇化率逐渐增高，人口不断涌入城市，对房屋的刚性需求数量十分庞大，而受土地资源等因素的制约，短时间内无法实现供求平衡，自然会导致房价的上涨。相较于经济发展水平高的城市，可融入性强的中小城市是农民进城的适宜选择，其房价所受影响也就更大。而住宅作为一种商品，具有典型的商品属性，受商品供需理论的影响。在市场经济大环境下，当购房人口增多供不应求时，房价随之增多。当购房人口减少住房需求减少，供大于求时，房价随之下降。城镇人均可支配收入与房价的关联度为 0.842，城镇人均可支配收入决定了城镇居民的购买力大小，进而决定了市场需求量的大小。房地产投资额与房价的关联度为 0.653，对房地产的投资额加大，使得房地产业有更多的资金运转，就可以建造更多的房屋来售卖，此时房屋供给增多，相对价格就会下降，因此对房价也有一定影响。GDP 与房价的关联度为 0.597，GDP 可以衡量一个国家的经济发展水平，GDP 水平越高，国家经济发展越好。而经济发展的好坏又影响房地产业的发展，带来房价的变动。人口数量与房价的关联度为 0.357，当人口数量增多时，住房需求随之增加，根据上文提到的理论，可以得出人口数量的变化也会影响房价。

五、结论及建议

基于对控制房价大幅波动的预期，政府可以从老年人口抚养比、房地产投资额、人口数量控制等方面着手，来对房价进行调节。

（一）适应老龄化趋势，平衡老龄化与房价关系

老年人口抚养比对房价的影响最大，老年人口抚养比的数值逐渐增大说明我国在逐渐步入老龄化社会，老龄化初期，老人有积蓄会帮助后代购房，可能会促进房价上涨，但是到老龄化末期，老人相继离世，对房价上涨产生抑制的作用。政府针对此类现象，应采取积极的政策措施，合理地调整和平衡人口老龄化给房价带来的影响，以避免房价波动可能给房地产市场乃至国民经济带来的冲击。

（二）制定相关经济政策，合理控制房价

房地产开发投资额是对房地产价格影响最大的因素，引进优质投资极其重要，同时房价对房地产投资变化影响也较大。针对这一现象，政府部门要加强规范房地产市场的投资行为，严厉打击投机性投资行为，加强对房地产价格的控制。

（三）加大生育鼓励政策，稳定人口结构发展

人口数量对房价的影响也比较大，随着"二孩"政策、"三孩"政策的逐渐放开，新生儿增多，短期内可能会抑制房价的上升。对于这种现象，政府应该在加大生育鼓励政策的同时加大房产购买的奖励政策，使房价维持在稳定的状态。

国家应该正确分析、区别对待，对房地产价格进行调控。可以从影响力较大的几个因素着手，制定相关的经济政策，将房地产价格控制在一个合理范围内，有利于房地产经济平稳发展。

参 考 文 献

[1] 刘明婷. 基于灰色关联分析法的房价影响因素研究 [J]. 时代金融，2016（20）：286-287.

[2] 司云娜. 房地产经济波动的影响因素及对策 [J]. 赤峰学院学报（自然科学版），2010，26（2）：107-108.

[3] 郭秀云. 灰色关联法在区域竞争力评价中的应用 [J]. 统计与决策，2004（11）：55-56.

[4] 赵丽丽，焦继文. 房价影响因素的灰色关联度分析 [J]. 统计与决策，2007（23）：74-75.

[5] 崔征，周梦茜，孔灵柱. 我国城市房价影响因素的异质性研究 [J]. 税务与经济，2022（6）：65-74.

[6] 战松，孙川. 基于 VAR 模型的沈阳市房价影响因素分析 [J]. 沈阳建筑大学学报（社会科学版），2022，24（2）：167-172.

基于 PPP＋REITs 融资模式的养老地产项目风险研究

沈阳建筑大学管理学院

李南芳　赵金岩

摘　要： 随着我国社会老龄化程度的日益加深，建立高效率的融资渠道对我国养老地产呈规模化发展至关重要。本文重点探讨 PPP 与 REITs 结合的养老地产发展融资模式的风险，依据科学系统的思想建立养老地产 PPP＋REITs 风险评价指标体系，并针对评价结果提出相应的风险防范建议。

关键词： PPP＋REITs；养老地产；风险管理

一、引言

人口老龄化速度加剧自 21 世纪以来，我们国家 65 岁及以上的老人达到了全国总人口的 6.96％，中国正式迈入老龄化社会的阶段。2022 年 1 月 17 日，国家统计局发布的最新数据显示，我国 60 岁及以上人口达到 26736 万人，占全国人口的 18.9％，其中 65 岁及以上人口突破 2 亿，占全国人口的 14.2％。老龄化问题已不再是老年人及其家属需要面对的问题，而是整个社会需要共同参与面对的问题和挑战。建立高效率的融资渠道以推动我国养老地产的规模化发展，缓解我国普惠性养老压力，帮助老年人群体有尊严地度过晚年生活成为亟须解决的社会问题。本文提出了 PPP 与 REITs 结合的新型养老地产发展融资模式，PPP 融资模式引入政府责任与社会资本以实现政府与民营企业优势的充分结合，以 REITs 融资模式引入社会闲散资金来实现养老地产的滚动开发。本文针对 PPP＋REITs 项目融资风险展开分析，为 PPP＋REITs 新型的融资项目的建设提供科学指导。

二、文献综述

目前，国内外许多学者针对养老地产融资模式和风险进行了研究。在融资模式上，陈春燕通过分析养老地产 PPP 融资模式的优势、运行框架和应用现状的基础上，总结我国养老地产 PPP 融资模式存在地区应用发展不平衡、投资领域集中、运作模式单一等问题。并提出，未来政府应该在 PPP 模式的基础上引入 ROT、TOT 等多样化的运作模式来缓解政府财政压力，充分发挥社会资源的作用。

严彬等人针对 PPP 项目投资大、风险高的特点采用系统科学的可拓理论对养老地产进行一个全面的风险管理。利用层次分析法确定风险因素的指标权重，建立风险可拓模型计算出待评价对象与风险各等级的综合关联度最终确定综合的评价等级。通过对项目的整体风险分析提出相应的风险控制策略。

张之分析了我国养老金配置 REITs 的可行性，并针对 REITs 在国内面临的一系列障碍，提出了相关政策意见。

在风险因素方面，张鑫完成了 REITs 融资模式下养老地产项目的风险研究，实现风险因素的识别、聚类分析和评价、风险控制，新颖的聚类分析方法为 REITs 融资模式的养老地产项目风险研究提供了借鉴性意义。

刘宏采用 DEMATEL 和 ANP 模型算得风险指标的混合权重，利用因果图结合混合权重对 PPP 项目的融资风险进行分析。

目前我国在养老地产的研究上还集中在养老地产适用性和开发运营模式上，对风险的管理研究水平还有待提升，还不足够为投资方提供丰富有效的风险管理思路与具体风险防范措施。本文分析 PPP 与 REITs 融资模式的必要性和可行性的基础上，围绕养老地产 PPP＋REITs 项目的风险管理，采用文献搜集法对我国养老地产 PPP 项目和 REITs 项目存在的主要风险因素进行识别，针对风险因素提出风险应对策略。

三、养老地产 PPP＋REITs 融资模式的运作分析

在我国，目前的养老地产 PPP 项目主要以 BOT 模式为主，养老地产 PPP＋REITs 融资模式是在以政府主导的 PPP 项目下，采用类 REITs 模式向特定的投资者筹集社会闲散资金来弥补 PPP 项目资金不足的问题。

如图 1 所示，首先由政府和房地产开发公司签订特许经营合同并准许其成立 SPV。房地产开发公司作为项目的实际运行者，主导养老地产项目的设计和配套措施建设。特许经营期满后，其养老地产的经营权转移到政府手里。SPV 通过以招标的形式选择合适的房地产信托公司做 REITs 以面向社会向投资者公开发行收益凭证。投资者也分为两种，优级的投资者将享有固定的投资收益，相反，次级的投资者则收益不固定。

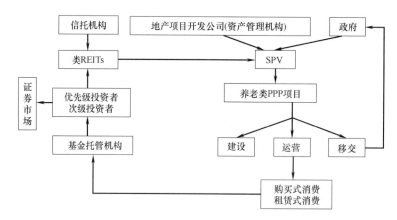

图 1　PPP＋REITs 融资模式运作图

四、养老地产 PPP＋REITs 融资风险体系构建

（一）风险因素识别

在大量梳理相关文献的基础上，采用经验数据法对我国相关学者的研究成果进行研究最终筛选出 5 个一级指标、16 个二级指标。采用鱼骨图法来识别分析每一个二级指标因素并划分到归属的一级指标上，按照上述策略划分的结果如表 1 和图 2 所示。

风险指标解读　　　　　　　　　　　　　　　　　　　　　　　　表 1

目标层	一级指标	二级指标	指标解释
养老地产 PPP＋REITs 项目风险评价	政策风险	政府意愿 法律风险 税收风险 汇率风险 通货膨胀	当地政府采用 PPP＋REITs 融资模式建设养老地产的态度； 国家针对 PPP 及 REITs 出台的相关政策和法律法规由于税收政策的调整带来的风险 由于汇率政策的变动带来的风险 由于通货膨胀引起的风险
	市场风险	供求关系 成本风险 行业竞争 信息安全	由于供求关系发生变化带来的风险； 由于建设运营过程中材料等预期成本提高带来的风险 由于行业竞争带来的风险； 由于企业系统入侵、重要信息被盗带来的风险

目标层	一级指标	二级指标	指标解释
养老地产 PPP+REITs 项目风险评价	运营风险	产品定位 营销模式 价格风险 设计风险	由于养老服务人群定位不准确带来的风险； 选择租赁制、购买制或者两者结合带来的风险 养老房产市场定价不合理导致的风险； 设计理念不符合老年群体审美需求带来的风险
	建造风险	施工风险	是指在施工阶段施工组织不协调、施工管理不到位导致的风险
	社会可持续性风险	自然灾害 低碳发展	由于自然灾害和环境破坏污染给项目带来的风险低能耗、低资源、低排放为特征的可持续发展模式

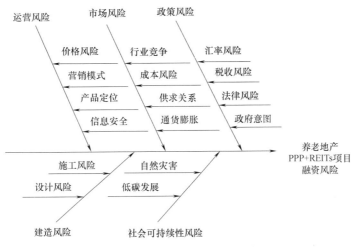

图2 鱼骨图分析法分析风险因素图

（二）风险因素量化

为了把风险描述得更加客观，本文将从出现的文献数、词频频数、词项频数标准差三项指数来定量地描述风险。通过参考近10年的文献总结的文献语料库，统计分析出各风险因素在语料库中的指数，得到数据如表2所示。

风险因素量化矩阵　　　　　　　　　　　　　　　　　　　　　　　表2

风险因素	文章数	词频频数	标准差
政府意愿	20	35	20.9
法律风险	16	31	8.311
税收风险	29	120	89.102
利率风险	18	46	0.658
通货膨胀	10	74	29.776
供求关系	11	64	23.245
成本风险	3	33	32.372
行业竞争	32	20	9.816
信息安全	4	23	13.230
产品定位	2	20	12.245
营销模式	3	14	9.429
价格风险	9	41	13.923
设计风险	8	74	69.061
施工风险	6	65	49.087
自然灾害	4	31	11.740
低碳发展	10	16	10.122

注：数据来源于作者整理计算所得

根据风险因素量化矩阵结果可以看出，根据风险因素量化矩阵结果可以看出养老PPP项目的类

REITs 模式在结合的过程中存在下列问题：

　　1）老 PPP-REITs 多数存在政府信用风险。

　　2）缺乏市场化评价体系，相关的专业机构有待完善，在利益分配与公益方面把握不准。

　　3）相关的法律和政策有待完善。

　　4）相应的税务制度具有不确定性。

五、风险应对措施

（一）提高政府认知水平

作为项目的主办方，提高政府工作人员对于 PPP 及 REITs 模式的认知是快速高效发展 PPP＋REITs 融资模式的第一步。通过设置一些专家讲座、干部交流等帮助基层干部清晰地认识到 PPP＋REITs 融资应用到养老地产中带来的巨大的社会意义。都是金融领域出身，在应对开展 PPP＋REITs 项目时难免会因为缺乏专业技术能力和经营管理能力而遭受一定风险。定期地接受 PPP 及 REITs 在法律、金融领域的知识形成规范的评估体系是破除风险的关键一步。作为项目的合作伙伴，政府要在其中平等地协商各方利益，合理规划。在项目的建设过程中，政府首先要起到带头的诚信作用，不能为了吸引资本的加入而虚假地包装美化项目，建立奖惩机制，确保外治与内治同步完善。

（二）完善法律法规

制约 REITs 在国内发展的主要的根本问题是立法问题。完善 REITs 法律制度体系才能更好地促进 REITs 的发展，提高 REITS 的流动性，指定养老地产转向专项管理制度，对 REITs 的设立标准、投资人的资质范围、资产的配置、收益标准、利润分配情况做以详细的界定，从而有效地降低 REITs 运营上的风险，保障 REITs 的高效推进和平稳运行。

（三）确定税收制度

同国外一样，REITs 要想在国内被成功推广并成熟运用，还要依赖税收上的优惠政策。特别是 REITs 的税收优惠能够避免双重征税问题。在美国，有关规定超过当期应收税的 90％分配给相应投资人。REITs 企业的所得税为应收税减去向投资人分配的股息。如果全额分配应税收入，则企业需缴纳 REITs 层面的企业所得税为 0，所以由养老地产 REITs 较为复杂的结构设计而带来双重征收的问题，实现了税收中性。项目在设立、资产证券化、交易、退出等环节，可能会涉及增值税、企业所得税、印花税等税种都会限制了 REITs 项目的推进。所以国内应该在借鉴国外的 REITS 的相关税收经验的基础上，再结合国内的实际情况，制定符合国情的能够顺利推行养老地产 REITs 的基础税收支持政策。

（四）建设风险应对

项目在建设的过程中也会遇到很多的风险，比如设计理念不能满足多数老年人的审美要求，从而导致后期的销售不可观。因此这就要求开发商在项目建设之前可以大量借鉴国外的先进技术和相关成熟的设计理念，对成熟的项目进行考察，多国内的需求进行大量的调研。通过聘请相关的专家，再结合项目实际的消费群体的消费能力和生活环境打造契合度高的适老化产品。在建造的过程中，严格施工进度和抓好每一个细节，从源头上保障工程的质量。

六、结论

REITs 与 PPP 融资模式的结合，提高了项目的落地效率。不仅会解决养老地产融资上的资金困难，还在一定程度上规范了 PPP 项目的操作流程。目前我国针对 REITs 与 PPP 相结合并得到实际应用的研究或案例还不够成熟，PPP＋REITs 的创新模式目前还处在一个摸索的阶段，通过列举融资过程中存在的主要风险，制定相应的应对风险的措施。解决养老地产 PPP 项目融资困难、借助 REITs

完善社会资本交易与退出机制，增强养老地产PPP项目的流动性为养老地产项目的风险管理研究提供一定的理论支撑。

参 考 文 献

［1］ 陈春艳，刘刚，杨瑞. 我国养老地产PPP模式的应用研究［J］. 房地产世界，2022，(21)：43-46.

［2］ 严斌，赵越，杨丰潞. 基于可拓理论的养老地产PPP项目系统风险管理研究［J］. 系统科学学报，2021，29(2)：132-136.

［3］ 张之. 我国养老金配置REITs产品的可行性分析［J］. 中国房地产（学术版），2018 (33)：65-71.

［4］ 刘宏，孙浩. 基于DEMATEL-ANP的PPP项目融资风险分析［J］. 系统科学学报，2018，26 (1)：131-135.

［5］ 张鑫. REITs融资模式下的养老地产项目风险研究［D］. 哈尔滨：哈尔滨工业大学，2019.

第三部分

企业·风险

基于 F 分数模型的建筑公司财务风险分析

沈阳建筑大学管理学院

陈美竹　李南芳

摘　要： 建筑行业作为国民经济支柱产业，对社会和谐和经济发展的影响不容小觑。随着行业规模不断扩大，内部竞争也愈发激烈，企业面临的财务风险日益凸显，严重制约了行业的健康发展。故本文选取 Z 公司作为分析对象，使用 F 分数模型，对 Z 公司 2017—2021 年企业财务数据进行财务风险分析，并结合目前建筑行业现状补充分析企业相关财务指标，为该公司提供应对财务风险的建议和防范对策。

关键词： F 分数模型；Z 公司；财务风险

一、引言

近年来，随着经济全球化发展的不断深入，建筑行业抓住了城市化进程所带来的机遇，不断巩固市场，发展壮大。但由于国际形势复杂多变，加上新冠疫情的冲击，建筑业也遇到了诸多困境，甚至出现了生存危机。如今，经济复苏，疫情也基本得到控制，利用有利的发展局势提高企业的风险防控能力已经成为现阶段工作的首要任务。国内外学者对财务风险的研究已经进入相对成熟的时期，近年来相继构建了多元线性判定模型、Logit 模型、Cox 比例模型等财务风险分析模型。周首华等（1996）在 Altman（1968）提出的 Z 分数模型的基础之上构建了 F 分数模型。席燕玲（2020）对 21 家上市互联网企业进行实证分析，得出 F 分数模型对公司的财务风险有一定预警作用，但分析具体风险时还要结合企业自身实际情况进行研究。本文将借鉴前人研究，对 Z 公司进行更为科学的财务风险分析，并提供应对财务风险的策略。

二、Z 公司简介

Z 公司（以下简称"Z 公司"）成立于 2001 年 05 月 22 日，并于 2006 年 6 月在深圳证券交易所上市。企业专注于国际工程承包业务，负责出口境外工程所必需的材料、设备，经营各类技术和商品的进出口业务，聚焦"三来一补"业务与转口贸易和对销贸易。Z 公司在急速发展的这几年里，虽一直贯彻落实国家重点区域建设和"一带一路"建设的发展理念，致力于构建国内国际双循环相互促进的新发展格局，但却也面临了不小的经营风险，2018—2020 年企业的营业收入从 135.15 亿元连年下跌至 79.66 亿元，2021 年有所回转实现营业收入 86.39 亿元，同比增加 8.46%。截至目前，公司的发展前景晦暗不明，财务状况及风险控制情况都值得深入研究，本文运用 F 分数模型，对 Z 公司 2017—2021 年财务状况进行分析，探究其财务状况的变化过程。

三、F 分数模型

1996 年我国学者周守华等充分考虑了 Z-score 模型的局限性，在原有 Z 模型基础上引入了对企业财务风险影响较大的现金流量指标，以我国 4000 多家上市公司的数据为样本进行实证分析，通过不断优化调整，提出了对于我国上市公司财务风险预测准确率更高的测算模型——F 分数模型。具体公式如下：

$$F=-0.1774+1.1091X_1+0.1074X_2+1.9271X_3+0.0302X_4+0.4961X_5$$

X_1＝流动资金/总资本＝（流动资产－流动负债）/资产总额，用于测定企业资产的流动性和规模特点。

X_2＝留存收益/总资本＝（盈余公积＋未分配利润）/资产总额，用于测定企业使用资本并累计获利的能力。

X_3＝（净利润＋折旧）/平均总负债，用于测定企业经营活动产生的现金流量清偿债务的能力。

X_4＝股东权益市值/负债总额＝（总股本×股价）/负债总额，用于测定企业财务结构状况，反映了股东权益资本和债权人资本的关系。

X_5＝（净利润＋利息＋折旧）/平均总资产，用于测定企业总资产在创造现金流量方面的能力。

F 分数模型中的临界值是 0.0274，当测算结果大于 0.0274 时，表明企业整体运营状况稳定，几乎没有什么财务风险；当测算结果小于 0.0274 时，则表明企业负债经营，可能面临破产。

四、Z 公司财务风险分析

（一）Z 公司 F 分数模型计算结果及分析

根据 Z 公司公开披露的年报整理出其 2017—2021 年重要财务报表数据如表 1 所示。

Z 公司 2017—2021 年财务数据　　　　　　　　　表 1

单位：万元

年份	2017	2018	2019	2020	2021
流动资产	1554491.2	1879916.2	1838408.7	1818357.6	1805564.5
流动负债	962088.3	1162390.2	1049732.7	1057661.1	1030746.6
资产总额	1856008.3	2232993.3	2199948.3	2168285.1	2204636.9
负债总额	989800.5	1207164.2	1098390.4	1098822.1	1121920.9
盈余公积	95298.3	108316.9	116356.4	116356.4	116356.4
未分配利润	466614.9	563676.8	624807.7	597863.9	626108.0
净利润	136180.5	133091.4	104697.5	−10205.7	26074.6
折旧	75883.2	86793.4	113792.0	124683.7	8368.4
总股本	111277.4	111267.3	123740.9	123740.9	123740.9
股东权益的市场价值	1173976.6	1285137.6	883510.0	841438.1	1133466.6
利息	0.0	5785.5	12766.5	7069.1	9544.4
平均总资产	1867285.7	2044500.8	2216470.8	2184116.7	2186461.0
平均总负债	1052965.4	1098482.4	1152777.3	1098606.2	1110371.5

基于表 1 中的财务数据，利用 F 分数模型公式计算得出公司 2017—2021 年的 F 值，如表 2 所示。

Z 公司 2017—2021 年 F 分数模型指标测算结果　　　　表 2

年份	2017	2018	2019	2020	2021
X_1	0.3192	0.3213	0.3585	0.3508	0.3514
X_2	0.3028	0.3009	0.3369	0.3294	0.3368
X_3	0.2014	0.2002	0.1895	0.1042	0.031
X_4	1.1861	1.0646	0.8044	0.7658	1.0103
X_5	0.1136	0.1104	0.1043	0.0557	0.0201
F	0.6894	0.684	0.6977	0.4986	0.3488

由表 2 中 F 值测算结果可以看出，Z 公司 2017—2021 年的 F 值均高于临界值 0.0274，说明这五年企业的整体财务状况较好，出现严重财务风险的可能性很小。但在总体上还是呈现下降的趋势，2017—2019 年分别为 0.6894、0.6840、0.6977 基本处于稳定状态，到了 2021 年降至 0.3488，短短 2 年间降低了 30%，表明企业虽财务风险较小，但遭遇财务危机的可能性在逐年增加，截至目前也并没有向好的趋势，应引起企业管理者的高度重视。

（二）Z 公司现存财务风险

Z 公司 2017—2021 年财报披露的数据与 F 分数模型的分析结果一致，所以结合相关财务分析指标，对 Z 公司现存财务风险进行更为全面的总结。

Z 公司 2017—2021 年财务分析指标 表 3

年份	2017	2018	2019	2020	2021
应收账款周转率/次	2.16	2.47	2.16	1.74	1.99
存货周转率/次	3.24	3.19	2.04	1.59	1.69
固定资产周转率/次	6.83	8.54	6.62	5.07	6.24
净资产收益率	0.17	0.14	0.10	−0.01	0.02
营业净利率	0.12	0.10	0.10	−0.01	0.03
成本费用利润率	0.16	0.13	0.13	−0.01	0.03
营业利润增长率	0.32	0.29	0.34	−17.62	−0.27
营业收入增长率	0.70	0.66	0.35	0.40	0.02

1. 现金流能力弱

X_3 在 F 值中所占比重最大，既能反映企业现金流量的状况，也能反映偿还债务的能力。近几年 X_3 数值持续下降，下降幅度高达 84.6%，Z 公司的净利润连年下跌，甚至在 2020 年出现了负增长，虽在 2021 年小幅回升，但也无法覆盖公司债务的增长幅度。从公司的债务构成状况上看，Z 公司在 2020—2021 年短期借款所占的比重大幅增加，说明企业面临较大的偿还压力，致使公司现金流能力较弱。X_5 反映的是公司总资产创造现金流量的能力，X_5 的下降，说明企业所能创造的经营性净现金流较为不足，容易引起资金链断裂。由于建筑行业资金投入数额大，资金回收期长，容易导致债务结构比例失衡，一旦资金回笼困难，企业将面临巨大的偿债风险。

2. 资金运用效率低

近年来 Z 公司应收账款比例不断提高，账龄在 3 年以上的应收账款高达 21.94 亿元，坏账也在逐年增加，2021 年涉诉应收款项坏账准备达到了 8.57 亿元。表 3 中也可以看出企业应收账款周转率在近五年整体呈明显下降趋势，说明企业账龄长、赊账多、回款速度缓慢。企业的存货周转率也在逐年下降，80% 以上的存货都属于在建工程，工程物资占用资金量过大，导致运营效率低下，说明企业在优化资源配置方面还有很大提升空间。根据年报显示 Z 公司近年来筹集资金都来自于银行借款，筹资渠道过于单一，一旦政策紧缩，就会造成企业资金短缺，抵抗财务风险的能力变弱，因此需重视由筹资渠道单一造成的风险。

3. 成本费用控制差

建筑企业为了中标竞相压价的现象十分普遍，因此常常导致工程利润率过低，甚至亏损。在部分工程项目中没有根据工期制定科学合理的进度计划，导致工期延误，也会使成本增加。通过表 3 可以看出，从 2017 年开始企业的营业利润增长率就一直低于营业收入增长率，说明企业的整体成本过高，资产没有得到充分利用。成本费用利润率也一直呈下降趋势，且一直都低于行业平均水平，说明企业的成本费用投入与盈利不成比例。建筑企业的工程质量和施工安全也是成本把控的关键，工程质量出现问题或者工人出现事故，都会使企业形成巨大的成本风险。

五、财务风险防控策略

（一）加强审查，杜绝合同风险

Z 公司在投标前需精准定位企业自身的经营状况，明确投标目的并探究投标目标是否切实可行，具体要看企业当前的技术和预算情况是否可以达到投标水平，也要对企业的施工方案和管理技术进行完善，建立适合企业的投标报价体系。在收到招标信息后，为防止发生"霸王条款"使 Z 公司在后期面临被动局势，企业的首要工作就是着重审查投标商给出的合同条例、图纸内容及经济条例，立足于项目盈亏能力，合理预估该项目可能存在的风险，确保合同条例对本公司利益的最大化。其次，要严格审核发包方的资质情况，向征信管理部门调查其信誉度，理性选择风险最低的发包商。再次，在合同签订时应注重合同内容是否符合国家相关法律法规，明确各方的权利、责任和利益，特别是贷款、履约保证金和违约赔偿细则方面，避免不必要的经济纠纷。最后，施工项目出现增量内容时，及时补充或修改合同条款，对主材料款支付和工程款支付等要有明确规定的支付日期，有效杜绝合同风险。

（二）统筹资金使用，完善资金管理

在解决 Z 公司资金筹集的问题时，需要完善资金集中管理机制，由公司的资金管理中心统一平衡调度，采取统收统支的方式归拢各账户可用闲置资金并盘活存量，提高企业资金周转率。在筹资过程中要科学调整资金筹集的比例，适当扩大权益资金的份额，尽可能实现企业内部资金多元化和对长期负债与短期负债期间的有效控制，合理增加长期负债的比例，从而降低支付风险。得到资金之后，及时记录资金使用情况，并定期核查各种坏账死账，做好应收账款分析，明确拖欠原因和拖欠时间，根据账龄的长短制定科学有效的资金回收措施，定期向客户发出催款通知，最大限度地缩短收回时间，保障公司利益。对于款项到期但经多次催促仍不归还的客户，可以提起诉讼来保护公司的合法权益，通过合法手段将损失降到最低，降低营运风险。

（三）加强项目管理，做好成本控制

建筑企业的行业特点导致其容易出现成本支出数额较大、资金不足的情况，所以企业必须严格把关、严控成本。首先在取得项目建设权之前进行成本预测，投标人员应科学分析所投项目的施工方案，所需的原材料费用和人工费，供应商的履约能力和供货能力等。其次在尽可能不超出预设成本的同时还要保证工程项目的质量，采用施工责任制等方式管理，发现问题及时纠正，避免增加不必要的成本。再次，要安排专人对项目施工过程中的材料进行管理，避免造成浪费，也要派专员及时进行工程项目结算，以免因没有及时清算导致索赔失效。最后，可以对各部门的成本管理业绩进行综合性的考评，提高工人的责任意识，做到奖惩分明，强化成本管理的效果，将成本控制落到财务风险管理中的各个阶段。

（四）重视队伍建设，培养风控人才

Z 公司要重视对财务队伍的建设工作，在培养财务风险管理人才上，首要任务是提高公司管理层以及决策者的整体素质。公司管理层的决策水平和意识水平很大程度上影响了公司的兴衰，必须具备极高的专业技能和素养才能保证其能够履行监督和管理职能。其次，不仅要提升内部人员的能力，还要注重人才引进工作，构建一套适合企业的人才引进机制，选拔优秀的行业人才和复合型人才，而且要在企业内部进行定期的组织培训和业务考核活动，培养员工的忠诚度、责任感和创造力，提高员工的风险管理能力，帮助企业以低成本获得高收益，尽可能科学合理地避免财力、物力等资源的浪费。最后，对财务工作人员的管理工作进行严格监管，减少财务腐败和财务造假的发生，使企业的财务工作能够健康稳定地可持续发展。

六、结论

基于 F 分数模型对 Z 公司的分析发现，虽然企业 F 值的测算结果高于临界值，暂时没有面临严重的财务风险，但企业整体的财务风险呈现逐步增加的趋势，风险防控管理仍十分重要。我国的建筑企业应当结合自身发展情况加强风险管理，做到防范合同风险，完善资金链管理，加强成本控制并培养风控人才，实现我国建筑企业在新常态经济下健康持续的发展。

参 考 文 献

[1] 周首华，杨济华，王平. 论财务危机的预警分析：F 分数模式 [J]. 会计研究，1996（8）：8-11.

[2] 席燕玲. F 分数模型下我国互联网上市企业财务风险预警研究 [J]. 全国流通经济，2020（18）：80-81.

[3] 王剑波. 基于 F 分数模型的华夏保险财务风险分析 [J]. 现代商贸工业，2020，41（18）：100-102.

[4] 吴慧宇. 建筑企业财务风险控制措施探讨：以 A 建筑企业为例 [J]. 投资与创业，2022，33（19）：146-148.

[5] 张洋. 建筑施工企业财务风险的管控 [J]. 山西财经大学学报，2021，43（S2）：23-24，27.

基于内控视角下 N 公司财务风险研究

沈阳建筑大学管理学院

靳际璇　栾世红

摘　要： 随着我国社会经济水平的不断提升，建筑行业作为我国经济发展的重要产业以及资金密集型产业的典型代表，尚存在许多问题亟待解决，会导致许多建筑企业产生财务危机，足见财务风险管控对于建筑企业的重要性。因此，本文以 N 公司为研究对象，基于内部控制视角，分析该公司财务风险管理现状，找出潜在问题，提出针对性解决对策，希望能够为该公司财务风险管理发展提供一些参考价值，也让建筑企业能够在可持续发展道路上越走越远。

关键词： 内部控制；建筑公司；N 公司；财务风险

一、引言

改革开放以来，我国经济水平稳步提升，人们的生活质量有了质的飞跃，加之近年来我国城市化进程不断加速，在这样的社会背景下，住房问题逐渐显现，我国建筑产业的快速发展也得益于此。根据我国建筑行业协会对外公开披露的数据显示：截至 2020 年，我国建筑产业的总产值达到 248445.77 亿元，同比去年增长了 5.68%，房屋施工的完成总面积为 144.16 亿 m^2，同比去年增长了 2.32%，我国现有从事施工活动的建筑企业 103814 家，同比去年增长了 2.32%，其中，大规模建筑企业的数量逐年降低，中小型建筑企业的数量大幅增长。可以看出，当前社会环境催化了建筑行业的创新发展，同时也对建筑企业市场环境施加了激烈的压力，导致建筑市场企业规模差异性明显，企业发展水平良莠不齐，无形当中也加大了我国政府对于建筑企业的监管难度。

在这种环境下，建筑企业想要完成可持续发展，就需要对抗日趋激烈的市场竞争环境，不断完善自身的风险抗性，在众多同类型企业中赚取更多合法利润。然而纵观现阶段我国建筑企业整体环境，激烈的竞争导致很多企业融资越发困难，价值环保要求对于工期的硬性延长，很多建筑企业难以承受不断上涨的劳务成本。一时间，建筑企业利润持续下降、承包商挪用工程资金、进城务工人员讨薪困难、企业欠税案件增多等问题相继浮出水面，暴露在大众视野当中。所以，建筑企业想要规避企业风险损失，就需要对财务风险的成因进行分析，做好风险防范措施，以达到可持续发展的最终目的。

本文以 N 公司为主要研究对象，采用文献调查法、数据分析法、案例分析法等方法，基于内部控制视角，分析该公司财务风险管理现状，找出其中潜在问题，并提出针对性解决对策，希望能够为该公司财务风险管理发展提供一些参考价值，同时也希望我国建筑企业能够在可持续发展道路上越走越远。

二、内部控制视角下 N 公司财务风险管理现状

N 集团是一家在 2004 年度由私营公司挂牌而设立的建筑企业，总资产为 48804 万元。2007 年 8 月 21 日，公司正式改名，改名为 N 公司，经营期由 2004 年 12 月 20 日起至 2024 年 12 月 19 日止。经过中国证监会的批准，公司于 2011 年度 8 月 16 日首次公开募股 1 亿股，于上海证交所挂牌。从 2016 年年报中可以看出，公司现有的资本总额为 9.76 亿元。

公司现有 900 多位技术人才，包括 3 位教授级高级工程师、80 多位高级技术人员、340 多位中级技术人员；现有注册建筑师 300 多位，一级建筑师 130 位，65% 具有大学本科学历。公司拥有各种型

号的塔吊、吊车、人货两用电梯等各种建筑机械，并具备了各种桩基、地基、土方、各种交通工具。公司已建立了严谨的品质管理制度，设备齐全、检验设备齐全，拥有省级二级实验室，并能在同一时间完成超过 1000 万 m^2 的工程项目，具体如图 1 所示。

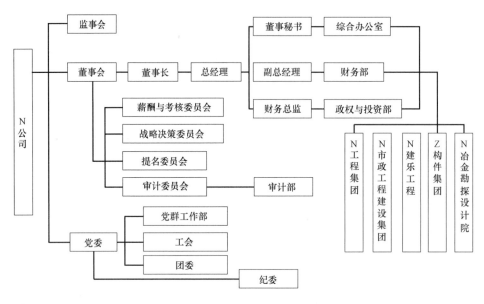

图 1　N 公司组织架构图

数据来源：N 公司组织架构图

三、内部控制视角下 N 公司财务风险内部控制现状影响因素

（一）财务风险的内部控制环境

结合 2018—2020 年 N 公司在年度审计报告中对外披露的内容，可以对该公司近年来的财务风险内部控制环境有一个初步了解：

在过去的 3 年里，N 公司一直在严格遵守《公司法》、《证券法》、中国证监会和上海证券交易所等相关规定的前提下，对公司的内部控制体系进行了进一步的改进，并持续加强了对内幕信息的监管，增强了对公司的信息披露力度，有效地保护了公司和全体股东的权益，使公司的治理水平和运作质量得到了进一步的提升。N 公司将持续深化内控建设，切实履行《关于上市公司建立内幕信息知情人登记管理制度的规定》《上市公司监管指引第 3 号-上市公司现金分红》和《上海证券交易所上市公司现金分红指引》等有关规定，切实提高公司的经营水平和风险防范能力。在公司的发展过程中，公司通过推行职工持股方案、发行可转债等措施，持续深化公司的内部治理，以保证公司的正常运营和经营风险的管理。表 1 为 N 公司财务风险内部控制参照的相关文件内容。

N 公司财务风险内部控制参照文件　　　　　　　　　　　　　　　　表 1

集团财务风险内部控制类别	集团参照文件
内部控制环境	《管理行为规范》《企业文化管理制度》《岗位说明书》
财务风险评估	《全面风险管理办法》
信息沟通	《内部控制信息沟通制度》《信息交流控制程序》
采购	《物资管理办法》《物资招标采购管理办法》
合同管理	《建设工程施工合同管理办法》
预算管理	《全面预算管理暂行办法》
经营承揽	《投标管理办法》《投标书编制指南》
工程项目管理	《施工项目管理办法》《质量事故报告和处理规定》
劳务分包	《劳务实名制管理办法》《劳务分承包管理办法》《专业分承包管理实施办法》
资金管理	《财务管理与会计控制制度》《会计核算办法》《现金管理制度》

数据来源：2018—2020 年 N 公司财务报告整理得出

（二）财务风险的识别及控制现状

根据集团年报可以了解到，宁波建工集团的主营业务以投标业务和采购业务为主，因此以集团的投标和采购业务为例，图 2 为宁波建工集团投标和采购业务过程中财务风险识别流程。

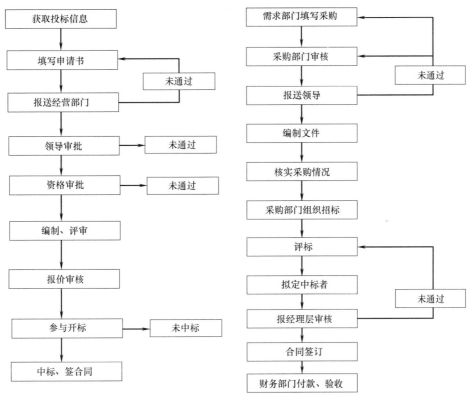

图 2　N 公司投标以及采购业务过程中财务风险识别流程

据图 2 可以了解到，N 公司的主营业务以投标业务以及采购业务是要经过财务部门的审批和估算才能进行下一步，尽管有财务的层层筛选，但是却缺少风控部门审核。

（三）财务风险的控制活动

根据公司年报可以了解到，N 公司的控制活动是依据企业风险评估为准，表 2 为 N 公司投资活动财务风险。

2018—2020 年 N 公司投资活动财务风险统计表　　　　　　　　　表 2

年度	2018	2019	2020
净利润/元	219549885.87	240275854.68	279589539.24
销售收入/元	15541863954.97	18555432816.28	19796854240.57
资产总额/元	11557007115.32	18045623099.35	13111680038.44
销售净利率/%	1.41	1.29	1.41
行业平均销售净利率/%	3.20	5.60	5.70
总资产收益率/%	1.89	1.33	2.12
行业平均总资产收益率/%	2.30	2.00	2.45

数据来源：2018—2020 年 N 公司财务报告整理得出

从表 2 中数据可以看出，2018—2020 年 N 公司的销售净利率与总资产收益率均低于行业平均水平，总资产收益率方面与行业平均值的差距不及销售净利率，但是也在行业平均值。上述数据说明了，近 3 年 N 公司盈利能力与行业平均水平存在较大差距，且企业对于资产的利用效率也被同行业其他企业拉开一定差距，由此可以看出公司投入的资产控制活动没有为其带来高水平的利润，N 公司对于投资的获利能力亟待提升，对此存在一定的问题，未来 N 公司存在一定的投资风险。

（四）财务风险的信息与沟通

信息与沟通是企业及时、准确收集、传递与内部控制相关的信息，确保信息在企业内部、企业与外部之间进行有效沟通，N 公司营运活动风险指标如表 3 所示。

2018—2020 年 N 公司营运活动财务风险指标统计表 表 3

年度	2018	2019	2020
营业收入/元	15541863954.97	18555432816.28	19796854240.57
营业成本/元	14213269915.94	17062240573.97	18268652583.25
期初存货/元	4736059243.11	4412196160.79	5092919998.79
期末存货/元	4412196160.79	5092919998.79	619443202.20
平均存货/元	4574127701.95	4752558079.79	2856181600.49
存货周转率/次	3.50	4.25	9.00
应收账款/元	3662699245.22	4140676172.93	3612221121.38
应收账款周转率/次	5.00	4.50	6.33

数据来源：2018—2020 年 N 公司财务报告整理得出

从表 3 中数据可以看出，2018—2020 年 N 公司的应收账款周转率低于行业平均水平，存货周转率在 2018 年以及 2019 年低于行业平均水平，2020 年 N 公司的存货周转率提升，其中，N 公司存货周转率低于行业平均值，说明企业的存货管理不利，应该减少部分库存，以降低企业财务风险，但仍低于行业平均水平，说明 N 公司的应收账款追回制度存在问题，有可能该公司的应收账款追回制度在三年当中未被有效执行，也有可能公司的应收账款追回负责人员水平不足，同时沟通不及时，公司人数居多的是营销中心，而大部分人员的责任分工是销售，因为没有建立沟通机制，导致营销中心中并没有设立单独负责回款的员工，大部分回款工作都是安排给销售人员的额外任务。即使公司给出相关规定：会定期查询营销人员的回款进度，依然导致集团发生大量应收账款坏账，形成财务风险。

（五）财务风险的内部监督

内部监督是企业对实施情况进行监督检查，评价内部控制的有效性，发现内部控制缺陷，如 N 公司现金流活动风险表 4 所示。

2018—2020 年 N 公司现金流活动财务风险指标统计表 表 4

年度	2018	2019	2020
营业收入/元	15541863954.97	18555432816.28	19796854240.57
期初货币资金/元	2341871737.78	2200160127.29	2182251600.45
期末货币资金/元	2200160127.29	2182251600.45	2594083822.15
平均货币资金余额/元	2271015932.535	2191205863.87	2388167711.3
现金周转率	6.84	8.64	8.28
行业平均现金周转率	3.10	4.32	3.96

数据来源：2018—2020 年 N 公司财务报告整理得出

从表 4 中数据可以看出，近三年 N 公司的现金流活动风险较低，现金周转率高出行业平均现金周转率很多。说明该公司近年来的现金活动平稳，其中潜在的财务风险较低。

四、内部控制视角下 N 公司财务风险管理解决的对策

（一）完善公司财务风险治理结构

鉴于 N 公司目前的金融风险管理体系有待进一步健全的提升空间，本文提出 N 公司要进一步健全金融风险管理体系的建议，优化内部的层次结构，把"直线型"的结构向次职能化的方向进行优化。在建设工程企业的职能划分上，主要包括：以战略决策、功能管理与支撑为主，以事业部、平台企业、子公司等作为利润核心发展的核心。二者协同共同构成项目成功的关键，集约管控也将最大化降低管理成本，并且提升效率。N 公司需要逐步形成五个"核心职能"，即战略规划、资金运营投控

制、业务风险流程监控、服务支持和制度建设。下设事业部、平台企业、子公司为利润中心，项目建设为中心，以成本为中心，以三个"核心功能"为中心。

（二）强化公司财务风险控制流程

针对 N 公司因确实财务预警机制而导致的财务风险内部控制流程不完善这一问题，建议 N 公司通过建立全面的财务风险管理预警机制的方式来强化集团的财务风险控制流程。由于 N 公司属于建筑施工企业，这样的企业往往涉及的合同资金比较庞大，且完成合同项目的周期比较长，过程中存在种种复杂问题，影响企业财务风险的因素也更多。因此，如果没能设置财务风险预警机制，强化集团财务风险控制流程的话，将导致建筑企业更容易出现财务风险，引发的后果也更加严重。因此，N 公司应该树立风险意识，依托于集团的现有制度和系统，落实风险管理预警机制的完善。

（三）健全公司财务风险控制体系

鉴于 N 公司存在的财务风险管理制度不完善的问题，本文提出了加强 N 公司的财务管理制度的解决方案。完善财务制度将提高公司的偿债能力、经营能力和利润能力。比如，在应收账款系统中，可以根据客户的信用等级和支付机制进行调整，如果客户的资信等级很差，可以不和他们进行业务往来，也可以采用更安全的方法进行支付，这样就能避免各类诈骗的发生。如果客户的信贷等级比较高，则可以在一定的风险管理下，对信贷进行适当的放松，从而促进企业的盈利与发展。首先要对新客户的资信状况、往来客户信息、资金实力等进行全面评价。必须指出，在建立客户资信评估体系后，必须随时更新与客户的交易关系、客户的经营状况等信息，并保证评估的准确度。这将保证风险尽可能降到最低，收益提升到最大。

参 考 文 献

[1] 庄靖. 中小学财务内控制度存在的问题及风险防范 [J]. 财会学习，2022（32）：170-172.

[2] 贾佳. 财务风险管理与企业内控问题探究 [J]. 中国市场，2022（30）：154-156.

[3] 伍春燕. 基于财务风险管理的企业内控体系的创建 [J]. 商场现代化，2022（19）：129-131.

[4] 王垚. 智慧财务视角下高校财务风险及内控机制建设探究 [J]. 中国集体经济，2022（27）：151-153.

M 公司偿债能力存在的问题与对策分析

沈阳建筑大学管理学院

董佳浩　李德智

摘　要： 目前，建筑行业面临的困境很多，特别是负债方面的问题尤为严重，对于建筑企业偿债能力研究的重要性不言而喻。其问题主要表现在流动资产结构，资金利用水平和盈利水平。借用偿债能力指标进行分析，解决上述问题，可以有效优化流动资产结构，提高资金利用率，提高公司盈利水平。

关键词： 建筑业；负债；偿债能力

一、引言

受新冠疫情的影响，我国建筑行业的不确定性越来越强，在大环境下大型建筑企业加速并购中小企业，2021 年上半年，从销售平均收入上来看多数建筑企业收入是下降的，相较于以前年度，建筑公司对 2022 年的销售目标持谨慎态度。M 建筑公司始建于 1987 年，经过 30 多年的业务发展，现已成为集商业、建筑、文化于一体的中型城乡建设和生活服务商。本文以 M 公司为例进行相关偿债能力指标分析，并为中小建筑公司如何提高偿债能力提供相应建议。

二、偿债能力的概念与相关指标

（一）偿债能力的概念

偿债能力是指企业偿还自身到期债务的能力，可分为短期偿债能力和长期偿债能力。对企业进行偿债能力分析在公司进行财务数据分析中占有十分重要的地位。债务运营可以使公司充分利用借入资金的使用效率，产生合理的"财务杠杆"，从而有效降低资本的加权平均成本。

（二）偿债能力相关指标

1. 短期偿债能力

流动比率：主要反映企业在短期内将流动资产转换为现金，在债务到期时偿还流动负债的能力。

$$流动比率＝流动资产÷流动负债 \tag{1}$$

速动比率：在流动比率的基础上进一步反映流动负债的保护程度。

$$速动比率＝（流动资产－存货净额）÷流动负债 \tag{2}$$

现金比率：反映了企业偿还流动债务的能力。

$$现金比率＝（货币资金＋短期投资）÷流动负债 \tag{3}$$

2. 长期偿债能力

资产负债率：反映向债权人筹集的负债占总资本的比例。

$$资产负债率＝负债总额÷资产总额 \tag{4}$$

产权比率：它表明了所有者权益对债权人权益的保护程度。

$$产权比率＝负债总额÷所有者权益总额 \tag{5}$$

三、M 公司偿债能力分析

（一）短期偿债能力

1. 流动比率分析

由表 1 可得，2019—2021 年，M 公司的流动比率逐年增加，流动资产的增长速度大于流动负债，并且 M 公司的流动比率大于企业标准值 2，这表明短期偿债能力强于行业标准。但考虑到建筑行业当下的大环境，M 公司流动比率略高，对资金的利用就不够充分。

M 公司 2018—2021 年流动比率　　　　　　　　　　　表 1

年份	2019	2020	2021
流动资产/千万元	4.73	5.26	6.83
流动负债/千万元	1.91	2.02	2.26
流动比率	2.48	2.60	3.02

数据来源：M 公司 2019—2021 年审计报告

2. 速动比率分析

由表 2 可得，M 公司近 3 年的速动比率大于企业标准值 1，但在 2019—2021 年间存货的迅速增多导致了速动比率有所下降。2020—2021 年，存货占流动资产总额的 50％以上，存货占比过高，会导致变现能力变弱，所以 M 公司应加强对存货的管理。

M 公司 2018—2021 年速动比率　　　　　　　　　　　表 2

年份	2019	2020	2021
流动资产/千万元	4.73	5.26	6.83
流动负债/千万元	1.91	2.02	2.26
存货/千万元	1.45	2.73	3.48
速动比率	1.72	1.25	1.48

数据来源：M 公司 2019—2021 年审计报告

3. 现金比率分析

由表 3 可得，M 公司 2019—2021 年的现金比率均高于企业标准值，表明 M 公司短期偿债能力良好，可以及时偿还即期债务。但现金比率相对过高，在 2021 年现金比率甚至超过了 0.50，说明 M 公司的货币资金未能充分运用，现金类资产金额过高，企业机会成本增加，M 公司应考虑如何利用现有资产获得最大收益。

M 公司 2018—2021 年现金比率　　　　　　　　　　　表 3

年份	2019	2020	2021
货币资金/千万元	0.84	0.88	1.16
流动负债/千万元	1.91	2.02	2.26
现金比率	0.44	0.44	0.51

数据来源：M 公司 2019—2021 年审计报告

（二）长期偿债能力分析

1. 资产负债率分析

由表 4 可得，M 公司近 3 年的资产负债率都在企业标准值 70％ 左右，说明企业的资产负债率比较合理，用一定的资产偿还长期负债的能力良好。在 2021 年 M 公司资产负债率下降，因为企业总资产快速增长，证明 M 公司不需要再融资，M 公司资金充足，偿还债务的压力小。

M 公司 2018—2021 年资产负债率　　　　　　　　　　　表 4

年份	2019	2020	2021
负债总额/千万元	3.28	4.12	4.94
资产总额/千万元	5.04	5.76	7.46
资产负债率/％	65.08	71.53	66.22

数据来源：M 公司 2019—2021 年审计报告

2. 产权比率分析

由表 5 可得，M 公司近 3 年产权比率均大于企业标准值，尤其是 2019 年。一般来说，产权比率高反映出 M 公司是高风险、高回报的财务结构，这种财务结构下公司自有资产占总资产的比重过低，债权人需要承担更多的风险。从指标上看，M 公司长期偿债能力较弱，负债总额过高，其财务结构也不稳定，实收资本和企业利润低，盈利情况不好，应制定对策提高企业的盈利能力。

M 公司 2018—2021 年产权比率   表 5

年份	2019	2020	2021
负债总额/千万元	3.28	4.12	4.94
所有者权益总额/千万元	1.75	1.63	2.51
产权比率/%	53.35	39.56	50.81

数据来源：M 公司 2019—2021 年审计报告

四、M 公司偿债能力存在的问题

（一）流动资产结构不合理

由表 2 可得，存货占比比较大且逐年增长。这是因为建筑建设需要一定的建设期，对生产资料投资需求大，会产生大量存货，而公司缺少统一的部门对存货进行管理，这就容易出现难以控制成本和管理成本增加的问题。并且对于闲置的存货如果管理不善容易发生堆积，此外，在短时间内，也很难将货物变现，导致公司资产的流动性下降，影响公司的短期偿债能力。所以该公司需要把存货控制在一定的数量范围内。

（二）资金利用水平低

由表 4 可得，M 公司现金比率过高。这是因为建筑公司在承接项目前期需要投入大量资金，并且融资工作需要在短时间之内完成，相应地 M 公司就会选择审批期限短并且融资快的方式，这直接促使 M 公司选择了较多的短期银行贷款，而短期借款需要在短时间内偿还，那么管理者在使用资金时就不得不过多考虑偿还债务的问题。同时，企业对于资金管理不够完善，因此这就出现 M 公司持有的现有资金过多，企业现有资金利用不够合理充分，需要提高资金利用率的问题。

（三）负债总额大，盈利水平低

由表 5 可得，M 公司负债总额过大，且近年来还在继续增长。从 2019 年的 3000 多万元的负债增长到 2021 年的 5000 多万元，这就导致 M 公司持有的负债远远大于其自有资产，对负债产生过度的依赖性。虽然举债经营的方式一定程度上产生有利于公司经营发展的"杠杆效应"，但这样过多的负债会导致财务结构极其不稳定，企业偿还账务的风险较大，不利于保障债权人的利益。所以 M 公司应重视偿付能力指标，及时采取措施完善这些指标，降低风险。因此公司应当多元化经营，优化内部财务结构，提高盈利水平。

五、M 公司偿债能力优化措施

（一）注重存货管理，优化流动资产结构

M 公司的存货占很大比例。一旦存货周转率和流动性变差，将对企业造成一定的偿债压力和财务风险，甚至会影响正常的生产经营活动。因此 M 公司应增加对存货进行统一管理的部门或人员，加强存货的日常管理，完善成本控制制度，落实管理责任，合理优化库存结构，采取相应措施提高存货周转速度，如加快项目结束时的销售速度，以降低可能的财务风险。

（二）提高资金利用率

企业的偿债能力受资金的影响较大，因此，M 公司应该加强应收账款管理，根据不同的客户研究

制定一套科学合理的收账对策，加快应收账款回笼的速度；对于 M 公司计划的长期投资，应仔细预测和全面分析，以避免盲目投资；还要加强对存货的管理，确定合理的库存量，提高存货周转速度，减少流动资金占用，增强企业的短期偿债能力和盈利能力。

（三）多元化经营，提高企业盈利水平

M 公司所有者权益过低，说明 M 公司盈利情况存在一定的问题。近几年建筑行业受到国家政策宏观调控的影响较大，建筑行业的总产值增长速度放缓，且受到当下疫情的影响，众多行业也都受到冲击。M 公司在主营业务稳定发展的基础上，加强企业多元化经营。如新增建材的销售业务，在发展新业务的同时也缓解了存货的堆积问题；或者不在专注于建筑的建设的同时，有机会和能力可以争取道路的修筑等。这就要求公司首先要继续保持在原有业务上的核心竞争力，在此基础上进入与建筑行业高度相关的领域，并在新的领域中拥有自己的核心竞争力。

六、结论

目前，建筑业的竞争十分激烈。在危机和挑战中，有效地分析企业的偿债能力可以提高企业的管理能力，增强企业的竞争力。然而，偿债指标与财务分析的其他指标具有关联性，并不是孤立地存在，在实际评估企业的偿债能力时，必须充分考虑其影响因素和实际偿债能力。

参 考 文 献

[1] 程隆云，彭三. 财务报表分析理论框架重构 [J]. 煤炭经济研究，2008（8）：75-77.
[2] 姜照清. 基于哈佛框架下的保利地产财务分析研究 [D]. 沈阳：辽宁大学，2015.
[3] 肖镜元. 建立财务分析学的几个问题 [J]. 会计研究，1996（9）：46-47.
[4] 王贾琳. 我国房地产上市公司偿债能力的研究 [D]. 杭州：浙江大学，2017.
[5] 王艳芳. 浅析企业存货管理 [J]. 当代会计，2019（14）：38-39.

基于财务共享的建筑施工企业作业成本法核算研究

沈阳建筑大学管理学院

寇　鑫　孙广博

摘　要：在大数据智能财务时代下，建筑施工企业的成本精细化核算的基础是：智能核算系统和准确核算方法。作业成本法弥补传统成本法的辅助生产费核算不准确的问题，财务共享中心弥补作业成本法作业中心与成本动因确立困难的问题，方法与系统的结合实现了"业财融合"的创新理念。本文选取 K 公司中的总承包 E 项目，对其已发生成本重新核算，将作业成本法与财务共享中心结合，希望创建出适用于 K 公司乃至整个建筑施工行业的成本核算管理方法。

关键词：建筑施工企业；财务共享中心；作业成本法

一、引言

在建筑施工行业中，企业提升其盈利能力关键在于能通过降低成本费用来提高利润，所以优化成本核算方法，使一个项目的成本核算准确精细化是必要的。建筑施工企业项目成本核算是一项比较复杂的工作，刘源宝针对大数据时代信息处理的多样化，使财务共享服务与项目成本管理直接对接，设计出一套从投标到施工再到工程验收的作业管理流程，为建筑施工项目成本管控提供实务及理论依据。袁化一以铁路工程项目为例，论证实践过程中作业成本法的具体应用，提出实施的保障措施，印证了作业成本法在建设项目中的可行性。张玉缺在大数据模型分析平台，结合大数据技术相关应用，作业成本法的效用可以得到更好地发挥，并构建了基于神经网络的作业成本法成本预测和管理模型，将财务共享中心系统与作业成本法相结合。

所以，建筑施工企业的成本精细化核算优化在于系统与方法的结合，将作业成本法嵌入财务共享中心系统中，本文将以 K 建筑企业 E 项目为例，通过作业成本法对 E 项目中单独某一项工程进行重新成本核算，进而形成新的适用于 K 建筑施工企业的成本核算管理共享中心模块，降低企业成本，提高企业利润，使企业盈利最大化。

二、相关概念

（一）建筑施工企业成本构成

建筑施工企业的项目成本由多种部分组成，主要分为两大类别，直接成本和间接成本。直接成本包括专业分包费、材料费、租赁费、劳务费。间接成本包括措施费、场地平整费、安全文明施工费、现场管理费、差旅费、差旅费、水电费等。

（二）作业成本法

作业成本法，是将间接成本和辅助生产费用更准确地分配到产品和服务中的一种成本计算方法。即按照经营活动发生的各项作业归集成本，计算出作业成本，之后再根据作业成本与成本对象之间的因果关系，将作业成本分配到成本对象。

资源成本动因是作业成本增加的驱动因素，建筑施工企业的资源是各项成本费用类型，例如劳务、租赁、材料；对应的资源成本动因一般为工时、台班、耗用量。作业成本动因是产品成本增加的驱动因素，建筑施工企业的作业中心是每一个相关的施工作业的集合，例如钢结构作业中心、混凝土作业中心、措施作业中心；对应的作业成本动因一般为体积、周长、天数。

（三）财务共享中心

财务共享中心是基于信息技术，以市场视角为内外客户提供专业化财务信息服务的财务管理模式，是网络经济与企业管理共享思想在财务领域的最新应用。

建筑施工企业的财务共享中心的成本核算系统主要构成部分如下：对下分包合同计价、发票提单稽核、成本核算生成。大多数建筑企业仍是依据原始凭证对比预算进行成本核算，并未达到实时动态成本核算管控的效果，原因在于作业成本法的作业成本中心及作业成本动因难以确立，大量的信息数据不能第一时间获取。

三、K企业E项目成本核算问题及原因

（一）K企业及E项目概况

K建筑施工企业地基基础工程、工程物探、岩土工程设计、施工、检测和土工试验为主业，并具有施工总承包资质。K建企业财务共享中心成立时间不到一年，其业财融合的效果不够明显，仅可以实现成本、财务方面的自动生成、电子影像传送、税务方面的电子底账库的引用、合同台账与项目台账的数据反写，但并没有实现成本核算更进一步智能化，管控更进一步集中化。

E项目是一个市政工程EPC工程总承包项目，为畜牧业养殖基地总承包项目。合同额131658.36万元，预算总成本118233.93万元，目前处于预结算状态，对上、对下计价分别为116527.32万元和104936.35万元（如表1）。

E项目各工程对下计价明细表 表1

基础工程/万元	主体工程/万元	装饰工程/万元	消防工程/万元
4031.15	50541.02	35897.02	14467.15

（二）E项目成本核算问题及原因

E项目的各工程直接费用不会超出预算金额的控制，原因是发生的成本有对应的分包合同，现场产生的直接费用是指定在某一工程标段直接投入的，而辅助生产费用的归集却是按照直接费用的比例进行分配的，单独小工程小标段的成本核算不准确，在进行对上计价结算后对应这一部分的利润也会不真实，所以K建筑施工企业必须优化成本核算方式方法，对辅助生产费的核算精细化处理。

四、E项目成本核算优化的方案设计

（一）建立财务共享中心动态成本核算流程

针对K公司—项目成本核算管理体系不够完善的问题，在财务共享服务中心的基础上，优化组织结构与业务流程，尤其将间接成本辅助生产费核算流程精细化。本文设计方案为，利用K公司的财务共享系统，将业务部门利用项目管理平台对E项目的工程成本数据传送至财务共享中心新增作业成本法核算模块，流程如图1所示。

财务共享中心最大的便捷之处在于可以利用智能化系统既定流程对财务数据核算和管理，打破建筑企业传统成本会计手动核算监督发票的弊端，依据项目管理人员在财务共享中心系统中完善的资源和作业中心信息，设计出一套新的财务共享中心动态成本核算管理流程：分为业务流和报销流，业务流依据项目施工现场进度指定作业中心成本动因耗用量；报销流为

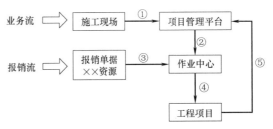

图1 财务共享中心动态成本核算流程图

业务财务依据资源费用，先提单归集到作业中心，再由作业中心分配到工程项目中。

过程①：报送施工进度和动态项目成本信息。

过程②：依据现场施工进度，指定每一个作业中心的预算成本动因消耗量。

过程③：业务财务将发票分解为资源类型，归集到不同的作业中心。

过程④：超出预算成本动因耗用量不得入账。

过程⑤：将动态数据反馈给项目管理平台。

此动态成本核算管理流程可以使得作业中心分配至工程项目的成本不超过业务流提供的依据施工进度预算的成本，当报销流某一作业中心归集的资源费用大于业务流的预算进度成本时，财务共享中心系统会时候动态成本管控，超出进度的成本会反馈给项目管理平台作为分析依据，此外依据对 E 项目的分析，对易产生非增值成本的作业中心重点管控，按照项目管理平台分析的数据对此作业中心计入工程项目的成本按照增值百分比管控，严格控制其非增值成本的发生，一旦超过预算，财务共享中心系统第一时间将核算数据反馈给施工现场。新的财务共享中心动态成本核算管理流程优势在于核算成本精细化、准确化，动态管控成本的发生，从根本上消除非增值成本，达到降本增益的显著预期效果，使 K 建筑施工企业盈利能力得以提升。

（二）财务共享系统确立项目作业和成本动因

在设计出基本财务共享中心流程图后，进行工程资源动因和作业动因的整理生成数据模型。以 E 项目基础工程为例按照作业成本法原理，通过咨询项目管理人员，其划分为如下几个作业中心，和构成的资源成本及动因如表 2 所示。

E 项目基础工程作业成本构成明细表　　　　表 2

工程项目	作业成本动因	作业中心	作业	资源成本动因	资源
基础工程	基坑体积(m³)	混凝土作业中心	桩基础劳务	工时	劳务
				耗用量	材料
			基坑开挖	台班	租赁
				天数	人工
				耗用量	辅助生产—燃油
			基坑设计	次数	技术服务
				耗用量	辅助生产—水电
	基坑周长(m)	钢结构作业中心	基坑保护	工时	劳务
				耗用量	材料
				台班	租赁
			基坑修改	天数	人工
				耗用量	辅助生产—燃油
				耗用量	辅助生产—水电
	天数	措施作业中心	安全文明施工	工时	劳务
				台班	租赁
				天数	人工
			现场管理	耗用量	辅助生产—燃油
			二次搬运	耗用量	辅助生产—办公
			脚手架	耗用量	辅助生产—水电

再归集出 E 项目整个主体各工程所有可能出现的作业中心如表 3 所示。

E 项目作业中心汇总表　　　　表 3

作业中心	成本动因	费用类型
基坑	m³	材料、租赁、劳务、辅助生产
钢结构	t	材料、专业分包、辅助生产
措施	天	劳务、专业分包、辅助生产
水电气暖	m³	材料、专业分包、辅助生产
混凝土	t	材料、专业分包、辅助生产

作业中心	成本动因	费用类型
绿化作业	m²	人工、租赁、劳务、辅助生产
勘察检测	m	人工、租赁、辅助生产
技术运营	天	人工、辅助生产

（三）财务共享系统归集资源费用

资源费用的归集是指对每个作业中心的资源消耗情况进行分析，以建立作业成本库，最终汇总出各个作业中心的成本。成本的归集分为两种情况，一种是仅被一种作业消耗的资源直接归入作业中心去的直接成本，另一种则为被多种作业消耗的资源通过成本分配后计入产品成本的间接成本。因此，以 E 项目中基础工程为例，在此工程项目中，作业成本法的核算主要是计算该项目中间接成本，又因为项目的施工过程复杂，间接成本不能准确分配给每种产品，并且可能有多个驱动因素会影响一个作业，而该驱动因素也可能会影响多个作业。因此，企业要根据项目的具体情况选取合适的资源动因和动因消耗量来分配每个作业中心的间接费用。按照资源成本构成表所示，基础工程的措施作业中心中辅助生产费用的发生占比大，且构成的费用类型较为复杂，区别于混凝土和钢筋作业中心由直接费用构成，措施中心的间接费用较为复杂，这些费用都是由项目现场人员整理而得到的数据。那么，首先我们将此流程先融入财务共享服务中心系统中，设计出财务共享中心收集数据的流程，再利用作业成本的公式进行核算。根据作业成本法核算，措施作业中心成本包括：安全文明施工费、二次搬运费、环境保护费、燃油费、办公费、水电费、技术服务费。其他作业中心消耗的直接材料费用不需进行归集与分配直接计入最终产品成本，措施作业中心的辅助生产费用分配为重点。措施作业中心成本库表如表 4 所示。

E 项目基础工程措施作业中心成本库表 表4

资源	单位	单价/元	数量	金额/元
安全	工时	20.00	578000	11560000.00
二次搬运	台班	260.00	8542	2220920.00
环境保护	天数	200.00	3780	756000.00
燃油	L	8.00	66800	534400.00
办公	耗用量	610.00	25460	247659.37
水费	t	5.00	375820	1879100.00
电费	kW·h	1.00	896500	896500.00
技术服务	次数	2830188.68	6	16981132.08
合计				35075711.45

（四）财务共享系统作业成本计算

财务共享中心系统作业成本的计算主要针对辅助生产成本核算，以作业中心的形式分配到工程对象当中。数据来源全部为工程项目现场实时推送现场数据。以财务共享中心项目管理平台为介质，推送至成本管理系统中。按照上文如措施作业中心划分的措施作业成本库，对该笔费用依次按照资源动因到作业成本中心再由作业成本中心分配到工程项目当中的流程来分配。发生的成本具体共享中心流程模块细分如下，每一个流程所对应的表单如图 2 所示。

将 E 项目现有财务数据以作业成本法方式重新核算，将不单独属于某一工程的资源费用按照作业成本法核算，得到如表 5 所示所有作业中心成本库。

作业成本的分配是在确定成本动因后，依据成本动因情况将成本库成本分配到成本对象的过程。其分配方法是以各项工程为成本对象，依据其在作业中心所消耗的成本动因量来确定产品分配率，然后用该分配率与作业中心成本库成本进行相乘，从而得到消耗该作业中心的各个工程成本，也就是成本对象在这一作业中心的成本。接下来以措施作业中心成本分配到产品的过程进行演示，其分配结果如表 6 所示。

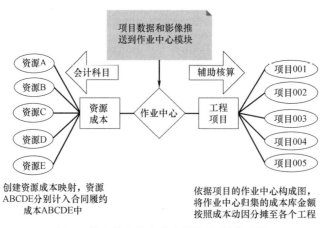

图 2　财务共享作业成本模块核算原理图

E 项目基础工程措施作业中心成本库表　　　　表 5

作业中心	成本动因	费用类型	成本库金额/万元
钢结构	t	材料、辅助	8369.44
措施	天	辅助	3507.57
水电气暖	m³	材料、辅助	10236.98
混凝土	t	材料、辅助	11052.11
勘察检测	m	人工、辅助	1033.12
技术运营	天	人工、辅助	3569.41
合计			37768.63

措施作业中心分配至各工程数据表　　　　表 6

工程	消耗量/	分配率/%	分配的成本/元
基础	25	6.61	2319822.19
主体	248	65.61	23012636.08
装饰	105	27.78	9743253.18
合计	378	100	35075711.45

利用此方法分配 E 项目基础工程、主体工程、装饰工程、消防工程各自的成本，相关作业成本中心的直接成本数据依据作业的划分，在单独作业中单独耗用可直接归属于该作业，间接费用主要产生于措施作业中心，现在将其他作业中心的间接成本进行分配，并将 E 项目现有财务数据中可以直接归属于单独某个工程的成本，例如主体工程中的专业分包费等，进行直接成本地分配到各个工程中如表 7 所示：

E 项目各工程作业成本法分配成本表　　　　表 7

工程名称	作业成本中心	直接成本投入/万元	间接成本金额/万元	总成本金额/万元
基础工程	钢结构作业中心	1160.07	349.68	1509.75
	混凝土作业中心	1852.65	436.77	2289.42
	措施作业中心	0.00	231.98	231.98
合计		3012.72	1018.43	4031.15
主体工程	钢结构作业中心	14946.58	3247.56	18194.14
	措施作业中心	0.00	2301.26	2301.26
	水电气暖作业中心	2540.03	1458.18	3998.21
	混凝土作业中心	12039.25	7494.69	19533.94
	勘察检测作业中心	2363.32	586.32	2949.64
	技术与运营作业中心	2830.18	286.85	3117.03
合计		34719.36	15374.86	50094.22

工程名称	作业成本中心	直接成本投入/万元	间接成本金额/万元	总成本金额/万元
装饰工程	绿化作业中心	10652.31	0.00	10652.31
	措施作业中心	0.00	974.32	974.32
	水电气暖作业中心	4004.24	6735.28	10739.52
	钢结构作业中心	1263.98	3542.64	4806.62
	混凝土作业中心	1650.77	3120.65	4771.42
	技术与运营作业中心	2830.18	1122.65	3952.83
合计		20401.48	15495.54	35897.02
消防工程	钢结构作业中心	4179.41	1229.56	5408.97
	水电气暖作业中心	1056.23	2043.52	3099.75
	勘察检测作业中心	968.33	446.80	1415.13
	技术与运营作业中心	2830.18	2159.91	4990.09
合计		9034.15	5879.79	14913.94
总合计		67167.72	37768.63	104936.35

五、建筑企业项目成本核算优化措施

(一) 开发财务共享作业成本法核算智能模块

通过对 K 建筑施工企业 E 项目的成本核算优化方案设计分析后，比较得出采用作业成本法对其核算的结果更加准确，辅助生产费的分配得到精细化核算。在财务共享中心作业成本法模块下，当一项工程成本发生时必然会形成一项作业，最后的成本费用也会由作业中心归集到相关的工程中，例如 E 项目的作业中心有钢结构作业中心、混凝土作业中心、措施作业中心、水电气暖作业中心、技术与运营作业中心等，这些作业中心是链接资源与工程的关键，所以开发财务共享中心作业成本法核算智能模块首先要构建相关的作业中心。

在财务共享中心系统中，财务人员不可自行设置作业中心，完全由项目管理平台推送，只有在项目管理平台审核通过的作业中心，才能在财务共享中心系统中选择，这样才可以确保项目信息完全由业务部门统一推送的原则。

(二) 优化财务共享中心与业务系统信息集成

财务共享服务中心最大的特点在于信息资源的共享，所以要想实现数据信息从"业务"→"财务"→"业务"的业财融合一体化流程就必须做好不同系统板块的对接工作。具体措施建议如下：

1）确保财务共享服务中心系统中相关业务信息与资料数据全部来源于施工项目现场，这样既保证信息的真实准确性，又能使财务风险达到最低。

2）确保项目数据信息推送的及时性，众所周知，财务会计的基本原则之一是财务数据的及时性，若不能保证数据的第一时间推送，会影响当期成本费用的核算准确性，也不能及时利用财务共享服务中心系统对成本管控达到实时动态监测的效果。

(三) 树立企业财务人员业财融合的意识

随着大数据时代的到来，传统的核算会计已经慢慢向着管理会计的方向改变。建筑施工企业的成本会计若不对项目成本的构成充分了解是无法利用财务共享系统进行成本稽核的，所以笔者认为让企业的财务人员参与项目管理，是十分重要的，公司可以派出一些成本会计去项目施工现场进行实地走访学习，让财务人员和项目人员沟通交流，从中了解到施工现场的具体施工作业步骤，考察每一个作业成本中心是怎样施工的，对项目整体情况有所了解，对每一个资源费用和资源动因认知，可以使财务人员在今后的财务共享中心系统成本管理中有创新发散思维，有助于财务部的业务整体提升，间接地加强企业管理能力。

六、结语

希望通过此文对建筑企业施工项目的成本核算管理有推进意义，希望 K 建筑施工企业可以运行此方法，在今后核算的过程中逐步完善资源类型与作业中心，做到业财融合一体化。此外此方法还有一些不足之处，比如对非增值成本的控制根源需要进一步通过数据分析得出最佳管控的成本动因量。希望在 K 建筑施工企业的日后核算中在该共享中心模块进一步升级，也希望此方法可以在建筑施工企业得到推广，制定出适合本企业的核算管理模式。

参 考 文 献

［1］ 刘源宝. 基于财务共享服务的建筑施工项目成本管理研究［J］. 商业会计，2019（15）：27-30.

［2］ 袁化一，翟曜，张起超. 基于作业成本法的建筑施工企业项目成本核算研究：以 Z 集团公司 DX 工程项目为例［J］. 价值工程，2022，41（18）：29-31.

［3］ 张玉缺. 基于财务共享的智能财务大数据分析模型构建［J］. 中国注册会计师，2022（6）：52-58.

中小建筑企业融资困境与对策研究——以 XC 公司为例

沈阳建筑大学管理学院

李青爽　张慧彦

摘　要：近年来，随着我国经济的快速发展以及城镇化进程的加快，建筑业在国民经济中日益成为支柱产业。但是在众多建筑企业中，中小建筑企业数量众多，但大多都是处在经营和融资的困境之中，甚至很多企业面临倒闭和破产的危险。本文以 XC 公司为例，通过分析其公司的融资现状和融资困境，从内部和外部原因两个方面揭示了中小建筑企业资金困境的原因。在此基础上提出了促进中小建筑企业融资发展的对策建议。这对于中小建筑企业缓解资金困境具有重要意义。

关键词：中小建筑企业；XC 公司；融资困境；对策

一、引言

随着国家对建筑行业扶持力度不断加大，在建筑施工企业中，中小型企业逐渐成为主要组成部分。伴随新型技术的快速发展以及营改增政策的逐步落实，我国中小型建筑企业获得了良好的发展机遇，然而随着产业的不断发展、经济规模的不断增大，中小建筑企业融资困难表现尤为突出。文章在对中小建筑企业融资现状与融资困境及其成因分析的基础上，选择了 XC 公司作为研究的案例企业，通过分析该公司融资现状、融资存在的问题及原因，然后从对策方面为 XC 公司构建出一套行之有效的融资方案，为类似企业提供一定的借鉴作用。

二、XC 公司融资现状分析

XC 公司成立于 2005 年 6 月，主要以土木工程项目建设施工、建筑装修工程施工以及批发零售铝合金门窗、钢结构、玻璃幕墙等为主要经营。公司具备建筑工程总承包二级，建筑装修工程专业承包二级等资质，公司所拥有 139 名员工，其中高级职称 5 人，中级职称 23 人，施工人员 111 人，公司共有 7 个部门，分别是人力资源部、市场部、推广部、质检部、财务部、库管部、项目部。

在分析 XC 公司融资困境前，通过公司财务数据等资料，从融资需求、现有融资渠道以及财务状况这三个方面分析其现状，以期得出 XC 公司融资上的问题。

（一）XC 公司融资需求

XC 公司的资金需求可以分为两类，即流动性资金需求与投资性资产需求。在日常的经营活动中，XC 公司的流动资金占资金需求的比较高，其百分比在 70％左右，这部分资金主要用于项目预付款、原材料采购、履约保证金以及投标等方面。实体投资方面的资金主要用于购置固定资产、无形资产和其他资产等。

随着 XC 公司的不断发展，其经营规模也在不断扩大。公司计划建设新的生产线，就需要通过融资购买新设备，也需要用流动资金购买钢筋水泥等原材料。所以 XC 公司的流动资金和投资性资金的需求在不断增加（如表 1）。

（二）XC 公司现有融资渠道

XC 公司作为中小建筑企业，目前主要融资渠道有股东增资、利润留存和银行贷款这三种形式（如表 2）。

XC 公司融资需求表　　　　　　　　　　　　　　　　　　　　表 1

XC 公司融资需求表		所需额度
流动性资金需求	采购、担保、垫资以及各项费用	公司资金的 70% 左右
投资性资金需求	施工设备购置、固定资产投资等	按实际购买金额计入

数据来源：根据 XC 公司财务资料整理

　　股东增资：股东增资作为内源融资的主要方式，有效维持股东持续增资的方式可以使公司保持良好的盈利水平。XC 公司在成立后多次利用了此融资方式，以此来增加新资金来满足公司需求，保障公司可以在前期正常生存与发展。

　　利润留存：近年来，在 XC 公司正常经营的情况下，留存的利润也成为资金来源的一种渠道，利润留存优势在于无还本压力且融资风险低，但规模比较有限。

　　银行贷款：银行存款是 XC 公司外源融资的主要渠道，目前主要存续的融资有两笔，分别在中国建设银行和当地的农商银行，都是 1 年期抵押贷款 1500 万元。XC 公司是通过关联公司的抵押物以及第三方公司的担保才获得这两笔贷款，一旦失去足够价值的担保物以及第三方公司的担保，在这种情况下 XC 公司是很难获得银行贷款的。

XC 公司现有融资渠道对比表　　　　　　　　　　　　　　　　　　　　表 2

渠道类别	融资额度	融资成本	便携程度	融资风险
股东增资	规模小	无还本压力	门槛低、周期短、便捷	低
利润留存	规模适中	无还本压力	无门槛	低
银行贷款	规模大	利率较低	手续复杂、流程较长	低、还本付息

（三）XC 公司财务状况

1. 盈利能力分析

　　公司 2019—2020 年间由于业务营销的成功，中标了几处标志性项目，由于受疫情影响，集中开工后原材料不够，导致 XC 公司的短期工程成本上升。但是受影响的项目可通过后续季度赶工弥补，所以 XC 公司的全年产值仍有望保持较强韧性。受益于后续宏观逆周期调节力度的加大以及提前下达专项债资金的投入使用，公司基于此发展保持良好。XC 公司盈利能力财务数据如表 3 所示。

XC 公司盈利能力财务数据　　　　　　　　　　　　　　　　　　　　表 3

年份	2019	2020	2021
营业收入增长率/%	145.69	−32.28	6.27
主营业务毛利率/%	8.46	9.36	11.23
净利润率/%	1.53	1.65	3.26

数据来源：根据 XC 公司财务资料整理

2. 偿债能力分析

　　XC 公司 2021 年因为业务扩张导致资金的需求增加了，银行贷款亦有所增加，所以 2021 年的资产负债率较 2020 年有所增长，但是公司的资产负债水平是合理的，所以偿债能力是不错的。由于公司的存货增加导致流动比率和速动比率下降，但是与同行业比较还是较好的。XC 公司偿债能力财务数据如表 4 所示。

XC 公司偿债能力财务数据　　　　　　　　　　　　　　　　　　　　表 4

年份	2019	2020	2021
资产负债率/%	32.56	31.05	50.66
流动比率/%	2.37	2.48	1.65
速动比率/%	1.64	1.37	1.14
现金比率/%	65	23	17
主营收入现金率/%	93.72	105	96.4
利息保障倍数	11.64	8.15	3.26

数据来源：根据 XC 公司财务资料整理

3. 经营周转能力分析

公司和合作项目的业主大部分是长期合作，项目的销售情况也是保持得很稳定，由于疫情的原因可能会导致回款时间比以前久一些，但是回款是有保障的，坏账的可能性就很小。公司近几年的发展状况趋于稳定，垫资能力变强，发展能力也变强了。XC 公司营运能力财务数据如表 5 所示。

XC 公司营运能力财务数据

表 5

年份	2019	2020	2021
应收账款周转速度	40.58	12.59	14.75
存货周转速度	15.49	7.59	4.78

数据来源：根据 XC 公司财务资料整理

三、XC 公司融资困境分析

XC 公司的融资问题主要集中在外源融资，其中包括融资渠道狭窄、信用贷款规模小以及融资成本高、缺乏创新和长期战略以及财务核算混乱等问题。

（一）融资渠道狭窄

目前 XC 公司主要的融资渠道有股东增资、利润留存、银行贷款，其中股东增资和银行贷款的合计占比在 75% 左右。这个比重说明 XC 公司对股东增资和银行贷款这两个融资渠道的依附性极其大，所以 XC 公司的融资渠道很有限。由于时代的发展，国有企业占领市场大部分的份额，市场的竞争也越来越激烈了，就会导致 XC 公司规模受限，利润留存流向资金的规模就会受限制。公司没有经验丰富的融资人员，像供应链融资和融资租赁等其他的融资渠道，XC 公司并不了解。对于发行债券，XC 公司自身的条件和规模是不够资格的。所以 XC 公司的融资渠道是很受限制的。

（二）信用贷款规模小

XC 公司是一家正处于成熟期的中小建筑企业，会经常承接一些新的项目，所以资金需求量是比较大的。之前在中国建设银行申请贷款，在没有还清的情况下再次申请贷款是比较困难的，因此其他银行也会因此考虑提供贷款的风险。这就会导致原有渠道获得的信用贷款资金数额并不会满足公司发展的需求。由于传统金融机构的贷款流程过于繁琐、审批制度上要求也非常严格，审批从最初的填表到最后的放款一般需要 3 个月的时间，在资金需求量大的年末季末，由于项目回款没有及时到位，需要向劳务人员支付劳务费用时，信用贷款额度小就会使公司产生资金缺口，会让公司处于一个非常被动的局面。

（三）融资成本高

在 XC 公司融资的过程中，主要的融资成本是在筹资费用与利息支出这两个方面。筹资费用包括审计费、担保费、评估费以及中介费等，由于 XC 公司没有专门设置融资部门，将这一部门外包，所以在融资的时候只能聘请中介机构去进行一些操作，这一过程就会产生大量中介费，导致企业本身的筹资费用增加。此外，XC 公司在发展的过程中，财务风险也会随之增加，金融机构也会随之承担比较大的风险，所以金融机构对收益率的要求也会提高，进而收取较高的利息。

（四）缺乏创新和长期战略

XC 公司属于传统行业，有着成熟的技术、产品以及商业模式，并不像新兴产业那样需要很大投入并且短期不会很快盈利。XC 缺乏大量的资金投入，也没有能力承担大额亏损。所以 XC 公司在市场竞争中表现出来的"拿来主义"使得 XC 公司很难跟上市场发展的浪潮，这会导致 XC 公司在市场发展并不占优势。XC 公司的设立动机就是看重短期可盈利，并没有长远的发展策略，几乎不考虑本公司未来在建筑业的发展趋势，长远来看，很难在市场的优胜劣汰的机制下立足。XC 公司在发展的过程中安于现状，找不到创新的发展战略。

（五）财务核算混乱

XC公司作为中小建筑公司，在劳动力市场就业门槛比较低且劳动力的需求较大，就会出现负面问题。XC公司承接的建筑工程对于所需的劳动力的管理和技术方面的要求并不高，所以这些劳动者的综合素质并不能够得到保障，XC公司作为中小企业，招聘的公司员工的要求也不高，其中财务人员的综合素养低就会导致公司出现财务核算混乱的后果。

四、XC公司融资困境成因分析

在发现了XC公司存在的融资问题后，下面将从内部和外部两个方面对XC公司的融资困境成因进行分析。

（一）内部原因

1. 公司内部管理体系不完善

XC公司成立之初，凭借创始人在建筑行业积累的经验，结合公司规模小、运作灵活的特点，准确把握方向，迅速打开行业态势，使公司在经营上呈现出可持续发展的态势。然而，随着公司经营规模的不断扩大，创始人也凸显出个人管理能力不足和公司内部管理体系不完备的问题。旧的管理理念已经不适应公司的快速发展。随着管理成本和管理费用的增加，XC公司缺乏现代理念和管理机制的管理问题日益突出。2015年以后的利润下降虽然与相关行业的环境有关，但也反映了企业管理能力的不足。此外，XC公司高层管理人员的管理制度也比较欠缺，存在风险管理意识不足等问题。风险管理没有体现在公司的经营中，导致公司日常工作中缺乏风险意识与应急处理预案。公司融资是否能营造出良好的氛围还是取决于公司风险管控的质量。

2. 融资能力有待提高

客观上，XC公司财务管理水平较差。自成立以来，一直没有成立独立的审计部门，会计报表修改过多。公司管理者并没有及时发现这些财务控制漏洞。融资成本控制的管理理念也不到位。首先，XC公司管理层缺乏融资的整体性。通常只是促进一个项目的融资，而不是通过成本和效益的综合比较来筹集资金，导致公司资金的使用和筹集效率低下。其次，在获得融资资金后，公司对资金缺乏合理科学的管理，导致资金收益不高。此外，XC公司的资金问题是创始人一个人决定的，如果缺乏财务管理知识往往在融资谈判过程处于被动地位。

（二）外部原因

1. 行业融资受到限制

自2015年以来，随着房地产行业、建筑工程行业、混凝土、钢铁等相关行业收紧政策，融资困难是问题之一。XC公司所在的建筑企业也受到国家政策、行业发展和增长的不确定性以及银行政策收紧的影响，企业面临融资困难的问题。2017年以来，国际原材料价格大幅上涨，大宗商品进口价格普遍上涨，导致XC公司原材料采购成本增加。目前，国内房地产行业增速放缓，房地产行业面临巨大的去库存压力，这使得公司资金回笼速度放缓。房地产企业是XC公司的主业，房地产企业希望从银行获得贷款增加了难度。由于建筑行业收入比较低很难吸引到一些股权投资者的兴趣，这就导致XC公司不仅银行贷款难，在获取私募股权融资这一融资渠道也很困难。

2. 金融机构对企业信用评价与风险控制制度不够严格

近年来，我国信用体系建设取得了明显成效，但与发达国家相比仍有较大差距。由于信用意识薄弱，中小企业的破产率相对较高，这导致金融机构对中小建筑企业的融资热情较低。在当前社会信用体系和环境尚未形成的情况下，金融机构往往难以对企业信用状况做出良好的判断。在这种情况下，金融机构倾向于收紧信贷以降低自身风险，因此就造成了XC公司融资难的处境。而且，由于风险控制手段的限制，金融机构无法从多层次的角度对一家中小企业进行检查；在贷款批准方面，主要取决于公司能否提供足够的担保。抵押担保对金融机构来说易于使用，风险较低。然而，对于XC公司来说，这种"一刀切"的要求往往无法被许多中小型建筑公司满足。

五、化解 XC 公司融资困境的对策

（一）加强自身信用建设

在 XC 公司融资的过程中，公司的声誉和信誉很可能直接决定融资成功与否，所以应将公司的信用体系进一步完善和加强。企业管理层也要不断提升自身的管理能力，对管理方式和方法进行创新，增强自身的诚信意识，培养员工的使命感和责任感。XC 公司也应该将自身的管理制度以及对诚信文化的建设进行加强。建设科学合理的制度，使企业文化和管理体制相辅而行，重视企业文化对企业融资发挥的作用，营建良好的企业信誉氛围，建立风险防控机制，提高公司内部的管理效率，保障公司能够稳定运行，提高社会的信用度，提高企业的知名度，增强自身的软实力，降低银行贷款的难度。

（二）完善金融机构体系

首先是建设多层次的、符合中小建筑企业自身特点的间接融资市场体系。通过相关的金融政策能够让金融机构向中小建筑企业提供贷款的范围扩大，由此 XC 公司融资难会得到缓解。对于大型企业对金融业务的管制方式，用在中小建筑企业身上可能不太适用，中小建筑企业可以通过设立中小企业监管部门等对其融资发展有利的金融监管框架。其次是要专门为中小建筑企业设立担保公司，以及将担保体系建立健全，这样能够对中小建筑企业的贷款提供担保。对于债权人来说，作为中介服务的担保是可以用来对债权进行保障，也是对信用提升很有帮助的方法。银行和担保机构进行合作就会降低贷款的风险，这样对于中小建筑企业来说获得贷款会更加容易。因此，缓解 XC 公司融资难的问题，完善信用担保体系起到很大作用。

（三）政府贷款援助

银行始终会怀疑中小建筑企业的还款能力，政府为解决这一难题，专门为中小建筑企业建立了贷款担保基金，将中小建筑企业的信誉提上来的同时也将贷款环境改善了许多。具体做法是，对于符合信贷担保计划条件的中小建筑企业申请人，中小企业贷款的数量、性质以及时间的长短是担保基金的行政主管部门拟订担保合同的依据。为了保障企业能够执行还款义务的能力，一般企业的贷款总额会比贷款担保额小，并且担保贷款也是需要按时付息的，利率也会比一般市场水平高。除此之外，政府还通过贴息贷款的政策帮助中小建筑企业分担利息的负担。部分中小建筑企业尽管效益好，但也会在筹集短期资金时运用高利息和担保补贴的方式，但是它们在获得长期贷款方面仍然很困难。在这种情况下，政府的优惠政策就发挥了很大的功效。

（四）拓宽融资渠道

很多国家的企业在证券监察部门备案和审核通过的情况下，可主要通过柜台进行发行股票或债券的交易。全部公司股票及债券只有极少部分才能通过证券交易所的严格要求并最终被公开和发行。首先我国需要根据实际的情况，为中小建筑企业推出"第二板块市场"，是一条可以直接融资或发行债券没有阻碍的渠道。其次，可以根据国情，国家联合私人融资机构，由国家统一进行监督管理，所有信息都公开透明化，将借款利率保持在一个相对合适的水平，规范民间资本，使其进行合理借贷。此外，如有中小建筑企业有闲置的资产且有利用价值，可以利用融资租赁的方式进行融资，通过租赁来达到融资的最终目的。租赁只是一个过程，获得最后的融资才是最终目的。

六、结语

在市场经济不断深化的背景下，我国经济正在逐步向高质量、可持续的方向发展，中小企业已经成为国民经济发展的重要力量。但是，我国中小建筑企业融资能力弱、信用度低等问题严重阻碍我国中小企业参与国际竞争。要缓解融资难这一问题，中小建筑企业自身要加强信用建设，完善法人治理

结构；金融机构根据企业特点差别化地提供资金；政府专门为中小企业设立贷款担保基金；国家根据行业发展需求给予相应政策支持。

参 考 文 献

［1］ 陆晓钢. 中小建筑企业融资问题现状及对策分析［J］. 财讯，2019（21）：99.

［2］ 李咏. 中小企业融资发展现状及对策研究［J］. 建筑工程技术与设计，2015（11）：2235.

［3］ 杨柳. 西部中小企业融资现状及对策研究［J］. 时代金融（下旬），2017（1）：121，127.

［4］ 刘继泽. 中小企业融资问题与金融支持的几点思考［J］. 中国民商，2020（1）：23，25.

［5］ 潘昕. 试论中小企业融资存在的问题及对策［J］. 辽宁师专学报（社会科学版），2020（1）：6-9.

房地产企业财务风险管理研究——以 J 公司为例

沈阳建筑大学管理学院

曹志鋆　寇　鑫

摘　要：由于疫情大环境的影响以及国家"三道红线"和相关监管政策的出台，房地产行业都出现了波动。快速变化的环境对企业稳健的发展形成了考验。本文以 J 公司为案例对象，从经营、筹资、投资方面对 J 公司财务风险进行识别，利用 F 模型进行评估并运用多元线性回归对影响因素进行分析，最后提出控制财务风险的一些措施。

关键词：J 公司；财务风险；措施

这些年来我国的房地产一直在蓬勃发展，从《2021 年中国统计年鉴》可以看出我国房地产企业目前有近 10 万个，并且数量越来越多，各个企业之间的竞争很激烈。国家为了使房地产企业更好更健康的发展，一直相继推出监管政策。政策的收紧会带来很大的影响。不仅加剧了企业融资的困难，而且也会对经营业绩产生一些影响。从而使部分房地产企业的财务风险越来越高，如果不加以重视，不及时控制和应对，会使企业面临较大的破产危机。

一、公司简介

J 公司于 1988 年创立，注册资本 45.15 亿元，是一家以房地产开发为主营业务、相关多元业务全面发展的综合型上市公司。主要从事房地产开发、商用地产及产业园镇开发运营、房地产金融、智慧服务、体育产业运营、代建产业等。

二、J 公司财务风险识别

1. 经营活动风险识别

房地产和一般企业相比有更多的资金需求，任何一个环节出现问题就会有资金断裂的可能。本文选取 J 公司 2017—2021 年间的数据对公司经营活动进行识别。

从表 1 可以看出，公司的流动资产占比逐渐减少，现金和存货的占比基本保持不变。流动资产、现金、存货周转率越来越高，表明企业资产周转速度越来越快。提高流动资金的使用率，可以减少企业财务风险的出现。但现金周转率的增加并不意味着 J 公司有更高的现金使用率，这个问题不容忽视。此外，J 公司除了基本的生产经营，也在多元化业务上产生了大量支出，会导致企业在还债方面产生压力。

2017—2021 年公司流动资产、现金、存货周转情况　　　　　　　　表 1

年份	2017	2018	2019	2020	2021
流动资产占总资产比重/%	81.74	81.78	80.89	80.32	78.89
流动资产周转率/%	0.26	0.26	0.25	0.28	0.29
流动资产周转天数/天	1404	1404	1460	1304	1259
现金占总资产比重/%	0.13	0.15	0.13	0.13	0.14
现金周转率/%	1.54	1.46	1.45	1.69	1.67
现金周转天数/天	237	250	252	216	219
存货占总资产比重/%	0.4	0.4	0.42	0.47	0.41
存货周转率/%	0.31	0.29	0.3	0.34	0.41
存货周转天数/天	1177	1259	1217	1074	890

2. 筹资活动风险识别

本文选取 J 公司 2017—2021 年资产负债率、流动比率和速动比率对筹资活动风险进行分析和判断。

从表 2 可以看出 J 公司的资产负债率逐年增加，表明公司的长期偿债能力逐年减弱。流动比率和速动比率逐年下降，说明企业流动资产对流动负债的补偿程度逐渐降低，短期偿债能力在减弱。

2017—2021 年公司偿债能力指标 表 2

年份	2017	2018	2019	2020	2021
资产负债率/%	0.72	0.76	0.75	0.77	0.76
流动比率/%	1.63	1.62	1.44	1.41	1.41
速动比率/%	0.74	0.77	0.65	0.53	0.62

3. 投资活动风险识别

企业在投资环节中所遇到的风险主要是投资风险，本文从两个角度分析了 J 公司的投资风险：盈利能力绩效和发展能力绩效。

1）盈利能力分析

盈利能力主要通过以下 4 项指标进行评估与判断，如表 3 所示。

2017—2021 年公司各项盈利指标 表 3

财务指标	2017 年	2018 年	2019 年	2020 年	2021 年
营业利润率/%	30.95	29.94	31.09	24.23	16.18
总资产报酬率/%	6.35	5.93	6.38	5.28	3.78
净资产收益率/%	17.50	18.57	20.04	18.64	15.62
成本费用利润率/%	36.72	38.76	39.12	29.54	17.45

从表 3 可以看出，公司的盈利指标都在不断降低，盈利能力在不断减弱。主要由于房地产企业的土地市场竞争比较激烈，再加上疫情持续及国家政策出台，对行业的毛利率水平都造成了很大的影响。这种情况下，企业仍然追求扩大规模，部分的投资者对于市场判断过于乐观，造成一些投资项目成果没有达到预期，使得毛利率下滑。

2）成长能力分析

通过选取的营业收入增长率、营业利润增长率和总资产增长率这几个指标分析公司当前的成长运营情况，如表 4 所示。

2017—2021 年公司成长能力指标 表 4

财务指标	2017 年	2018 年	2019 年	2020 年	2021 年
营业收入/%	−32.53	34.77	25.39	32.61	18.26
营业利润/%	4.88	30.22	29.89	3.20	−21.09
资产总计/%	35.35	33.86	20.28	19.96	15.23

通过表 4 可以看出，公司的营业收入增长率从 2017 年的 −32.53% 增长为 2018 年的 34.77% 之后，就处于下降的趋势。营业利润是在 2018 年和 2019 年的增长率较高但是其他年份都比较低，到 2021 年已经达到 −21.09%，说明公司受到疫情以及政策的影响也较严重。公司的资产总额增长率也出现逐年下降的趋势。通过以上可以看出，公司的盈利空间会有所缩减，使得企业在未来市场中可能会面临一定的投资风险。

三、基于 F 分数模型的 J 公司财务风险评估

1. 指标选取

具体模型的公式如（1）所示，其中各个指标的构成和计算公式如表 5 所示。

$$F = -0.1774 + 1.1091X1 + 0.1074X2 + 1.9271X3 + 0.0302X4 + 0.4961X5 \tag{1}$$

财务指标体系表　　　　　　　　　　　　　　　　　　　　　　　表 5

分类	计算公式	分类	计算公式
$X1$	(期末流动资产－期末流动负债)/期末总资产	$X4$	期末股东权益市场价值/期末总负债
$X2$	期末留存收益/期末总资产	$X5$	(税后纯收益＋利息＋折旧)/平均总资产
$X3$	(税后纯收益＋折旧)/平均总负债		

其中，$X1$ 反映了企业资产的流动性水平，该指标值越大说明公司资产流动性越强。$X2$ 可以看出企业筹资和再投资能力，该指标值与企业的创新能力是正相关的关系，指标值越大企业具有的竞争力越大。$X3$ 是一个现金流变量，该指标比值越大说明每一单位的现金流量所能偿还的债务越多。$X4$ 反映了企业的投资价值，该比率越高表明企业的投资价值越大。$X5$ 反映了企业总资产在创造现金流量方面的能力，与创造能力是正向的关系。

2. 临界值确定

F 分数模型可以预测企业财务风险的大小，其中 F 值越小，企业受到财务风险的影响就越大。判断的临界点为 0.0274，如果 F 值大于临界点，说明公司暂不存在破产风险，经营情况良好；如果 F 值小于临界点，说明公司有较严重的财务风险，要及时采取措施，否则可能会破产；此外，F 值处于 [－0.0501，0.1049] 之间时，为灰色区域，要进一步对问题进行分析。

3. F 值计算

根据 J 公司 2012—2021 年的财务数据计算出了 J 公司 F 模型相关指标的数值如表 6 所示。

2012—2021 年 F 值计算表　　　　　　　　　　　　　　　　　　表 6

年份	2012	2013	2014	2015	2016	2017	2018	2019	2020	2021
$X1$	0.47	0.4	0.42	0.37	0.37	0.31	0.31	0.25	0.23	0.23
$X2$	0.12	0.15	0.17	0.17	0.19	0.16	0.14	0.14	0.12	0.12
$X3$	0.06	0.06	0.06	0.06	0.09	0.08	0.07	0.07	0.06	0.04
$X4$	0.31	0.37	0.35	0.56	0.62	0.39	0.27	0.17	0.21	0.17
$X5$	0.05	0.04	0.04	0.04	0.06	0.05	0.05	0.05	0.04	0.03
F	0.51	0.43	0.45	0.41	0.47	0.38	0.35	0.28	0.24	0.19

从表 6 中可以看出 J 公司 2012—2021 年的 F 值均大于临界点，说明企业财务风险较小或者不存在财务风险，但是，从 F 值的变动趋势可以看出，随着时间的变化，企业的 F 值在不断减小，财务风险在不断增加。

四、基于多元线性回归的 J 公司财务风险影响因素

1. 变量选取

本文财务风险指标的选取主要以上文 F 分数模型中的 F 指数作为因变量。自变量指标的选取是通过翻阅国内外学者的相关文献，对里面所选用的指标进行参考与借鉴。在此基础上，结合 J 公司在经营状况的表现情况，并对指标选取的合理性，及计算该指标所需数据的可获得性进行综合考量。经过仔细考虑，一共选取了符号 Y1～Y9 共 9 个现金流量指标，能够很好地表现出财务风险实际状况，具体变量指标及计算公式如表 7 所示。

为了使信息更加准确，该部分的样本选择 J 公司 2012—2021 年的 10 年财务数据作为分析对象。所选数据来自 J 公司 2012—2021 年年报、东方财富 Choice 数据等。

2. 影响因素

主要运用 SPSS25.0 统计分析软件实现对所选样本数据进行相关性分析和多元线性回归分析处理。

1）相关性

在进行多元线性回归分析之前，首先对财务风险和选取的 9 个指标进行相关性分析，以研究自变量与因变量之间是否具有因果关系。当因变量和自变量有显著相关性时，也就是呈线性分布时，才可以进行多元线性回归操作，相关性分析如表 8 所示。

变量指标　　　　　　　　　　　　　表 7

类型	变量	符号	计算公式
因变量	财务风险	F	F 分数模型函数的计算公式
自变量	流动比率	Y1	流动资产/流动负债
	速动比率	Y2	速动资产/流动负债
	资产负债率	Y3	负债总额/资产总额
	利息保障倍数	Y4	息税前利润总额/利息费用
	应收账款周转率	Y5	营业收入/平均应收账款余额
	股东权益比率	Y6	股东权益/资产总额
	主营收入增长率	Y7	本年主营收入增长额/上年主营收入总额
	净资产报酬率	Y8	息税前利润总额/平均净资产
	现金流量比率	Y9	经营活动现金流量净额/流动负债

指标相关性　　　　　　　　　　　　表 8

	F	Y1	Y2	Y3	Y4	Y5	Y6	Y7	Y8	Y9
F	1.000	0.960	−0.342	−0.823	−0.251	0.659	0.823	0.096	−0.205	0.324
Y1	0.960	1.000	−0.498	−0.841	−0.450	0.706	0.841	0.074	−0.425	0.273
Y2	−0.342	−0.498	1.000	0.527	0.790	−0.474	−0.527	0.073	0.741	−0.271
Y3	−0.823	−0.841	0.527	1.000	0.367	−0.329	−1.000	0.020	0.442	−0.479
Y4	−0.251	−0.450	0.790	0.367	1.000	−0.584	−0.367	0.365	0.924	0.045
Y5	0.659	0.706	−0.474	−0.329	−0.584	1.000	0.329	0.147	−0.369	0.089
Y6	0.823	0.841	−0.527	−1.000	−0.367	0.329	1.000	−0.020	−0.442	0.479
Y7	0.096	0.074	0.073	0.020	0.365	0.147	−0.020	1.000	0.428	0.483
Y8	−0.205	−0.425	0.741	0.442	0.924	−0.369	−0.442	0.428	1.000	−0.018
Y9	0.324	0.273	−0.271	−0.479	0.045	0.089	0.479	0.483	−0.018	1.000

数据来源：SPSS25.0 统计分析软件输出

如表 8 所示，通过将 9 个自变量和 1 个因变量输入之后选择步进的方式系统自动选出了 2 个与因变量有显著相关性的指标，分别是 Y1 和 Y8，分别代表的是流动比率和净资产报酬率。

2）多元线性回归

通过上述相关性分析后，得出 2 个与因变量相关性显著的指标，为了找到影响因素的影响程度，进行进一步操作，结果如表 9—表 11 所示。

模型摘要　　　　　　　　　　　　表 9

模型	R	R 方	调整后 R 方	标准估算的错误	德宾-沃森
1	0.960[a]	0.921	0.911	0.03128	
2	0.985[b]	0.971	0.963	0.02027	2.580

注：a，预测变量：（常量），Y1；b，预测变量：（常量），Y1，Y8
数据来源：SPSS25.0 统计分析软件输出

表 9 为模型摘要部分，其中 R 方可以衡量估计模型对观测值拟合程度的大小。R 方离 1 越近说明模型建得越好，使用价值越高。调整后的 R 方准确度高于调整前 R 方，所以一般以调整后的 R 方为准。表中一共输出 2 个模型，调整后的 R 方分别为 0.911 和 0.963，其中模型 2 调整后的 R 方 0.963，表示自变量一共可以解释因变量 96.3% 的变化，拟合度最高，所以模型 2 是最优的。

德宾-沃森检验简称 D-W 检验，是目前检验自相关最常用的方法。它可以用来检验回归分析中的残差项是否存在一阶自相关。因为自相关系数 ρ 的值介于 −1 和 1 之间，所以 D-W 值一般介于 0 到 4 之间，即 $0 \leqslant D$-$W \leqslant 4$。

因此，当 D-W 值显著的接近于 0 或 4 时，则存在自相关性，而接近于 2 时，则不存在自相关性。一般来说越接近 2，说明自变量的自相关性越不明显，模型设计得越好。上表中可以看出，D-W 值为 2.580，比较贴合 2，所以模型设计的较好，自相关不严重。

方差分析结果如表 10 所示，表中 F 值代表的就是方差分析的结果，是对整个多元回归方程的总体检验，可以验证整个回归方程可不可以使用。当 F 值对应的显著性小于 0.05 就可以认为回归方程是有可以使用的。

方差分析结果 表 10

模型		平方和	自由度	均方	F	显著性
1	回归	0.091	1	0.091	93.276	0.000^b
	残差	0.008	8	0.001		
	总计	0.099	9			
2	回归	0.096	2	0.048	117.121	0.000^c
	残差	0.003	7	0.000		
	总计	0.099	9			

注：b，预测变量：（常量），Y1；c，预测变量：（常量），Y1，Y8
数据来源：SPSS25.0 统计分析软件输出

从表 10 中模型 2 可以看出，F 统计量的观察值为 117.121，概率 P 值为 0.000，那么在 P 小于 0.05 的情形下，可以认为财务风险 F 与流动比率 Y1、净资产报酬率 Y8 之间存在显著的线性关系。

相关系数如表 11 所示，其中 VIF 指的是容差的倒数，用于共线诊断，也就是变量之间的关联度。一般情况下，当 VIF 在 5 以下，表示无强烈共线性，但是根据行业的不同有的当 VIF 小于 30 的时候，也代表着无强烈的共线性。B 表示常量以及各个自变量在回归方程中的系数，负值说明该自变量增加，因变量会显著减少的负向影响；正值说明自变量减少，因变量会显著增加的正向影响。但是由于每个自变量的量纲和取值范围不同，基于 B 并不能反映各个自变量对因变量影响程度的大小，这时候就要借助标准系数 Beta。表格中的 Beta 值可以反映对自变量影响程度的大小，此数值越大表示对自变量的影响更大。

相关系数 表 11

模型		未标准化系数		标准化系数	t	显著性	共线性统计	
		B	标准错误	Beta			容差	VIF
1	（常量）	−0.418	0.082		−5.080	0.001		
	Y1	0.468	0.048	0.960	9.658	0.000	1.000	1.000
2	（常量）	−0.600	0.075		−8.022	0.000		
	Y1	0.519	0.035	1.065	14.969	0.000	0.819	1.220
	Y8	0.589	0.170	0.247	3.472	0.010	0.819	1.220

数据来源：SPSS25.0 统计分析软件输出

如表 11 所示，模型中 VIF 均小于 5，说明变量之间没有强烈的共线性。模型 2 中两个自变量的单个显著性均小于 0.05，所以都具有显著性。其中流动比率（Y1）的偏回归系数为 0.519，标准化回归系数为 1.065；净资产报酬率（Y8）的偏回归系数为 0.589，标准化回归系数为 0.247；通过比较标准化回归系数的绝对值，可以得出对财务风险的影响程度从大到小的排序依次为流动比率（Y1）、净资产报酬率（Y8）。

多元线性回归分析的结果表明流动比率（Y1）、净资产报酬率（Y8）对于 J 公司的财务风险有着显著的影响，而其他 7 个指标对于财务风险的影响不是很明显。可见在企业的财务风险控制过程中，流动比率和净资产报酬率对财务风险的影响最为直接；但其他指标虽然影响不是很明显，可能是因为指标中的共性影响的，流动比率和净资产报酬率为主要的影响因素，财务风险由多方面因素影响的，所以其他指标在企业控制风险时也是不可忽视的。

五、J 公司财务风险控制的措施

1. 加强企业资金管理计划

资金对于企业来说是周转的重要工具，资金管控薄弱，销售回款不佳以及大量债务到期都会使企业现金流状况不佳。虽然 J 公司资产周转率越来越快，但是也应该重视资金的管理，使资金的使用率提高。并且针对经常发生的问题，形成一套可行的风险应对方案，找出公司财务风险产生的原因，并实施有针对性的解决办法。

2. 保持合理的负债结构

房地产企业普遍存在长期偿债能力较弱的情况，由于行业的性质，房地产行业收回资金的期限较长，长期贷款也比较多，导致企业还款压力增加。对于 J 公司来说，短期和长期偿债能力逐渐减弱，应该合理安排自有资金和外筹资金的比重。从自身的实际情况出发，完善企业的筹资结构。

3. 做好投资预算管理

降低投资风险还需要对投资做好预算规划，需要专业人士创建预算表，根据每个项目预算确定每个项目的成本，使投资费用准确地用在每个项目上，避免资金浪费以及资金不足的问题，尽量把有限的资金用在最能获利的投资上，并通过每次的投资预算以及相应的投资结果分析合理性、隐藏的机会和成本，从而有针对性地解决。不断提高管理水平，控制本钱。

六、结论

通过对 J 公司财务风险进行识别、评估，可以发现目前企业的财务风险在不断增加，影响最显著的因素是流动比率和净资产报酬率，并对公司财务风险控制方面提出了一些措施。目前房地产行业所面临的环境越来越复杂，地方持续在实施严格的监管政策，不断强化市场的监管，房地产行业已经从成熟期走向衰退期，面对这样的形势，房地产企业应该重视企业的财务风险方面的管理，保证企业健康地运转。

参 考 文 献

[1] 程小琴，李东晓. 基于现金流量财务风险预警模型在企业中的运用：以中银绒业为例 [J]. 中国农业会计，2021 (8)：73-76.

[2] 侯勇. 基于回归分析的创业板上市公司财务风险研究 [J]. 价值工程，2012，31 (7)：95-96.

[3] 顾岚敏. 浅析企业财务风险评价体系：基于多元线性评价模型的案例分析 [J]. 财会通讯，2013 (26)：112-114.

[4] 李波. 上市公司财务风险控制存在的问题及完善对策 [J]. 财务与会计，2021 (22)：64-65.

[5] 张洋. 建筑施工企业财务风险的管控 [J]. 山西财经大学学报，2021，43 (S2)：23-24，27.

[6] 谢喻江. 会计稳健性、产品市场竞争与企业财务风险 [J]. 财会通讯，2022 (1)：40-44.

N公司轻资产模式下财务风险研究

沈阳建筑大学管理学院

彭文凤　寇　鑫

摘　要：近年来，房地产行业快速发展，逐渐成为我国经济发展的重要力量。但随着全球化推进，房地产企业之间竞争不断加剧，过去运营的重资产模式开始不断暴露问题，其开发阶段资金占用量大、房屋建设周期长，再加上房地产市场的不稳定性，使得房地产企业的财务风险不断升高。因此企业为了进一步适应现代市场经济体制，都纷纷开始向轻资产模式转型，把"轻资产"转型作为企业新的战略转型目标，试图摆脱困境进而获取新的发展动力。本文根据财务风险管理相关理论，结合公司财务数据资料，对N公司财务风险进行识别与控制研究。为解决轻资产模式下财务风险问题提供一些可行性的参考意见。

关键词：轻资产模式；财务风险；房地产企业

一、引言

随着房地产企业的快速发展，随之而来的问题也很多。就外部环境来说，一是住房政策调控变化。房地产行业对政策变化比较敏感。近几年，房地产行业相继经历了房价涨幅控制甚至下调。2020年5月，李克强总理所作政府工作报告中提到要坚持"房住不炒"的原则，各地政府要求房地产类资本密集型企业降低整体负债率、库存滞销等情况。二是市场竞争的加剧。在这样竞争激烈的市场环境之下，企业如果不能使自己的管理水平维持一个较好的水平，就非常容易被市场淘汰或者是被大企业所吞并。三是自2020年的疫情以来，疫情的反复使多数行业遭遇冲击，房地产业更是首当其冲，作为武汉的房地产业——N公司更是深受影响。

二、相关概念与理论基础

（一）轻资产模式相关理论

1. 轻资产模式概念

轻资产运营模式由麦肯锡咨询公司首先提出，并于之后得到推广。"轻资产模式"与"重资产模式"相对，主要体现在一个"轻"字，事实上"轻资产运营模式"就是利用财务杠杆效应，用较少的资金投入来获取更高的利润。该模式下，企业在运营开发的过程中，不再把土地、资产作为开发中的核心位置，而是重视运营的整个过程给企业带来的价值增值。这种模式投入资金比较少，但是风险相对不高，标准化和专业化的运作也给企业带来很高的资本回报率。

2. 轻资产模式的特征

轻资产模式的典型特征主要体现在获利方式、资产结构、负债结构及使用条件方面，依赖于企业长期的品牌积累，以专利技术为依托，通过研发及营销环节的价值驱动来获得利润（如表1）。

轻资产模式财务报表特征　　　　　　　　　　　　　　　　　　　　　表1

项目	特征
现金储备	高,现金及现金等价物占总资产的比重较高,现金流充沛
营运资本	高

项目	特征
无息负债	高
存货周转率	高
销售费用	高,广告费用等市场拓展费用较高,具有品牌优势,年度支出金额较大且稳定
研发费用	高,研发支出相对较高,具有技术优势,年度支出金额较大
盈利水平	高
存货、固定资产	低,固定资产等"重资产"占比较低,流动资产占比较高,流动性程度高,资产周转速度快;无形资产比例较高,往往构成其核心竞争力
有息负债、资产负债率	低
资本成本、利息费用	低
现金股利分红	低,派发股利较低

(二) 财务风险相关理论

1. 财务风险的定义

财务风险是企业受内部、外部环境影响以及不可预见和控制的外因作用下,日常经营活动中获得的实际收益低于预期目标造成经济受损的可能性。在企业生产存续的过程中,财务风险贯穿于各个财务环节,是各种风险因素在企业财务上的集中表现。企业在当前市场经济环境下,应在追求获得最大收益的同时努力保持最低的风险条件。

2. 房地产企业财务风险的类型

1) 宏观经济风险

房地产行业受到宏观经济整体增长速度、城镇化进程的发展阶段以及老龄化社会加速到来等经济基本面的影响。

2) 政策风险

国家对房地产行业的调控趋向将更加注重长效机制的建设和调控的常态化、精细化,同时,地方政府在房地产调控上将具有更多自主权,区域调控政策差异化。

3) 市场风险

房地产市场是区域性的市场,当地市场环境条件,尤其是市场供求关系,对公司在当地的销售和业绩状况影响很大。

4) 经营风险

房地产开发具有开发周期长、投入资金大、综合性强等特点,对于项目开发的控制、销售等方面均具有较高的要求。

5) 融资、利率风险

房地产行业是资金密集型行业,对资金需求量大,需求时间长。

三、N 公司轻资产模式分析及财务风险识别

(一) 南国置业背景介绍

1. N 公司简介

N 公司于 1998 年成立,具有国家授予的国家一级房地产开发资质,N 公司于 2009 年 11 月在深交所上市,并成为 IPO4 重启后首家上市的主营业务为房地产的上市公司。公司是一家以商业地产为引导,涵盖多种物业类型的综合性开发、运营企业。2014 年,某央企成功变更为 N 公司控股股东,从此 N 公司摇身变为央企控股的上市地产公司,N 公司借助两大平台的资本和资源优势,已经从区域型逐步成长为全国型,实现了跨越式发展。

2. N 公司轻资产模式发展历程

2016 年 4 月,N 公司与某网络公司签署智慧商圈 O2O 平台发展协议。N 公司将从传统营销模式

向O2O创新营销模式转型，实现互联网云时代的商业模式升级。公司表示，将开拓商业物业等轻资产运营模式，逐步整合现有商业物业，培养商业地产后服务业，逐步把"管理输出"这一轻资产模式打造成为新的利润增长点。

2020年，在融资困难的大趋势下，N公司坚持"小股操盘、合作共赢"的投资理念，积极寻找央企、地方国企及标杆企业等合作伙伴，与武汉地产、重庆康田建立合作关系，大幅降低了自有资金比例，从而有效减轻了公司资金压力。

2021年，借力大股东中国电建的资源优势，N公司向轻资产转型的步伐更加稳健。10月28日，公司运营的华中小龟山金融文化公园正式开园；同日，位于该园区的上海证券交易所中部基地也正式启动。该园区的顺利开园，也是N公司近年来逐步向轻资产转型的又一落地项目。

2021年，N公司与某建设发展有限公司签署了相关合同；2021年6月，N公司轻资产项目武汉泛悦城开业，同时继续跟踪北京大兴等轻资产项目。

2022年，公司将以泛悦汇·昙华林类Reits项目为案例，进一步研究持有型运营项目的资产证券化退出路径，积极盘活存量资产，形成"投融建管退"业务闭环。轻资产运营项目成都云立方、美立方均已完成签约并顺利开业，还将加强内外部存量商业盘活工作，促进公司商业运营能力、品牌及人才团队的输出。

（二）轻资产运营模式下财务风险识别

1. 筹资风险识别

根据表2可知，N公司的货币资金、应收款项与存货在流动资产中占比较大，通过比较企业流动比率与速动比率波动情况，企业在存货方面的销售付现能力不足使得其自身偿债能力受到限制。N公司多元化融资渠道使得现金比率在实施轻资产后整体呈较高水平，2016—2021年都高达20%左右，2020年有所降低是受疫情影响，在2021年疫情情况改善之后也有所回升，达到了20%，有效提升了企业的偿付能力。然而自2016年实施轻资产运营模式以来，公司的资产负债率逐年升高，2021年高达86.99%，国际公认的房地产行业资产负债率标准为50%，由于中国市场的特殊性，通常情况下房企该项指标均值介于60%~70%之间，因此N公司存在着过高的资产负债率，这表明大部分资金来源于负债筹资。同时企业过度依赖银行贷款、债券等借款方式筹措资金，权益性投资并不多，降低了企业还本付息的能力，从而使得企业财务风险增加。

轻资产模式财务报表特征 表2

年份	2016	2017	2018	2019	2020	2021
资产负债率/%	76.01%	78.40%	78.63%	81.54%	80.55%	86.99%
流动比率	2.69	1.90	2.06	2.07	1.53	1.12
速动比率	0.47	0.47	0.49	0.40	0.44	0.35
现金比率/%	29.27%	23.65%	23.74%	19.38%	17.04%	20.19%

2. 投资风险识别

1）小股操盘需谨慎

N公司坚持"小股操盘、合作共赢"的投资理念，积极寻找央企、地方国企及标杆企业等合作伙伴，与武汉地产、重庆康田建立合作关系，大幅降低了自有资金比例，从而有效减轻了公司资金压力。也通过股权合作的方式获得了土地。房地产合作开发风险防范机制包括前期决策、合作方及方案选择、项目与市场管理等方面。小股操盘模式决定了N公司在持有少量股权的情况下，需对项目进行整体操盘。企业若想把控项目质量与效率，就必须掌握其在项目运行过程中的话语权。但是合作方难免存在不同的利益诉求，双方在营销、信任等问题上会产生冲突，这会增加企业在运营与分红上存在的财务风险。

2020年武汉市总工会江汉工人文化宫向武汉市中级人民法院提起了诉讼，请求：确认与N公司签订的《物业分配协议》无效；N公司按《房地产合作开发合同》约定将南国中心一期项目自西向东邻解放大道面自一楼向上 22000m² 的房屋交付给江宫；赔偿江宫租金损失 5507.16 万元。该案已于 2020 年 7 月 27 日完成首次庭前证据交换及质证，并于 2020 年 8 月 14 日开庭审理。

2）收入模式需改善

N公司房地产收入结构表 表3

年份	房地产销售毛利率/%	物业出租及物业管理毛利率/%	酒店运营及其他毛利率/%	房地产销售收入占比/%
2016	25.85	10.87	−45.41	91.88
2017	18.28	5.81	−43.38	89.25
2018	13.57	8.23	−21.37	90.06
2019	12.88	−142.28	−39.00	93.31
2020	10.39	−165.36	−13.21	90.39
2021	−0.73	−95.44	−0.78	81.38

根据企业年报显示，房地产销售收入还是占整体收入的最大比重，2021 年房地产销售毛利率为负除了受疫情反复的影响，还因拿地获取时间正处于土地价格高涨期，导致整体开发成本较高同时本期结利的项目包含较多的非住宅、毛利较低的商业公寓、车位等；公司近年来在南京、深圳等地投资的优质开发项目，尚未达到结利条件。2019 年，公司物业出租及物业管理，毛利率为 −142.28%。主要原因是受当期部分商业项目主动调改与部分住宅开发项目结利周期的影响，公司扩充土地储备，积极寻求合作伙伴，投资增长，并且在进行创新模式，商业运营能力转型升级，大大增加成本。2020 年又赶上疫情，物业出租及物业管理毛利率持续下降（如表3）。

3. 营运风险识别

企业的综合营运能力反映了其经营效率的水平。营运风险主要有采购生产风险、存货变现风险与总资产变现风险等，企业营运风险与其营运能力密切相关。

1）把握周转速度

N公司 2016—2021 年周转率评价指标 表4

年份	2016	2017	2018	2019	2020	2021
存货周转率	0.18	0.19	0.23	0.31	0.20	0.18
应收账款周转率	14.29	16.50	4.22	8.07	4.95	20.57
总资产周转率	0.15	0.14	0.17	0.25	0.14	0.1

通过表4可看出，2016 年至 2019 年房地产行业存货周转率数额整体呈上升趋向，N公司在实施轻资产后存货周转率有所上升，但 2020 年有所跌落，2021 年降至 0.18，这需要引起公司的关注，提升存货周转速度以此来增强其运营能力。N公司在实施轻资产运营模式后，应收账款周转率虽在 2021 年达到了 20.57 的高值，但是纵观前几年，其应收账款周转率仍不稳定，说明其回收期间不固定，企业存在一定的营运风险。N公司的总资产周转率在前几年较为稳定，但在近三年有所下降，企业近期资产总体变现能力下降，营运风险有所上升。

2）控制期间费用

由表5可看出，2016 年N公司在实施轻资产运营模式后，因公司经营规模扩大导致本年销售费用较高，之后公司严格控制费用支出，销售费用有所下降，2020 年疫情之后，2021 年公司为提升品牌知名度，加大对品牌宣传投入。公司将销售环节进行专业化分工，广告费和销售代理费有所增长。"小股操盘"的实施，使N公司输出管理服务，进一步提高了公司的管理费用率。近几年来更加侧重物业与后期管理，并不断拓展新型领域，这将导致N公司的管理费用率持续上升。2016—2019 年公司严格控制费用支出，2020 年发生资产证券化的服务费管理费用增加，2021 年是费用化职工薪酬的增加。公司应加强对期间费用的管理，使其保持在合理范围内。

N公司 2016—2021 年费用率　　　　　　　　　表 5

年份	2016	2017	2018	2019	2020	2021
销售费用率	8.16％	5.07％	2.63％	1.52％	2.39％	4.39％
管理费用率	2.04％	1.55％	1.07％	0.66％	1.29％	2.93％

4. 收益分配风险识别

根据表6可知，N公司2016开始实施轻资产运营模式后，有着220.51％的超高的股利支付率，从16年到18年保持相同的现金分红，好在净利润在持续增长，2018年降到了76.79％。

N公司 2016—2021 年股利分配情况　　　　　　表 6

年份	2016	2017	2018	2019	2020	2021
净利润/亿元	0.39	0.75	1.12	−1.78	0.32	−11.94
现金分红/亿元	0.86	0.86	0.86	0	0	0
股利支付率/％	220.51	114.67	76.79	0.00	0.00	0.00
留存收益率/％	−120.51	−14.67	23.21	100.00	100.00	100.00

但依然很高。这表明有很大一部分资金未留存于企业内部，而是随着分红流出企业，使得留存收益率非常低，这样会出现自有资金短缺，影响企业未来发展的问题。2019年开始净利润变成了负值，2021年其至净利润亏损了11.94亿元。结合自身的实际获利能力，于是从2019年开始公司计划不派发现金红利，不送红股，不以公积金转增股本，留存收益率变成了100％。

根据表7可知，2016年开始轻资产模式运营后，虽然从2016年之后有增长的趋势，但公司的净利润变化趋势一直是在上下波动，不能保持稳定的净利润进入企业，近几年更是亏损严重。2016年用少数股东的利益来补贴大股东，2019年虽然净利润亏损，但少数股东权益反而是上升的状态，大股东承受了超过净利润的亏损。N公司需要不断平衡大股东与少数股东之间的利益诉求问题。制定合理的股利分配政策来分配利润，既可以提高投资者的积极性，又不影响公司的未来发展，降低公司因为收益分配不均产生的风险。

N公司 2016—2021 年净利润变化趋势　　　　　表 7

年份	2016	2017	2018	2019	2020	2021
净利润/亿元	0.39	0.75	1.12	−1.78	0.32	−11.94
归属于母公司的净利润/亿元	0.43	0.57	0.84	−3.54	0.2	−11.15
少数股东权益/亿元	−0.03	0.18	0.28	1.76	0.12	−0.79

四、N公司轻资产运营模式下财务风险成因分析

（一）外部成因

2019年，各地继续按照"稳地价、稳房价、稳预期"的要求，落实"一城一策"、差别调控的综合措施，保持政策连续性和稳定性，楼市预期进一步回归理性，市场运行总体平稳。受贸易保护主义抬头、技术革新放缓和地缘政治不确定性增加等因素影响，世界主要经济体增长乏力。

2020年，新冠疫情暴发，给全球经济带来重创，国内外政治经济形势错综复杂，世界正经历着百年未有之大变局，多数国家经济同比大幅萎缩。我国政府工作报告中提到要坚持"房住不炒"的原则。各地政府要求房地产类资本密集型企业降低整体负债率，出现库存滞销等情况，房地产金融监管不断加强，对企业管理水平和融资能力提出了更高要求。

2021年国家陆续出台房企"三道红线"、土地"两集中"、银行"两条红线"等政策，从负债、土地、融资等多个维度对房地产行业进行调控。全年房地产行业规模仍保持较高水平，但增速明显放

缓，特别是下半年以来，房地产市场降温明显，房地产开发投资、土地市场、成交量等指标均呈逐月下滑态势，且不断出现大型房企债务违约问题。

（二）内部成因

1. 筹资风险成因

自2016年实施轻资产运营模式以来，积极地减少公司的库存商品，降低库存率，但库存商品的数量依然很多，2019年国家政策的宏观调控和市场环境的变化，使N公司的生存环境恶化，楼房的销售价格变动比较大，对存货的影响非常明显，存货的变现能力较弱，资金回收率低，流入企业的资金甚至不足以偿还借款，公司偿还债务的压力很大，容易引起筹资风险的发生。公司的资产负债率逐年升高，2021年高达86.99%。

2. 投资风险成因

N公司在推行"小股操盘"时的主要困难源于企业合作机制的不完善。近年来，受电商冲击及疫情影响，公司自持与转租商业收入未能覆盖商业成本，导致财务报表毛利率为负。2021年宏观调控持续，三道红线监管，公司去库存压力加大，在尾盘销售时，公司加大滞销品去化力度，一定程度上损失当前毛利；较2020年结利的住宅产品，2021年尾盘的存货中由于车位售价偏低，导致毛利低于上期。很多投资的优质开发项目，尚未达到结利条件。

3. 营运风险成因

购房限制政策之后，房地产过热的情况得到了一定程度的控制，商品房的销售放慢了速度，存货周转期也逐渐变长。疫情的持续影响下，N公司依然选择加库存扩大规模，忽视市场饱和度，造成供大于求，使企业运行效率下降，因此带来公司的营运风险。同时N公司在实施轻资产模式后，注重研发与输出管理服务，为加大公司品牌影响力，不断扩大发展规模，造成期间费用不断上升，虽有所控制，但与同行业其他企业相比，仍有一定差距。

4. 收益分配风险成因

N公司在2019年投资拓展布局深圳扩充公司土地储备，获取深圳光明区地块，战略布局粤港澳大湾区，积极寻找央企、地方国企及标杆企业等合作伙伴坚持"小股操盘、合作共赢"。创新模式，商业运营能力转型升级对商业项目业态调整改造升级，轻资产运营项目成都云立方、美立方均完成签约并顺利开业进行商业信息化及智能化建设等一系列扩大规模改造升级的行为。但受当期部分商业项目主动调改与部分住宅开发项目结利周期的影响，净利润变成了负值。公司从2019年开始不派发现金红利，因为公司亏损，利润过低，入不敷出，资不抵债，造成股票价格不稳定，也对企业资金产生影响。

五、研究结论与启示

（一）研究结论

对房地产公司来说，新兴的轻资产运营模式既是机遇又是挑战，因此更应精准把握转型时机，谨慎筛选合作伙伴，建立与运营模式相配套的企业管理模式，追求有序转型，切不可操之过急。轻资产运营模式相对传统重资产模式更加灵活，企业在引入时也应当结合自身行业的特点做出正确的战略选择。

（二）N公司轻资产模式转型财务风险控制措施的启示

1. 拓宽运营模式和融资方式

N公司运营轻资产模式单一，无法给企业带来更多的发展资金。南国置业要调整投资策略，减少土地资源储备，与公司合作开发土地资源，这表明公司可以降低房地产项目前期资金的投入，缓解了公司财务压力。另外，可以利用合作众筹的方式来开发项目，寻找合作伙伴，以此来拓宽轻资产的运营模式，经过对项目的展示来让合作伙伴满意，进而对项目投入资金，共同开发，一起盈利。这样能做到分散风险，减少公司的资金支出。

2. 加强投资管理

根据前文对N公司财务风险分析，可知其在运用"小股操盘"策略时存在合作方信用风险、合作机制不完善的问题。企业若想在合作开发项目中处于主导地位，必须改善合作制度，确保企业在利润分配中获取更多收益。为实现双赢目标，企业应尽可能依赖管理收入和超额收益，推进企业得到更大发展空间。同时N公司作为少量持股方，更应加强对合作方选择与合作方式设计的关注。为最大程度控制风险，N公司应在选择合作方上保持谨慎态度，全面评价合作项目，不断完善合作机制以保障企业利益。

N公司增值服务利润率低，企业在实施轻资产后虽房地产收入占比有所下降，但幅度不大，无法达到企业发展目标。若想提高收入质量，在改善收入结构时还需把握收入来源多元性，并加强对应收款项管理，建立科学信用策略，加速资本运转，促进资金使用效率，以削弱公司的财务风险。

3. 加强营运管理

N公司周转速度较慢，尤其是存货周转率处于行业较差水平。存货虽作为流动资产，但对房企来说，不像其他流动资产具有随时变现的能力，当房地产政策趋紧时，存货积压会造成公司资金运转不畅从而影响企业正常运营。企业可通过分析市场行情，以消费者需求为基础，拉动生产，从而减少库存量，以提高企业的周转率。

N公司期间费用控制力度不够。N公司在发展轻资产运营模式过程中，对质量和风险把控制定了更高标准，这将会增加公司的维护成本。因此N公司在轻资产运营模式转型过程中要以顾客满意度作为产品标准，切实制定反映市场需求发展方案，保证产品质量稳定和提高生产效率，以吸引更多消费者，提高顾客满意度。

4. 加强收益分配的管理

N公司自从2016年开始轻资产模式转型以来，企业的留存资金发生了变动，主要表现在收益分配方面。企业的留存收益随着股利支付率的不断升高也在不断减少，导致企业的留存收益比率降低，企业留给下一年的经营发展所需资金出现问题，无法提供足够的资金进行投资经营，影响企业的生产经营状况。在轻资产模式转型过程中，N公司在分配收益时，应该结合实际情况，选择更适合公司自身长期发展的股利分配原则，来应对收益分配风险。

5. 加强财务风险的评价管理

由于现在的经济发展环境复杂多变，国家针对房地产行业出台的宏观调控政策也越来越严格，在这个背景下，进行轻资产模式转型的公司更容易产生财务风险。所以转型轻资产模式经营的公司应该结合自身的特点和外部的经营环境，制定一套评价体系，进而提高公司的财务风险应对能力。

参 考 文 献

[1] 张丽萍，杨亚军. 房地产企业轻资产运营模式的价值创造分析：以万科为例 [J]. 审计与理财，2017 (10)：31-34.

[2] Wernerfe LB.，1984. AResource-Based View of The Firm [J]. Strategic Management Journal，5 (2)：171-180.

[3] 李玉. 我国商业地产转型轻资产运营模式的研究：以万达商业地产为例 [D]. 北京：北京交通大学，2015.

[4] 徐海燕. 新形势下房地产开发企业战略转型研究 [J]. 住宅与房地产，2017 (24)：1-2.

[5] 吴晓霞. 轻资产企业价值相关性研究：兼论做大还是做强？[J]. 财经问题研究，2018 (12)：137-143.

基于 F 模型对房地产行业财务风险预警问题研究

沈阳建筑大学管理学院

孙宁晨　田　坤

摘　要： 在房地产行业政策不断紧缩和新冠疫情的背景下，选取了 60 家房地产企业运用 F-score 模型对 2018—2020 年的财务数据进行预警分析。结果显示：在"三条红线"政策的颁布和新冠疫情后居民消费心理的变化，使得大量存货积压，大部分房地产行业负债压力过大，资金周转难度大，房地产企业面临不同程度的风险，为合理防控房地产行业的财务风险，适应瞬息万变的市场需求，提出了合理建议，加强财务预警机制，促进行业良性平稳发展。

关键词： F 分数模型；房地产行业；财务风险预警

一、引言

房地产行业是我国经济发展的支柱性产业，但随着政策和经济的不断变化，房地产企业面临多重风险。自 2017 年后，房地产市场风云变幻，产生房地产泡沫经济，购买力不足从而出现大量库存。中小城市纷纷出现"鬼城"的情况。2020 年初，在疫情的冲击下，宏观经济形势严峻，房地产开发投资创历史新低，商品房销售增速跌落负值。同时政策调节加大，中央强调坚持"房子是用来住的，不是用来炒的"，力求"稳房价、稳地价、稳预期"并设置了"三条红线"，提出"去库存、去杠杆"的政策，使得一些高负债的房地产企业难以为继。贾庆英、高蕊（2020 年）认为降低企业等经济主体的负债率，提高企业直接融资特别是股权融资的比例，减少债券融资。为此，房地产企业不光要面对政策改变带来的风险，还要面临瞬息万变的市场。因此，房地产行业存在巨大的隐藏性风险。面对优胜劣汰的市场环境，识别控制风险较差的企业就会被剔除。要想在竞争激烈的浪潮中生存，对企业财务风险的预测和控制显得尤为重要。通过 F 值分数模型对 60 家房地产企业数据进行计算，进行财务风险预警。分析并提出风险防控对策。

二、财务风险与预警相关理论

（一）财务风险定义

财务风险是企业在进行正常的生产、销售等经营活动时，因内部或外部的因素导致财务有可能产生危机的情况，从而使得企业经济收益可能遭受的损失。从广义上来看，其主要面临着政治、法律、市场利率、市场竞争等的影响。从狭义上来看，是指是企业在经营过程中出现资金周转困难、经营困境时，出现资不抵债、盈利能力下降的情况，最终，导致企业面临不同程度的财务困境。

（二）财务风险预警含义

财务风险预警是指企业站在管理者角度，通过对财务报告和其他相关资料，运用财务数据、经济基础等理论，采用多种分析方法对企业的财务状况、经营情况进行综合评估分析。财务预警可以预先发现企业所面临的财务风险和经营风险，了解公司的利弊得失并发出财务预警信号，使企业提前对风险进行防范，从而采取有效措施将风险对企业的危害降到最低。

三、F 模型理论基础与数据来源

（一）F 分数模型理论基础

F 分数值模型是由 Z 值模型演变发展而来。Z 值模型由 Edward Altman 在 1968 年就对美国破产公司和非破产公司进行观察，得出多变量财务公式，用以衡量一个公司的财务健康状况，并对公司在短时间内破产的可能性进行诊断和预测。但美国和我国的经济、政治等方面存在诸多不同，Z 值公式存在一定的局限性，为此我国学者周首华、杨济华等通过对我国 4160 家公司的财务数据作为样本，通过 SPSS 回归分析，得出 F-score 公式为 $F = -0.1774 + 1.1091X_1 + 0.1074X_2 + 1.9271X_3 + 0.0302X_4 + 0.4961X_5$。该模型引入了现金流量这一预测变量，现金流量比率是预测企业出现财务危机的有效变量，因此，使预测结果更加准确。计算公式如表 1 所示。

F 值分数模型变量及计算公式　　　　　　　　　　　表 1

指标名称	计算公式	含义
X_1	$X_1 =$（期末流动资产－期末流动负债）/总资产总额	反映全部资产的流动性
X_2	$X_2 =$（未分配利润＋盈余公积）/总资产总额	反映企业留存收益的占比情况
X_3	$X_3 =$（净利润＋折旧）/平均总负债	反映企业所产生的全部的现金流量用于偿还债务能力
X_4	$X_4 =$（每股市价值×股本总数）/负债合计	反映的公司的财务结构
X_5	$X_5 =$（净利润＋利息＋折旧）/平均总资产	反映企业总资产创造现金流量的能力

F 值临界值界定范围：F 值模型的临界值为 0.0274，如果 F 值低于临界值，公司被预为破产公司，财务风险大；如果 F 值高于临界值，公司则被预测为可持续经营公司。此外，该临界值上下 0.0775 的范围内为灰色区域。即 F 值计算结果在 [-0.0501, 0.1049] 这一区间，表明此时 F 值模型对公司发展情况无法做出明确预判，管理者应进一步更深层次分析。

（二）房地产企业样本选取

选取了的样本对象为上证 A 股、深证 A 股的房地产企业，包括经营不正常的企业。样本共选取了 60 家房地产公司。由于 F 值模型是未进行行业标准的划分，所以需首先验证 F 值模型是否符合房地产行业实际情况，若符合行业特性与标准，则进一步进行预警分析；若不符，则根据行业特性进一步调整。

房地产企业财务数据均来自国泰安数据库、万得数据库以及上市公司年度财务报表等，采用 Excel 软件进行数据计算处理，其中，每股市价选取的是每年 12 月 31 日股票收盘价。为更好地体现经济政策和居民消费心理对房地产行业的影响，选取了 2018—2021 年的 4 年财务指标应用 F-score 模型对选取的 60 家房地产企业进行财务风险预警测算，由于篇幅有限，现只列示部分企业，结果如表 2 所示。

房地产行业 2018—2021 年 F 值　　　　　　　　　　　表 2

公司名称	2018 年	2019 年	2020 年	2021 年
中国国贸	0.6146	0.9987	1.0453	1.2929
保利发展	0.3673	0.3278	0.2886	0.2656
南京高科	0.0009	0.2155	0.2371	0.2452
冠城大通	0.5654	0.3032	0.4571	0.1181
大名城	0.3057	0.3088	0.3576	0.2162
大龙地产	0.7114	0.5460	0.5699	0.7462
格力地产	0.6002	0.5462	0.3420	0.3636
新湖中宝	0.2877	0.1853	0.0806	0.0220
……	……	……	……	……

为了更直观清晰地分析房地产企业所面临的财务风险，现将 60 家房地产行业的 F 值计算结果整理出 F 值的分布区间，房地产行业 F 值统计表如表 3 所示。

2018—2021 房地产行业 F 值分布表 表3

年份	2018	2019	2020	2021
$F<0.0274$	5	5	5	54
$F>0.0274$	55	55	55	6

由表3可知，当 $F<0.0274$ 时，公司数量分别为 5、5、5、6，公司数量出现上升，说明在 2018—2021 年间面对财务风险的公司数量增加。与此同时，财务健康的公司数量也有所下降，由 55 下降到 54 家。

样本中有 7 家 ST 公司，分别为 *ST 松江、*ST 云城、*ST 粤泰、*ST 基础、*ST 海创、*ST 全新、*ST 绿景，但在 F 值计算过程中，仅有 6 家企业的 F 值小于 0.0274，并且企业在 2018—2021 中的 F 值均值分别为 0.3974、0.3954、0.2749、0.2755，总体呈下降趋势但均大幅度高于 F 值的临界值，可见房地产行业的 F 值存在普遍偏高的情况。而普通的 F 值划分并不适用房地产企业，为提高预警的准确性，应对 F 的临界值重新划分。

图 1　2018—2021 年房地产行业 F 均值

F 值划分范围	$1.0158<F<1.6944$	安全
	$0.3375<F<1.1058$	较安全
	$-0.3415<F<0.3375$	中度预警
	$-1.0201<F<-0.3415$	重度预警

图 2　F 值财务风险预警临界值

（三）房地产行业 F 值划分标准确定

我国房地产企业 F 分数值偏高的原因：首先，我国房地产企业征地和后期建设成本全部计入存货，而存货全部属于企业的流动资产，但房地产企业的房屋周期长、投入大，存货会占用大量的流动资金，过量的存货积压导致资金周转困难，企业很可能面临隐形的财务风险，因而这极大程度地影响了 X_1 的数值，使 X_1 的数值偏大。其次，F 值模型增加了对现金流量的计算，房地产企业对大型机器机械设备的和拥有的供生产经营使用的房屋、建筑物及附属设备的投资金额大，故企业在年末计提的累计折旧较大，而且企业计提的折旧可以抵减所得税，进而使企业的现金流量增加。这在一定程度上影响了 X_3、X_5 的数值，使数值高于其他行业。最后，传统的 F 值模型临界值过于宽泛，并不能完全适用房地产企业的财务风险的划分标准，故需重新界定范围。

F-score 模型对于财务风险的短期预警准确性更高，预警能力会随时间的增加而降低，所以本文选取 2021 年房地产行业数据对 F 值进行重新划分，选取 2021 年数据中的最大值为 1.6944，最小值为 −1.0201，进行 4 个等级行业平均值的划分，如表4所示。

2021 年房地产企业 F 值分布表 表4

F 临界范围	2021 年	F 临界范围	2021 年
$1.0158<F<1.6944$	3	$-0.3415<F<0.3375$	37
$0.3375<F<1.1058$	16	$-1.0201<F<-0.3415$	4

（四）2021 年我国房地产行业财务预警表

由图2、表4分析可知在 2018—2021 年间，我国房地产行业均值总体呈现下降趋势。表5对 2021 房地产行业 F 值的分布区间进行统计，F 值越大财务风险越小，反之，则财务风险越大。统计结果显示 2021 年面临中度预警和重度预警的企业共有 41 家。近年来，受国家政策改革和疫情常态化的影响，房地产行业普遍不景气，整个行业存在巨大的财务风险（如图3）。

图3　2021年 F 值预警分布图

四、结论

对上文 60 家房地产行业的计算整理并分析，可知我国房地产行业普遍存在不同程度的财务风险，整体行业存在较大波动，基于此提出如下对策建议：

（一）加强国家政策的解读

房地产行业应关注国家政策方针，及时调整企业战略。2020 年国家出台"三条红线"政策，即红线一剔除预收款后的资产负债率不超过 70%、红线二净负债率不超过 100%、红线三现金短债比小于 1。房地产行业很大程度上依赖于融资为高负债行业，在此政策下，"降负债"成为整个行业的棘手问题，企业除了要加强对应收账款的管理，还应加强销售回款、控制拿地规模等。同时在"去库存"政策下，降低存货跌价的风险，提高存货周转率。企业应从土地为王转变为现金为王，从追求规模到追求稳健的策略。

（二）提供个性化服务与销售方法

随着新冠疫情的常态化发展趋势，居民的消费心理从加强投资变为保守观望态度。消费者逐渐追求低成本高质量的生活，消费者对地产开发、商业运营和物业服务四大板块要求越来越高，并且加快了线上消费的发展。在此基础上，房地产企业应借助数字技术，实现消费者 VR 看房等新媒体方法。线上线下结合发展，精准定位客户群，以便应对瞬息万变的消费市场。每个区域有固定的负责人，加强对区域负责人的专业化培养，更好地为顾客提供专业化和个性化服务，满足顾客需求。

（三）培养专业化财务风险防范人员

房地产企业要加强对财务风险的重视，培养专业化人才，提高财务人员对财务风险预警的意识。建立激励制度，只有在制度层面加强对风险的识别与防控，防止财务人员的风险无关论，把风险落实到每一个员工身上，才能使员工提高警觉性。单独设立风险管理部门，设计财务风险预警指标，财务人员进行定期专业化培训，加强对风险的管理控制。

参 考 文 献

[1] 贾庆英，高蕊. 房地产价格、经济杠杆与金融系统性风险 [J]. 南京审计大学学报，2020，17（6）：69-78.

[2] 郝海霞. 中小房地产企业的财务风险与管理对策分析 [J]. 经济管理文摘，2020（21）：155-156.

[3] 吴君民，王蓓雯. 新常态下房地产上市公司财务预警分析 [J]. 会计师，2016（15）：78-79.

[4] 王贺. 基于 Z-score 模型的双汇集团财务风险预警研究 [D]. 河南科技大学，2020.

[5] 郑江淮，付一夫，陶金. 新冠肺炎疫情对消费经济的影响及对策分析 [J]. 消费经济，2020（2）：3-9.

[6] 周首华，杨济华，王平. 论财务危机的预警分析：F 分数模式 [J]. 会计研究，1996（8）：8-11.

基于因子分析法的房地产企业财务风险评价研究

沈阳建筑大学管理学院

王秋菲　张　琪

摘　要： 近年来，在供给侧改革和去杠杆等宏观政策的相继推动下，房地产企业资金周转率低、企业负债比重大、现金流不平衡等特征使得房地产企业面临着较大的财务风险。本文选取 65 家 A 股房地产上市公司作为样本，构建了一种基于因子分析法的房地产企业财务风险综合评价模型，期望从理论和实践两个角度来评价和防范房地产企业的财务风险，为房地产企业健康有序发展提供一定的指导建议。

关键词： 房地产企业；财务风险；因子分析法；评价体系

一、引言

房地产企业在拉动经济发展中扮演了重要角色。《2020 年中国统计年鉴》显示，目前中国的房地产公司已达近十万家，而且每年的数量都在不断地增长，市场已经达到了饱和状态。近几年，房地产领域出台了很多宏观调控政策，2015 年的供给侧改革提出了"去库存、去杠杆"的目标要求；2018 年，全国各地采取限购、限贷等政策，防止一、二线城市因房价增长过快出现泡沫危机；在 2020 年度政府工作报告中又一次强调房屋的基本居住功能，这些政策的制定与执行，直接关系到房地产公司的运营与发展。

面对我国宏观调控的严峻形势以及社会投资环境的变化，财务风险是当前房地产行业普遍存在的问题。房地产企业的资产负债率逐年攀升，到 2021 年末已经达到 82.7%，远远超过了"安全线"。中国人民银行近期数据表明，在我国有 80% 的房地产公司土地购置都是通过银行贷款进行，同时房地产企业也会以发行股票、债券等金融工具来吸取资金。如果出现资金链断裂，信贷风险就会进一步增加，引发系统性金融危机，甚至会对整个国家的宏观经济造成威胁。另外，从资金回收角度来看，2017-2021 年中国城市住宅空置率呈逐年上升趋势，开发商在购房、盖楼、销售等过程中，由于房屋闲置导致大量资金不能及时变现，从而使公司面临巨大的财务风险。

因此，有必要建立一套适合房地产行业的财务风险评价体系，为投资者提供科学、可靠的决策依据，从而提高房地产企业的抗风险能力，促使其健康持续发展。

二、文献综述

（一）房地产企业财务风险的界定

关于房地产企业财务风险概念的界定，可以归纳为以下几个方面：一是基于房地产企业的各项资金活动，袁爱群将房地产上市公司的财务风险定义为资金活动中的风险，包括资金投放、资金筹集等；二是根据房地产开发公司的主营业务特点来界定，王玲玲指出，房地产开发企业面临的风险主要有资本变现风险、资金短缺风险、资本结构不合理、投资风险等；赵洪燕指出，房地产企业的财务风险主要是由于其较长的经营周期、其产品的"不动性"、资本运作的高负债特性等原因导致的。

（二）财务风险评价模型

众多学者先后从不同的维度来建立模型，对财务风险进行度量。国外学者 William Beaver 在财务风险预警方面取得开创性的研究成果，他选取出 14 个具有代表性的房地产财务预警指标，认为企业财务危急状态的最佳变量为现金流与总负债之比，其预测精度超过 87％。随后，Olson&Wu提出基于支持向量机的房地产投资风险评估模型能够解决分类与回归问题，提高了房地产投资的风险预测能力。Olson 是首次将 Logistic 模型应用到房地产企业的财务危机预测当中，并取得很好的成果。

相比于国外，我国学者吴世农和卢贤义采用多元线性回归分析对 70 个陷入财务危机的公司和 70个样本配对公司进行实证分析，并对其进行财务预警。郭斌等人提出 Z 记分模型虽然能够很好地识别财务风险，但是它的准确率取决于公司所在的市场是否健全，由于中国的金融市场还不够成熟，所以它的预警能力有限，对部分行业不适用。我国学者孟志青等将 CVaR 模型用于衡量房地产投资的风险，并对其风险进行了最优组合分析，最终得出房地产投资组合的最佳构成比例。

综上所述，国内外学者对财务风险的研究多集中在概念界定、建立财务风险预警模型等方面，但实证研究较少，缺乏对影响因素综合评价指标的建立。因此，本文正是基于上述研究背景，选择因子分析法对 65 家房地产上市公司的案例进行实证研究，推导出适用于房地产公司财务风险综合评价模型，并希望利用此模型能够为房地产公司的财务风险管理提供借鉴。

三、房地产企业财务风险评价体系研究设计

（一）研究方法及原因介绍

通过阅读参考文献并结合房地产行业的特性，本文最终选择因子分析评估模型进行研究。因子分析法是一种通过降低维度，来降低与原关联矩阵之间依赖性，用少数因子来解释整体复杂变量因子的一种分析方法。

选取因子分析法的原因主要有以下 3 点：一是本文选取代表企业资金来源层面、核心利润层面、可持续发展能力和营运层面的共计 14 个财务指标，由于指标数量繁多，采用因子分析法可以使指标中的信息最大限度地保留，同时实现对数据的降维；二是本文研究的房地产企业各财务指标符合因子分析模型的假设条件；三是因子分析模型相比其他财务风险预警模型来说精确度较高，适用性强，有利于克服单一模型的限制。

（二）评价指标及设计变量选取

本文从指标构成原理出发，参考我国财政部等四部委联合颁布的《国有资本绩效评价准则》中的财务指标评价体系，选取能够体现房地产企业财务状况的指标。

与传统研究不同的是，本文参照企业财务状况质量分析理论框架来划分财务风险层面，核心资产是产生核心利润的来源，而核心资产创造利润的能力在一定程度上反映了企业的财务风险，本文将这类称为核心层面的风险。在核心资产方面，公司的资本结构与资金来源结构的匹配程度会因公司生存周期和外部环境的不同而发生变化，两者之间的匹配性可以从某种程度上反映公司的风险状况，这部分称为资金来源层面的风险。房地产公司的核心利润来源于其经营策略的执行，企业的核心利润必须在持续的竞争中得以维持。因此将企业核心层面的风险进一步划分为：资金来源层面的风险、核心利润层面的风险、可持续发展层面的风险和营运层面的风险。

（三）解释变量

1. 资金来源层面的风险

选择用资金来源层面的风险来衡量房地产企业的偿债能力，其中对 $X2$ 速动比率、$X3$ 现金比率和 $X4$ 资产负债率进行调整：房地产企业预收账款与普通企业产生的债务不同，一般公司的资产负债率等指标计算都会高估房地产企业的杠杆水平。本文选择在公式的分子、分母中扣除预收账款，可以更精确地反映房地产公司的财务杠杆水平。

2. 核心利润层面的风险

本文选择用核心利润层面的风险来衡量房地产企业的盈利能力，选取具有代表性的 $X8$ 总资产报酬率和 $X9$ 营业毛利率两个指标来衡量房地产企业的盈利能力。房地产企业创造核心利润的能力越强，进而企业核心利润的风险越低。其中在计算 $X8$ 指标中 EBIT 时做出调整，将投资净损益和公允价值变动损益等项目剔除。

3. 可持续发展层面风险

本文选择用可持续发展层面的风险来衡量其成长能力，选取具有代表性的 $X10$ 主营业务收入增长率、$X11$ 净利润增长率、$X12$ 现金净流量增长率评价指标来衡量房地产企业的成长能力。

4. 营运风险

与传统的营运风险指标不同，本文选用 $X13$ 预收账款周转率和 $X14$ 销售回款率两个指标，另外增加 $X14$ 销售回款率指标；是由于房地产业具有特殊的行业特征，会形成一定的应收账款，因此，销售回款率可以更好地反映出销售房款的收现情况，体现房地产企业的营运能力。

综上所述，基于可量化的原则，选择涵盖房地产企业可能发生的资金来源层面、核心利润层面、可持续发展层面、营运风险这四个层面的共 14 个财务评价指标，其计算公式如表 1 所示。

财务风险评价指标体系 表 1

指标类型	变量	指标名称	计算公式
资金来源层面的 风险评价指标	X1	净负债率	（有息负债－货币资金）/所有者权益
	X2	调整后的速动比率	（流动资产－存货）/（流动负债－预收账款）
	X3	调整后的现金比率	（现金＋现金等价物）/（流动负债－预收账款）
	X4	调整后的资产负债率	（负债总额－预收账款）/（资产总额－预收账款）
	X5	期间短期偿债率	经营流入量/（流动负债－预收账款）
	X6	短期负债现金保障率	经营活动现金净流量/（流动负债＋长期负债）
	X7	带息负债比率	带息负债总额/负债总额
核心利润层面的 风险评价指标	X8	总资产报酬率	EBIT/平均总资产
	X9	营业毛利率	（营业收入－营业成本）/营业收入
可持续发展层面风险评价指标	X10	主营业务收入增长率	主营业务收入增长额/上年主营业务收入总额
	X11	净利润增长率	本年净利润增加额/年初净利润
	X12	现金净流量增长率	本期经营活动现金净流量增长额/本期经营现金净流量
营运风险评价指标	X13	预收账款周转率	营业收入/平均预收账款
	X14	销售回款率	销售回款/累计销售金额

（四）数据来源与数据处理

本文以 2017—2021 年 A 股房地产上市公司为研究对象，以数据的完整性和可获得性为选样依据，从 126 家房地产上市公司中选取 65 家作为样本，对其进行实证分析，构建反映企业综合能力的财务风险评价体系。本文的财务指标主要通过 SPSS. 26 软件对其进行因子分析计算。

四、房地产企业财务风险评价分析

（一）因子分析的可行性检验

首先，利用 KMO 及 Bartlett 球形检验对原始数据进行检验，以判断数据是否适用因子分析法。KMO 数值愈趋于 1，说明各变量之间的关联度愈高，越适合进行因素分析；KMO 值愈趋于 0，说明各变量之间的关联度愈低，越不适于进行因素分析。

通过 KMO 检验对 14 个财务指标的相关系数变量进行测量，用 SPSS 软件对原始变量的指标值进行处理，得到了如下结果。变量指标 KMO 测度值为 0.632，大于 0.6，说明可以继续因子分析；球形检验 $P<0.05$，各指标间差异显著，说明本研究的各项指标数据可用于因子分析，检验结果如表 2 所示。

KMO 和 Bartlett 的检验		表 2
KMO 取样适切性量数		0.632
Bartlett 的球形度检验	近似卡方	548.310
	自由度 df	91
	显著性 Sig.	0.000

（二）因子提取

采用主成分因子法进行因子提取。从表 3 中可以看出，当特征值超过 1 时，共有 5 个主因子被提取出来，这 5 个因子解释原有 14 个变量的总方差：24.853%、39.6%、53.557%、63.797%、73.345%，累积率达到 73.345%，超过 60%，表示可以选择这 5 个主因子来评价房地产行业公司的财务风险。

	提取的主成分								表 3
序号	初始特征值			提取载荷平方和			旋转载荷平方和		
	总计	方差百分比	累积/%	总计	方差百分比	累积/%	总计	方差百分比	累积/%
1	4.154	29.671	29.671	4.154	29.671	29.671	3.479	24.853	24.853
2	1.985	14.181	43.852	1.985	14.181	43.852	2.065	14.747	39.600
3	1.509	10.775	54.627	1.509	10.775	54.627	1.954	13.958	53.557
4	1.375	9.822	64.449	1.375	9.822	64.449	1.434	10.240	63.797
5	1.245	8.895	73.345	1.245	8.895	73.345	1.337	9.547	73.345

（三）因子命名与解释

把样本数据代入 SPSS 软件，用主成分分析方法计算出的累计贡献率为 73.345%，主成分为 5 个，也就是用这 5 个主成分取代原先 14 项财务指标。将提取的 5 个公共因子分别设为 F1、F2、F3、F4、F5，计算结果如表 4 所示。

	旋转成分矩阵ᵃ				表 4
变量	成分				
	1	2	3	4	5
X3 现金比率	0.889				
X2 速动比率	0.874				
X4 资产负债率	−0.869				
X1 净负债率	−0.573			−0.521	
X5 期间短期偿债率		0.970			
X6 短期负债现金保障率		0.964			
X11 净利润增长率			0.803		
X14 销售回款率			−0.759		
X8 总资产报酬率	0.345		0.680		0.384
X13 预收账款周转率				0.740	
X7 带息负债比率	−0.544			−0.559	
X12 现金净流量增长率				0.506	
X10 主营业收入增长率					−0.779
X9 营业毛利率	0.537		0.352		0.745

注：a 旋转在 8 次迭代后已收敛

从表 4 数据中可以看出，现金比率、速动比率、资产负债率在第 1 个因子中的载荷较高，其载荷绝对值分别为 0.889、0.874、0.869，均大于 0.7，说明这些指标与第 1 个因子的关联度很好，故将第 1 个因子 F1 命名为偿债能力因子。

期间短期偿债率、短期负债现金保值率在第 2 个因子中的载荷较高，其载荷值的绝对值分别为 0.97、0.964，均大于 0.7，说明这些指标与第 2 个因子的关联度很好，因此第 2 个因子 F2 被命名为短期偿债能力因子。

净利润增长率、销售回款率在第 3 个因子中的载荷较高，载荷分别为 0.803、0.759，均大于 0.7，说明这些指标与第 3 个因子的关联度很好。因此第 3 个因子 F3 命名为营运和成长能力综合因子。

预收账款周转率在第 4 个因子中的载荷较高，其载荷为 0.74，大于 0.7，说明这个指标与第 4 个因子的关联度很好。所以将第 4 个因子 F4 命名为营运能力因子。

主营业务收入增长率、营业毛利率在第 5 个因子中的载荷较高，其载荷为 0.74，均大于 0.7，故将第 5 个因子 F5 命名为盈利和发展综合因子。

（四）因子得分及因子模型构建

因子得分系数矩阵　　　　　　　　　　　　　表 5

财务指标	成分				
	F1	F2	F3	F4	F5
X1 净负债率	−0.012	−0.016	0.008	−0.334	0.158
X2 速动比率	0.303	−0.011	−0.134	−0.136	−0.049
X3 现金比率	0.295	0.029	−0.129	−0.124	−0.137
X4 资产负债率	−0.281	0.097	−0.012	0.107	0.087
X5 期间短期偿债率	−0.073	0.494	0.029	0.001	0.001
X6 短期负债现金保障率	−0.042	0.480	0.018	−0.004	0.018
X7 带息负债比率	−0.098	−0.009	−0.044	−0.364	0.227
X8 总资产报酬率	0.035	−0.066	0.326	−0.001	0.275
X9 营业毛利率	0.144	−0.087	0.108	0.004	0.405
X10 主营业收入增长率	0.068	−0.064	0.051	−0.041	−0.580
X11 净利润增长率	−0.085	0.019	0.453	−0.068	0.014
X12 现金净流量增长率	−0.108	0.073	−0.051	0.390	0.005
X13 预收账款周转率	−0.035	−0.088	−0.040	0.533	0.111
X14 销售回款率	0.131	−0.094	−0.453	0.041	0.244

表 5 为因子得分系数矩阵。根据表 5 中的数据，按照成分顺序定义为 X1～X14，可以写出因子得分函数：

$$F1 = -0.012X1 + 0.303X2 + 0.295X3 - \cdots\cdots + 0.131X14$$
$$F2 = -0.016X1 - 0.011X2 + 0.029X3 + \cdots\cdots - 0.094X14$$
$$F3 = 0.008X1 - 0.134X2 - 0.129X3 - \cdots\cdots - 0.453X14$$
$$F4 = -0.334X1 - 0.136X2 - 0.124X3 - \cdots\cdots + 0.041X14$$
$$F5 = 0.158X1 - 0.049X2 - 0.137X3 - \cdots\cdots + 0.244X14$$

最后，以上述公式为依据计算出各因子的得分，并根据前文所获得的方差贡献率来计算最终得分，可以构建财务风险评价模型，公式如下：

$$\text{F-score} = 0.339F1 + 0.201F2 + 0.191F3 + 0.14F4 + 0.13F5$$

综上所述，F 值反映了房地产上市公司财务风险得分。基于属于公司财务风险 F 值的综合评估，并与房地产企业的财务数据相结合，可以计算出各公司年度的 F 值，F 值越大，说明该企业面临的财务风险越小，反之，面临的财务风险越大。

五、实证结果与分析

（一）房地产企业财务风险等级评定

利用以上模型对 65 家地产公司的财务风险系数进行计算，对计算结果 F 进行分层级分析。本文依据 1998 年的中国证券监督管理委员会规定以及相关文献理论，对上市房地产公司进行了风险预警，以 −0.1、−0.2、−0.5 为界限划分风险等级，并将其分为 4 个层级，如表 6 所示。

财务风险等级划分表　　　　　　　　　　　　表 6

因子得分（F-score）	F≥−0.1	−0.1≤F<0.2	−0.2≤F<0.5	F≤−0.5
财务风险等级	低风险	一般风险	高风险	严重风险

最后计算结果及风险等级如表 7 所示。

排名	股票名称	FAC1_1	FAC2_1	FAC3_1	FAC4_1	FAC5_1	Score	财务风险等级
1	万业企业	4.628	1.617	−0.779	−1.219	1.179	1.73	
2	顺发恒业	2.182	3.406	−0.099	−0.121	0.390	1.44	
3	世荣兆业	2.077	−1.523	0.933	0.327	1.655	0.84	低风险
4	卧龙地产	0.957	−0.542	0.292	3.105	0.741	0.80	
5	华联控股	2.113	−1.019	0.181	−0.010	1.427	0.73	
48	中洲控股	−0.522	−0.247	0.034	−0.655	0.722	−0.22	
49	莱茵体育	0.148	−0.158	−0.445	−0.476	−0.656	−0.22	
50	中南建设	−0.712	0.309	−0.216	0.217	−0.451	−0.25	高风险
51	奥园美谷	0.715	−0.949	−1.285	−1.028	0.446	−0.28	
52	阳光城	−0.783	0.176	−0.402	−0.012	−0.298	−0.35	
60	绿景控股	0.030	−1.427	−0.619	−0.332	−5.780	−0.52	
61	嘉凯城	−1.084	0.309	−0.646	−0.459	−0.638	−0.58	
62	城投控股	0.023	−2.957	0.069	−1.405	0.409	−0.72	严重风险
63	南国置业	−0.222	0.510	−3.818	0.625	−1.133	−0.76	
64	ST 泰禾	−1.584	−0.120	−0.162	−1.847	0.417	−0.80	
65	华夏幸福	−1.053	−0.107	−1.627	−1.415	0.310	−0.85	

（二）结果分析

1. 整体结果分析

表 7 中只选取了各财务风险等级中排名前几位的房地产上市公司，从最终的得分情况显示 F-score 值＞0 的公司有 25 家，表示这几家企业财务风险处于平均水平，占总样本的 38.5%；F 值＜0 的公司有 40 家，占总样本的 61.5%，有 1 家 ST 企业为财务严重风险。从数据上看，房地产公司的财务状况和财务风险的差异是很大的，F 值的最大数值是 1.73，最低是−0.85，两者相差 2.58，可见房地产行业的发展并不均衡，企业财务状况参差不齐。

2. 从企业所有权性质分析

65 家房地产上市企业样本中，民营企业有 31 家，国有控股企业有 34 家，高风险企业中民营企业占比 42.86%，而国有控股企业占比 64%，从评分结果来看，在房地产行业中综合得分前五名企业为：万业企业、顺发恒业、世荣兆业、卧龙地产，这 5 家都是民营企业，相比国有控股企业来说，目前民营期间控制财务风险能力做得较好。

国有房地产企业由于其自身内部组成、经营等特点，存在着内部管理不完善，缺乏科学的决策机制等问题，使其在经营中存在较大的风险。虽然国有房地产公司的融资比民营企业要容易得多，但其自身资本比重偏低，对银行的依赖程度也比较高，一旦出现房地产市场和银行信贷政策的大变动，必然会给国有控股公司带来很大的冲击。即使是万科这样的龙头企业，通过模型计算发现它的财务风险排名第十五，其 2021 年的财报显示资产负债率高达 79.74%，高于行业平均值；从 2017 年开始，万科的投资活动现金净流入为负，融资活动产生的净现金流也是第一次出现负值，这说明国有控股企业面临的财务风险不容忽视。

3. 基于房地产企业影响因子分析

一是偿债能力综合因子分析。经标准化后的数据显示，有 21 家房地产企业流动比率为正，44 家为负；速动比率中正值有 17 家，48 家负值；有 11 家企业的资产负债率为正，54 家企业为负。由此可见，在房地产企业中，资产负债率指标对其偿债能力的影响最为显著。其中因子 $F1$ 表示偿债能力因子，最高值为 4.63，最低值为−1.05，排名第一和最后一名公司的偿债能力因子相差 5.68，与其他因子相比，数值差距最明显，可见房地产企业的偿债能力对整体财务风险的影响最大。综合分析各项因子得分，65 家公司中只有 6 家企业的偿债因子 $F1$ 和 $F2$ 的指标高于 0，这说明了它们普遍存在着偿债能力薄弱的问题。房地产企业资本结构不合理，资产流动性很弱，短期负债和流动性资产的关系处理不合理，这会使公司的偿债能力下降，进而加重公司的财务风险。所以偿债指标异常导致的资金来源结构不合理是财务风险偏离预警的重要原因。

二是营运能力综合因子分析。主要通过预收账款周转率和销售回款率这两个指标来进行判断，对企业的指标数据进行标准化后，发现预收账款周转率正值有 20 个，负值有 45 个；销售回款率中有 28 个为正值，37 个为负；由此可见，对房地产企业营运能力影响最大的指标是预收账款周转比率，其次是销售回款率。由于受库存压力和较弱的预算管理意识等因素的影响，导致房地产营运风险多发生在房地产开发、施工和销售等环节。同时，我们可以观察到，绝大部分的房地产企业销售回款率较低，如果不能及时售出，或者在销售后不能及时收回，就会对原投资项目产生影响，甚至导致项目资金链出现问题，影响公司的营运效益。

三是盈利和发展能力综合因子分析。样本数据中，主营业务收入增长率和净利润增长率正值均有 25 家，负值有 40 个，由此可见，这两项指标对公司的盈利和发展都有较大的影响。$F3$、$F4$ 分别代表企业的营运和成长能力综合因子，将这两个因子分数相加，可以得出样本企业创造核心利润的能力，有 30 多家公司得分都在 0 以上。其中万业企业、万科、金地集团等这几家低风险企业的创造核心利润能盈利能力为正，莱茵体育、绿景控股、嘉凯城等 11 家高风险和严重财务风险企业的创造核心利润能力均为负值，这充分说明它们创造核心利润能力不足。主要原因是这几家企业的收益率偏低，可持续发展能力指标大多为负值，而且每项财务指标的极值都比较大，两极化程度严重，表明企业的资金回收和创造核心利润能力处于不利状况，甚至面临财务危机。

六、房地产企业财务风险防范与建议

通过观察综合评分结果，结合各因子得分与相关变量的比较分析，得出了导致房地产企业财务风险的主要原因，并给出相应的对策建议。

（一）调整资金来源结构

资金来源结构方面，中国房地产上市公司普遍存在较高的资产负债率、单一融资渠道、偏向银行借贷等问题。为了降低资金来源层面的风险，尽量降低债务，审慎地做出投资决策，避免盲目乐观所造成的实际回报远远低于预期。企业若需要大量的资金来维持工程项目正常运营，必须采取多元化融资方式，避免因单一融资渠道的问题而导致资金链断裂。在借款时，要注意合理分配短期债务和长期债务，以防止短期债务过度而造成的债务负担，产生无力偿还的风险。此外，有效利用金融市场。企业可以尝试运用多种金融工具，既能提高资本流动的效率，又能加速资金的回收，减少资金链断裂的危险。

（二）加强控制企业核心层面的风险

风险与利益共存，风险评估的终极目的不是消灭企业的风险，而是要针对风险评估的结果，制定相应的应对措施，以增强公司的风险承受力。房地产企业的核心层面风险是可控的，这就说明了其具有较强的抗风险能力，这时可以通过提高经营杠杆、财务杠杆等措施来控制风险，从而达到公司的利益最大化。同时，企业还可以根据项目的核心层面风险水平等级，对资源及资本结构进行合理分配。在房地产企业或项目的核心层面风险很大时，可以采取轻资产经营的方式，通过外包、租赁等方式获得所需的长期资产，并在此基础上提出了以股权为基础的企业经营风险分摊机制，以最大限度地利用股权资本来减少企业的财务风险。当房地产企业或项目的核心层面风险比较大时，可以适当地增加经营杠杆和财务杠杆。

（三）制定合适的财务风险应对战略

不同企业存在的问题不一样，公司要根据自己的实际情况选择合适的策略。针对创造核心利润层面的风险，企业可以通过创新营销手段来提高销售收入，还可以通过适当地降低成本来实现。随着中国房地产市场价格不断攀升，通过对工程项目造价的合理控制，例如选用物美价廉的土地、完善成本核算等，可以有效地提升公司的盈利能力，减少财务风险。针对企业营运能力层面，可以通过强化库存和固定资产管理，加快其周转速度；在可持续发展能力上，企业要根据实际情况，与时俱进，制定长期计划，集中资金，保证财务的透明度，并不断地调整公司的经营策略，以适应公司的资金需求，减少财务风险。

参 考 文 献

[1] 袁爱群. 浅析房地产企业财务风险及规避 [J]. 现代商业，2008 (36)：226-227.

[2] 王玲玲. 浅议房地产开发企业财务风险的控制 [J]. 现代商业，2009 (36)：99-100.

[3] 赵洪燕. 试论房地产企业财务风险的特点与防范 [J]. 中国市场，2014 (46)：115-116.

[4] Beaver W H. Financial ratio as predictors of failure [J]. Journal Of Accounting Research，1966：71-111.

[5] Olson&Wu. Financial ratios and the probabilistic prediction of bankruptcy [J]. Journal Of Accounting Research，2019：109-131.

[6] 尚洪涛. 基于 Fisher 判别法的房地产上市公司 ST 危机预警研究 [J]. 经济与管理研究，2011 (11)：77-82.

[7] 杨刚. 房地产企业财务风险预警模型研究 [J]. 荆楚理工学院学报，2011，25 (11)：62-64.

[8] 孟志青，蒋敏，等. 基于动态 CVaR 模型的房地产组合投资的风险度量与控制策略 [J]. 系统工程理论与实践，2007，27 (9)：69-76.

[9] 程言美，程杰. 我国房地产上市公司财务风险预警模型的建立与应用 [J]. 武汉理工大学学报，2013，35 (6)：151-156.

[10] 李素红，陈立文. 基于因子分析法的房地产上市公司财务风险评价 [J]. 河北工业大学学报，2011 (6)：101-106.

[11] 林锦国，陈慧敏. 宏观调控下我国房地产上市公司财务风险评价研究 [J]. 会计之友，2013 (8)：72-75.

[12] 张涛，潘燕晶. 基于现金流管理的中小企业财务风险控制研究 [J]. 财会通讯，2012 (8)：116-118.

[13] 严碧红，马广奇. 基于 Z-Score 模型的我国房地产业上市公司财务风险的实证分析 [J]. 财务与金融，2011 (5)：37-41.

[14] 宋锐林，崔曲. 基于模糊—层次分析法的房地产企业财务风险评价 [J]. 中国集体经济，2011 (11S)：69-70.

[15] 王晓燕. 引入在险价值的中小型房地产企业财务风险监控研究 [J]. 商业研究，2017 (8)：109-115.

[16] 林同智，唐国强，罗盛锋，等. 基于改进熵值赋权法和 TOPSIS 模型的综合评价应用投资研究 [J]. 桂林理工大学理学院，2015，35 (3)：622-627.

基金项目：
教育部人文社会科学研究青年基金（18YJC790167）

房地产企业财务风险控制研究——以 H 公司为例

沈阳建筑大学管理学院

王　莹　金晓玲

摘　要： 房地产业对国民生活起着重要作用，近年随着我国针对房地产行业相继出台的紧缩调控政策和疫情的影响下，房地产行业发展受阻，财务风险一直位列众行业前列。本文简述本文以 H 公司作为研究对象，侧重于筹资、投资和资金营运三个方面对公司的财务风险进行识别，并对 H 公司财务风险试提建议，为财务风险控制提供思路。

关键词： 建筑企业；财务风险；防范措施

一、引言

（一）研究背景

房地产业是国民经济的重要组成部分。21 世纪以来，随着国家市场经济的发展，城市化建设进程的不断加快，城市基础建设的完善，建筑行业，特别是房地产企业在这一阶段迎来发展的黄金时期。但在 2015 年后，由于各大房地产企业迅速扩张，中国楼市日渐饱和，国家为调节房地产行业"泡沫"，随之我国接连出台限购、限售、限价、限贷等宏观调控政策，建筑企业的市场压力骤然增加，在此背景下，2020 年又遭受全球疫情暴发等许多不可抗力因素，中国房地产行业危机位列榜首，许多房地产企业因经营不善、资金链断裂面临巨大危机。建筑企业由于其行业项目周期长、自身供求关系不易寻找平衡点、资金需求量大等特殊性，企业的财务管理工作更为复杂，出现财务风险的概率陡然增加。因此，如何有效识别且防范建筑企业的财务风险是十分必要的。

（二）H 公司简介

H 公司在 1998 年于河北省固安县成立，H 公司于 2011 年 8 月 29 日获批在上海证券交易所主板 A 股上市，发行总市值达到 2.920 亿元。H 公司以产业新城为平台，以住宅开发、资产管理、产城开发为核心业务，其招商、园区和物业服务也是其业务的重要组成部分还包括规划设计与咨询、基础设施建设、公共设施建设项目、产业发展服务、城市运营维护服务、土地整理服务。H 公司专注打造产业新城，推动核心城市周边以县城为载体的城镇化建设、推动区域创新驱动和产业转型升级。H 公司作为我国产业新城运营模式的领头羊，以高盈利性著称，在各大指标排行榜中均有不俗表现，但在 2018 年之后，H 公司业绩表现逐年下滑，2020 年尤为明显，并且在 2021 年 H 公司经历严重的债务危机。因此，笔者将 H 公司作为主要研究对象，试谈该公司 2019—2021 在筹资活动、投资活动和经营活动中面临的财务风险，并有针对性地提出解决措施，为增加房地产企业财务风险控制能力提供思路。

二、H 公司财务风险成因分析

（一）相关概念界定

财务风险有狭义与广义之分，广义上的财务风险贯穿于企业生产经营的各个环节，涵盖的范围十分广泛；狭义上是指企业在经营活动中，由于外部不确定因素的影响，资产所具有的预期收益有可能低于实际效益额或出现亏损。这种预期损失就是财务风险，更侧重的一种盈亏的不确定性。

财务风险控制在财务管理中，为了达到计划所设定的财务目的，避免风险的产生，运用相关的资讯及特殊的方法，对公司的财务活动产生影响与调控。

下面将以资本运作过程角度从筹资风险、投资风险和资金运营风险 3 个方面对 H 公司的财务风险展开分析。

（二）融资风险分析

融资风险也是企业筹资风险，是指企业因借入资金而产生的丧失偿债能力的可能性和企业利润（股东收益）的可变性。从 H 公司的长期偿债能力方面来看，2019—2021 年资产负债率如表 1 所示，H 公司的负债总额在 2019—2021 3 年内呈稳步上升态势，但其资产总额在 2021 年却大幅下降，导致企业 2021 年的资产负债率达到惊人的 94.6%。就算是在 2019、2020 年也基本维持在 80% 以上，明显远高于行业内平均水平，说明企业的经营和扩张基本是通过大肆举债的方式进行的，并且企业采用借新债还旧债的方式偿还债务。企业长期的偿债能力较弱，我们还可以通过企业披露的信息得知，H 公司及子公司存量债券余额达到 520 亿元左右，2021 年陆续到期债券接近 200 亿元，除了国内信用债还有一定规模的海外债。因此，2021 年 H 公司需要偿还的债券规模达到 300 亿元左右，企业因此遭受严重的债务危机。为化解债务危机，其背后还与中国平安达成对赌协议。这些巨额债务和违约风险使企业偿债压力巨大，过高的资产负债率容易影响债权人的资金安全，导致企业未来融资困难，不利于持续发展，加大了 H 公司的融资风险。

H 公司 2019—2021 年资产负债率　　　　　　　　　　　　　　　　　　表 1

年　　份	2019 年	2020 年	2021 年
资产总额/万元	45781195	48876236	44096415
负债总额/万元	38412574	39733236	41713751
资产负债率/%	83.9	81.3	94.6
行业平均资产负债率/%	69.96	62.93	61.27

（三）投资风险分析

投资风险是指在投资过程中，由于对未来的投资回报存在不确定性而导致的损失，乃至资产的损失。在企业的日常生产经营活动中，投资风险也是企业财务风险的重要组成。H 公司 2019—2021 年投资收益如表 2 所示，近 3 年华夏幸福投资收益的增长率为 -57.5%、300.0%，对联营企业和合营企业的投资收益增长率 -45.9%、-79.7%。H 公司的投资收益波动非常大，在出现负增长的第二年发生正向 3 倍增长，而对联营企业和合营企业的投资持续处于亏损状态，且程度越来越大，说明 H 公司的投资状况极其不稳定，投资收益并不乐观。近 2 年由于国家对该行业实行宏观调控政策，楼市持续紧缩，消费者购房受限，建筑企业拿地困难，同时受疫情的影响，企业销售业绩下滑明显，销售收入大大减少。因此，企业对投资风险的控制十分值得关注。

H 公司 2019—2021 年投资收益　　　　　　　　　　　　　　　　　　表 2

（单位：万元）

年　　份	2019 年	2020 年	2021 年
投资收益	30314	12880	51619
对联营企业和合营企业的投资收益	-1902	-2775	-4987

（四）资金运营风险分析

存货周转率可以体现企业的存货周转速度和企业存货的变现能力。因此选用这一指标进行分析，H 公司 2019—2021 年存货周转率与行业平均对比和企业流动比率如表 3 所示，可见从存货周转速度角度 H 公司的存货周转率较低，在近 3 年虽有小幅波动上升趋势，但距离行业平均标准仍有一定距离，说明企业存货周转速度慢，从企业短期偿债能力来看，流动比率明显达不到标准水平，在 2021

年更是大幅下降，综合来看，说明存货变现能力不够强，短期偿债较弱，资金周转效率低，在企业资金运营方面存在一定风险，究其原因可能是由于库存积压过多，并且在2021年受巨额债务危机影响，商誉大幅减值，企业口碑一落千丈，存货向资金的流动性差。近几年建筑行业市场的整体存货周转率均出现了下降趋势，这表明房产滞销、销售业绩下滑，受大环境影响的不仅仅有房地产公司，对于上游的投资企业和下游的装修行业均受影响，甚至许多大型房地产公司出现了资金链断裂而导致出现破产危机，这对H公司来说也十分具有挑战性。

H公司2019—2021年存货周转率、流动比率　　　　表3

年　份	2019年	2020年	2021年
存货周转率	0.22	0.27	0.24
行业平均存货周转率	0.29	0.37	0.38
流动比率	1.57	1.54	1.07

三、H公司财务风险控制的措施

（一）调整负债结构

债务资本可以通过财务杠杆作用，不仅可以降低税负，还可以提高企业的投资利润。但这并不是说，企业的负债比例越高越好。基于前文对H公司的负债规模和长期偿债能力的分析，可以发现H公司的负债规模比较大，并且负债结构十分不合理，企业近些年快速扩张之路几乎都依靠财务杠杆来支撑，2021年的资产负债率更是达到了90％以上，这与中国人民银行、银保监会等机构提出的"三道红线"政策背道而驰。由于企业独特的"产业新城"模式，且该行业均具有项目周期长、项目回款慢的特点，又叠加过高的财务杠杆，易使财务风险不可控。对于H公司而言，企业的资本大部分是由举债构成的，企业的自有资本非常少，也就意味着长期偿债能力很弱，有不能按时偿还的风险。因此，企业应该有意降低自身债务资本规模，拓宽融资渠道，例如借助信托基金等方式，改善资本结构，避免盲目举债，促进资金多元化，结合企业业务模式和自身防范风险能力，寻求最适合企业的资本结构。

（二）建立项目评估机制

前文指出H公司存在投资收益不确定风险，为了有效控制投资风险，企业应当对投资的效益与风险进行综合评价，建立项目评估机制，对投资项目的可行性进行谨慎评估，设置专业的人员并实行考核，对项目全过程进行全面把控，无论是从项目前期的成本预算、筹资规划到项目中期的建设，还是项目后期的装修服务、物业管理等，都要进行整体的统筹规划，企业都要明确每笔资金流向，进行完整的预算分析，一旦出现问题可以及时收回投资或可以做出有效反应，避免出现盲目投资，降低投资风险，切勿急功近利。与此同时，基于H公司的产业新城模式和PPP模式，其发展项目十分依赖于政府支持，需要承担一定的政策风险，特别是由于疫情影响，政府对项目拿地审批更加严格，因此企业要对市场反应进行预测和监控，了解市场的宏观环境和国家政策导向，顺应国家政策和形式，审时度势。

（三）提高库存清理力度

当下房地产企业爆雷最直接问题在于资金链断裂、流动资金短缺的压力。针对H公司而言，近些年一直处于激进扩张状态，而房地产大环境政策又持续收紧，企业这种错误的研判导致了H公司积压库存越来越多、存货周转速度渐慢，这也是H公司现金流紧张的重要因素。除此之外，受疫情影响，企业在2020年并未完成之前与中国平安对赌协议，面临对赌危机，需要补偿大量现金。企业的资金管理迫在眉睫，因此要加强企业库存管理的力度，及时地处理库存，也要加大力度进行促销，将资金的浪费和占用降低到最小，提高产品的销售业绩和现金比例。面对新形势下的房地产市场，企业更应加强自身的市场竞争力，寻求差异化的房产项目，促进企业数字化转型，树立品牌口碑，实现稳定发展。

四、结论

本文以 H 公司为主要研究对象，从筹资风险、投资风险和资金营运风险 3 个方面对公司的财务风险进行识别，并提出相应的风险应对措施。经过分析发现，H 公司当前面临诸多财务风险。一是在筹资风险方面，企业存在负债规模过大，债务结构不合理的现象；二是在投资风险方面，企业存在投资收益不确定风险及一定的政策风险；三是在资金运营风险方面，企业积压库存多，存在经营效率下降、资金回笼速度慢、资金链紧张的风险。由于在疫情和房地产市场收紧的新形势下企业会面临巨大的财务风险，因此企业需要重视对财务风险的识别与控制。首先，企业需要调整负债结构，拓宽融资渠道，增强长期偿债能力，强化资金控制；其次，建立项目评估机制，对市场变动灵活应对；最后，提高库存清理力度，加快资金周转，预防资金链断裂。此外，打造自己的核心竞争力和竞争优势，及时转型升级。

参 考 文 献

[1] 程星慧. 企业财务风险识别与内部控制体系构建研究 [J]. 商讯，2022（22）：20-23.
[2] 李晓东. 企业财务风险的成因及防范 [J]. 全国流通经济，2022（22）：19-22.
[3] 杨平. 企业财务风险的有效控制策略探究 [J]. 中国管理信息化，2022，25（15）：70-72.
[4] 陈梦. 我国房地产企业财务风险度量研究 [J]. 安徽广播电视大学学报，2021（3）：1-7.

X房地产企业现金流管理问题与完善初探

沈阳建筑大学管理学院

倪子涵　李德智

摘　要：企业财务管理的基础是现金流管控，现金流决定着企业的生存能力。充分结合企业内部控制机制的现金流管理制度，不仅能不断促进现金管理效率和现金使用效率的提高，还能决定企业价值的实现。X房地产企业在2021年因应收账款难以收回，计提信用减值损失16亿元，导致利润骤跌，本文分析认为X房地产现金流管理存在着缺乏现金流专管部门、风险评估不健全和资金管理效率低下的问题，并提出内部控制视角下的完善建议。

关键词：房地产企业；现金流管理；流动性；内部控制

一、X房地产企业现金流结构[①]

X房地产企业1993年成立于深圳，是境内首家登陆A股的房地产综合服务提供商，主要提供专业的营销代理及咨询顾问服务。X房地产企业近3年现金流入量逐年递减，现金流量净额连续为负值，净利润也出现大幅下滑。近年来，X房地产企业营业利润、利润总额以及归属于上市公司股东的净利润逐年递减，其中2021年归属于上市公司股东的净利润为－11.29亿元，同比下降－1118.09%（如图1）。

由表1所示的现金流入流出结构分析可以看出，2019—2021年X房地产企业的现金流入主要来源于经营活动，经营活动现金流入均占现金总流入的77%以上。其次是占比18%以上的筹资活动产生的现金流入，主要来源于取得借款收到的现金。X房地产企业

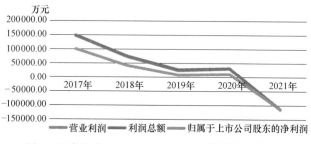

图1　X房地产企业2017—2021年利润指标折线图

受宏观环境和政策影响较大，业务大量减少、企业取得的借款减少，使得其经营活动产生的现金流入金额和筹资活动产生的现金流入金额都在逐年递减。而投资活动产生的现金流入则由于收回投资款和处置子公司而略有增加。

2019—2021年X房地产企业的现金流出也主要是经营活动产生的现金流出，占比在67%以上，呈逐年略微下降趋势；其次是筹资活动产生的现金流出，占比在26%以上，呈逐年上升趋势。但进一步分析能发现，近3年来，X房地产企业经营活动、投资活动、筹资活动产生的现金流出金额都在逐年减少。

结合表1与表2分析发现，X房地产企业经营活动产生现金流入、流出趋势一致，因此，近3年公司经营活动产生的现金流量净额为正值，但金额出现下降，并且连年为负的筹资活动产生的流量净额和占比上升的应收账款使得X房地产企业现金及现金等价物也呈现连年为负的状态。

总体而言，以经营活动为主体、筹资活动作为辅助、投资活动占比极低是X房地产企业现金流结构特点，经营活动现金流是其主要现金来源，公司依赖外部筹资的能力有限，且由于资金匮乏公司近

---

① 本文数据均来源于巨潮资讯网 http://www.cninfo.com.cn/new/index

3 年没有进行重大项目的投资。

X 房地产企业现金流入流出结构表　　　　　　　　　　　表 1

单位：万元

现金流入结构	2021 年		2020 年		2019 年	
	金额	占比	金额	占比	金额	占比
经营活动现金流入	832993.50	78.19%	1086535.70	77.86%	1371770.90	80.72%
投资活动现金流入	34294.61	3.22%	32161.82	2.30%	8888.54	0.52%
筹资活动现金流入	198102.20	18.59%	276844.65	19.84%	318675.51	18.75%
现金总流入	1065390.31	100%	1395542.17	100%	1699334.95	100%
现金流出结构	金额	占比	金额	占比	金额	占比
经营活动现金流出	727886.55	67.69%	1010696.20	70.24%	1214327.80	71.29%
投资活动现金流出	3966.38	0.37%	19897.02	1.38%	36687.25	2.15%
筹资活动现金流出	343428.36	31.94%	408272.58	28.37%	452291.70	26.55%
现金总流出	1075281.29	100%	1438865.80	100%	1703306.75	100%

X 房地产企业现金流净额结构　　　　　　　　　　　表 2

单位：万元

X 房地产企业	2021 年	2020 年	2019 年
经营活动现金流净额	105106.95	75839.50	157443.10
投资活动现金流净额	30328.23	12264.80	−27798.71
筹资活动现金流净额	−145326.16	−131427.93	−133616.19
现金及现金等价物增加额	−9894.57	−43332.53	−3946.62

二、X 房地产企业现金流流动性分析

本文通过经营活动净现金比率（经营现金流量净额/流动负债）和到期债务偿付比率（经营现金流量净额/到期债务本息）两个指标反映了企业资产的现金流动性。2020 年 X 房地产企业经营活动净现金比率和到期债务偿付比率最低，为 13.48% 和 39.58%。2019 年和 2021 年经营活动净现金比率未高于 30%，到期债务偿付比率未高于 60%，说明公司资产的流动性较差，财务风险较高，企业经营活动产生的现金不足以偿还短期负债和到期债务的本息，企业必须对外筹资、吸引投资或出售资产才能偿还债务（表 3）。

X 房地产企业资产现金流动性　　　　　　　　　　　表 3

单位：万元

项目	2021 年	2020 年	2019 年
经营活动产生的现金流量净额	105106.95	75839.50	157443.10
流动负债	351715.60	562738.33	575820.41
到期债务本息	189278.75	191591.80	261672.87
经营活动现金比率	29.88%	13.48%	27.34%
到期债务偿付比率	55.53%	39.58%	60.17%

企业现金流流速的重要指标是现金周转期（应收账款周转期＋存货周转期−应付账款周转期）。现金周转期是指经营活动产生现金流量的时间，即现金循环周期，其决定了企业的现金流周转效率，现金周转期由存货周转期（360/销售成本×存货平均余额）、应收账款周转期（360/销售收入×应收账款平均余额）、应付账款周转期（360/销售成本×应付账款平均余额）构成。本文在对 X 房地产企业不同时期指标进行纵向对比外，选取了房地产龙头企业万科集团以及同为房地产综合服务商的我爱我家进行横向分析（如表 4）。

X 房地产企业近 3 年存货周转期最短，但在 3 个企业中呈上升趋势，表明企业的资金流动性和自我变现能力在逐年降低。在 2021 年，X 房地产企业的现金周转期骤升了 20 天，这是由于应收账款周转期增加和应付账款周转期减少共同导致的。X 房地产企业应收账款周转期高于万科集团和我爱我家

的应收账款周转期，并且在2021年进一步延长。企业应收账款周转期越长其坏账造成的资金损失可能就越多，负面影响的偿债能力，同时意味着企业信用管理欠佳，增加了企业的收账成本以及坏账准备的风险。

X房地产企业应付账款周转期远低于万科集团，稍高于我爱我家。应付账款周转期并不因数值越大或越小而越好，适当地延长应付账款周转期有利于企业利用上下游资金进行有效日常运营。

X房地产企业和我爱我家作为房地产服务企业，其现金周转期远远快于传统的房地产开发企业。由于房地产综合服务企业的经营业务依托于上游房地产开发企业，服务对象的选择和合作客户的信用评估对X房地产企业缩短现金周转期尤为重要。

X房地产企业现金流流速指标对比表 表4

单位：天

项目	企业	2021年	2020年	2019年
存货周转期	X房地产企业	4.39	1.77	0.76
	我爱我家	20.40	25.64	25.78
	万科集团	1056.65	1152.74	1264.0
应收账款周转期	X房地产企业	88.78	78.12	78.20
	我爱我家	38.29	50.34	38.84
	万科集团	3.08	2.14	1.75
应付账款周转期	X房地产企业	27.87	33.53	31.99
	我爱我家	9.80	13.23	5.96
	万科集团	318.37	341.72	380.05
现金周转期	X房地产企业	65.30	45.96	46.97
	我爱我家	48.88	62.75	58.66
	万科集团	741.36	813.16	885.70

三、X房地产企业现金流管理的问题

针对X房地产企业的现金流状况，结合企业内部控制建设，归纳出其存在以下3个现金流管理问题：

1. 缺乏独立的现金管理部门

目前X房地产企业对现金流的管理和控制仅交由财务管理中心和审计监理部主导，财务管理中心负责对现金流进行前期和中期的管理控制，审计部门则负责现金流管理的事后控制。由于这两个部门的员工拥有的是本部门或者本专业的相关知识与技能，对现金流管理方面的专业知识与技能掌握较弱，因此难以达到现金流内部管理与控制的效果。

2. 风险评估不健全

房地产行业具有高投入、长周期和高风险的特征，因此企业对风险评估的忽略将带来巨大的现金流风险。根据X房地产企业年报，应收账款周转期的延长是因为企业大客户出现资金周转困难，无法按时履约。并且企业许多客户出现财务困难，预计无法收回款项，应收账款收回风险极高。

3. 资金管理效率低下

X房地产企业财务管理部门按照计划目标进行预算编制，但资金实际使用情况与计划预算出入较大，并且企业在实际工作中未对长期的资金使用计划做出规划，仅制定短期的使用计划导致资金使用效率降低，现金流管理效果大打折扣。

四、X房地产企业现金流完善建议

1. 建设独立的现金管理部门

由于X房地产企业针对全国房地产市场设有五大区域，下设多个市级分公司并关联超90000个中介机构，其互联网＋业务和金融业务的经营模式决定了X房地产企业应该设立独立的现金管理部门对其现金流进行管理与控制。吸纳与现金流管理相关，以及熟悉企业运转流程和业务模式的人才组建现金流专管部门或委员会，将现金流管理与内部控制制度有机结合。

2. 建立全面的风险评估体系

X 房地产企业可以聘请专业的风险评估人员为企业量身定做一套全面的风险评估体系，或者建立一支专业的风险评估团队，梳理项目风险、经营风险、财务风险等，为项目启动与否提供专业的判断，并定期对风险管控工作的落实情况进行评定，不断细化落实风险评估体系。并且全面考量客户的营业情况和资金周转情况，降低坏账发生的可能性，而对预期还款客户及坏账客户采用抵扣或折扣的方式，尽量减少企业的直接损失。

3. 加强资金动态管理

通过制定现金预算，企业可以进一步检查与自身经营相关的风险。在企业现金预算编制过程中，可以识别出各种现金问题，包括现金短缺或现金盈余。在现金流预算编制阶段，X 房地产企业编制预算的过程中要结合市场大环境、行业情况及企业自身的经营情况等因素，提前对企业的现金流预算做好规划，结合具体情况剔除不合理的方面，尽可能缩小预算执行和预算计划之间的差距，在执行过程中灵活变通，不断调整提高资金的使用效率，最终通过现金流的指标对现金流进行评价与反馈。

五、结语

持续紧缩的房地产政策和行业景气度下行，许多房地产企业的资金链风险较大，传统的现金管理方式不能满足当前房企的资金周转需求。尽管近期，人民银行等国家部委持续释放流动性的利好信息，但是由于消费端未见实质性好转，这些利好是否可以改善 X 房地产公司现金流的结构，并未有明显的预期。

参 考 文 献

[1] 郭佳，严萍. 基于内部控制思维的企业现金流管理研究 [J]. 财会通讯，2013 (23)：75-76.
[2] 叶丽双. 上市公司关于现金流管理内部控制的研究 [J]. 财会学习，2021 (31)：193-194.
[3] 孟凡胜. 建筑企业现金流管理浅析 [J]. 财务与会计，2021 (13)：83-84.
[4] 李嘉敏. 上市公司的内部控制对现金流管理的影响及相应建议研究 [J]. 中小企业管理与科技，2021 (31)：25-27.

企业内部审计风险的成因及防范

沈阳建筑大学管理学院

兰国海　王一淘

摘　要：在新的经济条件下，企业的经营范围正在向多维度扩展，业务的复杂性决定了风险的复杂性。为了适应体制改革，降低经营活动的风险，实现经营收入的目标，企业将内部审计作为一种控制制度而不是检查制度，强调内部审计的管理功能。本文正文分为四个部分：第一部分介绍了研究背景、意义等；第二部分阐述了企业内部审计风险的理论；第三部分介绍了企业内部审计风险的情况下，包括企业内部审计的发展，内容和观点，并根据风险的分类、控制风险和检查风险，企业内部审计风险及其原因，以及现有企业的风险防范措施和问题；第四部分，在对企业内部审计风险进行尽快分析的基础上，针对企业内部审计风险的内在风险、控制风险和检查风险三个方面提出了详细的防范措施。

关键词：内部审计风险；企业业务；防范措施

一、引言

美国安然公司破产后，世界各国的内部审计环境发生了巨大的变化。国际内部审计师协会第61届年会和国际内部审计师协会第4届年会都把如何发挥内部审计风险识别和监控功能，寻求有效的公司治理作为内部审计的重要问题。由此可见，内部审计风险控制问题已成为亟待解决的理论和实践问题。也高度重视我国内部审计风险的问题，本文的研究意义主要包括以下3个方面：第一，目前我国对审计风险的研究主要集中在国家审计和社会审计领域。内部审计的应用和研究起步较晚，对其风险和防范的研究还不深入。在内部审计准则中提到了一些具体的准则要注意内部审计风险，由此可见，研究内部审计风险的去除对完善内部审计准则具有重要意义。其次，基于审计风险模型，从内部风险、控制风险和检查风险3个方面对企业内部审计许可风险进行了深入研究，并提出了相应的防范措施。第三，本文不仅扩大和深化内部审计风险理论的研究，也将内部审计理论和企业内部审计和审计实践的实际情况相结合，探索企业的内部审计风险的识别审计风险点，提出了切实可行的措施，防止风险，而不仅是缩小了内部审计风险相关理论与实践之间的差距，同时也帮助企业实现审计质量的提高。

二、企业内部审计风险相关理论概述

（一）企业内部审计界定

1. 内部审计定义

内部审计之父索耶，将内部审计定义为一个独立评估各类化学事务和控制组织，确定是否遵循公认的方针和程序，是否符合规定和标准，是否有效地使用资源和经济，组织目标是否实现。中国内部审计协会发布的内部审计标准的基本原则第一章和第二篇文章中，将内部审计定义为，在组织中一个独立的和客观的监督和评价活动，它通过审查和评价经营活动的真实性、合法性和有效性的内部控制，促进组织目标的实现。

2. 企业的特点及内部审计内容

1）行业的垄断性。行业是自然的垄断行业，尤其是在原有的邮电系统情况下所形成的技术落后和旧的系统缺陷逐渐显现，同时在科技进步和市场经济条件下，这种传统的垄断行业正面临着前所未有的挑战。

2）业务繁杂性。企划经过多年的发展，在原有基础业务上增加了多种跨行业、跨地区的业务种类。

3）服务对象的广泛性。通过全球传送网络，为社会提供普遍服务。因此，它的服务对象不包括相关的企事业单位，而是涉及公众和政府部门。

4）行业的网络性。网络方面企业的存在和发展，为企业拥有覆盖全国乃至全世界的庞大网络奠定了基础。网络具有物理对象和信息，物理对象网络是其赖以生存的基础。信息网络促进了网络的高效运行。

5）经营目标的双重性。一方面，要成为一家独立的公司，需要面对经济效益的压力。另一方面，它需要成为国家和社会的基本服务企业，承担一般服务和特殊服务的义务。这两者之间有利益冲突。

（二）企业内部审计风险界定及分类

1. 企业内部审计风险界定

《内部审计具体准则第17号——重要性与审计风险》第一章将内部审计风险定义为内部审计人员未能发现被审计单位经营活动中存在重大差异或内部控制缺失，从而得出不恰当审计结论的可能性。此外，《内部审计具体准则第18号——审计抽样》第二章提到，审计人员在选择样本时，应当对业务活动中的重大差异或缺陷风险和审计过程中的检查风险进行评价。《内部审计具体准则第21号——内部审计的控制自我评估法》第二章，在内部审计控制自我评价中，识别组织整体或职能部门的目标风险，识别内部控制中存在重大缺陷或风险严重的业务环节。从以上标准可以看出，审计人员需要注意的内部审计风险包括组织内部风险、组织内部控制实施中存在重大缺陷的风险以及审计过程中审计人员自身的检查风险。

2. 企业内部审计风险的特点

企业内部审计风险的普遍性主要体现在内部审计风险可以发生在审计的各个环节。一方面，老国企或垄断企业的角色通常会形成腐败的商业环境，一个企业的环境影响各个方面，导致企业的经济活动记录不准确和频繁的许多问题，如内部控制薄弱。另一方面，企业各样复杂的服务，在业务管理和业务流程控制中存在的问题，也给内部审计带来风险。综合以上两个方面，审计风险具有普遍性的特点。

企业内部审计风险具有潜在性。企业内部审计风险存在于内部审计的审计过程中。由于企业固有的腐败环境的复杂性和各种服务，及其内部挖掘设计和实现中存在的缺陷，使企业甚至控制缺陷后仍然存在显著差异，而内部审计人员偏离客观事实，没有引起相应的审计责任，不会形成实际的坏的结果，因此，审计风险具有潜在性。

三、企业现有内部审计风险防范措施及问题

（一）固有风险现有防范措施及问题

1. 企业内部环境腐败风险的防范措施及问题

面对内部环境腐败风险，企业高层管理人员逐渐意识到腐败环境会给企业带来多方面的负面影响，开始自觉制定防范内部环境腐败风险的措施。控制措施主要是建立了企业领导人诚实谈话等临时措施，元旦、春节时间节点一下子涌入监督检查体系，但上面的系统只能导致企业内部管理人员的关注在那个特定的时刻，突然刮起"廉政风"，完成突袭结束的后续工作没有做，后期的工作小组也是一个临时的形式，其缺乏系统性，使得企业内部尚未意识到惩罚的严重性，内部腐败风险也就不会真正重视它。因此，企业虽然在内部环境下做好了腐败风险的防范工作，但缺乏实力和制度。企业内部环境腐败风险防范措施力度和系统性还有待加强。

2. 企业经营业务复杂多样风险防范措施及问题

企业业务复杂，改革目前稳定的管理系统，企业已经逐渐意识到普遍服务业务和竞争的相对分离，但对于一些普遍服务业务在业务建立集成平台集成管理，如包、集邮，媒体业务，关键过程和风险的特点，在实际的操作中，集成管理平台在业务系统的运行中存在交叉现象，导致业务管理与组织管理混乱。由此可见，现有的管理组织的操作系统无法满足业务运行的需要，并且企业业务的复杂性和多样性导致审计风险无法有效降低。因此，针对企业业务复杂性和多样性的风险，需要加强防范措施。

（二）控制风险现有防范措施及问题

1. 企业控制设计不当风险防范措施及问题

企业业务流程的设计控制，内部审计人员和企业管理人员的业务流程控制系统设计团队只注重成本的生产和销售的大型环节，未能形成完美的可以控制商业联系的整个过程，对企业业务也倾向于内在风险的过程中加强控制。因此，尽管企业设计了一个控制系统来减少风险控制，但其缺乏关键业务流程和业务设计固有风险的关注，导致企业内部控制设计不完美，不能够完全避免审计风险，因此企业控制风险防范的设计不当仍有一个大问题，需要进一步地预防计划，以防止不必要的风险。

2. 企业控制执行风险防范措施及问题

企业已经对内部员工不重视控制和实施的风险采取了防范措施。企业设计了相关的教育制度，通过部门领导动员会议的形式和员工激励机制的约束制度，使管理者和基层员工在工作中注重控制制度的实施。特别是由于员工激励机制的限制，在工作中把内部控制的实施与自己的绩效奖金联系起来，鼓励管理者和基层员工更加重视内部控制的实施。企业现有的防范措施从一定程度上防范了企业的实施风险。然而，由于基层员工未能参与制定内部控制，内部控制系统往往知之甚少或对内部控制制度的实施提出质疑，这也将导致低风险控制系统的实现被阻止。

（三）检查风险现有防范措施及问题

1. 胜任能力不足风险防范措施及问题

针对内部审计人员能力不足的风险，企业加强了对内部审计人员专业知识的讲座和培训，从会计师事务所等单位招聘专业审计人员到内部审计部门。由于内部审计师的能力不足，聘请回来的会计师事务所的专业审计师都是外部审计即财务审计方面的专家，但内部审计仍然存在一些不足。由于上述原因，企业对于内部审计部门的稽核人员培训至关重要。企业投资培训，定期的内部审计专家邀请其内部审计师做讲座和培训内部审计，但由于缺乏能力的审计人员的科学评价体系，在内部审计人员的审计专业技能培训、验收和培训计划后的科学性并没有一个客观的评价，导致培训基金大量无效输入，而不是内部审计师专业能力的提高。此外，由于内部审计人员能力除了审计专业知识，也包括业务的经验，这是上面所提到的，但企业在培训方面重视审计专业知识训练，而忽略了审计业务经验的积累。因此，企业现有的预防措施仍然无法完全弥补审计员能力不足的风险。

2. 企业内部审计部独立性风险防范措施及问题

企业为了防止内部审计独立性风险，设置了审计师，并且建立独立的内部审计功能。审计和监管不能直接对企业的经济活动，不参与或负责运营管理活动的其他功能，超出了特定的业务活动，而不是直接枯燥的生产管理责任。在不同的情况下，如果确实需要参与项目，专业顾问应该从业务角度参与项目，而不是以审计部门或审核员的身份。但是，当内部审计部门与业务部门处于同一层次，报告对象相同时，内部审计部门的独立性相对较弱。因此，对于企业来说，内部审计部门的独立性还需要进一步加强。

企业主要用于金融审计的内部审计方法，审计风险主要是由于内部审计功能引起的，近几年指定人员对内部审计标准组织的预测的风险是不够的。可见，由于企业自身的审计方法和程序没有得到完善，其审计方法和程序中存在的问题仍然给企业内部审计带来了很大的审计风险。

四、企业内部审计风险防范建议

(一) 固有风险防范建议

由于企业垄断的特点，内部腐败风险容易滋生。同时，由于企业类型的不同，岗位性质的不同，内部腐败相对隐蔽，不易发现。所以我们要加强内部人员的监督，建立诚信、风险预防和控制部门，建立完善的风险控制制度体系，建立专门人才，定期或不定期地变化监测，根据完整性风险，提高预防和控制措施，研究预防和控制的影响的过程实施全面质量控制的完整性，风险防控工作。同时，要鼓励内部普通员工的检举行为，突出具有决策权的领导和有权处置化工事务的人员，关注重点对象、重点部门、重点岗位。此外，对于一些企业没有条件建立廉洁政府的独立部门预防和控制风险，建议他们可以包括廉洁的政府风险的预防和控制和监督管理职责下的内部审计部门，并开发一个廉洁政府的预防和控制风险及实施标准，从而降低环境腐败的内在风险。

由于各种类型的内部业务企业，如上面所提到的集邮业务、包裹和媒体业务等，每个业务和开发的关键风险点是不同的，纯粹的管理机制已经不能满足复杂的业务需求，业务发展空间很容易受到限制。经营复杂业务的企业，应当按照业务的不同，划分不同的业务部门，实行分开管理。此外，应任命该领域的专业人才负责，强调每个业务的灵活性重点和风险点，从而将多元化、复杂的经济业务所带来的内在风险降至最低。同时，在纵向关系上，按照"集中决策、分散经营"的原则划分总部与事业部的管理权限，在横向关系上，以业务部门为利润中心，实行独立核算。

(二) 控制风险防范建议

大部分的内部控制制度是由于内部审计功能和服务部门共同制定的，不是由单独的内部控制部门，因此，内部审计职能需要加强内部控制系统设计中每个企业的特点和要点，并容易导致风险点系统的学习和研究，与销售部门深入沟通，加强对业务运作的了解，根据本文的分析，目前企业业务的控制设计需要在以下几个方面进行合理的控制设计：

1）加强业务流程内部控制设计。企业在业务控制方面应注意对成本的忽视，在成本控制方面进行更加完善和详细的设计。此外，企业应按照成本效益原则确定相应的配置，加强业务预收管理，完善招标投标制度。

2）加强业务控制设计，尤其是毛利测算和审批程序。完善企业业务数据库建设，使毛利测算更加准确，同时完善决策审批制度，确保业务持续良好发展。

(三) 检查风险防范建议

企业应注重内部审计人员专业能力和综合素质的培养，建立和完善多层次的培训机制，注重培训效果的考核。在实际工作中，公司管理层制定的培训机制往往非常完善。但是在基层，领导和员工并不重视总部制定的政策。而且，"天高皇帝远"。公司的管理应强调的重要性在整个公司内部审计人员的培训机制，加快引进计划专业，高级复合型人才，并注意公司的审计人才的培训，以便建立一个健全的内部审计人才结构。基本单位高度重视内部审计的作用是不够的，应该是基本单位的领导下，从上到下将内部审计的基本单位严格上升，关注内部审计人员培训机制，更熟练地建立多层次的内部审计人员培训机制，培训过程应注意结合企业的现实，加强审计人员对企业内部每一个业务加强沟通和审计功能，有针对性地加强审计过程的重点业务，为了防止内部审计师的审计风险能力不足造成影响，企业应当建立和完善各种规章制度并严格执行，严格建立分层次的符合性体系、单项、全面质量控制体系和审计问责制，确保从质量上完成审计工作。

五、结论

在企业控制风险方面，主要包括企业控制设计风险不当和对控制执行风险关注不足。在控制设计不当，由于固有业务繁复及固有风险的影响，企业的控制系统设计，通常为业务的固有风险未能考虑或考虑不足，虽然企业设计了控制系统，但仍不能消除固有的风险，甚至增加审计风险的可能性。因为固有的企业文化的影响，管理层和员工普遍关注的报告形式，而不注意实质。由于不够重视内部控制的实质，从固有风险、控制风险和检测风险分析内部审计的风险，考虑预防措施后，在执行的同时，提出以上的风险防范方法，对企业内部审计风险进行有效防范。

参 考 文 献

[1] 黄巧玲. 内部审计质量控制在风险管理中的运用研究［C］//中国内部审计协会现代企业风险管理论文汇编（上册），2005.

[2] 张斌. 审计信息化：充分发挥内部审计在集团管控中的作用［C］//全国内部审计理论研讨优秀论文集，2013.

[3] 韩承辉. 论内部审计风险［N］. 郑州航空工业管理学院学报，2000.

[4] 张伟. 内部审计风险的成因及防范［N］. 南京审计学院学报，2011.

[5] 魏巍. 审计风险计量研究文献综述［J］. 时代金融（中旬），2015（10）：266-267.

[6] 杜殿明. 谈内部审计风险成因及防范措施［J］. 北方经济，2007（14）：70-71.

[7] 杨军华. 持续审计在企业内部审计中的运用［J］. 中国审计，2010（24）：46-47.

[8] 沈衍棠. 试析内部审计风险的成因及防范措施［J］. 中国总会计师，2008（11）：40-41.

[9] 段益军，张超. 审计风险构成要素及其相互关系的重新构建［J］. 工会论坛，2004（6）：72-73.

[10] 成井滨，张茅. 试论内部审计风险及防范［J］. 江汉石油职工大学学报，2004（1）：58-60.

[11] 曹培祥，张清，鲁林冲. 基于信息化系统的内部审计风登及对策探讨［J］. 通讯世界（下半月），2015（12）：306-307.

[12] 刘德银. 审计风险再定义及模型新探［J］. 审计与经济研究. 2001（5）：11-13.

[13] 杜明科. 邮政转型加速企业内控制度建设［J］. 中国邮政，2007（10）：36-37.

[14] 雷英，吴建友. 内部控制审计风险模型研究［J］. 审计研究，2011（1）：79-83.

[15] 王志华. 论加强邮政企业内控制度审计［J］. 经营管理者，2011（14）：243-244.

管理层收购存在的问题及对策研究

沈阳建筑大学管理学院

高智怡　田　野

摘　要：随着近年经营环境的波动，企业并购重组现象的发生，越来越多的企业开始关注到管理层收购对企业的资源重组的作用。而随着这种收购行为的发生，其发挥的积极作用和存在的问题逐渐显现。积极作用体现在诸多方面。但是，管理层收购在我国适用过程中的问题，本文将以管理层收购的基础理论为出发点，结合国内外发展情况，分析我国企业在进行管理层收购过程中存在的问题，并针对存在的现实问题提出切实可行的改进建议和对策。

关键词：管理层收购；融资问题；解决对策

一、管理层收购的基础理论

（一）管理层收购的定义

管理层收购是目标公司的管理层利用外部融资购买本公司的股份，从而改变本公司所有者结构、控制权结构和资本结构，进而达到重组本公司的目的并获得预期收益的一种收购行为。其按并购形式划分，属于杠杆并购的一种特殊形式，在杠杆并购中主并方是目标企业内部管理人员，以目标公司的资产作为抵押，向银行或投资者融资借款来对目标公司进行收购，收购成功后再以目标公司的收益或出售其资产来偿付借款本息。本质是通过负债筹集现金，以现金支付完成并购交易。

（二）管理层收购的动因及方式

理论上，管理层收购有助于降低代理成本，萨缪尔森的代理理论理论认为，代理成本是基于所有权和经营权的分离，所有者依靠代理人即治理者治理公司，以实现收益最大化而产生的成本，而所有者与治理者的利益关系，会随着公司的发展，变得越来越复杂，而当所有者和经营者合二为一时，代理成本为零。

目前国外管理层收购的方式主要有 3 种：收购上市公司、收购集团的子公司或分支机构、公营部门的私有化，不同方式下有不同的作用。

收购上市公司，是基于基层管理人员的创业尝试、防御敌意收购、机构投资者或大股东转让大额股份、摆脱上市公司制度的约束的 4 个收购动机，将上市公司变为非上市公司的一种方式。也是目前较为普遍的一种方式。收购集团的子公司或分支机构，是由于管理人员具备的信息优势，满足保密要求，被收购单位与原集团可以联系继续保持，利于平稳持续的经营，从而通过这种方式部分剥离来实现价值提升。公营部门的私有化，可以引入资本市场的监督机制，激励管理层不断提升企业经营效益和社会价值。

二、国内外管理层收购发展现状

（一）管理层收购在国外的发展状况

作为杠杆收购的一种特殊形式，管理层收购起源于 20 世纪 80 年代，在英、美等西方发达国家得到了广泛的应用。英国是世界中较早引进管理层收购的国家，整体的发展过程高低起伏，先后经历了1987 年、1997 年、2003 年 3 个高潮期达到交易量的高峰，最终管理层收购成为对公营部门私有化最常见的形式。

在美国，由于管理层收购与当时盛极一时的杠杆收购紧密结合，从而得到了空前发展，使得美国成为世界上管理层收购最活跃的地方之一。在管理层收购在美国的发展过程中，同样显现出不平坦的波动，整体发展趋势和英国历程基本相似，在 1988 年达到交易规模的最高值，其交易总值达到 380亿元，管理层收购的融资额占商业贷款的份额、管理层收购占全部交易额比重、管理层收购占全部交易数量的比值都不容忽视。

而在日本，由于其当时的经济形式的特殊性，日本层级体制下经济形势下行、银行企业关系错综复杂、集团官僚化凸显，使得整体经营环境严峻情况下，管理层收购成为业务剥离的一种方式，日本当时的经营背景也是日本企业使用管理层收购方式的一个重要原因。

通过管理层收购在英国、美国、日本等发达国家的发展过程，我们可以发现管理层收购体现出不同的应用作用，在英国，管理层收购多用于国有企业的改制；在美国，管理层收购多用于对不良资产的整合；在日本，管理层收购更多的在于进行投资。

（二）管理层收购在国内的发展状况

在中国，管理层收购萌芽于 20 世纪 80 年代中后期，在当时，管理层收购就有在开始进行。北京四通投资有限公司是我国第一个使用管理层收购方法的企业。之后，先后有美的、万家乐、恒源祥、丽珠、宇通客车、深圳方大，管理层收购开始在上市公司兴起。管理层收购主要作用于我国国有资产退出市场的一种方式，而后鉴于我国相关法规制度并未完成，被叫停，后续文件放松管制后，又重新回到市场。此后除了传统行业用到管理层收购的方式，互联网行业公司也在采用管理层收购的方式进行重组改制，如互联网行业新浪公司。

而管理层收购方式在我的适用过程并不乐观，从国别间制度差异、社会基本国情的差异及时代发展的需求差异等方面综合考虑来看，管理层收购在我国依然需要深入探讨和完善，在鼓励管理层收购方式进行的基础上，从融资到制度规范方面，有效助力其更快更好地在我国实现其价值。

三、我国企业进行管理层收购存在的问题

（一）管理层收购中的融资问题

有效投资者不多、融资渠道单一有限、法律制度的多方限制是我国管理层收购中所面临的主要融资问题。融资中缺少有效投资者，即持有大量股份并能够参与重大决策的投资者，有效投资者可以提供资金的支持并能够在企业经营管理方面给出有效建议。从我国目前管理层并购融资的过程中看，有效投资者的参与量并不多。

管理层收购中融资的来源渠道，即资金来源，多数依靠外部债务性融资，单一的债务性融资方式加大了后期企业的偿债压力，而管理层收购完成后，仅靠企业的经营收入来偿付债务，很难实现企业的短期盈利，且不利于企业的长远发展。

管理层在资金筹集方面面临法律制度的限制，融资门槛相对较高，管理层往往无法通过正常融资渠道达到法定条件，并且我国的许多法律法规明确规定，不得挪用和贷出公司的资金给他人，也不允许将公司的资产开立在个人账户的名下。一方面保护了公司的资金不当损失，另一方面也限制了管理层的资金筹集，当资金方面得不到支持，也在一定程度上限制了管理层收购的过程。

（二）管理层收购中的收购定价问题

定价方式不具公平合理性、定价制度不完善是我国管理层收购中所面临的主要收购定价问题。在管理层收购问题中，对于收购定价的不公平不合理的问题讨论非常激烈，其主要原因在于我国进行的管理层收购主要集中在以国有控股企业为主体，在定价方面，过高定价会使得管理层望而却步，定价过低会导致国有资产流失，都有不利影响。因此，部分企业采用私下协议的方式来完成管理层收购，这就意味着其定价失去市场化定价的基础，导致了大众对于其定价的公平性合理性表示怀疑。并且目

前的定价方式依然为 1997 年出台的"转让股份的价格必须依据公司每股净资产、净资产收益率、实际投资价格、近期市场价格以及合理的市盈率等因素来确定，但不得低于每股净资产"，仅有的一种规定，放在当下，已经不能适应市场定价需求，未能反映出企业的未来盈利能力。这种定价机制有待不断完善，才能更好地促进管理层收购的发展。所以，定价方式的多元化补充，定价制度的不断完善是当下需要关注的问题。

（三）管理层收购中的评价和监管问题

收购前管理层收购评价制度缺乏、收购后企业管理监管不到位是管理层收购中体现出在评价和监管方面的主要问题。为防止出现管理层收购后再出售的行为，避免短期行为而损害企业长期有效发展的情况，加强管理层收购前期的评价制度完善就显得更为重要，管理层收购定价是否合理、是否有收购后长期有效的经营计划、收购后经营权和所有权的融合问题是否能解决等都是在收购前期可以完善的评价制度。也是目前在管理层收购中尚存需要完善的一部分内容，解决管理层收购中的评价问题，有利于资产重组过程的良性发展。

而管理层收购后实现市场化转型，所面临的融资风险、经营风险、道德风险等多方面的挑战，如何能保证企业长期的经营，就需要在实施管理层收购后进行风险的监督管理，从而保证整个转型过程顺利实现。同时，管理层收购中实现的经营权与所有权的统一，势必会对中小股东造成损害，如何防止管理层收购对于中小股东权益的损害，体现出对监管制度完善的需求。鉴于目前对于管理层收购的监管较为流程化、效用体现不强，且我国收购的成功案例中所体现出的问题，也表明管理层收购中的监管有待进一步加强。

（四）管理层收购中的信息披露问题

信息不对称、信息披露不透明对管理层收购的影响不容忽视。基于管理层收购前，管理权和所有权的分离，而管理层掌握更为全面的经营信息，导致管理一旦有意误导相关投资者或者所有者进行信息判断，将导致短期操纵交易的情况。在进行融资过程中，管理层和所有者的信息掌握不对称，会导致过高的或者过低的评价企业价值，都会带来融资风险，并出现以经营权谋私人利益的情况出现是不可避免的问题。

其次，信息披露不透明体现在交易定价的过程中，缺乏透明的定价市场，以私下协议方式进行，后续披露不完全，不利于企业吸引更多投资者的加入，外界对此的猜想也褒贬不一，此后会对企业的整体形象和长远发展产生不利影响。也是在信息披露不充分、不透明时，有待解决的问题。

四、对我国企业进行管理层存在问题的改进建议及对策研究

（一）完善金融体制，并调动市场资金加入

管理层收购的资金来源中，金融机构贷款提供了较为有力的支持，在此基础上，针对一些投资性银行，可以考虑开放贷款政策力度，为管理层收购在融资方面，减轻资金压力。做好前期背调，中期的监督管理，充分发挥银企合作的积极作用，助力管理层收购的发展。

仅依靠金融体制的完善来解决管理层收购中面临的融资渠道单一问题，显然还是不够的，因此，加强市场资金的加入显得更为迫切。首先，可以通过借鉴其他发达国家在创新企业管理层收购融资的方法，建立管理层收购基金，结合我国的市场环境，可以考虑采用信托抵押贷款的方式来拓展管理层收购融资渠道；其次，可以结合售后租回的方式，考虑在租赁公司中增设金融租赁业务，从而达到调动市场投资资金；再次，如有合格机构投资者能以权益性资金投入，结合管理层的有效经营，也将是一种不错的方式；最后，合理利用员工内部资源进行资金筹集，通过员工持股计划，在调动员工积极性的同时，也能够帮助企业减轻资金压力，同样不失为一种可以选择试用的融资方式。

（二）优化估价模型，促进市场化定价

打破单一的"每股净资产"竞价估值，避免私下协议方式的交易，有利于管理层收购实现市场化

转型，而在定价中引入其他股价模型，即除了企业价值评估中的传统方法，成本法、市场法、收益法，可以考虑收益法的创新方法，比如 FCFF、EVA 等目前使用较多的方法。在考虑当前企业价值的基础上，同时考虑了企业未来的收益潜力，从而为管理层收购定价提供科学合理且准确公平的评估定价方法。

避免私下协议方式交易，引入公开竞价方式促进定价市场化，有利于管理层收购定价更加公平透明，一方面有利于更多有效管理层的加入，另一方面可通过激活市场化的发展，使得企业后续能更好地长远经营。因此，建议采用竞争方式进行收购定价有一定积极作用。

（三）加强收购前的评估，加大收购后的监管力度

对于拟收购的管理层，应当进行合理的评估，而建立完善的评估机制就极其必要，通过对管理层能力的评估、管理层收购估价的合理性判断、未来经营计划的考量等多个方面，综合评价管理层收购的可行性。加强管理层收购能力的评估，有利于管理层收购的进行，保证具备资金实力且具有优秀管理能力的管理层顺利接管企业实现市场化转型；评估管理层收购定价合理性则降低了短期投机行为，保证企业长期稳健的发展；同时，评估管理层收购未来经营计划，引导管理层充分发挥自身的经营能力，减少不良资产出现的可能。

前期全面的评估是保证管理层收购成功的一部分，对于收购后的长期经营的监管是保证管理层收购整体成功进展的重要部分。由于管理层收购后，管理权和所有权实现了统一，有利的作用在于可以更好地实现企业经营，而其不利的影响体现在，有可能对于其他中小股东的利益损害，从而出现其他中小股东退出，导致上市公司失去上市地位的情况出现，因此，无论是出于保障企业稳定经营，还是对于中小股东的保护，都有必要加强管理层收购后的监管。同时，对资金提供者的保障，也可以通过收购后监管来实现，整体的管理层收购除了前期的融资需求外，后续的经营及财务风险，即经营效率的提高，资金管理的加强，从而合理地偿还本息，可以从管理层收购的监管处入手。总之，加大企业监管在经营风险、监管企业财务风险，以及监管企业道德风险 3 个方面的力度，将对管理层收购过程的控制起到非常有益的作用。

（四）完善法律法规体系的建设

随着管理层收购成为我国资产重组的一种常见方式，需要有配套的法律法规体系作为基础，对于管理层收购的准入制度、融资方案规定、监管相关规范细则方面的制度体系完善，是保障管理层收购形式发展的必要环节。

通过完善准入法律法规体系，可以让管理层收购的适用范围更加清晰，管理层收购方式的适用更适应于市场经济的要求，同时顺利完成国有产权的交接，减少国家资产的不当流失。完善融资渠道的制度体系，可以助力有效管理层加入竞争中，盘活国有资产市场化进展。完善监管层面的法律规则细则，可以促进权益资本方的加入，并保障中小股东等权益方利益，实现全面的根基保证作用。此外，完善法律法规等细则规定，可以起到引导性作用，在一定程度上引领管理层收购的顺利进行；起到保障性作用，保障各方利益，根本上保护促进企业良性发展。基于其作用的体现，有必要加强完善法律法规体系的建设。

五、结语

随着当前市场经济环境的变化，企业面临着多重挑战，如何有效地利用管理层收购方式进行企业资源重组，实现国有资源市场化转型，使得管理层收购这种方式在真正意义上实现企业的稳健发展一直是我们积极探索的目标。也正是本文想要深入研究的地方，而当下在我国目前的实际案例中，整体的发展情况还有进步空间，仅在国内探索，可以借鉴的成功案例和成功动因并不多。因此，我们依然有必要多多参考其他国家的适用经验，争取理论结合我国基本情况，实践出适合我国长久发展管理层收购体系，在管理层收购融资渠道、管理层收购定价、评价和监管机制、制度体系完善等多方面积极探索，实现平衡多方权益，达到共赢的状态。

参 考 文 献

［1］ 魏明慧. 企业管理层收购存在的问题及对策研究［J］. 财会学习，2020（3）：196-197.

［2］ 林少春. 浅谈管理层收购［J］. 财会学习，2019（21）：187-188.

［3］ 曹骥，曹致浩. 管理层收购中的财务问题研究［J］. 经济研究导刊，2018（16）：100-101，106.

［4］ 孟惊雷. 我国上市公司 MBO 的融资问题研究［J］. 北方经贸，2015（7）：202-207.

［5］ 黄晨. 我国管理层收购的融资问题研究［J］. 西部皮革，2017，39（6）：119.

［6］ 宋佳懿. 企业管理层收购探讨［J］. 合作经济与科技，2016（9）：102-103.

［7］ 吴红军. 中国上市公司控股股东自利性并购行为研究［D］. 厦门：厦门大学，2014.

［8］ 潘鸿. 中国资本市场上市公司购并的动机和利益转移模式研究［D］. 上海：上海交通大学，2010.

［9］ 李增泉. 国家控股与公司治理的有效性［D］. 上海：上海财经大学，2012.

［10］ 魏华杰，林财. MBO 对财务的影响与信息披露［J］. 福建质量管理，2015（8）：122.

［11］ 魏明. 企业管理层收购问题研究［J］. 科技经济导刊，2016（5）：185.

［12］ 林马国. 我国管理层收购的定价问题探讨［J］. 时代金融（下旬），2017（10）：255，261.

基于 Z-Score 模型的 J 集团财务风险研究

沈阳建筑大学管理学院

李南芳　谷　榕

摘　要：随着我国市场经济体制改革深化和资本市场的不断发展，许多企业的财务经营状况受到外部市场竞争和内部管理不善等多方面因素影响，财务风险不断加大。因此，识别财务风险并找出成因，继而有效应对财务风险就显得尤为重要。而 J 集团作为我国知名汽车制造企业，近年来财务各项指标有下降趋势。通过对 2016—2021 年企业年度报告进行分析，引用 Z-Score 模型，对 J 集团财务风险进行分析与研究，提出对 J 集团风险管控的对策。

关键词：Z-Score 模型；财务风险；J 集团

一、引言

随着我国市场经济的不断发展，企业在经营过程中获得机遇的同时也面临着各种各样的风险，特别是财务风险，因为它会直接影响企业的经营与发展状况。而企业可以通过建立财务风险预警模型对企业目前潜在的财务风险进行分析与管理，帮助企业识别财务风险并及时采取有效措施降低财务风险。

二、我国汽车行业现状

我国的汽车行业虽然经过几十年的发展，已经有了较大的进步，但是由于起步晚，大多数汽车企业是通过中外合资的方式，在国外的品牌和技术的扶持下经营，对汽车制造的核心技术掌握不深，研发能力与发达国家相比还有很大差距。相比其他行业而言，汽车行业具有资本密集的特征。在经历了急速发展与扩张后，市场趋于饱和、市场竞争愈发激烈、行业产能过剩与环境污染等问题亟待解决。同时，从国家陆续发布的汽车行业相关政策制度及国内汽车市场新能源汽车的产销情况中，不难看出，在将来很长一段时间，新能源汽车和智能网联汽车将会成为汽车行业的发展趋势，国内的汽车企业均需提前在汽车智能化方面进行布局。

三、J 集团概况

浙江 J 控股集团（简称"J 集团"）成立于 1986 年，1997 年开始涉足汽车行业，在浙江台州成立了 J 汽车，并于 2001 年正式获得了生产资质，成为中国第一家民营汽车企业。通过多年的发展，J 集团已经发展成为一家涵盖多元化产业的全球型集团。目前集团总资产超过 4800 亿元，拥有 120000 多名员工，并连续 10 年跻身《财富》世界 500 强行列。

J 集团近年来致力于发展智能电动出行和能源服务，以期在这 2 个领域建立其国际竞争力和国际影响力。为此，J 集团频频采取并购方式达到经营目标。在著名的并购"沃尔沃事件"之后，2016 年，J 集团并购东风南充公司，获得其 100% 股权；2017 年，并购马来西亚 DRB-HICOM 集团的股份，间接获得了豪华跑车品牌"莲花"51% 的股权；2018 年，J 并购戴姆勒公司 9.69% 的股权，成为其第一大股东；2020 年，J 汽车又分别入股了其他汽车公司；2021 年并购了山东某汽车制造有限公司。

这些并购行为确实帮助 J 集团实现了质的飞跃，但是并购也会给企业带来巨大的财务风险。因此，J 集团如何应对财务风险就显得尤为重要。

四、J 集团财务状况分析

（一）偿债能力分析

表1中，流动比率与速动比率反应 J 集团短期偿债能力。一般情况下，企业的流动比率应该保持在 2 的水平；速动比率应该保持在 1 较为适宜。从数据来看，J 集团的流动比率基本稳定在 1 左右，较正常值偏低，说明其流动资产在短期债务到期前可以变现用于偿还流动负债的能力偏低。而 J 集团的速动比率略有起伏，但基本稳定在正常值，说明 J 集团可以用于立即偿还流动负债的流动资产较充足。

2016—2021 年 J 集团偿债能力　　　　表 1

年份	2016	2017	2018	2019	2020	2021
流动比率	1.163	1.062	0.978	1.031	1.216	1.082
速动比率	1.087	0.941	0.884	0.931	1.128	0.990
资产负债率	0.635	0.590	0.504	0.491	0.421	0.477
所有者权益比率	0.365	0.410	0.496	0.509	0.579	0.523

数据来源：J 集团年度财务报表，下同

而资产负债率与所有者权益比率反映了 J 集团的长期偿债能力。资产负债率越高，则表明企业偿还债务的能力越差，反之亦然。所有者权益比率与资产负债率从两个不同的侧面反映出企业长期的财务状况。可以看出，2016—2018 年，J 集团的资产负债率基本保持着下降的趋势，说明吉利集团长期偿债能力有所提升。

（二）营运能力分析

表2的数据显示，J 集团的存货周转率远高于汽车行业的平均水平且仍然保持上涨。通过对比年报数据可以发现，J 集团销售成本增幅较明显，存货数量却存在波动。这可以在一定程度上说明 J 集团的销售能力有所提高。事实上，2021 年 J 集团总销量超 220 万辆，销量也有所提升。相比之下，J 集团的应收账款周转率则低于汽车行业均值且存在波动。除去近几年疫情以及其他社会因素的影响，J 集团还应该加强对应收账款的管理。

2016—2021 年 J 集团营运能力　　　　表 2

年份	2016	2017	2018	2019	2020	2021
存货周转率	20.447	16.447	16.807	18.050	18.182	18.280
应收账款周转率	2.835	3.337	4.486	3.191	4.157	3.939
存货周转率行业均值	8.84	8.91	8.05	7.47	7.69	7.42
应收账款周转率行业均值	9.9	9.2	8.22	7.69	7.8	7.93

（三）盈利能力分析

2016—2021 年 J 集团盈利能力　　　　表 3

年份	2016	2017	2018	2019	2020	2021
销售利润率	0.115	0.138	0.140	0.099	0.070	0.046
总资产报酬率	0.113	0.167	0.217	0.097	0.059	0.038

J 集团的销售利润率总体呈下降趋势，说明企业销售收入获利水平在降低（如表3）。而总资产报酬率虽然有波动，但是近 3 年下降幅度较大。这些都说明 J 集团的盈利能力正在下降。即使经过多次并购，吸收多个被并购企业的技术与市场份额，仍未对 J 集团的盈利能力起到促进作用。

五、基于 Z-Score 模型的 J 集团财务风险分析

（一）Z-Score 模型介绍

Z-Score 模型是由美国纽约大学的教授爱德华·阿特曼于 1968 年提出的。其主要目的通过是建立

多变量模型，测量企业的财务风险。Z-Score 模型经过反复检验指标合理性和代表性，最终在 22 个财务比率中确定 5 个财务比率作为检验模型的通用指标（如表 5），计算公式如（1）所示：

$$Z = 0.012X1 + 0.014X2 + 0.033X3 + 0.006X4 + 0.00999X5 \tag{1}$$

Z-Scroe 模型相关变量、计算公式及指标含义　　　　　　　　　　　　　表 4

变量	计算公式	含义
$X1$	（流动资产－流动负债）/资产总额	反映企业流动性和资产规模,比率越高说明短期资金流动性越好
$X2$	（盈余公积＋未分配利润）/资产总额	反映企业累积的利润水平,比率越大企业盈利的稳定性和持久性越好
$X3$	（利润总额＋财务费用）/资产总额	反映资产的价值创造能力,比率越高说明经济效果越好,盈利能力越强
$X4$	所有者权益/负债账面价值总额	反映企业负债的权益价值保障倍数,比率越高长期偿债能力越强
$X5$	主营业务收入/资产总额	反映企业总资产利用的效率,比率越高说明资产周转速度越快

当 $Z<1.8$ 时，公司处在危险区，破产率很高；当 $1.81 \leqslant Z \leqslant 2.99$ 时，表明公司处在危险区和安全区之间，是否破产还不得而知；当 $Z>2.99$ 时，则说明企业处在安全区内，破产率比较低。

（二）2016—2021 年 J 集团 Z-score 财务风险分析

J 集团 2016—2021 年相关系数及 Z 值　　　　　　　　　　　　　　　表 5

年份	2016	2017	2018	2019	2020	2021
$X1$	0.098	0.037	−0.011	0.014	0.082	0.037
$X2$	0.359	0.404	0.490	0.471	0.542	0.484
$X3$	0.094	0.152	0.165	0.090	0.060	0.037
$X4$	0.575	0.694	0.985	1.036	1.378	1.095
$X5$	0.795	1.092	1.165	0.902	0.831	0.756
Z	2.068	2.618	2.972	2.498	2.710	2.255

从表 5 中可以看出，J 集团的 Z 值一直处在危险区与安全区之间，仅在 2018 年 Z 值靠近安全区，并且在 2020 年短暂回升后，又开始下降，说明发生财务风险的可能性在变大。结合近年来的财务状况，可以分析出 J 集团的财务风险主要来源于以下几个方面：

第一，J 集团对于应收账款的管理不善。应收账款产生于企业生产经营活动中的赊销行为，如果长期无法收回，就会形成坏账，造成企业的资产损失。而造成应收账款管理不善的主要原因是企业缺乏风险防控的意识与机制。

第二，J 集团在近几年频繁进行并购，在并购的过程中又给本企业带来了融资风险、筹资风险等。因为这种企业间发生的并购行为，通常是以目标企业的资产和未来现金流入作为抵押，从金融机构获得贷款的，目标企业一旦在未来出现经营不善等问题，那么并购方就有可能面临资金链断裂的风险，同时债务风险也会增大。即便并购方采取其他筹资方式支付对价，也会带来很大的资金压力，对企业的现金流是一种挑战。

第三，企业发展战略单一，仅靠并购寻求发展，效果不佳，降低了盈利能力。即使在并购了戴姆勒这样的新能源汽车标杆企业，J 集团在向新能源汽车转型方面也依然不顺利。目前 J 汽车的大部分销量依旧来自燃油车，根据数据显示，J 汽车 2021 年新能源汽车共交付 8.6 万辆，仅占总交付量的 6.8%。由此可见，仅依靠并购非但不能促进企业转型，还会增加企业的负担，拉低企业的盈利能力。

六、J 集团财务风险管控措施

（一）建立完善的财务风险预警系统

一套完善的财务预警机制是企业有效控制财务风险的必要条件。企业可以采用阿特曼教授的 Z-

Score 模型来建立财务预警机制，立足于企业自身发展需求，设定符合实际的财务指标来衡量企业的财务风险现状。当指标数据或 Z 值达到临界点时，及时采取相应的对策以降低风险，促进企业平稳发展。从事前、事中、事后三阶段全过程检测企业财务风险状况。

（二）优化资本结构，拓宽融资渠道

在面对中长期的债务风险时，J 集团应明确自身资金需求和资本结构，合理设计融资方式与结构。要尽量拓宽融资渠道，实现融资方式多样化，始终保持合理的资金配置，降低资产负债率，利用组合融资等方式降低企业现有的债务杠杆，让企业债务存量降到安全可控的范围，以缓解今后的偿债压力。

（三）提升企业盈利能力、偿债能力与营运能力

J 集团可以通过加强对成本费用的控制，减少不必要开支，以提高资金使用效率，还可以根据自身的实际情况，调整流动资产的规模。因为债务总额与资产流动性是决定企业偿债能力的关键因素。同时，J 集团还需做好固定资产、无形资产与应收账款的管理，全面提升企业的盈利能力。还可以采用出售股权的方式获取偿债资金，适当地引入战略投资伙伴，通过出售部分股权资产的形式，能够迅速获得外部资金，按时偿还到期债务，避免因为资金链断裂造成的系统性风险。

（四）加强投资风险管控

J 集团的管理层在对投资目标定位时，就应该选择符合企业战略的投资领域，集团管理层可以指定合理的投资评价标准。同时针对较大风险的投资项目，J 集团可以通过与业内合伙人建立合作关系进行联合投资，合理分散投资风险。J 集团还要加强对投资项目的跟踪监管，时刻监控潜在风险，将风险控制在可控范围内。

参 考 文 献

[1] 王译晗，吴滨. 共享服务模式与上市公司财务风险管控 [J]. 中国注册会计师，2022（9）：30-35.

[2] 李静. Z-Score 模型对中国上市公司财务预警适用性分析 [J]. 山西广播电视大学学报，2017（2）：48-50.

[3] 陶璐璐. 基于 Z-Score 模型的万科企业财务风险管理研究 [J]. 全国流通经济，2021（24）：62-64.

R 咖啡财报虚增指标问题探讨

沈阳建筑大学管理学院

李德智　黄才敏

摘　要：财务报告分析中出现的虚增指标问题已经成为评估财务报告时需要关注的问题，同时也使得评估结论本身具有诸多不确定性。它掩盖了其财务的真实情况，阻碍了企业的健康发展。R 咖啡财报存在虚增指标问题，主要表现在通过夸大门店销售额度，夸大广告投入费用等途径以实现财务指标"好看"或者"达标"的目的。通过分析和总结 R 咖啡的虚增指标问题，本文提出了注重商业模式创新和加强管理层监督的解决措施。

关键词：R 咖啡；财务报表；虚增指标

一、R 咖啡整体财务概况

根据 R 咖啡 2018—2019 年年报，其主要财务指标整理如表 1 所示。

R 咖啡 2018—2019 年主要财务指标数据　　　　　　　　　　表 1

项目	2018Q1	2018Q2	2018Q3	2018Q4	2019Q1	2019Q2	2019Q3
收入/百万元	13	122	241	465	479	909	1542
经营现金流/百万元	−124	−196	−720	−271	−628	−375	−123
投资现金流/百万元	−167	−145	−1297	327	77	−2365	683
融资现金流/百万元	178	1314	1067	1430	86	5565	−160
运营利润率/%	−966	−283	−202	−138	−110	−76	−38
税前利润率/%	−1027	−274	−201	−143	−115	−75	−35

数据来源：R 咖啡年报

根据图 1 可以看出，R 咖啡融资现金流大多为正，说明 R 咖啡的大部分现金来源为融资活动，而经营活动产生的现金流较为有限，前三季度均为负值，说明企业用于营运的现金流几乎完全依靠外部融资来填补，从外部融资途径获取了大量资金来缓解现金流紧张的问题，加大了还款压力。结合 R 发展策略和成长周期来看，随着企业规模扩张、业务增加、竞争加剧，公司业绩压力也增大了。因此 R 咖啡极有可能因为各方压力而进行虚增利润，夸大门店销量，营造出盈利能力增强的假象。

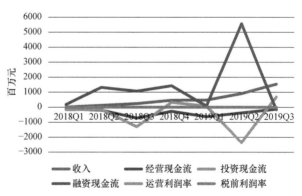

图 1　R 咖啡 2018—2019 年主要财务指标折线图

二、R 咖啡虚增指标的突出问题

（一）夸大门店销量，虚增利润

根据研究团队的数据，R 咖啡每家门店每天平均售出的商品数量为 263 件，与 R 公布的 495 件商品数据相差甚远，相差约 88%。根据 R 自己的数据，在 2019 年第三季度和第四季度，每家商店的每日商品销售额分别被夸大了至少 69% 和 88%。

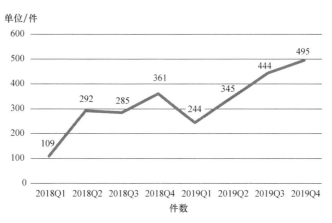

图 2　R 咖啡每家门店日销量图

由图 2 可知，每家商店的日销售额普遍呈上升趋势。

本文选取以下几个指标来分析 R 咖啡利润表中存在的问题（如表 2）。

R 咖啡 2018—2019 年虚增利润的主要财务数据　　　　　　　　　　　　　　　　表 2

项目	2018Q1	2018Q2	2018Q3	2018Q4	2019Q1	2019Q2	2019Q3
收入/百万元	13	122	241	465	479	909	1542
营业利润/百万元	−124	−343	−486	−644	−527	−690	−591
营业利润率/%	−9.98	−2.38	−2.02	−1.38	−1.1	−0.76	−0.38

数据来源：R 咖啡年报

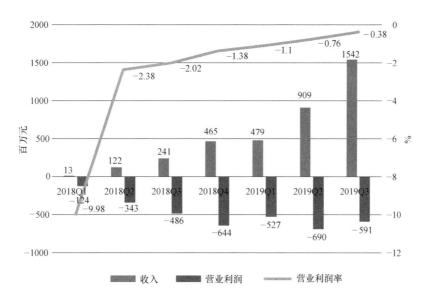

图 3　R 咖啡利润率变化趋势图

R 咖啡 2018—2019 年扩大门店销量的主要财务数据　　　　　　　　　　　　　　表 3

项目	2018Q2	2018Q3	2018Q4	2019Q1	2019Q2	2019Q3
平均每个现煮饮品的销售价格/元	8.9	10.3	8.6	9.2	10.4	11
平均每个其他产品的销售价格/元	10.9	7.4	7.2	8.8	10.7	12.1
单店现煮饮品日均销量/杯	200	174	216	184	237	314
单店其他产品日均销量/杯	14	43	68	45	74	86

数据来源：新浪财经、智通财经

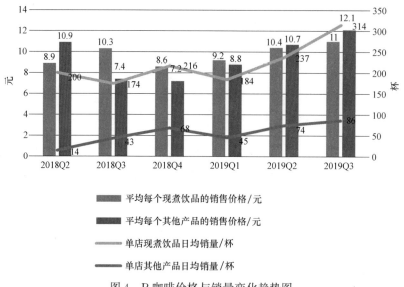

图 4　R 咖啡价格与销量变化趋势图

根据图 3 可以看出，从 2018 年一季度到 2019 年三季度，营业利润每个季度都为负，但从 2019 年二季度开始营业利润率却显著提高，R 通过虚增每笔订单商品数来虚增销售收入，现煮饮品的实际销售价格与前几个季度相比均出现了上涨，营业收入也大幅增长，这说明 R 的盈利能力增强。根据图 4 可以看出，价格上涨的同时，销量也出现了大幅上涨，这违背了弹性商品价格与需求反向波动的规律。卖咖啡的收入是主要产品收入，卖坚果、杯子之类的就属于其他产品收入，其他产品收入与销量也在大幅增长，并且在他们收集的 2 万多张小票中，"其他产品"仅占 6.2％，而报表则是 22％，明显为虚增。

（二）夸大广告投入，虚增费用

R 咖啡店位于顾客众多的地方，通常是办公楼，可以想象，广告的成本将比其他地方贵，例如商业街和中央购物区，加上一些线上广告推广，广告费自然在 R 咖啡费用中是比例很大的一部分。

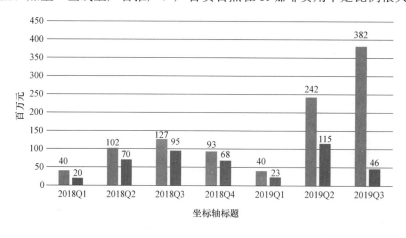

图 5　R 咖啡总广告费用与分众传媒广告费用图

从图 5 可以看出，从 2018 年第一季度到 2019 年第二季度，R 咖啡在分众传媒的广告支出占其广告总支出的 50％～70％，但在 2019 年第三季度，这一比例骤降至 12％。通过将 R 咖啡主动公开的财报、招股书与浑水公司的调查报告进行对比，我们可以发现 2019 年第三季度 R 咖啡虚增了近 150％的广告费用，特别是虚增了在分众传媒上的广告费用。R 咖啡在 2019 年第三季度财报中披露的广告费用为 3.82 亿元人民币，号称在门店层面实现了盈利，但这些营业利润其实被夸大了。夸大的金额为

3.97 亿元,与虚高的费用金额大致相同。因此,我们有理由怀疑,这些虚高的广告费用最终以营业利润的形式返还到了 R 咖啡的财务报表中。R 咖啡通过虚增营销费用,将门店的成本偷换成营销费用,以此制造出盈亏平衡的假象。

本文选取以下几个指标来分析 R 咖啡财报中存在的问题(如表4)。

R 咖啡 2018—2019 年虚增费用的主要财务数据　　　　　　　　表 4

项目	2018Q4	2019Q1	2019Q2	2019Q3
毛利/亿美元	0.16	0.18	0.52	1.01
销售管理及行政费用/亿美元	1.04	0.92	1.51	1.83
营业成本/亿美元	0.51	0.53	0.81	1.18
营业收入/亿美元	7.85	4.45	13.15	28.08
营业毛利润/亿美元	3.08	2.03	6.46	14.66
存货/亿美元	1.5	1.89	2.32	2.13
存货环比增速/%	25	26	23	−8
净利润/亿美元	−2.09	−0.85	−1.78	−0.76
季度收入环比增速/%	93	3	90	70

数据来源:新浪财经

由表 3 数据分析可知,R 咖啡在 2019 年第一季度的收入环比增速仅有 3%,而第二、三季度就又回到了之前的爆发式增长,销售管理及行政费用和毛利都有了爆发式增长。从 2019 年第二季度开始,公司收入环比增长达到 90%,但 R 咖啡的净利润仍保持每个季度都在亏损,其存货增长竟然只有 23%〔(232−189)/189〕。更为反常的是,在 2019 年第三季度,公司收入环比增长 70% 的情况下存货总量竟然下降了 8%〔(213−232)/232〕(如图6)。我们不难从本文基于 R 咖啡企

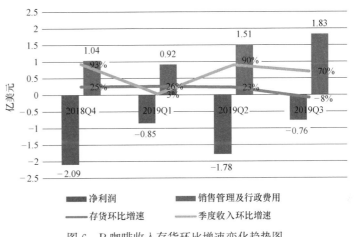

图 6　R 咖啡收入存货环比增速变化趋势图

业财报做出的 4 张表得出结论——这家公司的财报有问题,尤其是毛利、销量、销售单价和存货,很有可能采用了过于激进的会计处理方法,透支了未来的成长。

三、R 咖啡财务虚增指标问题的改进建议

(一)注重商业模式的创新

商业模式创新的三个关键商业要素是业务、伙伴和客户,但 R 咖啡的商业模式在这三个方面都缺乏基本支撑,R 咖啡的商业模式是用 APP 下单交易,以数据为核心,但 R 咖啡作为互联网咖啡外卖连锁的新物种,通过快速融资和大幅补贴来快速扩张,供应链很吃力,导致 R 咖啡在烧钱补贴迅速获取消费者的同时,净亏损过大无法盈利。

结合表 1 的数据与分析可见,对于 R 咖啡来说,融资是 R 咖啡发展过程中尤为重要的一环。其商业模式存在两大缺陷:一是成本过高,维持扩张能力不足;二是利润过低,价格战难以持久。R 咖啡的快速扩张并不依赖于其主营业务收入带来的资金,而是依靠借款和资金投入来维持其快速发展,所以即使在持续亏损的情况下也能支撑它。但是,这种依靠雄厚资本的方法不能满足永续发展的要求,不能建立用户黏性,不能给企业带来实际利润。R 咖啡的高亏损也说明了这一点。因此,R 咖啡应该注重自身商业模式的创新,不要过度依赖资本。当今企业获得核心竞争力的关键是商业模式的创新,

R 咖啡应该对用户在购买产品时需要达到的目标有深刻的理解；改变其在产业链中的地位和角色；重新整合资源，进入新领域，创造新产业；通过引入激进的技术来引领自己的商业模式创新。无论采用何种方式，商业模式创新都需要企业对自身的行业特点、用户需求、运作模式和宏观技术环境有深刻理解。这是 R 咖啡成功创新商业模式的前提，但也是最困难的。

（二）加强管理层的监督

结合表 2～表 4 的数据与分析可知 R 咖啡财务报告中的存货收入等数据之间关系存在异常，结合 R 咖啡公布的 2019 年第三季度财报来看，R 咖啡的单品净售价应该是 11.2 元，但从购物小票中得出的数据表明，R 咖啡单品净售价不到 10 元。这也就意味着，R 咖啡商品的实际售价仅仅是其上市价格的 46％，而不是其管理层所公布的 55％。不仅如此，R 咖啡产品中非咖啡产品的收入被夸大了近 4 倍。因此，进一步强化 R 咖啡日常会计监督工作，对其经营业务实行常规化监督是必不可少的。

企业在利用虚假销售创收较多时，为了虚构本年的产品销售收入会虚开发票，在次年利用红字发票冲销，达到虚增利润的目的，在此类现象的检查过程中，要注意对企业销售合同的审计，核对销售发票和相关单据，并与企业提供的产品销售台账进行核对，确定经营是否真实发生。企业在亏损或收益不佳时，会减少可分摊费用以膨胀利润，并将当期摊销费用作为摊销费用处理，以减少当期成本，达到虚增利润的目的，在此类现象的检查过程中，要对企业的经营状况进行实地调查，合理分析折旧表、贷款利息等问题，了解企业有无将费用记为资本支出等行为，核对企业会计报表，注意报表期间是否连续，是否有记录费用并增加利润等行为。一旦发现 R 咖啡跳单、虚增订单等违规行为，应立即向公司管理层报告，及时发现会计工作中疏漏，对担保业务进行监督。

四、结语

R 咖啡的财务虚增指标，掩盖了其财务的真实情况，阻碍了 R 咖啡的健康发展。希望通过此文分析，能够帮助 R 咖啡完善其财务状况。特别是，通过调查法和观察法发现 R 咖啡财报中突然增加或减少的异常数据，再依据实证研究法和定量分析法找出数据异常的原因，最后根据 R 咖啡采取的商业模式和管理层结构提出解决措施。通过以上方法，期望可以对 R 咖啡现金流紧张，产品核心竞争力建设等方面的财务管理有所突破，对 R 咖啡目前为求发展过度夸大销售业绩的财务状况有所改善。

参 考 文 献

[1] Hangqi Zhang, Yifan Zhuo, Shating Jin, et al. From the Brink to the Resurrection: Analysis on the Current Situation of Luckin Coffee Financial Fraud [J]. World Scientific Research Journal, 2022, 8 (4).

[2] Peng Zhe, Yang Yahui, Wu Renshui. The Luckin Coffee scandal and short selling attacks [J]. Journal of Behavioral and Experimental Finance, 2022, (prepublish).

[3] Zheng Jiayu, Tang Yuan. Case study of luckin coffee financial fraud based on theory of fraud risk factors [J]. Academic Journal of Business & Management, 2021.

[4] 黄佳琦，宋夏云. 瑞幸咖啡财务舞弊案例分析 [J]. 财务管理研究，2020 (5)：50-55.

[5] 盛天松. 关于会计造假的防治策略探析：以康美药业造假案为例 [J]. 会计师，2019 (20)：8-9.

[6] 吴子靖，吴杨. 互联网时代下新零售模式研究：以瑞幸咖啡为例 [J]. 中国市场，2019 (4)：130-131.

我国上市公司盈余管理行为研究——以 *ST 公司为例

1. 沈阳建筑大学信息化建设办公室

2. 沈阳建筑大学管理学院

祝慧洁[1]　　王秋阳[2]

摘　要： 在现阶段我国资本市场风险警示制度和退市制度的基础上，ST 企业通常为了"扭亏摘帽"而采取盈余管理的手段。本文以 *ST 公司为例，根据 2013—2020 年的财务报表，分析了 *ST 公司的盈余管理情况。并运用修正的 Jones 模型计算出操纵性应计利润，对比行业数据发现 *ST 公司确实存在一定的盈余管理行为，揭示剖析其动机和手段，简述其危害性，并据此提出了可行性建议。

关键词： 盈余管理；退市制度；修正的 Jones 模型

一、引言

在我国资本市场上，为了区分部分盈利能力较差的企业，我国执行了风险警示制度，该制度主要包括 ST 制度与 *ST 制度两种。沪深交易所开始从 1998 年对经营不善、连续 2 年出现亏损的上市公司股票交易进行特别处理，在简称前冠以"ST"字样。2003 年，警示退市风险启用了新标记"*ST"，以警示投资者谨慎买入持有，尽可能避免因信息不对称而误入投资陷阱。同时，企业一旦被"戴帽"则将会面临股票报价的日涨跌幅限制为 5％以内、中期报告亦须审计等更加严苛的股票交易规则和监管措施。如果 ST 企业不能及时"摘帽"，很可能会陷入被暂停上市或终止上市的尴尬境地。为此，一些 ST 企业利用现有会计准则的弹性和监管制度的漏洞，通过操纵非经常性损益等盈余管理手段扭亏"摘帽"，使自身长期游走在退市制度的边缘而不被淘汰出局。

二、案例公司简介

（一）公司简介

*ST 公司，创建于 1951 年，1993 年 12 月由 X 工程机械厂改制为上市公司。公司主要从事工程机械产品及相关零部件的研发、生产、销售以及提供其他增值服务，拥有多个研发基地，是中国大型工程机械的制造研发生产的重要企业。截至 2022 年，*ST 公司下属 20 余家子公司，厦门海翼集团有限公司为其控股股东，最终受益人为厦门市市国资委，持股比例高达 45.52％。

（二）"摘帽"过程

*ST 公司于 2013 年开始出现 5.9 亿元的亏损，随后两年仍然持续亏损。2017 年，上交所对 *ST 公司实施了退市风险警示，巨额亏损和高负债导致的退市风险，迫使 *ST 公司卖资产求生。这一年，*ST 公司实现利润 1.2 亿元。然而在 2018 年和 2019 年两个连续的会计年度，*ST 公司又分别亏损 7.31 亿元和 11.53 亿元，若 2020 年继续亏损则将面临暂停上市的处境。2020 年，*ST 公司实现营业收入 19.20 亿元，净利润为 3760.05 万元，符合"摘帽"条件，随后于 2021 年 4 月 15 日开市起恢复交易并撤销退市风险警示，至此"摘帽"成功。

三、*ST 公司盈余管理实例分析

（一）*ST 公司盈余管理动机分析

1. 管理层薪酬动机

*ST 公司于 2017 年和 2018 年更换了许多长期任职的高层管理人员，这与 *ST 公司上次被施加

风险警告的时间点重合，足以见得公司连年的经营不善与亏损，无法完成考核目标，已经导致所有权人开始撤换和调整公司管理层，为公司注入新鲜血液并调整战略，以获得更好的业绩。新上任的管理层为了保住自身薪酬和职位，必然会想办法在短期内改变*ST 公司的净利润指标，以避免公司被强制退市，因此，*ST 公司管理层有利用盈余管理手段操控利润，进而欺骗所有权人的动机。

2. 稳定股价动机

股价是衡量上市公司市场价值和盈利能力的一项重要指标。*ST 公司股价的最高点出现于 2015 年 6 月 30 日，达到每股 23.27 元，按照当时流通股 95897 万股来算，公司市值超过 223.1 亿元。随后*ST 公司因连续两年净利润亏损被施加退市风险警告后，其股价几度腰斩。在每年年度财务报告披露的前后，*ST 公司的股价都会受到拉高一段时间，在公司宣布成功"摘帽"后的一段时间，其股价也会持续走高，但整体市值是在降低。为此，*ST 公司在 2019 年增发 81511.45 万股，以保持其整体市值。

3. 避免退市动机

避免退市无疑是上市公司进行盈余管理最主要的动机。目前我国实行审核制上市制度，上市公司的筹备工作需要经过证监会和交易所的严格审查，因此上市十分困难。在上市成功后，企业能够获得优质的融资渠道，上市公司相较于非上市公司的主要优势在于其有更广阔的融资渠道和更低廉的资金使用成本，相比银行借款和发行债券等融资方式，股权融资不需要抵押资产且融资速度快、无利息费用压力。股权融资方式可以让企业在行业竞争中取得更多的优势。按照我国执行的退市风险警告制度，*ST 公司在 2018 年和 2019 年已经连续两年亏损被施加退市风险警告，如果在 2020 年不能扭亏则会面临退市，因此，在退市压力下*ST 公司希望利用盈余管理行为在短期内迅速拉高利润扭转亏损。

（二）*ST 公司盈余管理识别与计量

由于工程机械行业的周期性强，因此本文按照 Wind 数据库中的证监会行业分类标准，选取了同属于"CSRC"专用设备制造业行业的 93 家上市公司 2013—2020 年间的数据，所使用的数据均来源于 Wind 数据库。

本文借助修正的 Jones 模型，对*ST 公司 2013—2020 年的操纵性应计利润进行量化，并以操纵性应计利润衡量该企业的盈余管理程度，其模型如式（1）所示：

$$NDA_{it}/A_{it-1}=\alpha_t(1/A_{it-1})+\beta_{1t}\left[\frac{\Delta REV_{it}-\Delta REC_{it}}{A_{it-1}}\right]+\beta_{2t}(PPE_{it}/A_{it-1}) \tag{1}$$

$$DA_{it}=TA_{it}-NDA_{it} \tag{2}$$

其中，总应计利润（TA）是净利润与经营活动现金流量净额的差额，可进一步分为非操控性应计利润（NDA）和操控性应计利润（DA）；A_{it-1} 是第 $t-1$ 年总资产；α_t、β_{1t}、β_{2t} 为公司特征参数；NDA_{it} 是公司第 t 年的非操纵性应计利润；ΔREV_{it} 是第 t 年和上一年营业收入的差额；ΔREC_{it} 是第 t 年和上一年应收账款的差额；PPE_{it} 指的是第 t 年固定资产。

利用 Eviews7 对各变量进行分年度回归，得到各年回归方程中的各变量系数估计值，将各变量系数值和各样本公司数据代入模型（1）中，得到 M 集团在 2013—2020 年间的非操纵性应计利润，继续将所得数据代入（2）中，得到 M 集团在 2013—2020 年间的操纵应计利润。回归计算结果如表 1 所示。

DA 回归计算结果　　　　　　　　　　表 1

年份	行业 DA 均值	*ST 公司 DA 值	*ST 公司 DA 值高于行业的百分数/%	*ST 公司 DA 值增长率/%
2013	15963339.76	336040947.84	2005.08	—
2014	44040960.21	505097701.34	1046.88	50.31
2015	40570957.13	465593582.48	1047.60	−7.82
2016	36982202.34	627977137.79	1598.05	34.88
2017	70168480.98	924537364.09	1217.60	47.22
2018	62798709.04	621840116.28	890.21	−32.74
2019	71134827.26	398107324.78	459.65	−35.98
2020	82931842.39	979233186.56	1080.77	145.97

由表 1 数据可以看出，2013—2020 年 *ST 公司操纵性应计利润明显均高于行业平均水平，在"摘帽"的关键年份 2020 年，*ST 公司的操纵性应计利润高于行业均值 1080.77%，且较 2019 年增长了 145.97%。综上所述，通过修正的 Jones 模型定量分析，可得出 *ST 公司存在长期盈余管理行为，且在 2020 年其盈余管理程度存在明显加重。

（三）*ST 公司盈余管理手段分析

1. 利用坏账准备。*ST 公司于 2018—2019 年计提了大量的坏账准备，并通过坏账准备的转回平衡企业利润。虽然在 2020 年其计提数和转回数是三年中的最低值，但考虑到在 2019 年重组后其营业收入的下降，可以看到 2020 年其应收账款对当年净利润的贡献率达到了 63.22%。2018—2020 年 *ST 公司的减值计提情况如表 2 所示。

ST 公司减值计提情况　　　　　　　　　　　　　　　　　　表 2

年份	2018	2019	2020
计提坏账准备/元	197477613.00	305609143.89	18080357.84
转回坏账准备/元	93256890.92	42052293.90	20023026.84
应收款项减值准备转回/非经常性损益/%	82.12	−794.76	17.66
应收款项减值准备转回/净利润/%	−12.75	−3.65	63.22

2. 利用非经常性损益。如表 3 所示，*ST 公司 2019 年和 2020 年的非经常性损益差异巨大，2020 年的合计数占净利润的 254.30%。2020 年 *ST 公司以高价值出售了部分土地使用权，为 2020 年增加了 3806.8 万元净利润，对本年度利润总额贡献率高达 57%。虽然这种方法不具有持续性，但能够有效凑足符合"摘帽"条件的利润数额，实现盈余管理目标，因此被特别处理的公司所运用。

ST 公司 2018—2020 年非经常性损益情况　　　　　　　　表 3

年份	2018	2019	2020
非经常性损益/元	113556231.59	−5291179.26	134633980.50
非经常性损益/净利润/%	−16.64	0.47	254.30

3. 利用政府补贴。从表 4 中可以看出，*ST 公司在急需"扭亏摘帽"的 2020 年接受政府补贴的数额是 3 年来最多的，约为 0.44 亿元，相较 2019 年增长了 44.38%，这显然高于正常年份的补助水平。究其原因，*ST 公司曾是行业巨头，其在当地的影响力非同小可，属于国资委下属的大型国有企业。由于其体量巨大、历史悠久且与地方经济建设联系紧密，在 *ST 公司面临退市危机时，地方政府往往出于税收、就业、国有资产安全等考虑都会倾向于进行扶持，以帮助其渡过难关。

ST 公司 2018—2020 年接受政府补贴数额　　　　　　　　表 4

年份	2018	2019	2020
政府补助/元	37980427.54	30638425.01	44237026.73

（四）利用盈余管理"摘帽"的危害性

1. 降低上市公司会计信息质量。由于 *ST 公司为了"摘帽"而在 2020 年采取了大量盈余管理措施，这一行为必然导致企业账面会计信息与实际的财务状况和经营业绩存在偏差。在信息不对称的情况下，失真的会计信息又会误导信息使用者，从而可能做出错误的市场判断和偏误的买卖决策，加大证券市场的投资交易风险。

2. 给企业自身后续发展留下后患。盈余管理行为显然不是一种持续性的行为，治标不治本，只能在短期内提高利润，并不能从根本上让企业的盈利能力有实质性的提高。长期利用这种行为，可能会导致公司的资产流失，失去部分公司的控制权，导致产能和研发能力进一步下降，更加损害自身的盈利能力，使企业自身发展后劲不足。

3. 干扰证券市场的有序发展。盈余管理行为利用现有会计准则和监管制度的漏洞，让证券市场的退市制度形同虚设，一旦劣绩企业竞相效仿，必然严重干扰我国证券市场的健康有序发展。

四、结论与建议

本文通过分析 *ST 公司在"摘帽"过程中的盈余管理动机和手段，发现 ST 企业出于管理者薪酬、稳定股价、避免退市等原因，往往会倾向于利用坏账准备、非经常性损益以及政府补贴等盈余管理手段，粉饰企业关键年份的盈余业绩，不惜一切代价和手段保证公司的上市资格。建议进一步修订和完善现有的会计准则，在具备灵活性的基础上，使会计准则更具统一性和规范性，针对 ST 企业常用的盈余管理手法，补充完善相关会计规定，最大限度地减少管理层通过会计准则的漏洞进行盈余管理行为人为操控利润的可能；建立健全的证券市场监督管理机制，重点完善现有的退市制度，一方面可以增加一些考核标准，比如增加对于非经常性损益的考量，对 ST 企业"摘帽"时非经常性损益对于净利润的贡献率进行约束，逐步要求企业净利润为扣除非经常性损益后的净利润，增加上市公司盈余管理的难度，从而减少企业盈余管理行为。另一方面，应当考虑增加对于上市公司业绩信息披露的考核，加大监管力度和惩罚力度，立足防范过度盈余管理行为的发生；着力提高独立第三方专业机构的审计质量和水平，必要时刻采取法律保障手段，严重杜绝会计师事务所包庇 ST 企业共同实施盈余管理等不法行为。

参 考 文 献

[1] 白玺艳. ST 公司异常扭亏、商誉减值与审计风险：基于盈余管理视角 [J]. 财会通讯，2021 (13)：48-53.

[2] 张文. ST 公司"摘帽"过程中盈余管理行为分析：以 ST 厦工为例 [J]. 财会通讯（中），2019 (1)：17-20.

[3] 吴虹雁，朱璇. 盈余管理方式对 ST 类上市公司"摘星摘帽"的影响：基于退市制度变更的分析视角 [J]. 会计之友，2021 (12)：125-132.

[4] 蔡程程. 厦工股份盈余管理案例研究 [J]. 中国管理信息化，2021，24 (22)：24-25.

[5] 周莎，章之旺. ST 公司"摘帽"行为中盈余管理的识别：基于 Benford 法则计算 FSD 值的实证研究 [J]. 会计之友，2021 (7)：39-48.

第四部分

企业·绩效

S局财务共享中心背景下财务绩效研究

沈阳建筑大学管理学院

李南芳　李　敏

摘　要：随着信息时代的到来，传统财务管理模式弊端越发显现。为了打破困境，财务共享中心应运而生。结合因子分析法，分析企业财务共享中心运行后的财务绩效。研究结果表明，财务共享中心在短期内可能不会为企业带来财务绩效层面的明显提高，但其具有长期向好的趋势，对其进行研究，有助于为企业财务共享中心运行效果优化提供基础。

关键词：财务共享；因子分析法；财务绩效

一、引言

新一轮科技革命和产业变革呼啸而来，企业产业结构和组织框架的不断升级扩张，传统的企业财务管理模式弊端也随之暴露，财务共享中心应时而生。在S局建立财务共享中心的背景下，结合因子分析法，研究财务共享中心运行前后的财务绩效，为后续进行运行效果研究提供支撑。

二、财务共享中心运行历程

作为建筑行业发展龙头企业，对运行历程进行分析，一方面可以更好地了解S局财务共享中心发展过程，另一方面可以为其他建筑行业企业提供运行经验。其财务共享中心运行共经历以下三个阶段：

（一）试点运行阶段

2016年6月公司领导的精心组织下，S局积极开展试点建设工作，经过研讨后决定将试点放在五公司和市政工作，同年11月，在九江揭牌成立财务共享中心，在五公司和市政分公司运行过程中，以S局业财共享平台为核心，把业财融合作为系统建设理念，通过财务、资金、成本等各业务系统，不断对业务流程进行优化，对数据资源进行集中整合，以实现财务共享，不断向高层次的战略目标迈进。S局通过其分公司的运行情况，积极进行整理分析，逐步安排本集团的财务共享中心上线运行。

该阶段为S局建立财务共享中心提供实践经验，保证了其正式运行的准确率、高效率，为建立财务共享中心奠定基础。

（二）正式运营阶段

2017年6月8日上午，S局财务共享中心正式成立，标志着企业财务管理进入新阶段，新型财务管理体系逐步形成。

S局财务共享中心位于企业科技大楼八楼，建筑面积约$2427m^2$，其办公室最多可满足196个人同时办公。在设备配备方面，S局财务共享中心对原来的机房进行扩建，配置国内先进的办公装备，为企业财务共享中心办公提供基础保障。

该阶段主要是对企业业务流程进行集中化、标准化的管理，对企业财务共享中心组织结构内的基础核算工作进行验证，并为下一阶段企业完善信息系统建设实现向管理会计转型提供思路。

（三）运行提质阶段

当前，S局财务共享中心已转到运行提质阶段，其财务共享中心以智能化建设为主旨，在全局进行全面性的财务共享，大力开展财务管理转型科学研究，不断将财务共享中心建设过程中的痛点、难点作为突破口进行研究。S局财务共享中心建立会计处理中心、数据资产管理中心、财务风险管理中心、人才队伍培养中心四大中心推进其从财务会计向管理会计的转变。

对该阶段进行研究，分析其运行效果，提出优化建议，有助于S局财务共享中心更好地实现战略管理，助力企业财务转型。

三、基于因子分析法的绩效分析

在对财务共享中心运行效果进行分析时，结合企业财务指标，运用因子分析法分析企业的盈利能力、营运能力、偿债能力及发展能力可以进一步得出财务绩效维度财务共享中心的运行效果。过程如下：

（一）指标选取

从盈利能力、营运能力、偿债能力、发展能力指标中，剔除6个代表性不大的指标后，选取了剩余的7个财务指标以此构建评价指标体系，如表1所示。

财务绩效评价指标体系 表1

财务能力	指标	编号
盈利能力	净资产收益率	X1
	总资产周转率	X2
营运能力	存货周转率	X3
偿债能力	流动比率	X4
	速动比率	X5
发展能力	资产负债率	X6
	净利润增长率	X7

（二）分析过程

1. 数据预处理

本文采用SPSS25软件数据标准化功能—Z-Score对所选的7个财务指标数据进行标准化处理，公式如（1）所示：

$$ZscoreX = \frac{X - \overline{X}}{\theta} \tag{1}$$

2. 适应性分析

本文采用Bartlett球度检验和KMO检验来判断原有变量能否采用因子分析法分析（如表2）。通常KMO值应介于0~1之间，KMO值越接近1，则数据越适合作因子分析。Kaiser给出了KMO的校验标准如下：当KMO>0.5时，表明可以用因子分析法。而Bartlett P值在小于0.05时，则表明适合进行因子分析。本文数据分析后结果如表2所示。可以看到：Bartlett球度检验的结果小于0.05，说明原有变量存在相关性。此外，KMO的值为0.670，KMO>0.5，表明能够对原始变量采用因子分析法分析。

KMO和巴特利特检验 表2

KMO和巴特利特检验		
KMO取样适切性量数		0.670
巴特利特球形度检验	近似卡方	48.468
	自由度	21
	显著性	0.001

3. 公因子提取

从表3中可以看出，总方差在完成分解后共有2个因子的初始特征值大于1，特征值分别为4.895和1.645，方差贡献率分别为46.779%和93.426%。累计贡献率高达93.426%，大于信息损失标准85%，说明使用因子分析法能够对问题进行较好的解释。

因此，本文最终采用 2 个公因子代替 7 个原始指标进行分析，评价 S 局财务共享中心的建立对企业财务绩效的综合影响。

总方差解释 表 3

成分	初始特征值			提取载荷平方和			旋转载荷平方和		
	总计	方差百分比	累积%	总计	方差百分比	累积 %	总计	方差百分比	累积%
1	4.895	69.926	69.926	4.895	69.926	69.926	3.275	46.779	46.779
2	1.645	23.500	93.426	1.645	23.500	93.426	3.265	46.647	93.426
3	0.236	3.368	96.794						
4	0.145	2.072	98.866						
5	0.048	0.687	99.553						
6	0.017	0.240	99.793						
7	0.014	0.207	100.00						

4. 因子命名

将提取的公因子分别命名为 F1 和 F2。

从表 4 中可以看出 F1 主要有流动比率、净资产收益率以及存货周率，因此将 F1 命名为营运能力因子；F2 主要有总资产收益率、速动比率以及净利润增长率，所以将 F2 命名为偿债因子。其因子旋转后的成分矩阵如表 4 所示。

旋转后的成分矩阵 a 表 4

	成分	
	1	2
$Zscore$（流动比率）	0.941	0.131
$Zscore$（净资产收益率）	0.887	−0.384
$Zscore$（存货周转率）	−0.867	0.384
$Zscore$（资产负债率）	0.773	−0.609
$Zscore$（净利润增长率）	—	0.982
$Zscore$（速动比率）	−0.293	0.910
$Zscore$（总资产收益率）	−0.405	0.889

提取方法：主成分分析法。
旋转方法：凯撒正态化最大方差法。

a. 旋转在 3 次迭代后已收敛。

5. 因子得分

根据因子得分系数矩阵列出因子得分公式，对 S 局 2014—2021 年间的以营运能力因子、偿债能力因子得分进行计算，其计算公式如下：

$$F_1 = 0.282X_1 + 0.015X_2 - 0.274X_3 + 0.408X_4 + 0.065X_5 + 0.191X_6 + 0.208X_7$$

$$F_2 = 0.023X_1 + 0.280X_2 - 0.019X_3 + 0.243X_4 + 0.311X_5 - 0.092X_6 + 0.404X_7$$

根据 F_1 以及 F_2 的计算公式，计算各成分得分系数，其各成分具体的得分系数矩阵如表 5 所示。

成分得分系数矩阵 表 5

	成分	
	F_1	F_2
$Zscore$（净资产收益率）	0.282	0.023
$Zscore$（总资产收益率）	0.015	0.280
$Zscore$（存货周转率）	−0.274	−0.019
$Zscore$（流动比率）	0.408	0.243
$Zscore$（速动比率）	0.065	0.311
$Zscore$（资产负债率）	0.191	−0.092
$Zscore$（净利润增长率）	0.208	0.404

四、基于因子分析法的结果分析

结合因子各自的贡献率，计算S局2014—2021年因子得分及综合因子得分表，对综合因子得分进行计算，公式如下：

$$F = \frac{46.779}{46.647}F_1 + \frac{46.779}{93.426}F_2$$

基于因子分析法的结果分析，分析得出最后综合得分，并将其进行排名，排名如表6所示。

各因子得分及综合得分 表6

年份	公因子 F1	公因子 F2	综合得分 F	排名
2014	15.80	−17.50	7.08	8
2015	22.78	−2.49	21.59	2
2016	25.05	3.46	26.85	1
2017	19.41	−4.45	17.24	4
2018	17.31	−2.99	15.86	6
2019	16.23	−0.54	16.01	5
2020	16.73	−2.65	15.45	7
2021	19.51	1.92	20.52	3

从最终的排名来看，S局在2017年正式投入建设，当年其综合排名为第四，均处于优势地位，根据其综合得分可见其得分变化趋势图，如图1所示。

F1和F2在2015年达到峰值，而在2017年建立财务共享中心的当年，F1排第四，F2排第六，综合因子排名第四，而在随后4年间，其综合得分的排名也忽高忽低。这也说明财务共享中心的建设在初期并没有完全发挥出其优势，从2021年其排名第三反映出其后续发展能力优良的走向。

图1 综合因子得分变化趋势图

1. 营运能力

针对F1来说，在建设财务共享中心之前，其得分呈现出忽高忽低的走势。说明企业过去营运能力存在问题，不能保障其平稳运行。在2017年财务共享中心当年，其营运能力开始下降，这时因为在财务共享中心建设初期，由于新旧业务的交替，企业不能及时对业务进行管控，进而导致其能力下降，这说明财务共享中心并没有发挥出最佳的作用。随后2018—2020年整体呈上升趋势，由此也说明S局财务共享中心运行进入一个平稳发展的阶段，2021年其综合得分上升至第三名，这也说明在企业财务共享中心的运营过程中，企业不断优化其营运能力，使其财务共享中心能够更好地发挥作用。

2. 偿债能力

针对F2来讲，从2014—2021年，S局的偿债能力指标因素不停起伏，尽管2014年到2016年在逐年提高排名，但是在2017年成立财务共享中心当年，其排名仅为第六名。在2017年往后，又呈现出忽高忽低的走势。但其成立财务共享中心后的排名整体上有提高，这也表明S局财务共享中心的运行对企业偿债能力有作用，但提高的效果不佳。但在2021年，其偿债能力排名为第二名，说明财务共享中心的建设有助于企业偿债能力的提升，也出现了向好发展的趋势，财务共享中心运行进入阶段。

从综合得分的排名，S局偿债能力在2016年综合得分分值最大。在该年度F1和F2排名均为第一，而在S局建立财务共享中心当年，综合得分分值下降至第四名，虽然其排名看起来不占优势，但在随后的运行过程中，2019年排名第五，2021年排名第三，这些都释放出积极的信号，说明建立财务共享中心对于企业财务绩效有积极优势，并有长期性向好的发展趋势。

五、结论与启示

（一）结论

S局财务共享中心的建设经历试点运行、正式营运到现在进入营运提升阶段，过程中已经形成一套自己的运行模式。从财务绩效角度出发，以因子分析法为研究方法展开探究。通过研究得出结论：

1. 中大型企业应当根据企业自身发展情况，结合信息技术手段，开展财务共享中心建设的探索之路。在探索初期为避免因经验不足造成的财务管理模式混乱，可通过在企业内部分公司、子公司进行试点运行，结合试点运行情况，总结经验后开始进行正式运营的探索。

2. 财务共享中心在运行初期可能并不会给企业带来明显的财务绩效的提升，甚至会导致企业的管理成本暂时上升。但在经历平稳运行期后，便会呈现出稳中向好的趋势，其具备良好的发展优势，能够为企业长期战略发展提供保障。

3. 对S局财务共享中心背景下财务绩效进行研究，有助于企业后续进行财务共享中心运行效果分析奠定基础。

（二）启示

当前，在信息时代日新月异的发展下，传统财务管理模式单一，各部分之间职责划分清晰，企业管理成本高且效率低下。在此背景下，财务共享中心愈发耀眼。它在降低成本、提升效率、加强管控、促进会计改革创新等方面表现出卓越的不可替代性。

建筑企业应当根据自己发展状况，结合当前发展经验，开展财务共享中心的探索，同时，公司也应当针对财务共享中心建设前后的财务绩效进行分析，以更好地探究其发展过程，保障企业更高效地运行。

参 考 文 献

[1] 胡妍妍. 中国中铁财务共享中心绩效评价及系统优化研究 [D]. 武汉：武汉轻工大学，2022.

[2] 王婉然. 大数据背景下集团财务共享服务中心的建设 [J]. 当代会计，2021（24）：64-66.

[3] 卢丽媛，王竟瑜. 基于因子分析法的青岛市财务共享服务中心建设研究 [J]. 营销界，2021（30）：113-114.

[4] 马红斌. M企业实施财务共享服务对财务绩效的影响研究 [D]. 西安：西安石油大学，2021.

[5] 李明嘉. 基于因子分析法的财务共享中心建设效果分析：以云南白药为例 [J]. 财务管理研究，2021（5）：119-123.

[6] 金建华. 国有企业财务共享模式研究 [J]. 财会学习，2020（36）：12-14.

基于平衡计分卡的Z施工企业绩效评价体系研究

沈阳建筑大学管理学院

刘　莹　张　嵩

摘　要：本文简单介绍了Z施工企业的概况和战略规划，叙述了平衡计分卡理论，利用平衡计分卡从财务、客户、内部运营、学习与成长4个维度构建战略地图，根据企业现状，选取多个指标，运用层次分析法，构建层次模型，建立绩效考核指标体系。最后，对Z施工企业绩效考核体系的应用评价并提出建议，以期望其可持续发展。

关键词：平衡计分卡；建筑业；绩效评价；层次分析法

一、引言

自党的十八大以来，建筑业全力克服新冠疫情带来的冲击，同时积极应对国内外市场风险的挑战，保障行业平稳健康发展。根据国家统计局统计，2021年，全国建筑业企业总产值29.3万亿元，2013—2021年年均增长8.8%，实现建筑业增加值8.0万亿元，占国内生产总值的7.0%。面对建筑业总产值的增加，市场竞争也是尤为激烈，一套合理、高效的绩效评价体系能够使企业全面了解自身情况，正确引导企业经营行为，使得企业在当前的激烈竞争中拥有强劲的战斗力。

二、Z施工企业概况及平衡计分卡理论

（一）企业概况及战略规划

Z施工企业（以下简称Z公司）现为国务院国有资产监督管理委员会管理的特大型建筑企业，成立于2007年，公司业务涵盖工程承包、规划设计咨询、投资运营、房地产开发、工业制造、物资物流、绿色环保、产业金融及其他新兴产业，经营范围遍及全国32个省、自治区、直辖市。

现公司的战略目标是截至2025年，公司遵循"实事求是、守正创新、行稳致远"的工作方针，以推动高质量发展、打造"品质铁建"为中心，力争迈上"4个台阶"，按照"创新型、科技型、管理型、国际化"的方式，发展成为以工程建设为主、相关产业协同发展，资产优良、业绩优秀、资源优质、管理先进、品牌力强、美誉度高、广受尊敬、可持续发展的综合建设产业集团，基本建成世界一流企业。Z公司的具体实现路径为"提质、增效、创新、降本"。

（二）平衡计分卡及战略地图

平衡计分卡以企业战略愿景为导向，将企业的战略目标层层分解，分解出财务维度、客户维度、内部流程维度和学习与成长维度，4个维度的指标关系紧密、相互联系，使得企业绩效管理体系更加科学全面。通过它们之间的相互关系，形成了一套以这4个维度为核心的企业战略地图，如图1所示。

三、Z施工企业绩效评价体系优化设计

Z公司主要采用传统的绩效考核方式，分为项目绩效考核和员工绩效考核。项目绩效考核考虑的是公司的整体业绩，整体的业绩体现企业战略目标落实的结果。员工绩效考核是由公司对员工岗位的工作量及工作效率等打分，发放绩效奖金，并没有围绕企业战略而考核，企业战略的落实与具体绩效

考核相脱节。为达到评价建筑工程项目绩效的目的，将运用平衡计分卡作为新的绩效考核方式，对Z公司进行绩效考核的创新。平衡计分卡改善了传统绩效考核的缺点，其绩效评价体系不仅能够准确地测出项目的综合实力，而且让员工更明确企业战略目标，了解自身优势，增强参与感，并确保了企业的战略与企业的绩效相一致。

（一）绩效评价体系指标设计

为了实现企业的战略目标，要将企业绩效量化和具体化。将战略目标层层分解，转换为一系列的指标，通过指标反映企业潜在的问题，才能更全面地考察企业的绩效情况。

1. 财务层面绩效评价指标设计

对于企业而言，财务层面的战略应是利润最大化。实现利润最大化应注意"开源与节流"。首先，应提高企业的盈利能力，企业的盈利能力强，获取的资金越多，才能做到持续经营。其次，提高企业的营运能力，企业应关注流动资产的周转，周转越高，说明企业应收账款管理较好，同时能够取得快速增长的销售收入，保持充分的现金流。最后，合

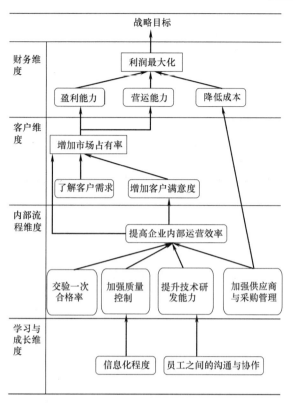

图 1 战略地图

理降低公司成本，完善企业报销制度，合理增加企业库存，减少仓储成本。选取的衡量指标是营业利润率、流动资产周转率、成本费用利润率。

2. 客户层面绩效评价指标设计

项目的规划立项、建造实施、最终的交付使用等历经的时间较长，与客户之间的联系较多，这就更需要注重与客户之间的关系。企业要以客户的发展与需求为方向，选择衡量指标。只有不断地了解客户，满足客户的需求，提高客户满意度，才能保持长久稳定的合作关系。客户在选择承包单位时，也会关注公司的能力与以往的工程经验，所以也要通过完美的工程履约和高水平的工程质量来提高自身的投标中标能力，赢得客户的青睐，同时也增大了企业工程项目所占市场的比率。选取的衡量指标是客户满意度、投标中标率、市场覆盖率。

3. 内部流程层面绩效评价指标设计

内部流程层面是维护财务层面与客户层面指标顺利实现的强有力后盾。主要指企业的内部流程控制是否合理，各职能板块是否顺利衔接等。完善的内部流程可以使项目顺利开展，保证建筑工程的工期质量安全，提高项目的合格率，实现项目盈利，使工程项目的完美履约交付。根据目标选取的衡量指标是项目验收合格率、重大安全事故率、工期进度率、设备故障率、研发人员占比、返工损失率、采购原材料合格率。

4. 学习与成长层面绩效评价指标设计

学习与成长层面主要分为3个范畴：员工能力、信息系统能力、激励与协作。现在员工对于自我价值的实现和工作的意义追求变得越发强烈，员工对公司的要求也会增加，所以员工的满意度可以反映出员工对工作的整体满意度。企业的信息系统能力是员工能力的基础，良好的战略信息投送系统，才能使员工能力发挥最大作用，快速且全面地提供信息服务。以前两个范畴为铺垫，企业形成一支稳定的员工队伍，企业要创立良好的激励机制与团结的氛围，激发全体员工的积极性和创造性，提高企业的整体素质。选取的衡量指标是：员工教育培训率、战略信息覆盖率、员工提出意见比率、员工保持率。

（二）指标权重确定

本文指标权重的确定采用层次分析法。层次分析法是将决策问题有关的元素分解成目标层、准则层、指标层三层，自上而下，按照战略目标，层层分解，用求解判断矩阵特征向量的办法，算出对应层次的权重，其次再加权和的方法归并各方案对总目标的最终权重，可以清晰明确地得到各层次所占最大权重的方案。

1. 建立层次模型（如表1）

Z公司层次模型　　　　　　　　　　　　　　　　　　　　　　　表1

目标	维度	指标	指标解释
世界一流企业(提质、增效、创新、降本)	财务维度	营业利润率 流动资产周转率 成本费用利润率	营业利润/营业收入 销售收入/平均流动资产 利润总额/成本费用总额
	客户维度	客户满意度 投标中标率 市场覆盖率	满意客户数/客户总数 中标项目数/总投标项目数 项目投放地区数/整个市场包含的地区数
	内部流程维度	项目验收合格率 重大安全事故率 工期进度率 设备故障率 研发人员占比 返工损失率 采购原材料合格率	项目合格数/总项目数 重大安全事故数/安全事故总数 工程完成工作量/总工作量 (停机等待时间＋维修时间)/计划使用总时间 研发人员/总员工数 累计返工损失金额/累计完成工作量 合格原材料数/总材料
	学习与成长维度	员工教育培训率 战略信息覆盖率 员工提出意见比率 员工保持率	培训员工数/总员工数 战略信息已掌握部分/战略数据 员工提出意见/所有意见 (员工总数－辞职数)/员工总数

2. 建立绩效考核指标体系

本文通过对公司领导及单位员工的访谈及调查问卷分析，结合Z公司的战略目标，设计出公司关键绩效考核指标体系。

绩效考核指标体系　　　　　　　　　　　　　　　　　　　　　　表2

维度指标	一级权重%	关键绩效考核指标	二级权重%	最终权重%
财务维度	36	营业利润率	37.1	9.3
		流动资产周转率	26.9	6.7
		成本费用利润率	36	9
客户维度	21	客户满意度	36.4	9.1
		投标中标率	29.8	7.5
		市场覆盖率	33.8	8.5
内部流程维度	20	项目验收合格率	13.8	3.4
		重大安全事故率	14.6	3.6
		工期进度率	19.1	4.8
		设备故障率	10.5	2.6
		研发人员占比	18.6	4.6
		返工损失率	11.5	2.9
		采购原材料合格率	11.9	3
学习与成长维度	23	员工教育培训率	21.6	5.4
		战略信息覆盖率	26.1	6.5
		员工提出意见比率	21.9	5.5
		员工保持率	30.4	7.6

运用层次分析法构建Z公司平衡计分卡绩效评价指标体系并得出具体权重之后，进行Z公司的具体绩效评价应用与实施，使评价指标能够得以量化应用，得出科学且准确的Z公司绩效评价结果。由表2可知，维度指标中财务维度指标所占权重最大，说明在企业中注重资金的运用，并且现在竞争激

烈，想要生存下去，要有足够的资金支撑企业，一个成功的企业要有良好的资金循环。

四、平衡计分卡在 Z 施工企业绩效评价的应用评价及建议

（一）评价

Z公司基本达到预期目标，其市场覆盖率达到 94%，客户满意度接近 100%，项目研发人员及物料等支出 2021 年为 202.5 亿元、2020 年为 186.1 亿元、2019 年为 165.3 亿元，呈递增趋势等。虽然受到新冠疫情的影响，营业收入逐年增加，Z公司仍保持稳定的可持续健康发展。

（二）建议

1. 完善员工绩效管理制度建设。首先，员工绩效和评价能够真正与企业的目标实现挂钩，与企业绩效紧密相关。其次，通过建立健全薪酬制度，吸引、保留和激励有才干的员工，使得不同岗位的重要性和价值能够在薪酬体系中得到体现。通过完善选人、用人制度，培养属于自己的人才，加强员工队伍建设，同时企业合理制定的各项考核指标，需要员工们共同努力，保证企业的整体绩效的实现。平衡计分卡有利于企业能真正成为战略目标的一个系统。

2. 优化信息系统。实施战略绩效评价体系，有必要优化企业的信息系统建设，加速信息数据的传递，在企业的沟通中提高效率，整个企业成一个有机的整体。Z公司的信息系统由人工采集与上传，效率低且保证不了业务的真实性与有效性，部门之间信息沟通也存在着障碍。Z企业的信息系统应实施整体规划、设计和监督实施，优化信息自动采集程序，培养信息化系统专业人员，进行维护与管理，增强员工的信息化意识，从而确保战略目标的实现。

五、结语

平衡计分卡作为企业绩效管理的一种方式，可以在建筑业中得到应用。平衡计分卡的绩效评价体系使得企业能够清晰地找到战略目标，将目标细化到不同维度的具体指标，通过对财务、客户、内部流程和学习与成长 4 个维度的具体指标进行分析，最终汇总这些指标结果作为绩效考核的最终得分，其中，战略目标的分解和具体指标权重的分配是重构绩效评价体系的重点环节。绩效评价体系能够为 Z公司带来更多的发展机会，提高公司的市场竞争能力。

参 考 文 献

[1] 张全. 平衡计分卡在 L 公司绩效评价中的应用研究 [D]. 太原：山西大学，2020

[2] 擘画高质量发展新蓝图 [N]. 中国铁道建筑报，2021-10-10（002）.

[3] 董浩. 基于平衡记分卡的 L 公司战略绩效评价研究 [D]. 大庆：黑龙江八一农垦大学，2020.

[4] 张媛. 建筑施工企业项目绩效评价 [J]. 市政技术，2011，29（4）：136-139.

[5] 王辉，郗睿亮. 基于平衡记分卡的 W 公司绩效管理体系研究 [J]. 企业改革与管理，2021（17）：48-50.

[6] 王晓玉. 基于平衡记分卡 Y 建筑施工企业绩效评价研究 [D]. 太原：太原理工大学，2021

基于自由现金流折现法的建筑企业价值评估研究

沈阳建筑大学管理学院

褚翔燕　　栾世红

摘　要： 随着中国经济的日益发展和转型升级，行业竞争愈发激烈。而建筑业作为国民经济的支柱产业，为了实现业务扩张与延伸、整合优质资源和提升盈利能力，建筑企业并购、重组、风险投资等现象时有发生，企业价值评估的重要性愈加体现。通过对建筑企业的价值特征和已有评估方法加以分析，得出收益法更适合建筑企业的价值评估，并选择收益法中的自由现金流折现法对某上市建筑企业进行分析，为投资者提供投资参考。

关键词： 建筑企业；价值评估；自由现金流折现法；收益法

一、引言

建筑业作为促进国民经济平稳发展的重要产业，为国家发展创造了大量的就业岗位，拓展了经济发展的物理空间，为经济发展作出了无可替代的贡献。中国经济高速发展背景下，建筑企业并购、重组、风险投资等活动愈渐频繁，企业价值评估发挥着举足轻重的作用。

刘运国等提出企业价值作为企业社会性的体现，其涵盖公司资产、未来规划、品牌文化等众多考量因素。张哲敏通过研究得出企业价值评估对于量化企业价值、展示企业发展实力以及做出合理投资决策等相当重要的结论。Hsuyuan Chen 等认为评估企业价值需从多个方面加以分析，涉及公司股票的市场价值、经营水平以及企业形象等。林佳芮提出由于企业定位、管理模式以及公司战略等不同，应用不同的评估方法得出的结果也存在明显区别，所以运用合适的评估方法至关重要。

综上，企业价值评估起着衡量企业实力，量化企业价值，助于投资者作出投资决策的重要作用，并且企业价值评估需要综合考虑企业特征、公司市值以及发展战略等诸多因素。本文将结合建筑企业价值特征以及行业特点，对各种评估方法进行探究，而后采用自由现金流折现法对一家上市建筑公司进行评估。

二、建筑企业价值评估方法选取

（一）建筑企业价值特征

建筑企业主要致力于建筑产品的生产和经营，建筑企业的发展和变革会极大促进建筑生产力发展和建筑技术进步。其价值特征主要概括为以下几方面：

1. 产值较高但利润率却相对较低

2021 年，建筑业全行业完成产值约 293079.31 亿元，实现利润 8554 亿元，但净利润仅为 3% 左右，低于制造业。在中国建筑市场竞争日趋激烈的背景下，施工单位为获取新项目而低价中标，从而导致企业利润率下滑。此外，企业应收账款收取延迟，加大了企业资金成本。

2. 产品生产周期长

相较于其他工业产品，建筑产品工程项目生产周期较长，至少需三五个月，长则数十年，工程进度款由此应运而生，施工项目能否顺利进行与进度款能否及时收回关系密切。但我国建筑企业工程进度款拖延拨付现象较为普遍，因此，建筑企业应合理规划应收账款管理，从而保障企业稳定发展。

3. 承发包模式影响企业价值创造

现阶段，我国建筑业较多采用 EPC、CM、PMC、BOT、PPP 等承发包模式，每种模式通常匹配相应的生产组织形式，这将影响企业的盈利能力、获利水平以及价值创造。另外，建筑行业垫资承包的现象较为普遍，这其中体量较大的项目较多，而这些项目对企业的资金管理、融资能力、风险管控等要求较高。因此，不可避免会影响到企业价值评估。

4. 生产方式影响企业利润

目前，影响企业竞争实力的关键因素包括生产专用设备的先进程度、技术水平与施工效率等，建设单位选择承包商时也会将其作为重要考量依据。而这些因素同时也会影响建筑企业的生产方式，生产方式的差异又会影响建筑施工组织方案，进而造成建筑产品成本水平和定价差异，最终会在建筑企业的财务收益中有所体现。

（二）企业价值评估方法选择

企业价值评估是对企业整体价值、股东权益价值进行分析和评估。纵览国内外企业估值方法，通用的企业价值评估方法主要是成本法、市场法和收益法。

1. 成本法

成本法是估测企业资产价值加和后扣除负债价值的企业价值。该方法适用于出售、并购重组、危机企业的价值评估等，但对于持续经营的建筑企业，则不太适用。

2. 市场法

市场法存在的前提是活跃的市场，核心是可比公司的选取。由于我国建筑企业在公司规模、战略定位以及经营策略方面存在显著差异，因此应用市场法评估建筑企业存在一定局限性。

3. 收益法

收益法以待评估资产的预期收益及风险为基础，能够比较科学合理地反映企业价值。建筑行业是国民经济支柱产业，从业人员众多，根据住房城乡建设部统计，截至 2021 年我国建筑行业从业人数达 5282.94 万人。此外，建筑行业相较于其他行业而言行业准入门槛低，竞争激烈，虽然行业整体利润空间偏低，但未来发展前景较好。结合以上特征，收益法更加适合建筑企业的评估。

收益法中的自由现金流折现法（DCF）采用加权平均资本成本对现金流量进行折现来测算企业价值，该方法要求企业持续稳定地经营和盈利。而建筑企业经营前景稳定，营业收入和未来盈利水平可估计，满足该方法的应用条件，并且 DCF 法综合考虑了企业财务信息、发展概况、国家经济政策和水平、持续经营等方面。综上，本文采用自由现金流折现法进行建筑企业的价值评估。

三、建筑企业价值评估应用

本文研究对象为一家建筑类的上市公司，该公司以工程总承包、基础设施领域全生命周期服务以及绿色建筑为主业，该公司经营比较稳定，经营业绩良好，在所属行业有着强有力的竞争力，长期位于市场前列。此外，我国经济形势及国家政策都对其发展起推动作用。因此，假定该公司满足持续经营，应用自由现金流折现法对该企业有形资产的价值进行评估，该方法下的企业价值由增长期企业价值和永续期企业价值组成。将增长期设定为 5 年，运用 2017—2021 年的自由现金流估计 2022—2026 年的企业自由现金流，将其求和得到增长期企业价值。具体思路如公式所示：

$$V = \sum_{t=1}^{n} \frac{FCFF_t}{(1+WACC)^t} + \frac{FCFF_n}{(WACC-g)(1+WACC)^n}$$

其中，V 为评估的企业价值，$FCFF_t$ 为 t 期的自由现金流，$WACC$ 为加权平均资本成本，g 为永续增长率，$\sum_{t=1}^{n} \frac{FCFF_t}{(1+WACC)^t}$ 为增长期企业价值，$\frac{FCFF_n}{(WACC-g)(1+WACC)^n}$ 为永续期企业价值。

（一）自由现金流（FCFF）预测

自由现金流量各项目预测及分析如下：

1. 营业收入。该公司营收增长较为稳定，年均增长率为8%左右。综合考虑建筑行业发展前景、企业战略目标及公司远景规划，预测未来5年营业收入年均增长率为7%。

2. 营业成本及费用。通过分析历史数据，该公司2017—2021年营业成本及费用占营业收入的比重每年基本保持稳定，分别为：营业成本占比约为89%，税金及附加占比约为0.4%，销售费用占比约为0.03%，管理费用占比约为1.87%。因此，本次评估亦遵循此规律。上述年份该公司研发费用占总收入比重分别为0.24%、0.27%、0.34%、0.42%和0.63%，呈逐年递增态势，在2021年该公司研发费用甚至高达12254万元。虽然该公司未来研发费用或许持续增加，但由于资源限制及疫情影响，可能增长有所放缓，所以将未来研发费用占总营收的比重设置为0.50%左右。

3. 折旧与摊销。参考刘天宇的研究，基于建筑企业行业特性，固定资产与营业收入的增加通常为正相关，所以预测固定资产未来折旧额与营业收入增长率相同。2021年该企业摊销金额为3124.85万元，由于该公司不属于技术密集型企业，估计未来无形资产摊销额保持稳定不变。

4. 资本支出和营运资本增加。2017—2021年该公司资本支出占营业收入的比重基本维持在0.45%左右，营运资本占营业收入的比例基本保持稳定在5%左右。因此，预测未来比例仍保持在该水平。

通过以上分析预测企业未来5年自由现金流，如表1所示：

企业自由现金流预测表　　　　　　　　　　　　　　　　　　　　表1

年份	2022	2023	2024	2025	2026
营业收入/万元	2091616.46	2238029.61	2394691.69	2562320.11	2741682.51
减：营业成本/万元	1861538.65	1991846.36	2131275.60	2280464.89	2440097.44
税金及附加/万元	8366.47	8952.12	9578.77	10249.28	10966.73
销售费用/万元	627.48	671.41	718.41	768.70	822.50
管理费用/万元	39113.23	41851.15	44780.73	47915.39	51269.46
研发费用/万元	10458.08	11190.15	11973.46	12811.60	13708.41
得：息税前利润/万元	171512.55	183518.43	196364.72	210110.25	224817.97
减：所得税/万元	34302.51	36703.69	39272.94	42022.05	44963.59
得：税后净营业利润/万元	137210.04	146814.74	157091.77	168088.20	179854.37
加：折旧/万元	47873.65	51224.81	54810.54	58647.28	62752.59
摊销/万元	3124.85	3124.85	3124.85	3124.85	3124.85
减：资本支出/万元	8366.47	8952.12	9578.77	10249.28	10966.73
营运资本增加/万元	104580.82	111901.48	119734.58	128116.01	137084.13
得：自由现金流/万元	75261.25	80310.80	85713.82	91495.04	97680.96

（二）加权平均资本成本（WACC）的计算

加权平均资本成本的具体测算思路如下公式所示：

$$WACC = \frac{E}{D+E} \times R_e + \frac{D}{D+E} \times K_b \times (1-T)$$

其中，$\frac{E}{D+E}$ 为所有者权益占总资产的比率，$\frac{D}{D+E}$ 为资产负债率，R_e 为股权资本成本，$R_e = R_f + \beta \times (R_m - R_f)$，$K_b$ 为债务资本成本，T 为所得税税率。

1. 无风险报酬率（R_f）

一般而言，国债在规定期限不能实现的概率特别小，因此其可视作没有风险的一种收益率。本文以我国2022年五年期国债利率3.52%作为无风险报酬率。

2. 股票风险溢价（$R_m - R_f$）

王茵田等提出中国股票市场风险溢价为6.45%。考虑到现在股票市场活跃度更高，本文给予1.5

倍风险溢价系数，即股票风险溢价设为 9.67%。

3. 风险系数（β）

本文采用 wind 公布的该建筑公司 2021 年 12 月 31 日的 β 系数 0.91。

通过上述公式计算得到股权资本成本 $R_e = 3.52\% + 0.91 \times 9.67\% = 12.32\%$。

4. 债务资本成本（K_b）

债务资本成本通常参考银行贷款利率。根据央行授权同业拆借中心 2022 年 11 月 21 日发布的贷款市场报价利率（LRP）为：5 年期以上 4.3%。本文以 4.3% 作为债务资本成本。

通过以上数据分析以及查阅各年年报，计算得到 2017—2021 年该公司加权平均资本成本（如表 2 所示），并且算术平均值为 5.16%。

2017—2021 年加权平均资本成本 表 2

年份	2017	2018	2019	2020	2021
资产负债率/%	83.34	79.30	80.28	79.98	80.35
股权资本成本/%	12.32	12.32	12.32	12.32	12.32
债务资本成本/%	4.30	4.30	4.30	4.30	4.30
加权平均资本成本/%	4.92	5.28	5.19	5.22	5.18

5. 永续增长率

永续增长率与经济发展水平、行业发展前景以及公司经营态势有着直接关系。据数据显示，2021 年，我国建筑业增加值占国内生产总值的比重为 7%。虽然当前我国城镇化进程已进入中后期，但对建筑行业依然有较长的红利期。此外，国家持续拓宽绿色节能建筑新航道和持续推进新基建建设。基于此背景下，预测未来建筑业增加值占比会持续增长。但由于疫情影响以及经济增速存在较大不确定的背景下，该数值不可设置太高，所以假定永续增长率为 3.95%。

（三）企业价值

根据以上分析，得到该企业自由现金流量现值，如表 3 所示。

2022—2026 年自由现金流量现值 表 3

年份	2022	2023	2024	2025	2026
自由现金流量/万元	75261.25	80310.80	85713.82	91495.04	97680.96
折现系数$(1+WACC)^t$	1.05	1.11	1.16	1.22	1.29
自由现金流量现值/万元	71568.32	72626.88	73706.96	74818.09	75957.20

通过计算，该企业增长期企业价值为 368677.45 万元，永续期企业价值为 6277696.66 万元，二者求和得到企业总价值为 6646374.11 万元。该公司截至 2021 年年底总负债为 5385814.53 万元，将企业总价值与总负债的差额与公司同期市值相比，得到二者相差 4.28%，不超过 5%，所以运用 DCF 法评估该公司较为有效。

四、结语

企业价值评估方法众多，评估的维度也更加多样化。各种评估方法使用前提和应用条件不同，评估结果的准确性会相应受到影响。本文基于建筑企业价值特征以及行业特点，综合分析了三种评估方法对建筑企业的适用性，得出收益法比较适合建筑企业的价值评估，而后选择收益法下的自由现金流折现法对某上市建筑企业进行分析。由于理论知识和实践经验的欠缺，在测算时考虑不够全面，价值评估的准确性受到影响，评估结果与该公司情况存在一定差距，会努力在今后的学习与实践中不断改进。

参 考 文 献

[1] 刘运国，梁瑞欣，黄璐. 互联网金融企业价值评估研究：以蚂蚁集团为例 [J]. 财会通讯，2022 (16)：3-15.

［2］ 张哲敏. 我国建筑业上市公司价值影响因素研究［D］. 北京：首都经济贸易大学，2019.

［3］ Hsuyuan Chen etal. Research on Companies'Stock Valuation and Current Economic Situation under COVID-19［J］. Frontiers in Economics and Management，2021，（4）：122-126.

［4］ 林佳芮. 基于收益法对医药生物行业的企业价值评估［D］. 昆明：云南财经大学，2022.

［5］ 祁芳梅，吴杰. 建筑企业会计核算的特点分析：评《建筑企业会计实务》［J］. 工业建筑，2020，50（11）：10.

［6］ 申凡伟，谭泽荟. 基于股票估值方法的上市公司投资价值分析：以中国建筑为例［J］. 商业会计，2021（9）：97-101.

［7］ 张格. 乳品行业上市公司价值评估研究［D］. 上海：东华大学，2017.

［8］ 刘天宇. 建筑企业价值评估研究［J］. 建筑经济，2022，43（5）：84-90.

［9］ 王茵田，朱英姿. 中国股票市场风险溢价研究［J］. 金融研究，2011（7）：152-166.

［10］ 黄永康. 基于改进 FCFF 的 JS 房地产企业价值评估案例研究［D］. 沈阳：辽宁大学，2021.

基于因子分析法的建筑业上市公司财务绩效评价

沈阳建筑大学管理学院

桑小然　宋煜凯

摘　要： 党的二十大报告中明确指出："高质量发展是全面建设社会主义现代化国家的首要任务"，受益于国家经济的高速发展，建筑行业近十年增速较快，建筑产业现代化程度也不断提升，建筑业的国民经济支柱产业地位稳固。与此同时，建筑相关行业中的发展与经营也面临着越来越高的要求。对其进行合理深入的评价可为建筑行业公司的绩效考核、经营决策等提供客观合理的依据，这直接影响了企业未来的发展与格局。本文分析了 31 家建筑行业上市公司 2021 年度的财务数据，将因子分析法作为分析工具，对上市公司的财务绩效进行了全面评估。根据评估结果，找出了该公司在经营过程中存在的问题并提出了优化建议。本文的研究目的旨在为建筑行业的运行和发展提供参考依据。

关键词： 建筑行业；因子分析法；财务绩效评价

一、引言

随着我国经济的高速增长，建筑行业经历了多年的高速发展红利期，随着国家经济从高速发展向高质量发展的转型，我国建筑行业也进入高质量发展的转型阶段，而高质量发展的重点是工业化、数字化、绿色化，并且推动三化融合、协同发展。建筑行业的竞争也更加激烈，若想在激烈的竞争中站稳脚跟，就要提升企业的综合实力。其中企业财务绩效评价是反映企业综合实力的重要因素。以因子分析法为工具对建筑行业的偿债能力、发展能力、营运能力、盈利能力四个方面进行财务绩效评价，有利于企业管理层更加了解企业状况，同时有助于建筑企业的健康发展。因此，本文运用 SPSS 23.0 软件，使用因子分析法，研究 31 家建筑业上市公司的财务绩效情况，以期为建筑行业的稳健运行提供参考。

二、数据来源与指标体系

（一）数据来源

本文选取 2022 年建筑行业中的上市公司为样本（数据均取自巨潮资讯网），剔除过去 4 年中被列为 ST 公司、数据缺失的公司，最终整理出 31 家上市公司并对其数据进行因子分析。数据均由 Excel 进行初步处理，再经由 SPSS 23.0 软件进行分析。

（二）指标体系

本文选取的指标从盈利能力、营运能力、偿债能力及成长能力四大方面来反映，选择了 12 个指标，尽量全面地反映其财务绩效。具体的指标如下：净资产收益率（X1）、净利润率（X2）、总资产报酬率（X3）、存货周转率（X4）、固定资产周转率（X5）、总资产周转率（X6）、流动比率（X7）、速动比率（X8）、资产负债率（X9）、营业收入增长率（X10）、营业利润增长率（X11）、净利润增长率（X12）。

三、实证分析

（一）适度性检验——KMO 和 Bartlett 球形检验

首先使用了 Bartlett 检验和 KMO 检验方法，在因子分析之前对数据进行适用性分析。分析结果如表1所示，KMO值为0.673，>0.5，并且Sig值显著性概率为0.000，<0.05，表明数据适合使用因子分析法。

KMO 和 Bartlett 检验   表 1

KMO 和巴特利特检验		
KMO取样适切性量数		0.673
巴特利特球形度检验	近似卡方	273.090
	自由度	66
	显著性	0.000

（二）提取公因子

通过 SPSS 软件，使用主成分分析法，得出本文选取的 31 家样本公司的总方差解释计算结果，结果如表 2 所示。根据特征值>1 的标准，可以从 12 个成分中提取出 4 个主成分，表中前 4 个主成分的累计方差贡献率已经达到 81.933%，说明这 4 个主成分可以涵盖绝大部分信息，具有很强的代表性并能对方差做出较好的解释。因此将前 4 项成分作为主因子，并按顺序分别命名为 F1、F2、F3、F4。

再结合图 1 所示的各成分碎石图，该图的横坐标表示因子数目，该图的纵坐标表示因子的特征值。从图 1 可看出，前 4 个成分特征值>1，并且从曲线的形状可以看到转折点非常清晰，表明选取这 4 个成分是合适的。

总方差解释   表 2

成分	初始特征值			提取载荷平方和			旋转载荷平方和		
	总计	方差百分比	累积%	总计	方差百分比	累积%	总计	方差百分比	累积%
1	4.318	35.986	35.986	4.318	35.986	35.986	3.781	31.510	31.510
2	2.901	24.174	60.159	2.901	24.174	60.159	2.677	22.307	53.817
3	1.566	13.047	73.207	1.566	13.047	73.207	1.714	14.281	68.098
4	1.047	8.726	81.933	1.047	8.726	81.933	1.660	13.835	81.933
5	0.657	5.474	87.407						
6	0.524	4.363	91.770						
7	0.447	3.722	95.491						
8	0.243	2.025	97.517						
9	0.112	0.937	98.454						
10	0.077	0.641	99.095						
11	0.059	0.494	99.590						
12	0.049	0.410	100.000						
提取方法：主成分分析法									

（三）旋转成分矩阵

本文使用最大方差正交旋转法，以使得公因子在原始变量的意义更加清晰，旋转后的结果如表 3 所示。由表 3 可知，第一个公因子 F1 在流动比率、速冻比率中载荷较大，因此将 F1 解释为偿债能力。第二个公因子 F2 中的因子载荷主要分布在营运利润增长率、营业收入增长率和净利润增长率上，这三个因子主要反映的是上市公司的成长能力，因此将 F2 解释为发展能力。第三个公因子 F3 在存货周转率、固定资产周转率上载荷较大，所以将 F3 解释为营运能力。第四个公因子 F4 在总资产报酬率、净资产收益率上有较高载荷，因此将 F4 解释为盈利能力。

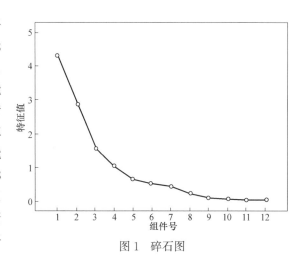

图 1 碎石图

旋转后的成分矩阵 a 表 3

	成分			
	F1	F2	F3	F4
Zscore(净利润率)	0.907	0.031	−0.138	−0.138
Zscore(资产负债率)	−0.903	0.088	0.276	0.018
Zscore(流动比率)	0.842	0.014	−0.057	−0.335
Zscore(总资产报酬率)	0.827	−0.047	−0.221	0.439
Zscore(速动比率)	0.792	−0.020	0.137	−0.445
Zscore(营业利润增长率)	−0.023	0.962	−0.022	0.061
Zscore(净利润增长率)	0.033	0.951	−0.013	−0.016
Zscore(营业收入增长率)	−0.124	0.637	0.049	0.506
Zscore(净资产收益率)	0.001	0.624	0.090	0.481
Zscore(存货周转率)	−0.107	−0.015	0.899	0.063
Zscore(固定资产周转率)	−0.176	0.040	0.853	−0.036
Zscore(总资产周转率)	−0.251	0.194	0.021	0.801

提取方法:主成分分析法
旋转方法:凯撒正态化最大方差法

a. 旋转在 6 次迭代后已收敛

(四)计算因子得分

最后,同时也是颇为关键的一步,就是通过 SPSS 23.0 软件计算出各公司的因子权重和得分情况,再根据得分同时运用相关公式得出最终的建筑产业上市公司的财务指标综合得分(如表 4),以用于进一步对各个上市公司的财务状况进行合理评估,并判断建筑业各公司的财务状况。

成分得分系数矩阵 表 4

	成分			
	F1	F2	F3	F4
Zscore(净资产收益率)	0.067	0.165	0.072	0.238
Zscore(净利润率)	0.247	0.030	0.026	0.004
Zscore(总资产报酬率)	0.293	−0.127	0.009	0.446
Zscore(存货周转率)	0.102	−0.051	0.573	0.106
Zscore(固定资产周转率)	0.059	−0.002	0.524	0.005
Zscore(总资产周转率)	0.032	−0.087	0.033	0.537
Zscore(流动比率)	0.211	0.064	0.055	−0.146
Zscore(速动比率)	0.208	0.067	0.167	−0.215
Zscore(资产负债率)	−0.246	0.044	0.050	−0.111
Zscore(营业收入增长率)	0.025	0.169	0.030	0.233
Zscore(营业利润增长率)	−0.023	0.410	−0.049	−0.171
Zscore(净利润增长率)	−0.014	0.421	−0.040	−0.218

提取方法:主成分分析法
旋转方法:凯撒正态化最大方差法
组件得分

$F1 = 0.067X1 + 0.247X2 + 0.293X3 + 0.102X4 + 0.059X5 + 0.032X6 + 0.211X7 + 0.208X8 - 0.246X9 + 0.025X10 - 0.023X11 - 0.014X12$;

$F2 = 0.165X1 + 0.030X2 - 0.127X3 - 0.051X4 - 0.002X5 - 0.087X6 + 0.064X7 + 0.067X8 + 0.044X9 + 0.169X10 + 0.410X11 + 0.421X12$;

$F3 = 0.072X1 + 0.026X2 + 0.009X3 + 0.573X4 + 0.524X5 + 0.033X6 + 0.055X7 + 0.167X8 + 0.050X9 + 0.030X10 - 0.049X11 - 0.040X12$;

$F4 = 0.238X1 + 0.004X2 + 0.446X3 + 0.106X4 + 0.005X5 + 0.537X6 - 0.146X7 - 0.215X8 - 0.111X9 + 0.233X10 - 0.171X11 - 0.218X12$

综合得分公式为:

$F = (0.3151 \times FAC1\_1 + 0.22307 \times FAC2\_1 + 0.14281 \times FAC3\_1 + 0.13835 \times FAC4\_1) / 0.81933$

综上所述,基于 SPSS 23.0 软件对于 31 家样本上市公司的综合得分结果测算,后对 31 家上市公司进行排序,具体情况如表 5 所示。

31 家建筑行业上市公司财务指标因子得分　　　　　　　　　　　　　　表 5

名称	F1	F2	F3	F4	得分
三联虹普	3.45348	−0.11706	−0.22585	−1.73523	0.96
山东路桥	−0.0524	3.01899	−0.00907	0.70308	0.92
金诚信	2.57206	0.4491	−0.2782	−1.03123	0.89
鸿路钢构	0.75574	1.2145	−0.86351	2.16289	0.84
交建股份	0.34816	−0.17963	4.19943	0.0603	0.83
四川路桥	−0.3156	3.345	0.17567	−1.18266	0.62
华设集团	1.26339	−0.42807	−0.20684	0.57808	0.43
陕西建工	−0.44458	0.67776	1.4517	0.47761	0.35
志特新材	0.82852	−0.82928	−0.91871	1.93124	0.26
中材国际	0.37975	−0.06841	−0.35691	0.83492	0.21
太极实业	0.19071	−0.38333	−0.30314	1.63514	0.19
精工钢构	0.51009	−0.47479	−0.31276	0.96228	0.17
浦东建设	0.05123	0.04733	0.32496	−0.24904	0.05
浙江建投	−0.75886	−0.51708	1.39529	1.20631	0.01
中钢国际	−0.15804	−0.41222	0.82806	−0.07411	−0.04
中国建筑	−0.30116	−0.12918	0.00911	0.44607	−0.07
中国化学	−0.31356	0.45483	−0.42816	−0.53195	−0.16
浙江交科	−0.4193	−0.41952	−0.0501	0.64269	−0.18
东华科技	−0.27608	0.11966	−0.36463	−0.37143	−0.2
隧道股份	−0.49583	−0.58353	0.90195	−0.25794	−0.24
北方国际	0.42244	−1.36838	−0.27027	0.0289	−0.25
中国中冶	−0.56228	−0.19915	−0.45242	0.33491	−0.29
中国中铁	−0.65564	−0.34624	−0.68635	0.22544	−0.43
上海建工	−0.96767	0.00508	−0.25637	−0.13715	−0.44
中国铁建	−0.69422	−0.33815	−0.6816	0.01907	−0.47
安徽建工	−1.02469	0.33029	−0.55891	−0.85945	−0.55
东湖高新	−0.16255	−0.95287	−0.46034	−0.87986	−0.55
龙元建设	−0.18883	−1.22751	0.72215	−1.74134	−0.57
中国核建	−1.07622	0.1651	−0.50215	−1.10908	−0.64
中国交建	−0.85788	−0.35162	−0.76785	−1.02292	−0.73
中国电建	−1.05015	−0.5016	−1.05418	−1.06555	−0.9

注：FAC1_1 即 F1 最终计算结果，是 SPSS 系统输入 F1 所有数据自动生成 FAC1_1 公式（F1 公式已在上文列明），F2、F3、F4 同理

　　由表 5 可知，因子得分＞0 说明企业经营状况相对较好，＜0 说明企业经营存在一定的风险。由表 5 可知，F1 因子中得分＞0 的有 11 家。F1 因子反映的是偿债能力，企业有无支付现金的能力和偿还债务能力，是企业能否健康生存和发展的关键，同时也是企业管理层和债权人最为关注的指标。可以看出偿债水平较高的公司是三联虹普和金诚信，较低的有中国核建、中国电建和安徽建工。F2 因子反应的是发展能力，其中因子得分＞0 的有 11 家。其中排在前列的是四川路桥和山东路桥，发展能力较强。较低的是龙元建设和北方国际。通过数据可以直观地看出，最高和最低的得分差距较大，发展能力呈现出两极分化的趋势。F3 因子反映的是营运能力，F3 因子中得分＞0 的有 9 家。如表 5 所示，营运能力最好的公司是交建股份，较差的是中国电建。交建股份的存货周转率和固定资产周转率都远远高于其他公司，其营运能力以 4.19943 的得分位居首位，并且和营运能力因子中得分最低的中国电建相差了 5.74 分，由此可以看出营运能力不太平衡。F4 因子反映的是盈利能力。F4 因子中得分＞0 的有 16 家，其中盈利能力排在前列的公司是鸿路钢构、志特新材、太极实业和浙江建投，而中国电建、中国交建、中国核建、金诚信、四川路桥、三联虹普、龙元建设的盈利能力因子得分都在−1 之下。通过数据不难看出，综合得分最高的三联虹普虽然偿债能力较强，但盈利能力排名却偏低，略有不足。

　　最后再观察综合得分排名，前五名分别是三联虹普、山东路桥、金诚信、鸿路钢构、交建股份。财务指标的总得分＞0 的有 14 家，占样本总量的 45.16％。经过以上的数据和分析可以看出，在样本数据中，建筑行业上市公司有 45.16％的上市公司经营状况良好。反观得分在 0 以下的部分建筑公司则需要采取方法提高企业绩效。通过分析发现建筑行业仍存在一些问题：第一，各个上市公司之间的财务绩效存在一定的差距，财务经营绩效最高分与最低分之间相差 1.86 分；第二，样本数据中大部分上市公司的资产负债率在 50％以上，资产负债率偏高存在一定的风险；第三，偿债能力薄弱，F1 代表着企业的偿债能力，从表 5 不难看出，这 31 家企业中有 20 家公司均为负值，这说明了它们普遍存在着偿债能力薄弱的问题，综合得分前五名的三联虹普、山东路桥、金诚信、鸿路钢构、交建股份

遥遥领先，排名落后的中国电建、中国核建、中国交建、龙元建设、东湖高新等建筑行业上市公司的财务绩效还有很大的提升空间；第四，各公司的获利能力有待提高。

四、对于建筑行业建议

（一）缩小差距改进绩效

通过数据分析可以看出，样本数据中建筑行业上市公司最高分为 0.96，与最低分 -0.9 之间差距较大。经营模式的多样化导致各个企业在不同发展阶段的经营侧重点会有所不同，只有选择与企业发展阶段相匹配的发展战略，才能合理规避企业的财务风险，缩小差距改进绩效。并且企业应该为了获得更加长远的发展，合理判断自身发展优势和公司特点，正确判断自身所处的发展阶段，并且随着企业的不断发展和实际情况的变化及时进行调整，以弥补短板，突出优势。

（二）保持合理的负债比例

建筑行业不同于其他行业，建筑行业的流动资金有限，大量资金用于在建工程，由于建筑企业的存货周转速度慢、变现难度大，导致开发期间资金回笼速度慢、循环过程冗长，往往给企业带来巨大风险。随着关于建筑方面国家政策的变化，建筑企业明显受到影响，建筑企业应合理利用市场导向，适当调整负债筹资，确保资金充裕，以此抓住投资新机遇，反之亦然。

（三）保持合理的资本结构

确定适合企业发展的筹资规模和采取灵活多样的筹资方式。根据建筑行业上市公司的战略目标和发展阶段确定筹资规模。结合未来阶段的战略计划来科学合理地测算资金需要，确定筹资规模。企业在筹资时，还应当在财务风险和杠杆利益之间认真权衡利弊，寻找最有利的平衡点。企业可以使用比较资本成本法、每股利润分析法和比较公司价值法寻求一个平衡点，以此改善资本结构。此外，要科学规划负债结构，合理安排短期负债和长期负债的比例，使企业资金足以支付短期内的到期债务，同时提高企业的核心能力，用长期负债来承担适度的资本成本，以满足企业生产经营活动的资金需求。

（四）提高获利能力

建筑行业各公司应该结合自身特点，找准核心竞争力，提高创新能力，制定发展多元化的经营策略，满足顾客的需求。此外还可以采取控制建筑项目的成本费用的方法，在提高收益的同时降低风险；制定有效的销售策略；科学编制经营预算等方面间接地提高建筑行业上市公司的获利能力。

从宏观角度看，我国建筑产业的一举一动都会产生蝴蝶效应，与国民经济息息相关。因此，本文通过运用 SPSS23.0 软件，运用因子分析法，对 31 家建筑产业上市公司样本的财务指标进行综合研究，得出财务绩效评价结果。根据计算分析可以得出，45.16％左右的建筑产业上市公司经营状况处于较高水平，提出了其他企业或存在的问题并针对问题提供了改善建议。本研究也存在一些不足：样本量较少，不足以全面反映我国建筑产业的整体财务情况；样本从巨潮资讯网获取，比较依赖公司财务报表的真实性；由于能力有限，采用因子分析方法对于财务指标影响的分析必然存在局限性，仅从财务角度考虑，无法还原真实影响。随着经济和研究方法的不断发展，今后的研究应对非财务因素及评价方法方面进行创新，以期更全面地评价我国建筑行业上市公司的财务绩效。

参 考 文 献

[1] 王丽. 我国典型建筑行业上市公司财务报表比较分析 [J]. 冶金管理，2022（21）：104-106.

[2] 蔚鑫花，韩志成. 我国建筑装饰业上市公司经营绩效评价 [J]. 财务管理研究，2022（5）：69-75.

[3] 李蓉. 建筑行业上市公司杠杆率和经营绩效关系研究 [J]. 今日财富，2020（3）：39-40.

基于 *EVA* 分析法的建筑企业资产重组绩效分析

沈阳建筑大学管理学院

孙绍东　　李南芳

摘　要：我国建筑施工企业迅猛发展，但伴随着发展的同时也出现了一些问题。我国的建筑施工企业在不断发展的过程中，为国民经济的整体进步作出了巨大的贡献，其中不乏一些上市公司带动了一批相关产业的发展和社会经济的进步。但建筑施工企业在实际施工过程中，由于受到行业整体环境和经营方式等诸多因素的影响，引发出了一系列的企业问题，其中最为突出的就是融资方面的问题，这一问题对于建筑施工企业的发展可以说是至关重要的，稍有不慎便会使企业的发展陷入十分困难的境地，这就要求建筑施工企业要根据自身实际情况出发寻求对策。因此一些企业选择通过资产重组来挽救自身的困境。

关键词：建筑施工企业；融资；上市公司；资产重组

一、引言

建筑业一直以来是国民经济支柱产业，近年来我国建筑业保持了较快发展势头，行业总产逐年递增。其中 2018 年 23.5 万亿元、2019 年 24.8 万亿元、2020 年接近 26.4 万亿元、2021 年 29.3 万亿元，平均增速约 7.92 ％。巨大的生产总值自然使得建筑施工企业需要大量的资金支持，而其所需的巨大资金是企业自身难以负担的，这就使得一些企业的发展出现了瓶颈。一些企业为了改变这种现状选择进行资产重组，以资源整合来谋求企业发展的进步。那么资产重组后究竟是否会给它们带来好处，未来又该如何发展，这都是亟须讨论的问题。

二、资产重组模式

（一）资产重组的定义

一般而言，从狭义上讲，资产重组主要是指公开交易的公司或子公司之间的资产交易行为，也是偏离正常的业务活动。上市公司通过股票发行筹集资金，主要资产重组包括协议内的资产重组与该方式。

（二）资产重组的模式

由于每个时期经济发展的背景不同，因此公司的重组行为也有所不同。根据国泰数据库对国内企业资产重组的统计和分类，国内资产重组主要包括并购、股票转让、资产置换、资产出售、债务重组、分拆上市，以及托管重组。

1. 兼并收购

兼并收购又名并购，并购是国内目前最重要的资产重组方法。所谓的并购意味着在资产重组期间两个企业同时发生。而合并是指并购方可以获得被收购方的公司权利，而卖主的公司则失去其作为公司的地位。换句话说，合并与收购仅说明收购方获取了另一方部分控制权或者财产，被收购公司也可以持有该财产或控制权。并购方通过并购能够有效降低工业风险，此外也可以更好地控制生产成本，能够发挥自身在资源以及资金等方面的优势为被并购方提供支持，在加强竞争力的同时，使其获取更高的利润。为了增加公司的规模和竞争力，一些公司选择以这种方式进行合并。

2. 股权转让

股份转让是指将上市公司某些股东拥有的上市公司的部分或全部股份转让给另一公司。在国内，上市公司的股东通常会转让股份。当前，更常见的股权转让方式包括有偿转让股份、免费分配股份和购买股份。股份转让现在是获取资金的一种重要方式，同样也是资源分配调整与资产重组的一种核心手段。上市公司在采用股份转让的方式后，会使股东的股份发生一定的变化，在一些情况下可能会使上市公司的管理层与董事会的结构发生明显的改变，重组公司股权结构，调整管理模式，为发展提供了管理动力，支持企业业务升级。

3. 资产剥离

资产剥离是指公司从公开的业务中删除上市公司的不良资产，并使之适应自己的业务策略，或在公司重组期间将其转移给另一公司的行为，公司进行资产出售后，可以专注于优势资源，这有助于优化公司的资本结构，提高公司的运营绩效，并使公司在市场中处于主导地位。随着市场经济的不断发展，企业资产重组的方式也在不断变化，以上介绍的是常见的资产重组方法。

三、资产重组过程

2018 年中国中铁股份有限公司通过发行 A 股股票的方式换购了 9 名投资机构者手中合计持有的中铁二局、三局、四局和五局约价值 116 亿元的股份，随着工商登记的变更，4 家工程局再次回到了中国中铁的怀抱，成为中国中铁的全资子公司。此次资产重组始于 2018 年 5 月，模式为"市场化债转股"。这 4 家工程局原本就是中国中铁的全资子公司，但由于负债规模过大，资产负债率过高，经营压力太大，于是中铁在 5 月份实施了市场化债转股这一资本运作的大项目。

四、资产重组后绩效分析

（一）EVA 分析法价值评估模型

经济增加值可以体现企业最终的剩余收入情况，主要包括公司的税后净收入和资本支出。经济增加值模型需要根据收入与资本的差值来验证企业的运营绩效，换句话说，最后净利润与资本成本的差值便是经济增加值。最初企业在使用该模型时必须要 200 多个会计指标，但是如果国内公司实际上使用经济增加值模型，则无法直接应用许多指标，并且申请过程复杂且烦琐，从而为了确保 EVA 调整的效率，同时也为了客观起见，便要针对有关的指标进行调整，从而简化计算，降低计算量。本研究采用的公式（1）：

$$EVA = NOPAT - WACC \times TC \tag{1}$$

其中，EVA 代表经济增加值，WACC/TC 与 NOPAT 分别代表的是加权资本成本、投入资本与税后净利润。

本文运用 EVA 模型评估中铁四局企业资产重组的财务绩效。该模型内存在大量的指标，通过该模型可以确定某些重大事件对公司的影响。本研究以该模型作为主要估值方法确定资产重组是否可以改善中铁四局企业的财务绩效。

（二）EVA 的指标计算

在本节中，选择中铁四局公司 2018—2021 年的财务数据作为计算资产重组前后中铁四局企业经济增加值的基础，有关指标的计算方式与调整方法如下：

1）计算税后净利润（NOPAT）的计算根据 EVA 和相关文献研究，可以通过如下方式确定企业的税后净利润：

税后净利润（NOPAT）＝净利润＋递延所得税贷方增加额＋每年计提的各项会计准备＋所得税调整＋（1－25％）×（债务利息－非正常经营损益）。

所需调整的内容包括：

（1）所得税债务利息。基于经济增加值模型的特征与含义，净收入必须根据利息和税前收入（EBIT）进行调整。因为传统会计算法和经济增加值模型的所得税算法有所不同，所以需要对所得税进行调整。此外，也需要调整债务利息支出，以防止重复计算。因此，所以需要适当地调整所得税与债务利息才可确定税前利润情况。

（2）非经营性损益。非经营性损益是指公司从其正常经营活动内扣除的支出或是收入的一部分。企业对日常经营活动在 EVA 模型内也属于一个极为重要的指标，所以要对异常盈亏做出适当的调整，这一部分内容获取较为简单，能够直接获得。

（3）资产减值准备金变动额。因为企业投资成本包含了多种不同的计提准备金，因此需要对息税前利润进行各种准备金调整，以提高收益指标的有效性。

（4）递延所得税贷方增加额。基于经济增加值模型的特点，净收入会受到递延税收抵免的影响，所以也需要对这一部分进行适当调整，可根据企业的资产负债表获取这一部分内容。

（5）税收调整。基于税后净利润的定义，也应对所得税进行适当调整。所得税调整可以避免减税，因为营业外收入和财务费用已计入利息和税前利润。因此，在计算 NOPAT 时，需要将上述各项的总和乘以所得税率，并且必须从净收入中扣除中铁四局企业所得税的 25%。

2）计算 EVA。在经济增加值的计算模型中带入样本期内的 WACC、TC 与 NOPAT，可以获得经济增加值的具体数据，中铁四局企业 2018—2021 年经济增加值（EVA）如表 1 所示：

中铁四局企业 2018—2021 年经济增加值计算表　　　　　　　　　　表 1

年份	2018	2019	2020	2021
税后净利润/万元	20194	33595.31	20217.41	16845.32
投入资本/万元	232852.09	225231.1	221298.54	217859.93
加权平均资本成本/万元	0.0675	0.0462	0.0360	0.0521
EVA/万元	4476.49	23189.63	12250.68	5494.82

（三）综合分析

比较了中铁四局企业的经济增加值和净利润，EVA 增长率和净利润增长率，净资产收益率与经济增加值比率，以分析资产重组对公司业绩的影响和变化。

1. 经济增加值和净利润对比分析

中铁四局企业 2018—2021 年经济增加值与净利润　　　　　　　　　　表 2

年份	2018	2019	2020	2021
EVA/万元	4476.49	23189.63	12250.68	5494.82
净利润/万元	11319.34	26036.56	15995.27	12036.07

从表 2 和图 1 中，可以看出中铁四局企业的净利润变化总体先下降然后上升，而 EVA 的变化趋势略有相似，之后又呈现出下降的趋势，表明中铁四局企业运营良好。仅从 EVA 来看，2018—2021 年 EVA 值＞0，因此该公司在资产重组前后均处于获利状态，可以继续为投资者创造价值，从而使股本也得到稳定的保护。其中 EVA 值从 2019

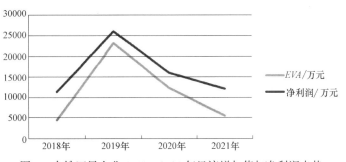

图 1　中铁四局企业 2018—2021 年经济增加值与净利润走势

年开始下降，但到 2020 年又有小幅度上升，之后就继续下降了。从以上分析可以看出，在资产重组前后，中铁四局企业的 EVA 价值存在很大的差异。与净利润相比较，净利润＞EVA 的价值，但是这是正常的，因为二者的计算方式存在差异。从更广泛的角度来讲，权益资本成本就是最主要的区别。总而言之，资产重组以来，中铁四局企业的 EVA 值有所上升，可见，资产重组对经营绩效有着积极的影响。

2. EVA 增长率和净利润增长率对比分析表

通过观察和分析图 2 和表 3 可知，中铁四局企业在 2018 年 EVA 增长率和净利润增长率均呈现大幅度上升趋势，但在 2019 年和 2020 年又同时出现了断崖式的下跌，表明中铁四局企业在资产重组当年，因为不良资产的剥离，使公司的盈利大幅增加，但随后的两年又由于市场环境和自身管理以及生产的问题导致企业的运营能力出现问题，从而导致了两个指标的下降。2020 年后两个指标虽继续出现波动，但

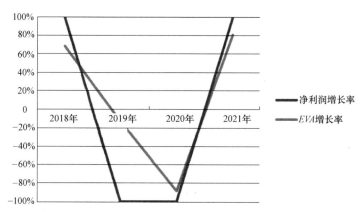

图 2　中铁四局企业 2018—2021 年 EVA 增长率与净利润增长率走势

总体较之前还算稳定，尽管增长率在 2020 年再次出现负值，但是总体来看还算乐观，中铁四局企业的资产重组正在慢慢地对企业的财务绩效产生着影响。

中铁四局企业 2018—2021 年 EVA 增长率与净利润增长率　　表 3

年份	2018	2019	2020	2021
EVA 增长率/%	55.15	−20	−68.9	18
净利润增长率/%	24.8	−138	−9.3	4.2

3. 净资产 EVA 比率和净资产收益率对比分析

从图 3 和表 4 可以看出，中铁四局企业的净资产 EVA 比率和净资产收益率在 2018—2021 年期间均为正值，表明内部收益较好。在资产重组当年，净资产 EVA 比率和净资产收益率都出现了上升趋势，但 2018—2021 年，EVA 净资产比率和净资产收益率均呈现下降趋势，虽然净资产收益率在 2019 年出现了小幅度的回升，但始终仍是在下降。从两者比较来看，2018—2021 年，两者的整体趋势相类似，不过，净资产收益率始终大于净资产 EVA 比率，这是因为净资产收益率仅考虑了债务资本成本，没有考虑股权资本的成本，因此，两个指标趋势上存在一定的差

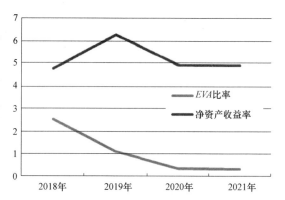

图 3　中铁四局企业 2018—2021 年净资产 EVA 比率与净资产收益率走势

异。从以上分析可以看出，由于中铁四局企业资产重组，公司的股东收益有所下降，2019 年的净资产收益率仅比净资产 EVA 比率高 0.98%，但到 2021 年净资产收益率已经比净资产 EVA 比率高出 4.57%，达到了近年来最低，表明资产重组带来的收入效率相对较低，但是资产重组对业务的积极影响仍然是存在的。这表明中铁四局企业的资产重组给企业带来了积极的影响，虽然这一影响不是很明显，但是长期下来，仍将提升企业价值。

通过以上分析可以看出，自从资产重组以来，中铁四局企业的财务绩效已经有所改善，由此可见，中铁四局企业进行此类的资产重组是值得借鉴的。

中铁四局企业 2018—2021 年净资产 EVA 比率与净资产收益率　　表 4

年份	2018	2019	2020	2021
EVA 比率/%	2.53	1.1	0.36	0.33
净资产收益率/%	4.77	6.27	4.92	4.9

五、结语

随着稳楼新政频出，信贷、债券、股权等被业内解读为支持建筑企业融资的"三支箭"政策组合形成，全方位支持企业拓宽融资途径。随着"三支箭"的落地，自此正式宣布，涉房建筑施工企业将迎来新的春天。虽然从政策上看，"第三支箭"是一个大的利好，但是个长期的事情，也就是说建筑相关企业进行上下游兼并重组不是短期就能见效的，所以从长期来看，能否真正解决问题，还是在需求端，这就需要交给时间了。

参 考 文 献

［1］ 李善民，黄志宏，郭菁晶. 资本市场定价对企业并购行为的影响研究：来自中国上市公司的证据［J］. 经济研究，2020（7）：41-57.

［2］ 陈少晖，陈平花. 国有企业并购重组的绩效差异评价与提升路径研究［J］. 东南学术，2020，280（6）：85-95.

［3］ 孔令军. 企业并购绩效的研究方法探究［J］. 商业会计，2018（6）：29-31.

［4］ 苏婧. 央企重组整合绩效研究［D］. 成都：西南财经大学，2019.

［5］ 李刚. 基于 EVA 的企业业绩评价方法的应用：以保利地产为例［J］商业会计，2020（3）：72-74.

建筑业相关上市公司高管薪酬与企业绩效关系研究

沈阳建筑大学管理学院

武璟琳　田　珅

摘　要： 在大环境与政策的变化下，差异化薪酬激励成为众建筑业相关上市公司在发展上实现从土地红利、金融红利到如今管理红利转变的最佳选择。本文通过建立回归模型，分析当前环境下与我国建筑业相关上市公司的高管薪酬对企业绩效的影响。希望通过对我国与建筑业相关的上市公司高管薪酬与企业绩效关系的实证研究，推动上市公司设置合理的薪酬梯度，从而为上市公司保证绩效的前提下，抓住"管理红利"，落实人才保障。

关键字： 高管薪酬；企业绩效；薪酬差距

一、引言

关于高管薪酬与企业绩效的关系研究，大多数学者对于两者之间的关系持有不同的观点。对于与建筑业相关上市公司来说，2021年行业调薪率5.8%，企业经历了从土地红利、金融红利到如今管理红利的转变，为设置薪酬梯度和提高企业绩效，如何利用高管薪酬与企业绩效两者之间的关系，值得我们深入探讨。本文在查阅相关文献资料的基础上，围绕高管薪酬、公司绩效的问题，选取符合条件的样本，采集历史数据，对变量进行描述性统计、相关性分析、逐步回归分析等得出结论。

在20世纪20年代，西方学者就已经开始研究高管薪酬与企业绩效的关系。研究内容可以分为两类：有相关性和无相关性。对于企业高管薪酬和企业绩效之间的相关性研究，张晖明、陈志广（2012年）基于样本研究的方法，得出高管薪酬水平与相关要素呈正相关关系；Mehran（2015年）认为高管股权薪酬水平与企业绩效水平呈正相关；夏宁、刘淑贤（2014年）认为高管薪酬和高管持股比例是影响企业绩效的两个关键因素；对于企业高管薪酬和企业绩效之间的无相关性研究，刘继红（2013年）认为高管薪酬和市场业绩呈负相关关系；黄娟和赵子敏（2016年）认为高管薪酬水平过高会阻碍公司绩效的提升；梁雷珊和宋清华（2020年）认为高管薪酬与企业绩效关联度较低。

二、建筑业相关上市公司高管薪酬与企业绩效的研究假设

（一）高管货币薪酬与企业绩效的关系分析

当前，我国与建筑业相关上市企业大多采用结构为基本薪酬、津贴、养老计划和风险报酬非持股多元化的高管年薪制激励模式，设置原则之一是薪酬必须以高管创造的企业绩效为根据。而这种对高管具有显著的激励效用的模式中，企业以货币形式给予高管报酬的货币薪酬占据着高管薪酬的主要部分，由此可推测，货币薪酬可能与企业绩效之间呈现正相关关系。结合以上的理论分析，本研究提出：

H1：建筑业相关上市公司高管货币薪酬对企业绩效具有正向的促进作用。

（二）高管薪酬差距与企业绩效的关系分析

货币薪酬的激励方式有效反应薪酬水平，而建筑业相关公司高管薪酬差距则是用来对货币薪酬激励的不足进行补充。锦标赛理论认为：与既定晋升相联系的工资增长幅度，会影响到位于该工作等级以下的员工的积极性；只要晋升的结果尚未明晰，员工就有动力为获得晋升而努力工作。因此，该理论主张企业通过晋升激励员工，才能激发高管经营管理才能的积极性，提高公司绩效。由此可推测，建筑业相关公司高管薪酬差距与企业绩效可能呈正相关关系。结合以上的理论分析，本研究提出：

H2：建筑业相关上市公司高管薪酬差距与企业绩效呈显著正相关关系。

三、建筑业相关上市公司高管薪酬与企业绩效的实证研究

(一) 样本选取与数据来源

本章在剔除极端值、剔除数据公布不全或残缺的上市公司和选取仅发行 A 股的上市公司之后，如表 1 所示，以 2020 年沪深 A 股建筑业相关公司为研究样本，共得到样本数据 18 家，数据处理全部用 EXCEL2007 和 SPSS17.0 软件完成。

样本公司及证券代码　　　　　　　　　　　　　　　　　　　　　　　　　表 1

证券代码	证券简称	证券代码	证券简称
600064	南京高科	600223	鲁商发展
600077	宋都股份	600246	万通发展
600094	大名城	600266	城建发展
600159	大龙地产	600322	天房发展
600162	香江控股	600325	华发股份
600173	卧龙地产	600340	华夏幸福
600185	格力地产	600376	首开股份
600208	新湖中宝	600383	金地集团
600215	派斯林	600048	保利发展

(二) 变量定义与指标选取

在研究建筑业相关上市公司高管货币薪酬、高管薪酬差距与企业绩效之间的关系时，控制变量选取了一些具有影响作用的其他因素，变量及定义如表 2 所示。

变量及其定义　　　　　　　　　　　　　　　　　　　　　　　　　　　　表 2

	变量	符号	变量计算方法
相关变量	货币薪酬	InPay	货币薪酬＝In(所有高管薪酬的平均值取)
	薪酬差距	InCpg	薪酬差距＝In(高管货币薪酬的极差)
	企业绩效	PERF	对总资产收益率(ROA)、每股收益(EPS)和净资产收益率(ROE)做主成分分析方法企业绩效的得到综合评指标 F
控制变量	股权集中度	Power	替代指标选用前 5 大股东股权集中度来表示
	董事会结构	Structure	来自锐思数据库
	财务杠杆	Lever	财务杠杆主要体现的是公司的偿债能力,替代指标选取公司的资产负债率来表示
	规模	size	规模＝In(公司员工总人数)
	公司成长性水平	Growth	替代指标选取营业收入增长率来表示

(三) 模型的构建

根据以上分析，建立以下两个模型以检验本文基本假设。

$$PERF = \beta_0 + \beta_1 InPay + \sum \beta_n (Control_n) + \varepsilon \qquad (1)$$

$$PERF = \beta_0 + \beta_1 InCpg + \sum \beta_n (Control_n) + \varepsilon \qquad (2)$$

四、实证结果分析

(一) 描述性统计分析

表 3 描述性统计主要针对自变量高管薪酬中的（货币薪酬和薪酬差距）与因变量企业绩效的三个衡量指标（总资产收益率、每股收益、净资产收益率）来展开，具体内容包括各个变量的平均数、中位数、标准差、最大值和最小值，数据中没有异常值出现，可直接针对平均值进行描述分析。

变量描述性统计结果分析　　　　　　　　　　　　　　　　　　　　　　　表 3

名称	样本量	最小值	最大值	平均值	标准差	中位数
InPay	18	12.293	15.397	13.674	0.835	13.444
InCpg	18	12.856	16.962	14.447	1.013	14.314
ROA	18	−0.406	2.501	0.652	0.810	0.450
EPS	18	−0.370	0.960	0.130	0.269	0.050
ROE	18	−2.784	5.831	1.416	2.033	0.983

（二）相关性统计分析

由表 4 对各个变量之间的相关性进行初步检验可知，高管货币薪酬与衡量公司绩效的变量每股收益相关系数值为 0.767，与净资产收益率的相关系数值为 0.688，初步说明了高管货币薪酬水平与公司绩效之间呈显著的正相关关系；薪酬差距则与衡量公司绩效的变量总资产收益率相关系数值为 0.574，与每股收益相关系数值为 0.840，与净资产收益率的相关系数值为 0.745，初步说明了薪酬差距与公司绩效之间呈显著的正相关关系。

变量相关性统计结果 表 4

	InPay	InCpg	ROA	EPS	ROE
InPay	1.000**	0.911**	0.525	0.767**	0.688**
InCpg	0.911**	1.000**	0.574*	0.840**	0.745**
ROA	0.525	0.574*	1.000**	0.590*	0.774**
EPS	0.767**	0.840**	0.590*	1.000**	0.881**
ROE	0.688**	0.745**	0.774**	0.881**	1.000**

*$p<0.05$；**$p<0.01$

（三）主成分分析及综合指标的计算

为了验证企业绩效的三个衡量指标能否进行主成分分析，对总资产收益率、每股收益、净资产收益率进行 KMO 检验和 BARTLETT 检验，如表 5 所示，KMO 值为 0.578，并且 BARTLETT 的球形检验概率 $p<0.05$ 的显著性水平。由此可见，因变量企业绩效的 3 个衡量指标适合进行主成分分析。

KMO 和 BARTLETT 的检验结果 表 5

KMO 值		0.578
BARTLETT 球形度检验	近似卡方	35.919
	df	3
	p 值	0.000

表 6 中是根据 3 个变量提取综合因子的特征根、解释总方差以及累计方差贡献率。由表 6 可知，成分分析一共提取出 3 个主成分，此 3 个主成分方差解释率分别是 83.753%、14.214%、2.033%，累积方差解释率为 100.000%。另外，本次分析共提取出 3 个主成分，它们对应的加权后方差解释率即权重依次 83.75/100.00＝83.7%、14.41/100.00＝14.21%、2.03/100.00＝2.03%。

方差解释率表格 表 6

编号	特征根	方差解释率%	累积%	特征根	方差解释率%	累积%
	特征根	方差解释率%	累积%	特征根	方差解释率%	累积%
1	2.513	83.753	83.753	2.513	83.753	83.753
2	0.426	14.214	97.967	0.426	14.214	97.967
3	0.061	2.033	100.000	0.061	2.033	100.000

据表 7 基于标准化后数据建立关系表达式如下：

成分得分系数矩阵 表 7

名称	成分		
	成分 1	成分 2	成分 3
ROA	0.337	1.244	0.954
EPS	0.366	−0.849	2.414
ROE	0.388	−0.278	−3.107

主成分 $F_1＝0.337\times ROA+0.366\times EPS+0.388\times ROE$
主成分 $F_2＝1.244\times ROA-0.849\times EPS-0.278\times ROE$
主成分 $F_3＝0.954\times ROA+2.414\times EPS-3.107\times ROE$

公司绩效水平得分：

$$F＝2.513F_1+0.426F_2+0.061F_3$$

知道各个因子得分的计算公式之后，可以直接得出公司绩效的综合指数。

（四）回归结果分析

1. 高管货币薪酬与企业绩效的关系

对于建筑业相关上市公司高管货币薪酬与公司绩效的回归分析，本文用模型（1）来进行回归分析，具体表达式为：

$$F=\beta_0+\beta_1 InPay+\beta_2 Power+\beta_3 Structure+\beta_4 Lever+\beta_5 Size+\beta_6 Growth+\varepsilon$$

模型（1）回归分析结果　　　　　　　　　　　　　　　　　表 8

	回归系数	95% CI	VIF
常数	−7.717 （−1.947）	15.485~0.051	—
InPay	0.624* （2.157）	0.057~1.191	1.000
样本量	18		
R^2	0.225		
调整 R^2	0.177		
F 值	$F(1,16)=4.652,p=0.047$		
因变量：F			
D-W 值：1.940			
* $p<0.05$；** $p<0.01$ 括号里面为 t 值			

从表 8 来看，D-W 值在 2 附近，因而说明模型不存在自相关性，样本数据之间并没有关联关系，模型较好。Inpay 的回归系数值为 0.624（$t=2.157$，$p=0.047<0.05$），表明 Inpay 会对 F 产生显著的正向影响关系。该结论印证了假设 H1，证明建筑业相关上市公司高管绩效与企业绩效之间存在很大的关联性，通过提高高管薪酬水平可以提升对高管的激励力度，使得公司股东和高管的利益趋于一致。

2. 高管薪酬差距与企业绩效的关系

对于建筑业相关上市公司高管薪酬差距与公司绩效的回归分析，本文用模型（2）来进行回归分析，具体表达式为：

$$F=\beta_0+\beta_1 InCpg+\beta_2 Power+\beta_3 Structure+\beta_4 Lever+\beta_5 Size+\beta_6 Growth+\varepsilon$$

模型（2）回归分析结果　　　　　　　　　　　　　　　　　表 9

	回归系数	95% CI	VIF
常数	0.568* （2.281）	0.080~1.057	—
InCpg	0.000* （2.445）	0.000~0.000	1.000
样本量	18		
R^2	0.272		
调整 R^2	0.227		
F 值	$F(1,16)=5.979,p=0.026$		
因变量：F			
D-W 值：1.329			
* $p<0.05$ ** $p<0.01$ 括号里面为 t 值			

从表 9 来看，模型通过 F 检验（$F=5.979$，$p=0.026<0.05$），说明模型有效。InCpg 会对 F 产生显著的正向影响关系，印证了假设 H2。因此，建筑业相关上市公司进行高管薪酬设计时，应当适当调整高管团队内部不同高管之间的薪酬差距，以更好地刺激高管们为企业绩效的提升而作出努力。

参 考 文 献

[1] 李兵. S 公司研发工程师的晋升管理问题研究 [D]. 苏州：苏州大学，2016.

[2] 李小慧. P 公司薪酬管理体系优化研究 [D]. 北京：中国地质大学，2020.

[3] 王立民，路冠平. 我国交易所行业国际化发展指标调查研究 [J]. 当代金融研究，2021（4）：47-57.

[4] 胡颖. 高管薪酬对公司绩效的动态影响研究 [D]. 南昌：华东交通大学，2017.

[5] 陈杰. 我国房地产上市公司高管薪酬对企业绩效的影响研究 [D]. 湘潭：湖南科技大学，2020.

价值链视角下建筑企业财务管控优化研究

沈阳建筑大学管理学院

周鲜华　　赵祎暄

摘　要：价值链理念作为一种有效、新颖的管理视角，对于优化建筑企业财务管控模式，提升建筑企业核心竞争力具有重要作用。本文从价值链的视角出发，剖析了价值链经营管理对于建筑企业财务管控的影响，并对建筑企业财务管控过程中存在的主要问题进行分析，提出价值链视角下有效优化建筑企业现存财务管控模式的策略，以期促进建筑企业更好地进行转型升级，为应对建筑企业财务管控问题提供参考。

关键词：价值链；建筑企业；财务管控；优化研究

一、引言

建筑业直接关系国民经济建设、人民收入水平及社会和谐稳定，国家科技水平及经济地位的不断提升也为建筑企业开拓了更为广阔的发展前景和市场空间。近些年，建筑企业飞速发展，以大型中央企业和民营企业为主要参与者的场面已渐渐形成了互利共生的局面，然而建筑企业也存在着产量高利润低，同质化严重，行业竞争日趋激烈，外部市场淘汰率较高，内部结构要求较高等问题，这对于建筑企业的财务管控工作来说是非常严峻的挑战，但是当前我国建筑企业的财务管控存在较大问题，大部分建筑企业认为财务部门只是一个辅助性工作部门，财务核算为其主要的工作内容，因此对于财务管控模式的优化并不是十分重视。当人工材料成本上涨、市场竞争愈发激烈、劳动力极度缺乏的问题不断涌现，加之信息化、专业化、智能化的新要求，如何有效规划建筑企业财务，提高建筑企业财务效益，加快建筑企业价值流动，成为促进建筑企业长久、稳定、健康、可持续发展的关键研究课题。

目前，从中国建筑市场的发展形势来看，中国建筑业的发展已经步入发展成熟期，市场规模增速进入低速增长阶段，高质量发展已成为目前中国建筑市场发展的主旋律，中国建筑业主体及经济结构趋于多元化，然而，目前建筑企业的经济需求已经不能满足于传统建筑企业财务管控模式。因此，建筑行业未来发展的关键趋向是创新建筑企业财务管控模式，优化建筑企业财务管控策略。价值链管理理念具有普遍适用性及先进性，因此也被建筑企业广泛应用于管理过程中的诸多方面，并且与建筑企业财务管控具有密切联系。基于价值链的视角，可以更加明确地找到影响建筑企业价值增值的主要财务因素，不断提升建筑企业财务管控的灵活性，促进企建筑业财务管控模式优化创新。本文将基于价值链的视角，阐述价值链对建筑企业财务管控产生的主要影响，对目前建筑企业在财务管控中发现的主要缺陷进行剖析，并相应给出优化建筑企业财务管控的方案，进而能够提出效果显著的建筑企业财务管控工作方法，对于提高建筑企业创造、成本价值，促进建筑企业管理增值发挥着重要作用。

二、建筑企业现行财务管控模式

近些年，建筑业为了深入贯彻落实"一带一路"倡议，建筑企业所涉及的范畴也从我国市场扩散至全球市场，市场范围连续扩展，行业链条不断延伸。然而，当下仍然存在一些问题值得深思，总结来看大致分为以下几个方面：债务债权居高不下、资本需要持续上升、业务利润空间收缩、管理成本不断上升、管理模式相对落后、组织结构基本类似。基于此，本文将建筑企业财务管控所面临的困境以及改革侧重点整理如表1所示。

建筑企业财务管控面临困境及改革侧重点　　　　　　　　　　　　　表1

建筑企业财务管控面临困境	改革侧重点	文献来源
风险管理意识淡薄,财务风险管理模式滞后	增强风险意识	高红霞
财务管控制度不完善,缺少相应的制度保障	健全财务管控制度	曹庆玲
内部监督机制不完善,监督职能相对弱化	强化监督职能	刘国申
资金管理存在问题,资金使用效率偏低	最大化运用资金	罗红
财务管控信息化建设不足,财务数据滞后	推进财务管控信息化转型	徐茜

除建筑企业施工外,依靠建筑企业链条的延展,绝大部分的建筑企业业务都涉及营运维护、科研创新以及勘测设计等领域,而在专业特色、发展过程和管理方式等方面,每一个领域都有着差异,致使财务管控形式存在差别,综合来讲,"分散为主,集中为辅"是大多数建筑企业财务管控所采取的形式。

在领域范畴扩展起初,建筑企业的财务管控形式大多是外租分散式的财务管控形式,由各企业自身财务部门承担起财务管控任务。由于施工项目的跨区域、工期长、劳动力密集的特性,将财务管控权下放到各单位财务部分,有助于使各单位发挥主观能动性,有利于在短期内拓展国外业务,尤其是在经营管理权下放后,各单位要开设专门服务企业内部日常开销的财务管控部门。在财务管控分散的情形下,各部门一般拥有较大的管控权利,因此部门关于实施战略以及财务日常的流程都是可以由自身决定。基于此,不难发现建筑企业财务管控有着财务人员分配分散、人员职务存在重叠、财务管控能力不足等缺陷。伴随着企业扩展脚步变慢,扩展的边际收益也随之下降,并逐渐趋向于零,建筑企业的上层领导也逐步意识到转变建筑企业财务管控形式的重要性。

三、价值链管理对优化建筑企业财务管控的影响

(一)价值链为建筑企业转变财务管控模式

建筑企业财务管控与建筑企业的内部控制及长远发展具有重要联系,也是建筑企业进行全面管理的关键内容。在建筑企业传统的财务管控模式下,建筑企业管理者更加关注的是建筑企业内对于资金的往来运转状况,很少关注如何进行建筑公司内部的财务管控问题,这种管理模式下的管理对象较为局限,往往只是建筑企业内部财务的单一方面,如资金往来、人事财务流转、材料物流等,因此导致建筑企业管理者所要考虑的财务风险也较为片面。而价值链作为建筑企业经营管理的主线内容,其更关注于建筑企业经营管理的全流程,侧重于对建筑企业整条价值链上的财务活动的管控,覆盖的管理范围更广,管理对象更丰富。从价值链的角度考虑可以实现对企业财务管控模式的升级与优化,能够让建筑企业更加灵活地处理建筑企业财务管控的过程。与此同时,研究价值链视角下的建筑企业财务管控模式也能够使建筑企业管理者进行全局化、全链条的经营管理规划,将生产经营过程中的预算与投入进行更为合理的把控,斟酌衡量财务的各种风险因素,并针对性地进行回避,减少不必要的资本投入,将促进建筑企业收益提升及价值增值作为经营管理的重要目标(如表2)。

基于价值链的建筑企业财务管控优化思路　　　　　　　　　　　　　表2

优化思路	优化关键点	文献来源
提升财务人员的综合素质	提高准入门槛,加强专业培训	张喜东
树立先进的财务管控理念	培养新型财务观	盛智玲
提升财务管控人员的协同作战能力	加强部门间协作	蒋牡丹
注重企业内外价值链的衔接	关注内外价值链信息	佟志雪
提高财务管控的信息化水平	应用财务管控信息系统	方媛媛

(二)价值链为建筑企业植入财务增值理念

价值链管理可以对建筑企业财务经营活动进行有效监管,促进建筑企业增值及收益,建筑企业将

建筑物作为主要的经营资产，其往往会涉及建造前的规划设计、建造中的施工建设、建造后的物业保修及商业化推广销售等诸多环节，其最重要的目的是将每一环节都作为关注重点，共同实现建筑物产品的价值增值、企业经营效益的飞速增长。因此，也可以将价值链视角下的建筑企业财务管控理解为增值管理。价值链管理的本身就是有效快速地实施对物资运输、资金周转、信息获取的精准监控与运行，进而促进每一环节增值流的实现。植入增值管理理念的建筑企业，其在进行日常经营活动时，会更注重建筑企业内外部财务的综合管控，进而减少建筑企业内部消耗，合理化控制及降低成本，加强价值链上每一环节的联动，实现高效益的增值，使建筑企业的预期收益达到顶峰，与此同时也促进了建筑企业的核心竞争力，推动建筑企业长期、健康、可持续发展。

（三）价值链为建筑企业调动财务参与程度

从价值链的角度去考虑建筑企业的财务管控，将会使建筑企业经营、管理过程中的每一环节相联系，这也需要建筑企业中各个部门及组织的积极参与配合。因为建筑企业价值链上的任何一个部门的决策对于建筑企业整体的决策均能产生较大的影响，因此在进行建筑企业财务管控决策及制定经营管理策略时，建筑企业中的各个部门及组织会自发形成一种联盟关系，综合建筑企业内外部因素、自身优劣势以及建筑企业整体发展状况等进行考虑，并能够基于建筑企业整体价值链对建筑企业的全建造过程进行合理规划。价值链上任何一个环节效益增值都会带动其他环节的效益增长，也会对建筑企业日后的整体收益及发展带来重大影响，因此建筑企业的价值链管理可以将建筑企业的凝聚力提升，形成建筑企业特有的向心力，促使建筑企业中的各成员、各部门、各组织为了共同目标而努力，合理地把控及规划所负责部分的财务经营活动，使建筑企业总体财务得到有效控制及管理优化。

四、建筑企业财务管控模式的现存问题

（一）企业缺乏对财务信息的有效管理

由于我国建筑业中的绝大多数企业均具有经营规模大、业务范围广、单位分布杂等特点，这些建筑企业往往只会对短期收益进行重视，而对于建筑企业长期的财务管控状况有所忽视，且依赖于固有的、传统的、落后的财务管控理念，导致建筑企业财务管控模式与市场经济环境不能相适应，进而降低建筑企业的财务经营管理效率。受传统财务管控模式的限制，建筑企业更关注于内部财务经营管理活动，而忽视了建筑企业内外价值链的联系，也忽略了外部与内部价值链于建筑企业财务管控的关键影响。在此形势下，将会因为建筑企业内外部价值信息沟通不畅，导致建筑企业不能与产业链上的主体及客户建立起长期的经营合作关系，直接影响建筑企业经营收益水平。同时，由于建筑企业全过程的建造过程涉及面广、过程杂，其价值链上涉及的业务部门较多，而建筑企业主要是以传统的按劳分配原则来管理企业财务，这种原则旨在号召建筑企业要遵循严谨的过程来安排所涉及的财务工作，每一个过程都不能遗漏。类似这样严格遵守次序计算建筑企业资金交易的区别后，再逐一进行单独计算，进而将各个子系统间的关联彻底切断。在此传统财务管控模式下，即使将其中某个流程的管控效果提升，但建筑企业对于如何合理管理信息流通的手段还很匮乏，忽略了信息流通效力的完整性，建筑公司只可以利用财务部门传递信息给其他部门关于公司的资金信息。而财务部门不能得到其他业务部门的信息反馈，建筑企业部门间财务信息互动性较差，也导致财务信息价值的流失，财务信息的精准度降低，影响建筑企业总体的财务管控决策，增加企业经营成本。

（二）新兴信息技术使用效率较低

建筑企业作为一个较传统的行业，普遍对于信息技术的应用没有投入较高的关注，建筑企业内部员工所接收的信息程度相较于其他公司也不够高，因此在建筑企业平时的财务管理控制下，常常会采用相对分散的模式进行管理。基于此，建筑企业并不能实时收到汇总后的资金信息，日常的财务监管流程也会更加复杂，导致最终的财务管控效率普遍偏低。而随着信息技术的不断深化，传统的财务管控模式已经不能适应新的市场发展环境，电子商务、网络营销、在线交易等已经成为主流市场发展方

向。对于建筑企业而言，其整个价值链上存在着与供应商、经销商及客户等多样化的合作关系及业务往来，而与其建立业务关系的大部分建筑企业已经开始实现管理模式转型，这也对建筑企业的传统管理模式提出了新要求。通过现代信息技术的应用能够将建筑企业上下游的资源进行整合，将企业内部各机构进行统一化管理，促使企业的组织结构趋于扁平化，可以有效增强建筑企业间的业务黏性，提升建筑企业的资源配置及资源管理效率（如图1）。

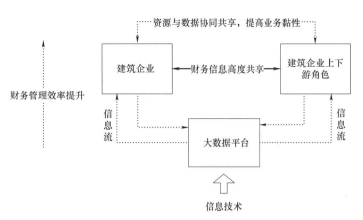

图1　基于新兴信息技术优化后的高效财务管控

（三）企业内部财务缺乏实时控制

中国的建筑企业大多是高负债率企业，有一些建筑企业常常会因内部资金周转困难的问题，使得建筑企业不能正常运作。赊销制度不完善、收款力度不足，对建筑企业产生了极大的不良影响。还有一些建筑企业将大量资金用于购置企业固定资产，而往往这些设备对于企业而言并非必要，且对该部分资产缺乏相应的管理，资金的大量占用，只会导致建筑企业中流动的资金变少，当遇到突发财务问题时没有足够的应急资金提供，增加企业财务风险。不管是新时代电算化的财务流程，抑或是手工记账式，这些从根本上来讲都属于后续计价，是在财务流程进展完成后，对资金进行记实和汇集，这样的财务信息没有企业信息该拥有的时间效用性质，高速变化的金融社会并不能用其会计信息质量要求来满足。再者，旧时财务经营进程的物流信息通常都快于建筑企业所带来的经济流信息，使得建筑企业不能及时监控产生的经济实况。因而，最终建筑企业关于资金数量的收集、完善与清算通常开始于财务事件进行的末端，建筑企业的财务报表在通过罗列、过账、整合以及核对账面的工序后，方可被信息使用者所拿到，而建筑企业的领导层由于如此落后的过程，不能实时做出正确的财务决策。这些问题出现的主要原因是建筑企业内部的财务控制能力较低，即建筑企业内的财务管控部门缺乏合理的资金规划，建筑企业并没有建设好恰当的经济构造，也未建设起完整的财务管控机制。

（四）财务管控模式忽略多元化财务风险

目前来看，建筑企业的财务风险主要包括：投标风险、筹资风险以及资金回收风险等。"投标风险"主要是指，建筑公司创造收入的关键方式是以投标来搜寻项目，而在其投标进展中，上报时将项目的价格降低，以此来争取项目，由此一来，对危机的预估不够，进而公司的收益会下降，企业会受到重创；"筹资风险"主要是指公司通常从银行等单位筹集资金以维系保持企业的运行，而在此，危机也是同时存在的；"资金回收风险"主要是指当公司的应收账款不能如期进账时，也就不能如期兑换现金，这样会加速资金危机（如图2）。

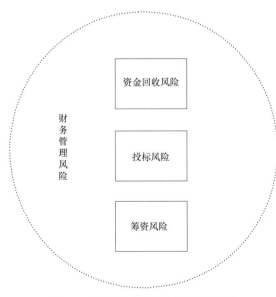

图2　建筑企业存在的财务管控风险

五、价值链视角下建筑企业财务管控模式优化策略

财务流程优化的方法包括：BPR、六西格玛、精益流程、速效修复与BPM等。BPM法的定义基

本相似于价值链，都是为了实施动态管制，打破各个部门之间的隔阂基于此，本文参考 BPM 法中有关流程监控的相关定义和方法，基于价值链视角对财务管控流程进行改进、完善。基于此，本文提出价值链视角下建筑企业财务管控优化策略，并将优化策略拆分为四个步骤进行优化设计。

（一）财务流程优化涉及的财务业务范围的确定

为解决上述剖析出来的现存问题，本文按照建筑企业的财务流程调控方法以及信息的内外传输，即是利用好财务数据或是直接数据输出，将财务流程的完善优化所提及的业务类别分成以下三种，如表 3 所示。

财务业务类别划分 表 3

等级	分类名称	内容
Ⅰ	数据管理和制度规范类	属于财务信息产生依据或财务信息化管理
Ⅱ	财务信息生成类	直接生成财务数据的财务管控业务
Ⅲ	财务信息应用类	涉及财务数据的解读,形成管理意见及重大决策

（二）财务流程优化涉及的三类财务业务的分析

1. 对 Ⅰ 类、Ⅲ 类业务进行全面性分析。Ⅰ 类业务是财务信息产生的基础和依据，是企业原则性的指导方针；Ⅲ 类业务涉及财务数据的解读，管理层依此形成管理意见及重大决策，有助于确保管理工作规范有效执行。

2. 对 Ⅱ 类业务进行增值性分析。综合运用 ABC 法对公司原有的涉及财务信息生成类业务的财务流程进行增值性分析，在对业务流程进行作业、动因与活动分类后，判断其能够保留还是需要删除，在剔除无效的财务信息生成类流程后，对现有的财务信息生成类流程进行重新梳理。

（三）财务流程优化工作中财务流程监控工作的开展

1. 确定财务流程监控要素

对于如何开设监控财务流程的任务，主要是依靠监控的要素，因此，本文根据财务流程将监控要素策划如下：信息合规性、操作及时性、会计科目使用正确性、权限合规性、财务数据核对质量、步骤负责人职责分离、步骤缺失和次序错乱、判断准确性，具体如图 3 所示。

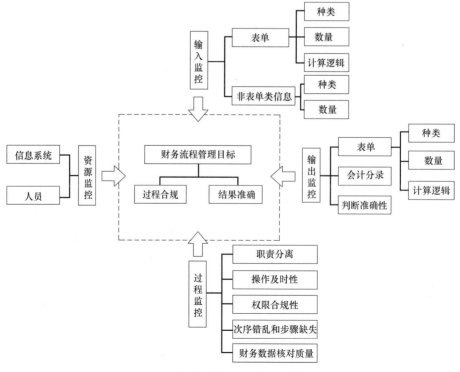

图 3 流程监控要素的确定

2. 辨析财务流程监控方式

第一，前馈系统监控。前馈系统监控是指流程监控可以通过建筑企业自有的财务管理系统进行监控，实现关键节点的检查，判断违规的操作。在此基础上，在系统中引入前馈种植，通过事前规则的预置实现流程监控。

第二，人工监控。人工监控是指依靠公司已有监控系统跟踪记录财务管理系统的操作动作和操作结果，人工进行检查的监控方式。通过上传表单扫描件，远程下载查看表单内容是否含有对应监控要素信息，对系统无法判断的线上监控结果进行合规性验证。

第三，线下监控。线下监控是指针对那些不涉及线上操作的步骤，通过组织专门监控工作组对监控要素进行人工监控的监控方式。线下监控适用于全部监控要素。

（四）扩大新兴信息技术的应用度

随着新兴信息技术的不断冲击，建筑企业财务管控模式是建筑企业管理转型升级的重要抓手。在建筑企业价值链管理的视角下，建筑企业通过应用新兴信息技术手段，可以兼顾价值链上各个环节的业务及财务状况，实现对建筑企业的信息集成、业务集成及财务统筹，有效提升建筑企业管理者对于财务管控效率，优化建筑企业财务部门与其他业务部门间的业务流程，实现信息的及时交流与反馈。一方面，信息技术可以为建筑企业的价值链财务管控模式提供可靠的支撑平台。建筑企业的价值链上分布着设计方、施工方、监理方以及其他主体，而基于信息平台的应用，可以实现建筑企业上下游需求的及时对接，促进信息的共享，有效降低建筑企业信息沟通成本，保证价值信息的时效性，准确对接并满足最终业主的实际需要。另一方面，信息化技术的应用可以实现对建筑企业业务的集成化管理，便于建筑企业管理者对建筑企业中各项财务活动进行统筹化管理及监管，促进更高效化、高水平的建筑企业财务运作流程的管理及控制。

（五）加大建筑企业财务控制力度

随着建筑市场的日趋完善，建筑企业自身的经验范围不断扩大，建筑企业间的竞争持续发酵，为提升建筑企业自身的市场竞争水平，必须从建筑企业价值链的角度进行转型升级。基于对建筑企业价值链的内外部环境的考虑，提升内部财务控制能力，巩固内部经济监控、优化财务审计流程、强化内部资金控制的管理制度，以此保证建筑企业内部资金结构更加合理，外部资金周转更加顺畅。一方面，建筑企业应加强对内外部价值链的综合分析，结合建筑企业价值链特点对建筑企业内部财务资金结构和外部经营管理策略进行优化，保障建筑企业的资金流和信息流能够合理且顺畅地流动，不断满足建筑市场日益增长及多变的需求，提升建筑企业自身资产运作能力；另一方面，建筑企业应结合内外部价值链对建筑企业内部财务进行监督及管理，完善监管机制，健全审计制度，有效保障建筑企业各项经营活动及财务运作过程的合理性和规范化，全面强化建筑企业的内部财务控制。

六、结语

建筑企业对于推动中国国民经济发展、提升国际建筑市场地位具有特殊意义，为了促进建筑行业的健康、可持续发展，有效合理地加大建筑企业财务信息管理有着非常关键的作用，而价值链作为一种先进的管理理念，可以促使建筑企业从全局的角度考虑企业的内部控制与长远发展，可以帮助掌握建筑企业经营管理各阶段中的财务信息流动情况，对于促进建筑企业传统财务管控模式转变、增值管理理念建立、人员积极性调动具有重要意义。而纵观中国建筑企业财务管控模式现状发现，中国建筑企业普遍存在企业财务信息沟通不够顺畅、新兴信息技术使用效率较低、企业内部财务控制力不足和财务风险呈多元化发展趋势等问题。为此，本文指出在价值链视角下，建筑企业应通过贯彻人员的价值链管理观念、创新建筑企业财务管控体系、扩大新兴信息技术的应用度和加大建筑企业财务控制力度等方式推进企业财务管控模式转变，进而实现建筑企业资源配置更合理化，财务管控更优化，为推进建筑企业持续健康发展助力。

参 考 文 献

［1］ 张力伟，黄太进. 我国建设工程高质量评价的应用机制研究［J］. 宏观质量研究，2020，8（5）：114-128.

［2］ 朱昱琳. 基于价值链的企业财务管控创效：以建筑施工企业为例［J］. 中国乡镇企业会计，2021（12）：77-78.

［3］ 高红霞. 建筑施工企业财务管控问题及完善［J］. 山西财经大学学报，2020，42（Z1）：29-30，33.

［4］ 曹庆玲. 建筑施工企业财务管控存在的问题及完善对策［J］. 财经界，2020（10）：121-122.

［5］ 刘国申. 新形势下建筑施工企业财务管理现状分析［J］. 科技经济市场，2019（3）：24-25，32.

［6］ 罗红. 新形势下建筑施工企业财务管理的新举措分析［J］. 财会学习，2019（12）：53-54.

［7］ 徐茜. 浅议建筑施工企业财务管理存在的问题及改进措施［J］. 财会学习，2018（29）：20-21，31.

［8］ 朱炜，李伟健，綦好东. 中国国有资产监管体制演进的主要历程与基本特征［J］. 经济学家，2022（2）：97-108.

［9］ 李龙彪. 价值链管理模式下企业财务管理的优化思路［J］. 投资与创业，2021，32（14）：75-77.

［10］ 张喜东. 价值链管理模式下的企业财务管控策略探究［J］. 今日财富，2021（10）：127-128.

［11］ 盛智玲. 基于价值链管理模式下对企业财务管理工作的论述［J］. 全国流通经济，2021（2）：96-98.

［12］ 蒋牡丹. 新形势下企业财务管理模式创新路径的思考［J］. 会计师，2020（16）：39-40.

［13］ 佟志雪，王宇. 价值链管理模式下的企业财务管控分析［J］. 商场现代化，2020（15）：172-174.

［14］ 方媛媛. 供应链管理下企业财务管理模式分析［J］. 山西农经，2021（6）：126-127.

［15］ 李皓. 国际工程承包项目财务管理工作中的风险管理研究［J］. 中国市场，2022（33）：95-97.

［16］ 柴晓星，郑济孝. 中央企业财务共享服务中心建设研究［J］. 技术经济与管理研究，2020，293（12）：87-91.

房地产行业上市公司财务业绩分析——以 H 公司为例

沈阳建筑大学管理学院

蒋一凡　包红霏

摘　要：地产企业是资金密集型的企业且资金来源单一，近年来陆续受到国家宏观调控方针的影响，以适应不断变化的经济形势。本文以国内房地产行业中具有代表性的 H 公司为例，研究该公司的财务业绩情况并加以分析。

关键词：财务业绩分析；房地产；H 公司

一、引言

房地产行业的蓬勃发展为我国市场经济的高速增长贡献了巨大力量，如何引导该产业有效地利用行业资源，推动该产业的稳健发展，是当今社会不可避免的问题。本文使用杜邦分析法对 H 公司的相关财务指标进行综合分析，了解该公司在目前市场环境下财务业绩，为公司未来的发展提供一些改进建议。

二、H 公司的财务报表主要项目分析

（一）利润表主要项目分析

利润表项目分析　　　　　　　　　　　　　　　　　　　　　表 1

年　份	2021 年	2020 年	2019 年	2018 年	2017 年
营业收入/亿元	431.81	1012.09	1052.10	837.99	596.35
营业成本/亿元	394.08	635.73	592.53	489.19	309.86
财务费用/亿元	178.22	76.03	27.83	9.83	9.80
净利润/亿元	−390.30	36.65	146.12	117.46	88.40
基本每股收益/元	−10.17	0.97	3.64	3.76	2.85

表 1 是 H 公司 2017—2021 年这 5 年基本项目的主要利润情况，可以看出这 5 项数据在 2020—2021 年这一年呈断崖式下跌，营业收入一年内下降了 57.34%，营业成本下降了 38.01%、财务费用上升了 135.05%、净利润下降了 1164.79%、基本每股收益下降了 1148.45%，这些数据有些令人震惊。像基本每股收益这个数据来说，虽然从 2019 年开始就有了下降的趋势、但是也都控制在 100% 之内，甚至前几年仅仅下降了 10% 以内。对于财务费用来说，数据的变化更是骇人听闻，2021 年，财务费用上升飞快，但是，这个上升的趋势其实早就已经开始了，早在 2019 年，财务费用就比 2018 年上升了 188.99%，只是 2018 年财务费用仅有 9.83 亿元，相比来说基数不大，所以并未引起关注，从 2019 年开始，2020 年财务费用由 27 亿元左右上升到 76 亿元左右，上升了 173.34%，2021 年，财务费用比 2020 年又多了 135 个百分点，这个数据的背后，可能也与这两年爆出的 H 公司债务危机有关。

净利率也在销售收入中占比越发缩减，公司的净利率是负数，公司发生亏损。上市公司为股东创造利润的能力下降了，企业创造利润的平均水平下降，运用自有资本的效率下降，股东收益水平也就随之下降。

（二）资产负债表主要项目分析

表2是H公司资产负债表的相关内容，资产负债率在2017—2021年还算是比较稳定，呈现出一个上下波动的发展情况和态势，也就是负债占资产的比例的变化趋势，是在曲折上升，代表负债占比越来越多，所有者权益占比越来越少，公司经营情况出现问题，虽然房地产行业的资产负债率较高也属于正常情况，但是像H公司这种，此指标在2021年年末马上达到95%的情况也是非常值得公司的领导层董事会高度重视这个情况。通过权益乘数这个变化情况，股东权益比例的倒数是权益乘数，即资产总额是股东权益总额的多少倍，从2017—2021年，5年的时间里都在上升，这是上升比例的不同，尤其值得注意的是2021年一整年，权益乘数上涨了13.51，同比增加了245%，令人震惊，说明股东投入的资本在资产中所占的比重越小，财务杠杆越大，公司经营的危险性大大增加。同时，我们也可以看出来，无论是流动负债还是负债合计在这近两年都呈现出了一个中高速增长的情况。

资产负债表分析 表2

年　份	2021 年	2020 年	2019 年	2018 年	2017 年
资产负债率/%	94.60	81.29	83.90	86.65	81.09
权益乘数	18.51	5.35	6.21	0.21	0.20
货币资金/亿元	144.37	269.93	429.63	472.82	681.05
其他应收款/亿元	—	209.84	150.45	130.51	105.87
流动负债/亿元	3639.87	2825.59	2653.32	2425.96	2280.34
负债合计/亿元	4171.38	3973.32	3841.26	3549.96	3048.46

可以看出，流动资产对于流动负债的保障程度降低，短期内财务偿还的安全性也在降低，偿债能力有所降低。应收账款周转期变长，可能会造成平均收账期变长，坏账损失增加，资产流动性减慢，短期偿债能力变差，说明H公司上市公司的偿债能力在这几年间出现了下降的情况。虽然房地产行业作为一个具有高风险、高报酬的财务结构的行业，产权比率相对过高属于正常，但是这个相对情况和变化趋势和速度值得深思。

（三）现金流量表主要项目分析

表3是2017—2021年现金流量表的相关重点数据及变化情况。虽然资产负债表中有所分析，企业偿债能力不好，并且在2021年下降较快，但是在经营活动产生的现金流量净额方面，2021年比2020年有所增加，但是在这5年，经营活动产生的现金流流量净额都<0，说明企业业务发展出现了一些问题，可能是外部环境导致，也可能是内部战略或者是经营制度出现问题，导致企业造血能力一般，需要调整。与此同时，企业在筹资活动产生的现金流量净额方面在2021年这一年下降很快，在过去的几年里，大趋势是下降的，只有2019年发展较好，实现了突破。在2021年，筹资活动现金流出量达到120.41亿元，流入量仅有11.39亿元，差距悬殊，这说明在这一年里，企业筹资遇到问题，并且可能是支付了一些财务费用、偿还了债务等情况出现。总之，在筹资活动方面，流量净额完全是大负数。

现金流量表分析 表3

年　份	2021 年	2020 年	2019 年	2018 年	2017 年
每股现金流量净额/亿元	−3.255	−4.0075	−1.4804	−6.1932	−7.0662
经营活动净现金/总资产/亿元	−0.30	−4.74	−6.95	−1.81	−4.32
每股现金流/亿元	−0.6797	−5.9183	−10.5596	−2.4733	−5.4917
经营活动产生的现金流量净额/亿元	−26.46	−231.60	−318.19	−74.28	−162.28
筹资活动产生的现金流量净额/亿元	−109.02	128.44	259.19	−64.9	570.98
投资活动产生的现金流量净额/亿元	9.24	−48.83	13.49	−50.17	−200.23

三、H公司业绩情况

（一）盈利能力

图1是2017—2021年H公司净资产收益率的变化情况。从图1中可以看出，在这5年的时间里，

净资产收益率基本上呈现出一路下滑的态势，从 2017 年的 33.68%稳步成长到 2019 年的 39.9%，发展态势良好，但是到了 2020 年，情况急转直下，下降不少，到了 2021 年，情况更加糟糕，净资产收益率直达－150%，令人震惊。可以看出净利率在销售收入中占比越发缩减，也说明公司的净利率是负数，公司发生严重亏损。企业创造利润的平均水平下降，运用自有资本的效率下降，股东收益水平也就随之下降。与此同时我们可以从 H 公司的财务报表中得知，销售利润率和净资产收益率的变化趋势在近几年趋同，2021 年一年都在大跳水，以极高的速度下降，并都下降至－100%左右。说明企业盈利能力在 2017 年至 2019 年较为稳定，2021 年盈利能力降低，业绩水平不尽如人意。

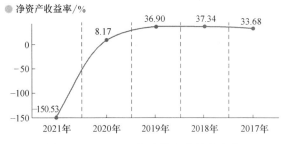

图 1　2017—2021 年净资产收益率变化

（二）营运能力

从图 2 中可以看出 H 公司在 2017—2021 年的总资产周转率的变化情况，总资产周转率相比净资产收益率的变化来说，要平稳很多。2017—2019 年，这 3 年都处于一个稳步发展的阶段，从 0.19 上升到 0.24，到了 2020 年也只是略微有所下降，这个指标的数据变成了 0.21，还算稳定，一直保持在 0.20 左右。到了 2021 年年末，总资产周转率下降到了 0.09，下降速度较快，同比下降了 56.56%。说明在 2021 年，H 公司说明企业销售能力变弱，资产投资的效益不好，资产利用效率变低，整体资产的运营能力有待加强，企业全部资产的管理质量和利用效率变差，财务安全性值得考虑。需注意运营过程中资金周转问题以及相应的经营风险。

（三）资本结构

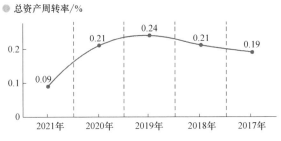

图 2　2017—2021 年总资产周转率变化

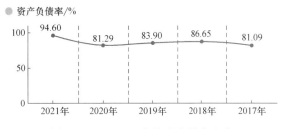

图 3　2017—2021 年资产负债率变化

从图 3 中可以看出 H 公司从 2017—2021 年的资产负债率的变化情况，资产负债率从 2017 年的 81.09%，上升到 2018 年的 86.65%，随后两年内，在 2019 年和 2020 年又开始下降，直至 81.29%，这几年无论怎么变化，也没有超过 90%，还算稳定。但是到了 2021 年，资产负债率急速增加，达到了 94.60%，直逼 100%，说明 H 公司融资需求在这一年不断壮大，总债务不断增长，财务杠杆水平一直较强，好的方面是也能说明企业融资能力较强，但是债权人的利益不能受到更多的保障。虽然说房地产行业企业进行举债经营较困难，债务资本占比较大，资本结构较差。

（四）偿债能力

从图 4 中可以看出 H 公司从 2017—2021 年的流动比率的变化情况。流动比率在前 4 年，也就是 2017—2020 年都保持在一个稳定的状态，最高的

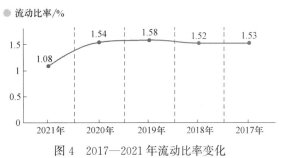

图 4　2017—2021 年流动比率变化

是 2019 年，达到 1.58，最低是 2018 年，是 1.52，变化幅度不大，但是到了 2021 年，下降较快，达到了 1.08，同比下降 29%，说明 H 公司受高成本名股实债融资的影响，企业变现能力减弱，短期偿债能力较弱，经营活动无法提供充足的现金量，因此不能有效合理偿还自身的流动负债，短期偿债风险较大。

在长期偿债能力方面，从上表可以看出，在这 5 年资产负债率总体呈上升趋势，2021 年最为严重，资产负债率上涨较快，上涨幅度较大，虽然房地产行业因为其经营情况和产品的特殊性，导致资产负债率相对较高，但是 H 公司在 5 年间，融资需求不断变大，总债务快速增长，财务杠杆徘徊于高位，权益乘数较高，2021 年达到 18.51，前 4 年保持在 4～5，说明其所有者权益占总资本的比重较小，企业资本结构中负债占比较大，不能可靠保证债权人的利益。所以 H 公司的高杠杆的运营模式给财务带来较高的风险，也给长期偿债能力带来压力。

四、同行业业绩对比分析

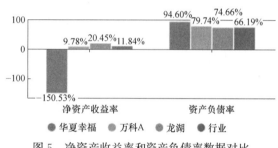

图 5 净资产收益率和资产负债率数据对比

图 5 中两个柱状图体现了 H 公司 2021 年的四项财务指标（总资产周转率、流动比率、净资产收益率月资产负债率）与同行业优秀龙头企业龙湖集团、万科 A 和行业均值的对比情况，可以更加清晰地体现出 H 公司 2021 年的剧烈变化的财务状况是否和行业整体变化情况相符合，万科集团作为 2021 年房地产行业企业市值排行第一名的公司，整体规模最大，相比来说受客观情况的变化与影响也不会比 H 公司少，所以选择万科作为一个对比的样本。

从图 5 可以看出，在净资产收益率方面，H 公司与其他两个对比样本企业与行业数据相差最多，行业平均净资产收益率在 11.83%，龙湖集团相比来说是较高的，净资产收益率为 20.45%，万科低于龙，也低于行业平均水平，为 9.78%。本文所研究的 H 公司的净资产收益率远远低于行业水平，2017—2020 年还可以和行业平均水平相差不大，2021 年降至 150%。说明 H 公司的净利润是负数，并且创造利润的水平比万科 A 和龙湖还有行业平均水平都差。

在可以看出资本结构的资产负债率方面，龙湖 2021 年的数值是 74.66%，万科 A 较高，达到了 79.74%，略高于行业 2021 年资产负债率的平均值 76.19%。H 公司的此项财务指标数据更高，达到了 94.60%，直逼 100%，行业平均值与其他两个对比企业虽然资产负债率较高，但也是相对合理，毕竟房地产企业性质比较特殊，主营业务情况不一样，举债较大，但是 H 公司的财务资产负债率太大，说明情况也很严重，融资需求过大，总债务不断增长，财务杠杆水平一直较高，债权人的利益不能得到更多的保障。虽然说房地产行业企业进行举债经营较困难，债务资本占比较大，资本结构较差。

在反映企业偿债能力的流动比率方面，2021 年行业平均水平在 1.31，万科 A 低于行业平均水平，流动比率为 1.22，龙湖高于平均水平，为 1.4431，H 公司 2021 年的流动比率更低，马上跌破 1，数值为 1.08。通过上述几个数据的对比，说明 H 公司受高成本名股实债融资的影响，企业变现能力相对来说较差，短期偿债能力较弱，经营活动无法提供充足的现金量，因此不能有效合理偿还自身的流动负债，短期偿债风险较大。

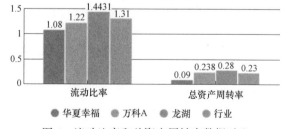

图 6 流动比率和总资产周转率数据对比

在反映企业营运能力方面，可以参考总资产周转率。通过图 6 可以看到 2021 年房地产行业的总资产周转率是 0.23，万科 A 的数值稍高 0.08，龙湖的总资产周转率最高，达到 0.28，但是 H 公司远远低于行业平均值，只有 0.09。说明相比于行业平均水平和佼佼者龙湖与万科来说，H 公司的企业销售能力较差，资产投资的效益不好，资产利用效率更低。整体资产的运营能力有待加强，企业全部资产的管理质量和利用效率变差。

五、结论

本文对 H 公司的财务报表的资产负债表、利润表和现金流量表进行分析，并且根据 H 公司业绩情况与同行业企业的业绩进行对比分析，研究发现 H 公司近几年的发展出现了一些问题，尤其是2021 年这一年，经营情况大跳水，H 公司利润水平大跌，短期偿债能力下降，变现能力下降，资产负债率大幅上升，总债务不断增长，财务杠杆水平一直较高。企业应该加紧调整政策，找到企业出现上述问题的原因，总结经验教训，提高发展质量。

参 考 文 献

［1］ 怀特. 字体设计原理［M］. 徐玲，尚娜，译. 上海：上海人民美术出版社，2006.

［2］ 菲利奇. 字体设计应用技术完全教程［M］. 上海：上海人民美术出版社，2006.

［3］ 孙蔓莉. 论上市公司信息披露中的印象管理行为［J］. 会计研究，2004（3）：40-45.

［4］ 孙蔓莉，王化成，凌哲佳. 关于公司年报自利性归因行为的实证研究［J］. 经济科学，2005（2）：86-93.

［5］ 朱文莉，程双梅. 上市公司自利性业绩归因行为的识别与风险：以莲花味精为例［J］. 会计之友，2014（4）：107-109.

［6］ 蒋亚朋，王思，张翼. 上市公司业绩归因信息披露质量分析及提升对策［J］. 财会月刊（理论版），2012（10）：42-45.

轻资产转型对 B 地产企业价值的影响

沈阳建筑大学管理学院

李南芳　　张嘉琪

摘　要： 1998—2007 年是房地产行业快速发展的 10 年，2008 年开始，随着国家出台的一系列紧缩政策，房地产行业变得竞争激烈，利润也在下降。待销售房屋变多，销售面积、销售营业额呈明显下降趋势。2013 年开始，越来越多的房地产企业走上了由重资产转型轻资产运营模式的道路，本文以 B 地产为研究对象，研究轻资产运营模式对房地产企业价值创造的影响。

关键词： 房地产企业；轻资产运营模式；企业价值

一、引言

就目前国内整个大环境来看，房地产行业近几年不景气。"高杠杆、高周转"的房地产企业承受着巨大的压力，传统的重资产运营模式已经不再满足当前的房地产企业。因此，大多数房地产企业用于提升自身企业价值的主要思路就是进行运营模式的转型。

二、B 地产轻资产运营模式转型动因及路径

（一）B 地产转型的动因

1. 减少库存积压

过去几年房地产行业炒房现象越发明显，导致房价大幅上涨和房地产企业盲目投资。然而消费者的消费水平有限，造成供给大于需求的局面。随着近几年国家出台的一系列房地产市场的紧缩政策，降低了购房者的热情。但是，截至 2019 年底，我国商品房存量待售面积仍然有 4.98 亿 m^2，处于较高水平。B 地产在 2013 年转型前一直是重资产运营模式，转型前存货占总资产比重在逐年增加，相对于同行业的碧桂园和万达来讲，B 地产更严重地占用了资金。在此情况下，B 地产急需通过降低库存来减少资金使用状况。恰好轻资产的运营模式通过输出品牌和管理能力，使 B 地产更好地实施去库存的战略，提高了资金使用效率。

2. 缓解融资压力

房地产行业的资金使用特点就是资金投入量大，收益周期长。所以该行业的资产负债率高于其他行业，对资金的使用需求较高，自身的资金一般很难满足需求，因此，需要外界提供资金，例如银行、境外债、信托基金等。但是，随着近几年国家出台一系列房地产企业紧缩融资的政策，对于很多融资单一的企业来说，融资变得困难，使得企业的财务风险长期位于高位。

2013 年之前，B 地产采用重资产的运营模式，其资产负债率高于同行业水平，说明 B 地产的财务风险较高。面对这一挑战，B 地产通过轻资产的转型，探索多元化融资渠道，减少信贷融资占总融资的比例，从而缓解了融资压力。

3. 提高了企业品牌竞争力

我国房地产行业历经数十年的发展，数量还在持续的增加，截至 2019 年，我国房地产企业已有99544 家。随着房地产行业的兴起，市面上的产品趋于同质化，企业要想健康稳定地发展下去，企业整体的核心竞争力的提高是关键，但是在重资产的运营模式下，资源配置较为分散，企业很难将精力集中在价值链中的高附加值环节。

B 地产在由重资产运营模式转为轻资产运营模式期间，也将企业的运营由传统的土地增值转型出售高新技术、管理服务等附加值服务业务，这使得 B 地产提升了自身的企业价值，在行业中处于领先地位。

（二）B 地产转型的路径

1. 社区养老

与同行业其他地产公司相比，B 地产是较早开展养老服务的企业，早在 2012 年 B 地产就建立了自己的养老品牌"和熹会"，并在广州、北京、上海等地都设立了养老机构项目。为了挖掘和满足消费者的需要，目前 B 地产的养老业务主要包括：社区养老、居家养老、机构养老。最核心的业务是机构养老，B 地产通过与三甲医院合作，组建专业的诊疗团队，提供专业服务。

2. 房地产金融

B 地产为了保证资金的使用效率，早在 2012 年就发展了"房地产＋金融"的运营模式，主要是设立信保基金，2010 年与中信证券共同成立了天津信保股权投资基金管理有限公司，根据 B 地产年报显示，信保基金表决权中 B 地产达到 80％，处于主导地位。2016 年随着"存量时代"的到来，B 地产引入租房 REITs 业务，2017 年，B 地产联合中联前源不动产基金发行了"中联前海开源——B 地产租赁住房一号资产支持专项计划"，这也是国内首单央企租赁住房 REITs（如表 1）。

2013—2021 年 B 地产税后经营净利润计算　　　　　　　　　　表 1

年份	2013	2014	2015	2016	2017	2018	2019	2020	2021
息税后净利润/亿元	126.31	153.93	184.52	186.97	223.65	294.53	409.77	459.64	565.34
＋少数股东权益/亿元	11.17	20.31	44.80	46.51	40.60	72.45	95.95	130.36	160.58
＋递延所得税贷方余额的增加/亿元	−2.5	−6.14	−1.75	−2.11	−14.83	−3.25	−12.67	−10.65	−9.63
＋各项准备金的增加/亿元	0.60	5.63	1.56	−0.40	0.61	23.51	10.48	15.63	13.25
＋研发费用/亿元	6.70	8.01	8.34	9.02	8.00	10.41	11.80	16.07	12.99
＋非正常损益/亿元	−0.95	−0.52	−1.76	−1.87	−1.72	−1.87	−1.29	−2.68	−1.47
税后经营净利润/亿元	153.33	180.95	235.71	238.12	256.31	359.78	514.04	608.37	531.06

数据来源：作者整理计算所得

3. 商业领域

B 商业的发展主要是品牌的输出，经过多年的探索，业务模式逐渐完善。从 2016 年 B 物业开始在武汉、长沙、合肥等地建设 B 广场，随着 B 广场的投入使用，B 商业的外部租赁模式越来越规范，运营模式越来越成熟。截至 2021 年底，B 商业在全国 40 多个城市打造了 100 多个商业项目。尤其是在 2015 年，B 地产推出"若比邻"线上 APP，实现线上线下双经营模式。

三、基于 *EVA* 模型的价值创造效应研究

（一）经济增加值（*EVA*）评价体系构建

经济增加值（简称 *EVA*），是指税后经营净利润扣除资本成本后的净额。*EVA* 衡量的是一段时期资本投入所带来的净收益，可用于估计企业为股东带来的价值，测量的结果也可以使企业有方向地调整资本投入，更好地降低资本成本，有效地增加企业价值。

1. 税后经营净利润计算

税后经营净利润＝息税后净利润＋少数股东损益投资收益＋递延税项贷方余额增加＋各项准备金的增加＋研究开发费用调整＋本年的商誉摊销额＋非正常经营损益

2. 资本总额计算

资本总额（*CE*）＝股东权益＋累计商誉摊销＋递延税款贷方余额＋各种准备金余额＋长期借款＋应付债＋一年内到期长期借款＋一年内到期应付券

3. EVA 值计算（如表 2、表 3）

经济增加值＝税后经营净利润－资本总额×加权资本成本＋资本化的广告费－在建工程－金融资产

2013—2021 年 B 地产资本总额计算　　表 2

年份	2013	2014	2015	2016	2017	2018	2019	2020	2021
＋股东权益/亿元	691.53	808.72	971.40	1181.02	1581.63	1864.94	2295.22	2563.58	2763.28
＋短期借款/亿元	13.70	32.57	31.01	4.09	30.67	30.11	31.33	34.25	31.26
＋长期借款/亿元	751.01	904.95	664.12	688.67	1477.04	1818.74	1720.72	1952.23	1856.36
＋应付债券/亿元	29.90	70.30	183.93	301.26	274.52	330.65	315.18	352.62	325.32
＋一年内到期的非流动负债/亿元	196.25	254.12	321.94	128.24	264.28	457.07	633.26	568.54	652.68
＋资本化的广告费/亿元	6.70	8.01	8.34	9.02	7.65	10.00	11.24	13.25	15.63
＋各项准备金合计/亿元	0.60	5.63	1.56	−0.40	0.61	23.51	10.48	12.31	15.63
＋递延所得税贷方余额/亿元	−0.063	−0.01	−0.005	0.51	0.0010	0.0045	1.43	1.52	1.68
资本总额/亿元	1689.6	2089.3	2185.3	2312.4	3636.31	4535.02	5018.86	5498.30	5661.84

数据来源：作者整理计算所得

2013—2021 年 B 地产 EVA 值计算　　表 3

年份	2013	2014	2015	2016	2017	2018	2019	2020	2021
税后经营净利润	153.33	180.95	235.71	238.12	256.31	359.78	514.04	608.37	531.06
资本总额	1689.6	2089.3	2185.3	2312.4	3636.31	4535.02	5018.86	5498.30	5661.84
加权资本成本%	8.91	7.98	6.38	6.79	5.83	6.95	5.88	6.25	7.24
EVA	2.79	14.22	96.29	81.11	44.32	44.60	218.93	264.73	121.14

数据来源：作者整理计算所得

（二）基于 EVA 评价体系的效果分析

1. 企业价值提升

B 地产在 2013 年转型之前一直采用的是重资产运营模式，业务模式单一，融资渠道也主要以银行借款为主，所以在 2013 年之前 EVA 值一直是负的，并没有实现企业价值增值，但是在 2013 年企业开始进行运营模式的转型，实施了多元化业务模式，不再把经营中心只放在不动产的开发上。2014 年 EVA 值达到了 14.22 亿元，是 2013 年的 5.10 倍，甚至在 2020 年达到了最高值 264.73 亿元，EVA 值就是评估企业价值的增值，可见 B 地产在转型之后企业价值在稳步提升。

2. 资本净利率提高

在 2013 年转型之后税后经营净利润呈现上升的趋势，在 2015 年首次达到了 200 亿元以上，资本净利率也在不断提高，这是因为轻资产转型以来，B 地产改变了投资方向，以更低的投入获得了更大的利润，相比于之前重资产，品牌的输出和综合业务的发展更能获得高投资回报率，更能减轻企业的资产负担，除此之外，也能带来更大的利润空间。

3. 拓宽了融资渠道

传统的重资产运营模式下，企业的融资方式主要以银行借贷的形式，而研究表明，企业的融资方式不是一成不变的，企业整体的发展水平很大程度地影响了企业的融资。B 地产在 2013 年转型之后，业务范围在不断扩大，销售规模及盈利水平在不断提高，向市场有效地传达经营良好的信号，使得市场对 B 地产投资的信心增加，从而拓宽了融资渠道。从财务数据上看，轻资产运营模式转型之前，B 地产外源融资金额呈上升趋势，在 2012 年达到最高 426.64 亿元，在转型之后，外源融资能力依旧上升，在 2018 年达到最高 1398.38 亿元，说明轻资产的转型对 B 地产来说更好地提高了外源融资能力，也提升了企业在市场的竞争力。

四、轻资产运营模式对房地产企业价值的意义

（一）增强企业盈利水平

经过分析可知，原来通过"高杠杆，高周转"的经营方式已经不适合当今的房地产企业，它不仅

不利于企业提升盈利能力，也会给企业带来较大的财务风险。近几年随着房地产行业兴起，房地产企业数量越来越多，业务规模越来越大，然而企业盈利水平在持续下降，直到 2018 年整体盈利水平才有所回升，截至 2018 年越来越多的房地产走上了转型道路，这也证明了房地产运营模式的改变起到了一定的积极作用，在转型的道路上，企业为了避免 因为政治、经济等不确定性因素带来的不利影响，在保持传统的不动产建设之外，还加强了自身品牌建设和管理，拓宽了业务范围，获得超额收益。

（二）提高创新和管理能力

轻资产转型的关键是强调"轻"，注重无形资产的开发和使用可以减少企业存货和固定资产的比例。房地产公司不仅要提高开发能力，还要加大对新工艺和新技术的研发投入，同时公司通过技术管理输出方式的低成本运营，这也是公司实施轻资产运营模式的基本基础。研究开发的投资是长期的，虽然短期内看不到效果，但长期来看会给企业带来巨大的利益。

（三）提升企业运营效率

房地产行业对资金的流动性要求很高，企业的资金使用效率可以直接影响企业的发展，谁的资金使用率高，谁的财务风险相对较小。如今，随着国家新政策的颁布，去库存逐渐完成，房地产市场销售力度大幅回落，资金回收困难，与此同时，面对一系列紧缩政策，企业用于投资的资金越来越少，如有不慎，就会导致资金链的断裂。而轻资产运营模式，可以使企业扬长避短，充分发挥自己的优势领域，打造自己的品牌，从而更好地提升运营效率。

五、结论

随着房地产"昌盛时期"的结束，传统的重资产运营模式已经不再能满足目前房地产企业，企业要想稳定地发展下去，运营的转型是必经之路。轻资产运营模式更好地适应了当前的新政策，也能够弥补重资产运营存在的不足。B 地产作为我国房地产支柱企业之一，运营模式的转型是基于自身的发展需求，扩宽了业务范围；建设了一个以不动产开发为核心，综合服务和不动产金融为两翼的"一主两翼"发展新格局，同时加强了品牌建设和管理，在某些方面更好地增加了企业的价值，也为我国房地产企业轻资产转型提供了借鉴。

参 考 文 献

[1] 戴萌. 轻资产运营模式对房地企业价值的影响 [D]. 上海：上海财经大学，2020.
[2] 贺娇. 房地产企业轻资产盈利模式转型下融资方式研究 [D]. 呼和浩特：内蒙古财经大学，2021.
[3] 张丽萍，杨亚军. 房地产企业轻资产运营模式的价值创造分析：以万科为例 [J]. 审计与理财，2017（10）：31-34.

基于 *EVA* 模型的房地产企业价值评估研究

沈阳建筑大学管理学院

李　森　李梓楠

摘　要：现如今，受政府紧缩的调控政策以及原材料成本上涨的影响，房地产行业间竞争日趋激烈，促使房地产企业的并购、融资等活动的发生。因此，合理地对房地产行业的企业价值进行评估显得尤为重要。本文以 W 企业为例，基于 *EVA* 模型对企业进行价值评估研究，探究该企业存在的问题并为决策者提供参考。

关键字：房地产行业；企业价值；*EVA* 模型

一、引言

房地产行业在现代社会经济生活中占据重要地位。近些年来，社会调控政策不断紧缩，同时疫情对我国经济的冲击，导致房地产市场进入衰退期。为了满足大规模的资金需求，房地产企业更偏向进行股权融资。企业价值是进行融资、投资决策时重要的参考指标，传统的利润指标忽略了股权资本，导致评估价值与企业实际价值存在较大差距。

EVA 价值评估模型充分考虑企业资本成本对企业价值的影响，计算出的结果更接近于企业的真实价值（孙茜，2021），因此本文将采用 *EVA* 模型对 W 企业进行价值评估研究，通过评估 W 企业价值，为管理者提供参考，也为房地产企业增加价值提供建议。

二、*EVA* 模型概述

EVA 模型是一种对企业的经营业绩进行评估的方法。该方法能够衡量企业资本收益与资本成本之间的差额。与传统估值模型方法相比，它更注重股东权益，更有利于企业长期发展。当 *EVA* 值为正数时，说明企业正在创造价值，股东财富正在增加。

EVA 是指企业税后净营业利润（*NOPAT*）与现有的加权平均所用的资本成本（*TC*×*WACC*）的差额，其计算公式为：$EVA = NOPAT - TC \times WACC$

NOPAT 是税后经营净利润，通过对部分科目进行会计调整，将经营所得收入减去除利息支出以外全部经营成本后的净值。*TC* 是经过会计调整后的资本总额，包括债务资本和权益资本。*WACC* 是加权平均资本成本，是指先计算企业计息债务与股东权益占总资产的比重，再与企业税后债务资本成本与股权资本成本进行加权平均。

三、基于 *EVA* 模型对 W 企业进行企业价值评估

（一）W 企业介绍

W 企业成立于 1984 年，目前公司业务已经延伸到商业、长租公寓、物流仓储、酒店与度假、教育等领域。W 企业是位列世界 500 强的明星企业，即使房地产市场处于下跌时期，W 企业也具备足够强的危机意识，能够有效控制资金流。其非开发业务正在进入高速发展期，W 企业的发展能够满足 *EVA* 模型的基本价值假设。所以本文将 W 企业披露的会计报表数据和相关信息作为估值的主要依据，构建 *EVA* 模型对进行企业价值评估。

（二）基于 *EVA* 评估 W 企业价值

1. 税后净营业利润（NOPAT）的计算

在计算税后净营业利润时，要对 W 企业部分科目进行会计调整，W 企业 2017—2021 年净营业利润如表 1 所示。

W 企业 2017—2021 年税后净营业利润 表 1

年份	2021	2020	2019	2018	2017
利润总额/亿元	522.23	796.76	765.39	674.60	511.42
净利润/亿元	380.70	592.98	551.32	492.72	372.08
＋所得税费用/亿元	141.53	203.78	214.08	181.88	139.34
＋利息费用/亿元	78.61	87.58	92.55	81.81	82.08
息税前利润/亿元	600.84	884.33	857.95	756.42	593.50
平均所得税税率/％	27.10	25.58	27.97	26.96	27.24
息前税后净利润/亿元	438.01	658.12	617.98	552.48	431.80
＋递延税款贷方余额的增加/亿元	−49.24	−41.59	−79.35	−58.25	−26.91
递延所得税负债/亿元	12.90	2.31	2.82	5.39	2.65
递延所得税资产/亿元	335.18	275.35	234.28	157.49	96.51
＋少数股东损益/亿元	155.45	177.83	162.60	155.00	91.57
＋各项准备金合计/亿元	37.94	22.05	18.66	26.18	13.19
＋广告费用/亿元	38.60	33.10	34.27	30.48	19.59
＋营业外支出/亿元	14.56	12.82	7.89	5.13	3.94
−营业外收入/亿元	11.48	9.99	7.15	4.74	7.23
税后经营净利润/亿元	623.85	852.34	754.89	706.27	525.94

数据来源：W 企业 2017—2021 年财务报告

根据表 1 计算得出的 *NOPAT* 数值可以看出 W 企业在 2017—2020 年间所获得的税后经营净利润呈现出不断的上升趋势，直到 2021 年有所下降，且下降幅度较大，这是因为 2021 年 W 企业的盈利能力有所下降。*EVA* 的变化受到 *NOPAT* 的影响，因此 W 企业应通过增加销售和进行税收筹划来提升净利润，从而提高企业价值。

2. 资本总额（TC）的计算

在计算资本总额时，要计算出债务资本和权益资本。同时，对企业的资本化费用、递延所得税、在建工程以及相关各减值准备金进行调整。计算结果如表 2 所示。

W 企业 2017—2021 年资本总额 表 2

年份	2021 年	2020 年	2019 年	2018 年	2017 年
所有者权益合计/亿元	3927.73	3498.44	2705.79	2356.21	1866.74
＋短期借款/亿元	144.13	251.12	153.65	101.12	161.09
＋长期借款/亿元	1543.22	1320.37	1143.20	1209.29	960.29
＋一年内到期的长期借款/亿元	479.32	604.62	806.46	704.38	461.64
＋应付债券/亿元	530.21	435.76	496.46	470.95	323.23
＋广告费用/亿元	38.60	33.10	34.27	30.48	19.59
＋各项准备金合计/亿元	37.94	22.05	18.66	26.18	13.19
＋递延所得税贷方余额/亿元	−322.28	−273.04	−231.45	−152.10	−93.86
−在建工程/亿元	33.98	32.37	41.80	19.13	10.22
−金融资产/亿元	10.62	8.83	127.42	129.64	13.53
资本总额/亿元	6334.27	5851.22	4957.82	4597.73	3688.14

数据来源：W 企业 2017—2021 年财务报告

资本总额的增大会导致 *EVA* 变小，资产总额包括债务资本和权益资本，因此企业应该合理安排债务与权益融资比例。如表 2 所示，2017—2021 年，W 企业资本总额逐年递增，债务资本中长期借款所占比例较大，用债券进行融资较多。

3. 加权平均资本成本（WACC）的计算

在计算加权平均资本成本之前，首先要计算债务资本和权益资本占总资产的比例，如表 3 所示。

W 企业 2017—2021 年债务资本和权益资本占比 表3

年份	2021	2020	2019	2018	2017
资本总额/亿元	6334.27	5851.22	4957.82	4597.73	3688.14
短期借款/亿元	144.13	251.12	153.65	101.12	161.09
长期借款/亿元	1543.22	1320.37	1143.20	1209.29	960.29
一年内到期的长期借款/亿元	479.32	604.62	806.46	704.38	461.64
应付债券/亿元	530.21	435.76	496.46	470.95	323.23
债务资本 D/%	2696.87	2611.86	2599.77	2485.74	1906.24
债务资本权重/%	42.58%	44.64%	52.44%	54.06%	51.69%
权益资本 S/%	3637.39	3239.36	2358.05	2111.99	1781.90
权益资本权重/%	57.42%	55.36%	47.56%	45.94%	48.31%

数据来源：W 企业 2017—2021 年财务报告

为了简化计算，本文选取中国人民银行颁布的对应年利率作为债务资本成本率，用平均所得税税率计算税后债务资本成本。计算权益资本成本时，无风险报酬率参照近 5 年每年年末国债到期收益率，风险系数 β 选自同花顺，市场风险溢价（$R_m - R_f$）用 10 年沪深指数平均收益率与无风险收益率之差表示，计算结果如表 4 所示。

W 企业 2017—2021 年加权平均资本成本 表4

年份	2021	2020	2019	2018	2017
权益资本 S/亿元	3637.39	3239.36	2358.05	2111.99	1781.90
债务资本 D/亿元	2696.87	2611.86	2599.77	2485.74	1906.24
资本总额 $S+D$/亿元	6334.27	5851.22	4957.82	4597.73	3688.14
$S/S+D$/%	57.42	55.36	47.56	45.94	48.31
$D/S+D$/%	42.58	44.64	52.44	54.06	51.69
权益资本成本 K_s/%	8.98	8.74	8.91	8.91	8.85
税后债务资本成本 K_d/%	3.40	3.44	3.97	3.37	3.36
加权平均资本成本 WACC/%	6.61	6.37	6.32	5.92	6.01

数据来源：同花顺

加权平均资本成本代表企业获取资金的成本，该值越低，说明融资成本越低，除 2018 年，近几年 W 企业的加权资本成本逐年递增，说明企业融资成本出现小幅上升，但总体来看，W 企业的加权平均资本成本数值并不高，有利于提升企业价值，以及实现股东财富最大化的经营目标。

4. EVA 的计算（如表 5）

W 企业 2017—2021 年 EVA 值 表5

项目/年份	2021 年	2020 年	2019 年	2018 年	2017 年
NOPAT/亿元	623.85	852.33	754.89	706.27	525.94
TC/亿元	6334.27	5851.22	4957.82	4597.73	3688.14
WACC/%	6.61	6.37	6.32	5.92	6.01
EVA/亿元	205.16	479.62	441.56	434.09	304.28

数据来源：W 企业 2017—2021 年财务报告

5. 对模型进行分析

为了更好地分析企业 EVA 与净利润之间的联系，本文将近 5 年计算得到的 EVA 与净利润的关系用折线图表示，如图 1 所示。

由图 1 中折线可以看出，W 企业 2017—2020 年 EVA 值和净利润数额均呈现出不断上升的趋势。但是，2021 年万科的净利润和 EVA 数值大幅下降。这是因为 W 企业在2021 年土地储备整体都表现出下滑的趋势，

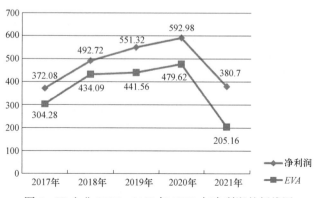

图 1　W 企业 2017—2021 年 EVA 与净利润的折线图

土储的下降导致营业收入减缓、开发业务的毛利率大幅下降。同时营业成本大增导致净利润急剧下滑,主要原因在于拿地成本和人工成本上升。2021 年,即使市场艰难,W 企业坚持大额分红,分红比例超过 50%。同时 W 企业坚持大力投资,发展其他业务,本年共收购 188 家公司,投资现金流出262.8 亿元,导致 W 企业经营性现金流大幅下降。

2017—2021 年 W 企业 EVA 均为正值,说明 W 企业为股东创造价值,从整体来看,近 5 年计算出的 EVA 数值均小于企业的净利润。这是由于计算 EVA 值时,需要考虑股东全部资本的投入成本,主要是指企业进行会计核算的净利润扣除所有的资本投入成本后的 W 企业剩余净利润。通过分析EVA 值的波动,不难发现影响 W 企业价值的因素主要在于营业收入和融资结构,在营业收入方面,W 企业应通过增加销售业绩,控制成本来提高利润率,在融资方面则需要合理调整融资比例,控制融资成本实现效益最大化。

6. 预测未来 EVA 和企业价值

通过 W 企业 2017—2021 年的 EVA 值,本文对 W 企业未来 5 年的 EVA 做了预测,有利于更好地计算出 W 企业的企业价值。本文先计算近 5 年各项目的平均增长率,作为预测增长率,结合房地产行业的发展现状和未来前景,NOPAT 及 WACC 未来的增长率均在上一年基础上递增 2% 进行预测,TC 未来增长率增速逐年递减 2%。计算结果如表 6 所示。

W 企业 2022—2026 年 EVA 值　　　　　　　　　　　　　　　　表 6

年份	2022	2023	2024	2025	2026
NOPAT/亿元	667.52	727.60	807.64	912.63	1049.53
TC/亿元	7284.41	8231.38	9136.83	9959.15	10656.29
WACC/%	6.78	7.09	7.55	8.19	9.05
EVA/亿元	173.64	144.00	117.81	96.98	85.13

在对未来 EVA 进行预测时,以 2021 年 12 月 31 日作为期初,计算 W 地产企业价值。在 2026 年后,W 企业进入稳定期,稳定期增长率为 2%,EVA 维持 2026 年末水平,因此计算得出 W 企业在2021 年年末的价值如表 7 所示。

W 企业 2021 年年末企业价值评估结果　　　　　　　　　　　　表 7

项目	基期	2022 年	2023 年	2024 年	2025 年	2026 年	2026 年后
预测 EVA/亿元		173.64	143.99	117.81	96.98	85.13	85.13
WACC/%		6.78%	7.09%	7.55%	8.19%	9.05%	9.96%
折现后/亿元		162.62	125.56	94.70	70.78	55.20	694.48
C/亿元	3637.39						
V/亿元	4840.74						

经计算,W 企业在 2021 年末公司价值为 4840.74 亿元,2021 年末公司总股份数 11625383375 股,折合股价为 41.64 元/股,经查询得到 W 企业 2021 年 12 月 31 日股票收盘价为 19.76 元/股,说明 W企业股价存在被低估的可能。

四、结论

房地产行业作为支撑我国国民经济的支柱产业,合理、科学地对企业进行价值评估,有利于企业调整战略布局与规范经营,维持市场的稳定发展。本文通过采用 EVA 评估法对 W 企业进行价值评估,得出 W 企业应该合理安排融资结构、控制相关成本、管理者应当以价值为导向,通过提高税后经营净利润来提升公司价值这一结论。通过对 EVA 在评估企业价值中的应用,加深对模型的理解,同时为该模型在房地产行业的应用提供参考。

参 考 文 献

[1] 巴雅尔,杨玉国. 基于 EVA 模型的房地产企业价值评估应用:以绿地控股集团为例 [J]. 商业会计,2022

(19)：62-67.

［2］　纪天宇. 宁德时代基于 EVA 的企业价值评估案例研究［D］. 北京：中国财政科学研究院，2021.

［3］　徐丽星. 基于 EVA 的千红制药企业价值评估［D］. 南京：南京邮电大学，2019.

［4］　卢琳. 基于 EVA 估价法的房地产企业价值评估探讨［D］. 南昌：江西财经大学，2019.

［5］　Cai-Xiaoyang Ge. Applying the Value Assessment of New Energy Companies Based on the EVA Model：An Example from Ningde Times New Energy Technology Co［J］. International Journal of Accounting and Finance Studies，2022，5（2）.

基金项目：

辽宁省教育厅，辽宁省战略性新兴产业与传统产业耦合发展研究，编号 lnqn202031

辽宁省社科联委托课题 辽宁省房地产与城市经济协调发展的耦合研究 2022lslwtkt-049

基于 *EVA* 模型的企业价值评估——以 L 控股集团为例

沈阳建筑大学管理学院

邵嘉华　　赵玉岩

摘　要： 随着我国经济社会的不断发展，企业对自身价值管理越来越重视，逐渐成为企业管理的核心内容，而针对如何对企业价值进行评估又有各种方法。由于 *EVA* 模型评估方法注重了与企业经营活动相关的收益，更能反映企业股东价值所创造的能力，此方法被越来越多的企业所采纳。本文基于 *EVA* 模型选择 L 控股集团为研究案例，对其企业价值进行评估。从评估结果分析中可以看出 L 控股集团的企业价值被低估，对此根据企业短板针对性做出提高企业价值的决策。

关键词： 企业价值；*EVA*；L 控股集团

一、引言

房地产行业对于我国经济发展有着非常重要的作用，为我国国内生产总值的增长作出了重要贡献，确保了经济的健康稳定发展。随着市场不断地变化以及疫情的出现，国家在房地产行业方面的调控政策逐渐改善。资金获得渠道门槛越来越高，房地产行业的竞争变得更加激烈，这使得其行业发展慢慢降速，出现一系列发展活动，如优势房地产企业集中度越来越高、市场份额重新分配以及出现频繁的并购重组等。由于企业价值是吸引投资者使企业转型升级的重要参考标准，其重要性以及作用引起了房地产企业投资者和管理层的广泛关注。为了更加准确地评估一个企业的价值，从而实现企业价值最大化的目标，进而推动实现股东价值最大化目标，需选用科学恰当的方法。本文以 L 控股集团为例，运用 *EVA* 评估模型对其企业价值进行分析，使企业经营与企业价值评估方法结合为企业发挥更好的作用，为企业管理者做决策提供一定参考，并为我国房地产企业长远发展提供保障。

二、研究设计

（一）房地产行业发展现状

2000—2020 年，在这 20 年的期间我国房地产行业飞速发展，房地产行业的产值和发展规模都已经超过了增长速度，这是促进我国经济发展的一个重要因素。尽管政府对房地产业实行严格的宏观调控政策，但整个房地产行业并没有出现衰退，只是增长速度上有所减缓。2016 年之后，我国的房地产市场体系经过不断修正，已逐渐完善，虽然出台了一些利好政策，如鼓励生育、央行降低利息等，但由于政府的监管和控制更加严格，使得房地产企业资金筹措愈发困难，因此，房地产企业需要提升自有资本的使用效率。在当今先进的企业治理，往往都是以价值为导向。企业管理者和所有者的共同目标是使股东价值最大化。所以，房地产企业的管理者为更好地达到这一目标，必须运用适当的企业估值方法。

（二）*EVA* 概述及计算过程

源于剩余收益法的经济增加值是指企业在一定时期调整后的税后经营净利润扣除所有资本成本后的余额，被经济学家称之"经济利润"或"剩余收入"。*EVA* 指标最早由美国的斯特恩 & 斯图尔特公司提出，它的理念认为：只有当企业创造价值时，才能真正为其投资者带来财富。投资者无论投资债权还是股权，均会有资金成本。通过阅读大多数文献研究来看，*EVA* 准确反映企业的价值能力需要通过对几个会计信息进行调整后才能实现。由此，EVA 的计算公式为：

$$EVA = NOPAT - TC \times WACC \qquad (1)$$

$NOPAT$ 指的是企业调整后的税后经营净利润，TC 则是指调整的净投资资本，$WACC$ 指加权平均资本成本。其中，$NOPAT$ 是在不影响企业资本总额的前提下，企业所取得的税后净利润。计算公式为：

$$NOPAT = 息前税后净利润 + 各项准备金增加额 + 广告和研发费用 +$$
$$营业外支出 - 营业外收入 - 广告和研发费用摊销 \qquad (2)$$

$$TC = 普通股权益 + 短期借款 + 长期借款 + 一年内到期的长期借款 + 应付债券 - 在建工程 - 金融资产 \qquad (3)$$

$$WACC = 税后债务资本成本 \times 债务资本成本占比 + 股权资本成本 \times 股权资本成本占比 \qquad (4)$$

$$债务资本成本 = 短期借款利率 \times 短期借款比例 + 长期借款利率 \times$$
$$长期借款比例 + 债券利率 \times 应付债券比率 \qquad (5)$$

$$股权资本成本 = 税后债务成本 + 股权风险溢价 \qquad (6)$$

（三）EVA 价值评估模型

贴现思想是 EVA 评估模型的核心思想，是利用 EVA 值进行贴现，根据企业的成长、衰退等不同的发展阶段，EVA 价值评估模型可以分为单阶段评估模型、两阶段评估模型和三阶段评估模型。发展比较稳定且在未来增长也比较稳定的企业比较适合单阶段评估模型。两阶段估值模型是将企业价值增长分为高速增长期和稳定增长期两个阶段，三阶段估值模型虽然为两阶段模型进行了一些优化，考虑了其中的过渡期，但其计算比较复杂不太容易操作。很多研究看来大多数企业普遍采用两阶段模型，综合考虑，本文对选定的目标企业价值拟采用两阶段评估模型进行评估，具体计算方法如式（7）所示：

$$V = C_0 + \sum_{t=1}^{t=n} \frac{EVA_t}{(1+WACC)^t} + \frac{EVA_{n+1}}{(WACC-g)+(1+WACC)^n} \qquad (7)$$

其中，V 代表企业价值，C_0 代表初期企业的资本总额，EVA 代表第 t 年经济增加值，$WACC$ 为加权资本成本，g 为永续增长率。

三、EVA 模型下 L 控股集团价值评估分析

（一）L 控股集团简介

成立于 1992 年的 B 地产，经过多年发展成为有着国家一级房地产开发资质的 L 控股集团，是一家大型国有房地产公司。L 控股集团连续 5 年荣获中国房地产行业领军品牌，综合实力排名前五。经过多年不断的努力，当前公司拥有上百家控股子公司，经营范围包括酒店管理、房地产土地开发、道路工程施工、建筑项目设计、销售代理以及物业后勤服务等。L 控股集团在经历快速增长阶段后，逐步进入稳定期。综合来看，L 控股集团强劲而稳定的增长为其长远且可持续发展奠定了基础。总的来说，L 控股集团作为优质实力雄厚的上市公司，其相关信息披露是比较可靠且清晰完整的，因此作为研究对象是可行的。

（二）L 控股集团 2017—2021 EVA 计算

1. L 控股集团 2017—2021 年 $NOPAT$ 计算

$$息税前后净利润 = (净利润 + 所得税费用 + 利息费用) \times (1 - 所得税率) \qquad (8)$$

根据公式（2），L 控股集团税后经营净利润计算如表 1 所示：

根据表 1 中数据可以看出 L 控股集团的息前税后净利润的增长幅度不大，在 2019—2020 年的增长幅度仅为 5.93%，甚至在 2021 年因新冠疫情的缘故出现下降的情况。通过东方财富网的数据来看，

L 控股集团 2017—2021 年 NOPAT 计算　　　　　　　　　　　　　　　　表 1

项目	2017 年	2018 年	2019 年	2020 年	2021 年
净利润/万元	1967719.97	2614913.66	3755396.62	4004820.76	3718947.58
加：所得税费用/万元	602224.97	963116.35	1297674.95	1248954.78	1284548.62
利息费用/万元	348915.58	452206.44	460461.97	587039.78	558338.14
所得税率/%	25%	25%	25%	25%	25%
息前税后净利润/万元	2189145.39	3022677.33	4135150.15	4380611.49	4171375.75
加：各种准备金/万元	6611.92	235103.89	−104784.33	84903.36	9453.10
广告支出/万元	76480.59	99951.82	83295.48	82066.35	99999.26
营业外支出/万元	15265.26	17851.28	22416.11	13604.79	14666.27
减：营业外收入/万元	32518.22	36617.70	35259.92	40913.46	51151.30
NOPAT/万元	2139765.73	2785460.37	3477382.67	4196342.42	4099307.68

数据来源：新浪财经。

L 控股集团 2019 年的营业收入增长率为 21.29%，2020 年为 3.04%，2021 年为 17.20%，通过行业之间的对比看来，排名并不是很靠前，因此，L 控股集团应根据社会环境以及市场的变化改进并完善销售与投资经营的策略使企业能够获得更多的利润，从而达到企业价值提升的目的。

2. L 控股集团 2017—2021 年 TC 计算

根据公式（3），L 控股集团调整后的净投资资本计算如表 2 所示：

L 控股集团 2017—2021 年 TC 的计算　　　　　　　　　　　　　　　　表 2

项目	2017 年	2018 年	2019 年	2020 年	2021 年
所有者权益/万元	15823966.57	18649435.60	22952200.86	26663788.40	30291446.14
加：短期借款/万元	306693.92	301123.65	313347.36	477701.15	409356.25
一年内到期的非流动负债/万元	2642848.07	4570687.47	6332564.61	5979936.68	6057490.01
长期借款/万元	14765385.08	18187395.20	17207233.44	20716040.98	23190360.36
应付债券/万元	2745209.28	3306511.76	3151785.49	2506634.20	4161955.44
减：金融资产/万元	170868.58	162842.97	187836.24	196842.36	270564.89
净投资资本（净经营资产）/万元	36113234.35	44852310.71	49769295.52	56147259.05	63840043.31
加：广告费用/万元	76480.59	99951.82	83295.48	82066.35	99999.26
计提的各项准备金/万元	6611.92	235103.89	−104784.33	84903.36	9453.10
营业外支出/万元	15265.26	17851.28	22416.11	13604.79	14666.27
减：营业外收入/万元	32518.22	36617.70	35259.92	40913.46	51151.30
在建工程/万元	48493.53	87763.85	49526.77	54646.25	57106.37
TC/万元	36195616.81	45154071.56	49785436.09	57092273.84	62001044.27

数据来源：新浪财经以及 L 控股集团年报。

根据表 2 的计算结果可以看出，2017—2021 年的短期借款一直处于增长阶段，长期借款从 2019 年后一直是增长状态，这说明 L 控股集团的长期债务开始不断增加。从 L 控股集团近期发布的 2021 年年报可以看出，其债务融资成本是比较低的，这从一定程度上可以提高对资金的使用效率。从这一角度来说，L 控股集团目前的融资结构在整个房地产行业来说还是较为合理的，这对提升企业价值发挥着有利的一面。

3. L 控股集团 2017—2021 年 WACC 计算

根据公式（4），L 控股集团加权平均资本成本计算如表 3 所示：

L 控股集团 2017—2021 年 WACC 计算　　　　　　　　　　　　　　　　表 3

项目	2017 年	2018 年	2019 年	2020 年	2021 年
债务资本/万元	20460136.35	26365718.08	29002106.86	30891103.62	31990397.84
股权资本/万元	15823966.57	18649435.60	21476568.67	23678683.8	25378564.59
资本总额/万元	36284102.93	45015153.68	50478675.53	54569787.42	57368962.43
债务资本成本权重/%	56.39	58.57	57.45	56.61	55.76
股权资本成本权重/%	43.61	41.43	42.55	43.39	44.24
税后债务资本成本/%	3.5580	3.5591	3.7672	3.8478	3.6103
股权资本成本/%	8.5580	8.5591	8.7672	8.8478	8.6103
WACC/%	5.74	5.63	5.89	6.02	5.82

在计算债务资本成本时，对于各期限借款利率的选择，以央行公布的银行贷款利率为准。

加权平均成本越低，融资成本越低，经济增加值也会越大。在计算资本总额时发现，L控股集团的股权融资逐年增加，表明其资本成本正在降低，L控股集团实现股东价值最大化的目标也越来越清晰。相比之下，债务融资的方式正在逐步改变，以长期贷款和债券为主。L控股集团的债券利率不是很高，因为银行政策的调整使得长期借款利率也稍微下降，所以综合来看L控股集团的加权平均资本成本不是很高，这对企业价值的提升以及股东价值最大化目标的实现有着积极的作用。

4. L控股集团 2017—2021 年 EVA 计算

根据公式（1），计算结果如表 4 所示：

L控股集团 2017—2021 年 EVA 计算　　　　　表 4

项目	2017 年	2018 年	2019 年	2020 年	2021 年
NOPAT/万元	2139765.73	2785460.37	3477382.67	4196342.42	4099307.68
TC/万元	36195616.81	45154071.56	49785436.09	57092273.84	62001044.27
WACC/%	5.74	5.63	5.89	6.02	5.82
EVA/万元	62655.74	243044.28	545020.48	759387.53	490846.90

根据表 4 的计算结果显示，L控股集团 2017—2021 年的 EVA 值都为正数，虽然可能是因为受疫情以及市场变化等的影响波动较大，但这也能够表明 L控股集团为股东创造了价值。在此次计算过程中，可以大致看到融资结构与主营收入是 L控股集团提升价值的关键因素，L控股集团在融资结构方面要安排恰当，在降低资金成本的同时，最大化提高资金成本使用效率，L控股集团也需要提高营业收入从而提高自身利润水平，提高企业价值。

（三）EVA 模型下 L控股集团价值（计算结果分析）

计算得到 2017—2021 年 L控股集团的 EVA 后，还需要对未来 5 年即 2022—2026 年的 EVA 进行预测，预测结果如表 5 所示。

L控股集团 2022—2026 年 EVA 预测　　　　　表 5

项目	2022 年	2023 年	2024 年	2025 年	2026 年
NOPAT/万元	4837183.06	5611132.35	6396690.88	7164293.79	7880723.17
TC/万元	73161232.24	84867029.40	96748413.51	108358223.10	119194045.40
WACC/%	5.82	5.82	5.82	5.82	5.82
EVA/万元	579199.35	671871.24	765933.22	857845.20	943629.72

本文在评估当日 L控股集团的企业价值时将 2021 年 12 月 31 日作为期初。因政策、疫情以及经济环境不断变化等影响因素，本文的永续增长率用宏观经济增长率 2% 来表示。首先，在参考很多房地产企业价值评估文献后，本文计算在 2022—2027 年期间净投资资本的税后经营净利润的增长率时是用 2017—2021 年期间调整后的税后经营净利润的平均增长率 18% 来预测的。鉴于疫情以及市场环境等不确定因素，其增长率应该会有所下降，所以之后 5 年的增长率每年按 2% 递减进行预测。L控股集团的加权平均资本成本在 2017 年和 2021 年之间略有波动，但是在 2021 年之后保持稳定，所以这 5 年的平均加权平均资本成本被用作之后 5 年预测的基础。本文假设 L控股集团 2027 年以后进入一段稳定期，其经营数据继续维持 2026 年年末的结果。计算结果如表 6 所示：

L控股集团 2021 年 12 月 31 日企业价值评估结果　　　　　表 6

项目	基期	2022 年	2023 年	2024 年	2025 年	2026 年
EVA 预测值/万元		579199.35	671871.24	765933.22	857845.20	943629.72
WACC/%		5.82	5.82	5.82	5.82	5.82
折现后/万元		547343.93	599999.02	646379.59	684128.84	711152.64
C/万元	25378564.59					
V/万元	31964683.02					

依据计算得出的数据显示，L 控股集团在 2021 年 12 月 31 日的企业价值为 31964683.02 万元，截至 2021 年末，保利股数总和为 1197010.76 万股，折算出的股价为 26.70 元/股。查询得知 L 控股集团在 2021 年最后交易日股票的收盘价为 15.63 元/股。通过计算数据说明当时 L 控股集团的价值是被低估的，代表其为股东创造了价值。股票数据来源于新浪财经。

四、结论与建议

随着我国房地产产业的不断加速发展，其市场也在逐渐趋于完善，而与此同时人民也逐渐意识到价值管理的理念的重要性，运用 *EVA* 模型对房地产企业价值进行评估过程中，*EVA* 模型准确反映出股权资本成本以及债务资本成本对于企业价值的影响，全方位反映出有关企业的整体价值。在了解房地产企业特点的过程中，出现了在房地产企业资本结构中自有资金比例不断提高的现象，这让权益成本的核算成为重中之重。

通过运用 *EVA* 指标，使股东利益与企业发展这两方面结合得更为紧密，有利于企业未来的长远发展。企业本身持有的各类资产不仅是企业财务行为中的重要部分，还是企业价值得以产生的来源。在结合了企业的发展阶段、市场环境和行业环境等内、外因的前提基础上，提升资金的利用转化率，合理化内外部配置，调整战略和资源结构，做到促进企业价值长远化、可持续的快速增长。管理者在经营管理时应当把价值管理作为指导，不断培养、加强自身的核心竞争力以对抗市场竞争，提升税后净利润率，同时设立合理有效的融资模式，让企业不断朝着凭借最小的资本成本转化为最高的资金使用效率的目标前进。

参 考 文 献

［1］ 薛笑焓. 基于 EVA 的我国房地产企业价值评估方法研究［D］. 北京：财政部财政科学研究所，2014.
［2］ 孙文静，张铎. EVA 在我国房地产企业价值评估中的应用研究［J］. 中国市场，2016（25）：171-172.
［3］ 沈捷. 基于 EVA 模型的房地产企业价值评估运用［J］. 现代营销，2017（12）：232-233.
［4］ 郑怡. 基于 EVA 评估模型的房地产企业价值评估：以绿地控股集团为例［J］. 财政监督，2018（9）：97-104.
［5］ 王聪聪. 基于 EVA 模型的企业价值评估研究：以保利地产为例［J］. 商业会计，2020（10）：43-45.
［6］ 张刚玉. 基于 EVA 方法的房地产企业价值评估［D］. 天津：天津商业大学，2020.

基于 EVA 的 W 企业财务绩效研究

沈阳建筑大学管理学院

王书函　张　嵩

摘　要：在当前"房住不炒"的大环境下，面对融资政策的不断紧缩，房地产企业频频爆雷。选择适合房地产企业的财务绩效评价方法，通过科学评价其财务绩效，改善经营方式，有利于保证其持续稳定的发展。本文以房地产 W 企业为例，计算其 2017—2021 年 EVA 指标，基于 EVA 对其财务绩效进行评价并提出相应的对策建议。

关键词：EVA；财务绩效

一、引言

近年来我国对于房地产市场监管力度加大，"三道红线"等政策的陆续出台给房地产行业敲响了警钟，使房地产公司融资管理更加严格，甚至发生了昔日行业引领者爆雷的事件。作为典型的资金密集型行业，房地产行业具有开发和建设周期长、资金投入大、财务风险高等特点，其稳定性关系到我国整体的经济运行，采用适合房地产行业的财务绩效评价体系尤为重要。以 EVA（经济增加值）为导向的财务绩效评价方法充分考虑到股权成本，使得企业管理者在做决策时要注重衡量股权成本的回报率。同时，EVA 计算过程中会有针对性地对一些会计项目进行调整，加大了管理者利用会计手段"美化"财务指标的难度，为股东展示企业最真实的财务绩效状况，从而实现股东财富最大化。本研究通过计算 W 企业 EVA，对其财务绩效做出评价并提出建议，为 W 企业财务绩效的提高提供思路，同时也为其他房地产企业提升财务绩效提供借鉴。

二、W 企业简介及 EVA 理论

（一）W 企业简介

W 企业成立于 1984 年，1988 年开始进军房地产行业并于 1991 年成功上市。经过 30 多年的发展，已经成为行业内的领军企业，2016 年公司首次跻身《财富》"世界 500 强"，随后 6 年接连上榜，2022 年位列榜单第 178 位。2021 年总营业收入 4528 亿元，同比增长 8%。作为"世界 500 强"企业，主营业务包括房地产开发和物业服务。本文选取 W 企业作为案例，计算其 2017—2021 年的 EVA，并将其与传统的财务指标进行对比分析，从而更科学地评价企业财务绩效，反映其真实业绩。

（二）EVA 理论

EVA 即经济增加值，是指企业税后净营业利润减去企业资本成本后的剩余部分，是真正属于股东的部分。EVA 核心思想是让企业实现真实的盈利，衡量管理者对资本的使用效率，以满足股东权益最大化为目标。当 EVA>0，即净营业利润大于企业资本成本时，企业实现真正意义上的盈利，否则无论利润额为多少都不能代表企业为股东带来价值。其计算公式如下：

$$EVA = NOPAT - TC \times WACC \tag{1}$$

其中，NOPAT 指税后净营业利润，TC 指总资本，WACC 指加权平均资本成本。

三、W 企业 EVA 计算

（一）税后净营业利润的计算

为了更真实有效地反映 W 企业在经营过程中创造的利润，在计算税后净营业利润（NOPAT）

时，应调整研发费用、非经常性损益、利息支出、减值准备、递延所得税等项目，调整后的计算公式如下：

税后净营业利润＝（利润总额＋研发费用－非经常性损益＋利息支出＋当期发生的减值准备）×
(1－所得税税率)－当期增加的递延所得税资产＋当期增加的递延所得税负债　　　(2)

根据 W 企业的财务报告数据和公式（2），W 企业 2017—2021 年税后净营业利润计算如表 1 所示。

W 企业 2017—2021 年税后净营业利润计算表　　　　　　表 1

项目	2017 年	2018 年	2019 年	2020 年	2021 年
利润总额/亿元	511.42	674.60	765.39	796.76	522.23
研发费用/亿元	6.13	9.46	10.67	6.66	6.42
非经常性损益/亿元	7.72	2.83	5.58	12.78	1.42
利息支出/亿元	55.24	90.38	85.98	111.64	101.99
当期发生的减值准备/亿元	1.58	3.53	0.00	0.00	-0.15
当期增加的递延所得税资产/亿元	24.52	60.98	76.78	41.08	59.82
当期增加的递延所得税负债/亿元	-2.39	2.74	-2.57	-0.51	10.58
税后净营业利润/亿元	398.07	523.11	563.00	635.12	422.55

（二）资本总额的计算

结合房地产企业投入资金大、建设周期长等特点，在计算 W 企业资本总额（TC）时，将对在建工程、无息流动负债、减值准备、递延所得税等项目进行调整，计算公式如下：

资本总额＝所有者权益＋负债合计－在建工程－无息流动负债＋当期发生的减值准备－
当期增加的递延所得税资产＋当期增加的递延所得税负债　　　(3)

根据 W 企业的财务报表数据和公式（3），计算出其 2017—2021 年资本总额，如表 2 所示。

W 企业 2017—2021 年资本总额计算表　　　　　　表 2

项目	2017 年	2018 年	2019 年	2020 年	2021 年
所有者权益/亿元	1866.74	2356.21	2705.79	3498.44	3927.73
负债合计/亿元	9786.73	12929.59	14593.50	15193.33	15458.65
在建工程/亿元	10.22	19.13	41.80	32.37	33.98
无息流动负债/亿元	7791.32	5315.96	5937.96	5937.42	6064.97
当期发生的减值准备/亿元	1.58	3.53	0.00	0.00	-0.15
当期增加的递延所得税资产/亿元	24.52	60.98	76.78	41.08	59.82
当期增加的递延所得税负债/亿元	-2.39	2.74	-2.57	-0.51	10.58
资本总额/亿元	3826.59	9895.98	11240.19	12680.40	13238.03

（三）加权平均资本成本的计算

加权平均资本成本（WACC）是按照企业各类资本占总资本权重计算出来的加权平均值，W 企业主要包括债务资本和权益资本，计算公式为：

加权平均资本成本＝权益资本成本×权益资本比例＋债务成本×
债务资本比例×（1－所得税税率)　　　(4)

万科的债务资本主要包括短期借款，长期借款和应付债券，计算公式为：

税后债务资本成本＝（短期借款利率×短期借款比例＋长期借款利率×长期借款比率＋
应付债券利率×应付债券比例)×(1－所得税税率)　　　(5)

根据资本资产定价模型（CAPM），权益资本成本率计算公式为：

$$R_e = R_f + \beta(R_m - R_f) \tag{6}$$

其中 R_f 表示无风险报酬率，β 为风险系数，R_m 为市场预期报酬率，$R_m - R_f$ 为市场风险溢价。本研究以一年期银行存款利率作为无风险报酬率，用 GDP 增长率来估计市场风险溢价，β 值获取来源于国泰安数据库。

根据 W 企业财报数据，结合公式（4）（5）（6）得出 W 企业 2017—2021 年加权平均资本成本计算如表 3 所示。又根据计算出的税后净营业利润，资本总额以及加权平均资本成本，结合公式（1）计算出 W 企业 2017—2021 年 EVA 如表 4 所示。

W 企业 2017—2021 年税后债务资本成本计算表　　　　表 3

项目	2017 年	2018 年	2019 年	2020 年	2021 年
短期借款/亿元	161.09	101.12	153.65	251.12	144.13
长期借款/亿元	960.29	1209.29	1143.20	1320.37	1543.22
应付债券/亿元	323.23	470.95	496.46	435.76	530.21
短期借款利率/%	4.35	4.35	4.35	4.35	4.35
长期借款利率/%	4.75	4.75	4.75	4.75	4.75
应付债券利率/%	4.90	4.90	4.90	4.90	4.90
所得税率/%	25.00	25.00	25.00	25.00	25.00
税后债务资本成本率/%	3.55	3.58	3.57	3.55	3.57
无风险报酬率/%	3.84	2.97	2.89	2.95	2.61
β	0.66	1.21	0.87	0.70	0.55
市场风险溢价/%	6.95	6.75	5.95	2.24	8.11
权益资本成本率/%	8.41	11.13	8.09	4.52	7.03
债务资本比例/%	44.90	44.70	42.02	38.36	38.08
权益资本比例/%	55.10	55.30	57.98	61.64	61.92
加权平均资本成本/%	5.83	7.36	5.81	3.81	5.37

W 企业 2017—2021 年 EVA 计算表　　　　表 4

项目	2017 年	2018 年	2019 年	2020 年	2021 年
税后净营业利润/亿元	398.07	523.11	563.00	635.12	422.55
资本总额/亿元	3827	9896	11240	12680	13238
加权平均资本成本/%	5.83	7.36	5.81	3.81	5.37
EVA/亿元	175.02	−204.75	−90.34	152.57	−288.80

四、财务绩效评价与建议

（一）财务绩效评价

通过对 EVA 相关指标的计算，可以对 W 企业 2017—2021 年的财务绩效进行评价。从表 4 可以看出，W 企业 2017—2021 年这 5 年中，EVA 呈现出很大波动，其中只有 2017 年和 2020 年 EVA 为正值，其余 3 年均为负值，这说明 W 企业只在 2017 年和 2020 年为股东创造了价值。2018 年 W 企业加权平均资本较高，主要是由于当年 β 系数较高使得权益资本成本升高，最终导致 EVA 为负值。2019 年 β 系数下降，加权平均资本也随之下降甚至低于 2017 年的水平，但由于 W 企业利润增长速度跟不上企业扩张的速度，最终呈现出的 EVA 相较于 2018 年虽有回升却仍为负值。2021 年受新冠疫情和房地产行业整体不景气影响，W 企业利润大幅下降，而资本成本并没有随之下降，导致 EVA 在 2020 年的回升后再次降低为负值。

如图 1 所示，将 W 企业 EVA 与净利润进行对比发现：W 企业 2017—2021 年的 EVA 和净利润变化趋势不属于同向变化。W 企业 2017—2021 年的净利润先上升至 2019 年达到 551.32 亿元而后下降至 2021 年的 249.46 亿元。在房地产行业整体下行背景下，W 企业虽然利润下降但并未出现亏损；而 EVA 在 2018 年、2019 年和 2021 年均小于 0，说明

	2017 年	2018 年	2019 年	2020 年	2021 年
EVA	175.02	−204.75	−90.34	152.57	−288.80
净利润	372.08	492.72	551.32	409.85	249.46

图 1　W 企业 2017—2021 年 EVA 与净利润对比

这 3 年公司的运营给股东带来了损失。由此可见，运用净利润对万科财务绩效进行评价并不科学，即使股东利益已经遭到损坏，净利润指标还是会呈现出财务绩效良好的评价结果。相比之下，*EVA* 充分考虑了权益资本成本，可以避免利润虚高，防止公司盲目乐观，使公司的财务绩效评价更加符合实际情况。在 2017—2021 年这 5 年中 W 企业只有 2017 年和 2020 年 *EVA* 为正，实现了真正的价值创造，所以在日常经营中，W 企业管理者应予以重视，充分考虑股东的利益，避免公司出现短视行为。

（二）建议

1. 优化债务资本结构，降低资本成本

在 *EVA* 指标计算过程中发现，W 企业 *EVA* 的波动很大程度上是受资本成本的影响，降低资本成本能够有效提高 W 企业的 *EVA*。W 企业债务资本结构中，长期借款相对于短期借款比重明显偏大，长期借款在 5 年内最低占比为 63.75%。过多的长期借款增加了 W 企业的债务资本成本，使得公司 *EVA* 降低，对股东利益产生不利影响。结合 W 企业近几年 *EVA* 不稳定的情况，如果 W 企业未来经营出现问题，获利能力受到影响，那么大量长期借款带来的财务费用和债务问题会给 W 企业带来巨大的压力。因此，W 企业可以拓宽自身筹资的渠道，适当降低长期借款的比重，利用不同的筹资方式筹集公司所需的资金。

2. 关注 *EVA*，建立基于 *EVA* 的激励制度

EVA 方法与传统绩效评价方法相比，考虑了权益资本成本，将企业的发展与股东权益相结合，规避管理者的短视行为。同时在对 *EVA* 进行计算的过程中，会在财报数据的基础上对净利润和资本总额进行调整，缩小管理者操纵利润的空间，为信息使用者提供真实可靠的数据。W 企业可通过对员工进行 *EVA* 财务绩效评价体系的专业培训，建立相关评价小组，对公司财务绩效进行科学、准确地评价。同时，为了提高企业的 *EVA*，W 企业可以将公司管理层的薪酬和 *EVA* 联系起来，将为公司创造的价值作为管理层薪酬的调整依据，使管理层将站在股东的立场上，努力提高企业的真实价值。

五、结语

在房地产行业低迷的背景下，注重企业财务绩效尤为重要。我国地产企业在评价企业财务绩效时应从以净利润为导向转变为以企业价值为导向，运用 *EVA* 财务绩效评价体系反映企业真实的财务绩效状况，衡量管理者的管理水平，实现股东财富最大化的财务管理目标。

参 考 文 献

[1] 吴玥，郭晓勋. 基于 EVA 的 M 集团财务绩效评价研究 [J]. 北方经贸，2022 (7)：90-93.
[2] 于毅，王颖驰. 基于 EVA 的 A 公司财务绩效评价研究 [J]. 商场现代化，2021 (14)：179-181.
[3] 孙国芳. EVA 基础上的企业财务绩效评价研究 [J]. 财会学习，2018 (14)：11-13.

基于 *EVA* 的 A 地产公司财务绩效评价研究

沈阳建筑大学管理学院

周慧雯　佟　曾

摘　要： 近几年，房企受风险外溢、疫情频繁扰动等因素影响，不利于市场健康发展。因此，房地产调控和金融政策在防风险、保交楼、稳需求等给予了更多支持，当前市场竞争日趋激烈，财务分析对于房地产企业把握市场形势、健康发展至关重要。*EVA* 能够有效规避人为操纵的可能，评价结果更客观，因此以 A 地产公司为研究对象，构建以 *EVA* 为核心的绩效评价体系，与传统绩效指标对比，并提出相关建议，对 A 地产公司未来的经营有重要意义。

关键词： 建筑行业；财务绩效评价；*EVA*

一、引言

国外学者多年的研究和实践表明，*EVA* 对财务绩效评价能够起到重要判断和决策作用。不过 *EVA* 在我国绩效评价中的运用较晚，总体程度上跟国外还有很大的差距。本文以 A 地产公司为例，其在行业中也有着举足轻重的地位，具有代表性，A 地产公司运用 *EVA* 作为绩效评价重要指标，可以为房地产行业运用 *EVA* 指标进行财务绩效评价提供参考。

国内专家学者对房地产上市公司的财务评价方法目前也已经做出了许多研究。王荣昶运用 Spss 软件及 Excel 软件，以财务报告为基础，通过所选取的财务指标，采用主成分分析法，对房地产公司的财务绩效进行分析。韩明雪等以万科股份有限公司为研究对象，通过因子分析法反映公司在四个方面的业绩水平。田昊对制约房地产企业应用 *EVA* 的相关因素进行分析，借鉴行业标杆，为房地产企业应用 *EVA* 提供借鉴。房地产企业需要结合其自身特点对目前的分析体系进行进一步改进，才能真正对未来公司成长起关键作用。

二、A 地产公司引入 *EVA* 的必要性与可行性分析

（一）必要性分析

A 地产公司现在主要以利润为主衡量公司财务业绩水平，所以有可能会出现公司管理层或经理层为了利益做出操控利润的行为，但 *EVA* 指标可以通过对公司相关数据进行调整，反映真实经营情况。与此同时，A 地产公司目前以净利润、营业收入等为主绩效评价指标，也会影响 A 地产公司经理层侧重于仅关注短期目标的实现，而忽略了公司的未来的长期发展战略。

此外，*EVA* 会反映出企业的真实资本成本，能够做到避免 A 地产公司不一定处于盈利状态，净利润虚高的可能，A 地产公司以 *EVA* 指标为核心，将净利润和营业收入对绩效效评的影响降低，如此更有利于考验 A 地产公司长期发展的可能性。

（二）可行性分析

2010 年，国资委发布文件，我国正式将传统净资产收益率置换为 *EVA* 指标，为 *EVA* 指标的可行性和重要性增加了浓墨重彩的一笔。

同时伴随着"十三五"规划的落地，房地产行业工作在经济发展格局中占据核心地位，拥有转型的重要位置，但转型后，如果当前的绩效评价指标不能使公司朝着预设的方向发展不能满足自身的发

展需要，EVA 可以保障数据的准确和真实性，对行业转型起到主导作用。在财务数据更加趋于真实的价值变动的情况下，有助于 A 地产公司能够更清晰地制定长期发展计划。

三、基于 EVA 的 A 地产公司财务绩效评价

（一）A 地产公司 EVA 相关指标的计算

EVA 指标的计算公式为：

$$EVA＝税后净营业利润－加权平均资本成本×资本总额$$

通过表 1 能够分析处理 A 地产公司目前财务状况不容乐观，对 EVA 相关指标的计算以及传统财务指标的数据能了解到 2019—2021 年 A 地产公司 EVA 值处于下降态势，总体经营业绩保持稳步下降，可为 A 地产公司股东带来收益越来越少。

EVA 指标计算表　　　　　　　　　　　　　　　　　　　　　　　表 1

EVA 标	2019 年	2020 年	2021 年
净利润/亿元	94.68	64.83	77.84
净资产 EVA 率/%	2.22	1.87	1.62
净资产收益率/%	16.66	13.94	9.37
EVA/亿元	25.18	11.75	13.73

核心原因是 2020 年开始受到新冠疫情冲击，房地产投资项目营运风险一直纵贯房地产项目合作开发全进程，市场波动不断增加。2020 年各省市基建投资占地面积 22.44 亿 m^2，去年同期下降 1.2%，房屋基建投资面积 16.43 亿 m^2，去年同期下降 1.9%。商品房投资增长速度低于预期。

于是 A 地产公司内部迅速实施了一整套应对举措：一是全力推进贷款展期；二是加紧推进公司资产处置；三是严格控制各项费用开支；四是扎实推进组织优化结构，与此同时，在经济回暖的大时代背景下 A 房地产公司具有领航者指导意义，其运营潜能仍被外界看好。加上 2021 年是房地产供方改革年，加之供方改革措施有利于减少企业市场风险、强化市场相互竞争结构，对于符合运营管理增值的上市公司来说，是不可多得的发展良机。数个重点商业城市的住房贷款利率又发生了不同差异性的下滑，中央在产业政策层面明确提出"稳定楼价、稳定地价、稳定业绩预期"仍然是现阶段的主要宏观调控政策首要目标，A 房地产公司许多方面数据得以小幅回稳。

（二）EVA 指标与传统财务指标的对比分析

1. EVA 值与净利润指标的对比

EVA 值与净利润指标对比表　　　　　　　　　　　　　　　　　　表 2

	2019 年	2020 年	2021 年
净利润/亿元	94.68	64.83	77.84
EVA/亿元	25.18	11.75	13.73

从表 2 对比来看，A 地产公司 2019—2021 年 EVA 值与净利润总体都处于回落，大多是因为房地产相关行业受到国家财政政策配套措施的干扰。预计 2020 年第三季度发布实施的"三线四框"产业政策也将给行业增添新的严峻考验，今后整个市场宏观调控政策主旋律仍将继续，协调机制、城市施政将必然趋势化。与此同时，历经 30 多年的产业发展，房地产行业目前已开启规范化、商业化、专业化等整合性竞争实力竞合阶段，加上产业政策调整的波动性，激化了行业相互竞争和市场逐年震荡的经营风险，行业相互竞争日益加重，房地产开发土地开发成本逐步攀升利润内部空间的缩减都致使了大幅下跌的形势。

另外，可以看到 2019—2021 年 EVA 值均小于净利润，表明 A 房地产公司忽略了资本成本，净利润并没有反映公司的经营状况，而 EVA 值比净利润更能真实地评价 A 房地产公司的财务业绩水平。此外，EVA 值的变化幅度总体上大于净利润的变化幅度，表明 EVA 值能够更敏感地感知企业存在的

经营风险。

2. 净资产 EVA 率与净资产收益率的对比

从表 3 可以看出，净资产 EVA 率均低于净资产收益率。由于 EVA 评价指标考虑到权益资本，A 地产公司的投资回报正在大大减少。与此同时，净资产 EVA 率持续下滑，这表明 A 地产公司每年的投资回报都在大大减少，相应的盈利发展水平也在下滑。另一方面，从净资产收益率的角度观察不难看出，A 房地产公司的收入近几年来虽然一直处于盈利状态，但增长额逐年下降。

净资产 EVA 率与净资产收益率对比表   表 3

EVA 指标	2019 年	2020 年	2021 年
净资产 EVA 率/%	2.22	1.87	1.62
净资产收益率/%	16.66	13.94	9.37

A 房地产公司资本全部投入与销售产出比例相对而言失调，大大减少利润。

从总体上来看，净资产收益率缺乏综合考虑股权资本，集中体现的股东价值统计数据失真。净资产 EVA 率波动幅度大于净资产收益率，传统指标时效性差，传统指标对战略变化的感知弱于 EVA 指标。

3. 销售 EVA 率与销售净利率的对比

根据表 4 可知销售 EVA 率的变化幅度明显大于销售净利率的变化程度。这是因为传统指标计算数据时未将权益资本扣除，因为一般认为销售净利率越大，对公司以及投资者创造的收益也就越高。

销售 EVA 率与销售净利润对比表   表 4

	2019 年	2020 年	2021 年
销售 EVA 率/%	3.57	2.56	1.89
销售净利率/%	7.08	6.68	6.49

经济政策调控的风险因素，可能引发了行业市场竞争和市场需求大幅度波动的风险，市场竞争日益加剧，房地产开发土地成本连续不断上升，利润空间缩小，收入涨幅小于成本涨幅，都可能引发下滑的形势。

结合表 4 也可知道，销售 EVA 率计算时扣除了权益资本，更真实地显示了企业绩效，结合 EVA 值下降的趋势，2020 年销售 EVA 率下降了 1.01%，而销售净利率只下降了 0.4%，2021 年 A 房地产公司通过一系列措施改进后，销售 EVA 率下降了 0.67%，而销售净利率又只下降了 0.19%。由此可见，销售 EVA 率比销售净利率更能反映 A 房地产公司的资本成本状况，在评价 A 房地产公司资本利用效率方面更有价值。

四、结论

借助于上述情况系统分析，将净利润和营业收入两个评价指标当成业绩考核的重要评价指标，由于企业管理者的偏颇，非常容易会带来净利润的虚报，以 EVA 值当作核心评价指标更能真实揭示公司的现金流和经营状况。此外，借助于对 A 房地产公司目前基于 EVA 的绩效评价指标与传统绩效考核指标进行比较判断，察觉到与 EVA 有关的统计数据一般来说略低于传统绩效考核上述指标。这一情形多半是因为 EVA 评价指标的计算方法充分考虑到了债务资本和权益资本，将大部分 EVA 主要指标置换为现有的传统指标可以使评价事实更为客观确切。EVA 能够发掘出传统性的财务指标无法体现出来的内容，EVA 值的变化趋势振幅总体而言高于净利润的波动幅度，分析表明 EVA 值能够帮助更敏感地洞察企业长期存在的经营风险。

如此一来，A 地产公司应逐步形成以 EVA 评价指标为核心内容的业绩评价体系，减轻净利润和营业收入对公司业绩评价的消极影响，更进一步严峻考验企业长期蓬勃发展的概率。以本身用到的传统财务业绩评价为辅助，紧密结合运用以 EVA 业绩评价保障体系为核心内容的技术手段，扬长避短，融合企业自身健康发展战略方向，选择最合适的业绩评价指标，找出运营管理处理过程中的关键问题，能够帮助集团顺利实现长期经营发展战略目标。

五、A 地产公司实行 *EVA* 绩效评价的措施

（一）建立以 *EVA* 为核心的薪酬奖惩机制

建立一个科学有效的财务绩效评估体系需要相应的激励机制来保证。将管理者的报酬与 *EVA* 值相关联，减少管理者中饱私囊的可能性。其次，需要设立以 *EVA* 为核心的薪酬委员会，从各部门选出一名员工出任委员，进行绩效考核并做好相应记录。

还可以设立奖励库，根据业绩贡献发放一部分奖金，其余的还可以退还给奖励库，其中奖金越多，越能表明企业经营状况好，这样，管理者就可以关注公司的利益，对其起到激励作用。

（二）将 *EVA* 值与传统财务指标相结合

借助于前述分析，*EVA* 财务经营业绩评价原理在 A 集团有着可行性，借助与传统财务指标的比较发掘出了 *EVA* 值的竞争优势。选用 *EVA* 财务经营业绩评价方法，*EVA* 权衡到大部分传统指标未经计算的成本，足以更真实可信地揭示财务数据，但要逐步形成详尽科学的财务业绩评价体系仅靠 *EVA* 指标是欠缺的传统财务指标在当前经营业绩评价中仍充分体现着十分积极的作用充当辅助指标，因此需要与 *EVA* 指标相结合，从而使公司财务业绩评价更为直观。

（三）强化财务安全信息技术保障 *EVA* 的实施

在眼下十分激烈地抢占市场环境中，上市公司要持续性蓬勃发展，应当确保财务数据安全，严格管理各个环节的全方位核查，精准记录下来数据。如前所述 A 地产公司在需要进行 *EVA* 公司财务经营业绩评价时，成功进行安全可靠内部信息基本保障技术革新，技术升级财务信息系统，基本保障财务信息系统的可持续性、安全性。财务重要信息系统的主要用途系统关键在于提供更多真实可信、系统化的财务原始数据，所以这个可靠的信息内容在计算结果 *EVA* 值时是极为重要的。除此之外，A 地产公司还应不断加强各主管部门协同发展，逐步形成信息内容反馈机制等，有效保证企业运营管理计划的顺利开展。

参 考 文 献

[1]　慕娇娇. EVA 在 J 企业绩效评价中的应用研究 [J]. 当代会计, 2020 (21)：114-116.

[2]　贺存德. 以 EVA 为核心的企业财务绩效分析体系研究 [J]. 财会学习, 2018 (34)：10-11.

[3]　王荣昶. 基于主成分分析的房地产上市公司财务绩效评价 [J]. 绿色财会, 2011 (2)：8-11.

[4]　韩明雪, 王玉倩. 基于因子分析法的万科财务绩效评价 [J]. 河北企业, 2018 (11)：29-30.

[5]　田昊. 浅析 EVA 在房地产企业应用的问题及对策 [J]. 全国流通经济, 2019 (15)：110-111.

[6]　徐佳欢. 碧桂园 EVA 业绩评价研究 [J]. 市场周刊, 2018 (9)：87-88, 92.

[7]　雷天歌. 我国典型房地产开发企业的财务分析 [J]. 现代经济信息, 2017 (1)：197-198.

[8]　李海. 房地产上市公司财务绩效评价研究之我见 [J]. 财会学习, 2018 (21)：85-86.

[9]　贾海英. EVA 指标的主要优势及其在企业经营中的应用浅析 [J]. 财务与会计, 2016 (9)：65.

[10]　于毅, 王颖驰. 基于 EVA 的 A 公司财务绩效评价研究 [J]. 商场现代化, 2021 (14)：179-181.

基于 *DEA* 的 W 集团轻资产模式的财务绩效评价

沈阳建筑大学管理学院

杜雅婧　张　嵩

摘　要：介绍 W 集团轻资产运营模式的实施路径，分别为小股操盘、事业合伙人制度、地产基金、引入互联网＋、联合品牌优势开拓衍生业务，整理 W 集团 2019—2021 年的财务报表的数据，根据轻资产模式的特点选取投入和产出指标，计算 *DEA* 数值，分析 W 集团轻资产模式的财务绩效，从财务指标和非财务指标两方面进行评价。

关键词：W 集团；财务绩效；轻资产模式

一、引言

随着国家政策对房地产行业的不断调控，房地产行业纷纷向"轻资产模式"转型。W 集团从 2014 年正式实行轻资产模式，距 2021 年已探索了有 7 年时间，以此为研究对象，基于 *DEA* 模型分析其 2019—2021 年的财务绩效，可以清晰地了解 W 集团轻资产模式经营对经营业绩、行业地位的影响，从财务指标和非财务指标进行绩效评价，对其他企业具有一定的参考价值。

蒋昊等人认为 *DEA*—*BBC* 模型是一种有效评价财务绩效的方法；杨秀琼认为 *DEA* 模型能根据决策者给定的不确定性水平计算出不同的效率值；孙伟艳等认为 *DEA* 模型是一种确定的生产前沿研究方法；刘慧园详细分析了该集团进行轻资产转型的具体策略；濮丹枫等对该集团轻资产化转型的原因、历程和绩效进行分析评价；刘云莉等深入对比该集团转型前后期资产结构、负债结构与财务绩效的变化。本文选用 *DEA* 模型分析该集团轻资产模式的财务绩效，能够有效地对其业绩进行评价。

二、W 集团轻资产模式分析

（一）W 集团简介

W 集团在成立 4 年后开始向房地产行业延伸，于 1991 年上市。经过多元化经营布局，W 集团涉及的行业范围逐渐扩大，目前形成了以房地产开发和物业服务为主，以长租公寓、物流仓储等其他业务为辅的格局。W 集团作为房地产行业的佼佼者，业务布满国内各个经济发达地区，基于行业环境和自身发展状况，2014 年正式实施轻资产模式，并取得了一定的成效，跻身于"世界 500 强"，品牌知名度和影响力不断提升。

（二）W 集团轻资产模式及实施路径

1. 轻资产运营模式介绍

就房地产行业而言，轻资产运营模式是房地产企业作为管理者，将精力投放在产业链的一个环节，和专业公司合作其他环节。将发展重心从重资产转移，将品牌价值、技术、管理体系等轻资产资源作为核心竞争优势，有效整合内外部资源，该模式下财务特征表现为低固定资产、有息负债、高货币资金、研发费用、周转速率等。

2. W 集团轻资产实施路径

小股操盘即 W 集团作为项目操盘的主导方，持有低比例股份，收益来源于管理收入、股权收益、超额利润分红三方。与土地开发商或资金方合作，进行小额投资，主要负责建造、营销、物业管理，这样可以减轻投资压力，同时能够提高市场占有率。

实行事业合伙人制度，员工可以对项目跟投和持股，承担连带责任，将员工和项目进行利益和风险的捆绑。这样有利于凝聚人心，培养出忠诚度高、专业技术强的人才团队。

成立地产基金，通过地产基金获取现金流及对项目的股权收购，W 集团实现了双赢，不仅能够获得外部资金，还能够输出服务获取收益，同时拓宽了融资渠道，降低了融资难度。

引入互联网＋，创新融资方式、开发设计及销售方式，提高资源的利用率。借力品牌优势，开拓物业服务、物流服务、养老服务等，按照"低成本、高收入"的轻资产化思维，不断地完善业务体系，提升服务水平，开拓新的经济增长点。

三、基于 DEA 的财务绩效的分析

（一）引入 DEA 的可行性

W 集团在 2019—2021 年间的财务数据具有连续性和真实性，可以为其轻资产模式的财务绩效分析提供数据基础。根据 W 集团轻资产模式的特点，选取货币资金、其他业务收入、物业收入、研发费用、管理费用作为 DEA 的投入指标，营业收入和净利润作为 DEA 的产出指标，考察 W 集团轻资产模式近 3 年的财务绩效。

（二）DEA 理论

数据包络分析（DEA），用来分析个体或单位的效率（或绩效）评价的一种非参数方法。评估对象为决策单元，利用线性规划比较多个投入指标和产出指标，从而得到效率，可广泛用于业绩评价。

DEA 模型中的 BCC 模型将可变规模收益纳入考虑范围内，当有的决策单元不是以最佳的规模运行时，技术效益的测度会受到规模效益的影响。BBC 模型中综合效益为技术效益和规模效益的乘积，反映的是决策单元在一定（最优规模时）投入要素的生产效率，是对决策单元的资源配置能力、资源使用效率等多方面能力的综合衡量与评价，效率值以 1 为界点，小于 1 说明投入和产出比例不合理，未形成优秀的效益；等于 1 说明投入和产出比例较合理，相对效益最优；大于 1 说明投入和产出形成了超级收益模式。其具体公式如（1）所示：

$$\sum_{\min} \lambda_j = 1, j = 1, 2, \cdots, n, 即可得：$$

$$\text{s. t.} \sum_{j=1}^{n} \lambda_j y_j + s^+ = \theta x_。$$

$$\sum_{j=1}^{n} \lambda_j y_j - s^- = \theta y_。 \tag{1}$$

$$\sum \lambda_j = 1, j = 1, 2, \cdots, n$$

$$s^+ \geqslant 0, s^- \leqslant 0$$

（三）W 集团的 DEA 计算及分析

以 W 集团为决策单元，按照表 1 中投入指标和产出指标的数据导入 SPSSPRO 数据科学平台软件，进行数据包络分析，可得到效益分析表，如表 2 所示。

W 集团投入与产出指标表（2019—2021 年）						表 1
年份/指标	投入指标					产出指标
	货币资金 /亿元	物业收入 /亿元	其他业务收入 /亿元	研发费用 /亿元	管理费用 /亿元	营业收入 /亿元	净利润 /亿元
2019 年	1661.9	54.06	25.4	10.66	110.18	3679	388.72
2020 年	1952	182.04	32.3	6.65	102.88	4191	415.16
2021 年	1493.52	198.3	30.34	6.42	102.42	4528	225.24

W 集团效益分析表（2019—2021 年）　　　　　　　　　　　　表 2

决策单元	技术效益	规模效益	综合效益	松弛变量 s^-	松弛变量 s^+	DEA 有效性
2019 年	1.000	1.000	1.000	0.000	0.000	DEA 强有效
2020 年	1.000	1.000	1.000	0.000	0.000	DEA 强有效
2021 年	1.000	1.000	1.000	0.000	0.000	DEA 强有效

技术效益代表管理和技术等因素对生产效率的影响，其值历年均为 1，表明投入要素得到了充分利用，在给定投入组合的情况下，实现了产出最大化。规模效益代表规模因素对生产效率的影响，其值历年均为 1，表明规模效率有效，已达到最优的状态。综合效益数值历年为 1，表明决策单元的投入和产出结构合理，相对效益最优。松弛变量 s^-、s^+ 历年均为 0，表明投入和产出比例较为均衡，不需要进行调增或调减。决策单位的 DEA 强有效，也就是说万科集团近 3 年的财务绩效效率高，轻资产比重有在提升，轻资产模式有效，竞争力增强。

四、W 集团的财务绩效评价

（一）财务指标绩效评价

W 集团在轻资产模式的经营下，近 3 年的固定资产占比远低于 40%，有息负债占比逐渐降低小于 23%，表明 W 集团议价能力增强，竞争力增强。在疫情影响下，货币资金呈现波动状态，但远高于 2013 年未实行轻资产模式的 443 亿元，表明集团现金流较充裕。相比于 2013 年 38 亿元的销售费用而言，近 3 年的销售费用上涨了 3 倍左右，表明集团花费资金大力宣传推广，实现了品牌溢价，品牌价值在 2021 年高达 1353 亿元。存货周转率虽然上升趋势较小，但是表明 W 集团的产品的未来销售趋势是比较明朗的，养老服务、酒店与度假业务等衍生业务的创收能力有较大的潜力（如表 3）。

W 集团绩效评价指标情况表（2019—2021 年）　　　　　　　　　表 3

财务指标	2019 年	2020 年	2021 年
固定资产占总资产比例/%	0.71	0.67	0.66
有息负债占总负债比例/%	17.88	17.45	17.21
货币资金/亿元	1661	1952	1493
销售费用/亿元	205.86	168.30	117.06
存货周转率/次	0.27	0.28	0.29

（二）非财务指标绩效评价

某集团在轻资产模式的经营下，加大了品牌宣传推广的力度，所投入的宣传推广费用与品牌溢价能力逐渐成正比，形成了品牌效应，集聚了行业的优质资源，提高了技术和服务水平，品牌竞争力不断提升，2021 年某集团的品牌价值高达 1352 亿元。某集团重资产比重不断下降，轻资产比重逐渐提高，衍生业务的收入逐渐提升，不再只依靠房地产业务收入。集聚了人才，实行人才差异化策略，不断地提升员工的职业精神和职业技能，高等学历员工的比例不断提升，加大研发的投入，不断地提升和巩固技术的优势，在轻资产模式下某集团的成长性不断提升。

五、结论

某集团的轻资产模式对财务绩效的影响具有正向作用，优化了资本机构，降低了资金链的压力，降低了负债所带来的财务风险，但衍生业务的创收能力还有待提高。品牌价值的提升增强了某集团的议价能力，虽然有些财务指标波动发展，但仍在行业均值之上，总体而言，某集团的未来发展势头比较优秀，还有上升空间。

参 考 文 献

[1] 蒋昊，钟新桥. BCC 模型下的交通运输企业财务绩效评价：以我国中部地区上市公司为例 [J]. 财会月刊（综合版），2016（8）：29-31.

[2] 杨秀琼. 基于模糊 DEA 的上市商业银行财务绩效评价研究 [J]. 财会通讯，2020（14）：100-103.

[3] 孙伟艳，王宏. 申通快递的财务绩效分析 [J]. 商场现代化，2021（15）：174-176.

[4] 刘慧园. 房地产企业轻资产运营模式转型研究：以万科为例 [J]. 北方经贸，2020（11）：137-139.

[5] 濮丹枫，李登明. 万科集团轻资产运营模式及其绩效分析 [J]. 经济研究导刊，2018（31）：104-106.

[6] 刘云莉，常媛. 轻资产运营模式转型前后资产负债结构影响：以万科集团为例 [J]. 北方经贸，2020（5）：132-136.

H集团永续债融资的动因及其财务效果分析

1. 沈阳建筑大学管理学院
2. 沈阳建筑大学财务处

何佳妮[1]　王正勇[2]

摘　要：随着经济的迅速发展，企业逐渐选择新型的融资工具。H集团通过发行永续债进行融资，实现了快速的发展。首先介绍了H集团发行永续债融资的情况。其次，通过对H集团发行永续债情况的概述，分析H集团发行永续债的动因以及财务效果，得出永续债有助于企业发展的结论。最后，对H集团永续债融资进行总结。

关键词：H集团；永续债；融资

一、引言

由于我国经济发展速度飞快，企业的资金需求逐渐增大，大部分企业选择提高财务杠杆来积累资金。李诗瑶（2018年）指出永续债的发行提高了H的融资以及偿债能力。Yao Jin（2014年）表示永续债融资能够优化企业的资本结构，维持资金稳定。H集团通过永续债融资促进了企业的迅速发展。通过H永续债融资的案例，分析H集团永续债融资的动因以及财务效果，表明永续债融资有利于H集团优化资本结构、降低财务风险以及增加股东财富等。

二、H集团永续债发行和赎回情况

（一）永续债发行情况

房地产项目涉及众多的部门、行业，导致收费项目较为繁杂。H集团在此情况下追求多元化的融资渠道来促进企业的发展。2013年H集团开始通过永续债来进行融资。

H集团永续债发行情况　　　　　　　　　　　　　　　　　表1

年份	发行/亿元	分派/亿元	赎回/亿元	年份	发行/亿元	分派/亿元	赎回/亿元
2013	244	—	—	2016	598	57	258
2014	263	19	10	2017	—	—	1137
2015	443	56	209				

由表1可知，2013年H集团发行了244亿元的永续债。2016年年末，H集团持有1129亿元的永续债，占当年净利润的58.67%。2017年，H集团为了永续债能够被最大限制地利用，同时也能够避免支付高额利息，选择将永续债全部赎回。

（二）永续债赎回过程

2017年3月28日，H集团提出偿还永续债的计划，在2017年上半年偿还50%，在2018年实现全部偿还。H集团在2017年5月4日赎回了561.8亿元的永续债，随后又赎回了243.8亿元的永续债，提前完成了目标。2017年8月26日，H集团发布公告宣称已经全部赎回永续债，赎回金额可达1129.4亿元。H集团在短时间内将永续债全部赎回，业绩再创新高，实现了股价的逐渐上涨。

三、H集团永续债融资的动因

（一）H集团永续债发行动因

1. 拓宽企业的融资渠道

由于房地产行业在经营方面具有特殊性，其在经营过程中需要大量的资金，然而融资模式却较为单一。同时随着我国的房市调控政策的开展，房地产企业融资难度越来越大，银行贷款、发行债券以及增发新股的融资方式已经满足不了企业的融资需求。永续债融资可以使发行人在进行债券融资的同时，不会在短时间内带来还款压力、造成股权的稀释以及资产负债率的增加。H 集团发行永续债既满足了企业的资金需求，又能够优化资本结构，从而起到降低资产负债率的作用。总而言之，永续债融资为 H 集团拓宽了融资渠道，保证了 H 集团正常经营的同时，促进了企业发展。

2. 满足企业自身的资金需求

2013 年 H 集团宣布经过优化调整，集团的经营区域由原来的三线城市逐渐向一、二线城市转移。由于 H 集团土地储备面积增大，成本上升，其对资金的需求增多，导致当前资金需求缺口相当之大。然而，银行贷款融资方式已经不能满足其发展的资金需求。因为银行贷款会提高财务杠杆，从而造成后续融资的困难。永续债融资满足了企业自身资金的需求，同时不会导致企业的资产负债率过高，缓解了 H 资金需求的压力。

3. 优化资本结构

H 集团拥有较高的资产负债率。高资产负债率代表企业的负债成本高，具有较重的财务负担，会增加企业的融资难度并且给投资者带来消极的影响，也可能由于支付利息导致资金大量流出，影响现金流量的稳定性。H 集团在 2013 年发行永续债，其资产负债率由 82.6% 逐渐下降到了 77.2%。由此可知，永续债的发行在满足其资金需要的情况下并没有导致企业的资产负债率增高，反而降低了资产负债率，优化了 H 集团的资本结构。

（二）H 集团永续债赎回动因

1. 调整资本结构

企业的资本结构能够决定着企业未来的发展。合理的资本结构能够促进企业价值的提升。债务的增多会降低企业的资本成本，当资本成本处于最低状态时，企业就拥有了最佳的资本结构。

由表 2 可知，在 2016 年的 H 集团流动资产占比远远高于流动负债占比，这表明企业无法通过现金或现金等价物来偿还流动负债时，企业可以通过流动资产来偿还债务，使企业维持稳定的财务情况。H 集团的非流动负债占比高于非流动资产占比，表明企业是通过非流动负债得到了一些流动资产，导致营运资金过多，企业的资产利用率不高。

2016 年 H 集团资本情况 表 2

流动资产占资产总额比重	流动负债占资产总额比重	非流动资产占资产总额比重	非流动负债占资产总额比重
82.44%	54.29%	17.56%	45.71%

2. 降低财务风险

永续债融资可能会给企业带来未来的财务风险。由于利率"跳板"的设定，永续债的利率会在最初赎回期满后跳到极高的水平，导致企业可能无法承担而造成财务风险。之所以 H 集团选择全部赎回永续债，可能是大部分的永续债已经到达了赎回期，企业需要承担很大的付息压力，赎回永续债会有效地避免财务风险。除此之外，H 集团在发行永续债后信用评级降低，永续债的赎回起到了降低筹资风险的作用。

3. 增加股东财富

股东创立企业的目的就是增加其财富，根据 H 集团的年报，2016 年永久资本工具持有人所占利润为股东所占利润的 2 倍。由此可见，永久资本工具持有人过度侵占了股东的利润，赎回全部的永续债，可以提高普通股股东的收益，从而提高普通股每股收益。在条件不变的情况下，赎回全部的永续债会减少权益总额，从而对净资产收益率造成影响，提高基本每股收益，以及净资产收益率会增加股东的未来报酬，从而可能会提高股价。

四、永续债发行及赎回财务效果对比分析

（一）盈利能力分析

总资产报酬率是指公司的息税前利润与平均总资产的比值。总资产报酬率的高低代表了企业的资

产运营状况。

由表 3 可知，2013 年在 H 集团发行永续债之后，其总资产报酬率处于持续下降的趋势，该趋势表明了企业的总资产的增长率高于息税前利润的增长率，这可能与 2014 年 H 集团扩大多元化产业而筹资有关。但在 2013—2016 年，总资产报酬率下降，说明我国当时房地产行业的发展不稳定，房价呈下跌趋势。在 2017—2018 年 H 集团在赎回永续债后，其总资产报酬率呈现上升趋势，表明企业拥有较好的资产运营情况。2018—2020 年企业总资产报酬率下降，企业运营情况不太乐观。

2013—2020 年 H 集团总资产报酬率　　　　表 3

年份	总资产报酬率/%	年份	总资产报酬率/%
2013	8.67	2017	5.47
2014	7.59	2018	7.40
2015	5.11	2019	4.49
2016	4.00	2020	3.57

（二）偿债能力分析

对于房地产行业来说，企业在成本核算、销售以及税收等方面具有特殊性。净负债率相比资产负债率更能够真实地反映企业的负债水平，有效地衡量企业的经营情况和公司的价值。

2014—2020 年 H 集团净负债率　　　　表 4

年份	净负债率/%	年份	净负债率/%
2014	251	2018	151
2015	314	2019	159
2016	432	2020	152
2017	240		

由表 4 可知，在 2013—2016 年 H 集团净负债率逐渐增加，表明 H 集团在发行永续债后企业负债增加。2016 年其净负债率到达最大值为 431.83%，2017 年 H 集团将永续债全部赎回，净负债率达到240%。在 2013 年发行永续债后，将永续债务纳入为实际贷款，H 集团的净负债率快速上升。2017 年 H 集团赎回永续债后净资产负债率开始下降，企业负债减少。2018—2020 年企业净负债率趋于稳定状态。

（三）发展能力分析

主营业务收入增长率有效地反映了企业的发展能力水平。企业主营业务收入增长率的提高说明企业的主营业务收入增长较快，同时也代表了企业的产品在市场上的需求较大。

由表 5 可知，2013 年主营业务收入增长率上涨到 43.5%。由于在 2013 年 H 集团发行了永续债，增加了企业的现金流。在 2016 年主营业务收入增长率上浮到 58.8%。由此可见，H 集团发行永续债筹集大量资金，满足了其资金的需求，促进了企业的高速发展。2017 年企业主营业务达到 47.1%，相比 2012 年企业的收入增长翻了 4 倍。但在 2019—2020 年企业主营业务增长率偏低，可能受新冠疫情的影响，企业主营业务收入较低。

2013—2020 年 H 集团主营业务收入增长率　　　　表 5

年份	主营业务收入增长率/%	年份	主营业务收入增长率/%
2013	43.5	2017	47.1
2014	18.9	2018	49.9
2015	19.5	2019	2.4
2016	58.8	2020	6.2

五、结论

由于房地产行业融资渠道较为单一，企业负债比例非常高，H 集团改变了传统的融资方式，选择永续债的融资形式，将永续债作为重要的融资渠道。H 集团发行永续债对企业的财务效果产生了积极的效果。永续债能够为 H 集团带来优化了资本结构、拓宽融资渠道以及满足资金需求等好处。企业赎回永续债降低了资本成本，为 H 集团解决了利率为企业可能带来的财务困境，并且增加了股东财富。通过各项指标的对比分析，H 集团采用永续债的融资方式较普通的融资方式产生更加积极的财务效果，促进了企业的发展。

参 考 文 献

［1］ 李诗瑶. 恒大集团永续债融资案例分析［D］. 南昌：江西财经大学，2018.

［2］ Yao Jin. The Study of Chinese Real Estate Enterprises Issuing Perpetual Bonds Financing：Advantage and Risk ［J］. American Journal of Industrial and Business Management，2014，4（12）.

［3］ 胡婧琳. 中国恒大永续债融资的风险研究［D］. 广州：广东工业大学，2020.

［4］ 赵静，张倩，牛英英. 恒大集团融资问题研究［J］. 合作经济与科技，2021（5）：78-80.

［5］ 张婷婷. 恒大集团赎回永续债案例研究［D］. 乌鲁木齐：新疆财经大学，2019.

基金项目：
"BIM+区块链"技术背景下建设项目全过程成本管控创新模式研究（LJKR0211）

X 企业股利分配政策实施概况及效果研究

沈阳建筑大学管理学院

吴秉玲　田　坤

摘　要： 本文通过分析 X 企业在 2015—2021 年报告期实施的股利政策，将 X 企业股利政策与同行业公司进行比较，并通过分析 X 企业股利政策预案公告后的股价涨跌幅与 CAR，运用事件研究法，得出 X 企业在 2015—2021 年报告期实施的高派现对股票市场具有双向影响。最后得出结论，公司制定股利政策应结合自身财务状况和企业发展战略，保持股利政策的连续性和稳定性，不断提升企业经济实力，兼顾利益相关者利益。

关键词： X 企业；股利政策；高派现

一、引言

股利分配政策是企业对未分配利润的处理决策，在分红和留存收益之间寻求平衡。股利政策作为企业财务决策中的三大核心之一，是企业筹资和投资活动的延续，不仅与公司的股权结构、财务信息、发展规划和经营战略密切相关，涉及股东的回报，以及稳定股价和融资等问题，而且与投资者利益相联系。由于股利分配信息随时向利益相关者传递着股份公司的信息，其作为上市公司的股利分配政策对股份公司的绩效和市场反应有着深远的影响。

优质的股利分配政策不但可以起到树立公众眼中的优秀公司形象的作用，给上市公司带来更好的企业绩效，更好的市场反应，同时也能吸引众多投资者对股份公司的关注，从而进行投资，这样就可以使公司拥有长期稳定的发展条件和机会。本文剖析 X 企业在 2015—2021 年报告期实施的股利政策，运用事件研究法，分析企业股利分配政策的实施效果，并提出具有针对性的建议应用于实际经营中。

二、股利分配政策实施概况

（一）X 企业概况

1. X 企业简介

X 企业股份有限公司成立于 1993 年，集团总部设于上海市，2015 年 X 企业由 A 股上市。公司所处房地产行业，主营业务为房地产开发与销售，经营模式以自主开发销售为主，是住宅地产和商业地产的全国综合性地产集团，主营业务包括住宅开发、商业地产开发与商业运营管理。

2. X 企业财务状况

本文通过对 X 企业 2015—2021 年的财务报表进行整理和归纳，暂选取几项财务指标来呈现。其中包括营业收入、归属于母公司的净利润、所有者权益、基本每股收益、每股经营现金净流量这五项基本财务指标，以整体地对 X 企业这 7 年间的财务状况进行分析。具体如表 1 所示：

X 企业 2015—2021 年财务状况表　　　　　　　　　　　　　　　　表 1

年份	2015	2016	2017	2018	2019	2020	2021
营业收入/亿元	235.69	279.70	405.26	541.33	858.47	1454.75	1682.32
归属于母公司净利润/亿元	18.36	30.19	60.29	104.91	126.54	152.56	125.98
所有者权益/亿元	138.72	163.68	259.82	509.57	619.35	821.38	971.24
基本每股收益/元	1.16	1.36	2.71	4.69	5.62	6.79	5.59
每股经营现金净流量/元	−0.56	3.58	3.87	8.74	8.45	−0.46	−5.23

为了更直观地反映出 X 企业的营业收入、归属于母公司净利润以及所有者权益的增长变化趋势，通过对 X 企业 2015—2021 年财务状况表进行细化整理，得出 X 企业 2015—2021 年营业收入等财务指标折线图。具体如图 1 所示：

图 1   X 企业 2015—2021 年营业收入等财务指标折线图

通过表 1 进行整理，得出 X 企业 2015—2021 年基本每股收益及每股经营现金净流量折线图。具体如图 2 所示：

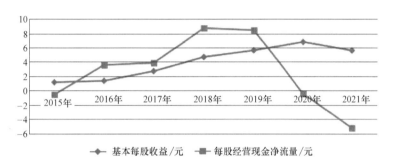

图 2   X 企业 2015—2021 年基本每股收益及每股经营现金净流量折线图

结合表 1、图 1 与图 2 可以看出，X 企业营业收入与所有者权益逐年递增，归属母公司净利润以及基本每股收益在 2015—2020 年一直呈现出稳步上升的趋势，2021 年略有下滑趋势。2015—2018 年间，X 企业的每股经营现金净流量呈现上升趋势，在 2018 年达到最高，每股经营现金净流量为 8.74 元。2018—2021 年每股经营现金净流量呈下降趋势。总体来讲，X 企业 2015—2021 年每股经营现金净流量较为波动。

3. X 企业股权结构

截至 2021 年 12 月 31 日，F 集团有限公司直接持有公司 A 股股份 1378000000 股，占公司股份总数的 60.97%，持股占比第一。持股比例第二的是 C 管理有限公司，其持股比例为 6.1%。F 集团有限公司和 C 管理有限公司的实际控制人是王某某。也就是说，王某某通过 F 集团有限公司和 C 管理有限公司持有 X 企业共计 67.07% 的股权，是 X 企业第一大股东。持股比例第三的是香港 ZS 有限公司持有 43687523 股，持股比例为 1.93%。龙某某持有 30373160 股，持股比例为 1.34%。ZQ 金融股份有限公司持股数量为 27816200，持股比例为 1.23%。全国社保基金一零六组合所持股份为 17853057 股，持股比例为 0.79%。GS 银行股份有限公司—富国天惠精选成长混合型证券投资基金（LOF）、SG 资产管理合伙企业（有限合伙）—高毅邻山 1 号远望基金持股比例分别为 0.4%、0.22%。基本养老保险基金八零七组合持有 8521731 股，持股比例为 0.38%。吕某某持股份数为 5350444 股，持股比例为 0.24%。

综合上述前十名股东的持股比例情况来看，X 企业第一大股东股权集中，控股优势明显，其他股东所持股份比例与控股股东相比相差较大。

（二）X 企业股利分配情况

目前对高派现有四种界定标准：①每股派现金额≥0.3 元；②平均股利支付率＞60％；③每股派现金额＞每股收益；④每股派现金额＞每股经营活动现金流量净额。上市公司只要具有上述四种情况之一，就可界定其具有高派现行为。据表 2 所示，X 企业在 2016—2020 年报告期分红实施方案中，各年每股派现金额均≥0.3，因此可以界定 X 企业在 2016—2020 年报告期股利分配具有高派现行为。

X 企业 2015—2021 年度股利分配情况表　　　　表 2

报告期	分红方案说明	A 股股权登记日	分红总额/元	方案进度	股利支付率/％
2015 年	10 转 3 股派 1.08 元（含税）	2016/4/20	184470993.86	实施方案	10.05
2016 年	10 派 3.3 元（含税）	2017/5/11	2712924995.83	实施方案	24.69
2017 年	10 派 8.1 元（含税）	2018/5/18	2335175945.78	实施方案	30.33
2018 年	10 派 15 元（含税）	2019/5/24	2489709648.07	实施方案	32.10
2019 年	10 派 17 元（含税）	2020/7/10	3834230216	实施方案	30.31
2020 年	10 派 20.5 元（含税）	2021/7/12	4633349194.95	实施方案	30.37
2021 年	不分配不转增	—	—	—	—

对 X 企业股利分配进一步分析，可以总结出该企业近年来股利分配的特征：

1. 股利分配方式以现金分红为主

根据表 2 可以看出，虽然 X 企业在 2015 年采取了转增与现金的分红方式，但在 2016—2020 年均只采取现金分红方式，说明 X 企业股利政策的分红方式还是较为单一，以现金分红方式为主。

2. 股利分配政策缺乏连续性和稳定性

在 A 股市场选取保利地产、金地集团和招商蛇口三家同行业公司与 X 企业近年每 10 股派现情况进行比较：

X 企业与同行业 2015—2021 年报告期每 10 股派现情况表　　　　表 3

	X 企业/元	保利地产/元	金地集团/元	招商蛇口/元
2015 年	1.08	3.45	4.2	2.6
2016 年	3.33	3.15	7	5
2017 年	8.1	4	5.3	6.2
2018 年	15	5	6	7.9
2019 年	17	8.2	6.7	8.3
2020 年	20.5	7.3	7	6.4
2021 年	—	5.8	6.3	5.4

通过表 3 进行整理，得出 X 企业与同行业 2015—2021 年报告期每 10 股派现情况折线图。具体如图 3 所示：

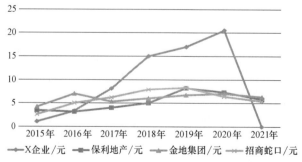

图 3　X 企业与同行业 2015—2021 年报告期每 10 股派现情况折线图

结合表 3 和图 3，X 企业在 2015—2020 年报告期都进行了现金股利分配，且 X 企业的派现金额增长速度较快，在 2020 年派现金额与同行业对比较高的情况下，2021 年却没有任何现金分红，选取的 3 家房地产行业的派现金额较于 X 企业的派现金额来说相对稳定。通过以上和同行业的上市公司的股利分配政策进行对比发现，X 企业 2015—2021 年的股利分配政策缺乏连续性和稳定性。

X企业股利分配政策实施概况及效果研究

三、股利政策实施效果

(一) 股价涨跌幅情况

本文采用预案公告日后 10 日涨跌幅和股权登记日前 10 日涨跌幅双指标衡量股票市场对 X 企业各年分红派息的短期反映。

X 企业 2015—2021 年报告期分红派息与涨跌幅表现情况　　表 4

报告期	预案公告日	预案公告日后 10 日涨幅/%	股权登记日	股权登记日前 10 日涨幅/%
2015 年报	2016/2/5	−3.26	2016/4/20	4.70
2016 年报	2017/2/25	7.95	2017/5/11	−2.82
2017 年报	2018/3/15	−6.69	2018/5/18	1.95
2018 年报	2019/3/9	25.20	2019/5/24	−6.01
2019 年报	2020/3/28	3.26	2020/7/10	20.02
2020 年报	2021/3/27	7.10	2021/7/12	−8.83
2021 年报	2022/3/31	4.17	—	—

由表 4 可以看出，X 企业 2015—2021 年报告期预案公告日后 10 日涨幅和股权登记日前 10 日涨幅正负不一，说明股票市场对 X 企业历次分红派息具有双向反映。公司 2015 年和 2017 年报告期预案公告日后 10 日涨幅为负值，2015 年和 2017 年报告期 X 企业的每 10 股派现为 1.08 元和 8.1 元，股利支付率为 10.05％和 30.33％，股票市场短期对该预案反映并不积极。

(二) 累计超额收益率情况

通过事件研究法，选取 2015—2021 年报告期，利用累计超额收益率（CAR）指标进一步测算投资者对 X 企业实施高派现的态度。由于上市公司宣布股利预案公告，具有不可预测性，因此选取 2015—2021 年报告期股利预案公告日为研究日期，计为 t，前一交易日计为 $t-1$，依次类推，并将研究日期范围确定在 $[t-3, t+3]$ 之间，分别获取每个交易日的收盘价和收盘指数（采用上证指数），经计算结果如表 5 所示：

X 企业 2015—2021 年报告期股利预案公告日前后 CAR 表　　表 5

交易日	年份						
	2015	2016	2017	2018	2019	2020	2021
$t-3$	1.0916	4.4438	−10.1871	−1.5119	4.6617	−3.0047	3.3855
$t-2$	3.8385	4.8145	−8.605	−5.6599	6.6082	−2.9237	3.11
$t-1$	4.0895	3.4436	−7.2994	−2.9802	9.3013	−4.6608	10.9506
t	3.4301	3.3803	−4.8748	1.4157	9.0376	−6.2881	16.1454
$t+1$	4.0605	3.317	−1.8429	5.8116	8.7739	−7.9154	19.0617
$t+2$	4.6909	5.3336	−1.1978	9.6213	10.6756	−7.1805	18.1235
$t+3$	5.3213	8.9232	−0.5527	12.7046	10.4676	−1.4171	17.1853

通过表 5 进行整理，得出 X 企业 2015—2021 年报告期股利预案公告日前后 CAR 折线图。具体如图 4 所示：

从表 5、图 4 可以看到，X 企业在 2015—2021 年报告期内，2016 年、2017 年、2018 年报告期，CAR 在股利预案公告日后都有一个明显的提高；2015 年、2019 年报告期，CAR 在股利预案公告日前后无明显提高和降低；而在 2020 年、2021 年报告期，CAR 在股利预案公告日后出现明显的下降。因此，可以得出股票市场对 X 企业连续的高派现

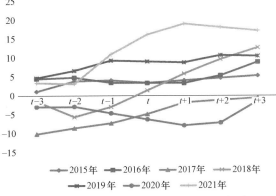

图 4　X 企业 2015—2021 年报告期 CAR 折线图

· 247 ·

具有双向反映，正如上文所分析，X企业实施高派现股利政策一方面会给股票市场传达出公司经营良好的积极信号，但另一方面如果公司业绩和财务指标出现下滑，投资者会不看好高派现行为，同时连续过高的股利支付也会让中小投资者担心公司以后年度的经营和投资现金不足，影响公司的偿债能力和投资能力，这都不利于公司的长远发展。

四、结论及启示

（一）高派现股利政策具有双向影响

X企业在2016—2020年报告期实施了高股息政策，这对公司有两个影响。一方面，高股息政策可以向股票市场发出信号，表明公司运作良好，吸引更多投资，提高公司的竞争力；另一方面，高额的现金股利将减少公司的留存利润，公司未来一年的营运资金不足，这将影响公司的成长，增加经营风险。因此，X企业应在综合考虑公司现有经济实力和未来增长的基础上，结合自身实际情况和公司发展战略，在此基础上选择合适的股利政策，更好地发挥股利政策的积极作用。

（二）高派现要综合考虑公司的财务能力

财务能力是企业分配股利的重要基础。虽然X企业业务收入的快速增长在长期持续实施高现金红利方面发挥了至关重要的作用，但这并不意味着公司的财务业绩能够始终支持公司的高派现红利，还应考虑股利政策对企业未来偿付能力和成长能力的影响。X企业正处于快速扩张和资本需求增加的增长阶段。因此，公司在制定股利政策时应考虑财务因素，并根据公司当前的发展需求合理制定股利政策，而不是简单地支付高额股利。

（三）保持股利政策的连续性和稳定性

X企业派现金额连年上升，在2020年达到了每10股20.5元，当股民习惯了高额的股利分配模式后，突然降低会使公司的发展受到影响。2021年该企业却没有任何分红，股价暴跌，可见平稳且具有连续性的股利政策才能保证公司的持续发展。

（四）股利政策应兼顾利益相关者利益

X企业属于家族式企业，股权高度集中，其大股东处于绝对控股地位，对股利政策的制定和实施起决定性作用。持续实施超额分红将减少公司资金的流动性，并容易增加公司的财务和经营风险。因此，在制定股利政策时，公司应吸收中小股东的意见，积极让债权人参与讨论，并充分考虑利益相关者的建议，平衡好利益相关者利益，实施合理的股利政策。

参 考 文 献

[1] 师晓庆. S公司现金股利政策实施动因及效果研究 [C]. 西安：西安石油大学，2021.
[2] 李瑶佳. 伊利股份股利分配政策实施效果研究 [C]. 大庆：东北石油大学，2021.
[3] 谢佩帛，王朝辉. 我国房地产上市公司股利分配现状研究 [J]. 经贸实践，2018（22）：155.
[4] 杨子浩. 万华化学集团高派现股利政策研究 [C]. 北京：华北电力大学，2020.
[5] 崔璨. 我国上市公司股利政策研究 [J]. 中小企业管理与科技，2021（32）：155-157.

基于因子分析的S公司财务绩效影响因素研究

沈阳建筑大学管理学院

胡宏伟　韩　凤

摘　要："十四五"期间，我国制定了2030年实现碳达峰、2060年实现碳中和的宏大计划，为转变如今以化石燃料为主导的能源体系，风力发电在国家能源系统中扮演着举足轻重的角色。本文通过比率分析法和指标对比法进行描述性统计分析及指标筛选后，基于因子分析法对S公司2005—2021年的财务报表进行财务绩效综合分析，剖析S公司财务绩效影响因素之间的关联作用，据此提出合理的发展建议。

关键词：因子分析；财务绩效；S公司；影响因素

一、引言

（一）研究背景及意义

我国"碳达峰""碳中和"理念的提出，使人们逐渐关注能源转型和清洁能源推广问题，风力发电的风机、风叶作为新基建项目在我国大陆上冉冉升起。运用因子分析法对风电龙头运营商S公司进行财务绩效影响因素研究，对公司发展、行业成长、国家能源结构重组有很强的指导性。

（二）财务绩效影响因素综述

针对公司财务报表的财务绩效影响因素，主要包含偿债能力、营运能力、盈利能力、发展能力四个方面。针对普遍行业发展的财务绩效影响因素，主要从政治、经济、技术、社会、环境、法律六个方面进行分析。风电行业在兼具以上财务绩效影响因素的同时，拥有具有自身特色的财务绩效影响因素。

（三）S公司简介

S公司是中国S集团新能源业务的战略实施主体，其主要营业范围是风能的开发。自S公司2021年6月沪市主板上市以来，一直是我国电力行业规模最大的IPO，也是A股市值最高的新能源公司。

二、S公司的财务绩效分析

（一）S公司的指标对比公司选择

S公司、节能风电公司和龙源电力公司是风电运营商龙头企业，市值均在500亿元之上，合计占新能源市场53%份额，业绩平稳发展，发展战略类似。因此本文选用3家公司相关数据进行横向对比，在此基础上对S公司财务绩效进行评价。

（二）财务分析

本文对S公司过去和现在的财务数据进行能力分析。

1. 偿债能力分析

2017—2021年偿债能力数据　　　　　　　　　　　　　　　　表1

项目	2017年	2018年	2019年	2020年	2021年	项目	2017年	2018年	2019年	2020年	2021年
流动比率	0.82	1.25	0.76	0.71	0.91	资产负债率	59.42	49.19	58.32	67.43	64.73
速动比率	0.81	1.24	0.76	0.70	0.91	权益乘数	2.46	1.97	2.40	3.07	2.84

表1显示出S公司短期偿债能力：流动比率均值<1，会导致库存现金无法偿还应急债务，资金链有熔断风险。速动比率由0.813上升到1.241，随后回落到0.702，小于标准值1，说明其短期偿债能力偏弱。

通过图1中的S公司的长期偿债指标可知，资产负债率稳定在60%左右，资本结构在行业之中处于合理。权益乘数在2020年突破3.0，说明该公司负债较多，股东权益占比大，导致其财务风险加大。

2. 盈利能力分析

项目单位/%	2017年	2018年	2019年	2020年	2021年
资产报酬率	3.79	3.40	3.05	15.41	13.64
销售净利率	38.10	39.20	34.06	34.65	39.31
净资产收益率	9.42	6.79	7.38	8.57	8.20

表2 2017—2021年盈利能力数据

由表2数据可知：S公司2017—2021年资产报酬率有跳跃式提升，因为2020—2021年利润总额大幅增加，资产利用效率提高。

由图2可知，公司销售净利率在5年之间稳定在30%以上，处于行业平均水平，说明在营业期间内公司将销售收入转换成股东利润的能力强。净资产收益率在5年的会计期间内呈波段上升态势。

综上，S公司盈利能力强且在逐年稳定增加，具有吸金效应。

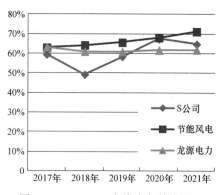

图1　2017—2021年资产负债率对比

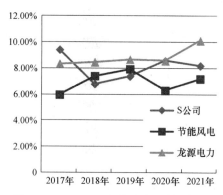

图2　2017—2021年净资产收益率对比

3. 营运能力分析

项目单位/次	2017年	2018年	2019年	2020年	2021年
应收账款周转率	1.53	1.20	1.04	1.02	0.99
存货周转率	23.99	52.67	67.24	68.79	61.28
总资产周转率	0.11	0.10	0.10	0.09	0.09

表3 2017—2021年营运能力数据

由表3数据可知，应收账款周转率在逐年减少，说明公司催收款项的速度很慢，存在较高的坏账风险。比较S公司2017—2021年的存货周转率，发现周转次数每年大幅增加，说明公司库存管理好，加速了公司资金的流动。

从图3可以看出，S公司的总资产周转率较同类型行业偏低，但变化程度不大，体现出公司营运能力较弱且资产投资的收益不理想。

4. 发展能力分析

项目单位/%	2017年	2018年	2019年	2020年	2021年
总资产增长率	5.34	25.13	17.43	42.38	52.47
主营业务增长率	31.00	8.88	21.32	26.33	36.85
研发投入比率	0.18	0	0.02	0.01	0

表4 2017—2021年发展能力数据

图3 2017—2021年总资产周转率对比

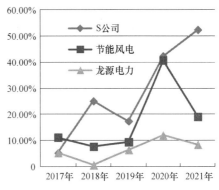

图4 2017—2021年总资产增长率对比

由图4可知，S公司总资产增长率波段上升，大幅度超越同行业公司，说明随着风电装机量的增加，公司现有资产增长迅速，营业收入持续回升。

由表4数据可知，S公司主营业务增长快速，主营业务扩展迅速，但其研发投入比率趋近于0，说明公司并没有选择研发新产品战略扩大自身市场份额。总而言之，S公司发展能力较好，仍有提升的空间。

三、财务绩效影响因素的实证分析

（一）财务绩效影响因素数据来源与指标选取

本文选取S公司2005—2021年的财务指标数据进行实证分析，指标选取数据来源为企业年报。

通过比率分析法和指标对比法进行描述性统计分析及指标筛选后，本文把财务绩效分解成偿债、盈利、营运和发展能力，找出作用于公司各个能力的财务绩效影响因素，并总结归纳成表5。

S公司财务绩效影响因素指标选取 表5

一级指标	二级指标	变量
偿债能力	流动比率	X_1
	资产负债率	X_2
盈利能力	资产报酬率	X_3
	销售净利率	X_4
营运能力	应收账款周转率	X_5
	存货周转率	X_6
发展能力	总资产增长率	X_7
	主营业务增长率	X_8

（二）因子分析

1. KMO 和 BARTLETT 检验

从表6可以看出，KMO 取样适切性量数为 0.530，且大于 0.5，BARTLETT 的显著性概率值 0.000 小于 1%，说明各变量之间相关性靠谱，符合因子分析的前置环境。

KMO 和 BARTLETT 检验 表6

KMO 取样适切性量数		0.530
BARTLETT 检验	近似卡方	68.192
	自由度	28
	显著性	0.000

2. 提取公因子

表7中，8项指标可以共同提取至3个公共因子，它可以解释绝大部分原始变量信息，最高累积为 79.273%，说明有效简化了数据，可以继续分析。

S公司总方差解释表　　　表7

成分	初始特征值			提取载荷平方和			旋转载荷平方和		
	总计	方差百分比	累积 %	总计	方差百分比	累积 %	总计	方差百分比	累积 %
1	2.792	34.898	34.898	2.792	34.898	34.898	2.486	31.080	31.080
2	2.220	27.744	62.643	2.220	27.744	62.643	2.470	30.870	61.950
3	1.330	16.630	79.273	1.330	16.630	79.273	1.386	17.323	79.273
4	0.790	9.870	89.142						
5	0.507	6.339	95.481						
6	0.196	2.445	97.926						
7	0.099	1.241	99.166						
8	0.067	0.834	100.00						

3. 因子命名解释

表8为旋转构成矩阵，得出如下结论：第一个因子的应收账款周转率（X_5）比例较大，因此 Y_1 表示为营运能力。第二个因子在总资产周转率（X_7）和主营业务增长率（X_8）上所占比重较大，所以 Y_2 表示为发展能力。第三个因素在资产报酬率（X_3）中占很大比例，因此 Y_3 表示盈利能力。

旋转成分矩阵分析　　　表8

指标	成　　分		
	Y_1	Y_2	Y_3
流动比率（X_1）	0.504	−0.639	0.276
资产负债率（X_2）	−0.878	0.412	0.062
资产报酬率（X_3）	−0.104	0.135	0.761
销售净利率（X_4）	0.727	0.285	−0.463
应收账款周转率（X_5）	0.871	0.247	0.346
存货周转率（X_6）	−0.374	0.269	−0.608
总资产周转率（X_7）	0.147	0.910	−0.073
主营业务增长率（X_8）	−0.018	0.911	0.128

4. 计算因子得分

本文中各主因子和变量之间的得分函数在表9成分得分系数矩阵所示：

$$Y_1 = 0.168X_1 - 0.347X_2 - 0.074X_3 + \cdots + 0.022X_8$$
$$Y_2 = -0.229X_1 + 0.140X_2 + 0.095X_3 + \cdots + 0.383X_8$$
$$Y_3 = 0.142X_1 + 0.112X_2 + 0.574X_3 + \cdots + 0148X_8$$

成分得分系数矩阵　　　表9

指标	成　　分		
	Y_1	Y_2	Y_3
流动比率（X_1）	0.168	−0.229	0.142
资产负债率（X_2）	−0.347	0.140	0.112
资产报酬率（X_3）	−0.074	0.095	0.574
销售净利率（X_4）	0.332	0.120	−0.361
应收账款周转率（X_5）	0.350	0.156	0.226
存货周转率（X_6）	−0.113	0.062	−0.414
总资产周转率（X_7）	0.099	0.378	−0.009
主营业务增长率（X_8）	0.022	0.383	0.148

5. 计算综合得分

根据各因子的方差贡献确定的权重，财务绩效综合得分函数为：

$$Y = (31.080Y_1 + 30.870Y_2 + 17.323Y_3)/79.273$$

根据表10，可以得出如下结论：（1）Y_1 和 Y_2 相较于 Y_3 对于 Y 的影响占主导作用，其中 Y_1 影响力占比39.21%，Y_2 为38.94%；（2）Y_1 表示为营运能力，对应 X 为应收账款周转率（X_5），Y_2 表示为发展能力，对应 X 为总资产周转率（X_7）和主营业务增长率（X_8）；（3）2010年财务绩效综

各年份综合得分表

表 10

年份	Y_1	排名	Y_2	排名	Y_3	排名	Y	排名
2021	−10.84	9	52.77	2	−19.15	12	12.11	9
2020	−15.56	13	45.43	6	−20.74	13	7.06	12
2019	−14.07	12	31.45	12	−28.51	17	0.50	16
2018	−6.94	5	27.98	14	−26.96	15	2.28	15
2017	−4.62	4	45.69	5	−10.26	10	13.74	4
2016	−7.00	6	41.38	7	−4.76	9	12.33	7
2015	−7.39	7	34.58	10	−4.76	8	9.53	10
2014	−10.40	8	39.91	8	4.55	5	12.46	6
2013	−11.19	10	20.32	16	−1.97	6	3.09	14
2012	9.31	2	39.68	9	−27.21	16	13.16	5
2011	5.03	3	46.55	4	−4.33	7	19.16	2
2010	31.01	1	55.59	1	−21.19	14	29.18	1
2009	−11.89	11	−40.22	17	−10.93	11	−22.71	17
2008	−20.58	17	31.06	13	37.44	1	12.21	8
2007	−18.39	15	23.23	15	11.09	3	4.26	13
2006	−18.71	16	31.95	11	10.17	4	7.33	11
2005	−16.77	14	51.81	3	18.95	2	17.74	3

合得分最高,而2019年财务绩效综合得分最低,主要体现在Y_1和Y_2得分差距上,针对应收账款周转率、总资产周转率和主营业务增长率三种指标相关参数可以进行实际优化。

四、S公司发展方向建议

(一)优化公司资本结构

S公司应尊重央企的半数控股性质,进而选出符合自身资本快速扩张战略的融资方式,合理降低公司资产负债率和资金杠杆,积极参与如今多层次的资本市场,扩宽公司的融资渠道,如发行可转债等,并减少对银行的依赖程度。

(二)完善应收账款管理制度

S公司应通过以下措施来完善应收账款管理制度:(1)对现有的应收账款进行合理管理,加速回款程序,防止坏账;(2)鼓励目标企业使用现款交易,减少应收款项资金比率;(3)建立企业信用标准,实现对往来业务公司信用等级划分,实施应收账款额度管控。

(三)加大股利分配力度

股利分配能反映公司经营业绩水平和对投资者的关怀,是公司做大做强不可或缺的环节。S公司在未来发展中应发放与公司净利润匹配的股利分红,激发大中小股东的投资热情,增加公司股本,进而增加总市值,良性发展自身。

参 考 文 献

[1] 郭浩洁. 财务绩效相关文献综述 [J]. 经贸实践. 2018 (8):154-155.

[2] 李珊珊. 企业行业环境分析 [J]. 现代商贸工业. 2018,39 (32):68.

[3] 魏锋. 中国风电行业现状及前景展望 [J]. 今日工程机械. 2020 (4):24-25.

[4] 胥朝阳. 李子妍. 赵晓阳. 内部控制质量、成本粘性与公司财务绩效 [J]. 财会通讯. 2021 (18):71-74.

[5] 万江平. 刘梦炎. 黄志涛. 基于定性比较分析的上市公司财务绩效研究 [J]. 管理现代化. 2021,41 (4):6-9.

[6] 石冬莲,王博. 全球哈佛分析框架:文献综述与研究展望 [J]. 财会月刊,2019 (11):53-60.

基于 *DEA* 模型的新能源汽车上市企业融资效率研究

沈阳建筑大学管理学院

王婉郦　　冯文琳

摘　要：以 47 家中国新能源汽车上市企业为研究对象，选取 2014—2021 共计 8 年的样本数据，运用两阶段关联网络 *DEA* 模型以及 *Malmquist* 指数对新能源汽车上市企业融资效率进行研究。研究表明，新能源汽车上市企业未达到融资充分有效，但仍处于高位，企业融资规模效率相对较高，大部分企业着重提升规模效率而忽略技术进步，融资纯技术效率相对较低。基于此，建议新能源汽车上市企业把发展重点放在技术水平创新上，合理优化资金配置，向市场导向型发展。

关键词：DEA 模型；新能源汽车上市企业；融资效率

一、引言

自"863"计划起，我国新能源汽车产业地位不断被加强，该产业具有资本密集型和技术密集型产业的特点即投入资本大、投资周期长、发展前景广等，特别在目前激烈的市场竞争与"走下坡"的政策环境下，如何有效地、及时地融入资金且有效地配置利用资金获得高收益，持续提高融资效率，是新能源汽车产业发展的关键。

目前对企业融资效率的研究主要集中在研究方法和研究层面上，首先研究融资效率采用的方法主要有数据包络法以及随机前沿分析法。朱玉超（2019）通过以实证模型为基础，进行分析后认为，我国创业板上市企业的融资效率水平不高，刘孝亮（2018）以上市公司为样本数据，通过实证模型，认为我国创业板上市公司融资效率水平存在较大的提升空间。其次在研究层面上多以静态数据为基础进行分析，例如叶钰龙（2022）认为中新能源电池企业中提高规模效率是提升融资效率的关键。

综上所述，对于融资效率研究中大部分学者采用 DEA 模型进行静态测度分析，但结合动态进行综合分析的较少，且在新能源汽车上市企业领域的研究也相对较少。本文运用 DEA 模型和 DEA-Malmquist 指数对新能源汽车上市企业的融资效率即综合技术效率、纯技术效率和规模效率进行测算，并结合投入冗余的角度进行分析，基于此对提高新能源汽车上市企业融资效率提出相关建议。

二、模型构建

（一）DEA 模型

数据包络分析方法（简称 DEA）是产出与投入的比率，指利用多指标投入和多指标产出对相同类型单位进行有效性评价的一种方法。*DEA* 方法中 CCR 模型主要是针对规模报酬不变假设提出的，BCC 模型是针对规模报酬可变假设提出的，本文选用 CCR 模型和 BCC 模型测算我国新能源汽车上市企业技术创新效率。判断 CCR 模型有效性应该满足的条件如下：

$$\min V = \theta$$

$$\text{s. t.} \begin{cases} \sum_{k=1}^{n} X_k \cdot \lambda_k + S^- = \theta X_0 \\ \sum_{k=1}^{n} Y_k \cdot \lambda_k - S^- = Y_0 \\ \lambda_k \geqslant 0, k=1,2,\cdots,n; S^+, S^- \geqslant 0 \end{cases} \quad \text{s. t.} \begin{cases} \sum_{k=1}^{n} X_k \cdot \lambda_k + S^- = \theta X_0 \\ \sum_{k=1}^{n} Y_k \cdot \lambda_k - S^- = Y_0 \\ \lambda_k \geqslant 0, k=1,2,\cdots,n; S^+, S^- \geqslant 0 \end{cases} \quad (1)$$

其中，θ 为决策单元的有效值，S^-、S^+ 分别为投入、产出松弛变量。如果最优值 $\theta=1$，且 $S^+ \neq 0$ 或

$S^-\neq0$，则决策单元 $k0$ 为弱 DEA 有效；如果最优值 $\theta=1$，并且每个最优解都满足条件：$S^+=0$，$S^-=0$，则决策单元 $k0$ 为 DEA 有效；当 $\theta<1$，则决策单元 $k0$ 为非 DEA 有效。在 CCR 模型中引入 $\sum\lambda k=1$，构建 BCC 模型。

（二）指标选取

结合新能源汽车上市企业融资特点和指标的科学性、可操作性以及数据易获取性，参考众多文献后，本文投入指标主要体现在内源融资、债权融资、股权融资这三方面，其中，债券融资选取了非流动负债，股权融资选取了资本公积和实收资本，内源融资选取了盈余公积和未分配利润，产出指标主要反映在盈利能力、营运能力、成长能力和技术竞争能力等方面，分别选取净资产收益率、总资产周转率、营业收入增长率、无形资产增长率。共选用 5 个投入指标和 4 个产出指标构建指标体系，具体的指标情况如表 1 所示：

投入产出指标情况表　　　　　　　　　　　　　　　　　　　　表 1

	一级指标	二级指标
投入指标	债权融资	非流动负债
	股权融资	资本公积
		实收资本
	内源融资	盈余公积
		未分配利润
产出指标	盈利能力指标	净资产收益率
	营运能力指标	总资产周转率
	成长、发展能力指标	营业收入增长率
	技术能力指标	无形资产增长率

（三）数据来源

在样本选取上，考虑到数据异常波动、信息的连续性以及披露不充分等情况，本文将 ST、＊ST 类上市企业全部剔除，最终选取上海证券交易所和深圳证券交易所 2022 年 1 月 1 日前上市的 47 家新能源汽车企业，以 2014—2021 年，共计 8 年间的数据为研究样本。选取的样本包括整车组装、零部件生产、电池设备生产类型新能源汽车。

（四）数据处理

本文测算的过程用 DEAP2.1 软件来实现。由于 DEAP2.1 软件运算法则要求在对样本进行测度的时候需保证数据的非负性，而本文中涉及的样本数据不可避免地出现了部分负值，如净资产收益率、盈余公积、未分配利润等。基于前人研究结果表明，DEA 软件运算的结果与数据所选取的量纲无关，指标相同倍数的缩放不会影响模型结果的有效性，因此本文将对数据进行无量纲化处理。本文进行数据无量纲化处理时的公式如下所示：

$$y_{ij}=0.1+\frac{x_{ij}-m_j}{M_j-m_j}\times0.9 \qquad (2)$$

其中，$y=[0,1]$，$(i=1,2,\cdots,n;j=1,2,\cdots,n)$ 经过上式处理后，将原始数据取值界定于区间 $[0,1]$ 内，本文中投入、产出指标均已经过无量纲化处理。

$$m_{ij}=min(x_{ij}) \quad M_{ij}=max(x_{ij})$$

三、实证结果分析

（一）DEA 模型分析

1. 综合技术、纯技术效率和规模效率分析

如图 1 所示，2014—2021 年样本企业的综合效率、纯技术效率、规模效率都呈波动式变化，整体为下降趋势，其中综合技术效率与纯技术效率变化趋势大致相同，平均综合技术效率为 0.957，虽处

于高位但仍未达到充分有效，说明我国新能源上市企业融资效率有待提高。

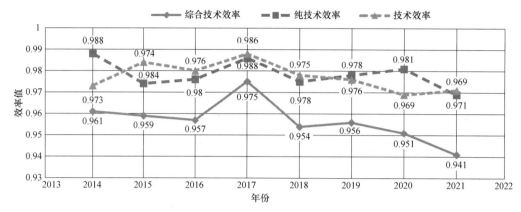

图1 2014—2021年47家样本企业DEA效率均值变化图

如表2所示，8年间各企业综合技术效率、纯技术效率和规模效率都呈波动性变化，其中综合技术效率与纯技术效率变化趋势基本相同，在2014年两指标达到有效的企业仅13家，占比27.70%，在2017年综合技术效率有显著提高，但综合效率值达到有效的企业仍不足半数。反观规模报酬效率整体水平较高，相对综合技术效率达到有效的企业数量也较多，这主要是由于部分新能源汽车上市企业是从传统汽车企业里诞生，拥有母公司较强的资源与资金支持。在2018—2019年，综合技术与纯技术效率呈下降趋势，均值为0.954和0.978，同时规模效率提高有效企业占61.10%。说明企业通常着眼于规模效率而忽略技术进步，在这一阶段政府的补贴逐渐降低，国家提高对新能源车企相关补贴及税收政策的技术门槛，由此导致新能源汽车上市企业的成本增加，技术或者管理不善等问题暴露，使投资者们更加清醒，部分企业融资效率随之下降。

47家新能源汽车上市企业整体融资效率   表2

年份	新能源汽车上市企业	综合技术效率(crste)		规模报酬效率(scale)		纯技术效率(scale)	
		数量	占比/%	数量	占比/%	数量	占比/%
2014	有效	13	27.70	28	59.57	13	27.70
	非有效	34	72.30	19	40.43	34	72.30
2015	有效	13	27.70	21	44.68	16	34.04
	非有效	34	72.30	26	55.32	31	75.96
2016	有效	16	34.04	25	53.19	16	34.04
	非有效	31	75.96	22	46.81	31	75.96
2017	有效	21	44.68	29	61.70	22	46.81
	非有效	26	55.32	18	38.30	25	53.19
2018	有效	17	36.17	30	63.83	20	42.55
	非有效	30	63.83	17	36.17	17	57.45
2019	有效	11	23.40	29	61.70	12	25.53
	非有效	36	76.60	18	38.30	35	74.47
2020	有效	8	17.02	28	59.57	8	17.02
	非有效	39	82.98	19	40.43	39	82.98
2021	有效	12	25.53	24	51.06	13	27.70
	非有效	35	74.47	13	48.94	34	72.30

2. 投入冗余分析

根据表3数据测算结果可知，在2014—2021年间，新能源汽车上市企业整体投入冗余情况较为突出，仅有少数企业在各指标投入中没有冗余，其中盈余公积平均冗余率最高，达到了29.66%；其次是资本公积，平均冗余率为29.23%；非流动负债、实收资本、未分配利润平均冗余率分别为20.6%、24.95%、17.02%。

通过数值的大小以均值为临界点可以看出，样本企业在 8 年间存在不同程度上的投入冗余。比亚迪、长安汽车、长城汽车、华域汽车为典型的高投入冗余企业，这可能与各企业投入规模的大小有关。以比亚迪为例，该企业的原始投入与目标投入相差较大。非流动资本和资本公积原始投入分别120.9 亿元和102.9 亿元，而经过冗余分析的目标产出分别为88.2 亿元和82.3 亿元，说明该企业存在大量投入资源的浪费，资产流动性差，迫切需要改善经营管理状态。该企业要达到 *DEA* 有效，需减少各年非流动负债以及资本公积的投入。此外，例如欣旺达、中炬高新、卧龙电驱等企业虽然各指标冗余率较低，但是仍存在冗余情况。

需要说明的是，*DEA* 测算的冗余一定程度上作为真实情况的反馈，存在对各企业冗余程度夸大的情况，但仍然具有一定的参考价值。这里的投入冗余仅是相对冗余并非绝对意义上的冗余，新能源汽车上市车企普遍存在投入冗余的情况随着技术进步，冗余情况会逐渐减少达到最优水平，现阶段通过调整投入冗余提高创新效率是有效的途径。

2014—2021 年 47 家新能源汽车上市企业投入平均冗余情况　　　　　　表 3

公司	非流动负债	资本公积	实收资本（股本）	盈余公积	未分配利润
	冗余率/%	冗余率/%	冗余率/%	冗余率/%	冗余率/%
许继电气	3.23	2.25	10.21	14.17	13.51
江铃汽车	0.22	3.70	11.38	10.58	27.18
万向钱潮	9.35	4.85	25.65	9.21	2.37
长安汽车	26.78	42.83	55.98	57.00	58.24
安凯客车	0.32	0.22	3.24	0.00	0.77
中通客车	10.38	0.22	1.96	4.29	3.27
三花智控	7.29	3.41	34.49	10.76	11.00
国轩高科	16.88	33.56	6.67	0.00	6.33
江苏国泰	4.45	7.47	3.89	2.36	1.70
银轮股份	2.48	3.31	1.33	1.91	1.49
方正电机	0.00	0.00	0.00	0.00	0.00
奥特迅	0.00	0.00	0.00	0.00	0.00
中恒电气	0.00	0.00	0.00	0.00	0.00
万里扬	2.15	26.76	19.49	2.99	1.45
松芝股份	0.00	7.67	0.00	3.23	1.57
比亚迪	73.17	80.71	34.13	73.45	47.38
特锐德	4.77	4.24	10.95	1.50	1.89
亿纬锂能	2.09	15.30	7.60	0.80	3.24
双林股份	1.70	5.67	2.41	1.45	2.04
保力新	0.00	0.00	0.00	0.00	0.00
汇川技术	0.00	4.41	10.48	6.91	3.36
欣旺达	10.67	15.55	4.18	0.35	0.23
宇通客车	16.48	5.03	34.89	62.10	25.95
福田汽车	27.24	41.16	42.90	41.88	5.43
亚星客车	0.00	0.00	0.00	0.00	0.00
宁波韵升	0.00	0.55	4.69	7.36	5.35
动力源	0.00	0.00	0.00	0.00	0.00
国电南瑞	0.00	46.63	41.84	27.64	30.33
三友化工	36.17	19.57	30.67	8.50	8.50
江淮汽车	40.89	36.43	24.02	51.20	8.88
中国动力	23.83	68.23	7.51	5.52	5.94
亨通光电	18.79	25.54	14.06	5.58	14.41
中天科技	15.54	51.56	38.56	18.62	22.28
金龙汽车	30.95	3.40	4.16	13.06	4.86
中炬高新	4.95	0.00	8.15	3.25	2.37
杉杉股份	21.23	19.21	8.02	3.90	10.86

续表

公司	非流动负债	资本公积	实收资本（股本）	盈余公积	未分配利润
	冗余率/%	冗余率/%	冗余率/%	冗余率/%	冗余率/%
宏发股份	2.38	0.95	1.11	11.37	2.88
赛力斯	27.41	10.11	10.52	4.55	5.81
一汽解放	1.17	32.74	26.12	35.95	7.26
北方稀土	0.12	0.00	24.31	18.81	6.98
贵研铂业	0.00	0.00	0.00	0.00	0.00
科力远	5.11	2.26	5.89	0.00	0.82
厦门钨业	18.09	28.24	11.19	12.52	5.65
卧龙电驱	28.58	6.04	17.00	5.19	6.20
华域汽车	55.21	65.36	36.12	60.91	52.10
渤海汽车	5.90	18.15	12.36	0.00	2.52
长城汽车	47.00	15.48	77.06	80.20	65.80
均值	20.60	29.23	24.95	29.66	17.02

3. Maulmquist 指数分析

由表 4 得知，2014—2021 年间我国新能源汽车上市企业的 TFP[①]、TC、EC 指标均出现了不同程度波动。其中 TFP 均值为 0.986，在 7 个环比期间中，除 2020—2021 年外整体呈上升趋势，且其中 3 个时间序列＞1，表明在样本期间内未实现相对有效的增长，说明在这 8 年间全要素生产率有所改善。

Malmquist 模型分析汇总表　　　　　　　　　　　　　　　　表 4

年份	EC	TC	PEC	SEC	TFP
2014—2015	0.998	0.996	0.985	1.012	0.994
2015—2016	0.998	1.013	1.001	0.996	1.011
2016—2017	1.019	0.929	1.011	1.008	0.947
2017—2018	0.975	0.973	0.985	0.989	0.948
2018—2019	1.006	1.003	1.006	1.000	1.009
2019—2020	0.995	1.009	1.004	0.991	1.004
2020—2021	0.989	1.002	0.986	1.003	0.991
均值	0.997	0.989	0.997	1.000	0.986

将 Malmquist 指数分解，可分解为技术效率指数和技术进步指数，技术效率指数代表的是经营能力以及企业组织结构对融资效率的影响，表 4 中的 TC 的均值为 0.989，EC 的均值为 0.997，年均增长率为−4.30，说明新能源汽车产业整体的技术进步率呈现下降趋势拉低了整体的融资效率值，应该加强产业的技术不断创新来提升整个产业的融资效率；反观规模效率指数的均值是 1.000，改进情况较为显著。从年度数据分析，新能源汽车产业 Malmquist 变化率呈现小幅上升趋势，2017—2018 年 Malmquist 变化率整体下降幅度最大。此后几年 Malmquist 变化率下降幅度依次小幅度递增。

四、结论与建议

本文采用 DEA 方法对中国 47 家新能源汽车上市公司的融资效率进行测度和分析。测度结果表明：（1）样本企业融资效率虽处于高位但仍未达到充分有效，规模技术效率相对较高；（2）纯技术效率较低是影响我国新能源汽车上市企业融资效率低下的直接原因，仅有 30% 左右企业达到有效状态，样本企业间技术创新水平差距较大；（3）存在投入冗余是新能源汽车上市企业普遍存在的问题。

基于上述结论，本文提出如下对策建议：首先，在补贴降低的现阶段，技术效率低下制约新能源汽车上市企业发展，企业应加着眼于技术创新能力的提升，在产品的技术研发、人力资源管理、市场渠道维护与开发等多方面进行改进，进而使产品达到国家政策补助所要求的技术水平，在投入资本上，严格控制产品成本，降低各项指标的冗余率，优化资源配置，减少资源浪费现象向市场驱动型发

① EC 为技术效率；TC 为技术进步；PEC 为纯技术效率；SEC 为规模效率；TFP 为全要素生产率。

展；其次政府服务的重点应是公共事业部分，完善基础设施建设，例如充电桩的安装，应加速实现"一车一桩"的目标，政府充分发挥其职能作用，放宽准入门槛，健全监管体系，有效提升金融支持水平，吸引更多社会资金投入产业，让新能源汽车的供应系统自主运行；最后，除了提高多层次金融市场建设以外，还需要企业自身发展更宽广的融资渠道，争取私募基金和风险投资基金的青睐，合理选择融资结构，提升我国新能源汽车上市企业融资效率。

参 考 文 献

[1] 索瑞霞，张彤. 我国新能源上市公司技术效率研究：基于三阶段 DEA 模型的分析 [J]. 价格理论与实践，2022（1）：139-143.

[2] 朱玉超，刘立霞. 信息技术企业融资效率研究 [J]. 时代金融，2019（11）：46-47.

[3] 邹艳，陶硕，楚伟慧. 考虑投入和产出指标偏好的广义 DEA 模型 [J]. 数学的实践与认识，2022，52（11）：67-76.

[4] 叶龙钰. 基于三阶段 DEA-Malmquist 的新能源电池行业融资效率研究 [D]. 蚌埠：安徽财经大学，2022.

[5] 张建树. 中小建筑企业融资效率及其影响因素的实证研究 [D]. 济南：山东财经大学，2021.

[6] 任玉泉. 基于 DEA 模型的新能源汽车产业链上市公司融资效率研究 [D]. 杭州：浙江大学，2020.

[7] 范钰鑫. 基于 DEA 方法的我国新能源汽车上市企业股权融资效率研究 [D]. 昆明：云南财经大学，2020.

[8] Nowakowski Michał, Porębski Dariusz. Application of the DEA Method for Evaluation of Information Usefulness Efficiency on Websites [J]. Sustainability，2022，14（21）.

[9] He Xiao, Chen Liye, Huang Yan. A Study of Forest Carbon Sink Increment from the Perspective of Efficiency Evaluation Based on an Inverse DEA Model [J]. Forests，2022，13（10）.

[10] Li Jing, Xia Ziyang, Yang Yang, et al. Evaluating operation efficiency of public transportation：A three-stage DEA method [J]. Journal of Intelligent & Fuzzy Systems，2021，41（4）.

[11] Yu Hongxin, Zhao Yuanjun, Liu Wei, Gao Luwen. Research on the investment efficiency based on grey correlation-DEA model. [J]. Annals of operations research，2021.

[12] 张再生，牛晓东. 基于 DEA 模型的人才政策绩效评价研究：以天津市人才政策文件为例 [J]. 管理现代化，2015，35（3）：73-75.

[13] 刘超，李大龙. 基于 DEA 模型的我国货币政策相对有效性研究 [J]. 现代财经（天津财经大学学报），2014，34（10）：26-35.

[14] 戴万亮，杨皎平，敖丽红. 创新政策对高技术产业 R&D 活动效率的影响：基于 AHP 和 SE-DEA 模型 [J]. 中央财经大学学报，2013（10）：70-74，96.

[15] 叶胡，宋伟，赵嘉茜，等. 基于两阶段集中式 CCR-DEA 模型的科技政策绩效评估分析 [J]. 中国科技论坛，2012（12）：27-33.

基于灰色关联法下 AL 集团财务绩效评价研究

沈阳建筑大学管理学院

王婉郦　　贾兰欣

摘　要：我国目前进入存量经济时代，电子商务行业由蓝海市场转入红海市场阶段，业内竞争日趋激烈，为了提升 AL 集团的竞争力，研究基于灰色关联法将财务指标与非财务指标相结合，分析 AL 集团 2013—2021 年盈利能力、偿债能力、营运能力、发展能力、获客能力及市场发展潜力的变化情况，发现企业盈利能力及营运能力表现较差，据此提出创新驱动能力、注重跨境电商发展、优化财务人员业财融合能力、简化财务处理流程的建议以提升集团盈利及营运能力。

关键词：AL 集团；财务绩效分析；灰色关联法

一、引言

电子商务作为信息技术应用主要领域自产生以来备受关注。近年伴随市场增速放缓，电子商务行业进入存量市场时代，市场份额渐趋饱和，加之疫情影响，我国社会零售总额增速放缓、消费下行，导致行业竞争加剧，众多电商企业面临经营压力。AL 集团作为电子商务行业的龙头企业也同样面临未来发展的问题，为了突破这种困境，急需对集团进行更为准确的财务绩效评价以寻找集团经营问题所在。在有关电子商务企业财务绩效评价的已有研究中，多数学者主要集中应用杜邦分析法、经济增加值以及平衡计分卡法等评价方法。陆彧涵基于杜邦分析法，仅对反映企业盈利、经营及营运能力的财务指标进行分解分析，指出影响企业盈利能力财务方面的问题并提出对策；滕林夏基于 EVA 评价方法，仅以财务指标值为基础计算出 A 企业的经济增加值，对企业财务绩效做出评价，以求财务绩效评价更能反映企业真实情况；陈秋红基于平衡计分卡定性评价方法，从长远战略发展角度分析高新技术企业存在的问题，从财务、客户、内部流程及学习与成长层面如何提升企业绩效提出建议。由此可见目前学者大多数都是通过财务指标分析企业绩效，而忽视了非财务指标对企业财务绩效的影响，或者仅采用定性的分析方法评价企业绩效，导致分析结果不全面、不准确。因此本文选用灰色关联法将财务指标与非财务指标相结合，并采用熵值法为各个评价指标赋权使评价结果更为客观，全面分析企业盈利能力、偿债能力、营运能力、发展能力、获客能力以及市场发展潜力，用定量分析的方法对 AL 集团的财务绩效进行评价，使其能够更加真实准确地反映企业财务状况。

二、构建灰色关联分析模型

（一）构建评价指标体系

为了更加全面评价 AL 集团的财务绩效，财务指标主要选取了反映盈利、偿债、营运、发展能力方面的 10 个指标；非财务指标选取了反映企业获客能力、市场发展潜力共 5 个指标，具体如表 1 所示：

（二）熵值法确定指标权重

熵值法是一种客观赋权的方法，由于熵值法具有单调性好、数据信息恒定和缩放无关性等优点，因而本文采用熵值法给各个绩效评价指标赋权。

首先，利用式（1）、（2）、（3）对原始数据进行标准化处理；

AL 集团财务绩效评价指标体系 表 1

一级	二级	三级
财务指标	盈利能力	销售毛利率
		销售净利率
		总资产净利率
		净资产收益率
	偿债能力	流动比率
		资产负债率
	营运能力	经营活动现金流占营收比
		总资产周转率
	发展能力	研发费用
		营业收入增长率
非财务指标	获客能力	活跃用户量
		活跃用户量增长率
	市场发展潜力	GMV
		GMV 增长率
		市场份额

$$Z_{ij}=\frac{X_{ij}-X_{\min j}}{X_{\max j}-X_{\min j}}（适用于正向指标）\quad(1)$$

$$Z_{ij}=\frac{X_{\max j}-X_{ij}}{X_{\max j}-X_{\min j}}（适用于逆向指标）\quad(2)$$

$$Z_{ij}=1-\frac{|X_{ij}-U_i|}{\max|X_{ij}-U_i|}（适用于适度指标）\quad(3)$$

其次，计算各指标的熵值 e_j 和权重 w_j；

第 i 年，第 j 项指标的权重为：$p_{ij}=\dfrac{Z_{ij}}{\sum\limits_{n=1}^{n}x_{ij}}$，

第 j 项指标的熵值为：$e_j=-\dfrac{1}{\ln(n)}\sum\limits_{i=1}^{n}p_{ij}\ln(p_{ij})$，

式中 $\dfrac{1}{\ln(n)}>0$，$e_j>0$，再次计算第 j 项指标的差异化系数为 $g_j=1-e_j$，

最后，计算第 j 项指标权重；

用熵值法确定单个指标权重为 $w_j=\dfrac{g_j}{\sum\limits_{j=1}^{n}g_j}$。

（三）构建模型

1. 构建评价矩阵
AL 集团绩效评价体系共有 9 个评价对象，15 个评价指标，则可以形成 $9×15$ 阶评价矩阵 X。

2. 确定比较序列和参考序列
比较数列是基于每个评价对象对应的关键指标构成的用 X_K 表示：

$X_K=(X_{K1}\quad X_{K2}\quad X_{K3}\quad\cdots\quad X_{Kj})$，$K=1，2，\cdots，i$ 参考数列由每个评价指标在所有指标中的最优值构成，反映系统行为特征，参考数列用 X_0 表示：

$$X_0 = (X_{01} \quad X_{02} \quad X_{03} \quad \cdots \quad X_{0j})$$

3. 标准化处理

将数据利用式（1）、（2）、（3）进行标准化处理。

4. 指标赋权

通过熵值法给各个评价指标进行赋权。

5. 计算灰色关联度

首先，计算各比较序列 Z_{ij} 与参考序列 Z_{0j} 的绝对差值 ΔZ_{ij}，并确定其最大值与最小值。

其次，确定分辨系数 ρ 的值为 0.5。

再次，根据式（4）计算出各绩效指标的灰色关联系数 ξ_{ij}；

$$\xi_{ij} = \frac{\min|Z_{0j} - Z_{ij}| + \rho\max|Z_{0j} - Z_{ij}|}{|Z_{0j} - Z_{ij}| + \rho\max|Z_{0j} - Z_{ij}|} \tag{4}$$

最后，由式（5）得到各评价对象的灰色关联度：

$$R_i = \sum_{j=1}^{15}(\omega_i \times \xi_{ij}) \tag{5}$$

三、AL集团财务绩效实证分析

AL集团于1999年在浙江杭州创立，并在海外设立美国硅谷、伦敦等分支机构，经过20多年的发展已经成为全球最大的网上贸易市场，电子商务行业的巨头。

通过查找AL集团历年财务报表得到表2原始数据：

AL集团 2013—2021 年财务原始数据　　　　表2

年份	2013	2014	2015	2016	2017	2018	2019	2020	2021
盈利能力	0.1686	0.3213	0.1549	0.2471	0.1360	0.1328	0.1258	0.1343	0.1224
偿债能力	0.0658	0.0658	0.1040	0.0505	0.0806	0.1265	0.0766	0.0629	0.1049
营运能力	0.0603	0.0626	0.0490	0.0506	0.0429	0.0420	0.0355	0.0334	0.0343
发展能力	0.0666	0.0441	0.0424	0.0394	0.0507	0.0543	0.0583	0.0574	0.0815
获客能力	0.0500	0.0518	0.1094	0.0535	0.0534	0.0743	0.0617	0.0815	0.1088
市场发展潜力	0.0762	0.0860	0.0608	0.0588	0.0567	0.0930	0.0795	0.0827	0.0873
综合得分	0.4874	0.6315	0.5205	0.5000	0.4203	0.5228	0.4374	0.4522	0.5391

数据来源：AL集团财务报表

（一）构建评价矩阵

根据表2AL集团的原始财务数据，构建 9×15 阶评价矩阵 X：

$$X = \begin{Bmatrix} 0.7184 & 0.2650 & \cdots & 0.4450 \\ 0.7454 & 0.4457 & \cdots & 0.3890 \\ \cdots & \cdots & \cdots & \cdots \\ 0.4128 & 0.1998 & \cdots & 0.5300 \end{Bmatrix}$$

（二）确定比较序列和参考序列

基于每个评价对象对应的财务指标值构成比较序列如下：

$$X_1 = (0.7184 \quad 0.2506 \quad \cdots \quad 0.4450)$$
$$X_2 = (0.7454 \quad 0.4457 \quad \cdots \quad 0.3890)$$
$$\cdots$$
$$X_9 = (0.4128 \quad 0.1998 \quad \cdots \quad 0.5300)$$

根据每个评价指标在所有指标中的最优值构成参考序列如下：

$X_0 = (0.7454 \quad 0.7048 \quad 0.2659 \quad 0.9280 \quad 1.50 \quad 0.40 \quad 0.62 \quad 572.36 \quad 0.7237 \quad 0.5619 \quad 81200$

0.4747　13.1　0.60　0.66)

（三）标准化处理

根据公式 2-1、2-2、2-3 通过 Excel 软件对数据进行标准化处理，处理后的结果如表 3 所示。

将原始数据标准化处理的结果　　　　表 3

年份	2013	2014	2015	2016	2017	2018	2019	2020	2021
销售毛利率	0.9188	1.0000	0.8250	0.7441	0.6356	0.4796	0.1146	0.0998	0.0000
销售净利率	0.1006	0.4869	0.2362	1.0000	0.1202	0.0903	0.0259	0.1497	0.0000
总资产净利率	0.3225	1.0000	0.1926	0.7868	0.0000	0.0266	0.0254	0.1866	0.0000
净资产收益率	0.3067	1.0000	0.1142	0.2897	0.0000	0.0291	0.0364	0.0816	0.0012
流动比率	1.2500	1.2750	5.7000	3.2000	1.6000	1.4750	0.0000	1.5250	1.0000
资产负债率	7.0055	4.3730	0.9180	0.0000	0.6352	1.0000	0.6598	0.2186	0.6134
研发费用/亿元	0.0000	0.0251	0.1291	0.1876	0.2488	0.3553	0.6298	0.7353	1.0000
营业收入增长率	1.0000	0.4890	0.3131	0.0000	0.5993	0.6406	0.4503	0.0518	0.2143
总资产周转率	1.0000	0.9310	0.3103	0.0000	0.1034	0.2759	0.4138	0.4138	0.5172
经营现金流占营收比	0.4030	0.7508	0.9118	1.0000	0.8390	0.7519	0.3245	0.1359	0.0000
GMV	0.0000	0.1113	0.2142	0.2703	0.3387	0.4983	0.6362	0.8378	1.0000
GMV 增速	0.8754	1.0000	0.4865	0.2412	0.0000	0.4308	0.1688	0.2946	0.0617
活跃用户量/亿人	0.0000	0.0222	0.1631	0.1928	0.2178	0.3753	0.4541	0.6756	1.0000
活跃用户增长率	0.0056	0.0787	0.9927	0.0318	0.0000	0.5632	0.1340	0.5014	0.5628
市场份额	0.2066	0.0000	0.1144	0.2989	0.3210	1.0000	0.8155	0.6310	0.5203

（四）确定指标权重

利用熵值法对各个绩效评价指标赋权，其结果如表 4 所示。

各项财务指标权重　　　　表 4

年份	2013	2014	2015	2016	2017	2018	2019	2020	2021
销售毛利率	0.7184	0.7454	0.6872	0.6603	0.6242	0.5723	0.4509	0.4460	0.4128
销售净利率	0.2506	0.4457	0.3191	0.7048	0.2605	0.2454	0.2129	0.2754	0.1998
总资产净利率	0.1537	0.2659	0.1322	0.2306	0.1003	0.1047	0.1045	0.1312	0.1003
净资产收益率	0.4060	0.9280	0.2611	0.3932	0.1751	0.1970	0.2025	0.2365	0.1760
流动比率	1.8000	1.8100	3.5800	2.5800	1.9400	1.8900	1.3000	1.9100	1.7000
资产负债率	0.8268	0.6341	0.3812	0.3140	0.3605	0.3872	0.3623	0.3300	0.3589
总资产周转率	0.6200	0.6000	0.4200	0.3300	0.3600	0.4100	0.4500	0.4500	0.4800
经营现金流占营收比	0.4194	0.5024	0.5409	0.5619	0.5235	0.5027	0.4006	0.3556	0.3231
研发费用/亿元	37.53	50.93	106.58	137.88	170.60	227.54	374.35	430.80	572.36
营业收入增长率	0.7237	0.5211	0.4514	0.3273	0.5648	0.5812	0.5058	0.3478	0.4122
GMV	15420	22740	29510	33200	37700	48200	57270	70530	81200
GMV 增速	0.4318	0.4747	0.2977	0.2131	0.1300	0.2785	0.1882	0.2315	0.1513
活跃用户量/亿人	2.3100	2.5500	4.0700	4.3900	4.6600	6.3600	7.2100	9.6000	13.1000
活跃用户增长率	0.0645	0.1039	0.5961	0.0786	0.0615	0.3648	0.1336	0.3315	0.3646
市场份额	0.4450	0.3890	0.4200	0.4700	0.4760	0.6600	0.6100	0.5600	0.5300

（五）计算灰色关联度

利用公式 2-4、2-5 计算 AL 集团 2013—2021 年的灰色关联度，对盈利能力、偿债能力、营运能力、发展能力、获客能力、市场发展潜力以及综合能力分别做出打分，以分析 AL 集团在近 9 年里各项能力的变化，其结果如表 5 所示。

（六）财务绩效指标分析

根据表 5 的计算结果，AL 集团的财务绩效指标的灰色关联系数得分走势自 2015 年起出现了不同程度的变化，部分原因是 2015 年 AL 集团开始建设全球财务共享服务平台，这在一定程度上改善了集团的财务处理能力，提升了财务绩效，关于 AL 集团各项能力的变化情况具体如下：

各项能力灰色关联度系数

表 5

销售毛利率	销售净利率	总资产净利率	净资产收益率	流动比率	资产负债率	研发费用/亿元	营业收入增长率
0.0447	0.0904	0.1087	0.1233	0.0472	0.1023	0.0639	0.0453

总资产周转率	经营活动现金流占营收比	GMV	GMV 增速	活跃用户量/亿人	活跃用户增长率	市场份额
0.0439	0.0360	0.0454	0.0547	0.0621	0.0875	0.0447

1. 盈利能力分析

由绩效表现可知 AL 集团盈利能力指标总体呈下降趋势,具体变化情况如下:2013—2017 年波动幅度较大,且在 2014 年、2016 年分别达到最高值 0.3213 及次高值 0.2471,2017—2021 年集团盈利能力指标变化趋势较为平稳,保持在 0.12 左右,但是总体表现与 2017 年之前相比较差,因此集团盈利能力在近几年没有提升反而有所下降。

2. 偿债能力分析

从整体看,虽然 AL 集团偿债能力指标变化波动较大,但是总体处于上升趋势,具体情况如下:在 2013—2016 年间,除 2015 年指标表现较好,其余年份得分均较低,自 2016 年以后,除 2020 年表现较差,集团偿债能力灰色关联系数相较之前总体有较大幅度的跃升,因此集团的偿债能力在近年得到了明显的改善。

3. 营运能力

AL 集团营运能力指标表现总体呈波动式下降的趋势,具体表现如下:在 2014 年该指标达到最高值 0.0626,在此之后直到 2021 年该指标一直处于下降的状态,虽然在 2016 年之后下降趋势有所减缓,但总体表现情况仍然较差,因此集团的营运能力近年来没有得到提升反而在不断减弱。

4. 发展能力

从整体分析 AL 集团发展能力指标表现情况可分为两个阶段:在 2016 年之前,企业的发展能力总体呈下降趋势,得分由 2013 年 0.0666 下降到 2016 年的 0.0394;在 2016 年之后开始上升状态,由 0.0394 上升至 2021 年的最高值 0.0815,因此集团的发展能力在近年不断增强。

5. 获客能力

AL 集团获客能力指标表现波动较大,但整体呈上升趋势,指标具体变化情况如下:2015 年集团获客能力指标得分较 2013 年、2014 年有较大幅度的提升,但在 2016 年又迅速回落,自此之后集团的获客能力指标呈现波动式上升的趋势,因此该指标在 2013—2016 年波动较大,但在 2017—2021 年上升趋势较为明显,所以集团获客能力在近年有明显提升。

6. 市场发展潜力

AL 集团市场发展潜力变化趋势总体波动较大,可将其分为两个阶段:在 2013—2017 年总体呈下降趋势,说明在这段时间集团市场发展潜力表现较差;在 2017—2021 年集团市场发展潜力指标变化呈上升趋势,且总体得分比前一段时期高,说明在近年集团市场发展潜力表现有较大的提升。

7. 综合能力分析

AL 集团综合能力总体得分变化较为平缓,但从变化趋势看可分为两个阶段:2013—2017 年总体呈波动式下降的趋势;在 2018 年之后开始转为上升趋势,但是整体得分没有 2013—2017 年高,由此可以得知 AL 集团综合能力在近年没有较大提升。

四、结论与建议

(一) 结论

根据前文研究结果发现 AL 集团偿债能力、发展能力、获客能力及市场发展潜力自 2015 年来灰色关联系数有不同程度的上升,说明集团在近年来财务风险的把控能力、增加消费者黏性能力、提高核心竞争力方面有所提升，但是盈利能力与营运能力表现较差，导致集团综合能力没有较大提升，鉴于此提出以下建议提升集团盈利及营运能力，增强竞争优势，促进集团高质量发展。

（二）建议

1. 提升 AL 集团盈利能力建议

第一提升创新驱动能力：由于过去驱动市场发展的动能已经减弱，对于类似于双十一的促销活动已经难以激起消费端的消费欲望，因此 AL 集团需要进行驱动能力转型，提高平台的服务质量以及产品质量，注重消费者的内在精神体验，打造专属于自己的平台独特性，创造新的消费热点以拉动消费，从而增加集团的营业收入，提升盈利能力。

第二注重跨境电商发展：由于目前电子商务行业国内市场渐趋饱和，AL 集团的国内发展受到一定的限制，因此建议集团寻求新市场、拓展新发展领域，紧抓跨境电商平台的发展机遇，对接专业的跨境电商平台服务商、打造良好的国际品牌、注重差异化竞争以提升自己在新兴市场的竞争力。

2. 提升 AL 集团营运能力建议

第一优化财务人员业财融合能力：针对集团内部缺少具有专业知识和其他综合能力的复合型财务人员导致未能充分发挥财务共享平台优势这一问题建议 AL 集团加强对财务人员的培训，或者招聘一批具有高学历、高水平人才，加强集团人才队伍建设，充分利用财务共享平台优势，加强业财融合能力、参与集团决策。

第二简化集团财务处理流程：针对集团内部采用线上与线下相结合的财务处理工作方式造成集团内部人力资源浪费、工作效率低下的问题建议集团对于非必要、较烦琐的财务处理流程进行简化，精准落实人员主体责任，实现财务精细化管理，提高工作效率以增强集团营运能力。

参 考 文 献

[1] 陆彧涵. 基于杜邦分析体系的唯品会盈利能力研究 [D]. 洛阳：河南科技大学，2020.

[2] 滕琳夏. 基于 EVA 的企业绩效评价应用研究：以 A 企业为例 [J]. 企业改革与管理，2022（14）：51-53.

[3] 陈秋红. 中小型高新技术企业绩效管理研究：基于平衡计分卡的视角 [J]. 现代商贸工业，2022，43（24）：123-125.

[4] 赵宝福，卢昱. 基于灰色关联分析法的企业财务绩效评价：以天际股份为例 [J]. 辽宁工程技术大学学报（社会科学版），2022，24（1）：19-27.

[5] 梁雨. 基于灰色关联的 T 公司绩效评价研究 [D]. 太原：太原理工大学，2021.

[6] 汤婉钰，刘洪久. 上市医药公司财务绩效评价：基于灰色熵关联分析的研究 [J]. 嘉兴学院学报，2020，32（4）：137-143.

[7] Ümran ŞENGÜL，Nalan ECE. FINANCIAL PERFORMANCE EVALUATION WITH GRAY RELATED ANALYSIS METHOD: A RESEARCH ON BIST 100 [J]. Journal of Awareness，2019（5）.

[8] Anandarao Suvvari，Raja Sethu Durai S.，Phanindra Goyari. Financial performance assessment using Grey relational analysis (GRA). [J]. Grey Systems：T&amp；A，2019，9（4）.

[9] Shanshan Pei. Research on Innovation Performance Evaluation of Regional Industrial Enterprises above Scale based on Grey Relational Analysis [J]. E3S Web of Conferences，2021，251.

基金项目：

青年基金项目（20YJC790155）

股权激励对企业创新绩效的影响研究

沈阳建筑大学管理学院

孙悦琪　栾世红

摘　要：由于技术发展日新月异，如果公司不能持续进行技术创新将面临竞争力下降的风险。股权激励作为长期激励制度被越来越多的公司采用，用来激励公司高管和研发人员。文章选取 G 公司为研究对象，从创新投入阶段、创新产出阶段和创新转化阶段入手，分析其股权激励计划发现：股权激励能够使高管增加研发投入，吸引行业优秀人才，促进员工增加创新产出提升企业创新能力。

关键词：股权激励；创新绩效；G 公司

一、引言

2005 年证监会《与上市公司股权激励相关的管理办法（试行）》发布后，我国才正式开启了股权激励之路。股权激励计划作为一种长期激励方式被越来越多的上市公司所选择，其目的是吸引和留住优秀科技创新人才，充分调动激励对象的工作积极性，将股东利益、公司利益与核心团队个人利益结合在一起，促进公司持续、稳健、快速的发展。科技创新是提高社会生产力和综合国力的战略支撑，必须摆在国家发展全局的核心位置。进入发展新阶段，我国在国际上的低成本优势逐渐消失。与低成本优势相比，技术创新具有不易模仿、附加值高等突出特点，由此建立的创新优势持续时间长、竞争力强。实施创新驱动发展战略，加快实现由低成本优势向创新优势的转换，可以为我国持续发展提供强大动力。经过多年的实践发展，实施股权激励的上市公司越来越多，学术界对股权激励与创新绩效的研究也有所增加。但大多数学者采用的均为实证研究的方法，由于选取的研究对象和研究方法的不同，得出的结论也不同。公司与公司之间存在差异，其实施股权激励的方式也就各有不同，因此文章选用案例研究的方法探索股权激励与企业创新绩效的关系，得出结论并提出建议。

二、文献综述

委托代理理论是研究股权激励的基础理论，在所有权和经营权分离的情况下，所有者仅保留对公司剩余利益的索取权和公司整体的控制权，而将部分决策权授予职业经理人，并向职业经理人支付相应的报酬。高管可能会违背股东利益而追求短期自身报酬的最大化，为了规避风险减少企业的创新活动，最终产生相应的代理问题。解决代理问题的关键是找到一个有效机制把委托人和代理人的利益统一起来，而股权激励作为一种长期激励方式是很多公司所选用的，以此来降低代理成本，高管和研发人员作为被激励对象也能因此注重创新研发，促进创新绩效的提高，使企业能够长远且稳定地发展。

实行股权激励政策有利于提高企业的创新产出与创新效率，上市公司对高管进行股权激励能够显著提升企业创新项目的研发投入力度，而且实施股权激励的程度越高，越能有效克服高管的风险规避心理，提升其风险承担水平，企业的研发投入力度随之加强。很多企业只对管理层进行股权激励，但企业的研发离不开掌握研发技术的科研人员，已有研究表明核心技术员工持股可以提升公司技术创新绩效，且其持股比例越高，公司技术创新绩效越高。但股权激励并非越多越好，当其超过一个界限时就会产生壕沟效应，随着高管持股比例增加，高管会具有降低研发投入的动机，即创新绩效会随着高管股权激励的增加而下降，总体而言股权激励与企业创新之间呈显著的倒 U 形关系。另外，业绩型股权激励行权业绩条件对企业创新策略的影响在股权激励强度大、行权有效期短以及使用限制性股票作为激励工具的样本公司中更显著。这说明，授予份额会加剧管理层短视行为，行权有效期可以引导管理层关注企业长期价值。在大多数学者都认为股权激励计划可以提升企业创新绩效时，也有学者提出股权集中程度的提高有利于在一定程度上提升企业的创新效率，股权激励可能通过降低股权集中程度来降低企业的创新效率。我国目前选择实行股权激励计划的公司大多采用限制性股权激励和股票期权激励，在契约结构视角下，限制性股票激励比股票期权提升创新绩效效果更好。限制性股权激励使科技人才离职成本增强，因此，达到了约束人才流失的作用，科技人才会因其行权限制条件更加努力创新产出从而提升企业创新绩效。

三、案例介绍

（一）公司简介

G 公司成立于 2000 年，是专业从事光纤器件和芯片集成的国家高新技术企业。高管团队由激光、芯片及光通信领域内国际顶尖人才组成。G 公司 2017 年在创业板上市，目前生产场地约 3 万 m²，高端生产加工设备数千套，建立了"广东省光电器件工程技术研究中心""广东省企业技术中心""广东省院士专家企业工作站""博士后科研工作站"等创新平台，公司专利技术超百项，是全球仅有的几家海底长途光网络核心器件供货商。

（二）G 公司股权激励方案内容

1. 股票来源与数量及激励对象

G 公司在 2017 年上市之后在 2018 年、2020 年、2021 年和 2022 年公布共四期股权激励计划，股票来源均为公司向激励对象定向发行公司 A 股普通股，激励对象包括实施激励计划时在公司任职的董事、高级管理人员、中层管理人员及核心技术（业务）人员（不包括独立董事、监事及单独或合计持有公司 5% 以上股份的股东或实际控制人及其配偶、父母、子女）。激励对象人数及激励数量如表 1 所示：

四期股权激励对象及数量　　　　　　　　　　　　　　　　　　　　表 1

	2018 年股权激励计划	2020 年股权激励计划	2021 年股权激励计划	2022 年股权激励计划
激励对象	67 人	75 人	17 人	171 人
激励数量	拟授予数量为 263 万股，占公司总股本的 2.9886%。其中首次授予 210.5 万股；预留 52.5 万股	拟授予数量为 159.30 万股，占股本总额的 1.76%，无预留权益	拟授予 91.68 万股，约占公司股本总额的 0.84%，无预留权益	拟授予 237.10 万股，占公司股本总额的 1.44%，无预留权益

2. 激励期限与授予价格及解除限售比例

G 公司股权激励计划的有效期和授予价格如表 2 所示：

四期股权激励计划有效期、授予价格和解除限售比例　　　　　　　表 2

	2018 年股权激励计划	2020 年股权激励计划	2021 年股权激励计划	2022 年股权激励计划
有效期	5	4	5	5
授予价格	20.10	19.77	26.03	12.67
解除限售比例	满足解锁条件下按照 40%、30%、30% 比例解锁；预留部分按照 50%、50% 分两次解锁	满足解锁条件下按照 40%、30%、30% 比例解锁	满足解锁条件下按照 40%、30%、30% 比例解锁	满足解锁条件下按照 40%、30%、30% 比例解锁

3. 激励模式及解锁条件

G 公司四次激励模式均为限制性股票激励，但 2022 年选用的是第二类限制性股票激励，与第一类相比符合本激励计划授予条件的激励对象，在满足相应归属条件和归属安排后，在归属期内被授予价格分次获得股票。激励对象获授的限制性股票在归属前，不享有公司股东权利，并且该限制性股票不得转让、用于担保或偿还债务等。

根据公司公告可以得知，2018 年和 2020 年的公司业绩考核目标均为营业收入增长率。绩效考核指标设置得过高或者过低都有可能会影响激励计划的效果，因此设计最为适合公司的考核要求是尤为重要的。G 公司 2021 年在考核营业收入增长率的同时，增加考核基本每股收益和研发支出占营业收入的比重，2022 年考核基本每股收益、营业收入增长率和销售商品、提供劳务收到的现金占营业收入的比重，与 2018 年和 2020 年相比，2021 年和 2022 年的考核目标要求不低于同行业平均水平。

激励对象的个人绩效的考核按照公司现行薪酬与考核的相关规定组织实施，根据表 3 确定激励对象的解除限售比例。若公司层面业绩考核达标，激励对象个人当年实际解除限售额度＝个人层面标准系数×个人当年计划解除限售额度。

考核评级标准 表 3

考核评级	优秀	良好	合格	不合格
考核结果(S)	S≥90	90>S≥80	80>S≥60	S<60
标准系数	1		0.7	0

四、案例分析

(一) 创新绩效衡量依据

创新是企业核心竞争力的重要来源，创新这一概念最早由熊彼特提出，他认为所谓创新就是要"建立一种新的生产函数"，即"生产要素的重新组合"，就是要把一种从来没有的关于生产要素和生产条件的"新组合"引进生产体系中去，以实现对生产要素或生产条件的"新组合"。创新是一个长期的过程，共包括三个阶段：创新投入阶段、创新产出阶段和创新转化阶段。创新投入分为研发人员和费用的投入；创新产出的衡量标准一般是指专利的申请数量；创新转化是将专利技术转换为商品后企业获得收入的过程，选择用净资产收益率作为主要衡量指标。

(二) G 公司的创新投入

企业实行股权激励计划可以达到提高激励对象工作的积极性和创造性的效果，吸引行业内优秀人才壮大公司研发团队的队伍，从而促进人力资源价值最大化的实现。研发投入是衡量企业核心竞争力以及技术密集型产业竞争力的重要指标之一，任何研发活动都需要充足的资金来支持，是一切研发活动正常运行的基础。根据表 4 可以发现，在 2016 年研发人员的数量大幅度增加，为研发活动提供了足够的人力，也为公司 2017 年上市打下了良好的基础。2018 年和 2020 年实行股权激励计划后研发人员的数量都有增多，说明股权激励计划的实施成功吸引了行业内优秀的科研人才。2019 年研发人员数量同比增长 23.24%，2021 年同比增长 38.36%。公司长期坚持自主创新，每年都在增加其研发投入保证公司的新品开发和生产，2019 年研发投入同比增长 40.52%，2021 年同比增长 56.59%，可见 2020 年激励计划实施效果略优于 2018 年。

2015—2021 年股权激励计划 表 4

年份	2015	2016	2017	2018	2019	2020	2021
研发人员数量/人	88	188	141	185	228	305	422
研发人员数量占比/%	24.58	26.76	25.27	19.35	21.80	23.81	26.13
同比增长/%	—	113.64	−25.00	31.21	23.24	33.77	38.36
研发投入/元	12533957.02	17177487.49	20650700.26	26916770.99	37822574.07	49388636.75	77335938.23
同比增长/%	—	37.05	20.22	30.34	40.52	30.58	56.59
研发投入占营业收入比例/%	9.12	9.74	8.97	9.30	9.68	10.05	11.58

（三）G公司的创新产出

企业的竞争优势来源于其所拥有的特异性资源和能力，光电器件技术和产品的升级一方面不断为光电器件市场带来新的机遇，也厂商带来了较大的挑战，如果公司在的技术和产品开发跟不上光通信和光纤激光技术升级的步伐，竞争力将会下降，公司应该准确把握行业发展趋势和市场需求变化，不断加强自主研发和技术创新能力，应对技术更新换代带来的风险。企业自主研发创新产出能力的高低可以通过发明专利的数量体现，从图1中可以看出，股权激励方案公布后的2019—2021年专利申请数比2015—2018年多，说明股权激励促进了G公司创新产出数量的增加。

（四）G公司的创新转化

创新转化这一阶段选择用净资产收益率这一指标来衡量，净资产收益率＝净利润/平均净资产×100%。根据图2所示，2018年股权激励计划实行后净资产收益率出现下降，原因是2019年限制性股票激励摊销费用与年初相比有所增加，又由于2018年7月公司搬迁至自建新园区，2019年固定资产折旧、运营费用较2018年有所增加。未来随着公司生产经营规模扩大，上述费用对公司净利润的影响将逐渐弱化。在2020年实行新一轮股权激励计划后，公司通过技术创新、推出新产品、积极开发国内外新客户实现了经营业绩的提高。

图1　总专利数量

图2　净资产收益率

五、结论与建议

G公司通过实行股权激励计划使得研发资金投入、知识产权数量以及净资产收益率整体上一直处于上升趋势，吸引了行业内优秀科研人才，调动员工积极性，增加研发成果的产出数量，提高研发成果的转化能力，前两期股权激励的实施均有效提升了其创新绩效。通过研究分析总结出G公司股权激励计划给出相应建议：

G公司目前发布的股权激励计划中公司业绩考核指标中与创新绩效相关的有研发支出，为了提高创新绩效可以考虑增加专利数量和净资产收益率这两个指标，在创新投入、创新产出和创新转化三个阶段进行全面考核；在解除限售比例设置方面有优化空间，40%、30%、30%这种比例可能会造成激励对象在后期创新研发力度不足，可以考虑在未来的激励计划中选择逐次递增的方式解锁；股权激励的成功实施离不开健全的法律法规的支持，我国现阶段股权激励的相关法律还不够完善，影响企业实施的股权激励效果，国家也应当提供更完善的政策支持，使企业制定股权激励计划时有据可循，同时加强监督，营造良好的环境，建立规范的资本市场。

参 考 文 献

[1]　徐宗宇，史心怡. 高管股权激励能促进企业研发投入吗？：基于高管风险承担的中介视角 [J]. 财会通讯，2020
　　（9）：39-43.

［2］ 刘红，张小有，杨华领. 核心技术员工股权激励与企业技术创新绩效［J］. 财会月刊，2018（1）：86-92.

［3］ 马瑞光，温军. 高管持股促进了企业创新吗?：基于 2005—2017 年上市公司的经验证据［J］. 人文杂志，2019（11）：74-84.

［4］ 解维敏，张恒鑫. 自主创新还是技术引进：业绩型股权激励与企业创新策略［J］. 系统工程理论与实践，2023，43（1）：36-57

［5］ 宋鹏. 股权激励对企业创新的机制研究：基于股权集中程度的新视角［J］. 财会通讯，2022（17）：72-77.

［6］ 谢嗣胜，杨景壹. 科技人才股权激励对创新绩效的影响研究：基于契约结构视角［J］. 财会通讯，2021（14）：33-38.

［7］ 谢谦，汪雪婷. 以企业创新发展推进共同富裕：基于股权激励的视角［J］. 金融经济学研究，2022，37（1）：101-117.

基于供应链视角的 M 集团营运资金管理研究

沈阳建筑大学管理学院

罗文霞　金晓玲

摘　要：营运资金是企业运作的根本，营运资金的合理运用，既能保障企业的正常运作，又能促进企业盈利。家电行业是我国经济发展的重要产业，结合供应链理论进行管理能够更加有效地提升企业价值。在此背景下，本文以 M 集团为例，从供应链角度出发，对 M 集团供应链营运资金管理进行了实证研究，发现其可能需要改进的地方，并提出相关优化建议。

关键词：供应链；营运资金；M 集团

一、引言

在经济全球化快速发展的今天，企业的发展也受到了各种因素的影响，要想实现可持续发展，必须对其进行有效的营运资金管理，供应链理论的提出有助于提升公司的价值。从供应链的视角来看，把营运资金整合到产业链中，可以提高公司的竞争能力。本论文选择了当前红海市场中的家电企业作为代表——M 集团，对其营运资金管理进行分析，针对存在的风险问题，提出有效性的建议。通过本文的研究，可以为其他同类型的家电企业提供参考，帮助其他企业找到更合适的发展战略。

二、M 集团基于供应链的营运资金管理概述

（一）M 集团基本情况

M 集团成立于 1968 年，1980 年开始进军家用电器。M 集团在国内的家用电器市场中占有举足轻重的位置，随着公司规模的扩大，M 集团也在不断地强化自己的供应链，它的供应链也相对完整。在供应链的上游，M 集团与供应商达成了一项战略伙伴关系；在供应链的下游，与各大经销商、零售商建立了良好的伙伴关系；M 集团已在国内外设立了多个工厂。因此，从供应链的视角出发，对 M 集团营运资金的经营状况进行分析，对于改进 M 集团营运资金管理具有重要的现实意义。

（二）基于供应链视角的营运资金管理概述

供应链是指随着社会分工的不断完善，企业在生产过程中不再独立于市场，它要求与上下游的成员形成网络[1]。在商品的生产和流通环节，从原材料到产成品、产品，再到销售渠道、供应渠道，最终到消费者，各个利益相关者相互协作、竞争，形成竞争关系，为企业创造价值。营运资金是企业运作的本质，是资金的流动，在开展业务的买卖、生产和销售中，流动资产和负债的变动，从而导致公司的营运资金的变动，进而导致公司的营运资金的增加和减少，营运资金已经渗透到了现代企业的各个方面，形成了一个闭环，只有保证足够的营运资金，才能继续扩大业务，提升公司的盈利能力[2]。营运资金管理是以提高资本本利用效率、防范风险、保障日常需求为目标，以实现公司的价值创造。在企业日常管理中，应注重对采购环节应收账款的管理、销售环节应收账款的管理、现金流的管理、存货的管理，以提高流动资金的使用效率，降低成本，保持资金的流动性，为企业利润的创造打下坚实的基础[3]。

三、M 集团供应链营运资金管理分析

针对家电行业，其经营过程大致包括采购、生产和销售三个方面，因此，本文按以上三个方面进

行了深入研究，并以三个环节占用营运资金总额和营运资金周转期参照同行业企业作深入对比分析，从而进一步剖析了 M 集团的营运资金管理，从而深入地探讨 M 集团营运资金的运作模式。

（一）采购环节营运资金管理现状分析

M 集团 2017—2021 年采购环节占用的营运资金明细状况具体如表 1 所示。

M 集团采购环节营运资金状况分析　　　　　　　表 1

项目/年份	2017	2018	2019	2020	2021
原材料/千万元	205	225	427	543	510
预付账款/千万元	120	129	163	194	223
应付账款/千万元	1879	2140	3025	3602	3972
应付票据/千万元	1486	1778	2185	2427	2361
平均营运资金/千万元	−3040	−3565	−4622	−5292	−5600
营运资金周转期/天	−79.06	−80.87	−69.10	−73.36	−72.46

如表 1 所示，从 2017—2021 年，M 集团营运资金始终为负数，这表明 M 集团在采购过程中使用了大量的应收账款，也就是从供应商那里挪用了大量的资金。具体分析显示，2017—2018 年，M 集团营运资金周转期略有下滑，这表明 M 集团营运资金管理在 2018 年有所增加，但 2019 年有上升的趋势，虽然 2020 年和 2021 年有所下降，但是整体相较于 2017 年是上涨趋势，究其原因，主要是因为原材料库存逐年在增加，导致占用采购环节较多的营运资金。

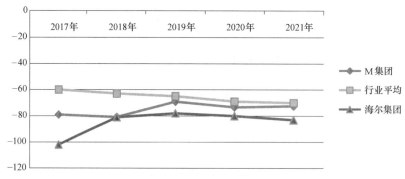

图 1　M 集团采购环节营运资金周转期横向对比

从横向来看，如图 1 所示，M 集团采购环节的营运资金周转效率相对于行业平均水平来说略好。与海尔集团相比，在采购环节，两家企业采购环节的营运资金周转期均为负数，说明企业使用了外界资金。通过两家集团 2017—2021 年的数据对比分析发现，海尔集团的营运资金周转期一直比 M 集团小，说明它的资金周转速度更快，而且近几年的营运资金周转期很稳定，主要原因是 H 集团供应商管理库存的机制使得 H 集团在采购渠道有一定的议价优势，进而降低了采购环节营运资金的占用。对比来看，M 集团在供应商管理方面有待加强。

（二）生产环节营运资金现状分析

M 集团 2017—2021 年生产环节占用营运资金明细，具体如表 2 所示。

M 集团生产环节营运资金情况分析　　　　　　　表 2

项目/年份	2017	2018	2019	2020	2021
在产品/千万元	45	65	142	204	182
其他应收款/千万元	119	117	194	286	290
应付职工薪酬/千万元	222	269	420	552	611
其他应付款/千万元	118	136	237	316	347
平均营运资金/千万元	−175	−223	−322	−377	−487
营运资金周转期/天	−4.56	−5.06	−4.81	−5.23	−6.30

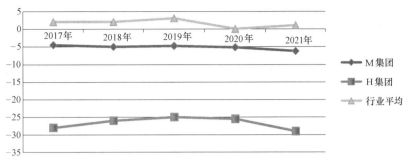

图 2　M 集团生产环节营运资金周转期横向对比

从纵向来看，如表 2 所示，M 集团生产环节的营运资金一直为负值，这表明该公司长期侵占了公司职工和外界的资金。2017—2021 年，M 集团的生产流程中，M 集团生产环节的营运资金周转效率相对较低，并未得到显著改善。通过对 M 集团分析发现，M 集团在产品比例和其他应收款项比例均比较大，生产环节中占用了较多的营运资金，从而使公司的营运资金利用率不高[4]。从横向来看，如图 2 所示，生产环节的 M 集团营运资金周转率一直低于行业均值，整体变化趋势和行业均值差别不显著，表明 M 集团在此处的管理处于行业较好的程度。然而与 H 集团相比，还有较大的差距，从2017—2021 年，H 集团在生产环节的营运资金周转期一直低于 −25 天，而 M 集团的周转期一直在−5 天上下，两者相差很大。

（三）销售环节营运资金现状分析

M 集团 2017—2021 年销售环节占用的营运资金明细状况，具体如表 3 所示。

M 集团销售环节营运资金状况分析　　　　　　　　　　　　　　　　　　　　表 3

项目/年份	2017	2018	2019	2020	2021
产成品/千万元	1008	1009	1479	1811	2032
应收账款/千万元	1052	1259	1630	1939	2000
应收票据/千万元	1499	1016	914	1171	866
预收账款/千万元	480	793	1383	1710	1651
应交税费/千万元	244	199	295	371	449
平均营运资金/千万元	2835	2292	2345	2840	2800
营运资金周转期/天	73.71	51.87	35.06	39.38	36.22

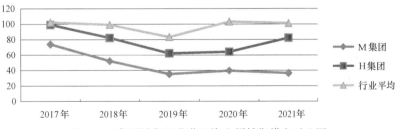

图 3　M 集团销售环节营运资金周转期横向对比图

从纵向来看，如表 3 所示，2017—2019 年，M 集团销售环节营运资金周转期出现了下降，2019年以后的变动幅度不大，2020 年销售环节的营运资金周转期有一点上升，主要是因为 2020 年产成品存货和应收账款比 2019 年有所上升，从而销售环节营运资金周转率下降。但整体来看，M 集团在销售方面的营运资金管理水平还是比较高的。

从横向来看，如图 3 所示，通过对三个销售环节营运资金的对比分析，结果显示，M 集团相对于M 集团及行业平均水平来说一直处于较低水平，这表明它在销售环节的营运资金周转能力比较好。与之相比，M 集团产成品存货周转较快，减少了 M 集团在销售环节中营运资金的占用，并能有效地改善销售环节的营运资金。

四、M集团营运资金管理存在的问题

（一）采购环节原材料占用较多资金

M集团主要经营空调产品，这种产品在销售上有季节性的特点，销售分为淡旺季，旺季订单多、出货多、原材料供应多，淡季订单会大幅减少，原材料需求相应下降，容易造成淡季供应商产能闲置。另外，由于采购部门在制定采购计划时，各个部门之间的交流很少，采购部门也不会对采购计划进行评价，从而导致了采购环节的资金浪费，增加了采购环节原材料的运输成本和仓储成本。

（二）生产环节在产品存货比重较多

M集团一些生产车间，一方面生产过程和管理方法不规范，导致了大量的原料浪费；另一方面，M集团的订单排产信息并不是完全同步的，公司的销售计划是按照顾客的订单量和市场需求来确定的，而生产计划则是由生产部门来决定，客户可以按照自己的要求来提货[5]。因此，生产部与销售部之间的关系是相互分离的，当生产计划超过顾客的需求时，将导致在产品的大量积压，从而导致公司的资本流动，从而降低公司的运营资本。

（三）销售环节应收款项管理能力不足

前文的分析表明，M集团在销售环节的营运资金周转期明显比海尔和行业平均水平都要低，这表明了其在销售环节的营运资金管理方面的优势，为其他家电企业提供了有益的参考。但是，通过对M集团销售环节中各个因素所占比例的分析，发现M集团应收账款占很大比例，这与公司的应收账款管理体系不健全有关。所以，M集团在应收账款的管理上还有待加强。

五、M集团营运资金管理优化建议

（一）完善采购策略

在采购过程中，采购中心要与企业内部的各个有关部门进行交流，制定一个合理、精确的采购方案，并根据市场的需要，对采购计划进行相应的调整[6]。确保企业内的信息及时、准确地进行共享。此外，M集团实施的供应商管理库存模式主要依附于上下游的信息共享管理库存，所以M集团应优化企业的存货信息平台系统。

（二）强化在产品生产流程化管理

M集团可以提高生产环节的资金周转，规范生产管理，降低材料的耗费。建立健全的工厂运作管理系统，确保产量的有效产出，从而提升在制品的运转效率。建立既能满足客户对产品的需求，又能降低成本的生产模式[7]。

（三）优化应收账款管理政策

建立信用销售制度。在进行信贷销售时，要做好对顾客的调查，以了解公司的经营情况、资金实力，判断其是否有还贷的能力，再依据调查的结果对其进行建档，确定其信用等级，并按信用等级制定信贷销售策略。另外，对账龄进行定期分析。在一定的计划时间内，对应收款项进行分析，观察其是否具有偿还能力，当发现其无力偿还时，应采取相应的坏账准备。

六、结语

企业应该高度地重视对营运资金的管理，在采购环节，尽管企业营运资金管理绩效表现良好，但从上游的供货商那里吸取了大量的资金，这对公司的长期战略关系产生了负面的影响。可以从重视供应商和采购管理两个层面着手，保证公司的可持续和稳定发展。在生产环节中，建立智能工厂，推进

"柔性生产"，使更多的智能模式能够提高自己的市场适应能力，促进企业的渠道转型[8]。在销售环节中，账面上的应收账款很难回收，是当前最大的薄弱环节。"渠道变革"与数字化建设相结合，可以有效地扭转对下游产品的过度依赖，最后，供应链理论为企业的营运资金管理提供了一定的方向，但是，企业在具体经营过程中，更多应该选择符合自身的实际情况的未来发展战略。

参 考 文 献

［1］ 王竹泉，逄咏梅，孙建强. 国内外营运资金管理研究的回顾与展望［J］. 会计研究，2007（2）：85-90.

［2］ 张雪云. 基于供应链视角下的企业营运资金管理研究［J］. 中国商论，2021（3）：109-110.

［3］ 高琼华. "要素＋渠道"双视角下企业营运资金管理绩效评价［J］. 财会通讯，2021（6）：117-121.

［4］ 金磊. 制造企业营运资金管理探讨［J］. 中国总会计师，2022（2）：78-79.

［5］ Peng J, Zhou Z. Working capital optimization in a supply chain perspective［J］. European Journal of Operational Research，2019，277（3）：846-856.

［6］ Jing Huang, Wen Shengyang, Yi Liutu. Financing mode decision in a supply chain with financial constraint. 2020，220.

［7］ 高昕. 浅析大数据时代下的供应链管理［J］. 中国物流与采购，2021（5）：76.

［8］ 杨帆. 基于供应链视角的 C 公司营运资金管理研究［D］. 重庆：重庆理工大学，2020.

第五部分

工程·应用

BIM 技术在穿插施工中的应用研究

沈阳建筑大学管理学院

李海英　王诗语

摘　要：BIM 技术是项目精细化管理最有力的技术支撑手段，国内多数的建筑企业已经将 BIM 技术作为企业创新发展的重要技术手段之一。穿插施工技术在高层施工组织中可以充分利用空间和时间，尽量减少以至完全消除施工中的停歇现象，从而达到加快施工进度，降低施工成本的目标，但因参与方过多，对总体施工计划要求高。本文通过结合实际案例，论述了穿插施工中引入 BIM 技术能有效地解决工程建设中存在的信息不同步，方案优化困难等问题，从而提高工作效率，节约工期，减少危险，改善工程现场的安全与文明程度。

关键词：BIM；穿插施工；高层建筑

一、引言

（一）研究背景

近几年，我国城市住宅建设由原来的高层建筑逐步向超高层发展，同时出现了工期紧、运行模式复杂、组织难度大、施工效率低、资源消耗大、安全隐患多等问题。在建设过程中，必须改进施工的组织形式，运用信息化手段，实现多层次的协作。

"十二五"建筑业发展规划提出了要大力推进建筑业产业化、提升信息化的要求，逐步推广"穿插施工"管理技术。与传统的流水施工方法相比，其优点是缩短工期、提高作业效率、提高工作面利用率。"穿插法"是一种基于工业化的流程组织和管理的新方法。它是指在施工过程中，把室内和室外、底层和楼层部分的土建、水电和设备安装等各项工程结合起来，实行上下左右，内外前后，多工种多工序相互穿插、紧密衔接，同时进行施工作业。因此穿插施工对协同性要求、施工组织计划要求较高，风险管理与方案优化困难以及场地管理等问题也急需解决，因此引入建筑信息模型（BIM）是迫在眉睫的。

（二）传统施工技术特点

1. 整体施工组织包括主楼的地下室、地上结构的主体、外部脚手架的拆除、平面回填以及综合管网的建设和园林绿化市政。施工存在关键线路需依次施工，流水线路搭接困难等难点。

2. 材料堆场、加工和回收要建在地下车库的顶层，文明施工难以控制，地下车库空间无法充分挖掘，整体形象不佳；地下室结构作为最早的施工项目，是竣工前工作量最大的结构。

3. 传统施工技术永临结合有限，临时建设设施施工消耗物料较多。传统的施工顺序很难将地上主体结构施工时的综合管网、小区围墙、消防道路、照明系统等实现永临结合，且存在无法提前开展众多工序等难点，极易造成资源浪费。

二、穿插施工技术现状及分析

（一）穿插施工概述

穿插施工技术是指在建筑工程主体结构施工的同时，对类似于后续精装修工程、给水排水工程、电气线路工程等各种工程进行分层、分段，实现主体结构、二次结构、室内精装修、外立面精装修等连续施工阶段的规划，以保证任何一段施工或施工平面的合理划分。保证施工中任一施工段或者施工平面的高效合作和交叉作业，最终按照建筑施工过程采取多样化施工方式，在空间上实现立体交叉作业，从而达到缩短工期、控制成本或其他管理目标的重要施工方法。

（二）穿插施工技术原理及特点

穿插施工按照工序组织的全过程要求进行优化，因而是最合理的。充分利用各个工序工作面，将结构主体混凝土结构、水电安装工程、外墙装饰工程及室内精装修工程这四项基本工程在横向和竖向空间中的具体工序进行合理安排与整合，从而达到缩短工期的目的，节约人力成本，提高工程精细化管理水平（如图1）。

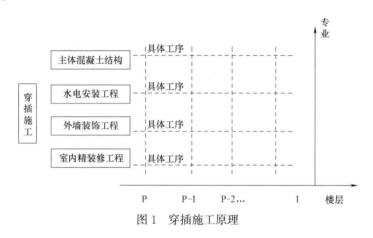

图 1　穿插施工原理

与传统的施工组织形式相比，穿插施工能使工作面得到最大限度的利用，实现多个作业面的协同、平行作业，既能使各种作业有机地结合起来，又能提高设备利用率，与工业化建设相结合。因此在超高层建筑中，穿插施工已经得到了广泛的应用。

（三）穿插施工引入 BIM 的必要性分析

1. 协同性要求

由于项目参与者众多，需要高层次的管理手段，特别是各专业部门的合作，建立一个 BIM 项目的组织结构是必须的，并可以对工作流程进行细化，从而帮助项目各方共同努力。

2. 空间组织复杂，对整体施工计划要求高

项目的不同阶段、不同专业的施工过程相互协调、平衡，必须针对不同专业的特点和不同的施工环节进行协同管理。BIM 技术可以解决建筑工程中存在例如安全问题，并对工程进度进行仿真，从而制定相应的施工方案。

3. 风险管理与优化困难

根据工程建设的不同阶段，对工程的人力、物力、财力等进行综合计划，并对工期计划、质量、成本、安全等进行综合管理。通过将时间、数量、成本和管理信息叠加到 BIM 空间几何模型上，实现了空间的多维表示，用于推动风险管理和方案优化。

4. 动态现场管理及资源控制复杂

现场工作人员的质量参差不齐，各个施工平面的布置需要根据施工进度和现场条件随时调整和变化，运用 BIM 可视化技术，对工地的物料进行智能规划，实行楼层分区责任制管理，实时监控现场情况的改变，及时对相关材料的运输和储存进行调整。

三、应用实例

本文以锦州市御锦府高层住宅项目为例，该项目位于锦州市凌河区解放路 7 段 28 号，东至锦纺

街、南至解放路、西至幸福街、北至延安路，由商住房、社区、物业、养老用房、地下车库及配套用房组成，总建筑面积为 245872.01m²，其中地上建筑面积 218872.01m²，地下建筑面积 27000m²，其效果如图 2 所示。单体楼栋数 27 栋，33 层高层栋数 8 栋，11 层小高层栋数 10 栋，6 层多层栋数 4 栋，独立商业 5 栋及物业、社区等配套用房。其中 33 层高层栋数 2 号、3 号、8 号、11 号、12 号、19～22 号采用穿插施工工艺，本工程主要采用铝合金模板、全混凝土外墙、爬架、预制内墙板等技术。运用 BIM 技术，实现了对穿插施工的实施组织、工序组织、进度计划的信息化管理。

（一）BIM 技术在穿插施工工序中的实施组织

BIM 项目组应由总承包商和分包商负责人共同组成，各专业分包商的 BIM 负责人在总承包商 BIM 负责人的共同组织和指导下开展工作。图 3 为 BIM 团队组织机构。

图 2　项目效果

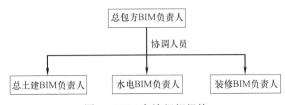

图 3　BIM 实施组织机构

（二）BIM 技术在穿插施工工序组织中的应用

工序组织对穿插作业过程的影响较大，传统的施工组织和方案选择往往依靠主观判断和经验，很容易造成工作冲突，甚至造成人员调配失误，严重则产生安全问题。将 BIM 技术应用于施工过程的组织仿真，既能兼顾空间和安全两方面的因素，又能判别工程的施工可行性，从而提高工程的综合利用率。

1. BIM 技术在土建施工阶段中的应用

在工程施工主体结构中，运用 BIM 技术，可以对工程作业面的布置和交叉进行仿真演示，比如选取穿插方案并对其进行动态分析。例如该项目 2 号、3 号楼主体结构中，施工工作是在施工过程中，将第 P 层的主体结构和外部 PC 构件一起吊装，BIM 主管可以通过 Navisworks 软件查看结构的内部情况，并对其进行仿真，假设两个工序之间不存在交叉，不会影响到彼此的工作，那么这个施工方案是可行的。第二个步骤是在 P 层进行预制的内墙板和铝合金窗框，通过 BIM 可以确定二者在横向空间上有无交叉，如果没有，只要将纵向方向调整好就可以了。下一步是将第 P 层安装预制内墙板与 P+1 的安装外 PC 部件同步进行。仿真结果表明，三个阶段的施工在横向和纵向上都没有发生冲突，说明了这种方法的有效性和可行性。在此基础上，根据现场实际情况，对工程方案进行了直观对比和分析，并根据工作面的交叠和进度需要，确定合理的施工方案，既能提高工程进度，又能充分利用已有的人力、物力，实现成本控制。

2. BIM 技术在水电安装阶段中的应用

在对施工方案进行对比和选取时，通过建立相应的三维模型，可以对各种施工方案进行最优分析，从而为工程方案的选择提供借鉴。比如在地下室的水电工程中，在考虑安装交叉管道时，管道的高度和空间尺寸应可以满足下一步的安装要求，以便安装人员的设备能够尽可能地循环利用。利用 BIM 技术进行设计优化，通过前置规划水、电、暖通、消防等机电管线交叉、绕行、翻越，可以实现

图4 综合管网深化

地下室净高提高、提升管线利用效率，从而达到避免施工不利情况等目标（如图4）。

3. BIM 技术在精装修阶段中的应用

通过 BIM 可视化技术，可以构建出与实际相一致的 BIM 模型。在合作问题上，可以采用模拟与分析相结合的方式。利用 Navisworks 软件，精确地计算出工程的面积、高度等参数，并据此判断是否可以同时进行施工。比如，用传统的二维平面图无法准确地判断出顶棚上的龙骨与铺在餐厅的瓷砖是不是可以同时进行，而 BIM 技术的应用，则可以通过 Revit 软件对现场的工程进行建模，再导入 Navisworks 中对实际情况进行仿真，从而可以通过第三视角来考察建筑内部的大小和面积，就有可能发现与这两个过程并行存在的安全问题。

4. 小结

工作面与施工工序进行合理安排是加快施工进度的关键。不同工序的组合创造了不同的条件，空间的合理使用使得穿插施工在技术上更加复杂和具有挑战性，同时也增加了安全性要求。传统的施工方法多是依靠平面图和相关管理人员的工作经验，多道工序之间的问题难以察觉，容易造成现场工艺混乱，影响工程进度，严重时会造成安全隐患。

（三）基于 BIM 技术的穿插施工进度计划管理

1. 穿插施工的进度计划模拟

在穿插施工中，将 BIM 模型作为各个项目经理的中介，使各个项目之间的工作互相配合、相互穿插，并组织好项目的进度安排。BIM 主管的协调小组成员提前将下一阶段的工程进度和工程项目的需要汇总到各个项目经理的手中，并提出初步的施工方案，并提交给第三方进行审核。总承包单位协调员负责 BIM 模型的更新，导入各个单位的组织信息，并将 Navisworks 和 Revit 模型相结合，将其与施工计划联系，并对每天各层的工作状况进行仿真模拟，并分析爬架与吊车之间的矛盾，检验其可行性，选择最佳方案，并制定出合理的施工进度计划，并以月、周为单位，细化施工进度。通过对工程进度的实时监测，及时更新 BIM 模型，并与实际进度进行比较，以避免工程风险。

2. 穿插施工中的云平台实时、数字化管理

云计算包括互联网上各种服务形式的应用，以及这些服务所依托数据中心的软硬件设施，这些应用服务一直被称作软件服务，而数据中心的软硬件设施就是所谓的云。利用云技术和建筑信息模型，可以将信息上传至云端进行连续浏览，打通各个部门的横向连接。在穿插施工中，通过将客户端安装到手机上，可以实时地看到需要的项目信息，使手机能够真正地实现移动办公，提高了项目精度。通过将移动设备及相应的辅助软件相结合，实现了工作效率的提升，加强了现场的质量和安全管理。BIM 云平台示意图如图5所示：

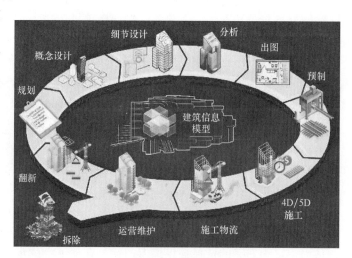

图5 BIM 云平台

3. 穿插施工中的会议制度

在穿插施工中，若施工单位工程进度安排统一后，在工地出现冲突或人员、材料调配不及时，则由总包 BIM 主管召开会议，依靠建筑信息模型调整施工布局，优化施工方案，调整各工序的施工时间，改进和更新施工工艺，减少工作空间，或重新选择工艺，避免工作面之间的碰撞。协调员可以分析和评估优化的工作流程，得出结论并通知分包商，并使用 Navisworks 生成技术演示的动画，确保现场的工作以合理有序的方式进行。此外，BIM 项目总包经理还可以组织每月专题协调会，参加会议的成员可以是项目经理、监理、甲方代表，他们可以在会上通过模拟项目进度和实际进度，分析项目执行情况，推动和协调下一步的工作。

（四）成果分析

与传统的施工工艺相比，穿插施工具有多个工序并行的特征，在同一施工过程中，可能会有多个施工单位同时进行，而 BIM 技术则可以实现现场的仿真，从而有效地解决平行作业的可行性和安全性问题。依托 BIM 建筑模型进行 5D 管理时，通过对施工过程的组织调整、进度计划的制定、最优方案的仿真分析，保证了工期和逻辑的正确性，并能预见到可能存在的问题，并能及时地做出相应的调整。

运用可视化仿真分析的四维建筑模型及施工进度计划，明确下一阶段的作业时间与内容，合理安排各专业物料及设备的供应与施工时间。御锦府项目与其他栋相比，2 号、3 号、8 号、11 号、12 号、19～22 号栋住宅采用穿插施工方式，提高了近一半的生产效率，三分之二的设备利用率，缩短近五分之一的工期。

四、结语

穿插施工是现代高层建筑的一种新的施工方法。该项目的目的是通过改善施工管理，充分利用工作空间，可大大缩短工程工期，提高工程建设的效益。BIM 技术在建筑工程中的组织模拟、进度和施工方案，可以更直观地展示设计和施工方案的过程，便于识别空间组织中的潜在问题。本文将穿插施工与 BIM 技术相结合，可以使不同的分包商之间促进合作，从而使工程建设管理、方案优化、工程建设效益得到显著提高。BIM 技术是一种新型工具，可以让管理者对工程进度和场地规划进行更直观、标准化和信息化的管理。

参 考 文 献

[1]　何关培，葛文兰. BIM 的第二维度：项目不同参与方的 BIM 应用 [M]. 北京：中国建筑工业出版社，2011.
[2]　蒋爱明，黄苏. BIM 虚拟施工技术在工程管理中的应用 [J]. 施工技术，2014，43（15）：86-89.
[3]　吴吉义，平玲娣，潘雪增，等. 云计算：从概念到平台 [J]. 电信科学，2009，25（12）：23-30.
[4]　牛博生. BIM 技术在工程项目进度管理中的应用研究 [D]. 重庆：重庆大学，2012.

智能建造和智慧运维技术在建筑工业化发展中的应用研究

1. 沈阳建筑大学管理学院

2. 沈阳建筑大学外国语学院

蒙海燕[1]　王　星[2]

摘　要：随着数字化技术的发展，智能建造和智慧运维技术成为建筑工业化高质量发展的关键。科技是一把双刃剑，智能建造和智慧运维在建筑工业化发展中既有利也有弊，通过分析两者的两面性，并对其在建筑工业化实际工程的应用进行分析，对智能建造和智慧运维技术的发展提供一定的参考意义。

关键词：建筑工业化；智能建造；智慧运维

一、引言

建筑业作为高质量发展的基础，传统的建筑技术弊端十分突出，需要一场崭新的工业化变革，完成从粗放型发展模式向精细化发展模式的转变，必须借助新技术手段，加大工业化转型力度，取得新发展。建筑工业化是高质量发展的现实要求，在绿色发展理念和实现低碳目标的背景下，智能建造和智能运维技术是建筑产业高质量发展的关键。

2020年住房和城乡建设部、国家发展改革委、科技部等13部门联合印发《关于推动智能建造与建筑工业化协同发展的指导意见》（建市〔2020〕60号）明确，到2025年打造"中国建造"升级版，到2035年迈入智能建造世界强国行列；2022年住房和城乡建设部在《"十四五"建筑行业发展规划》（建市〔2022〕11号）指出主要任务之一就是要加快智能建造与建筑工业化的协调发展。建筑业总体发展格局是转型升级与数字技术融合，数字时代下建筑智慧化发展和智慧运维已成为必然趋势。

二、智能建造在建筑工业化发展中的应用优势与不足

（一）智能建造在建筑工业化发展中的应用优势

1. 减少施工污染

传统的混凝土施工环境非常恶劣，导致很多施工人员都不愿意进入工地施工，其产生大量的污染和噪声经常引起附近居民的投诉与不满。而智能建造能实现将大量的混凝土施工转移到工厂里，人工作业转为预制工厂的机械流水施工，减少了混凝土对环境的污染，便于集中控制噪声污染和减少材料浪费，实现建筑工程项目建设全生命周期内的绿色建造。

2. 施工实现保量保质

传统的施工方式不仅工种繁杂，且极易受自然环境条件的影响，而预制装配式建筑能够减少一些不必要的工序强制先后制约，可像组装汽车零件一样，极大地提高了施工速度，最终到达装修装饰一体化在机械流水施工工厂完成房子的内部装修，在现场简单组装即可的效果。通过分解施工过程的各项工序，各项工序有专业指导书以及专业技术，精准细化施工各项工序的作业，各项工序的作业人员只需要对各项工序的作业做到心里有数，保证每项工序的作业质量，整体就能大大提高建筑物的质量。

3. 施工管理智能细化

传统施工项目采用各级分包模式，管理混乱且人员流动大，智能建造监理协同的平台管理，可建

立一个信息化工地，不同的管理人员能够通过信息化平台现场操作上传各项检测数据，技术人员可通过数据实时了解现场情况，并及时找到最优的工作方法。这样的智能细化不仅能够避免突发问题处理不当，还能通过数据积累来预测风险并规避风险。当下 BIM 热潮汹涌，它对建筑产业的三维空间数据、信息数据、管理数据等具有模拟仿真的效果，对各类信息能做到可视化管理，是软件工具的代表。

（二）智能建造在建筑工业化发展中的应用不足

1. 两者发展协同度不足

在实际应用中，智能建造的重点是数字化设计、智能工厂、智能机器人等方面，建筑工业化的重点在于构建全产业链，对建筑各构件进行预制和安装，两者在各自的领域上发挥作用，导致两者之间的协同力度不足，存在分别推进的现象，出现发展误区等问题。现有的研究只是针对两者各自的技术贡献进行展开分析，而缺乏对两者如何协调发展的研究分析。

2. 上下游企业关联度不强，存在信息壁垒

建筑建设是一个漫长的建设过程，环节繁多且盘根错节，施工过程每个环节都会产生大量的数据，虽然在数字化大潮下，智能建造对快速定位故障、有效预测等问题提供了极大的便利，但无法做到项目数据的实时共享。目前智能建造较为零散，倾向于单点应用，缺乏集成管理，信息传递和接受过程不清楚具体的用途，导致数据与 BIM 模型、模型中的各个环节之间产生数据分离，严重影响资源的有效配置，使得建设成本提高。

3. 陈旧的管理方式难与新技术适配

建设工程旧的管理模式有多年的应用经验，是行业内普遍运用且熟练掌握的管理方法，新技术的使用普及度并不高，建筑市场接受度比较低，使得两者之间的协同发展优势发挥不出明显的作用。一方面是管理方式转型需要投入较大的资本，另一方面是新技术的投入使用还未够成熟，各种不可控风险因素比传统的管理方式高，导致新技术难以落实且缺乏适合两者协同的管理机制，导致资源的浪费。

4. 人才技能掌握不熟练

传统建筑施工主要通过人工操作来完成，需要消耗大量的劳动力，并且施工人员的知识与技术水平有限，智能建造的投入使用，这些施工人员水平难以适应智能建造与建筑工业化的需求。不管是行业的管理人员还是研究人员对智能建造的认知和经验都处于相对薄弱的状态，行业渗透不够，一定程度上制约了新技术在整个行业中的应用、发展。

三、智慧运维技术在建筑工业化发展中的应用优势与不足

（一）智慧运维技术在建筑工业化的应用优势

1. 提高工作效率

数字化与智能化持续深入渗透，运维安全越来越受到关注，传统人工作业方式效率低，及时性、安全性、可靠性等偏弱，传统的 IT 运维受到极大的挑战。随着如雨后春笋般涌入的运维厂商和充满挑战的落地布局，AI 在面对如何升级面前要以平台化为底座，赋予运维智慧大脑。智慧运维的深入实践，把 IT 人员从重复耗时、反复执行的基础运维工作中解放出来，并能快速、连续完成简单的重复工作。

2. 安全指数提高

工业智慧运维系统以智慧监控为基础，充分将云计算、人工智能、大数据等各项数字技术高度融合，在监控远程操作下实现定时、周期巡检，及时识别各种报警和异常数据，实现智能化管理与反馈。工业智慧运维系统基于传统视频监控的智能识别＋报警系统，通过硬件承载软件系统组成，采用国内领先的大数据处理、深度学习算法和分布式集群管理技术，实现在复杂而庞大的历史视频文件和图片中快速寻找目标，完成工业场景预警，运用深度学习算法分析周围环境特征，识别人员违规行

为、设备运行状况、作业过程和结果类识别。

3. 资产可视化管理

我国高校资产在管理过程中会出现位置不准确、信息统计有误等问题，智慧运维管理在 BIM＋GIS＋物联网技术的结合下可以解决这些问题，并在各大高校中得到广泛应用。基于 BIM 数据中心的智慧运维管理平台可查看各个区域的资产设备使用和运行情况，在建筑、通信、水利、交通等行业已经实现诸多实践应用。随着智慧工厂、智能施工、智慧机器人、智慧工地等其他领域智能化建设从概念变成现实，对智慧运维技术的需求旺盛，获取数据信息统一识别分析形成智慧运维系统，助力监控系统的直接升级。

（二）智慧运维技术在建筑工业化发展中的应用不足

1. 仅起到辅助作用，不能智能决策

现阶段发展的智能运维可以叫作数字化辅助运维，其核心作用是在于辅助，而不是智能决策。究其原因是数字化的数据还不够完善。目前我国电力系统设备的数字化规模还很小，并且数据积累也很少。加上电网公司对电力可靠性要求很高，近十几年没有发生大规模停电事故，电力异常数据很少。一旦出现系统的波动，即使拉闸限电，也不应顶着风险去运行。而智慧运维常常采用大数据的分析，采用一些人工智能的算法去学习，迭代，最后优化其算法，但是异常数据太少，无法优化算法，导致现在的智能运维大多数停留在监测到某一数据超过标准值或规定值，给出报警。所以仅仅只能辅助人工去决策。

2. 运维系统与实际应用结合不紧密

长期以来，监测设备的可靠性尚不如设备本身的可靠性，数据本身出问题的情况较多，也给了运维人员监测数据不可直接相信的印象。导致智能运维停滞不前，而通信技术再怎么发展，传输的数据再怎么快速，也不能弥补数据的准确性，这点通信行业的人是做不来的，最终还是要依靠电力专业的人在提高监测数据的准确性、可靠性上下功夫。

四、举例分析智能建造和智慧运维技术在建筑工业化发展中的应用

作为行业龙头企业，碧桂园以智能建造机器人为抓手建立子公司广东博智机器人有限公司，通过数字化、智能化管理工地，于是就有了外墙与辅助类机器人、混凝土修整与二次结构类机器人、室内涂料装饰类机器人、墙地砖类专场机器人等的研发与应用。

（一）机器人应用的优势

1. 机器人包揽"累活脏活"，建筑余料"变废为宝"

以混凝土为例，行业内公认最脏最累的工序之一，为了保证进度，时常需要工人连续工作 12 个小时以上，劳动强度十分高且影响工人的身体健康，而智能机器人的研发，通过联动施工，实现自动施工，极大降低了工人劳动强度。

博智林流动制砖车，能将施工工地上有用的砂、石头、混凝土等建筑余料快速分离并就地加工，制作出符合要求的混凝土产品；通用物流机器人，可实现运输过程无人化，运输工地上的建筑材料实现自动呼梯、乘梯，实现联动智能施工升降搬砖；外墙喷涂机器人，工人只需拿着平板就能完成室内装修喷涂工作，通过自动喷涂，减少了传统高空作业的危险，更重要的是减少了油漆喷雾对施工人员的身体伤害；混凝土顶棚打磨机器人，具有自动洗尘、自动升降打磨的功能，解决了登高作业问题，解决了环境污染问题，其精度还能满足行业内超高标准的要求；混凝土机器人体积小、质量轻、施工灵活、精度高、振捣密实、提浆效果显著。除此之外还有楼层自动清洁机器人、地砖铺贴机器人、测量机器人、地坪研磨机器人、外墙螺杆洞封堵机器人、辅助吊装机器人等已得到实践应用。

不论是从降低施工污染、加快建筑施工速度来说，还是从建筑产品的质量来说都得到了极大的改进。

2. "单兵作战"到多机协同，智能建造工地变智能工厂

型号、功能各异的机器人们不仅要能单兵作战，更要能实现多机协同，可对工程智能建造的生命周期提供全系统的解决方案。博智林在碧桂园汕头金平项目完成"BIM＋FMS＋WMS＋建筑机器人"多机施工系统的验收，BIM是智能施工的任务规划中心，FMS是智能施工现场指挥中枢，WMS是智能施工的资源管理中枢。规划中心将智能建造的施工、物资供给保障需求信息传递到智能施工现场，智能施工现场指挥现场施工机器人智能施工，同时反馈物资需求到物资管理中枢，物资管理中枢实时响应物资需求，并清晰记录每一种物资的来龙去脉进行精益管理。

（二）机器人应用的不足

1. 布局多样性

建筑工程项目流程节点要比汽车构件复杂、非标得多，简单来说，就是几乎每一个工地，都要重新设计一套流程。机器人适合大面积、大重量的工作，比如砌墙、铺砖、喷漆、厂房、写字楼等，机器人铺装效率要高几倍，但碧桂园的房子，绝大多数是住宅，那么就面临多种户型，施工面积小，灵活的工作调整还需要人工配合。

2. 缺乏应急能力

机器人不能很好地处理紧急情况，这些情况包括：不恰当或错误的反应、缺乏决策的能力、断电、机器人或其他设备的损伤、人员伤害；机器人尽管在一定情况下非常出众，但其能力在以下方面仍具有局限性（与人相比），表现在自由度、灵巧度、传感器能力视觉系统、实时响应。

五、总结

随着大数据、人工智能等数字技术的发展，智能建造让"无人造楼"从概念变成了现实，并成为建筑产业发展的新引擎。虽然智能建造和智慧运维已经有了很多的实际应用并且解决了很多问题，但远没达到上限，因为智能建造和智慧运维的可扩展性，还有很多应用场景和价值有待进一步研究和开发。

参 考 文 献

[1] 黄光球，郭韵钰，陆秋琴. 基于智能建造的建筑工业化发展模式研究 [J]. 建筑经济，2022，43 (3)：28-34.

[2] 潘毅. 建筑工业化与智能建造融合发展的路径探索 [J]. 建材发展导向（下），2022，20 (10)：52-54.

[3] 吕桂林. 基于"BIM＋GIS＋物联网技术"的高职院校校园智慧运维管理 [J]. 工业技术与职业教育，2022，20 (5)：19-22.

[4] 固博机器人（重庆）有限公司. 工业智慧运维系统 [J]. 自动化博览，2022，39 (10)：54-57.

[5] 数字时代下智慧运维成大势所趋 [J]. 网络安全和信息化，2022 (10)：45-46.

[6] 吴家炜，韩劲恒，俞蓝. 基于BIM的数据中心智慧运维管理平台 [J]. 江苏通信，2022，38 (4)：93-96.

[7] 李奇会，王德东，曾大林. 新型建筑工业化发展中面临的困难和对策 [J]. 建筑经济，2022，43 (7)：11-17.

[8] 赵本省. 基于智能建造的装配式建筑施工关键技术研究与应用 [D]. 郑州：郑州大学，2020.

智慧工地管理平台系统架构研究

沈阳建筑大学管理学院

任家强　宋亭亭

摘　要：智慧工地是新一代信息技术与施工现场管理深度融合的产物，围绕施工现场实际需求，总结智慧工地的内涵特征，创建智慧工地管理体系。研究设计了智慧工地管理平台整体系统架构，阐明平台涉及的七类功能模块，包括项目信息管理、人员管理、物资管理、机械设备管理、三大目标管理、安全管理、环境管理，以期为智慧工地管理平台的建设和实施以及智慧工地在建筑行业的推广提供参考和借鉴。

关键词：智慧工地；管理体系；系统架构；功能模块

一、引言

智慧工地是新一代信息技术与施工现场管理深度融合的产物。部分专家、学者对智慧工地建设进行了研究。曾凝霜根据 BIM 与智慧建设的概念，提出设计包含施工精度、施工进度、施工工序子系统的智慧工地管理体系框架。李霞提出物联网＋下的智慧工地设计是系统平台与智能终端的全面结合。欧蔓丽提出按照"框架＋构件＋体系＋编程"的思路构建智慧工地管理云平台。韩豫提出智慧工地系统架构粗略分为感知层、网络层和应用层。现有研究对于以施工现场实际需求为导向的智慧工地系统架构研究相对较少。为此，围绕施工现场需求以及智慧工地现存问题，设计智慧工地管理平台系统架构，明确平台应具备的功能模块，以期提高智慧工地的适用性和可推广性，为智慧工地的未来发展提供参考和借鉴。

二、智慧工地内涵特征

智慧工地最初由"智慧城市"的概念扩展而来，至今尚未明确界定。智慧工地所应用的技术、系统随着应用日趋广泛，技术日渐创新而不断发展。其主要特征如下：

1. 深度感知

智慧工地的工作重点是及时、准确、全面地获取施工现场的各种信息，从而扩大对工程信息的认知范围和广度，提高信息整合和共享能力，实现信息价值最大化。

2. 全面互联

传统施工模式存在信息碎片化、信息孤岛等问题。智慧工地将信息技术与现场管理深度融合，赋予施工现场人、机、料、法、环五大要素以智慧，真正实现施工现场万物互联。

3. 数字智能

在信息分析、方案制定和行为决策等方面，传统的施工模式缺乏科学性和有效性。智慧工地利用信息化技术，将现场管理活动的数据通过数字化形式传递，协助管理者进行现场指挥、综合管理和科学决策，实现项目全局优化。

4. 专业高效

智慧工地应用于施工现场，通过科技创新与工程管理的深度融合对施工进行全面管控，实现施工全过程精准预测和模拟。

三、智慧工地管理体系

创建智慧工地是一种复杂的系统，需要创建智慧工地管理体系，由目标要素、技术要素、管理要素三个方面构成（如图1）。

目标要素。智慧工地的管理活动以管理目标为导向，围绕管理目标展开。在项目施工中，各相关利益方管理目标不同。从项目层面看，建设智慧工地不仅需要满足信息全面感知、工地万物互联的要求，还要保证施工现场进行安全作业、智能生产和科学管理。从企业层面来看，智慧工地主要目标是提质增效，提升企业市场竞争力。在政府层面上，建设智慧工地能够协助监管部门对工程项目进行有效监督。

技术要素。智慧工地软硬件技术设施、集成管理平台等功能的实现离不开信息技术手段，主要包括 BIM、大数据、云计算、物联网、互联网、区块链、人工智能以及传感技术。

管理要素。智慧工地体系中管理要素是指智慧工地建设所针对的要素对象，也是智慧工地的实际落脚点，由人员、设备、物资、安全、环境、质量、进度、成本八大管理要素构成。

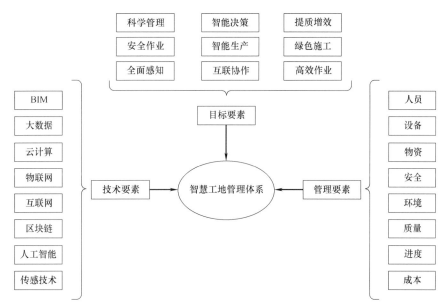

图 1　智慧工地管理体系

四、智慧工地管理平台系统架构

设计从项目施工管理实际需求出发，将智慧工地管理平台系统架构分为五层，分别为基础设施层、数据信息层、应用层、决策层和用户层（如图2）。

基础设施层利用视频监控、无线射频识别、定位、激光扫描等设备对人员、物资、机械的实时状态进行智能感知和数据采集，并通过移动、有线、无线网络等设施实现数据实时可靠传送。

数据信息层建立起覆盖施工全过程的项目数据库，用于各系统传感数据的统一储存以及信息提取分析，实现信息数据交换和传递。

应用层作为管理平台建设的主体分为七大板块，分别为项目信息管理、人员管理、物资管理、机械设备管理、三大目标管理、安全管理、环境管理。

决策层将各系统深度挖掘，提取分析后的数据信息应用于现场综合管理，协助管理者进行现场指挥和科学决策，实现项目全局优化。

用户层为项目部、施工企业和政府监督部门三类用户提供以目标要素为导向的智慧工地管理平台服务，包括多功能集成的项目级平台、企业级平台以及与政府监管部门对接的政府级平台。

图 2 智慧工地管理平台系统架构

五、功能模块设计

（一）项目信息管理

1. 区块链数据账本。利用区块链技术生成区块链账本，具备工程信息、招标投标、合同等信息录入、查询、编辑、存档和加密的功能。

2. 智能合同。利用区块链技术将合同条款转化为代码并输入平台中自动执行，避免由支付、合同、责任引发的纠纷对施工项目的影响。

3. 电子签名。将非对称算法中配对的公钥和私钥应用于合同交易中，可靠的电子签名可作为电子凭证。

（二）人员管理

1. 劳务实名制管理。包括人员信息、考勤、薪资、培训、诚信记录以及资质考核等内容，便于规范项目日常管理和现场作业人员行为，降低劳资纠纷风险。

2. 智能门禁管理。智能门禁系统与劳务人员实名管理系统相连，包括闸机、人脸识别、身份证识别等设备，支持 IC 卡、生物识别等技术，实现考勤过程的自动化，有效防止外来人员进入。

3. VR 安全教育。利用虚拟现实技术进行场景模拟和灾难演习，有效提升企业安全培训质量，增强施工人员的安全意识，减少现场事故发生。

4. 人员定位监测。利用 GPS、射频识别技术定位跟踪作业人员，对人员分布、行为等进行管理。

(三) 物资管理

1. 物资采购系统。与 BIM 平台联动，根据施工进度计划自动生成物资需求量清单。物料采购员根据采购进度完成采购，通过电子标识，可以对物料的运输和物流状况进行实时监测。

2. 物料进场验收系统。系统具备地磅称重和棒材计数两项功能。钢材、水泥等物料在工地验收时，可通过传感器对进出工地的车辆进行统一的称重，并自动读取货物的重量。棒料计数是利用电脑视觉技术，对钢筋、木材等棒材进行智能识别和标识。

3. 物料现场管理系统。系统与视频监控联动形成现场物资管理信息库，对工地物资存放进行监控，利用二维码、RFID 技术对物料进行唯一性标识和数据采集，实现计划、采购、运输、库存全过程追踪。

(四) 机械设备管理

1. 机械设备信息系统。系统提供施工机械设备种类、数量、规格型号等基本信息、操作人员信息、设备实时运转情况信息等。

2. 施工机械定位系统。通过感应机械定位模块发出的信号，与射频基站配合，实现施工现场机械设备的定位跟踪，掌握其位置和运行轨迹，优化资源调配和场地布置。

3. 巡检维保。管理人员对机械设备进行巡回检查，用图像或录像的方式记录机器的运行状况、发现的问题和维修状况，并传送至智慧工地管理平台。

(五) 三大目标管理

1. 大体积混凝土测温系统。实现大体积混凝土浇筑体温度自动采集，对温升峰值、里表温差、降温速率进行统计分析。此外，系统对混凝土内部温度和内外温差设置阈值，超过阈值自动报警。

2. 实景物联监测。应用三维激光扫描技术对施工现场建筑物空间外形进行精准测量和模型重构，与 BIM 模型对比，实现高精度的建筑物质量检测、变形监测，测量数据自动读取、自动上传，实现工具智能化，过程数字化。

3. 建筑机器人系统。利用 AI、定位导航、虚拟仿真等技术进行参数匹配和自主学习，使建筑机器人在 BIM 地图引导下实现自主施工作业、转场和回库维修等功能。

4. 质量溯源模块。实现快速查阅所有的质量信息，验证相关人员的数字签名，进行质量责任认定，确保精准追责。

5. 四维施工进度管理。将 BIM 模型与工程项目计划进度、实际进度相结合，实现施工进度模拟，提供对比分析和预警功能。

6. 无人机巡检。无人机巡检系统可根据施工现场布置设置飞行航线，实时进行 360°多方位工地实况轮巡，采集画面和视频资料传输到智慧工地管理平台，管理人员通过 PC 端和 APP 端实现工地施工进度可视化管理。

7. 施工成本管理。利用 BIM 技术实现场地虚拟布置和施工模拟，减少施工碰撞，避免返工导致的成本损失。

(六) 安全管理

1. 红外温度检测系统。根据新冠疫情防控要求，在项目门禁处设置红外温度监测系统，自动采集人员体温，及时预警。

2. 视频监控系统。在工地上设置 3D 移动摄像头，利用 PC 端和 APP 端进行 24 小时全方位管控，确保现场施工规范和安全生产，并形成数据档案。

3. 机械设备运行监测。通过人脸识别驾驶认证，非授权人员无法操作，减少事故发生的人为操作因素。此外，对塔机、升降机、工人电梯、卸料平台等大型施工机械安装高清摄像机和传感器实现机械设备的实时监控。

4. 安全隐患排查。按照安全风险表对工地进行检查，以图片、信息、语音、视频等形式将存在的安全问题通过 APP 端传送至智慧工地管理平台。

5. 临边防护。在阳台、基坑、电梯井等危险区设置红外线检波器警示踏入危险区域的工人，并将警示信息发送到智慧工地管理平台。

6. 危大工程监测系统。系统具备施工监测可视化、监测数据实时分析、巡查上报、预警处置等功能。当监测数据出现异常时，可通过智慧工地管理平台将预警信号推送给相关责任单位。

(七) 环境管理

1. 环境危险源监控

利用传感器来监测天气状况，如风速、风向、温度、湿度等，以保证施工作业环境的安全性和适宜性。

2. 扬尘噪声监测系统

运用 IoT 技术、大数据和云计算对颗粒物浓度、噪声等环境参数进行感知和监控，具备参数综合查询、超标预警、统计分析等功能。

六、结语

智慧工地管理平台以现场管理为核心，以过程管理为主线，利用 BIM、大数据、云计算、物联网、人工智能、传感技术等新一代信息技术，围绕项目施工过程中的关键要素进行全方位、多角度管理，实现互联协同、信息共享和实时监控。此外，平台以现场管理活动的数据为基础，协助管理者进行现场指挥、综合管理和科学决策，实现项目全局优化。本文围绕施工现场的实际需求，构建了智慧工地体系，设计了智慧工地管理平台的系统架构，以期为智慧工地管理平台的建设和实施以及智慧工地在建筑行业的推广提供参考和借鉴。目前，由于技术壁垒、应用碎片化、平台集成商水平良莠不齐等因素，难以建立全方位集成化的管理平台，这也是建筑行业推广智慧工地的一大阻碍。

参 考 文 献

[1] 曾凝霜，刘琰，徐波. 基于 BIM 的智慧工地管理体系框架研究 [J]. 施工技术，2015，44 (10)：96-100.
[2] 李霞，吴跃明. 物联网＋下的智慧工地项目发展探索 [J]. 建筑安全，2017，32 (2)：35-39.
[3] 欧蔓丽，曹伟军. 建筑业智慧工地管理云平台的研究及应用 [J]. 企业科技与发展，2017 (8)：50-52.
[4] 韩豫，孙昊，李宇宏，等. 智慧工地系统架构与实现 [J]. 科技进步与对策，2018，35 (24)：107-111.
[5] 黄建城，徐昆，董湛波. 智慧工地管理平台系统架构研究与实现 [J]. 建筑经济，2021，42 (11)：25-30.

BIM 技术在黄庄公寓项目建设中的应用分析

沈阳建筑大学管理学院

王 岩 孔凡文

摘 要：本文通过探究 BIM 技术对建筑产业发展的影响，以及对黄庄公寓工程项目实践进行了深入分析。结果发现，BIM 技术可实现建筑的高效率、高品质、低资源消耗和低环境影响，同时在时间管理、成本管控和品质管理方面具有明显优越性，将对现代建筑产业发展造成系统性变革，是符合我国可持续发展的必然选择。

关键词：黄庄公寓项目；BIM 技术应用；显著优势

一、引言

建筑信息化市场规模的占比正在逐年上升，因此 BIM 技术在建筑领域具有巨大的发展和应用空间。应用 BIM 技术通过对黄庄公寓项目的暖通、隔声、采光、节能等数据进行分析，提供分析报告并结合规范对公寓单元的设计进行检验，设计模拟施工方案并进行优化。数据真实准确，内容直观可靠，参与者可以直接利用相关数据，节约设计安装时间。通过视觉展示公寓单元模块化的安装过程，并不仅仅局限于单个零件的安装，还提高了工人技术水平，并大大提高了工作效率。

二、黄庄公寓项目概况与 BIM 技术应用的优势

（一）工程概况

本文以黄庄公寓建设项目为例，其主体结构为预制钢筋混凝土框架结构，该公寓的总占地面积为 510 亩，总建筑面积为 6.9 万余 m^2，将建设 3000 套客房，建成后，每套客房建筑面积为 18m^2，配齐了床褥、书桌、空调、热水器、Wi-Fi、整套卫浴以及日常生活用品，另外还配建了办公、餐厨、仓储用房等。

（二）BIM 施工在进度管理的优势

综合 BIM 施工进度管理后，黄庄公寓的参与者可以从复杂的计划图中解放出来，以图纸转成 3D 模型的视觉形象为载体，方便在建设项目的不同阶段，不同专业之间的沟通和交流，减少了信息过载或侵蚀损失，大幅提高了参与者的工作效率。同时利用 BIM 集成数据的建筑信息模型细化系统，能够在很短的时间内计算出相关构件的种类和数目，可以直观高效地表达多维空间数据，进行空间规划，为合理配置资源和合理安排工作提供协助。另外，BIM 施工利用可视化条件实现施工仿真，以实现显著降低施工现场冲突问题的目的。施工仿真流程能够将建筑的施工概况比较直观地展示出来，使得参建各方的管理者都能够对施工的进展与流程了如指掌，增强了项目参与各方的沟通能力。利用施工模拟，尽快及时地找到潜在问题，能够减少施工后期花更多的成本来克服错误。施工模拟为建设方、监理方和业主提供一个有效的交流平台，利用施工模拟的成果和工程项目的实际进行情况的比对，能够直观迅速地掌握工程项目进展状况以及施工过程中产生的偏差，为建设方、监理方和业主共同编制方案处理施工质量与进度方面的问题提供了很好的参考。关键的是，根据施工中出现的复杂工序，能够在施工前提前模拟不同的施工方法，优化施工工序，采用最高效的施工工序进行施工，加快了施工进度，保证了项目的顺利进行。

（三）BIM 施工在成本管理的优势

BIM 技术在处理黄庄公寓项目的实际工程成本核算方面有着相当大的优越性。应用 BIM 技术建立的施工成本信息模块和多维关系数据库，能够让项目建设过程中发生的实际成本数据及时进入关系数据库中，项目投资管理人员能够便捷获取工程成本的汇总、统计、拆分情况。因此，基于 BIM 技术的实际成本核算方法较传统方法具备了如下强大的功能和优势：

基于 BIM 的实际成本数据库具备了非常强大的汇总分析能力，且统计方便，速度快，同样适用于短周期、工作量小的工程项目成本数据分析。项目建设的成本数据准确性高。BIM 模型的工程成本是根据实际动态进行维护调整的，成本数据在总量统计时的累积误差将随着工程建设进展，准确性不断提高。并且，可以通过 BIM 模型进行项目各成本的实时盘点和检查。BIM 模式所建立的相关数据库系统能够实现工程项目建筑成本数据的多维度（时间、空间）汇总数据分析，并且还能够进行基于多种统计分析条件的成本报表编制。通过 BIM 模型可以实现公司总部成本部门与财务部门之间的信息共享，确保在项目建设过程中企业总部与项目部之间的实际成本数据的对称。因此，BIM 技术不仅可以加强企业总部对项目成本的管控能力，也提升了企业的成本控制能力，在成本管理方面有显著优势。

（四）BIM 施工在质量管理的优势

黄庄公寓通过协调 BIM 模型和 BIM 技术的关键施工过程以确保工程的施工质量。使用基于 BIM 云平台的原材料质量控制，通过材料的质量检验测试报告、照片等数据与 BIM 模型组件材料的特性材料的信息，如数量、质量、生产制造商进行综合管理，并实时进行跟踪管理。还可以根据月度和每周的规划来调节物料的总量以及设计、生产、传递、接受和使用的时间，而且物料的供给必须符合实时和供需平衡的准则，以保证项目根据项目规划实施。这过程中必须包括物料计划管理、采购控制、现场验收、自检和复检、保管保管、收货分配、使用监督、回收周转物料现场管理、有毒有害物料的使用和回收等工作，这样可以达到确保黄庄公寓的施工质量的目的。

三、BIM 技术在黄庄公寓项目建设中的应用过程

BIM 技术为黄庄公寓项目建设提供包括初步设计时间、施工图阶段、竣工验收阶段、运营阶段每一个阶段的服务，贯穿工程从最初设计的阶段到最后的运营阶段。黄庄公寓建设项目将建筑信息化 BIM 技术与装配式建筑相结合，进一步提高公寓单元模块化建筑信息系统的智能建造水平。

（一）施工方案模拟

BIM 技术通过对黄庄公寓项目的暖通、隔声、采光、节能等数据进行分析，提供分析报告并结合规范对公寓单元的设计进行模拟检验，从而提出合理施工方案。

建筑信息化系统使用 BIM 可视化的优势来进行黄庄公寓的施工组织设计、特殊施工方案的实施、资源配置的仿真模拟，通过虚拟现实评估计划的可行性，确定关键控制点，基于 BIM 模型施工组织设计和项目实施计划优化模拟仿真。施工方案对于工程质量、进度和成本都有非常重要的影响，基于 BIM 的施工方案优化就是利用 BIM 技术对施工方案的可行性进行分析和验证，并根据 BIM 软件的分析结果对施工技术方案进行调整和优化，以期增加技术方案的可操作性。通过建立黄庄公寓三维结构模型构成数据库管理中心，可储存预选方案，并具备"方案优选"的功能。出具可行性方案过程如图 1 所示：

（二）综合方案优化

运用 BIM 技术进行方案优化可以涵盖黄庄公寓项目开工至竣工验收的各个阶段，对项目的地质勘查、空间关系、绿色环保的各个方面信息进行完备，并支持实时更新，对项目各节点的优化起到了时效性的作用。任何一个项目都不是一个设计者独立完成的，因此不同专业、不同设计者之间的设计冲突，经常会导致施工图设计不符合现场实际施工要求。BIM 碰撞检测就可以在实施前期出现这一情况

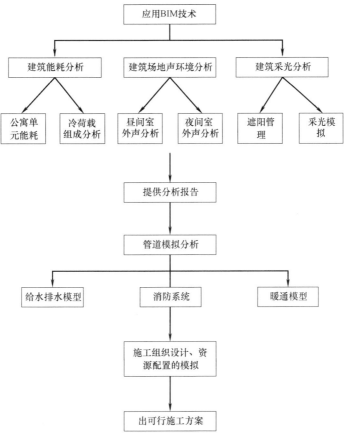

图 1　出具可行性方案流程图

时，进行处理以降低因为检测不及时造成返料，工期滞后和成本上升的不良结果，以达到综合方案优化的目的。BIM 模型集成载体的各种进步跟踪信息，比如深化项目批准、设计、招标采购工作的辅助工作，遵循它的步骤，促进项目负责人根据自己需求获得一个全面的网站信息，客观评价项目执行效果，为进一步优化和调整施工方案提供参考（如图 1）。

（三）施工过程监控

BIM 技术为黄庄公寓建设项目进度控制提供模型工程量数据，为材料的提供与劳动力安排提供了依据，也可以实现在建筑施工过程中的监控管理，从而有效处理了工程中出现的各类问题，同时通过 BIM 技术可以自动进行对项目过程中无常的监控管理，传统施工模式与虚拟现实技术的结合，可以针对工程项目的末期施工进行虚拟施工模拟，包括材料信息、张力信息、温度、混凝土信息，这些都可以实现提早动手，以便提供更能降低成本和提高质量的末期施工方法。同时，对于工程关键性节点展开实时监控。应用 BIM 技术模拟施工手动的全部过程，并且对于也许会发生的一些风险展开操作模拟，提交减少风险爆发的操作要点，并且运用到工程的关键节点之中，更进一步改进关键工程节点的操作流程与操作规范。黄庄公寓建设项目施工现场，现场井然有序、有条不紊地进行着施工。

四、BIM 技术在黄庄公寓项目建设应用的效果分析

（一）缩短项目的建设时间

黄庄公寓项目的施工通过 BIM 技术实现产业化，然后再到工地进行安装，在分秒必争抢工期的建筑领域有着不可超越的优越性。通过 BIM 技术碰撞检查解决专业冲突，减少设计变更，能够有效地缩短工期，纠正专业冲突，优化设计，避免设计变更，更能够有效地规避返工，提高工程项目施工进

度，缩短工程项目的工期。同时通过合理的资源分配能够保证劳动力与材料资源的最大化利用，避免出现窝工或缺少工作面的情况，便于管理人员进行施工进度计划调整，从而达到能够有效地缩短工期的目标。

（二）降低项目施工中的环境污染

BIM 技术能够降低过去施工方法所带来的环境污染，极大地提高施工效率，借助 BIM 技术的运用，形象地、多角度地、细致地把施工流程进行完整的呈现，更加表现出了 BIM 技术在黄庄工程中的使用成效。BIM 技术的运用彻底改变了中国传统工程施工组织结构与运营方式，也推动了传统施工模式随着社会发展的要求，向更加快捷、合理的方式过渡。通过 BIM 技术的运用，工人可以有效减少返工，降低劳动强度，提高了施工效率，从而节省资源，节能环保，真正达到了绿色。

（三）提高项目的建设质量

应用 BIM 技术将部分构件在车间实现标准化制造，不仅效率比在现场制造更有保障，而且能够进行合理的管理；运用 BIM 模型首先通过对模块进行排布，以得到最优排布，从而降低了模块消耗，同时提高了模块的周转时间，并且极大降低了对资源和时间的占用，也大大减少了资源的铺张现象；通过运用 BIM 技术的基础应用与工程实践相结合，解决了黄庄公寓建设的施工难度问题，建筑效率也获得了明显提高。

五、结语

随着建筑行业的蓬勃发展，进入数字化革命的时期势不可挡，未来建设的想象空间更是无比巨大的。在当前，建筑工程师像造汽车一样建造房屋的理想已经开始在 BIM 技术的支持下逐步走向现实。任何一场变革，最先肯定是生产方式的创新，而生产方式的创新发展必然带来所在产业的变革。当创新的数字信息技术和传统的建筑业相互融合，必将造成施工方法的质变和施工市场的几何型增长，建筑业的数字化洪流已经势不可挡。本章通过分析 BIM 技术对黄庄公寓建设项目施工流程中成本管控、品质管理和时间管理的实践案例运用，确定了 BIM 技术在预制装配式施工应用上的具体优势，克服了传统施工管理方式的弊端。BIM 技术提升了预制装配式施工协同设计效能、减少设计差错，优化了建筑预制构件的工艺流程，改进了建筑预制构件库存管理模式，提升预制装配式工程构件设计、制造等工厂施工的效能。BIM 技术使装配式施工建筑进行动态施工仿真，优化了预制装配式施工方法，实现了数字化施工监控，大大提高了工地施工的效果。

参 考 文 献

[1] 董建敏. BIM 技术在土木工程中的应用探究 [J]. 商品与质量，2019 (6)：151.

[2] 王廷先. 我国装配式住宅发展的对策研究 [J]. 工程造价管理，2021 (1)：91-96.

[3] 彭彩虹，徐照，王少哲，等. 基于 BIM 的装配式建筑预制构件生产阶段能耗分析方法 [J]. 工程管理学报，2022，36 (1)：47-52.

[4] 寇园园. 基于 BIM 技术的装配式建筑精细化施工管理研究 [J]. 工程管理学报，2020，34 (6)：125-130.

预制装配式建筑施工技术研究

沈阳建筑大学管理学院

周云倩　蒋明卓

摘　要： 随着社会发展，各行业发展都倡导"安全发展，绿色低碳"，建筑行业也是如此。预制装配式建筑具有高质量、环保节能、工期短、节约人力等优点，其发展响应了低碳环保的要求，对于实现"碳达峰"和"碳中和"具有非常积极的意义。本文分析了预制装配式建筑的特点以及优势，研究了预制装配式建筑的施工技术以及在应用施工技术时要关注的问题，对于装配式建筑发展有一定的作用。

关键词： 预制装配式建筑；施工技术；预制构件

一、引言

几十年来，随着我国建筑业迅速发展，极大地推动了中国国民经济的发展。国内强大市场的重要支点是建筑业，对于促进新发展格局有着积极作用。随着全国人民对节约能源以及环境保护意识的逐步提高，建筑行业劳务价值逐渐提高，使建筑业面对的压力越来越大。装配式建筑行业在国家政策扶持和市场环境影响下，迎来黄金发展时期。国家对促进建筑业转型升级高度重视。《"十四五"规划纲要》和《2035 年远景目标》明确提出"发展智能建筑、推广活动板房和钢结构住宅"。而这一新颖的建造模式同时带来了很多挑战，我国的装配式建筑发展较晚，施工过程中还需要克服一些难点。装配式建筑最早出现于 17 世纪，美国移民时，房屋是拼接而成的，这就是装配式建筑的一种。世界上第一座大型装配式建筑是伦敦 1851 年建成的水晶宫。第二次世界大战后，日本以及西方一些国家出现了严重的居住问题，推动了装配式建筑的发展。欧美国家对于装配式建筑有着成功的经验，日本就本国的实际发展和需求，再结合欧美国家的经验，在装配式结构中的抗震性设计方面，取得了突出的成就。预制混凝土建筑体系的标准规范，设计以及施工也已发展到非常完善的程度。2008 年建成的 2 栋 58 层的东京塔，就是非常成功的装配式建筑代表作。2021 年，全国新建预制装配式建筑面积达到 7.4 亿 m²，比 2020 年增长 18%，新建预制装配式建筑面积占比 24.5%。2016—2021 年中国新建的预制装配式建筑面积如图 1 所示。中国的预制装配式建筑近几年发展迅速，但是由于行业起步较晚，行业相关标准缺失，累积的经验还有所不足，施工技术还有待提升。本文重点从预制装配式建筑的施工技术的发展现状以及优化方面来总结促进装配式建筑业发展的策略。

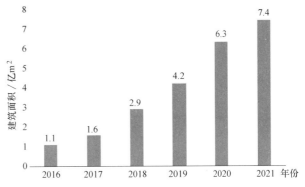

图 1　2016—2021 年中国新建的预制装配式建筑面积

二、预制装配式建筑概述

（一）预制装配式建筑含义

预制装配式建筑施工方式是指在建建筑的部分或者全部构件在预制加工厂生产之后运输到施工现

场，采用一定的技术和管理手段将构件运用机械吊装组合搭接起来，使建筑物具备使用功能的一种建筑施工方式。预制装配式建筑工程按照结构材料可分为钢筋混凝土结构、钢结构和木结构这三种类型。中国借鉴了苏联的预制混凝土装配建筑技术经验来发展建筑业。近几年，钢结构装配式建筑的推广力度逐渐加大，2020 年，住房和城乡建设部颁布《关于大力发展钢结构建筑的意见》，鼓励学校、医院等公共建筑以及铁路等跨度大的建筑优先采用钢结构；而木结构建筑则是一个独特的建筑类型，它通常只作为低层民用建筑和特殊工程的一部分类型应用。预制装配式建筑施工技术存在很多优势，提前打造构件这一特点可以极大地丰富建筑造型，并且在人工成本和材料方面有很大程度上的节约。装配式的主要优点在于，能够连续地按顺序进行工程的多个阶段或步骤，因此大大减少了进场施工设备的类型和数量，从而缩短工序间的时间差，从理论上达到了施工步骤间的无缝连接，从而大大地提高生产效率。且预制建筑构件已经在预制厂生产完成，因此能够降低材料耗费和施工损耗，进而减少施工成本。

（二）预制装配式建筑的发展

目前，预制装配式建筑已然成为现代化建筑体系的主要部分。从 20 世纪 80 时代初期以来，预制装配式建筑逐渐开始发展，但是，因为中国当时的工业发达程度尚低，所以建筑业发展速度十分缓慢，预制装配式建筑并没有得到普及。近年来，由于中国社会经济的迅速增长，建筑行业的有关方面又进行了调整与改进，这就给预制装配式建筑的发展奠定了基础。目前预制装配式建筑正逐步地在中国建筑业中应用。目前，预制装配式建筑已在我国的大中城市普遍普及，并达到了较明显的使用效益。而随着中国民众生活条件的日益改善，环保节能的观念也越来越深入人心。而预制装配式建筑由于其具有良好的环保效应，从而引起了更多的关注。我国已经制定了相关的规章，规范了装配式施工建筑的施工条件与检验规范，这也使得装配式施工建筑的发展更加迅速，影响范围逐步扩大。而目前，有关专业技术人员也逐渐在调整与优化装配式建筑施工的工艺方法，为装配式建筑的发展提供了新的动力。

（三）预制装配式建筑施工技术的特点

预制装配式建筑的设计拥有各种结构类型，不同于一般的施工工艺，有很大的可操作性。在装配式建筑的设计中，应做好框架结构体系和剪力墙结构体系的设计。与传统施工工艺相比，装配式建筑框架结构具有结构轻、运输方便、造价低等明显优势。此种结构不但满足了工程建设的技术需要，而且满足了国家可持续发展的战略需要。在工程项目的任何阶段，可以通过建筑设计和施工方法，进一步改善原有技术，从而实现工程技术的多元化，从低碳绿色的角度提升工程的施工技术。而根据建筑资源节省的方面，装配式建筑施工技术也能够在施工过程中实现节约资源的目标。而基于真实的施工需求，该方法将更加降低不必要的工程成本费用。而在进行工程施工时，对水、电和燃料的耗费也将降低，这就能够从多个方面有效地降低建筑成本。如此不仅降低了成本费用，由于装配式建筑工程施工技术在工程效率上高于建筑传统工艺，从而提高了施工总水平。

（四）预制装配式建筑施工技术优势

1. 施工安装专业化

传统的建筑施工现场需要大量的工作人员，且施工水平较低，装配式建筑与传统建筑施工过程中的最大区别就是装配式建筑的施工现场只需较少数量的具有专业性能的施工人员即可。简单的现场施工工序、专业高效的施工设备，提高了施工技术的专业化水平，使得现场安装更加有序，加强了施工的质量与速率，建造方式更加精确。

2. 建筑功能科技化

对于装配式建筑物的施工来说，和传统建筑物的施工方式一样，各单位之间更要加强信息沟通，以配合施工进程，避免工程进度延迟。另外，各单位间的协作也可以增加施工的完整性和施工项目的品质。另外，为了预先准备建筑施工模型的选择，还必须对建筑物的机械系统和排水系统加以优化。

目前，大部分的建筑施工公司在预制装配式施工中都会选用智能机械控制系统，以达到建筑功能的科学化。

3. 构件生产自动化

装配式建筑工程的施工需要定制大量的建筑构件，单纯靠人工生产显然是不现实的。因此，大多数建筑构件都需要由工厂装配线的自动化生产来完成。自动化产品的主要好处是可批量生产预制构件，而且产品加工精度高、规格统一，可保证生产质量。将这种生产技术运用到装配式建筑的施工，将极大程度减轻相关工程技术人员的作业难度，从而推动装配式建筑施工技术的进一步完善与发展。

4. 工程施工高效化

工程项目的建设带来了社会效益和经济效益。其中，提高建设项目经济效益最便捷的方式就是提高建筑效率，降低建设成本。建筑构件实质上是建筑结构和主要建筑一起构造。只有建造人与施工者都根据设计图纸标准施工，部件与主体结构才能充分配套。从而避免了在建筑物施工现场形成构件差，不但减少了施工周期，同时便于对建筑物施工现场的监督管理，也显著提升了施工效益。

5. 管理的科学平台化

计算机信息化可以实现预制装配式构件从设计、生产、安装到后期维修管理全过程的科学化。互联网和物联网技术的高速发展，为实现施工现场的设备管控，信息互联提供了平台。数字孪生为数字管理提供了便捷的渠道。

三、装配式建筑施工技术

（一）预制构件设计

在设计制造建筑构件中，一般都不设计次梁结构，以减少建筑构件和框架之间的复杂性。在设计生产结构（如梁和柱）之前，就有必要了解生产制造的结构形式，以及断面形状等。在建筑物设计过程中，专业人员在设计预制构件时，要从构件便于建造和砌筑的角度出发。在结构设计中，连接方式决定了结构的形式。如果是双面层压楼板，则无需改变受力；如果是单面的预应力楼板或预应力空心板，则应将其转换为单向传力。

（二）生产预制构件

构件制造过程中，在浇筑混凝土的环节中要注意固定模板，不让其松动，混凝土振捣要均匀，否则就会影响施工质量。构件生产完成后，要在施工现场进行构件的组装与连接，所以在制作构件时，要严格按照设计图纸，确保预先留出拼接的孔洞以及水电管线的孔洞，便于构件拼接和安装水电管线。

（三）储存和运输预制构件

预制构件的堆放各有特点和要求，堆叠是滑动墙敷设和堆放的最基本条件，在堆放时要保持架子的最高承载力。PC墙板不能作支撑面，所以，有必要对预制施工结构加以合理的维护与储存，以获得高质量的PC墙拆除。预制装配式建筑在人工费和原料费方面做到了优化，但是却大大增加了运输方面的困难。采取有效的方法控制预制构件的运输成本和降低运输风险是极其必要的。对于汽车预制构件的运送，由于各种干扰因素，预制的构件极易和汽车产生撞击，从而导致对预制构件不可预知的伤害。所以，一定要小心预制构件的运送。供应商须与预制构件的安装地点保持一定间距。为降低构件运送过程中的风险，应该熟悉运送地点的路线，包括交通环境、地理位置等，依据具体情况选定最合适的道路并进行运送，以达到减少运送过程中的损伤的目的。

（四）安装预制构件

建筑工程的主要结构就是将预先制作好的构件进行拼接所得，构件连接质量如何直接影响了建筑的总体质量。在安装预制构件时，如果使用注浆技术，就要考虑预制件预留的锚固件、钢筋等的稳定连接，连接完之后要浇筑一层混凝土，在这过程中，要保证混凝土配比得当、流动性适宜等，一有偏差，就会影响最终注浆的效果，后期就会形成裂缝。在构件安装过程中需要进行构件吊装，吊装的顺序、流程是极其重要的。这就要求在施工过程中，要对施工人员进行培训，要熟练掌握相关施工技术，拥有足够的专业技能，稳妥地处理好吊装的设备、人员以及构件之间的关系，避免在测量数据时出现误差，吊装位置出现偏差。

竖向构件安装前，要对作业人员进行安全技术交底，施工区域要设置警示标识，垫片要按标高摆放，校对钢筋的连接，吊装构件要确认编号。安装的大致流程如图2所示。安装吊具时，要校对安装部位，避免出现错误。吊具安装稳妥后，墙板和钢丝绳的角度不得低于45°，为了方便操作将缆风绳置于墙板正面。挂钩前应先确认挂钩与卡环、钢丝的连接是否牢靠，检查挂钩周边混凝土是否存在开裂风险。构件平稳后，开始起吊，起吊后在离地约1m处停止构件的摆动。吊装前要确保墙板上的钢丝绳已受力，并鸣笛示警，避免建筑地面施工作业人员在施工。随后将对应安装位置的外护栏拆下，将拆下的临边护杆放入存放架，然后统一进行吊装、搬运。作业工人在拆卸时必须系好安全带，并连接防坠器和挂点的可靠位置。构件要根据吊运线路进行吊运，首先起吊运行到作业面，在离楼面1000m左右高度时停止着陆，然后施工员扶着让其落到地面，用镜子观察连接的钢筋是否对孔，然后

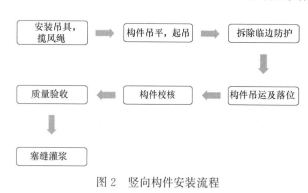

图2 竖向构件安装流程

缓慢着陆到垫片上，停止下落。卸钩安装斜支撑，斜支撑统一高度为墙体的三分之二处，中间斜支撑按构件长度增加，斜支撑底部固定不少于2根的双螺栓，斜支撑底部螺杆伸出长度不大于250mm。落位完成后进行校对检查，查看落位位置有没有偏差。构件安装完毕后，工程师检测构件边线、端线、垂直度、竖缝宽度等是否有偏差。填缝完成后6小时进行套筒灌浆，搅拌沙料并检测流动性，将料倒入注浆机，堵住下面的注浆孔，插入注浆管，打开注浆泵，待浆料能成柱状流出浆口时堵住出浆口，挨个将出浆口全部堵住之后，抽出注浆管，堵住注浆孔。

（五）脚手架安装

由于钢悬挑架有重量轻便、使用简便的优点，被应用于大部分装配式建筑施工的过程中，防护脚手架在施工过程中可以保障施工人员的安全。而在建筑施工过程中，为了提高脚手架的安全性，增加其稳定性，需要在卸载脚手架的时候采用钢丝绳。传统的建筑结构需要采用工字钢，但这样浪费了大量空间，也不利于进一步的工作环境。外护脚手架结构则可通过无锚螺钉定位，以维护外墙的结构完整性。由于墙中的定位螺钉孔为椭圆形，可大大降低施工复杂度。通过控制脚手架结构的搭设与固定螺栓距离，进行同步吊装，大大提高了建筑效果。利用墙杆上的限位钢筋直径，避免了螺栓和螺母脱离，实现永久固定。而且，同时确保了施工人员在施工过程中的安全。

四、应用预制装配式建筑施工技术的注意事项

（一）施工中注意事项

在使用装配式建筑施工工艺的过程中，为了提高项目的安全和整体质量，一方面必须谨慎遵循装配式建筑施工技术的相关标准规范和要求；另一方面，在合理遵循相关工程制度的同时，科学巩固和改善工程建设的安全质量考察。

（二）选择材料与机械中的注意事项

在选定和运用工程原材料和工程器械时，我们应注意在特定的施工过程中合理使用建筑构件，特

别注意材料的性能、成形和工程技术的安全性和质量，严格监督材料采购和质量验收，结合施工标准和要求，改善各方面的资源分配。

（三）应用专业技能的注意事项

预制构件比较特殊，成品和半成品类型繁杂，维护比较困难。为了保障预制构件在工程施工过程中的质量和安全性能，必须注意加强施工团队相关专业技术的培训，以满足预制构件安装的高水平和高要求。注意专业人员的施工培训，目前，装配式建筑行业缺少专业施工人员和施工班组，施工技术不成熟，就严重影响了装配式建筑质量，具有专业的施工团队，才能保证装配式建筑强大的核心竞争力，因此要大力培养装配式建筑在设计、生产、施工、管理等方面的专业人才，全面加强装配式建筑行业的施工质量。

（四）注意应用科学的保护措施

在预制装配式建筑的浇筑施工中，为了合理地保护预制构件，提高构件的质量，有必要在完善和联合相关工程技术的同时，采取有指向性的维护方法。为了科学合理地优化施工方法，必须根据工程实际情况，采用可靠、安全的施工方法，保障施工的质量。

五、总结

归纳而言，工程施工的主要追求目标是低碳环保、绿色安全。预制装配式建筑施工技术的出现，对于实现双碳的目标具有极大的意义。它可以在保证预制构件质量和施工安全的同时，有效缩短施工周期，提高施工效率，且保证经济效益，这些优点可以促进建筑业更优发展。我国的装配式建筑经过这些年的发展，已经累积了一些经验，但是在构件设计方面还是缺少统一的标准，施工技术方面仍然存在弊端，在抗震效果方面还存在不足，需要大量的研究来促进装配式建筑业的发展，来促进建筑业现代化的发展。

参 考 文 献

[1] 韩韫. 国内外装配式建筑发展现状研究 [J]. 建材与装饰，2017（45）：35.

[2] 马荣全. 装配式建筑的发展现状与未来趋势 [J]. 施工技术（中英文），2021，50（13）：64-68.

[3] 田春雨，黄小坤，李然，等. 装配式混凝土结构的研究与应用 [J]. 工程质量，2015，33（4）：25-30.

[4] 陈东勇. 预制装配式建筑结构施工技术现状与问题研究 [J]. 陶瓷，2022（9）：156-158.

[5] 李迎迎，刘子赓，李娟. 预制装配式混凝土结构施工技术及质量验收研究 [J]. 住宅产业，2017（5）：40-43.

[6] 陈春雷. 预制装配式建筑施工技术分析 [J]. 大众标准化，2020（11）：114-115.

[7] 刘磊. 装配式建筑综合施工技术研究 [J]. 工程技术研究，2020，5（16）：44-45.

[8] 赵金华，陈怀伟，范晓航. 浅谈装配式建筑施工技术特点与安全管理 [J]. 建筑安全，2020，35（10）：78-80.

[9] 徐明代. 装配式建筑附着式升降脚手架施工及其特殊位置处理技术 [J]. 常州工学院学报，2021，34（5）：5-9.

[10] 郭学明. 装配式混凝土结构建筑的设计、制作与施工 [M]. 北京：机械工业出版社，2017.

[11] 齐宝库，王丹，白庶，等. 预制装配式建筑施工常见质量问题与防范措施 [J]. 建筑经济，2016，37（5）：28-30.

[12] 罗立娜，林灿城，黄旭炜. 我国地下装配式建筑智慧建造发展现状及未来展望 [J]. 智能建筑与智慧城市，2022（5）：135-137.

[13] 龙莉波，马跃强，赵波. 预制装配式建筑施工技术及其配套装备的创新研究 [J] 建筑施工，2016，38（3）：367-369.

建筑工程项目施工阶段关键成本控制策略研究

1. 沈阳建筑大学管理学院

2. 沈阳建筑大学资产经营有限公司

王艳艳[1,2]　常春光[1]

摘要： 在建筑工程项目建设全过程中，施工阶段的成本管理是工程项目成本管理的关键。为了有效控制施工阶段关键成本，采取 ABC 管理法和数学规划法相结合的成本控制方法，探讨了人工费、材料费、机械设备费等关键成本要素的定性控制措施，并建立了定量控制优化模型。结合实际工程项目案例，对关键成本控制优化效果进行了评价，结果表明优化后的实际成本比预算成本降低额度很可观，有效加强了施工阶段成本控制效果，经济效益良好。

关键词： 建筑工程项目；施工阶段；关键成本；控制方法

一、引言

建筑业是国民经济的支柱行业，对经济、社会和城市化进程起着举足轻重的作用。在建筑工程施工全过程中，施工阶段成本约占了工程总成本的 90%，其成本控制是建筑工程项目成本管理的关键环节，直接关系到施工的质量、进度、效益等，决定着企业能否长期发展。在项目实施过程中提升成本管理水平，建立健全成本管理制度与体系，优化成本控制方法，才能增加施工企业的利润，提高市场竞争力，为建筑工程项目保质、保量顺利实施保驾护航。因此，在保障安全及质量的前提下，探究如何做好建筑工程项目的成本控制至关重要。

Lin et. al. 搜集、整理了有关建设项目施工阶段的成本、费用支出数据，并对其进行分析，找到项目施工阶段成本超支的主要因素，并提出要想对施工阶段成本进行合理控制需要完善成本控制的流程。Engel A et. al. 对项目成本、进度、风险进行了综合控制，运用模糊数学方法进行了风险评估，构建成本—进度—风险管理模型，实现了工程成本和进度的综合控制。李慧文结合典型工程项目案例，分析了各阶段的成本控制问题，将挣值法理论与目标成本控制法联系起来，完善成本控制体系，改善单一的成本控制理论，实行动态监控以降低项目成本。许颖对工程项目施工阶段成本控制策略进行探讨，研究了运用新技术、加强原材料成本控制、强化合同管理、加强软件应用、加强工程进度和质量管理等策略，最终使工程项目成本控制在目标范围内。刘宾顺阐明了加强工程项目施工阶段成本控制的必要性，提出应加强施工阶段成本预测、控制、核算及分析等。同时，需要运用科学有效的措施做好工程项目施工阶段人、材、机等关键成本的控制工作。常春光针对施工阶段工程造价的关键控制流程架构，研究了施工阶段工程造价的数据收集、动态测算、对比分析等环节，从材料设备、工期控制及施工合同等角度对施工阶段的工程造价控制给出了具体动态调整措施。蒋小斌将工程造价的"成本分析、成本策划、成本控制、考核评价"方法运用到施工阶段的成本控制中，并加强施工方案和管理措施的制定，建立合理全面的成本控制目标。

本文基于上述研究基础，采取 ABC 管理法和数学规划法相结合的成本控制方法，探讨了人工费、材料费、机械设备费等关键成本要素的定性控制措施，并建立了定量控制优化模型。结合实际工程项目案例，对关键成本控制优化效果进行了评价，结果表明优化后的实际成本比预算成本降低 1.5%，有效加强了施工阶段成本控制效果，从而节约了企业的施工成本，增加了企业的利润。

二、施工阶段关键成本要素的定性控制措施

（一）人工成本控制措施

施工过程中合理控制项目的赶工费用，合理安排工期和劳动力，避免不必要的抢工。确实需要赶工时，生产经理要及时组织编制赶工费用明细，项目工程部配合提供赶工费用支撑材料，要求细致翔实，有说服力。当项目出现大范围的停工及工期延长时，工程部要深入项目，帮助项目及时遣散窝工的劳务工人，项目工程部每天和劳务队伍清点现场施工人数，避免后期劳务无理索赔，但是对于劳务队伍的合理诉求，劳务中心和项目经理要及时予以处理。

项目完工前期，项目经理及时盘点项目人数，除保留必要的项目留守人员外，其他人员提前向公司人力资源部门申请，借调至其他项目。对于劳务合同外的零星用工，项目经理牵头编制零工管控办法，明确劳务合同外零工的使用条件、使用流程及使用后的确认流程，规范项目零工使用及确认程序。当项目需要使用大量零工时，工程部要做好劳务合同交底，明确合同内零星用工范围，项目工程部做好现场零星用工统计，并做好项目工期和劳动力合理性的监督和审查。

（二）材料费控制措施

1. 直接材料费控制措施

项目施工过程中，严格落实生产经理成本负责制，生产经理负责检查施工过程中材料的采购和使用情况，要做到大宗材料必查，杜绝大宗材料源头亏损。项目物资部根据现场部门提供的工期计划，提前做好大宗材料预算量，并与工程部进行核对，发现超支现象立即预警，及时提醒项目工程部进行现场纠偏。对于二次结构混凝土等容易超耗的材料，项目工程部及时做好现场计划，尽量按批次、多部位一起进行浇筑，提前算量，并与工程部进行复核，严格控制现场使用量。此外，可适当增加项目零星材料目标成本，可按平均水平以建筑面积进行平方米包干。项目现场部门提交零星材料使用申请时要合理，避免浪费，不能为方便现场使用而不顾成本代价，项目物资部在审核进料时要把好关，确认其合理性。

2. 周转材料控制措施

项目施工过程中，技术部、工程部、物资部协调配合，合理确定项目周转架料总计划量，并确定每个施工阶段的计划控制量，项目施工时严格按照计划量进行控制，如需超计划量使用，需技术部、工程部和项目经理签字，说明具体情况，走正规申请流程审批后，项目物资部方可进行超计划量周转架料的采购。

（三）机械设备费控制措施

项目施工前，项目经理、技术部、工程部提前进行实地踏勘，全面考虑各种因素，合理确定设备入场和搭建工作，确保后期临建不再进行重复搭拆，如确实需要二次搭拆，应在投标成本中明确提出，投标报价时明确予以考虑。此外，由技术部牵头，做好设备搭建规划，工程部配合审核设备搭建布置合理性和可操作性，施工过程中严格按照方案进行施工，严禁私自更改方案，超规格搭建设备。相关工作完工后，及时做好大型机械拆除准备，严禁为了方便现场施工，无理由推迟大型机械退场时间，严格防止大型机械超耗。此外，将零星机械使用方案纳入项目投标方案编制范围内，工程项目施工过程中，要按照评审完的零星机械使用方案，或零星机械平均使用水平，合理使用现场零星机械，严禁现场无计划，随意使用零星机械进行清槽、材料倒运等。

三、施工阶段关键成本要素定量控制优化模型——以M建筑工程项目为例

（一）人工成本控制优化模型建立

人工成本是施工企业进行成本控制的一个重要的方面。做好人工成本控制，不仅要采取定性控制

措施，更要做好人工成本的定量控制。项目运用线性规划建模对人工成本进行定量控制，以期降低工程项目人工成本，提高项目利润水平。M 工程项目施工阶段工人实行轮班制，工人上班后连续工作 8h（最后一个班次开始上班的，若不满 8h，到相邻的下一个班次补足 8h）。要使人工成本最低，则要在完成工程任务和保证工程质量的前提下，以最少的工人完成要求的工作量，施工工人排班情况表如表 1 所示。

体施工工人排班情况表

表 1

班次	工作时间	所需工人数/人				
		普通工	钢筋工	木工（模板工）	架子工	混凝土工
一	6:00—10:00	20	50	45	20	—
二	10:00—14:00	16	45	40	20	—
三	14:00—18:00	15	45	35	16	—
四	18:00—22:00	20	50	40	20	—
五	22:00—2:00	10	—	—	—	15
六	2:00—6:00	8	—	—	—	15

施工过程中，每一时段上班的工人既包括本时段开始上班的工人，又包括上一个时段开始上班的工人，因此，设 x_i 为第 i 个时段开始上班的工人数，一天需要的最少普通工模型为：

$$minz = x_1 + x_2 + x_3 + x_4 + x_5 + x_6 \tag{1}$$

$$s.t. \begin{cases} x_6 + x_1 \geqslant 20 \\ x_1 + x_2 \geqslant 16 \\ x_2 + x_3 \geqslant 15 \\ x_1 + x_4 \geqslant 20 \\ x_4 + x_5 \geqslant 10 \\ x_5 + x_6 \geqslant 8 \\ x_j \geqslant 0 \text{ 且为整数}, j=1,2,\cdots,6 \end{cases} \tag{2}$$

经求解，x 的最优解为 $x_1=12$，$x_2=5$，$x_3=10$，$x_4=10$，$x_5=0$，$x_6=8$。最优值为 45，即最少需要 45 名普通工可以满足施工需要。同理，钢筋工最优值为 95，木工（模板工）最优值为 80，架子工最优值为 40 人，混凝土工最优值为 15 人。由此可得该施工阶段，按照日工资普通工 143 元，钢筋工 316 元，木工 315 元，架子工 317 元及混凝土工 284 元计算，每天最少需要花费的人工成本 z 为：

$z = 143 \times 45 + 316 \times 95 + 315 \times 80 + 317 \times 40 + 284 \times 15 = 78595$ 元。

（二）材料采购控制优化模型建立

在材料采购时要充分地进行市场调查，多对比材料，避免盲目购买，选择高品质、低价格的物料，同时，还要考虑到运输距离和运输费用。在确保工程正常进行的情况下，合理地选择最优的材料库存，即确定最佳经济储备量，以防出现大量的材料积压，过多占用企业流动资金的情况发生。M 工程项目的施工过程中，按照 ABC 分类管理法对材料进行管理，各类材料费用占材料总费用的比例如图 1 所示。

由图 1 可知，钢筋、混凝土、钢柱材料总费用的比例分别为 45.98%、19.28%、4.85%，三种材料占材料总费用的 70.11%，对这三种材料进行重点管理，分类为 A；对模板、电缆线、砌块、脚手架、安全防护、木方、膨胀珍珠岩进行次重点管理，分类为 B；对水泥砂浆、岩棉板、套筒、钢丝网、SBS 防水卷材、玻纤网格布、腻子、抗裂砂浆、密封胶、防锈漆、聚氨酯、植筋胶、电焊条、钢筋网片、镀锌槽钢、镀锌铁丝和其他材料则进行一般管理，分类为 C。在 M 项目建设中，钢筋及混凝土消耗量大，且其在材料总成本中占有很大比重，属于 A 类材料，因此项目部采用经济订货批量（EOQ）模型对这两种材料的库存进行管理。假设材料的订货数量是相同的，订购的提前期固定，确定材料陆

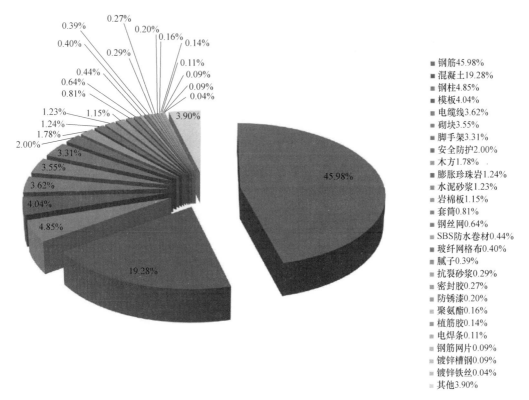

图1 各类材料费用占材料总费用的比例

续供应和使用的经济订货量和相关总成本。两种材料的相关信息如表2所示。

两种 A 类材料信息 表2

材料名称	项目需用量（D）	每日送货量（P）	每日耗用量（d）	单价（U）	每次订货变动成本（K）	单位储存变动成本（Kc）
钢筋	5386t	15t	7.38t	4443.17 元	150 元	200 元
混凝土	20128m³	35m³	27.96m³	498.66 元	80 元	9 元

对于钢筋而言，

$$EOQ=\sqrt{\frac{2KD}{K_C}\times\frac{P}{P-d}}=\sqrt{2\times150\times5386\times\frac{15}{15-7.38}}=126.11 \qquad (3)$$

$$TC(EOQ)=\sqrt{2KDK_C\times\left(1-\frac{d}{P}\right)}=\sqrt{2\times150\times5386\times200\times\left(1-\frac{7.38}{15}\right)}=12812.70 \qquad (4)$$

对于混凝土而言，

$$EOQ=\sqrt{\frac{2KD}{K_C}\times\frac{P}{P-d}}=\sqrt{2\times80\times20128\times\frac{35}{35-27.96}}=1333.79 \qquad (5)$$

$$TC(EOQ)=\sqrt{2KDK_C\times\left(1-\frac{d}{P}\right)}=\sqrt{2\times80\times20128\times9\times\left(1-\frac{27.96}{35}\right)}=2414.54 \qquad (6)$$

由此可以得出，钢筋的最佳订货批量为 126.11t，与其相关的总成本此时最低，为 12812.70 元；混凝土的最佳订货批量为 1333.79m³，与其相关的总成本此时最小，为 2414.54 元。其他材料采购时也可参照此模型进行，以求降低材料成本，做好 M 工程项目施工阶段材料费控制工作。

（三）机械设备费用控制优化模型建立

机械设备是施工企业必要的物质基础，是组成生产力的重要因素。目前施工企业引进机械设备主要有两种方式，即购买或者租赁。对于施工企业而言，影响购买还是租赁的因素是多方面的，但经济因素是重要的一个方面，即要评估哪种引进方式更节约成本。为此，从增加利润、节约成本的角度，建立工程项目机械设备引进方式定量决策模型，以更好地决策机械设备的引进方式。

1. 模型建立

假定租入的设备均为经营租赁，到期后不购买，每年年末等额支付租金。购买大型机械设备，企业一般要进行筹资购买，其模型建立如下：

条件：租用设备每年末等额支付租金 a，到期后不购买该设备，购入设备则需贷款以付购价 P，贷款 P 在 n 年后归还，按年付息，实际利率为 i，n 年后设备残值为 Y。且假定两种方式引进设备后，每年可获利润为 W。

分析：若租用设备，每年付租金；n 年后不续租也不购买设备，则租入设备每年的净利润是：$W-a$。

若企业筹资购买设备，相当于每年付的钱 A 为：

$$A = P \times \frac{i(1+i)^n}{(1+i)^n - 1} \tag{7}$$

n 年后残值 Y 折合为每年收入 A' 为：

$$A' = \frac{Y \times i(1+i)^n}{(1+i)^n \left[(1+i)^n - 1\right]} = \frac{Y \times i}{(1+i)^n - 1} \tag{8}$$

所以，筹资购买该设备每年的净利润为：

$$W - A + A' = W - P \times \frac{i(1+i)^n}{(1+i)^n - 1} + \frac{Y \times i}{(1+i)^n - 1} = W + \frac{i\left[Y - P(1+i)^n\right]}{(1+i)^n - 1} \tag{9}$$

则将筹资购买设备与租赁设备方案的年净利润进行比较，可得决策模型为：

$$Z = W + \frac{i\left[Y - P(1+i)^n\right]}{(1+i)^n - 1} - (W - a) = \frac{i\left[Y - P(1+i)^n\right]}{(1+i)^n - 1} + a \tag{10}$$

当 $Z > 0$ 时，应购买设备；当 $Z < 0$ 时，应租用设备。

2. 模型应用

以项目施工过程中需要用的某个塔吊为例，该设备价格为 160 万元。若贷款购买，2 年后偿还本金，年利率为 10%，2 年后设备残值约为 70 万元。若租用，每年须付租金 36 万元，2 年后退租，需要决策该设备购买还是租赁。利用上述模型可得：

$$Z = W + \frac{i\left[Y - P(1+i)^n\right]}{(1+i)^n - 1} - (W - a) = \frac{i\left[Y - P(1+i)^n\right]}{(1+i)^n - 1} + a = -22.86 \tag{11}$$

因为 $Z < 0$，所以租用该设备比较有利，应该选择租赁。

（四）关键成本控制优化效果评价

以 M 建筑工程项目为例，在施工阶段成本控制工作中，不断吸取同类工程项目经验教训，并结合本工程项目实际情况，采取了一系列的成本控制措施和方法，其在成本控制方面取得了一定的效果，最终达到了国家验收合格标准，并严格按照预算工期完工。项目关键成本预算为 7088.18 万元，在项目完工结算时，其实际成本为 6981.85 万元，比预算成本节约了 106.33 万元（1.5%）。可见 M 工程项目在施工阶段成本控制取得了一定的成效，其实际成本与预算成本对比表如表 3 所示。

M 工程项目实际成本与预算成本对比表 　　　　　　　　　　　　　　　　表 3

关键成本	预算成本/万元	实际成本/万元	成本差异(节＋超－)/万元
人工费	1728.08	1703.31	＋24.77
材料费	5205.12	5125.67	＋79.45
机械设备费	154.98	152.87	＋2.11
合计	7088.18	6981.85	＋106.33

四、结论

本文探讨了建筑工程项目施工阶段人工费、材料费、机械设备费等关键成本要素的定性控制措施，根据 ABC 分类管理法，对施工阶段材料费进行了分类管理，实现了对工程成本的合理、有效的控制。另外，应用数学规划方法对人工费、机械设备费等关键成本要素进行定量控制，建立了关键成本要素定量优化模型，有效控制了工程项目关键成本的发生，在一定程度上提高了工程项目成本管理的水平。

参 考 文 献

［1］ 柳强. 建筑工程项目施工阶段成本控制研究［D］. 沈阳：沈阳建筑大学，2020.

［2］ Memon A H，Rahman I A，Abdullah M R，et al. Factors affecting construction cost in Mara large construction project：perspective of project management consultant［J］. International Journal of Sustainable Construction Engineering and Technology，2010，1（2）：41-54.

［3］ Lin Z J，Yu Z. Responsibility cost control system in China：a case of management accounting application［J］. Management accounting research，2002，13（4）：447-467.

［4］ Engel A. Verification，validation，and testing of engineered systems［M］. John Wiley & Sons，2010.

［5］ 李慧文. Z 建筑企业工程项目成本控制研究［D］. 银川：宁夏大学，2021.

［6］ 许颖. 项目施工阶段成本控制策略探讨［J］. 现代企业，2020（10）：19-20.

［7］ 刘宾顺. 工程项目施工阶段成本控制模式改进策略分析［J］. 住宅与房地产，2019（27）：21.

［8］ 常春光，尹凯. 施工阶段工程造价动态控制研究［J］. 沈阳建筑大学学报（社会科学版），2014，16（1）：60-65.

［9］ 蒋小斌. 工程造价管理方法在工程施工阶段成本控制中的应用［J］. 安徽建筑，2019，26（8）：236-238.

建筑施工企业中关于工程项目的成本核算问题研究

沈阳建筑大学管理学院

张云飞　　吴访非

摘　要： 成本核算能够为企业提供正确的成本数据，成为企业经营决策的科学依据等。在近年来的发展中，建筑施工企业间的竞争也变得更加激烈，建筑施工企业中对工程造价的核算要求较以往相比也有一定的提高，在这种背景下建筑施工企业能否继续站稳脚步，对于项目工程的成本核算是值得关注的重要问题。本文基于上述背景，对目前我国建筑施工企业中关于成本核算的情况进行了梳理与研究，通过梳理发现存在的不足，并提出相应的改进意见。

关键词： 建筑施工企业；工程项目；成本核算

自2019年年底暴发新冠疫情以来，很多行业都受到了一定的冲击，建筑行业也不例外。除了受到疫情的影响，我国建筑行业自2012年起，便呈现快速发展的趋势，在近几年的发展中已经逐渐步入了中低速发展时期。从目前建筑行业的现状来看，建筑行业的市场竞争较为激烈，很多大型工程项目都掌握在国有建筑企业的手中，对于规模并不是很大的建筑施工企业来说，竞争是非常激烈的。同时由于建筑行业市场竞争越来越激烈，导致目前很多建筑施工企业在工程项目中需要消耗更多的成本，不仅要花费更多的成本用于劳动力，很多施工材料的成本也在与日俱增。因此对于项目施工企业来说，随着成本的增加与竞争的愈演愈烈，在工程项目中的成本核算也成为关注的重要内容。本文就我国建筑施工企业中有关工程项目成本核算的问题展开了研究，在对我国建筑施工企业中有关工程项目的成本核算现状进行梳理的基础上，发现存在的不足，并提出相应的改善建议。

一、建筑施工企业中工程项目成本核算现状

（一）核算内容

关于建筑施工企业中工程项目的成本核算主要分为五个部分的核算，具体工程项目内容如表1所示。建筑施工企业中工程项目的成本核算内容是较多的，其中人工费用是成本核算中的主要内容，对于很多建筑施工企业来说，人工成本都是企业在生产经营过程中的主要成本。在人工成本中，经常存在各种问题，例如人力成本的重复等，因此建筑施工企业想要具有更高的收益，对人工成本进行核算是具有重要意义的。其次较为重要的是材料成本，建筑施工企业中对于材料的使用占据着企业中资产的很大部分，因此在工程项目中做好材料成本的核算也较为重要，避免出现原材料的浪费，降低企业的成本（如表1）。

建筑施工企业工程项目成本核算内容　　　　　　　　　　　　　　　　表1

成本项目	具体核算内容
人工费	工资、奖金、工资附加费、工资性质的津贴、劳动保护费等
材料费	工程施工耗用的原材料、辅助材料、机械配件、零件、半成品的费用等
机械使用费	自有施工机械所发生的机械使用费和用外单位施工机械的租赁费等
其他直接费用	施工过程中发生的材料二次搬运费、临时设施摊销费、场地清理费等
间接费用	施工单位管理人员工资、水电费、办公费、差旅费、排污费及其他费用等

（二）核算过程

在建筑施工企业中工程项目的成本核算过程主要是对人工费、材料费、机械使用费等各项费用进行核算。一般企业可采用的方法有三种：表格核算法、会计核算法、两种核算方法的综合使用。表格核算法就是采用表格对企业施工项目各环节进行成本核算，形成工程项目成本核算体系，这个方法简单易懂，但是精度不高。会计核算法就是建立在会计对工程项目全面核算的基础上，再利用收支全面核实和借贷记账法的综合特点，按照施工项目成本的收支范围和内容，进行施工项目成本核算的方法。但是这个方法对会计人员的专业水平要求极高。最后一种是两种方法的结合，可以使企业方便准确地对工程项目的成本进行核算。

（三）核算特点

1. 工程项目成本核算的对象具有单一性

建筑施工企业与其他企业截然不同，其成本核算对象是工程项目，可以是一个建设项目，也可以是一个单项工程，虽然成本核算方法可以通用，但具体实施起来却各有不同，不能套用。

2. 工程项目成本核算具有超前性

为了保证工程项目可以盈利，就要对该项目过程中所需要的各项成本进行计算，提前估算一下所需要的费用，可以避免不必要的支出，减少浪费。

二、基于波特五力模型分析其成本核算

波特五力模型分析是迈克尔·波特于 20 世纪 80 年代初提出，用于企业竞争战略的分析，可以有效地分析客户的竞争环境。五力分别是：供应商的讨价还价能力、购买者的讨价还价能力、潜在竞争者进入的能力、替代品的替代能力、行业内竞争者现在的竞争能力。

（一）供应商的讨价还价能力

建筑施工企业在工程项目中需要消耗大量的原材料，因此，企业与原材料供应商之间的联系最为密切，原材料价格的高低直接决定了施工过程中成本的多少。若供应商的讨价还价能力强，原材料成本定价高，那么其成本也会随之增加。

（二）购买者的讨价还价能力

当建筑施工企业的工程项目完工后，其产品将会进行销售，那么企业需要面对的是购买者，如果购买者的讨价还价能力强，以较低的价格购买产品，那么其利润就会减少，在一定程度上相当于增加了产品成本。

（三）潜在竞争者进入的能力

随着建筑施工企业的发展，一批新的建筑施工企业涌出，竞争对手不断增多，市场竞争力也有所增加。那么企业要想在竞争市场中有立足之地，就需要提高企业的核心竞争力。一方面需要降低产品的价格，要以较低的价格、较高的质量吸引消费者。另一方面需要加大宣传力度，那么就会增加产品的广告宣传费，进而增加了其成本。而且当竞争者较多时，他们对原材料的需求也会有所增加，那么供应商可能会哄抬物价。

（四）替代品的替代能力

当一个产品的替代品出现时，那么消费者对其的需求也会有所下降，如果替代品的价格再低一些的话，那么对其影响将会更大。

（五）行业内竞争者现在的竞争能力

当前建筑行业的市场竞争较为激烈，很多大型工程项目都掌握在国有建筑企业的手中，规模较小的建筑施工企业的发展较为困难。好的大型企业的品牌形象度要高于那些小型企业，消费者更加倾向于选择知名度高的企业，要想提高企业知名度就要加大宣传，那么就会增加企业的成本。

三、建筑施工企业中工程项目成本核算的不足

（一）工程项目成本核算制度不完善

对于任何企业来说，要想可持续发展就要有适合本企业的规章制度。一些企业在发展的过程中并没有制定适合本公司的成本核算制度，而是按部就班地套用其他企业的核算制度，这其实并不适用于该公司，那么就会导致该公司成本核算不准确。而一些企业即使制定了成本核算制度也没有有效的实施，形同虚设，没有起到任何作用。况且即使有的企业实施了成本核算制度，也没有随着会计制度变更、公司发展对其及时地进行修改和调整，导致原有的成本核算制度并不能满足企业当前的发展需求。

（二）工程项目成本核算内容不明确

每个企业的工程项目都有所不同，并不是所有的企业成本核算的内容都是一样的，如果按照同一个核算体系，那么有的企业就可能会高估成本，有的会低估成本，影响企业的经济收益，进而影响企业的可持续发展。而且大多数企业在对其工程项目成本进行核算时，其成本所包含的内容不明确，比如人工费，有一些公司会把运输中产生的员工的装卸费计算到成本中的直接人工费，但是这个并不在其核算范围内。由于内容不明确，定义混淆造成的成本核算不准确，影响企业实际的生产经营状况。

（三）工程项目成本核算监管不充分

任何企业在作决策之前都要制定一个计划，比如在工程项目施工前要对其预计产生的成本制定预算计划，这样做可以明确成本费用大概需要多少，可以在施工过程中减少浪费，节约成本，提高收益。而一些建筑施工企业在施工前往往忽略这一过程，无形中增加了施工成本。同时一些企业对于工程项目成本核算的监管力度不够，不利于企业的成本管理。

（四）工程项目成本核算意识不强

对于一些企业来说，工程项目在施工的过程中都是由项目经理负责的，而项目经理其实更多的是关注施工进度，完工情况，他们认为成本管理是财务人员的工作，对于在施工过程中需要消耗的成本往往是忽略的。由于经理对成本核算的不重视，导致其手下员工也会忽略这些问题，比如在施工过程中对施工材料的浪费，对于工作人员的工作情况安排不合理，造成人力的浪费等，这样一点一滴积累起来就会增加很多成本费用。项目经理对施工进度与成本核算两者之间的联系并不重视，阻碍了企业成本核算工作的完成度。

四、建筑施工企业中工程项目成本核算的修改意见

（一）完善工程项目成本核算制度

首先，施工企业应该按照实际情况制定合适的工程项目成本管理制度，制定了制度之后企业应该将其贯彻落实，而不是出于应付差事的目的。在实施的过程中及时地对不适合的核算制度进行调整和修改，不断地完善，形成一套适合本企业的工程项目成本核算制度。

（二）明确工程项目成本核算内容

企业应该根据实际的工程项目情况，明确符合该企业实际情况的项目成本。且在实际核算的过程中明确每一个成本项目具体包含哪些内容，比如有哪些包含在人工费和材料费中，哪些不包含在内，这些都需要明确，切不可模棱两可。

（三）充分监管工程项目成本核算

在一个工程项目在施工前，要制定详细的成本预算计划，比如通过波特五力模型分析的供应商和

消费者，对于供应商要以最低的价格获取原材料，以较高的价格出售给消费者，合理有效地对成本进行控制，在施工过程中避免造成不必要的浪费，增加施工成本。

（四）加强员工的工程项目成本核算意识

对于工程项目经理、管理人员和其他项目员工，要增强他们的财务意识，对他们进行教育培训，加强成本管理意识，要做到恪守其职，做好自己的每一份工作，减少浪费，为企业降低施工成本，获得更多的收益。

五、结语

建筑行业与人们的生活息息相关，是我国国民经济的主要来源之一，所以建筑施工企业的工程项目成本核算至关重要，企业应该有效地控制施工成本，加强对项目中原材料的管理力度，精打细算，减少不必要的支出。同时要加强员工的成本管理意识，从多方面入手，有效控制工程项目的成本，为企业带来更多的收益。

参 考 文 献

[1] 刘艳桃. 建筑施工企业工程项目成本核算与控制探讨 [J]. 现代经济信息，2019 (15)：205，207.
[2] 薛镓宏. 建筑施工企业会计对工程项目成本核算研究 [J]. 商讯，2020 (12)：46-47.
[3] 赵保旺. 浅谈建筑施工企业工程项目成本核算 [J]. 财会学习，2020 (12)：10-12.

基于"BIM＋区块链"的建设项目全流程分布式成本管控研究

1. 沈阳建筑大学管理学院

2. 上海大学管理学院

周鲜华[1]　陈　鑫[1]　张玉琢[1]　李文辉[2]

摘　要：通过分析总结了 BIM 在成本管控中所存在的数据量多、参与者之间协调困难、易产生合约纠纷等问题，结合区块链中所具有的分布式记账、点对点链条式传输及智能合约等技术优势，提出了基于"BIM＋区块链"的建设项目全流程分布式成本管控方法，为建设项目成本管控中存在的问题提供新的解决方案。

关键词：区块链；BIM；建设项目；成本管控

一、引言

随着国民经济的不断增长，建设行业得到了快速发展，但同时也出现了投资成本高、利润低等问题。因此，成本管控作为项目建设的重要组成部分，受到了建筑行业的广泛关注。成本管控强调项目中各主体、各阶段对成本管理质量的影响，由于 BIM 在规划设计、数据可视化和量化中具有诸多优势，在一定程度上实现了成本管控的全流程管理。例如，王领从 BIM 技术应用于施工成本控制的优势分析入手，提出了基于 BIM 技术与挣得值分析法的施工阶段成本控制模型，为工程项目施工成本控制问题提供参考。但 BIM 在实际应用过程中仍存在以下问题：（1）系统内用户较多，用户归属不同的企业，相互沟通不便，缺乏共同的信息处理平台；（2）数据量庞大，建设项目的不同阶段会产生大量数据；（3）信息安全风险，BIM 系统需要处理施工、设计、建设及财务各单位之间的资料传递以及资金的申请、拨付，安全准确地进行信息处理具有较大难度。

区块链可以被描述为是按时间顺序排列的"区块链"组成的数字账本，其中每个区块是对数据的记录，新的区块被添加到现有区块的末端，实现链条式的信息传输。有利于对项目建设过程出现的问题进行溯源。此外区块链具有可追溯性、匿名性、防篡改性等特点，通过点对点链条式传输、智能合约、分布式账本等技术优势，可有效改善 BIM 成本控制下所存在的问题，例如，李昳静等人基于区块链的技术优势与特点，以目标成本法、作业成本法为切入点，提出了区块链技术在成本管理中的创新应用方案。梅松等人总结了区块链技术的特点，以及区块链技术目前在建筑工程领域的理论研究现状，拓展了区块链技术在建筑工程领域的诸多应用场景。

综上，区块链的技术特征可以有效解决 BIM 在实际应用中存在的问题。但目前区块链与 BIM 结合应用于成本管控中的研究较少，对此，本文提出了基于"BIM＋区块链"的建设项目全流程分布式成本管控的方法，并构建出了管控流程的框架。

二、BIM 在建设项目应用中存在的问题

本文针对 BIM 在建设项目中的实际应用进行了分析，总结出 BIM 在工程建设项目中存在的问题。

（一）项目建设周期长

Hobday 在 1998 年将建筑项目定义为"可以是由一个单位、多个单位或临时的项目组织为高度定

制的、工程密集型的项目提供生产建设";Tribelsky 等人在 2011 年收集了 14 个建设项目各团队成员之间的数据交流信息,共有 70048 个事项,其中 90% 是交换图纸和计划 8% 是技术规范,剩下的 2% 包括会议总结、客户备忘录和预算指标。无论是项目中同团队成员之间产生的数据交流或是不同团队间产生的沟通信息,都表明在项目建设过程中有庞大的信息数据交换。

BIM 的使用,使得建筑信息呈现出三维模型的数字化形式。由工程师首先创建项目体系结构模型,然后设计、建设、采购等单位将其作为项目建设的基础。随后,各方举行会议协调模型并评估项目可行性。但是,各单位属于不同公司,在数据交换和信息沟通并没有统一的标准,彼此之间的合作,往往取决于合同关系以及自身经验,导致各单位间沟通不畅,难以精准地进行成本控制。

综上所述,BIM 在实际过程中存在涉及参与方众多、数据量大和信息交流困难等问题。

(二)参与者之间协调困难

在项目建设过程中,不仅要确保建设工期符合合同要求,同时需要保证项目质量符合安全标准。在项目工期和项目质量之间,若项目工期不足,则导致项目质量下降;在质量和成本之间,如出现质量问题,则需要增加资金来补救。而工期、质量之间的协调需要建设、监理、施工等单位相互配合。由于建设项目具有参与者的多面性与广布性的特点,参与者之间难以避免因分歧发生纠纷,对各单位间协调以及相互间的沟通增加了一定的阻力。项目信息的共享是保证 BIM 能够应用于建筑全生命周期的信息管理的关键,缺乏集成管理将导致"信息孤岛"的出现,最终导致 BIM 在应用于项目不同阶段时出现分裂的情况。

(三)易产生合约纠纷

建筑项目是由数百个事项、参与者、产品和材料组成的网络。资金交易和数据交换经常随着项目的开展而进行。在施工过程中会产生大量诉讼,其中合同纠纷占据主要部分。虽然合同或协议中概述了支付条款和数据机密性等事项,但存在争议的情况仍有发生。

建设单位从自身管理角度出发招标多个分包商,但分包商会因为自身利益导致出现隐瞒工程总量等违反合同的情况,例如重庆商业街和农贸综合市场项目隆宽公司与中兴公司约定严格按照施工图纸建造,但在实际施工过程中,发现实际工程量远大于图纸工程量,导致中兴公司垫付大量资金,虽然在法律的帮助下追回垫付资金,但是因起诉也产生了额外的成本费用。综上,对于项目中存在纠纷以及追责困难且成本高的问题,现阶段 BIM 仍无法有效解决。

三、区块链的技术优势

区块链技术被认为是第四次工业革命中最具创新性的技术,其具有去中心化、不可篡改、透明、安全等特点。其分布式账本、点对点链条式信息传输和智能合约等技术优势有助于实现全流程分布式的成本管控。

(一)分布式账本

分布式账本技术(Distributed Ledger Technology,简称 DLT)是一个分散的,由多个参与者共同维护的数据库。该技术把一个单一数据库拓展出多个相同的副本,并通过共识机制保证参与方在使用时做到同步更新数据。分布式账本较传统记账方式存在本质上的区别。传统记账方式需要参与者相互信任并共同维护数据的真实性与完整性,而分布式账本并不需要各参与方彼此相互信任,而是在账本共享之前对其进行验证,账本的更新并不依赖于某一管理机构,而是通过公示机制保证程序的执行。

将分布式账本与 BIM 技术相结合可以建立一个快速、安全的信息处理平台,该平台的数据添加、修改和验证的过程完全是分布式的,该特质消除了对第三方机构的依赖,降低各方在数据交换时的风险以及成本。

(二)点对点链条式信息传输

区块链信息传输是一个点对点系统,它由事项、加密方式和节点组成,当节点发布一个事项时,会产生一个数据包（数据包由区块头以及区块主体组成如图1所示），区块头储存相关数据的验证信息，区块主体用于存储数据资料，由于包含前一数据包的验证信息，使系统可以检测数据是否被修改，确保数据的真实与完整。同时区块链技术将确保每个节点对信息的接收都有着相同的权限。这解决了协同工作中某一节点故障或关闭导致数据丢失的问题。区块链的点对点链条式传输将数据块与数据验证有效结合，使得项目建设效率较以往有大幅提高。

图1 点对点链条式信息传输流程图

（三）智能合约

智能合约被描述为"执行协议条款的自动化程序"，由于协议的运行是基于if/then原则的，因此可以将合同条款进行代码化，依托于程序并自动执行，而无需第三方机构进行仲裁。

在建设项目开始时，每一项交易都将与智能合约相关联，例如建设单位施工结束，监理单位对项目施工进行检查，并提交项目检查报告。若符合质量要求，那么资金将自动释放，支付给施工单位。智能合约有利于简化项目的交付及付款步骤，将管理成本降到最低，达到节省资金的目的。

四、基于"BIM＋区块链"的全流程分布式成本管控设计

将区块链技术与BIM技术结合进行成本管控系统的首先任务是梳理整合建设项目不同主体（横向）在全部流程（纵向）中的相关业务，因此需要将建设项目分为设计立项、施工以及竣工决算三个阶段，结合区块链的技术优势对BIM在成本管控中存在的问题提出解决方案。

（一）设计立项阶段

在设计立项阶段，设计师通常根据自身擅长的领域负责不同的项目设计工作，BIM通过给每个项目建立数据模型导入软件进行项目的模拟碰撞预演，再由建设单位进行工程量计算。但在实际过程中，设计单位需根据业主需求多次更改设计方案，导致各单位间需要重复计算工作量，由于各单位隶属于不同公司，会出现沟通不及时等问题，导致成本预测不及时且不准确，对成本管控产生一定阻碍。

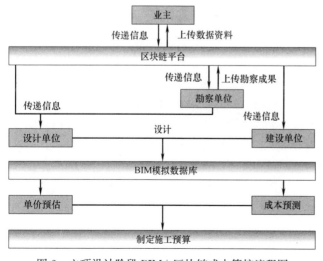

图2 立项设计阶段BIM＋区块链成本管控流程图

区块链平台中各单位间数据传递如图2所示，首先，业主上传项目相关需求及对应资料，设计单位依据勘察单位提供的地形、水文数据结合项目需求进行初步设计并上传至BIM模拟数据库进行项目预演并完成设计图纸；建设单位根据设计单位提供的图纸，基于区块链＋BIM平台更准确地进行成本预算，减少错误估计建设成本的可能，为成本管控打下良好的基础。

（二）施工阶段

区块链技术本质是一种创造信任的分布式账本数据库，具有不可伪造、全程留痕、可以追溯、公开透明、集体维护等特征。基于以上

特征，区块链技术具有坚实的信任基础，在无需第三方监管机构的情况下，结合 BIM 数据库，对项目建设中的资金申请、审批、归集与划转都可以通过区块链资金管理平台得以实现。且分布式账本其公开透明的技术特点可规范各单位的行为，实现扁平化管理，减少灰色成本的产生。同时区块链具有时间戳机制，对项目建设中上传的各项数据资料（如合同、协议书、图纸会审记录等），上传时间、上传身份以及修改历史都会清晰记录在案，且不可修改，有利于减少各部门间的推诿，达到降低管理成本的目的。

BIM 与区块链技术的结合应用如图 3 所示，单向哈希算法存在于分布式账本技术中，其使新出现的数据块可以严格按照时间顺序记录且不能篡改，保证数据的真实性；智能合约来管理和跟踪施工阶段合约执行与修改情况，减少合同纠纷的产生；点对点数据传输技术使得工程进展情况在各单位间实时传递；分布式账本，便于各单位的账务数据实时更新并进行自动化验证。最终，各单位的交易信息在资金管理平台上呈现，便于使用者查看项目施工阶段的成本信息，实现将成本管控由对人的信赖转移到机器上，以便于成本管理。

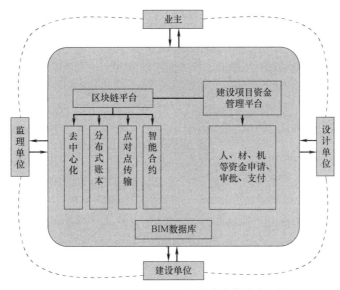

图 3　施工阶段 BIM＋区块链成本管控流程图

（三）竣工决算阶段

在项目结算时，区块链＋BIM 平台基于区块链技术的可追溯性如图 4 所示，可快速追踪建设过程中机物料与资金使用等情况，从而减少决算中发生错误的可能性以保证工程决算准确、快速，便于业主及时了解相关项目的盈亏。同时帮助结算人员检查竣工质量是否与招标文件一致，建设工程施工合同条款的执行及价款的调整情况。监理单位通过点对点数据传输技术对项目质量进行检查，如出现质量问题，监理单位可上传平台告知业主第一时间找到相关责任方进行整改，有利于成本管控。

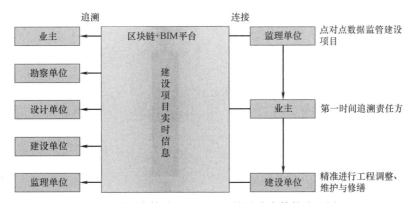

图 4　竣工决算阶段 BIM＋区块链成本管控流程图

五、结语

通过分析 BIM 在建设项目全过程成本管控中存在的局限性及区块链所具有的技术优势，本文将二者结合，提出了出基于"BIM＋区块链"的建设项目全流程分布式成本管控流程，在立项设计阶段，通过区块链数据平台在各单位之间进行数据共享，构建模型数据库进行项目预演；在施工阶段，区块链技术通过其可追溯性以及不可更改的特质，建立了明确的责任体系，运用其电子签名和时间戳机制，对数据真实性提供保障，为建设项目图纸等机密数据交换提供了安全的平台；在竣工决算阶段，利用区块链技术的可追溯性，提高了项目结算的真实性和准确性。将 BIM 与区块链二者结合成本管控方法为建设项目成本管控提供了新的解决方案。

参 考 文 献

[1] 王领. BIM 技术在工程项目施工成本控制的应用 [J]. 建筑经济，2020（12）：69-73.

[2] 李眹静，李颖，钱亮亮，等. 区块链技术在成本管理中的创新与应用 [J]. 当代会计，2020（14）：21-22.

[3] 梅松，蒋丹，楼皓光，等. 区块链技术在建筑工程领域的应用研究 [J]. 建筑经济，2019，40（11）：5-8.

[4] Mike Hobday. Product complexity, innovation and industrial organisation [J]. Research Policy, 1998, 26,（6）.

[5] Tribelsky E, Sacks R. An Empirical Study of Information Flows in Multidisciplinary Civil Engineering Design Teams using Lean Measures [J]. Architectural Engineering & Design Management, 2011, 7,（2）：85-101.

[6] 何蒲，于戈，张岩峰，鲍玉斌. 区块链技术与应用前瞻综述 [J]. 计算机科学，2017，44（4）：1-7，15.

[7] 沈蕾，陈戎，史东杰. 基于 BIM 技术的旧厂区改造项目成本控制研究 [J]. 建筑经济，2019，40（2）：65-68.

[8] 李明，徐鹏. 建设项目 BIM 技术应用驱动分析 [J]. 建筑经济，2020，41（6）：65-68.

[9] 赵姗，杨磊敏. 基于区块链的 BIM 建设新发展研究 [J]. 建筑经济，2020（S2）：36-40.

[10] 严小丽，吴颖萍. 基于区块链的 BIM 信息管理平台生态圈构建 [J]. 建筑科学，2021，37（2）：192-200.

[11] 高明华. 区块链技术下审计模式、审计冲突及审计质量提升 [J]. 财会月刊，2022（3）：95-100.

基金项目：

2021 年度辽宁省教育厅基本科研项目"'BIM＋区块链'技术背景下建设项目全过程成本管控创新模式研究"（LNMS202136）

"十三五"国家重点研发计划项目"基于 BIM 的预制装配建筑体系应用技术"（2016YFC0702000）

沈阳市重大关键核心技术攻关专项"基于 BIM 的装配式建筑设计与施工一体化集成应用关键技术攻关"（20-202-4-39）

基于物元可拓的装配式建筑施工风险评价研究

沈阳建筑大学管理学院

常春光　董慧

摘　要：建筑业的持续健康发展关乎国民经济稳定，但在实际施工过程中安全事故时有发生，故针对实际施工中出现的常见风险因素进行规避显得格外重要。对装配式建筑施工风险评价指标基于CRITIC 客观赋权，并通过物元可拓建立评价模型，根据确定的风险评价等级针对项目进行风险等级评价，提出针对性改进措施，对装配式建筑施工安全管理具有借鉴意义。

关键词：CRITIC 法；物元可拓；施工风险；风险评价

一、引言

建筑业作为我国经济发展的支柱产业，近 10 年的贡献率持续稳健增长。与此同时，《"十四五"建筑业发展规划》中也对建筑业发展提出更高要求，提出要推动建筑业高质量发展，加快转型升级，到 2035 年实现建筑工业化。《规划》中着重提到要大力发展装配式建筑，对设计生产体系、建筑结构体系都作出了新要求。要实现建筑业高质量发展须关注项目安全风险因素，对其进行评价改进，以期减少安全事故发生。

国内外学者对装配式建筑施工风险评价方面的研究较多。郭震等构件了由 18 个安全风险构成的指标体系，用层次分析法进行主观赋权，再以优劣解距离法进行项目安全评价，判断项目安全等级为良好。张杰辉等通过研究相关文献，从四个方面构建起由 27 个风险因素组成的指标体系，并以 G1 法主观赋权，CRITIC 法客观赋权进行组合赋权，利用 FCE 法评价项目安全程度。范成伟等选用 14 个指标，选用改进层析分析法和改进 CRITIC 法进行主、客观赋权，并以博弈论客观组合赋权。在考虑安全因素的随机性和模糊性基础上引入后悔理论进行项目安全评价。王迪等通过现场调研确定指标体系，用 C-OWA 算子赋权，再以模糊集和改进 DS 证据理论进行指标耦合构建评价模型。评价结果符合预期。武晨阳等从五个方面进行指标分类，以灰色关联度获取指标权重，并在多级模糊综合评价法基础上建立评价模型以评价项目安全等级。李强年等通过阅读文献结合相关规范标准从五个方面分类建立指标体系，通过熵值修正 BWM 计算组合权重以建立加权矩阵，以 TOPSIS 进行项目安全评价。

上述学者虽然在装配式建筑施工安全风险评价方面作出研究，但大多未考虑指标间相关性，故本文从五个方面建立评价指标体系，在考虑指标差异性基础上采用 CRITIC 法客观赋权，再以物元法建立评价模型，结合具体装配式建筑项目进行安全评价，以验证评价模型的有效性。

二、构建安全风险评价指标体系

通过查阅相关文献进行评价指标预选，从人、物、技术、管理、环境五个方面选取 23 个评价指标。并结合调查问卷进行评价指标筛选，共发放 180 份调查问卷，回收 151 份，回收率达到 83%。问卷包括两部分：个人信息部分和问卷正文部分。正文部分包括 23 个评价指标的打分，分值为 1～5分，分值越大表示答卷者认为该项指标越重要。答卷者个人信息统计如图 1～图 4 所示。

依据客观可比性和系统全面性原则进行分类，得到评价指标体系，如表 1 所示。

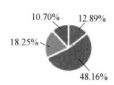

图 1　答卷者学历统计

■硕士及以上学历12.89%　■本科学历48.16%
■专科及以下学历18.25%　■高中及以下学历10.70%

图 2　答卷者工作单位统计

■施工单位25.40%　　■建设单位33.23%
■设计单位18.75%　　■咨询单位13.91%
■构件生产单位8.71%

图 3　答卷者相关工作年限统计

■不足1年34.56%　■2～4年34.87%
■5～10年22.34%　■超过10年8.23%

图 4　答卷者参与项目个数统计

■0～1个项目20.47%　■2～10个项目66.94%
■10个以上项目12.59%

装配式建筑施工安全风险评价指标体系　　　表 1

	一级指标	二级指标
装配式建筑施工安全风险评价指标	人的因素 X_1	人员操作失误 X_{11}
		高强度疲劳作业 X_{12}
		安全意识不足 X_{13}
	物的因素 X_2	材料使用不合理 X_{21}
		机械设备故障 X_{22}
		运行维修不到位 X_{23}
	技术因素 X_3	吊装定点不正确 X_{31}
		构件拼装技术 X_{32}
		技术方案有缺陷 X_{33}
	管理因素 X_4	安全教育培训不足 X_{41}
		缺少统一管理标准 X_{42}
		安全生产检查 X_{43}
	环境因素 X_5	自然环境 X_{51}
		施工环境 X_{52}
		外界经济环境 X_{53}

三、构建物元可拓评价模型

(一) 基于 CRITIC 法赋权

赋权法可分为主、客观赋权法，主观赋权法更能体现人的主观认知，客观赋权更能体现理论客观性。为使评价结果更客观，选用 CRITIC 客观赋权法进行赋权。CRITIC 法是综合考量指标对比强度和冲突性的客观权重，并非绝对地认为数字越大其重要性就越强，而是完全基于数据本身自有的客观性进行的评价过程。

在 CRITIC 法中，某一指标 A 在不同评价方案中取值存在差距，用指标的对比强度（标准差）表示这些差距的大小，用以显示指标权重大小。指标的冲突性（相关系数）表示若计算所得相关系数为较大正数，则越不冲突，指标权重越小。具体步骤如下：

1. 数据归一化处理

为了便于数据处理分析，将风险指标进行正向化或逆向化处理：

$$X'_{ij} = \frac{X_j - X_{\min}}{X_{\max} - X_{\min}}$$

（1）

$$X'_{ij} = \frac{X_{\max} - X_j}{X_{\max} - X_{\min}} \tag{2}$$

2. 计算指标变异性

$$\begin{cases} \overline{X_j} = \dfrac{1}{n}\sum_{i=1}^{n} X_{ij} \\ S_j = \sqrt{\dfrac{\sum_{i=1}^{n}(X_{ij} - X_j)^2}{n-1}} \end{cases} \tag{3}$$

其中，S_j 表示第 j 个指标的标准差。

3. 计算指标冲突性

$$R_j = \sum_{i=1}^{p}(1 - r_{ij}) \tag{4}$$

其中，r_{ij} 表示第 i，j 个指标之间的相关系数。

4. 计算指标信息量

$$C_j = S_j \sum_{i=1}^{p}(1 - r_{ij}) = S_j \times R_j \tag{5}$$

其中，C_j 越大表示第 j 个评价指标包含的信息量越大，权重越大。

5. 计算指标客观权重

$$W_j = C_j / \sum_{j=1}^{p} C_j \tag{6}$$

其中，W_j 是计算所得指标 j 的客观权重值。

（二）基于物元可拓构建评价模型

物元能表述事物矛盾性。N 表述事物本身，C 表示该事物的特征，V 表示该事物自身特征所对应的特征值。$R(N,C,V)$ 为物元三元组，即能同时表示事物、特征、特征值三个方面，在进行量化的同时也考虑了定性概念。物元 N 表示装配式建筑施工项目，C 表示风险指标体系，V 表示进行特征量化后的特征值。

物元可拓是基于对许多已知决策的比较和最佳选择，根据每个层次和阶段的问题的冲突要求，打破传统的创造性决策技术的使用，从主系统中获得最大的满意度，并将相互矛盾关系转化和谐，实现最佳系统决策，是兼具同时解决系统中主要和次要矛盾的有力手段。主要步骤如下：

1. 确定风险等级域

评价指标集合是事物（装配式建筑施工风险）的特征指标。根据施工风险的特点，将风险等级域划分为 j 个等级。设 R 为装配式建筑施工，C 为待评估指标集合，则 $C = \{C_1, C_2, C_3, \cdots, C_n\}$，评价指标数量为 n；N 为施工风险等级域，$N = \{N_1, N_2, N_3, \cdots, N_j\}$，风险等级数为 j。

2. 建立物元矩阵

用 N、C、V 三个基本单元来表示，即物元矩阵 $R = (N, C, V)$。若评价对象 R 有 n 个特征（c_1，c_2，$\cdots$，c_n），对应的量化特征值为（v_1，v_2，$\cdots$，v_n），其数学表达式为：

$$R = \begin{bmatrix} R_1 \\ R_2 \\ \vdots \\ R_n \end{bmatrix} = \begin{bmatrix} N & c_1 & v_1 \\ & c_2 & v_2 \\ & \vdots & \vdots \\ & c_n & v_n \end{bmatrix} \tag{7}$$

3. 确定经典域和节域

将风险等级分为 j 个，经典域物元矩阵可表示为：

$$R_j = (N_j, C_j, V_{ji}) = \begin{bmatrix} N_j & c_1 & (a_{j1}, b_{j1}) \\ & c_1 & (a_{j2}, b_{j2}) \\ & \vdots & \vdots \\ & c_n & (a_{jn}, b_{jn}) \end{bmatrix} \tag{8}$$

其中，C_i 表示第 i 个评价指标（$i = 1, 2, \cdots, n$）；V_{ji} 为待评价物元在第 j 个评价等级下的取值范围。

节域 R_p 根据指标取值范围确定，表示为：

$$R_p = (N_p, C_i, V_{pi}) = \begin{bmatrix} N_p & c_1 & (a_{p1}, b_{p1}) \\ & c_2 & (a_{p2}, b_{p2}) \\ & \vdots & \vdots \\ & c_n & (a_{pn}, b_{pn}) \end{bmatrix} \tag{9}$$

其中，a_{pi} 和 b_{pi} 分别表示第 p 个评价指标在节域内取值范围的下限和上限。

4. 确定待评价物元并计算指标关联度

以物元来表示影响施工风险等级因素的参数，则待评价物元表示为：

$$R_0 = \begin{bmatrix} P_0 & c_1 & v_1 \\ & c_2 & v_2 \\ & \vdots & \vdots \\ & c_n & v_n \end{bmatrix} \tag{10}$$

其中，R_0 表示为待评价物元，P_0 表示风险评价等级；v_i 表示为第 P 个待评价风险等级的第 i 个评级指标 C_i 的量化值。

指标关联度是指各个事物之间关联性的大小，其量值可以用"距离远近"的概念来表示，以数学表达式表示关联函数，把相容性差的问题进行定量化处理。设区间起始点分别为 a、b，区间范围用 X_0 表示为 $X_0 = |b - a|$，其中任一点 x 到 X_0 的距离为：

$$D = (x - X_0) = \left| x - \frac{1}{2}(a + b) \right| - \frac{1}{2}(b - a) \tag{11}$$

建立指标与风险等级的关联函数，即：

$$K_j(X_j) = \begin{cases} \dfrac{-D(X_i, X_{ji})}{|X_{ji}|}, & X_i \in X_{ji} \\ \dfrac{D(X_i, X_{ji})}{D(X_i, X_{pi}) - D(X_i, X_{ji})}, & X_i \notin X_{ji} \end{cases} \tag{12}$$

其中：

$$\begin{cases} D(X_i, X_{ji}) = \left| X_i - \dfrac{a_{ji} + b_{ji}}{2} \right| - \dfrac{b_{ji} - a_{ji}}{2} \\ D(X_i, X_{pi}) = \left| X_i - \dfrac{a_{pi} + b_{pi}}{2} \right| - \dfrac{b_{pi} - a_{pi}}{2} \\ X_{ji} = |a_{ji} - b_{ji}| \end{cases} \tag{13}$$

5. 确定风险评价等级

$K_j(X_j)$ 表示第 i 个指标关于第 j 个评价等级的关联度，则待评价物元关于风险等级的综合关联度为：

$$K_j(P_i) = \sum_{i=1}^{n} w_i K_j(X_i) \tag{14}$$

其中，w_i 表示第 i 项风险指标权重，$K_j(X_i)$ 表示待评物元 R_0 第 i 个指标与风险等级 j 的关联度。

将各层风险的关联度进行整合，得到项目整体的风险等级 N_i，表达式为：

$$C(N_i) = \sum_{i=1}^{n} w_I K_j(P_i) \tag{15}$$

其中，w_I 表示各一级指标权重。

四、案例分析

（一）项目概况

项目为辽宁省内某装配式住宅小区，项目于 2021 年初开工，建筑时长 18 个月。项目拟建 6 栋住宅楼，其中 2 号楼和 4 号楼 2 栋住宅楼采用装配式方式建造。结构为钢筋混凝土框架结构，所用装配式构配件主要有外墙板、楼梯、预制梁、预制柱等。

项目建筑面积 6.9 万 m^2。小区绿地率 39%，容积率 1.9，设防烈度为 7 度。附近医疗、教育、休闲娱乐设施齐全，便于居民生产生活活动。

（二）基于 CRITIC 法赋权

通过式（1）~式（6）计算，得到评价指标体系的客观赋权值，如表 2 所示。

施工安全风险评价指标客观赋权值　　　　　　　　　　　　　　　　　　　　　　表 2

目标层	准则层	指标层	客观赋权值
装配式建筑施工安全风险评价指标预选	人的因素 X_1	人员操作失误 X_{11}	0.079
		高强度疲劳作业 X_{12}	0.071
		安全意识不足 X_{13}	0.089
	物的因素 X_2	材料使用不合理 X_{21}	0.067
		机械设备故障 X_{22}	0.046
		运行维修不到位 X_{23}	0.029
	技术因素 X_3	吊装定点不正确 X_{31}	0.06
		构件拼装技术 X_{32}	0.079
		技术方案有缺陷 X_{33}	0.149
	管理因素 X_4	安全教育培训不足 X_{41}	0.048
		缺少统一管理标准 X_{42}	0.043
		安全生产检查 X_{43}	0.068
	环境因素 X_5	自然环境 X_{51}	0.077
		施工环境 X_{52}	0.056
		外界经济环境 X_{53}	0.039

（三）基于物元可拓构建评价模型

在风险因素等级划分时，查阅物元风险评价的相关文献并结合相关人员的调查研究，将风险按程度划为五级，其中规定一级风险最低，五级风险最高。分值范围为 0~5，分值越高则风险越高，如表 3 所示。

风险等级表　　　　　　　　　　　　　　　　　　　　　　　　　　　　表 3

风险等级	风险程度	具体说明
一级	低	存在的安全隐患很少
二级	较低	存在一定的安全隐患
三级	中等	存在部分安全隐患
四级	较高	存在较多的安全隐患
五级	高	存在大量的安全隐患

设备风险指标节域为［0，5］；经典域为各风险等级所在分值的区间，将节域区间［0，5］进行均等划分，得到各风险等级取值范围即经典域。向该项目的 15 位项目施工相关人员发放调查问卷得到打分表。为尽量使结果客观，对调查问卷原始数据进行取平均值操作。在计算综合关联度时结合计算的指标权重，如表 4 所示。

一级指标风险等级关联度汇总表 表 4

	一级风险	二级风险	三级风险	四级风险	五级风险	风险等级
人的因素 X_1	−0.042	−0.063	−0.517	−0.667	−0.754	一级
物的因素 X_2	−0.262	0.063	−0.205	−0.471	−0.604	二级
技术因素 X_3	−0.258	0.052	−0.202	−0.468	−0.601	二级
管理因素 X_4	−0.342	−0.055	0.009	−0.302	−0.477	三级
环境因素 X_5	−0.223	0.071	−0.271	−0.514	−0.635	二级

计算出一级指标权重 $W=(0.1611，0.2282，0.1913，0.2751，0.1443)^T$。计算出各风险等级关联度，一级风险综合关联度为 −0.201，二级风险综合关联度为 0.011，三级风险综合关联度为 −0.241，四级风险综合关联度为 −0.443，五级风险综合关联度为 −0.557。根据计算结果得知，该项目的综合风险等级为二级风险，即风险较低，项目建设过程中可能存在一定的安全隐患，需要加以完善优化。

五、结语

风险等级最高的一级指标为管理因素。安全教育培训不足、缺少统一管理标准、安全生产检查都需要从不同程度进行优化。强化安全意识，定期组织安全教育，项目部合理制定施工现场管理制度，从防护用具佩戴、设备操作安全等方面组织安全生产大检查。再是物的因素风险，材料使用不合理、机械设备故障、运行维修不到位等问题也需注意。注意不同材料及机械用具使用方法，难掌握的内容可进行统一培训；对大型机械设备定期检查，建立检查机制，将检修记录存档；对于易忽视的故障点给予提示，遇到维修难点可请教专业检修人员或相关生产单位。再是技术、人、环境因素也都需要加以重视，有针对性地进行不同程度的风险优化。

国家和行业对装配式建筑发展提出新的要求，虽然对施工风险影响因素进行挖掘，但仍存在不够全面的问题，需要结合数据挖掘方法进一步深入挖掘分析。另外在研究方法方面，还可与粗糙集、系统动力学等理论结合进行更深层次的研究。

参 考 文 献

[1] 郭震，张志喜. 基于 AHP-TOPSIS 的装配式建筑施工安全风险评价［J］. 重庆建筑，2022，21（11）：67-70.

[2] 张杰辉，魏炜，陈珂，等. 基于 G1-CRITIC-FCE 的装配式建筑吊装作业施工安全风险评价［J］. 海峡科学，2022（9）：58-66.

[3] 范成伟，明杏芬，付小红，等. 基于博弈论—后悔理论的装配式建筑施工安全风险评估模型研究［J］. 安全与环境学报，2022，22（3）：1132-1139.

[4] 王迪，申建红，贾格淋，等. 基于模糊集与 DS 证据理论的装配式建筑施工安全风险评价［J］. 黑龙江工程学院学报，2022，36（1）：36-43.

[5] 武晨阳，常春光. 基于灰色模糊综合法的装配式建筑施工安全风险评价［J］. 建设监理，2021（10）：54-57.

[6] 张杰辉，魏炜，陈珂，等. 基于 G1-CRITIC-FCE 的装配式建筑吊装作业施工安全风险评价［J］. 海峡科学，2022（9）：58-66.

[7] 肖承波，吴体，淡浩，等. 装配式混凝土建筑构件质量控制现状分析研究［J］. 建筑科学，2020，36（7）：123-129.

基于AHP—熵权法的装配式建筑施工安全风险研究

沈阳建筑大学管理学院

杜　冰　刘雪莉

摘　要：为准确分析装配式建筑施工过程中所存在的安全风险，本文在相关文献的基础上构建装配式建筑施工安全风险评价体系，以某市新北花园（一期）装配式项目为例，利用AHP和熵权法，将主客观赋权相结合以此确定指标权重，对装配式建筑施工安全风险进行综合分析，为装配式建筑施工安全风险研究工作提供参考。

关键词：装配式建筑；施工安全风险；AHP；熵权法

一、引言

装配式建筑指建筑所需构件在工厂预制完成后，将其运输到施工现场组装而成的建筑，其目的是提高施工质量与安全，减少施工时间，最大程度上减少资源浪费和提高能源利用效率。随着我国建筑技术的专业化、规范化，以及对自然资源和环境保护的重视，装配式建筑因其自身安全、环保、节能等特点备受建筑行业的青睐。相比传统建筑施工方式而言，装配式建筑的工作地点更为稳定，避免因恶劣天气在室外或高空作业出现风险，并且在施工现场所花费的时间和劳动力更少。因此对装配式建筑的安全风险进行研究和评价，有利于提高建筑行业的安全性以及该行业的生产率，推动我国建筑行业转型发展。

目前，国内一些专家学者对装配式建筑的安全风险进行研究，并取得一定成果。丁彦，田元福将层次分析法和ABC分类法相结合，对项目存在的风险因素进行分类排序，得出不同级别的风险因素，从而针对性地制定措施。常春光，吴溪提出将G1法与WBS-RBS法相结合，对装配式建筑施工安全进行风险识别和等级划分，以便有效抓住施工过程中存在的薄弱环节和重点环节。李文龙等通过实地调研和查阅文献，构建了基于熵权—未确知测度的理论模型并应用于工程项目。李皓燃等通过问卷调查和结构方程模型的使用得到装配式建筑施工过程中的关键风险因素及各阶段风险因素的关联性。上述学者虽然通过不同方法对装配式建筑施工安全风险进行研究和评估，但由于其施工各阶段存在许多影响安全风险的不确定因素，对安全风险的评估与管理仍有不足之处，因此解决装配式建筑行业所存在的安全问题，以及为该行业创造更安全的工作条件尤为重要。本文采AHP—熵权法综合赋权法对影响装配式建筑安全风险的指标进行计算，得出其综合权重，结果具有一定可行性和科学性，能够为装配式建筑施工安全建设提供一些参考。

二、装配式建筑安全风险评价体系

（一）人为因素风险

影响装配式建筑施工安全事故发生的因素有很多，尤其是施工人员方面。如果施工人员本身所具有的综合素质和技术能力不足，在施工过程中就有可能出现较多的错误和偏差。除此之外，当施工人员生理及心理健康出现状况时，处在高负荷作业下更容易发生安全事故。

（二）设备及物料因素风险

装配式建筑的施工过程中离不开机械设备和相关材料的使用，包括构件生产设备、起重机械设备、安全防护设施以及相关建筑材料等。当建筑所需设备未定期检查，施工人员未佩戴专业安全防护用品，或在使用物料前未进行质量和安全检查工作等，都有可能引发安全事故。

(三) 环境因素风险

在装配式建筑施工各环节中，项目所在地理位置及自然条件等复杂的环境因素会给施工安全性带来影响。比如施工现场环境、自然环境以及周边环境影响，包括施工现场材料堆放、现场卫生条件、废水废气污染、恶劣天气以及周边建筑情况等。

(四) 管理因素风险

装配式建筑施工安全管理过程中应遵循国家和地方相关法律法规以及要求规范等严格执行，应避免出现相关人员缺乏施工安全教育及培训的状况，并提前做好预防措施计划及应急预案，最大程度减少安全风险事故发生。

以装配式建筑施工安全风险评价研究为基础，结合其施工特点分析装配式建筑的典型项目，得出装配式建筑安全风险影响因素评价指标（如表1）：

装配式建筑施工安全风险影响因素评价指标 表1

一级指标	二级指标	一级指标	二级指标
人为因素 B1	作业人员专业水平 B11	设备及物料因素 B2	临时支撑等安全防护措施 B24
	作业人员安全意识 B12	环境因素 B3	施工现场环境 B31
	操作人员技术水平 B13		自然环境 B32
	相关人员安全教育培训 B14		施工外围环境 B33
设备及物料因素 B2	设备的选择与安拆 B21	管理因素 B4	安全生产责任分配 B41
	设备定期检验与维护 B22		安全规章制度实施情况 B42
	构件生产、运输及存放 B23		事故预防措施及应急预案 B43

三、AHP-熵权法组合赋权法概述

层次分析法将决策中涉及的因素分解为目标、准则和方案三个层次，并在此基础上进行定性和定量分析。虽然该方法较为简单且实用性强，但由于其在分析时会受到主观因素影响，使得计算结果不够客观。而熵权法是一种更为客观的赋权方法，它通过每个指标的熵值中获得的信息量来确定指标权重，一定程度上避免人为因素干扰，并且能够通过指标反映出原始信息。因此将 AHP 与熵权法相结合有利于得到主、客观兼顾的指标权重，使得评价结果更加合理、准确。

(一) 层次分析法

1. 构造判断矩阵 A

判断矩阵具有性质：$a_{ij}=\dfrac{1}{a_{ji}}$。a_{ij} 代表判断矩阵 A 的第 i 行第 j 个元素。

$$A=(a_{ij})_{m\times n}=\begin{bmatrix} a_{11} & \cdots & a_{1n} \\ \vdots & \ddots & \vdots \\ a_{m1} & \cdots & a_{mn} \end{bmatrix} \tag{1}$$

2. 对判断矩阵按列归一化

$$\overline{A}=\frac{a_{ij}}{\sum\limits_{k=1}^{n}a_{kj}};i,j,k=1,2,\cdots,n \tag{2}$$

其中，A_{kj} 为判断矩阵第 k 列第 j 个元素，n 为矩阵阶数。

3. 确定指标权重

运用算术平均法，即和积法求指标权重。

$$w_i = \frac{1}{n} \sum_{i=1}^{n} \overline{A_{ij}}; i,j = 1,2,\cdots,n \tag{3}$$

其中，w_i 为判断矩阵第 i 行权重，其数值为特征向量，组成对应的权重矩阵。

4. 计算判断矩阵的最大特征值 λ_{max}

λ_{max} 值通常与矩阵阶数相近

$$\lambda_{max} \approx \frac{1}{n} \sum_{i=1}^{n} \frac{(Aw_i)_i}{w_i}; i = 1,2,\cdots,n \tag{4}$$

其中，$(Aw_i)_i$ 为矩阵 A 和其权重矩阵的乘积。

5. 一致性检验

一致性指标：

$$CI = \frac{\lambda_{max} - n}{n-1} \tag{5}$$

一致性检验系数：

$$CR = \frac{CI}{RI} = \frac{\lambda_{max} - n}{(n-1)RI} \tag{6}$$

其中，RI 为随机一致性指标，取值如表 2 所示。当 $CI=0$，代表有完全一致性；CI 接近 0，有满意的一致性；CI 的值越大，越不具备一致性。一般认为 $CR<0.1$ 时，一致性检验通过。

平均随机一致性指标 表 2

n	1	2	3	4	5	6	7	8
RI	0	0	0.52	0.89	1.12	1.26	1.36	1.41

（二）熵权法

熵权法是一种综合评价方法，可以用于多个对象和指标，得到的评价结果主要基于客观信息，几乎不受主观因素影响，很大程度上避免人为因素干扰。以准则层要素为例，基本步骤如下：

1. 数据归一化

各项指标计量单位并不统一，因此在计算综合权重前要进行归一化处理，即把指标的绝对值转化为相对值，并令 $X_{ij} = |X_{ij}|$。假设给定 k 个指标 X_1，X_2，$\cdots$，X_k，其中 $X_i = \{x_1,x_2,\cdots,x_n\}$。假设对各指标数据标准化后的值为 Y_1，Y_2，$\cdots$，Y_k，即

$$Y_{ij} = \frac{X_{ij} - \min(X_{ij})}{\max(X_{ij}) - \min(X_{ij})} \tag{7}$$

2. 计算准则层要素的信息熵 H_j

计算方式如下：

$$H_j = -\frac{1}{\ln n} \sum_{i=1}^{n} p_{ij} \ln p_{ij} \tag{8}$$

其中，p_{ij} 指矩阵第 i 行，第 j 列所对应的值。$p_{ij} = Y_{ij}/\sum_{i=1}^{n} Y_{ij}$，如果 $p_{ij}=0$，则定义 $\lim_{p_{ij} \to 0} p_{ij} \ln p_{ij} = 0$。

3. 确定指标权重

根据信息熵 H_j 的计算公式，计算出各个指标的信息熵为 H_1，H_2，$\cdots$，H_k。计算各个指标权重 E_j，如下：

$$E_j = \frac{(1-H_j)}{\sum_{i=1}^{n}(1-H_j)} \tag{9}$$

（三）AHP-熵权组合赋权法

利用 AHP-熵权法的优化综合权重公式得出最终权重。则综合权重 C_i 计算公式如下：

$$C_i = \frac{\alpha_i \beta_i}{\sum_{i=1}^{n} \alpha_i \beta_i} \tag{10}$$

其中，C_i 代表组合赋权所得到的综合权重；α_i 和 β_i 分别代表使用层次分析法和熵权法所得到的权重值。

四、实证分析

某市新北花园（一期）是该市首个装配式住宅项目，并被评为省级装配式建筑示范工程。该项目是新北村居民安置房项目，总建筑面积约为 12 万 m^2，项目 8 栋主体建筑的一到四层为传统框架结构，五层及以上为装配式混凝土结构。该项目预制装配率达 52%，发挥了一定的示范和引领作用，对推进该市乃至全省建筑高质量发展具有重要意义。

（一）指标权重确定

1. AHP 确定指标权重

以该项目为例，对影响装配式建筑施工安全风险因素进行科学评价。采用德尔菲法和专家打分法，邀请 8 名从事建筑领域的专家通过九级标度法，对装配式建筑施工安全风险的指标进行打分，根据打分结果构建相对应的判断矩阵（如表3）。

判断标度表 表3

标　度	含　义
1	表示两个因素相比,具有同样重要性
3	表示两个因素相比,一个因素比另一个因素稍微重要
5	表示两个因素相比,一个因素比另一个因素明显重要
7	表示两个因素相比,一个因素比另一个因素强烈重要
9	表示两个因素相比,一个因素比另一个因素极端重要
2,4,6,8	上述两相邻判断的中值
倒数	因素 i 与 j 比较的判断 a_{ij},则因素 j 与 i 比较的判断 $a_{ij}=1/a_{ij}$

根据判断矩阵并按照层次分析法步骤确定各级指标权重，得到表4如下：

层次分析法下装配式建筑安全风险各级指标权重 表4

目标层	一级指标	权重	二级指标	权重	综合权重
装配式建筑施工安全风险	人为因素	0.4661	作业人员专业水平	0.5192	0.2420
			作业人员安全意识	0.0810	0.0378
			操作人员技术水平	0.2596	0.1210
			相关人员安全培训	0.1402	0.0653
	设备及物料因素	0.2576	设备的选择与安拆	0.4891	0.1260
			设备定期检验与维护	0.0760	0.0196
			构件生产、运输及存放	0.1519	0.0391
			临时支撑等安全防护措施	0.2830	0.0729
	环境因素	0.0950	施工现场环境	0.6999	0.0592
			自然环境	0.1066	0.0130
			施工外围环境	0.1935	0.0228
	管理因素	0.1813	安全生产责任分配	0.2213	0.0401
			安全规章制度实施情况	0.6853	0.1242
			事故预防措施及应急预案	0.0934	0.0169

2. 熵权法确定指标权重

熵权法又名熵值法，利用数据中的信息量进行计算，能够得到较为客观的指标权重。通过熵值来判断指标的离散程度，信息的熵越大则该指标的离散程度越大，指标对综合评价的权重就越大。选取的指标大多数为定性指标，因此在专家打分法时采用五分制，即："1"是低风险；"2"是较低风险；"3"是中等风险；"4"是较高风险；"5"是高风险，所得数据通过 SPSS AU 及 SPSS PRO 工具计算得到各级指标的熵权值（如表5）。

（二）基于 AHP—熵权法综合赋权法综合权重结果

由于层次分析法与熵权法计算原理不同，所利用的数据特征不一致，因此将二者结合使得到的数据更加能反映实际情况，综合赋权时所用公式如式（10），根据公式计算得出结果绘制 AHP—熵权法综合权重表（如表6）。

熵权法下装配式建筑安全风险各级指标权重　　　　　　表5

目标层	一级指标	熵权值	二级指标	熵权值
装配式建筑施工安全风险	人为因素	0.3640	作业人员专业水平	0.2850
			作业人员安全意识	0.0839
			操作人员技术水平	0.1200
			相关人员安全培训	0.5112
	设备及物料因素	0.2754	设备的选择与安拆	0.2670
			设备定期检验与维护	0.4454
			构件生产、运输及存放	0.2057
			临时支撑等安全防护措施	0.0820
	环境因素	0.1576	施工现场环境	0.4900
			自然环境	0.2379
			施工外围环境	0.2721
	管理因素	0.2030	安全生产责任分配	0.1829
			安全规章制度实施情况	0.6343
			事故预防措施及应急预案	0.1829

AHP—熵权法综合权重表　　　　　　表6

目标层	一级指标	综合权重	二级指标	综合权重
装配式建筑施工安全风险	人为因素	0.5803	作业人员专业水平	0.2269
			作业人员安全意识	0.0104
			操作人员技术水平	0.0478
			相关人员安全培训	0.1099
	设备及物料因素	0.2426	设备的选择与安拆	0.1107
			设备定期检验与维护	0.0287
			构件生产、运输及存放	0.0265
			临时支撑等安全防护措施	0.0197
	环境因素	0.0512	施工现场环境	0.0954
			自然环境	0.0102
			施工外围环境	0.0204
	管理因素	0.1259	安全生产责任分配	0.0241
			安全规章制度实施情况	0.2592
			事故预防措施及应急预案	0.0102

（三）研究结果分析

由 AHP—熵权法综合权重表（如表6）可以观察到，人为因素对装配式建筑施工安全风险影响最大，其次是设备及物料因素、管理因素，最后是环境因素对装配式建筑施工安全风险影响最小。其中作业人员的专业水平、安全规章制度实施情况、设备的选择与安拆以及相关人员安全培训等指标为主要因素，对施工安全风险具有一定影响。

相对于传统施工而言，装配式建筑施工中所涉及的复杂组装工作主要在地面或工厂中进行，极大地减少了高空作业需求。尽管装配式建筑施工在安全方面具有潜在优势，但在某些情况下仍具有挑战和风险，比如施工前对相关从业人员的安全培训工作是否到位，当建筑工人自身安全意识淡薄时会导致现场施工事故频发；操作人员的专业知识能力和技术水平不达标容易在实际操作中造成安全事故；机械设备的选择、安装和拆卸与实际施工情况不匹配会埋下安全隐患；施工过程中相关人员未严格遵守或实施安全规章制度等行为，容易对其生命安全造成严重威胁。

五、结语

现阶段我国装配式建筑发展处于发展阶段，影响其施工安全风险因素较多，因此对施工过程中可能出现的风险因素进行全面科学的评估尤为重要。本文将层次分析法与熵权法相结合，从人为因素、设备及物料因素、环境因素、管理因素四个方面对装配式建筑施工安全风险进行分析，计算出影响安全风险各指标的综合权重，一定程度上避免了主观因素影响。本文的不足之处在于排除了部分指标中过小的数值，对整体数据的准确性有一定影响，因此还需要在今后实际应用中进行检验和完善。

参 考 文 献

［1］ 齐宝库，张阳. 装配式建筑发展瓶颈与对策研究［J］. 沈阳建筑大学学报（社会科学版），2015（2）：156-159.

［2］ 丁彦，田元福. 装配式建筑施工质量与安全风险评价研究［J］. 建筑经济，2019（9）：80-84.

［3］ 常春光，吴溪. 装配式建筑施工安全风险评价研究［J］. 建筑经济 2018，（8）：49-52.

［4］ 李文龙，李慧民，孟海，等. 基于熵权—未确知测度理论的装配式建筑施工安全风险评估［J］. 西安建筑科技大学学报（自然科学版），2019（3）：369-374.

［5］ 李皓燃，李启明，陆莹. 基于 SEM 的装配式建筑施工安全关键风险分析［J］. 中国安全科学学报，2019，29（4）：171-176.

［6］ 杨苏，田庆枫. 基于 AHP—熵权法的装配式建筑安全影响因素研究［J］. 宁波工程学院学报，2020，32（2）：27-34.

［7］ Fard M，Terouhid S，Kibert C，et al. Safety concerns related to modular/prefabricated building construction.［J］. International journal of injury control and safety promotion，2017，24（1）：10-23.

科技支撑的绿色建筑

孔昭财　薛　立

摘　要：数字经济时代，大数据和云算法成为新的资源和生产要素，并且接近零的边际成本。新一代建筑的生产过程，实体建造与虚拟建造相互融合，通过 BIM 等各类数字化和智能化技术的整体应用将各类生产要素通过各类终端进行连接和实时在线的比对，同步地对项目全过程加以优化，建造出符合现代建筑可持续发展的绿色建筑。

关键词：数字经济；新一代建筑；BIM 技术；智能；绿色建筑

一、前言

由于前期我国的建筑工业化水平相对较为落后，造成资源与能源一定程度的消耗。特别是建筑环境污染问题突出，长期以来存在建筑寿命短、建筑质量与安全诸多问题，缺乏工业化生产建造方式和体系是导致我国建筑业问题的根本原因。那么推进建筑产业现代化、大力提升我国建筑工业化集成化是我国建筑业未来发展的核心内容，每一次革命创新都是艰难、有阻力的，但它都是推动社会生产综合产量的重大力量，也是历史发展的必然选择，顺应时代，物竞天择。我国建筑业革新的脚步从未停止过，从现场搅拌砂浆、"满面尘灰"的传统作坊式 1.0 时代，发展到"像造汽车一样造房子"的模块化建筑工业化 2.0 时代，现在向数字建造 3.0 时代昂首迈进。以技术创新引领传统建筑产业的转型升级，一批重大建筑技术壁垒实现了突破，很多施工技术达到了世界领先水平，我国建筑水平也稳步向着高精尖发展，建筑业数字化、网络化、智能化要取得突破性进展。而我们所讲的现代建筑无外乎是指借助现代已经发展成型的高等级建筑材料，以及现代先进科技施工技术在保证基本使用要求的大的前提下，更加注重从节能、环保、绿色等这些因素进行创新设计与开发。

二、现代建筑发展趋势

引领建筑产业现代化主要集中在三大方面：

1. 绿色建筑的大力推广。积极推进技术的迭代更新，不断完善标准体系，采用对环境有益的材料及相应的技术，节能、绿色、低碳向科技集密、效率集约型转变，使得中国绿色建筑保持迅猛发展，也取得了积极成就。

2. 突出工艺技术革新。要以实现建设过程资源消耗低、环境污染小、经济效益好为目标，结合国家级工法和十项新技术，加快施工工艺技术革新；要积极应用 BIM 技术，在项目的设计初期规划建模，优化各种方案，利用对建设目标所处的背景环境与各种因素的逻辑关系，采取最为直观的表达方式，论证各个方面综合效果。提高项目施工的精细化管理水平，解决施工中的碰撞实验难题，多专业协同作业，进行更进一步的深化设计，降低施工成本，应用 BIM 技术辅助决策，提高决策水平，防止决策失败造成的无法挽回的损失，例如当年郑州的马桶式建筑和沈阳类似棺材的建筑。在造价中 BIM 同样起着不可替代的作用，检验设计差错和碰撞，避免变更索赔。应用 BIM 数据进行方案技术经济分析、比选。通过各专业 BIM 建模及组合，发现设计差错与碰撞，消除因此导致的变更和索赔，精准计量，形成工程量清单、物料消耗统计、施工成本动态管理跟踪；施工前，根据进度计划制定成本与资金投入计划；施工中，实时统计，偏差分析，采取措施及时纠正。BIM 在建筑领域不仅会作为一种新的实用技术或者新的管理造价计算模式，它更应该成为一种思维模式，从根本问题上发生着改变。要针对装配化建造的特点，实现传统机械设备和工具的不断改良、升级，强化手工操作和机械操作的集成优化。

3. 突出专业技能培训，尽快建立专业化管理、专业化培训的长效机制，特别是要加强现场预制构件装配、施工机械设备操作等工种的技能培训。与混凝土结构建筑相比，钢结构建筑最有条件率先实现建筑工业化。目前，钢结构建筑已基本达到预制装配化，具备智能化自动流水线制造的能力，并且已形成若干种符合建筑工业化制造特征的体系建筑，完成了多种建筑部品的商业化生产。钢结构建筑促进我国建筑业回归产业化，真正走上实现现代化的发展道路。积极推动、相关企业的积极参与，通过政策引导与市场资源配置相结合，科技创新与标准完善等几方面阐述，规模化推广、发展钢结构建筑的条件。在钢结构预制装备层面我国已经处于有利的领先行列，卡塔尔世界杯就是很好的实践示例，中国建造给人一种大国大气、耳目一新的感觉，中国"智造"已经出现在了世界的舞台上，下面就从卢塞尔体育场说明这种预制装备钢结构的具体应用。

三、BIM 技术助力卢塞尔主体钢结构施工

中国设计撑死了卡塔尔世界杯的主体育场的"钢筋铁骨"。担负着本届世界杯开幕式、闭幕式、世界杯决赛的体育场馆——卢塞尔体育场，这座可以同时容纳 92000 观众世界级球场，即由中国铁建，也是中国企业首次以设计施工总承包身份参与世界杯球场建设。众所周知，在大型设备及重点工程中，欧美品牌已经深入多年，代表案例更是不计其数，与此同时，2022 年世界杯卡塔尔并不在意投资和回报率，性价比这条路难以发挥优势，在这样的竞争环境中只能拿出自己硬实力，凭借自己的技术、研发的成果、性能等硬指标，才能在众多企业中脱颖而出，让"金色之碗"的设计在我们的智慧中从蓝图变为现实。2016 年 11 月，铁建国际与卡塔尔当地企业 HBK 公司共同组建的联合体成功中标，共同承建卢塞尔体育场。而绿色环保理念贯穿于卢赛尔体育场设计和施工全过程，项目采用多项环保节能技术并大量使用可回收材料，确保让卢赛尔体育场成为世界上最为节能环保的体育场之一。特别指出的是，卡塔尔地理位置特殊，地处中东沙漠沿海，空气湿度大，夏季最高气温接近 50℃，地表温度超过 70℃，在冬季气温也有 30℃左右。中东气候，即使只是站在外面，也会汗流浃背，这种天气对于建筑施工是一种极大的损耗，因此工期控制也是一大课题，随时供应冰水降温，以保障作业安全作为前提，为施工人员安排工作休息降温，提供充足防暑降温手段等，可以想象单就气候问题，对于需要大量钢筋混凝土现场搅拌砂浆的传统施工是一个巨大的考验，这相当于在沙漠里面建一座城，传统工艺流程显然与这种客观条件不太契合，因此集成化材料、先进的建筑理念需要更多地植入本次建造中。凡事预则立，不预则废。这就需要除了现场施工的付出，更需要"智慧系统"融入建设中。卢赛尔体育场是世界上首个在全生命周期中深入应用 BIM 的世界杯主场馆项目，也是中国企业首次在海外深入应用 BIM 的大型体育场，即使举世闻名的伯纳乌、老特拉福德球场集成化、数字化程度也要稍之逊色。该项目 BIM 资金投入量大，是目前世界上 BIM 投入最高的项目之一，可以说是全BIM 周期的一个项目。工程师先在电脑上建立一个与真实建筑一致的三维模型，不仅要考虑到周边建筑发展环境，还要考虑单个个体的建模，再将建筑在设计、建造和运营阶段所需的各种信息数据输入模型中，确保在各个阶段切实可行，投入使用以后机动可用，那么利用计算机对建筑在各阶段的状态进行仿真模拟，提前发现可能发生的问题尤为重要，一点小的疏忽漏洞都可能造成不可计量的损失，发现问题并及时提出解决方案，全过程的跟踪和指导最终达到最优设计。中国企业将这种可视化数字模型用到了极致，也运用到了有效的节点，使场馆的施工顺利运行，可以说为最终建成场馆起到了至关重要的作用。无法想象如果没有 BIM 技术，30 多个专业的 100 多个专业子系统这种规模体量该如何进行整合与协调，这一过程又会需要多少实验推理。但是依托 BIM 技术，不仅实现了覆盖全球的设计协同，依靠碰撞检查和管线综合降低了设计失误提高了效率，更在施工阶段解决了一系列重大技术

难题，项目初期便排除了许多障碍和困难，使得工程施工顺利开展。

在体育场主体钢结构设计过程中，基于BIM 数据库和大量国产自主研发的操作程序，团队则自主开发出一套参数化建模程序，能够高效开展多方案研究。中国设计师提出的"曲线 V 柱"结构方案，不仅使得建筑视觉效果得到了完美呈现，满足功能要求，还节省用钢 1.2万 t、减少钢结构造价约 40%，大大节约了成本。卢塞尔体育场结构体系复杂，使 BIM 建模（如图 1）和出图效率较传统手段提升 80% 以上。可视化三维模型和传统二维图纸的同时交付，为设计、施工的一体化开展提供了先天条件。

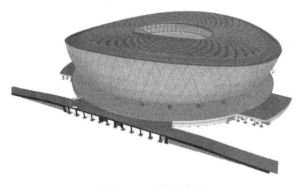

图 1　BIM 技术建模

目前，卢赛尔体育场已成为世界范围内融合多项新技术的智能建造优秀案例，为中国企业的 BIM 国际化奠定了地位，也开创了世界大赛的先河。另外体育场的主钢结构总用钢量相当于 3 个埃菲尔铁塔，10 万 t 的用钢量，更有目前世界上最大的模结构其层模面积达到 4.5 万 m^2。项目体量之大可以想象，在项目主钢构施工期间，因为项目上高标准和高精度要求，使得现场主钢构的高空对接焊缝推进非常困难，尤其是要求 400 多 t 的压环在 60 多 m 的高空对接的精度偏差在 3mm 以内，这种毫米级别的偏差更精确地保证了完工质量及后期投入使用的安全标准。采用穿心千斤顶单机吊装，在高空进行微调定位，与全景模拟仿真计算数值实时对比，保障了主钢结构的吊装安全及精度要求。保证超大型钢结构施工误差控制在毫米级别，达到世界最高等级施工精度控制标准。可以说卢塞尔体育场是目前全球设计标准最高的世界杯主场馆。其中一项施工难点在于完成超大跨鱼腹式索网结构施工。这一结构并无参考事例，该体育场屋顶索跨度达 278m，目前是世界第一长的跨度，索网施工难度大，加上高空作业（最高点 70m）使得整个屋顶的索网安装更为复杂。根据工程结构受力计算，每道工序的误差都要控制在毫米级，才能确保结构安全的万无一失，施工技术难度极高。在当时集合了国内外专家一起研讨、评估施工方案，也都认为这是一个极难的挑战。最终确定了"单层支撑架，组装上下环索，整体提升径向索，计算机控制同步张拉"的施工方案，创造了世界上最大跨度的双层索网屋面单体建筑，最终全部按照设计要求的进度如期完工，并且做到了零安全事故，以完美的施工成果诠释了过硬实力。中国"智造"、中国设计也得到了高度认可。每一次世界级大赛后场馆时代都是一个值得注意的话题，卢塞尔体育场在整个建造生命周期就是将绿色环保、可持续发展贯穿始终，在沙漠地区水资源弥足珍贵，采用循环水系统灌溉周围植物，同时拥有节水和泄漏检测系统，这种建造方法和废水回收系统措施，相比于传统的体育场馆要节省近一半的淡水资源。另一方面考虑地域原因体育场要长时间受高温强光的影响，体育场屋顶采用 PTFE（聚四氟乙烯）这样先进材料，在可以保证足够光照的同时，最大程度上保护其免受高温及沙尘等恶劣气候的侵扰，大大减少了体育场空调负担等方面，采用了先进的环保技术和可回收的材料。最重要一点就是从过往多届世界杯赛经验来看，绝大部分体育场世界杯后只有少量体育场可以维持使用，经济回报几乎没有，也很难再获得如此大规模的体育承包赛事，还需消耗大量人力物力，场内许多设施老化，最终被弃用。但卢塞尔体育场（如图 2）采用模块化的转椅将会被拆除，届时该体育场将会被改造成拥有 20000 坐席的体育场，大大增加了实用性和维护成本。同时多余部分将被拆除，拆除的座椅等设施会捐赠给当地社区，给社区不仅提供一定的福利也能体会世界杯建筑气氛。建筑物的其他部分将会被重新规划成一个社区空间，包括住房、商店、咖啡店、体育场所、健康诊所甚至学校等基础性建设，这也为以后的世界大赛提供了一套完美的体系和实际经验。卢塞尔体育场获得了全球可持续发展评估系统（Global Sustainability Assessment System，简称 GSAS）五星级评价。

图 2　整体场馆模型

四、总结思考

在本次全球瞩目赛事建筑中，这种绿色可持续利用的理念贯穿始终，所有体育场不仅要完成各项赛事的最初使命，最终也会被改造成教育城、办公场、清真寺以及商业设施等场所，仅保留三座球场继续作为国内球场运动赛事使用。这是值得我们去思考努力方向，也暗合现代建筑的发展理念，让未来更多建筑向数字化、科学绿色可持续发展靠拢。

参 考 文 献

［1］　徐莉. 基于 BIM 技术的绿色建筑设计应用研究：以江苏城乡建设职业学院研发楼设计为例［J］. 江苏建筑，2018（Z1）：132-134，146.

［2］　曾祥稳，贺勃涛. 现代大跨度钢结构施工技术［J］. 低碳世界，2018，（2）：208-209.

［3］　张陆杰. BIM 技术在大跨度钢结构施工管理中的应用分析［J］. 建筑工程技术与设计，2018（1）：133.

［4］　绿色建筑评价标准：GB/T 50378—2019［S］. 北京：中国建筑工业出版社，2019.

超高层装配式建筑施工进度优化研究

沈阳建筑大学管理学院

李　勃　任家强

摘　要： 针对超高层装配式施工进度管理现状，主要以人力使用量、材料消耗量、机械使用量为主要参考变量，建立标准层施工工期优化模型，从而优化施工进度计划。通过 LINGO 进行编程运算，得到工期最小值的最佳线性关系，以此来实现施工进度优化，结合工程案例，验证优化模型可行性，应用该优化模型进行资源分配比传统方法更加合理，该优化模型可以缩减工期。

关键词： 超高层；装配式建筑；施工进度；优化

一、引言

随着近年来城市化率的不断提高，人们开始寻求建筑高度方面的新突破。同时，伴随着我国工程行业的不断发展，建设工程也向着大型化、超高层发展，推动我国超高层装配式建筑的发展，是以装配式建筑作为建筑业发展的方向，超高层装配式建筑是一种改变传统超高层建筑粗放建造过程。

装配式建筑施工进度优化问题是近年来研究的热点之一，根据研究问题的设定和侧重点的差异，研究人员提出了各类进度优化方法。谢李芳介绍了关键链条式项目管理思想，丰富了装配式建筑进度领域的研究成果，并结合 AHP—熵权法建立了装配式单项式、多项式关键链条式现场施工进度计划。陈建立 SD 进度风险模型，针对其中的关键风险提出对策建议，运用社会网络分析法分析装配式施工进度风险之间的因果关系。赵辉余引进 BIM 技术，通过实时更新装配式建筑 BIM 模型的建立和信息、分析装配式建筑的建设进度计划、管理预制构件的生产进度、管理预制构件的安装进度的管理方法。边广生等人根据工期进度目标的装配式建筑的标准层施工进度进行优化，WPS 分解项目后采用时标网络法编定施工进度计划，按照费用最低原则优化施工进度计划，从而促使施工单位以最低的施工成本按期完成施工任务。郑鹏程针对装配式建筑进度管理现有的管理问题，采用案例分析实证法展开论述采用现代化技术手段，搭建信息化管理平台，采用数据分析辅助进度控制手段有效的提升施工进度。

本文选择结合装配式建筑和超高层建筑，研究施工阶段的建设进度，采用线性规划方法建立标准层施工进度优化模型，对标准层的叠合板安装、主体结构现浇施工、ALC 内墙安装过程的人力使用量、材料消耗量、机械使用量进行优化，最终实现工期优化。

二、施工进度优化模型构建

（一）施工进度优化模型基本假设

设置影响进度的主要参考变量以人力使用量、材料消耗量、机械使用量。建立标准层施工工期优化模型以实际项目的标准层叠合板施工、主体结构现浇施工、ALC 内墙施工过程的人力使用量、材料消耗量、机械使用量进行约束。整个工程施工的进度由主要线路上主要工作决定，主要工作的活动时间之和就是超高层装配式建筑的施工工期，也是本项目的施工工期优化目标。施工过程假设为不可中断过程，即活动一旦开始便不可中断。本优化模型建立提出以下基本假定：

1. 项目标准层施工过程时，每日的资源供给量，资源供给量可以维持施工活动，且人力数量和材料的使用量及机械使用量不可超出每日的资源供给量。标准层施工过程中，每日的资源消耗量之和不可超出过施工计划中的全部资源限量。

2. 施工过程中的预制构件施工过程中，保证人力使用量与材料消耗量成比例关系，保证机械数量与人力数量成比例关系。

3. 项目只有一条关键线路，优化后仍为关键线路。

4. 工程安全、质量等目标在进行进度和资源优化过程时不受影响。

（二）施工进度计划模型具体构建

项目进度优化模型说明：一个标准层由 n 个施工活动 $i=1，2，\cdots，n$ 构成，依据工期计划主要线路的过程规定项目时间范围 $[0，s_{i+1}]$，项目涉及机械 j_i 人力 p_i 和材料 r_i 三种资源，当中第 K 种资源每日的数量为 R_k。活动 i 在执行时对资源 k 的需要量为 R_{ik}，活动在任何时候对资源的消耗量不可超出该资源的总量。每一个活动 i 的持续时间为 d_i。叠合板施工是活动开始的虚构活动，虚构活动的进行时间和资源需要量都为 0，活动 i 的开始时间为 s_i，完成时间为 s_{i+1}，则 $s_i+d_i=s_{i+1}$。假设标准层施工活动一旦开始便不可中止，全部参数假定为非负整数。进度优化目标应该同时满足两个前提：标准层施工过程流程之间具有时间约束和项目资源约束，实现标准层的最小工期 $\min s_{i+1}$。

模型建立如下：

进度优化的目标：$\min=s_{i+1}$；

活动间的时间约束：$s_i+d_i=s_{i+1}$；

项目活动从零时开始：$s_1=0$；

活动进行时间与人力和材料及机械使用量间的线性函数：$d_i=a_i-b_i r_i-c_i p_i-e_i j_i$；

标准层叠合板施工活动 1 和标准层主体结构施工 2 的时间间隔：$t_i\leqslant d_i$；

项目活动 i 的人力数量的空间约束：$p_i'\leqslant p_i\leqslant p_i''$；

项目活动 i 的机械的空间约束：$j_i'\leqslant j_i\leqslant j_i''$；

总的人力数量约束项目活动 i 的人力数量之和：$\displaystyle\sum_{i=1}^n p_i\leqslant P$；

总的机械数量约束项目活动 i 的机械数量之和：$\displaystyle\sum_{i=1}^n j_i\leqslant J$；

项目活动 i 的材料使用量 r_i 的空间约束：$r_i'\leqslant r_i\leqslant r_i''$；

项目叠合板施工过程 1 的材料使用量 r_1 与主体结构施工 2 的材料使用量 r_2 的资源约束：$g'r_1\leqslant r_i\leqslant g''r_2$；

项目活动 i 的人力数量 p_i 与材料使用量 r_i 的空间约束公式：$v_i r_i\leqslant p_i\leqslant h_i r_i$；

项目活动 i 的机械数量 j_i 与人力数量 p_i 的空间约束公式：$f_i p_i\leqslant j_i\leqslant k_i p_i$；

保证活动的人力数量 p_i 和材料使用量 r_i 机械数量 j_i 都是非负整数：$p_i，r_i，j_i\geqslant0$。

三、案例应用

该案例位于杭州市 HD 项目 T2 楼，该建筑高度 125m，建筑层高 3.10m。地下建筑面积约 1827.53m^2，地上建筑面积 23266.43m^2。共 34 层，其中六至三十一层采用预制构件施工。

（一）叠合板施工过程工期优化

该建筑的标准层建筑面积为 750.53m^2，意识到施工现场的损耗问题，叠合板施工面积为 687.8m^2，采取同种类型的叠合板进行施工安装。叠合板安装施工过程主要分为两个工作内容分别是叠合板的安装和钢筋混凝土浇筑。在实际进行安装中，叠合板安装的工期为 2d。在叠合板安装完成后再进行浇混凝土施工，混凝土浇筑完毕后实行养护，叠合板混凝土强度达到 1.2N/mm^2 后，才可允许进行下一道施工工序。由于叠合板浇筑后必须进行 1.5d 养护时间，因此叠合板安装工期为 3.5d。如表 1 所示叠合板施工的人力、材料及机械同量纲化。

依据过往施工经验及对多个相似工程项目单体建筑的成本计算，得出标准层叠合板安装过程的人力同量纲化和各种材料的同量纲化及机械同量纲化，最后进行数学优化模型计算。当工期为 3.5d 时，人力同量纲化为 226 元/m²，人力同量纲化波动范围在 5%；材料同量纲化为 2766 元/m²，材料同量纲化波动范围 10%；机械同量纲化为 54.5 元/m²，机械同量纲化波动范围 10%。

同时，人力和材料的同量纲化在（1/14，1/11）之间，即 $\frac{1}{14}r_1 \leqslant p_1 \leqslant \frac{1}{11}r_1$。机械和人力的同量纲化在（1/8，1/3）之间，即 $\frac{1}{8}p_1 \leqslant j_1 \leqslant \frac{1}{3}p_1$。叠合板安装过程的工期为 3.5d，工期波动范围 10%。叠合板施工过程工期函数：

$$d_1 = a_1 - b_1 r_1 - c_1 p_1 - e_1 j_1$$

叠合板工期优化　　表 1

施工天数/d	人力同量纲化/(元/m²)	材料同量纲化/(元/m²)	机械同量纲化/(元/m²)
4	147	1979	38.5
3.875	163	2117	40.4
3.75	181	2332	45.6
3.625	206	2520	50.8
3.5	226	2766	54.5
3.375	247	2932	67.3
3.25	264	3113	72.3
3.125	283	3211	88.1
3	306	3410	97.8

对函数进行线性拟合，确定标准层的叠合板安装工期的函数为：

$$d_1 = 5.039 - 0.0018 r_1 - 0.0004 p_1 - 0.0027 j_1$$

（二）主体结构施工工期优化

本项目在标准层主体结构施工过程中，采用先进的生产工艺智能爬架和铝模的组合体系，节约了人力成本工期 3.5d。如表 2 所示主体结构浇筑的材料和人力及机械同量纲化。

工期为 3.5d 时，人力同量纲化为 409 元/m²，人力同量纲化波动范围在 5%；材料同量纲化为 1319.8 元/m²，材料同量纲化波动范围 10%；机械同量纲化为 71.71 元/m²，机械同量纲化波动范围 10%。

同时，人力和材料的同量纲化在（1/4，2/3）之间，即 $\frac{1}{4}r_2 \geqslant p_2 \geqslant \frac{2}{3}r_2$。机械和人力的同量纲化在（1/8，1/3）之间，即 $\frac{1}{8}p_2 \leqslant j_2 \leqslant \frac{1}{3}p_2$。主体结构施工工期为 3.5d，工期波动范围 10%。主体结构施工工期函数：

$$d_2 = a_2 - b_2 r_2 - c_2 p_2 - e_2 j_2$$

现浇部分工期优化　　表 2

施工天数/d	人力同量纲化/(元/m²)	材料同量纲化/(元/m²)	机械同量纲化/(元/m²)
4	278	1075.7	55.5
3.875	318	1135.4	59.4
3.75	356	1194.9	63.6
3.625	383	1259.9	67.8
3.5	409	1319.8	71.71
3.375	430	1377.5	75.3
3.25	465	1434.2	79.8
3.125	500	1498.8	84.1
3	535	1553.3	87.8

对函数进行线性拟合，确定标准层的主体结构工期函数为：

$$d_2 = 6.077 - 0.000027r_2 - 0.0014p_2 - 0.0095j_2$$

（三）ALC 预制内墙安装工期优化

在主体结构本项目的 ALC 预制内墙安装过程中，施工过程使用机械臂进行安装，有利提高内墙安装的效率，施工安装工期为 4d。如表 3 所示 ALC 预制内墙安装的材料和人力及机械同量纲化。

当工期为 3d 时，人力同量纲化为 138 元/m²，人力同量纲化波动范围在 5%；材料同量纲化为 529.6 元/m²，材料同量纲化波动范围 10%；机械同量纲化为 43.5 元/m²，机械同量纲化波动范围 10%。

同时，人力和材料的同量纲化在（1/4，2/3）之间，即 $\frac{1}{4}r_3 \leqslant p_3 \leqslant \frac{2}{3}r_3$。机械和人力的同量纲化在（1/8，1/3）之间，即 $\frac{1}{8}p_3 \leqslant j_3 \leqslant \frac{2}{3}p_3$。ALC 预制内墙安装工期为 3d，工期波动范围 10%。ALC 预制内墙安装工期函数：

$$d_3 = a_3 - b_3r_3 - c_3p_3 - e_3j_3$$

ALC 预制内墙安装工期优 表 3

施工天数/d	人力同量纲化/(元/m²)	材料同量纲化/(元/m²)	机械同量纲化/(元/m²)
3.5	103	453.1	28.7
3.375	109	464.1	32.8
3.25	118	487.9	38.5
3.125	127	513.3	40.4
3	138	529.6	43.5
2.75	146	584.5	48.9
2.625	153	671.3	54.2
2.5	160	730.5	60.3

对函数进行线性拟合，确定标准层的 ALC 预制内墙安装最优工期的函数为：

$$d_3 = 5.079 - 0.0107r_3 - 0.0006p_3 - 0.007j_3$$

（四）最优工期值

通过对本项目标准层的数学模型进行计算，利用软件确定出各阶段材料和人力及机械的最佳配合，拟合出各阶段的最优工期，各阶段的最优工期值累加之和即为本项目标准层施工的最优工期值。由以上的三个阶段的人力材料机械—工期函数，构建标准层工期最小目标函数：

$$\min s_4 = s_1 + d_1 + d_2 + d_3$$
$$= 5.039 - 0.0018r_1 - 0.0004p_1 - 0.0027j_1$$
$$+ 6.077 - 0.000027r_2 - 0.0014p_2 - 0.0095j_2$$
$$+ 5.079 - 0.0107r_3 - 0.0006p_3 - 0.007j_3$$

通过对模型的计算结果可得，标准层的叠合板安装活动人力同量纲化为 306 元/m²，材料同量纲化为 3410.99 元/m²，机械同量纲化为 97.8 元/m²；标准层的主体结构施工阶段人力同量纲化为 535 元/m²，材料同量纲化为 1553.3 元/m²，机械同量纲化为 87.8 元/m²；标准层的 ALC 内墙安装人力同量纲化为 160 元/m²，材料同量纲化为 640 元/m²，机械同量纲化为 53.33 元/m²。标准层工期施工阶段资源的人力和材料及机械优化后的最优工期为 8.606d，采用常见网格图编制工期为 10d，减少 1.394d。可见，T2 楼为 31 层的建筑，建筑主体施工活动的计划时间为 345d，采用施工进度计划对进度采用模型优化求解后的施工活动时为 310.15d，T2 楼的整体施工时间可减少 34.85d，有效节省了施工时间。

四、结论

结合实际超高层装配式建筑项目施工进度管理的现状，提出人、材、机三个主要因素标准层的叠合板、建立标准层施工安装进度优化模型。运用 LINGO 进行编程运算，得到工期最小值的最佳线性关系，通过计算使用超高层建装配式建筑的进度优化模型，可以有效地节约资源避免浪费，促使资源更高效地使用。不仅可以从进度上得到优化还使成本降低，比传统的网络图施工更加高效合理。按照进度优化模型所需的约束条件，根据不同类型的装配式建筑施工现场实际资源条件和成本情况带入优化模型中进行计算，该进度优化模型可以缩短装配式建筑施工进度。

参 考 文 献

［1］ 谢李芳. 基于关键链的装配式多项目进度计划与控制研究［D］. 西安：西安建筑科技大学，2020.

［2］ 陈建. 装配式建筑项目进度风险分析［D］. 武汉：湖北工业大学，2018.

［3］ 赵辉余. 基于 BIM 技术的装配式建筑施工进度管理研究［D］. 沈阳：沈阳建筑大学，2021.

［4］ 边广生，宋明志，梅晓丽，等. 基于工期目标的装配式混凝土建筑标准层施工工期优化研究［J］. 建筑技术，2022，53（7）：943-945.

［5］ 郑鹏程. 关于装配式建筑项目进度管理的优化实践［J］. 建设科技，2022（2）：27-29.

基于 BIM 技术的现代建筑工程项目集成管理分析

沈阳建筑大学管理学院

袁　航　栾世红

摘要：在科学技术迅猛发展的背景下，对于现代建筑工程项目管理工作而言，实行集成管理模式也越来越广泛，并且在其中充分融入 BIM 技术，进而为项目集成管理水平提升提供必要支持，同时促进各个方面系统推进，为信息的有效共享和管理效率的提升提供必要条件。据此，需要在建筑工程项目集成管理过程中充分体现出 BIM 技术的应用价值，通过信息集成和交互协同，把工程集成管理拓展成不同的维度并且通过不同维度下的 BIM 集成管理，体现应有管理效能。基于此，本文重点探究以BIM 技术为基础的建筑工程项目集成管理策略等相关内容。

关键词：BIM 技术；现代建筑工程；项目集成管理；实施策略

一、引言

由上海 BIM 推广中心牵头组织开展了《2022 上海市 BIM 发展报告》的编制工作。《2022 上海市建筑信息模型技术应用与发展报告》发布内容表明，2021 年上海市新增报建项目共 2363 个，用 BIM技术的项目数量达 956 个，总投资额达 19174.5 亿元。政府投资项目为 565 个，应用 BIM 技术项目560 个，占比 99.12%；社会投资项目为 367 个，应用 BIM 技术项目 348 个，占比 94.82%（见图 1）。

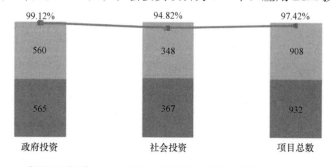

图 1　2021 年度新增规模以上满足 BIM 应用条件项目数及投资

在现代建筑工程的集成管理过程中可以通过 BIM 技术，把整体工程项目的集成管理分成四个维度，分别是时间维度、主体维度、要素维度和信息维度，并且针对不同维度充分融合 BIM 技术，这样可以体现出更为显著的集成管理效能，为集成管理可行性和时效性的提升奠定基础，同时为现代建筑工程管理工作实现转型升级提供必要条件。

二、BIM 技术以及集成管理的概述

（一）BIM 技术

BIM 技术主要指的是建筑信息模型，在 BIM 技术的应用过程中需要着重针对各类信息进行收集和整理，以此为着手点为建筑模型的有效设计提供必要支持，同时在建筑工程的项目管理的不同阶段，例如，项目设计、建造、运营等全生命周期进行数字信息应用和有效管理，进而通过 BIM 技术的综合作用对各类信息进行收集整理，整合和充分利用，并且在知识资源的共享和协同方面体现出应有价值，为整体项目效率提升提供必要支持。BIM 技术具有显著的模拟性、协调性、可视化特点，可以对传统管理环节信息不能切实有效关联、决策不及时、协作性差等各类问题进行有效解决，进而使项目本身的预见性和针对性得到显著提升，使工期缩短，提升整体建筑工程质量。因此在现代建筑工程

项目的集成管理过程中可以通过该技术的作用体现出更为显著的应用价值，为集成管理工作提供必要的信息承载和交互平台，使各个方面在不同阶段协同推进，共同建设，修改维护等方面体现出信息资源的利用价值（见图 2、图 3）。

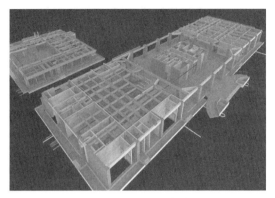

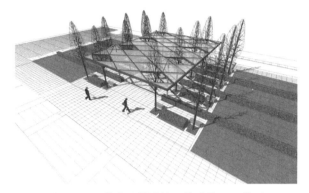

图 2 BIM 技术下设计的现代建筑工程模型　　　　图 3 BIM 技术下设计的现代建筑工程模型

（二）建筑工程项目集成管理

通常所谓的集成管理主要指的是有针对性地确保不同维度的管理模式可以得到有效融合，形成更为系统、完善的集成管理系统，进而在集成管理过程中创造性地融入技术、信息等相关资源，确保系统内部外部实现更有效的联系，为管理效率的提升提供必要支持，实现集约化、一体化操作，从而确保各方面能够协同推进、优势互补，在聚合发展的背景下，使得建筑工程项目管理工作体现出集成管理效能。现阶段，集成管理模式主要涉及四个维度，分别是时间维度、主体维度、要素维度、信息维度。在建筑工程集成管理过程中，把 BIM 技术作为技术支撑点使四个维度的管理模型得到有效融合，实现集成整合，从建设工程项目全生命周期的层面出发，进一步融入集成技术和网络技术，把工程项目信息作为核心通过项目相关参与主体，有效设定与之相对应的管理目标，并且做好控制，这样可以确保整体项目可以实现最优化。

三、基于 BIM 技术的现代建筑工程项目集成管理策略

在现代建筑工程项目集成管理过程中，要想体现出良好的管理效果，使不同维度的集成管理优势和管理模型能够得到有效结合和统筹发展，可以在 BIM 技术的支持作用之下，从项目本身的生命周期出发进一步融入集成化思想和相关网络技术、软件等，这样可以把现代建筑工程所涉及的各类信息作为核心内容，对于相关信息进行有效整合和充分完善，这样可以确保项目相关参与人员有针对性地设定和控制相关管理目标，从而体现出项目的整体最优化特征（见图 4）。

在具体操作环节以 BIM 技术为基础的现代建筑工程项目集成管理策略主要体现在以下几个方面。

（一）有效做好时间集成管理

在现代建筑工程的项目集成管理工作，确保工程本身的时间管理，也就是全生命周期可以得到优化管控，落实 BIM 技术要点，这是十分关键的内容。时间维度也就是全生命周期，主要指的是在建筑工程的项目策划，勘察，设计，施工运营以及改造，拆除等各个方面进行有效推进的过程，在全生命周期的时间维度方面，可以有效利用 BIM 技术构建与之相对应的建筑信息模型，对整个时间维度的各项操作和各类信息都进行相应的收集整理和逐步累积，然后在信息积累方面进一步呈现出逐步增长和信息价值得到显著强化等优势。

同时进一步利用 BIM 技术构建与之相对应的系统完善的管理平台，这样可以确保项目不同阶段衔接内容都可以实现信息的有效沟通和联合，防范可能出现的信息丢失或者流程不能有效衔接等问题。在建筑工程项目的集成管理过程中，通过 BIM 技术对于全过程以及全生命周期进行有效分析，并且构

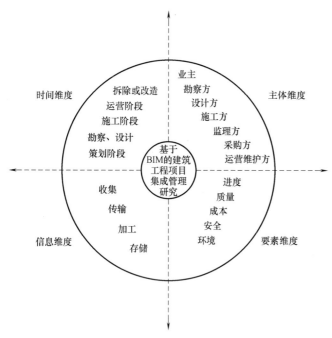

图 4　建筑工程项目集成管理四维结构

建与之相对应的平台，并且在整个项目的推进过程中融入该类技术，这样可以对整体项目的不同时间段和生命周期进行充分衔接，从而在信息交互方面体现出根本性价值。同时对于信息回流现象也可以进行有效减弱，使项目本身的管理水准得到切实提升，从而为工程效率效果的优化提供保障。

（二）有效强化主体集成管理

在项目集成管理过程中，注重做好主体集成管理也是十分关键的内容，主体维度也就是项目各个参与主体，具体管理过程中充分利用计算机技术、BIM 技术等，针对不同阶段信息进行有效整合利用，并且构建与之相应的集成管理虚拟环境，通过该类虚拟环境和模型的有效构建，这样可以针对项目不同阶段参与主体进行有效调动，使主体维度及各个方面可以有效利用 BIM 平台，对于各类权限之内的工作信息进行灵活有效的处理。同时也可以进行协同作业和资源共享，在针对主体维度集成管理进行推进时，要突破传统管理中信息不能有效共享，无法实现关联等相关问题，防控可能出现的信息孤岛现象，与项目相关参与主体不能积极沟通信息沟通，渠道和方式不够开放等相关问题，通过各个参与方的互通关系，使其转化成为以 BIM 技术为核心的交互关系之中，这样可以使信息传递的途径得到简化、优化和系统化，为信息传递速度的加快提供保障，同时也可以使信息传递更加安全可靠，具有完备性和时效性，进而为相关参与主体的沟通更及时有效，互动更精准科学提供支持，从而为整体项目相关目标的充分落实奠定坚实基础。

（三）做好要素集成管理

在现代建筑项目的集成管理过程中，以 BIM 技术进行各类要素的集中管理，这是关键所在。对于要素集成管理维度而言，主要指的是工程标的制定和切实落实等方面，对工程项目来说，所涉及的各类项目要素主要包括进度、安全、质量、环境等相关内容，各类要素有着重要的紧密联系，它们互相制约和作用，针对不同要素来说，对于项目的成败都有着关键性影响。不同要素往往有着直接或间接关系，对于不同要素来说，在自身的特性方面，对于其他要素有着不同程度的影响，这也决定建筑工程项目要素集成管理中，工程的质量成本进度目标需要得到有效明确。但是在工程项目管理过程中，在安全环境等目标落实方面显得更为重要，在具体操作环节要明确各类要素，同时要充分落实以人为本的基本原则和绿色建筑理念等，在 BIM 技术的综合应用及创新战略的推进背景之下，进一步体现出工程本身的进度、质量、安全、成本、环境等要素的集成管理。

在具体操作环节有针对性地利用 BIM 技术作用下的施工模拟等相关模式，对于施工材料、施工人员、施工工序进行有效匹配和切实调整，在提前模拟施工的过程中进一步充分明确施工过程中可能存在的各类问题或者不足之处，对于其中潜在的风险或者冲突进行相对应的调整和控制，制定出与之相对应的更切实可行的施工办法，对于当前施工中的各类问题进行切实解决，严格按照工期顺利推进各项工作，进而促进施工管理效率的提升、有效控制成本。

在具体操作环节，进一步融入其他先进技术，例如，使 BIM 技术加 VR 技术得到有效应用，这样可以在安全教育过程中进一步强化员工的思想认知和安全意识，同时在营销管理过程中进一步强化用户的体验感和满意度，通过 BIM 技术加性能分析等形式来模拟现实中的声音环境、热环境、风环境、日照环境等，通过信息共享模型形式使设计施工人员更充分把握现代建筑工程本身的习性和特点，在 BIM 技术的综合作用之下通过可视化和虚拟化操作，使各类要素得到有效集成管控，打造更加舒适的建筑环境，以此体现出 BIM 技术的应用价值，在集成管理要素集合的过程中体现出根本效能。

（四）有效进行项目信息集成管理

在现代建筑工程项目的集成管理过程中，以 BIM 技术为基础在信息维度方面进行集成管理，这样可以更有效推动人们充分利用现代化、信息化技术做好各类信息的组织计划和切实安排，进而确保对于各类信息资源进行更充分的利用和有效开发。特别是针对应急预案，信息资源和活动内容进行充分分析和收集，传输加工和存储时，这样可以把最原始数据一起收集和整理，融入其中，并且填入信息系统之中，这样可以有效利用特定软件加工处理相关数据，并且进一步充分明确工程项目的具体质量、计划质量、计划成本以及进度计划的内容，以此确保使用者可以对其进行有效提取。

针对项目不同阶段的信息构成要素来说，充分体现出工程本身的复杂类型和庞大数据信息，这样可以导致信息管理难度进一步增大。对此，通过集成管理模式的有效应用，使信息要素得以集成、管理和充分利用，这样可以在更大程度上体现出应有的项目集成管理成效，在全生命周期、全员参与全程目标和全程一体化管理方面切实结合，从而体现出应有的现代建筑集成管理效能。

四、结语

从上文的探究之中可以充分明确，对于现代建筑项目来说，在集成管理过程中需要更充分体现出技术支持作用。对此，可以充分融入 BIM 技术，打造 BIM 技术管理平台，确保全过程全员全生命周期全信息化管理模式可以在其中得到有效融合，在基层项目决策、勘察、设计、施工、运营、拆除等不同阶段都体现出应有的技术支持和集成管理效能，从而确保理念集成进度管理成本管控质量等能够充分融合实现一体化推动和发展，在 BIM 技术作用之下，通过平台的协同作业，对项目的信息资源进行有效共享，从而体现出良好的集成管理效能。

参 考 文 献

[1] 张海燕. 基于 BIM 的建设领域文本信息管理研究 [D]. 大连：大连理工大学，2018.

[2] 李勇，管昌生. 基于 BIM 技术的工程项目信息管理模式与策略 [J]. 工程管理学报，2012 (4)：17-21.

[3] 孙晓璐. 让 BIM 发展助力企业转型升级：写在《中国 BIM 应用价值研究报告》发布之际 [J]. 中国勘察设计，2015 (5)：16-17.

[4] 何海芹，许锦善. BIM：建筑业迈入低碳科技时代的源代码 [J]. 住区，2015 (1)：43-45.

[5] 杨宝明. BIM：大数据时代的建筑业核弹 [N]. 建筑时报，2019.

[6] 潘佳怡，赵源煜. 中国建筑业 BIM 发展的阻碍因素分析 [J]. 工程管理学报，2012 (1)：6-11.

基于能值分析的沈阳市老旧小区改造综合效益度量

沈阳建筑大学管理学院

马瑞蔚　栾世红

摘　要： 老旧小区改造是推动城市更新、满足民生需要的重要发展工程，综合效益评价是评估其改造有效性的重要环节。从经济、社会、生态环境效益出发，基于扎根理论与能值分析法，构建沈阳市老旧小区改造综合效益指标体系，明确老旧小区改造中综合效益具体计算方式，系统性量化效益内容，并以沈阳市某老旧小区为例进行实证分析。度量结果显示，老旧小区改造社会效益与生态环境效益仍待提高。

关键词： 老旧小区改造；综合效益；能值分析；扎根理论

一、引言

我国老旧小区存量巨大约为 16 万个，涉及住户超 4300 万家。老旧小区改造不断发展，促成了大量老旧小区改造项目的涌现，不断发挥出推动惠民生扩大内需、推进城市更新和开发建设方式转型、促进经济高质量发展等积极作用，成为重要的民生工程。

全国各地老旧小区所处的城市环境、发展程度、人民需求均存在差异，对于老旧小区改造方案的科学判断与评价，对居民舒适性、资源投入的可持续性都至关重要。国内外学者对此展开了大量研究，董玉琴等基于 TF-AHP 及云物元理论从四个方面对老旧小区改造综合效益进行评价；李辉山等运用网络分析及模糊综合评价指出可通过提高环境效益来提升综合效益；陈博从城市居民视角分析老旧小区改造前后差异以评价其经济效益；Xiufang Li 等用模糊综合评价模型对夏热冬暖地区老旧小区改造情况进行评估；Yu 等基于既有建筑改造阶段划分，综合评价其呈现性能。

老旧小区改造项目为社会带来大量综合效益，但是对这些效益的评价大多停留在定性研究，随着项目进程的推进，急需定量的效益度量手段，使老旧小区改造这一国家战略的可持续发展。本文基于扎根理论识别沈阳市老旧小区改造综合效益，并以老旧小区改造项目信息为基础，明确改造中能值投入项目，通过分析改造活动中的能量流动，探索老旧小区改造投入与产出的关系，具体化老旧小区改造综合效益的表达。

二、沈阳市老旧小区改造综合效益识别

（一）基于扎根理论的综合效益识别步骤

沈阳市老旧小区改造综合效益识别及指标体系构建基于扎根理论，并就扎根理论的三个步骤，即收集原始资料、原始资料编码、生成理论在检验中以文献分析、问卷调查、主成分分析为支撑展开研究。

（二）原始资料收集

沈阳市老旧小区改造综合效益识别原始资料包括三项来源，政策文件、文献提取、群众意见。通过问卷及访谈获取。主要通过中央与地方的政策文件中识别老旧小区改造意义、效果及作用，从而指导文献收集；在文献研究中关注专家学者对于综合效益的分类和具体内容，为群众意见获取提供调查题项。

政策文件方面，选取中央关于老旧政策文件、辽宁省、沈阳市老旧小区的政策文件，如《国务院

办公厅关于全面推进城镇老旧小区改造工作的指导意见》（国办发〔2020〕23 号）、《住房和城乡建设部办公厅关于印发城镇老旧小区改造可复制政策机制清单（第六批）的通知》（建办城函〔2022〕392号）、《沈阳从八个方面明确老旧小区改造提升计划》《辽宁省住房和城乡建设厅关于做好城镇老旧小区改造工程建设管理工作的通知》（辽住建保〔2021〕第 1 号）。

文献研究选取近 3 年与老旧小区改造及综合效益相关文献，同时从搜索引擎获取有关老旧小改造报道及新闻作为补充，共选取国内外文献 60 篇，网络相关资料 15 篇。

群众意见调研，以沈阳市老旧小区作为群众调查地点，受访者包括已改造老旧小区居民（丹东路21 号小区、瑞华小区、东华小区、庐山南小区、昆明北街 38 号等）、参与老旧小区改造企业工作人员（改造项目部、城建公司等）、街道工作人员、从事相关研究工作的专家、教师、研究生等，共发放问卷 310 份，回收有效问卷 273 份，有效回收率 88％；共走访老旧小区 10 个，获取 50 份访问文本。受访者基础信息如表 1 所示。

受访者基础信息表 表 1

资料类型	调研人员	年龄/岁	人数/人	占比
问卷	1. 小区居民	30～40	31	58％
		40～50	67	
		50～60	36	
		60～70	24	
	2. 企业员工	20～30	8	18％
		30～40	26	
		40～50	12	
		50～60	3	
	3. 街道工作人员	30～40	13	14％
		40～50	25	
	4. 专家、学者	20～30	3	10％
		30～40	5	
		40～50	13	
		50～60	7	
实地调研访谈	1. 小区居民	30～40	6	60％
		40～50	9	
		50～60	9	
		60～70	6	
	2. 街道工作人员	30～40	8	40％
		40～50	12	

（三）编码分析

基于扎根理论，按照开放式编码、主轴式编码、选择性编码三个步骤进行编码分析。

开放性编码通过对原始资料的语义分析，对长段文字进行抽象化、概念化后将同类概念类属化的过程。通过对 134 份原始资料进行提取与概况，最终得到 223 条相关概念，并归纳得 64 个初始概念。部分概念的原句如表 2 所示。

开放式编码 表 2

政策、文献、访谈中高频代表性语句	范畴化	来源
固定资产增值	a1 固定资产增值	文献
小区改造后，环境好了，房价也更高了	a2 房价变高	访谈
以前路窄不好开，车不好停，现在方便许多，也有人来租车位了	a3 出行方便 a4 利于车位出租	访谈
租金收益水平	a19 租金收益水平	文献
我挂出去的房子租金都可以写高一点	a5 租金变高	访谈

续表

政策、文献、访谈中高频代表性语句	范畴化	来源
推进相邻小区及周边地区联动改造,加强服务设施、公共空间共建共享	a6 周边地区改造	a
利用拆违腾退的空地和低效空间吸引社会资本参与补建公共服务设施	a7 社会资本参与公共设施	b
沿线商业企业增值	a20 沿线商业企业增值	文献
依法合规对实施城镇老旧小区改造的企业和项目提供信贷支持	a8 对参与企业和项目提供信贷支持	a
加快推动所属老旧小区改造,研究将其实施改造发生的相关费用计入企业成本的可行性	a10 将实施改造费用计入企业成本	b
通过租赁住宅楼底层商业用房等其他符合条件的房屋发展社区服务	a13 房屋发展社区服务	a
完善小区基本公共服务设施、便民商业服务设施、市政配套设施和公共活动空间	a14 完善基本公共服务设施	c
停车场效益	a15 停车场效益	文献
社区服务效益	a16 社区服务效益	文献
…	…	…

a.《国务院办公厅关于全面推进城镇老旧小区改造工作的指导意见》(国办发〔2020〕23号)
b.《住房和城乡建设部办公厅关于印发城镇老旧小区改造可复制政策机制清单(第六批)的通知》(建办城函〔2022〕392号)
c.《沈阳从八个方面明确老旧小区改造提升计划》

随着分析深度增加,除了考虑各类属浅层关系,还应探索概念提出背后的意图与环境,经过进一步凝练整合,主轴式编码共提炼19个主范畴。主范畴及相应关系范畴如表3所示。

主轴式编码 表3

主范畴	关系范畴
A1 工作岗位增加	工作岗位增加、物业人员增加
A2 减排量	建筑节能改造、减少二氧化碳的排放量减少二氧化硫的排放量、减少其他污染气体的排放
A3 周边商业增值	周边地区改造、社会资本参与公共设施、沿线商业企业增值
A4 不动产增值	固定资产增值、房价变高、利于车位出租
A5 资源利用率提升	既有用地集约混合利用、梳理存量配套设施
A6 社区服务收益	房屋发展社区服务、完善小区基本公共服务设施、停车场效益、社区服务效益
A7 租金收益增项	租金收益水平提高、单月租金增加、出租难度降低
A8 室内环境改善	改善老旧小区生活环境、环境整治提升改造
A9 空间整洁与再利用	利用低效空间吸引社会资本、改造运营低效空间和存量设施 一事一议解决空间利用问题、社区空间整洁度
A10 绿色改造示范意义	开展绿色社区创建
A11 公共设施改善	设置监控摄像头并接入公安部门系统、生活娱乐设施场所改善
A12 小区环境改善	小区内设施改造提质、旧住宅区环境提升、环境整治提升改造
A13 安全管理效益	施工质量安全、减少安全隐患、风险安全管理
A14 居民满意度	提升人民群众满意度和受益程度、完善老旧小区改造考核机制、优化评分标准
A15 投资企业利润收益	对参与企业提供信贷支持、为企业提供税收福利、将实施改造费用计入企业成本、企业财务内部收益率、企业动态投资回收期
A16 绿色建材应用	选用绿色环保的技术、工艺、材料、产品;绿色建材应用
A17 路面交通改善	交通出行改善、居民出行方便
A18 绿地固碳释氧	有助于扩展绿地面积、有助于光合作用等生化作用 吸收二氧化碳和释放氧气
A19 垃圾资源处理	鼓励垃圾分类、可回收垃圾资源化利用、垃圾资源处理

选择性编码是进一步聚焦,剔除与议题无关类属,抽象至更高层次核心范畴,使其根据指向性与选择性。对上表223个概念和64个范畴进行重新命名与整理得出19个主范畴、3个核心范畴,初步完成沈阳市老旧小区改造综合效益识别,如表4所示。

选择性编码　　　　　　　　　　　　　　　　表4

核心范畴	主 范 畴	
经济效益	A4 不动产增值	A7 租金收益增项
	A3 周边商业增值	A15 投资企业利润收益
	A5 资源利用率提升	A6 社区服务收益
社会效益	A1 工作岗位增加	A11 公共设施改善
	A9 空间整洁与再利用	A17 路面交通改善
	A14 居民满意度	A13 安全管理效益
生态环境效益	A2 减排量	A12 小区环境改善
	A16 绿色建材应用	A8 室内环境改善
	A10 绿色改造示范意义	A19 垃圾资源处理
	A18 绿地固碳释氧	

（四）信度、理论饱和度检验

从开放性编码的 134 份原始文本中随机抽取 3 次，每次 80 份文本，三组将 80 份文本提取出的概念编码进行匹配，互相同意度分别为 85.1%、83.6%、81.9%，通过计算平均同意度 K 约为 0.835，系度系数 P 约为 0.938>0.9，因此编码信度达到要求。

依据研究经验，适宜理论饱和度检验数据为 10 条左右，因此对老旧小区改造相关工作人员及从事相关研究的专家学者进行针对性二次深度访谈，并依据上述编码步骤进行重复编码，对访谈原始语句的分析编码所得与上述结果重合率超过 90%，并对偏差点进行讨论没有产生新范畴，从能值度量角度决定去除 A10 绿色改造示范意义。因此，沈阳市老旧小区改造综合效益识别的扎根理论饱和度检验理论上通过。

（五）沈阳市老旧小区改造综合效益识别结果

整理分析政府指导性文件、中外文献、访谈文本、新闻资料，运用扎根理论初步获得 19 个主范畴，最终结合信度检验与理论饱和度验证，确定如表 5 所示沈阳市老旧小区改造综合效益指标体系。

沈阳市老旧小区改造综合效益指标体系　　　　　　表5

一级指标	二级指标	
A1 经济效益	B1 不动产增值	B4 投资企业利润收益
	B2 租金收益增项	B5 资源利用率提升
	B3 周边商业增值	B6 社区服务收益
A2 社会效益	B7 工作岗位增加	B10 公共设施改善
	B8 空间整洁与再利用	B11 路面交通改善
	B9 居民满意度	B12 安全管理效益
A3 生态环境效益	B13 减排量	B16 小区环境改善
	B14 绿色建材应用	B17 室内环境改善
	B15 绿地固碳释氧	B18 垃圾资源处理

三、老旧小区改造综合效益度量模型

依据沈阳市老旧小区改造综合效益指标体系，对经济效益能值（EM_{EB}）、社会效益能值（EM_{SB}）、生态环境效益能值（EM_{EnrB}）度量，可最终计算综合效益能值（EM_{TB}），计算公式为：

$$EM_{TB}=EM_{EB}+EM_{SB}+EM_{EnrB} \tag{1}$$

（一）老旧小区改造经济效益能值度量模型

沈阳市老旧小区改造经济效益能值（EM_{EB}）＝不动产增值的能值（EM_{AE}）＋租金收益增项的能值（EM_{RI}）＋周边商业增值的能值（EM_{PB}）＋投资企业利润收益的能值（EM_{CP}）＋资源利用率提升的能值（EM_{RU}）＋社区服务收益的能值（EM_{CS}） \tag{2}

其中：

不动产增值的能值 EM_{AE} =（改造活动后平均房屋单价 R_1 —改造活动前平均房屋单价 R_0)×
平均房屋面积 S_1 ×小区住户数量 N_{H1} ×货币能值转换率 T'_R +（改造活动后平均车位单价 R_3 —
改造活动前平均车位单价 R_2)×车位数量 N_{H2} ×出租百分比 P_1 ×货币能值转换率 T'_R ; （3）

租金收益增项的能值 EM_{RI} =（改造活动后平均房屋租金 R_5 —
改造活动前平均房屋租金 R_4)×小区住户数量 N_{H1} ×12×货币能值转换率 T'_R ; （4）

周边商业增值的能值 EM_{PB} =[∑（固定资产交易中每所房屋的大小 S_1 ×
交易时的挂牌价格 P_{1i} ×房屋中介的管理服务成本比率 r)]×货币能值转换率 T'_R ; （5）

投资企业利润收益的能值 EM_{CP} =改造项目总投资额 P_C ×
参与改造的建设单位的收益率 R_{CB} ×货币能值转换率 T'_R ; （6）

资源利用率提升的能值 EM_{RU} =水单价 C_1 ×节水量 S_1 ×水的能值转换率 T'_1 +电单价 C_2 ×
节电量 S_2 ×电的能值转换率 T'_2 +煤单价 C_3 ×节煤量 S_3 ×煤的能值转换率 T'_3 ; （7）

社区服务收益的能值 EM_{CS} =改造后能够提供的服务的货币价值 N_{CS} ×货币能值转换率 （8）

（二）老旧小区改造社会效益能值度量模型

沈阳市老旧小区改造社会效益能值（ EM_{SB})=工作岗位增加的能值（ EM_{JG})+
空间整洁与再利用的能值（ EM_{SR})+居民满意度的能值（ EM_{RS})+公共娱乐设施改善的能值（ EM_{RF})+
路面交通改善的能值（ EM_{RT})+安全管理效益的能值（ EM_{SM}) （9）

其中：

工作岗位增加的能值 EM_{JG} =[∑（每个员工的能量 E_I ×
每个工作人员的工作时间 T_I ×每个具有不同教育水平的服务人员的能值转换率 T_{ri-si})]; （10）

空间整洁与再利用的能值 EM_{SR} =老旧小区改造中清扫整洁后再利用的小区用地面积 S_{SR} ×
改造后一年中再利用面积的平均单价 P_{SR} ×货币能值转换率 T'_R ; （11）

居民满意度的能值 EM_{RS} =基本满意改造活动人数 N_{RS} ×每个参与者的能量 E_{rd} ×
投入活动的时间 T_{RS} ×人群的能值转换率 T'_H ; （12）

公共娱乐设施改善的能值 EM_{RF} =小区日均娱乐设施使用人数 N_{RF} ×每个参与者的能量 E_{rd} ×
娱乐设施平均使用时间 T_{RF} ×使用人群的能值转换率 T'_H ; （13）

路面交通改善的能值 EM_{RT} =小区日均外出居民人数 P_W ×每个参与者的能量 E_{rd} ×
小区内平均通行时间 T_W ×外出人群的能值转换率 T'_W ; （14）

安全管理效益的能值 EM_{SM} =每次巡逻的人数 N_{SM} ×每个员工的能量 E_{SM} ×
每个工作人员的巡逻时间 T_{SM} ×每个工作人员的能值转换率 T'_h （15）

（三）老旧小区改造生态环境效益能值度量模型

沈阳市老旧小区改造生态环境效益能值（ EM_{EnrB})=减排量的能值（ EM_{ER})+
绿色建材应用的能值（ EM_{GM})+绿地固碳释氧的能值（ EM_{CO})+小区环境改善的能值（ EM_{CE})+
室内环境改善的能值（ EM_{IE})+垃圾资源处理的能值（ EM_{WR}) （16）

其中：

减排量的能值 EM_{ER} =（ CO_2 减排当量 S_{ER1} + SO_2 减排当量 S_{ER2} +
NO_X 减排当量 S_{ER3})×每污染当量 R_{ER} ; （17）

绿色建材应用的能值 EM_{GM} =该改造项目的原材料工程量 M_{GM} ×
使用绿色建材情况下的能源节约效益 S_{GM} ×水泥能值转换率 T'_C ; （18）

绿地固碳释氧的能值 EM_{CO} =（净初级生产力 NPP ×城市生态系统中的干物质碳比 CF ×
老旧小区改造后社区的绿地面积 S_4 ×44/12）×二氧化碳的能值转换率 T'_{r-CO_2} +（净初级生产力 NPP ×
城市生态系统中的干物质碳比 CF ×老旧小区改造后社区的绿地面积 S_4 ×44/12）×0.73×

$$\text{氧的能值转换率} \; T'_{r\text{-}O_2} ; \tag{19}$$

$$\text{小区环境改善的能值} \; EM_{CE} = \text{老旧小区改造后社区的绿地面积} \; S_4 \times \text{绿地能值转化率} \; T'_G +$$

$$(\text{小区改造前日均噪声量} \; N_{V2} - \text{小区改造后日均噪声量} \; N_{V1}) \times 12 \times 365 \times \text{噪声能值转化率} \; T'_N ; \tag{20}$$

$$\text{室内环境改善的能值} \; EM_{IE} = (\text{舒适湿热度增加时间} \; T_R + \text{舒适光环境增加时间} \; T_L) \times$$

$$\text{屋内平均人数} \; n_2 \times \text{每个屋内人员的能量} \; E_{rd} \times \text{屋内人员的能值转化率} \; T'_h +$$

$$(\text{室内改造前日均噪声量} \; N_{V4} - \text{室内改造后日均噪声量} \; N_{V3}) \times 12 \times 365 \times \text{噪声能值转化率} \; T'_N ; \tag{21}$$

$$\text{垃圾资源处理的能值} \; EM_{WR} = \text{小区日均垃圾产生量} \; Q_G \times 365 \times \text{进场分类后垃圾低位热值} \; LVH \times$$

$$\text{发电转换效率} \; K_e \times \text{电力的能值转换率} \; T'_E \tag{22}$$

四、案例分析

（一）案例基本信息

本文以辽宁省沈阳市某小区为调研对象，进行老旧小区改造综合效益的实证分析。本项目建成于1999年，钢混结构，建筑面积为13.2万 m^2。自2022年4月实施改造，于12月底改造完成，共使用资金2667.74万元。

原有建筑存在外墙不保温、屋顶漏雨等问题，园区排水堵塞、室外楼梯破损等问题，沿街建筑存在风貌杂乱、风格不统一问题。改造内容分为基础类（必改项目）、完善类（可改项目）、提升类（宜改项目）和后续管理类。

（二）相关基础数据

本案例研究的基础数据如表6所示，主要来自改造项目承包商提供项目书、2021年沈阳市环境质量公报以及网站、文献公开数据。

案例分析数据来源　　　　　　　　　　　　　　　　　　　　　　　　　　　　表6

对应公式	数据类型	数据来源
公式3	$R_1 = 7505$ 元/m^2；$R_0 = 6700$ 元/m^2；$S_1 = 90m^2$；$N_{H1} = 1401$ 户；$R_2 = 50000$ 元/个；$N_{H2} = 150$ 个；$P_1 = 50\%$	房地产交易网站
公式4	$R_4 = 1000$ 元/m^2；$R_5 = 1500$ 元/m^2	房地产交易网站
公式5	$N = 17$ 户；$r = 0.02$	房地产交易网站
公式6	$P_C = 2667.74$ 万元；$R_{CB} = 0.1$	小区项目改造书
公式7	$C_1 = 2.95$ 元/t；$C_2 = 0.57$ 元/度；$C_1 = 117.25$ 元/t	物业处访问
公式10	$T_i = 4h$；$n = 40$ 人	物业处访问
公式11	$S_{SR} = 630m^2$；$P_{SR} = 30$ 元/月	小区项目改造书
公式12	$N_{RD} = 80$ 人；$T_{RD} = 0.5h$	问卷调查
公式13	$N_{RS} = 80$ 人；$T_{RS} = 1.5h$	街道社会访问，监控
公式14	$P_W = 1873$ 人；$T_W = 0.18h$	现场统计，监控记录
公式15	$N_{SM} = 2$ 人；$T_{SM} = 0.5h$	社区访问
公式16	$R_{ER} = 0.6$ 元	国家文件关于污染气体的排污费用
公式18	$M_{GM} = 37300kg$；$S_{GM} = 5\%$	文献
公式19	$NPP = 200gc/m^2/$年；$CF = 1.83$；$S_4 = 10080m^2$	小区项目改造书，文献
公式20	$N_{V1} = 40dB$；$N_{V2} = 60dB$	现场统计
公式21	$T_R = 2h$；$T_L = 2h$；$n_2 = 1$；$N_{V3} = 20dB$；$N_{V4} = 40dB$	现场统计
公式22	$Q_G = 1520kg/d$；$LVH = 5327kJ/kg$；$K_e = 0.19$	城市生活垃圾采样和物理分析方法

（三）综合效益量化结果

将表7基础数据带入构建的沈阳市老旧小区改造综合效益度量模型，计算得出案例项目的能值分析结果。

案例改造能值分析表

表 7

编号	项目	数据	单位	能值转化率/ （sej/unit）	太阳能值 /sej	货币价值 /CNY
1	不动产增值的能值	$7.43×10^6$	CNY	$6.20×10^{11}$	$4.61×10^{18}$	$7.39×10^6$
2	租金收益增项的能值	$1.08×10^6$	CNY	$6.20×10^{11}$	$6.67×10^{17}$	$1.07×10^6$
3	周边商业增值的能值	$1.11×10^5$	CNY	$6.20×10^{11}$	$6.87×10^{16}$	$1.10×10^5$
4	投资企业利润收益的能值	$2.86×10^6$	CNY	$6.20×10^{11}$	$1.78×10^{18}$	$2.85×10^6$
5	资源利用率提升的能值	$1.85×10^7$	CNY	$6.20×10^{11}$	$1.15×10^{19}$	$1.84×10^7$
6	社区服务收益的能值	$9.43×10^4$	CNY	$6.20×10^{11}$	$5.84×10^{16}$	$9.38×10^4$
7	工作岗位增加的能值	$2.21×10^{10}$	J	$3.13×10^7$	$6.93×10^{17}$	$1.11×10^6$
8	空间整洁与再利用的能值	$1.11×10^5$	CNY	$6.20×10^{11}$	$6.90×10^{16}$	$1.11×10^5$
9	居民满意度的能值	$1.22×10^8$	J	$3.13×10^7$	$3.81×10^{15}$	$6.11×10^3$
10	公共娱乐设施改善的能值	$5.81×10^9$	J	$3.13×10^7$	$1.82×10^{17}$	$2.92×10^5$
11	路面交通改善的能值	$2.80×10^8$	J	$3.13×10^7$	$8.76×10^{15}$	$1.40×10^4$
12	安全管理效益的能值	$6.62×10^8$	J	$3.13×10^7$	$2.07×10^{16}$	$3.33×10^4$
13	减排量的能值	$7.54×10^4$	CNY	$6.20×10^{11}$	$4.68×10^{16}$	$7.50×10^4$
14	绿色建材应用的能值	$7.58×10^4$	KG	$2.30×10^{12}$	$1.74×10^{17}$	$2.80×10^5$
15	绿地固碳释氧的能值	$5.46×10^5$	G	$7.49×10^9$	$4.09×10^{15}$	$6.56×10^3$
16	小区环境改善的能值	$7.28×10^3$	CNY	$6.20×10^{11}$	$4.51×10^{15}$	$7.24×10^3$
17	室内环境改善的能值	$4.34×10^3$	CNY	$6.20×10^{11}$	$2.69×10^{15}$	$4.32×10^3$
18	垃圾资源处理的能值	$3.08×10^7$	J	$2.39×10^5$	$7.36×10^{12}$	$1.18×10^1$
	总计	$2.91×10^{10}$	/	/	$1.99×10^{19}$	$3.19×10^7$

依据上述计算可得结论如下：

1）总产出大于总投入。小区改造效益综合产出为 $1.99×10^{19}$，约等于 $3.19×10^7$ 元，相较总投入收益率为 19.54%，以金钱、生活舒适度、满意度等物质与非物质形态反馈于政府、企业、居民，可得基础结论：从综合效益层面衡量，该小区改造存在积极的经济意义、社会意义、环境意义。

2）经济效益、社会效益、生态环境效益之间的差异过大。经济效益为 $1.87×10^{19}$，占综合效益93.92%，社会效益、生态环境效益远不及经济效益，仅占 4.91%、1.17%。说明改造的社会影响力度与范围较小，节能效益体现不突出，意味着老旧小区改造综合效益的进一步提高需要社会与生态方面的重大突破。

五、老旧小区综合效益提升建议

（一）拓展联动范围，推动大范围资源整合

通过扩大开发范围，整合周边项目资源，可统筹街道管网更新维护、文化遗产保护等项目，组合区域性城市改造项目，提高社会效益的体现与输出，弥补单小区、单街道辐射能力、规模大小、融资能力的不足。

（二）重视管理长效机制，强化改造内驱力

居民的配合与支持是老旧小区改造的重要内驱力，能缩短改造工期、增加服务效益、减少初期人员资本的投入。且识别体系中空间整洁与再利用、公共娱乐设施改善、路面交通改善、安全管理效益等效益均有长效性特点，在案例计算的时间维度发力有限，但确是小区改造后日常治理起持续效益的重点项目，可依托其满足小区长期发展要求。

（三）开拓绿色节能应用市场

案例中绿色建材应用效益和达到 $1.74×10^{17}$，转化为货币价值为 28 万元。依据国信证券计算，

2022 年 5.25 万个老旧小区改造折算，改造项目防水、涂料、管材、保温材料市场需求分别为 69 亿、158 亿、97 亿、78 亿，因此承包商、材料供应商从改造项目中获益潜力巨大。

（四）进一步开发小区已有绿地资源

当前老旧小区绿地资源多为绿化作用，可尝试让渡小区闲置土地，如划分观赏性景观、半开放小院租赁等。社区绿地集中租赁与管理可满足居民需求，使管理企业从中收益。

参 考 文 献

[1] 孙立，田丽. 基于韧性特征的城市老旧社区空间韧性提升策略 [J]. 北京规划建设，2019 (6)：109-113.

[2] 董玉琴，田杰芳. 基于 TF-AHP 及云物元的老旧小区绿色化改造综合效益评价 [J]. 华北理工大学学报（自然科学版），2022，44 (4)：52-59.

[3] 李辉山，司尚怡，白莲. 基于 ANP 和 FCE 的老旧小区改造综合效益评价 [J]. 工程管理学报，2021，35 (3)：76-81.

[4] 陈博. 老旧小区改造的经济效益分析基于城市居民视角的研究 [D]. 北京：清华大学，2021.

[5] Xiufang Li，Mingqiang Huang. Evaluation of the old residential area modification by applying improved fuzzy comprehensive evaluation [J]. IOP Conference Series Earth and Environmental Science，2020，467 (1).

[6] Liang Yu，Qi Lu，Siwen Wang，Yingchuan Liu，Guohui Feng. The Case Study on the Evaluation Method for Green Retrofitting of Existing Residential Buildings in Severe Cold and Cold Zones [J]. Procedia Engineering，2017，205.

[7] 齐锡晶，曹赫，文大棒. 我国城市老旧小区改造综合效益的评价与优化研究 [J]. 建筑经济，2022，43 (S1)：599-605.

[8] 李玲燕，顾昊. 基于 AHM-可拓评价模型的老旧小区绿色改造综合效益评价研究 [J]. 生态经济，2021，37 (3)：95-100，160.

[9] 杜炳臻. 老旧小区改造的综合效益度量与分享机制研究 [D]. 南京：东南大学，2021.

[10] 杨美玉，田杰芳. 基于云物元的老旧小区改造生态性能评价 [J]. 华北理工大学学报（自然科学版），2022，44 (1)：54-61.

基金项目：
2022 年度沈阳市哲学社会科学课题（沈阳老旧小区改造对策研究 SYSK2022-01-061）

第六部分

人才·培养

产教融合与协同育人的工程管理人才培养模式研究

1. 沈阳建筑大学管理学院

2. 沈阳建筑大学马克思主义学院

常春光[1]　于　淼[1]　高　波[2]　赵　愈[1]

摘　要： 为提升工程管理类人才培养水平，研究了产教融合与协同育人的工程管理人才培养模式。在应用型工程管理类人才对培养模式创新需求分析的基础上，确定了基于产教融合与协同育人的培养目标与方案，探讨了基于产教融合与协同育人的授课模式创新，实践模式创新和就业模式创新，进行了工程管理类人才培养模式创新的实践验证的方案设计。产教融合与协同育人的培养模式的系统性构建与创新将为工程管理类人才培养提供一定的参考。

关键词： 工程管理；产教融合；协同育人；培养模式

一、引言

《中华人民共和国国民经济和社会发展第十四个五年规划和 2035 年远景目标纲要》指出："提高高等教育质量；深化教育改革"。2021 年全国教育工作会议提出："深化教育改革创新，推动改革和发展深度融合高效联动"。这些都为我国高等教育进一步深化本科教学改革，全面提高应用型人才培养质量指明方向。产教融合、协同育人的工程管理类应用型人才培养模式创新涉及因素繁多、环节众多，是一项复杂系统工程，具有重要研究价值，并对于深入贯彻落实全国教育大会、新时代全国高等学校本科教育工作会议及全省普通高校本科教学改革推进高质量发展工作会议精神，进一步深化本科教学改革，全面提高工程管理类人才培养质量，具有重要实践意义。

目前，我国开设工程管理专业的高校的数量已经达到 350 个左右，同时，还有许多高校已经开设了与工程管理相近的专业。产教融合与协同育人的工程管理人才培养模式研究将为上述高等院校提供系统化的产教融合、协同育人的工程管理类应用型人才培养模式的解决方案，有助于提升工程管理类应用型人才水平与实训资源优化配置精确程度，具有广泛的应用空间。

从国外来看，在美国，面向应用型人才培养，建立起相对完善应用型创新人才培养协同机制。在德国，推行"双元制"教育。在英国，推行本硕层次学徒制等。从国内研究来看，在产教融合方面，孙倩等人研究了产教融合培养模式。在协同育人方面，戚燕俐等人研究"双导师"和"双平台"协同育人模式。在工程管理人才培养方面，张新新研究了工程管理专业实践教学体系。综上所述，针对工程管理类应用人才培养，将产教融合、协同育人机制紧密结合的研究与实践仍较为缺乏。

二、应用型工程管理类人才对培养模式创新的需求分析

在进行产教融合与协同育人的工程管理人才培养模式建立之前，首先需要进行应用型工程管理类人才对培养模式创新的需求分析，其总体架构如图 1 所示。

（一）应用型工程管理类人才应具备的特质分析

应用型工程管理类人才应具备的特质主要包括：知识体系、能力素养、团队合作精神等方面。从知识体系方面来看，应用型工程管理类人才应掌握工程管理专业类理论知识、工程设计与工程施工基本素养类知识、数据统计分析与建模优化类知识、信息化软件应用类知识、管理与法律知识等。从能

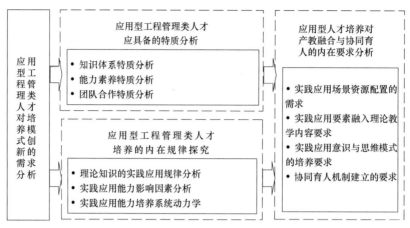

图 1　应用型工程管理类人才对培养模式创新的需求分析架构

力素养方面来看，应用型工程管理类人才应具有工程识图能力、工程基本作业操作能力、信息化软件应用能力、沟通协调能力等。从团队合作精神方面来看，应用型工程管理类人才应具有大局意识、合作意识等。

（二）应用型工程管理类人才培养的内在规律探究

应用型工程管理类人才培养具有其内在规律，主要体现在：理论知识与实践应用需要紧密结合，理论知识指导实践；通过实践加深对理论知识的理解，并提炼归纳理论知识。实践应用能力影响因素主要包括：知识广度、实践经历、动手操作能力等。通过对实践应用能力培养的系统动力学机制分析可以得出：知识广度、实践经历的时间长短、实践经历的类型多样性、动手操作能力等因素的增强有助于显著提升学生的实践应用能力。

（三）应用型工程管理类人才培养对产教融合与协同育人的内在要求分析

基于产教融合与协同育人的人才培养理念，应用型工程管理类人才培养的内在要求主要体现在：进行多样化、角色化、定制化的实践应用场景资源配置；在理论教学内容设计中应更多地将实践应用要素融入进来，增强理论知识的实践应用性；在人才培养中，加强引导与管理，强化对学生实践应用意识与思维模式的培养；建立一套多主体参与的协同育人机制。

三、基于产教融合与协同育人的培养目标与方案确定

（一）产教融合与协同育人的内在融合协同机制挖掘

充分挖掘各个主体单位愿意与高等院校合作，参与到产教融合与协同育人工作中的内在融合协同触发机制，调动各方积极性，建立共赢机制；探索各个主体单位融合协同实现的机制；充分发挥各个主体单位融合协同的导向机制等。

（二）基于产教融合与协同育人的培养目标确定

基于产教融合与协同育人的内在融合协同机制，确定应用型工程管理类人才培养的培养目标。具体包括：掌握较为扎实的工程管理类专业领域相关的理论知识；具备较强的理论知识应用于实践的能力；具备较强的工程管理类专业领域实践操作能力；能够解决工程管理类专业领域范畴复杂实践问题；具备解决实践问题的协调能力；具有解决实践问题的团队协作精神等。

（三）基于产教融合与协同育人的培养方案确定

以产教融合与协同育人为准则，围绕上述基于产教融合与协同育人的培养目标，积极邀请建筑行业领域实践人员共同参与基于产教融合与协同育人的工程管理类人才培养方案、教学计划、教学大纲、教学日历的编制等工作。

四、基于产教融合与协同育人的多维度模式创新

（一）基于产教融合与协同育人的授课模式创新

进行课程设置体系优化，主要包括：筛选优化人文社科类通识课程；筛选优化数学、自然科学通识课程；筛选优化体育类通识类课程；筛选优化计算机类通识课程；筛选优化学科基础课；筛选优化专业基础课；筛选优化专业课等面向产教融合的课程体系优化设置。进行课程内容要素与结构优化，主要包括：优化教材讲义融入产业实践内容；优化实践案例编写等内容要素与结构。进行授课学时与顺序优化，主要包括：总体优化授课学时；优化授课具体内容学时；优化各门课程开设先后顺序等。进行授课方式创新，主要包括：适宜开展翻转课堂教学、案例教学、双向互动的教学、专题分组讨论、专题竞赛、场景模拟教学等教学方式。进行授课教师培训与配置优化，主要包括：建立基于产教融合与协同育人的师资培训机制；开展双师型教师的培训；实现授课教师的配置优化。

（二）基于产教融合与协同育人的实践模式创新

建设产教融合与协同育人实践基地，主要包括：确定基地选址规模；明确产教双方责任义务；确立产教双方资源投入；建立产教双方收益协调机制等。实现产教融合与协同育人实践定制化方案设计，主要包括：分析学生个性化特性；实现学生就业角色定位；实现角色化定制实践方案匹配；进行角色化定制实践方案细化设计等。实现产教融合与协同育人实践活动设计，主要包括：专业实践、毕业实践、课程设计、上机实验等方面实践活动的设计。实现产教融合与协同育人实践资源配置优化，主要包括：优化实践教学基地的配置；优化实践教学实验室的配置；优化实践教学指导教师的配置等。

（三）基于产教融合与协同育人的就业模式创新

建立基于产教融合的建筑行业就业情景的认识促进机制，主要包括：强化建筑行业就业角色的认知；强化建筑行业工作环境的认知；强化建筑行业工作业务流程的认知；强化建筑行业就业行情的认知。实现基于产教融合的建筑行业就业经验积累，主要包括：了解建筑行业就业流程；学习建筑行业就业案例；开展建筑行业就业经验介绍与体会活动；解析建筑行业就业失败遭遇。建立基于产教融合与协同育人的就业促成机制，主要包括：建立产教融合单位的直接就业促成机制；建立产教融合单位的间接就业促成机制；建立产教融合单位的提升就业促成机制；建立产教融合单位的拓展就业促成机制。

五、模式验证与反馈调整方案设计

（一）产教融合协同育人工程管理类人才培养模式创新分项应用验证

面向工程管理类人才培养模式创新的实践验证环节，应用复杂系统分解机制、实验法，实现基于产教融合与协同育人的工程管理类人才培养模式创新的分项应用验证，主要包括：培养目标方案分项应用验证；授课模式创新分项应用验证；实践模式创新分项应用验证；就业模式创新分项应用验证。

（二）产教融合协同育人工程管理类人才培养模式创新集成应用验证

在分项应用验证成功的基础上，进一步开展集成应用验证，主要包括：进行工程管理类人才培养模式创新集成应用验证方案设计；建立工程管理类人才培养模式创新集成应用验证保障措施；开展工程管理类人才培养模式创新集成应用验证具体实施。

（三）产教融合协同育人工程管理类人才培养绩效评价与改进

应用评价理论、比较研究法、专家论证法，实现基于产教融合与协同育人的工程管理类人才培养绩效评价与改进。主要包括：选取工程管理类人才培养模式绩效评价指标；进行工程管理类人才培养模式绩效评价模型应用；分析工程管理类人才培养模式绩效评价结果；动态调整工程管理类人才培养模式。

参 考 文 献

［1］ 金保华，王英. 美国州立大学应用型创新人才培养协同机制及启示［J］. 现代教育管理，2016（11）：110-115.

［2］ 周晴，杨川胜. 德国"双元制"教育在我国应用型本科院校财务管理专业人才培养模式中的应用［J］. 创新创业理论研究与实践，2020，3（22）：73-75.

［3］ 王辉，刘冬. 本硕层次学徒制：英国高层次应用型人才培养的另辟蹊径［J］. 高等教育研究，2014，35（1）：91-98.

［4］ 孙倩，王建平，姚广芹，等. 基于产教融合的机器人工程专业人才培养模式研究及应用［J］. 工业和信息化教育，2022（6）：28-32.

［5］ 戚燕俐，张帅，林本才，等. "双导师"和"双平台"协同育人模式探索与实践［J］. 化工高等教育，2022，39（3）：42-47.

［6］ 张新新. 新工科背景下工程管理专业实践教学体系研究与实践［J］. 科技与创新，2022（1）：111-113，117.

基金项目：

2022 年度辽宁省普通高等教育本科教学改革研究项目"产教融合、协同育人的工程管理类应用型人才培养模式创新研究与实践"（2022-402）

2022 年度沈阳建筑大学第十二批教育科学研究立项课题"产教融合、协同育人的工程管理类应用型人才培养模式创新研究与实践"（2022-02）

沈阳建筑大学 2022 年度研究生教育教学改革项目"政产学研用融合专业学位研究生培养体系研究与实践"（2022-17）

基于 SECI 模型的大学生"雷锋精神"自我培育研究

沈阳建筑大学管理学院

焦红超　徐英儒

摘　要：SECI 理论模型是在学习的过程中不断进行知识创造的过程，可运用于大学生"雷锋精神"自我培育过程中，通过提高对雷锋精神的思想认知、增强对雷锋精神的情感认同、内化雷锋精神为自我价值追求、自觉参与雷锋精神的实践养成等环节，将雷锋精神蕴含的隐性知识和显性知识通过学生的自我培育进行转化，从而提升高校大学生的思想水平。

关键字：SECI 模型；雷锋精神；自我培育

一、引言

"雷锋精神"产生于 20 世纪 60 年代我国社会主义建设期，集认知逻辑与实践目的于一体，凝结着中华民族的宝贵精神品格和优秀传统美德，是中华优秀传统文化、红色革命文化、社会主义先进文化结合的精华。青年大学生是社会主义的建设者和接班人，他们的道德状况和思想水平与实现全面建成社会主义现代化强国的伟大目标息息相关。"雷锋精神"在新时代仍然是高校开展思想政治教育工作的重点内容，是提高大学生道德水平的宝贵资源和实用教材。

在中共中央办公厅印发的《关于深入开展学雷锋活动的意见》中，将雷锋精神凝练为"热爱党、热爱祖国、热爱社会主义的崇高理想和坚定信念，服务人民、助人为乐的奉献精神，干一行爱一行、专一行精一行的敬业精神，锐意进取、自强不息的创新精神，艰苦奋斗、勤俭节约的创业精神。"这是对雷锋精神内涵的精练概括，也是高校培育大学生"雷锋精神"的基本遵循。在高校"雷锋精神"培育体系中，可引入 SECI 模型，将"雷锋精神"蕴含的隐性知识和显性知识通过学生的自我教育进行转化，从而提升高校大学生的思想水平。

二、SECI 模型与大学生"雷锋精神"培育结合的认证分析

SECI 模型的最初原型是野中郁次郎和竹内弘高于 1995 年在《创新求胜》一书中提出。在该书中对知识创新的知识场（ba）——知识创新的结果与支撑——知识资产进行了全面论述，同时提出知识转化由潜移默化、外部明示、汇总组合和内部升华四种类型，且知识转化的过程即为知识创造的过程。并以"创造新知识"为视角，从认识论维度提出了 SECI 理论模型，阐述了在学习的过程中不断进行知识创造的过程。SECI 模型主要包括社会化（S）、外显化（E）、组合化（C）和内隐化（I）四个知识转化模式，在各个知识转化阶段，通过隐性知识和显性知识的相互作用，最终实现知识的不断创造与更新（如图 1）。

野中郁次郎和竹内弘高对隐性知识和显性知识进行了明确，即隐性知识是一种通过主观感知和亲身体验中获得的感悟和能力，是内在于个体认知和行为实践中无法直接用语言和符号表达的信仰情感、思维模式、道德品格、技能诀窍等；显性知识是可以用理性的、逻辑性的语言、文字等明确表达，通过媒介

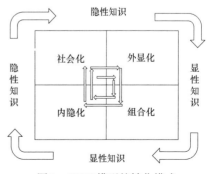

图 1　SECI 模型的转化模式

进行编码和传播的知识。在 SECI 模型的四个模式中，"社会化"是隐性知识产生新的隐性知识的过程，"外显化"是隐性知识产生新的显性知识的过程，"组合化"是显性知识创造系统化显性知识的过程，"内隐化"即显性知识产生新的隐性知识的过程。

SECI 模型是对企业知识生产过程进行的最深入的探究，相关学者也将该模型应用于高等教育领域，但是运用到大学生思想政治教育层面的研究相对较少。"雷锋精神"是中国共产党人伟大精神谱系的重要组成部分，是高校大学生应当继承和弘扬的精神财富。高校在理论传播、情景模拟、实践活动等方面具有丰富的经验和完善的环境条件，学生可以在学习和实践过程中，结合 SECI 模型的四种模式开展"雷锋精神"自我教育实践，形成"学习雷锋、争当模范"的生动局面，及"人人为我、我为人人"的良好氛围，进一步提高高校大学生的思想政治素质，切实提高思想觉悟、道德水准和文明素养，促进大学生的全面发展（如图 2）。

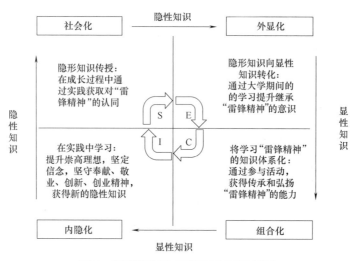

图 2 "雷锋精神"自我培育 SECI 模型

三、高校大学生"雷锋精神"自我培育构建思路

（一）提高对雷锋精神的思想认知

思想是行动的先导和动力。提高对"雷锋精神"的思想认知是大学生实现对"雷锋精神"由自觉内化到主动外化的前提基础。只有正确认识并深刻理解"雷锋精神"，准确挖掘其内核与外延，才能从中汲取其养分，进而从思想上指导大学生的行为，切实将"雷锋精神"落到实处、细处。

新生进入大学后，处于模型中的社会化向外显化转换的过程，在此阶段高校通常会开展新生入学教育等活动，学生可通过学习《雷锋日记》等文献资料、观看纪录片影片、参观雷锋庭院等方式，了解真实的雷锋，同时也要认识到"雷锋精神"不是遥不可及的"高大"精神，而是来自于民间的社会主义精神文明，是普通工人、农民、战士、学生在普通工作岗位和平凡生活所做的普通事情中创立的一种人人都可学、可为的精神，从而使大学生意识到学雷锋不仅可以通过志愿服务等方式，还可以通过立足于身为学生的本职来学习雷锋，将学雷锋时时处处地融入日常生活和学习中，以形成一种生活习惯和思维习惯。

（二）增强对"雷锋精神"的情感认同

大学生对"雷锋精神"的情感认同是大学生潜意识从内心情感上对"雷锋精神"的肯定和认可，在此基础上逐步吸收并模仿，是自觉将"雷锋精神"内化于心的前提基础。它对个体行为的形成发挥着内在驱动作用。

在外显化向组合化转换的阶段，大学生可通过实地参观、人物访谈、切身参与实践活动等方式，在视觉和心理上形成直观的情感体验，从而对雷锋及雷锋式人物产生一种崇拜、敬仰之情，对他们的思想和行为产生肯定、认同的态度，激发大学生自身对"雷锋精神"的情感共鸣，进而形成"真信""雷锋精神"的情感意志。

大学生在情感认同的作用下，对"雷锋精神"所倡导的道德规范与核心价值观逐步由他律遵循升华为自觉践履，在思想和行为上形成道德自律。另一方面，大学生在得到他人帮助时，切身感受到"雷锋精神"所带来的温暖，进而主动学习并模仿身边雷锋式人物的行为举止和精神品质，产生争做雷锋式人物的情怀。在"雷锋精神"的作用与反作用下，在情感的互通、互动中进行"雷锋精神"的自我教育，规范自己的思想与行为。

（三）内化"雷锋精神"为自我价值追求

大学生在提高对"雷锋精神"的思想认知并对其产生深厚情感认同的基础上，进一步将"雷锋精神"内化为自我价值追求，并以稳定、持久的意识形态纳入自己品德形成之中。这种内化是促进大学生实现自觉外化"雷锋精神"为实际行动的必要前提。

人生价值的内在包含着人生的自我价值和社会价值，二者是相互区别又相互依存的矛盾统一体。大学生在观察、体会、感悟当今社会主义市场经济和外部环境所衍生出来的一些诸如为获取个人利益不遵守职业道德、在工作岗位上不作为、走形式主义等不良社会现象，与"雷锋精神"中所蕴含的爱岗敬业忠于职守、大公无私克己奉公、服务人民奉献社会、信念坚定不畏艰险等方面的高尚品质形成鲜明的对比，使大学生产生清晰的价值判断，深刻意识到"雷锋精神"所具有的时代价值，意识到人生价值的实现绝不仅只是重视个人利益的获取，而首先在于是否为他人、社会、国家的奉献。在关于"人为什么而活"和"人怎样而活"的问题上，有更为深刻的思考，切实贯彻和忠实践行以为人民服务和奉献为核心的人生价值目标。自觉形成集体为先、奉献为重的大局意识，自觉践行社会主义核心价值观，尽己所能帮助身边人，将个人未来择业和理想追求与社会发展目标相融合。笃信道德，摒弃走捷径、失诚信的错误思想，在坚定信念与实际奉献中，实现自己的人生价值追求。

（四）自觉参与"雷锋精神"的实践养成

从内隐化阶段到社会化阶段，大学生也面临由学生向社会人员身份的转变，传承"雷锋精神"不能单一停留在口头和书本上，而要自觉参与"雷锋精神"的实践养成，在实践中升华对"雷锋精神"的认识，带领身边人共同学雷锋、信雷锋、用雷锋，真正肩负起传承"雷锋精神"的责任与担当。

首先，在学习和生活中主动参与到"雷锋精神"的实践养成，自觉克服当今社会环境所带来的浮躁情绪，做到在学习中，充分发挥"钉子精神"和"钉钉子精神"。一方面要努力学习专业知识，扎深专业本领与技能，还要不断学习党史、红色文化、传统文化等方面的知识内容。要善于利用时间，善于挤时间深化学习深度，拓展学习领域，不断学习新知识、掌握新技能；善于挤时间查缺补漏、勤思苦练，主动"钻"疑难问题、"钻"学术深度，以增强自身本领，夯实更好地为人民服务的坚实基础。另一方面，要在学习和生活中以锲而不舍的坚韧意志善始善终，遇到困难时要像钉钉子一样选择好突破口，秉持进取的锐气和踏实严谨的态度精准发力。

其次，立足自觉参与诸如志愿服务、公益慈善等实践活动中学雷锋。利用自身专业主动投入边疆支教、乡村支教等活动中，主动承担社会责任，在真诚奉献的行动中接续传承雷锋精神。

最后，大学生要通过自己切实的言行举止影响身边人、带领身边人，共同学雷锋、做雷锋。将坚定的家国情怀、向上向善的力量和责任担当意识贯穿并落实于日常生活中，将坚定的理想信念转化为日常学习和生活的具体实际行动，在接续传承"雷锋精神"的同时，不断丰富和发展"雷锋精神"。立足学生岗位，矢志奋斗，做"雷锋精神"的坚定捍卫者和时代践行者，做新时代的坚定奋斗者（如图3）。

四、结语

当前处于百年未有之大变局，各种社会思潮影响着大学生的价值观形成，个人主义、利己主义、

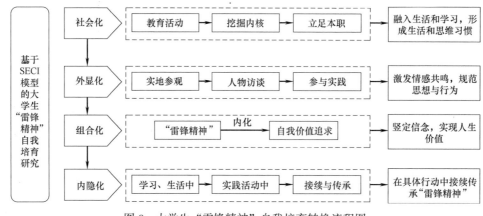

图 3　大学生"雷锋精神"自我培育转换流程图

不劳而获、一夜成名等思想在不断侵蚀着当代大学生。在高校开展思想政治教育工作的过程中，可以看出对学生的培养不能单一通过理论学习或者课堂知识进行传授，必须通过理论学习与社会实践的相互配合与转换，才能取得良好的效果。推动学习"雷锋精神"常态化为广大青年提升素质、锤炼作风、矢志奋进指明了方向、提供了遵循。因此，高校应当创新工作方法，以"雷锋精神"为指引，开展新时代思想政治教育工作，不断加强学生的自我教育、自我服务、自我管理。

参 考 文 献

［1］牛小侠. 新时代"雷锋精神"的内涵及弘扬途径［J］. 社会科学家，2022（9）：9-13.

［2］叶飞，尹珺瑶，田鹏. 研究生课程思政建设要素模型建构及实证分析：基于 SECI 理论的混合研究［J］. 研究生教育研究，2022（4）：29-34.

［3］韩职阳，曹洪军. 基于"SECI"模型的高校思政课教师育人能力提升路径［J］. 黑龙江高教研究，2022，40（6）：62-66.

［4］刘淑艳，孙涛. 学校雷锋精神教育大中小一体化：意义、挑战与路径［J］. 思想政治教育研究，2022，38（3）：153-158.

［5］朱婧薇. 雷锋精神的文化建构与当代传承［J］. 中国青年研究，2021（10）：85-92，53.

［6］卜振友，张凤莲. 雷锋精神对推动东北全面振兴的价值［J］. 人民论坛，2021（13）：97-99.

基金项目：

2022 年度沈阳市哲学社会科学规划课题：东北振兴背景下雷锋精神与沈阳城市互促发展路径研究，青年课题，2022 年立项，SY202212Q

面向建筑产业化探索工程管理专硕人才培养模式

沈阳建筑大学管理学院

师一凡　席秋红

摘　要：改革开放以来，我国现代建筑工业化不断发展，建筑工业化是中华人民共和国成立以来的重要任务，而且在未来很长一段时间内，我国仍然处在工业化大力加速发展的阶段。习近平总书记曾说，人才是强国之根本、兴邦之大计。本文根据沈阳建筑大学管理学院工程管理专业人才的现状，提出未来发展的一些调整步骤，以此实现工程管理专业人才的最终培养目标。

关键词：工程管理专业硕士；建筑产业化；人才培养

随着世界的科技迅速发展，未来将进入集数字化、信息化和智能化为内容和标志的时代，在这个时代下建筑业将面临以技术变革为中心、知识信息经济等多元素、多角度融合的挑战。现代建筑产业的未来势必要对以信息技术为代表的新兴科技革命和多元高效系统高能的新型建造方式兼容并包。由此可见，现代建筑产业急需一大批专注的、执着的、有实业精神的、创新性的、与建筑产业相关的复合型管理人才。

一、工程管理专业硕士人才培养模式的现状

自从我院设立工程管理专业学位授权点以来，取得了相当的成绩，对普通与建筑工程相关的技术人员或基层工作人员进阶到工程管理专业人才起了大力推动作用。但毋庸置疑的是，在工程管理专业硕士培养过程中，依然存在一些可以改进的地方。新冠疫情的结束，各行各业重新开放投入生产，工程管理专业面临的既是机遇也是挑战。在这样的新形势、新变化下，从招生开始到毕业结束，梳理管理学院工程管理专业硕士培养发展中遇到的问题显得尤为必要，同时尝试给出优化对策，用以促进提高管理学院工程管理专业人才的培养质量。

（一）招生考试专业无约束，非全日制学习有利有弊

一般情况下，工程管理专业硕士研究生的招生要求是大学本科毕业满3年就可以申报，其目的是在于确保生源有一定的工作经验，特别是和建筑知识或工程技术相关的背景和经验。但是，在招生考试进入复试阶段后，确实存在着学生的工作单位或者工作经验与建筑业或工程技术关联性不强的特征。

工程管理硕士的全国统考初试科目仅有两门，总分300分，其中全国管理类联考综合能力包括（数学、逻辑、综合写作等），满分200分；英语二（或俄语或日语），满分100分。近5年国家线（如表1）总体虽有上涨趋势（如图1），但整体相对平稳，总分要求基本都在165~190分之间，英语在42~47分，全国管理类联考综合能力在84~94分，对于在职考生来说入学考试难度相对较小，再加上管理学院非全日制工程管理专业是"双证"（即毕业证和学位证），因此对于任何专业背景和工作背景的在职考生来说都很有吸引力。

非全日制的特点就是灵活，采用的是周内在职工作、周末在校学习的这种非脱产学习形式。因此，对于学院来说，学生的就业率有了保证，而且甚至会对其他专业学生就业有所帮助。同时，有着至少3年工作经验的工程管理硕士学生来说，他们的经历和经验都是生动鲜活的，足以丰富学院老师的教学体验和教学案例库。

然而，有相当一部分学生其实是疲于应对单位工作和家庭生活的，特别是单位安排出差或加班时，上课请假、考试缓考、答辩延期的情况比比皆是，留给学习和写论文的时间更是少得可怜，甚至有学生抱有"混日子混文凭"的心态，觉得老师们会对非全日制学生放水，甚至会睁一只眼、闭一只眼让自己毕业。

近 5 年工程管理专业硕士考研国家线汇总（A 区） 表 1

年份	学硕/专硕	一区/二区	门类/专业	总分	满分＝100 分	满分＞100 分
2022	专业学位	一区	工程管理	189	47	94
2021	专业学位	一区	工程管理	174	43	86
2020	专业学位	一区	工程管理	175	44	88
2019	专业学位	一区	工程管理	170	42	84
2018	专业学位	一区	工程管理	165	42	84

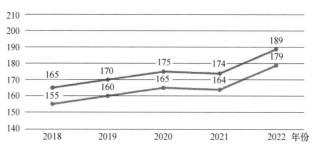

图 1　近 5 年工程管理专业国家线总分趋势

（二）教师队伍状态亚健康，疫情期间职业倦怠出现

管理学院的专任教师队伍目前 64 人，其中 20 世纪 90 年代生人 4 人，80 年代生人 19 人，70 年代人数最多，是 25 人，60 年代生人 16 人。由此可见，学院师资队伍年龄结构合理，30～49 岁年龄段教师是中间骨干力量。

按理说，中青年教师身体状态和心理素质应该是最强壮、最旺盛的人生黄金阶段。但是，高校教师的工作可以说是一种复杂高强度的脑力活动，具有创新性和非常规性，并且，加上新冠疫情的频繁暴发，具体的工作时间并没有严格界限，专任教师们不仅要完成教学工作，还要承担繁重的科研任务，又要承担来自职称、行政工作和家庭的压力和影响，这些都引起了教师们较重的身心负担，产生较大的心理压力。

而由于职业的特殊性，外界对教师们的刻板印象大多都是"教师肯定出类拔萃""教师有寒暑假，清闲得很""教师是蜡烛，就应该无私奉献"等，这些刻板印象对教师们的定位越来越偏颇，最后导致教师们对自己的要求也苛刻起来，给自己的工作和生活带来诸多混乱和沉重感。

（三）教学内容略显局限性，学生缺乏主观能动性

客观来说，学院专任教师多是学院派，习惯了"我讲你听"的传统教学方式，并且在多年来的教学生涯中积累了丰富的课堂教育教学经验。传统式教学建立的课堂结构基本是以教师输出为主，信息传播途径几乎是单向的而且稳定的，与之带来的问题就是教学方式相对来说较为单一，学生学习过程中易产生枯燥感和疲劳感。有些学生会"身在曹营心在汉"，身体在课堂，心思却不知道去哪了，而且被动地灌输了一整天的知识，会使学生对课堂学习提不起兴趣，思维活跃度大大降低，主动思考的意识已经模糊不清。

（四）论文答辩环节延期多，审查通过率低毕业不易

非全日制学生工作、家庭和学业兼顾得很好的比例不高，这是不可否认的事实。学院从 2021 年开始实施 3 月、6 月、9 月动态申请学位政策，从 2020 年 6 月—2022 年 9 月，共有 7 批次毕业生，经比较，该专业的延期毕业率就比其他专业高很多（如图 2），甚至还有面临超期学位作废的窘境。

随着国家对硕士研究生毕业论文的规范性不断标准化严格化，工程管理专业的查重率及在预答辩之后的抽送盲审通过率也一致是困扰学院硕士教育教学的大问题。

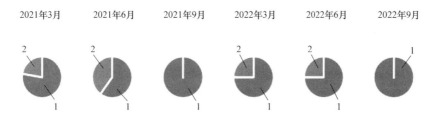

1 工程管理专业往届生
2 其他专业往届生

图 2 2020 年 6 月—2022 年 9 月往届生毕业人数情况

二、工程管理专业人才培养模式的更新及构建

人才培养模式的更新及构建的基础离不开研究生教育教学各个环节的紧密配合，并且一定要以人才——也就是学生为主体、为中心，来更迭目前现有的培养模式，做到真正的"以生为本，以师为辅"，使人才培养模式完全扎根于学院工程管理培养方案提到的宗旨"适应我国现代工程事业发展，面向建筑产业化，完善工程管理人才培养体系，创新培养模式，提高培养质量。"

（一）优化研招复试模式，实现考生高校的双向选择

通常情况下，学院的工程管理专业硕士学生是具有 3 年及以上工作经验的，特别是与工程、造价、管理、建筑等方向有关。这类考生在研究生招生考试的模式下并不能完全优胜劣汰脱颖而出，他们或许因为脱离学校多年而对考试望而却步；而通过研招初试的考生，也许工作经验并不十分充足。

因此，根据学院历年的复试程序，基本上是四大方向的考核：专业能力考核、政治考核、综合素质考核及外语听说能力测试。高校如果可以先接触考生进行海选，把综合素质考核放在前面，再进行初试和其他方面的复试，效果会好很多。对考生也是负责的表现，他们对高校也可以进行深入了解，进而不至于"盲试"，可以达到"双选"效果。

（二）师资力量继续增活力，构建高能量双导师团队

学院已经在工程管理人才培养中切实推行了"双导师"制度。"双导师"制度的初衷是保证学生在学校导师指导下完成课程学习及论文写作的基础上，让工程管理专业学生在行业专家的指导下紧扣建筑产业发展，紧盯建筑产业热点，紧把建筑产业脉搏，紧抓建筑产业机遇，紧跟建筑产业动态，紧贴建筑产业特点，更好地完成学业上理论与实践的充分结合与辩证统一。

在此基础上，高校应该鼓励教师多去行业内优秀企业交流学习，高校对教师在此期间的工作量也需要制定相关规则来考核，由此可以刺激教师们科研成果的转化；或者邀请行业专家来学校挂职锻炼开讲座进课堂，高校对可以长期稳定来校交流的行业专家给予名誉认定或待遇匹配，用以保证校外导师团队的积极性。在考核机制问题上，对于积极与行业专家互动的校内导师，可以采用给予荣誉称号、增加教分、增加课酬或减少校内工作量等方式进行激励；对于校外行业专家，高校也应制定相关考核政策，如何确定行业专家工作职责、工作权限、工作内容，如何确定专家的工作量，来建立明确有效、扎实稳定的高能量"双导师"联合培养机制。

（三）课程教学丰富且多元，推进校企合作创新力度

工程管理专业是面向建筑业的工程技术和管理科学的交叉学科，教指委要求设置的核心专业技能

课程：《工程经济学》《系统工程学》《工程管理导论》《质量工程技术与案例分析》《工程信息管理》《数据模型与决策》等均由学院内副教授及以上级别专任教师主讲。其中《工程管理导论》作为专业入门课，学院力邀齐宝库教授（国家二级教授，辽宁省教学名师，中国建设工程造价协会专家委员会学术与教育分委员会副主任，国家一级注册造价师、建造师、监理师）担任主讲教师。

同时，学院追踪行业前沿，面向建筑产业化，携手行业内龙头企业，诚邀优秀企业家来学院开设了应用型课程，例如《现代工程施工技术与方法》《工程管理与实务（全案例）》《采购与供应链管理》《智能建造技术》《可持续建设》等课程，同时为了保证工程管理专业学生的行业法律法规意识，学院又开设了《建设法规与合同管理》。2021年，工程管理专业增开了一门《沟通与领导力》，聘请了行业内著名企业——新松机器人自动化股份有限公司的副总裁王玉鹏高级工程师来担任主讲教师，王工程师讲课风格诙谐幽默，又引用了大量行业案例，获得学生一致好评。

学生学习不仅局限在单纯的理论学习和课件的展示，而是更多地通过与企业合作或者引入工程管理专业的生动案例来开启人才培养的驱动教学新模式，使课堂理论与课外实践相结合相衔接，校内认知与校外实习相印证相补充，立足学院特色，面向建筑产业化，完善人才培养模式。

（四）严把论文毕业出口关，鼓励考取专业领域认证

基于上文中提到过的"非全日制学生工作、家庭和学业兼得的很好的比例不高"的原因，笔者建议在招生复试的环节中向考生认真提出如何平衡这三者关系的问题，或提示考生毕业年限、答辩环节、考核标准等相关要求，保证学习时间，使学生和高校双方都有充分的考量，从而做出谨慎选择。

学习过程中，学生应积极及时主动与导师联系，探讨学习实践或者论文写作中出现的顾虑、遇到的问题或闪现的灵感，充分挖掘在工作实践中遇到的挑战或典型案例，并进行深入思考和体会，斟酌是否可以用在论文写作中，大量地为毕业论文积累素材。毕业论文写作及答辩一般会历时两年，两年磨一剑，中间会有焦虑、有辛苦、有彷徨、有迷惘，也会有坚定、有收获、有果断、有领悟，最终的毕业论文是学生3年学习的最大成果，想成为合格品，必须经过严格的检验。俗语说："药材好，药才好"，成就合格论文的基础，就是素材好、质量高、把关严，学生必须严格遵守教指委的指导方针和学校对论文的相关规定，从源头上遏制抄袭剽窃的念头，把好论文质量关，解决学生毕业出口难问题。

学院在未来的发展中，可以引导学生接轨与工程管理认证相关的国际化体系，鼓励学生考取国际工程管理认证（EMCI），这个认证是普通工程师迈向工程经理的新台阶，是验证工程师和工程技术人员从事工程管理的国际认证，是衡量和考核工程管理人员的国际行业标准。若能考取该认证，则无疑是为学院的教育教学添砖加瓦。

三、结语

经过分析，可以看出工程管理专业是一个紧扣时代背景，面向建筑产业化，有巨大发展潜力的专业。

当前，高校之间的竞争已经从外延式发展转变成内涵式，从数量规模的竞争演变成质量效能的竞争。因此在当今的新时代背景下，工程管理专业硕士人才的培养方向务必面向在现代建筑产业化中，着力提升硕士研究生的专业能力，强化硕士研究生的创新意识。

参 考 文 献

[1] 国务院学位办：工程管理硕士专业学位基本要求（试行）[EB/OL]．（2014-12-31）[2023-6-12]．http：//www.imem.tsinghua.edu.cn/info/1279/1795.htm.

[2] 马越越，贺延鹏．我国工程管理硕士专业学位人才培养途径分析 [J]．高教学刊．2020（29）：18-20.

[3] 王蕾，顾宇，陈瑞玲，等．高校教师亚健康状态及主观因素分析 [J]．价值工程．2012，31（9）：171-172.

[4] 刘毅，王邦勇．"以学生为中心"的人才培养模式的更新与超越 [J]．教育探索．2012（6）：14-15.

基于"三全育人"视角下高校学风建设路径研究

沈阳建筑大学管理学院

徐英儒　焦红超

摘　要：高校学风是高校学习风气、教学传统和治学精神的集中体现，是高校持续发展的基础和根本。目前，高校在学风建设方面仍存在协同意识缺乏、贯穿育人过程不足、全方位育人不足等问题。为落实立德树人根本任务，提高人才培养质量，要积极探索以学风建设为主线的"三全育人"路径，进一步培育高校优良学风。

关键词：三全育人；高校学风建设；路径

"三全育人"是指全员育人、全程育人和全方位育人。学风顾名思义就是学习风气，学风好坏可以体现出一个学校的综合实力。学风好坏是学校各项工作共同作用的结果，优良的学风是学校办学的根基，是高校立德树人的具体要求。将学风建设放在"三全育人"视角下考虑和研究，有利于整合学校的各种资源，形成办学的最大合力，推动学校高质量发展。

一、高校加强学风建设的重要意义

学风是由学校、教师、学生多种因素共同作用的结果。高校的良好学风对学校和教师的发展，对学生的成长成才都有积极的推动作用。如果高校的学风不好会对学校的各项工作有负面影响。因此，高校应十分重视学风建设，学风建设是高校发展的根基。

（一）加强学风建设是落实立德树人根本任务的要求

高校肩负着培养人才的使命，是学生成长成才的家园。2019年3月18日，中共中央总书记习近平在北京主持召开学校思想政治理论课教师座谈会并发表重要讲话，"扣好人生的第一粒扣子"，这是习近平总书记对青年一代提出的希望和要求。青年学生正处于人生的"拔节孕穗期"，要找准人生方向。高校应注重学生综合素质的提升，在各种素质中坚定的理想信念和良好的道德品质是十分重要的。优良的学风能够帮助学生树立正确的价值取向，正确地看待国家发展和个人发展的关系，能够主动地将个人发展融入国家发展之中。优良的学风可以帮助学生抵制各种不良思潮的袭扰，有利于维护学校意识形态安全稳定。因此，高校应与时俱进，不断创新工作思路和方法，不断加强学风建设，不断提高办学质量，落实立德树人根本任务。

（二）加强学风建设是推动学校高质量发展的需要

高校的学风是高校办学质量的体现。"十四五"规划期间是我国从高等教育大国迈向高等教育强国的战略机遇期，也是高校高质量发展的重要转型期。随着高校扩招，如何保证高质量发展一直是高校关注和重视的问题。学校应当始终把人才培养作为立足点，而加强学风建设是高质量发展的根本要求和必由之路。由此可以看出，没有优良的学风学校的高质量发展就无法落实。优良学风是保证学校高质量发展的关键，也是办学质量的重要内涵，通过解决学校在办学理念、师德师风建设、内部治理等方面的突出问题和薄弱环节，打通阻碍高质量发展的屏障，营造积极向上的学习氛围和校园文化，结合学校的育人体系，不断提升学校的社会声望和办学品质，助推学校高质量可持续发展。

二、高校学风建设存在的问题

（一）高校学风建设未形成合力

高校学风建设是学校管理部门、教师、学生协同作用的结果。在学风建设过程中存在各自单打独斗，缺乏协同机制，阻碍了协同育人效果的发挥。高校的管理部门发挥主导作用，但在管理过程中缺乏对学风建设的顶层设计，对学风建设的重要性认识不足，在学风建设过程中存在方法失当，对教学管理和监督不到位等情况。教师是学风建设的重要力量，教师是学生成长的导师，是学生成才的引路人。但高校中存在部分教师重视科研、轻视教学的情况，在教学过程中没有用心用脑，未能给学生好的指导。学生是学风建设的主体，应充分发挥学生的主观能动性，积极主动促进学生建设。但随着经济社会的发展，以及社会不良思潮的影响，部分学生存在学习动力不足、学习目标不明确、学习态度不端正、沉迷网络等现象，导致学习成绩不理想，在一定程度上制约学校学风建设。学校的学风建设不是单打独斗能解决的，应该在学校管理部门的顶层设计下，有效地组织教师、学生，形成学风建设的合力，各自承担相应的职责，相互沟通协调配合，共同促进优良学风的形成。

（二）学风建设的全过程育人不足

高校学风建设是一项长期而系统的工程，需要学风建设各个主体各自发挥其主观能动性。高校学风建设目前存在全过程育人不足的情况，主要表现在学生各阶段培养不足和学风建设全过程考核不足。学生从入学到毕业，每个阶段都有各自的特点，有着不同的心理困惑和心理状态。教师要注意学生是学风建设的主体，帮助学生树立正确的世界观、人生观、价值观，让学生养成良好的行为习惯和学习习惯，针对不同阶段的不同特点，有针对性地开展教育引导。在学风建设过程中要注重全过程考核，加强学风建设的约束和反馈。考核是多方面的，包括教学过程的考核，如课堂教学效果考核、师德师风建设考核等。考核是一个风向标，引导学风建设的发展方向，考核指标体系的建设也尤为重要，在考核中不断激发学风建设的内生动力。

（三）学风建设的全方位育人不足

高校要培育德智体美劳全面发展高素质人才，因此学风建设要围绕全面育人展开，要把培养德智体美劳全面发展的社会主义建设者和接班人作为建设目标。但是，目前高校思想意识还未真正转变，"重视知识教育，忽视素质教育"还普遍存在，"五育并举"的平台不够完善，学风建设全方位育人还存在不足。

三、"三全育人"视角下高校学风建设的路径探析

（一）充分发挥学风建设主体作用，形成全员育人

一要厘清各个主体责任，发挥各主体的作用。学校党委要承担办学责任。学校的办学方向和治理水平是学风建设的基础。因此，学校党委要通过把牢办学方向，抓住"人才培养"的中心任务，强调依法治校，完善高校治理体系，做好学风建设的顶层设计。教学管理人员要承担督学的责任。高校的管理人员要不断提高理论和管理水平，增强对国家教育政策理解和把握，完善教育教学管理，形成有效监督、反馈和调节机制。加强学生评教、教学评学、干部听课、教学检查、教学督导、专项评估等多维度的全程有效监督。教师要承担教学的责任。教师要做好学生的表率，专心治学，用高尚的道德情操引导学生，用扎实的理论功底和学术水平影响学生，用刻苦钻研、严谨笃学的治学品质感染学生。积极推动课堂教学改革，增强教学效果和提升教学水平。学生要承担认真研学的责任。学习是学生的根本，是学生将来立足社会的重要能力。因此，学生要树立正确的价值观，明确学习目的，专心学习，刻苦钻研，要排除一切干扰，潜心学习，积极实践，在知行合一中增强综合素质，成为对社会有用的人。

二要完善学风建设合力育人的机制。首先要筑牢合力育人的思想基础。各个主体充分认识学风建设的重要性，认识学风建设具有系统性和长期性，不是某个部门的事情，而是需要各部门相互配合的系统工程。在思想上打破各部门的隔阂。其次，建立学风建设的责任制，责任到部门，各司其职。学校党委牵头制定学风建设方案或细则，将学风建设的内容分解到各个部门，形成齐抓共管的良好局面。

（二）构建学风建设全程育人机制，形成全程监督

将学风建设融入学生各个成长阶段。学风建设应该成为一条主线，贯穿于学生大学4年的各个阶段，且每个阶段都有结合学生特点开展相应的建设内容。大一是大学生适应大学阶段和习惯养成的重要阶段。要加强校纪校规教育、专业启蒙教育等，帮助学生了解学分制改革和诚信考试的重要性，培养学生自觉遵守校规校纪和良好的学习习惯。大二是学习问题萌芽的时期，也是实施学业帮扶，帮助学生树立学习目标的关键期。要通过专题教育活动、学业帮扶活动，帮助学生形成积极学习态度和形成独立自主学习能力。大三是专业能力提升的关键期。要通过专业技能训练、创新创业大赛和课外专业实践，以赛促学、以赛促优。大四是职业教育的重要时期，要帮助学生做好求职准备和就业指导，引导学生树立正确的就业观。虽然，学风建设融入学生各个成长阶段各有侧重，但是都是围绕学生的学习方面展开，是一个整体，不能相互割裂，要各个阶段环环相扣，营造浓厚的学习氛围。

（三）构建学风建设全方位育人平台，形成全面育人

通过构建"五育并举"的平台，促进学生"知识—能力—素质"的全面提升。在德育方面，打造党建育人平台。通过加强高校党建建设，建立立德树人长效机制。依托"三会一课"、党团活动和党课等强化价值引领，增强德育工作的效果。在智育方面，打造专业技能提升平台。通过举办专业技能比赛、专业技能辅导和专业实训，为学生搭建专业学习的实践实训平台，不断增强学生专业技能和就业能力。在体育方面，打造体育竞赛平台。通过体育测试、运动会和各种体育赛事，充分调动学生的体育参与积极性和团体合作精神，培育互相扶持、团结默契、敢闯敢拼、进取求新精神。在美育方面，打造美育浸润平台。通过积极向上的校园文化建设和文化活动开展，让学生认识美、发现美和传播美。在劳育方面，打造志愿服务平台。依托社团活动、志愿服务活动、援藏支教活动等，培育吃苦耐劳精神和家国情怀。学风建设是一项系统性、长期性的工程，需要各个主体的作用发挥和相互配合，只有在学风建设上把握好全员、全过程和全方位育人的内涵，才能确保学风建设取得良好效果。各高校仍要在构建学风建设的"三全育人"机制上下功夫，持续不断地推进学风建设，形成长效机制，不断提高高等教育的质量和提升育人水平。

参 考 文 献

[1] 岳修峰. 普通高等学校"三全育人"研究［M］. 北京：社会科学文献出版社，2018.
[2] 陈玉栋. 试论高校学风建设的概念、主体及特性［J］. 高教探索，2014（4）：92-96.
[3] 杨涛. 加强高校学生学风建设的实现路径［J］. 中国高等教育，2015（3）：65-67.
[4] 孙其昂. 论思想政治教育基础理论研究再出发［J］. 扬州大学学报（人文社会科学版），2021，25（4）：100-108.
[5] 赵保全，丁三青. 习近平关于高校学风建设与思想政治教育关系的论述［J］. 思想政治教育研究，2018，34（2）：83-89.

政府会计制度改革对高校财务管理的影响分析研究

1. 沈阳建筑大学研祥图书馆

2. 沈阳建筑大学管理学院

郭冠妍[1]　刘梓婵[2]　苑显壮[2]

摘　要： 在党的十八大胜利召开的背景之下，我国预算法得到了进一步的实施，促进了我国政府会计的深入改革。从 2019 年年初开始我国的政府会计制度就进行了全面的改革，给我国事业单位的财务管理带来了巨大的挑战，特别是高校财务管理。所以，在高校实际发展的过程中如何真正地从财务管理的角度提高财政资金使用效率是财务管理人员必须要重视的问题。基于此，本文从政府会计制度改革的相关内容出发对高校财务管理情况进行深入分析，了解制度改革对高校财务管理的影响，以高校的实际管理情况为核心提出针对性的建议不断地促进高校可持续发展。

关键词： 政府会计制度；改革；高校财务管理；影响分析

一、引言

从 2019 年开始，我国高校就开始进行自身会计制度的改革，应用新的政府会计制度，高校在进行会计制度改革的过程中需要在发展财务管理的同时，从事业单位的会计管理模式出发创新财务管理理念，不断提高财务管理水平。从本质上来看，政府会计制度的改革将预算和财务会计进行分离，实现预算和财务会计的多重核算。高校作为事业单位需要全面运用政府会计制度，在日常财务核算时除了运用收付实现制，还需要引入权责发生制，对传统的财务工作产生了一定的影响。政府会计制度改革并不只是单纯的会计核算方面的变化，更是涉及财务管理各个层面方面的变化，如何真正地结合政府会计制度改革的实际情况在财务管理的过程中进行管理方式和模式的创新和改革，是高校财务人员必须要面临的挑战。因此，高校财务部门的人员在进行财务管理时必须要对政府会计制度改革内容进行深入了解，从具体的财务管理影响出发引入相对现代化的工作模式，不断地提升高校财务管理水平。

二、政府会计制度改革的主要内容

（一）会计核算方式的改革

在政府会计制度下，会计核算应具有预算会计与财务会计双重功能，做到预算会计与财务会计适当分开和彼此衔接，全面、清晰完整地反映预算执行信息和单位财会信息。其中预算会计模式以收付实现制度为核心，从预算收入、预算支出和预算结余三个部分来进行具体核算并且根据财政的实际要求制作成最终的决算报告。在政府会计制度改革的过程中，引入了企业的财务会计核算模式，实行权责发生制，从资产、负债、净资产、总收入、费用五个要素进行入手，对各部门的经营状况、收入、费用进行核算，并编制财务报表。在具体核算的过程中都会对一个统一的会计核算系统中所涉及的各类要素进行互相协调，而决算和财务报告在编写的过程中也起到了补充的作用，使得单位的财务情况和预算情况能够全面地反映出来。核算模式改革的主要内容如图 1 所示：

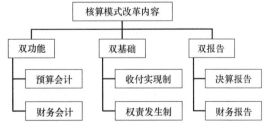

图 1　政府会计制度财务核算模式改革的主要内容

（二）建立了统一的政府财务报告体系

政府会计制度改革对原有的财务报告体系进行了重新构建，使得现代的政府财务报告体系具有统一的特点。在建立统一财务报告体系时根据政府会计的实际情况从准则和应用方面进行了统一制定，同时根据政府以及事业单位的会计核算情况对具体的核算行为进行规范，促使政府以及事业单位各个部门之间的信息具有可比性的特征。而且随着统一财务报告体系的不断建立和完善，事业单位以及政府单位的财务部门在编制具体的财务报告时更具有规范性，能够通过编制财务报告反映出财政收支以及业务开展的实际情况。其次，政府会计制度增加了固定资产折旧的详细内容，这一举措改善了旧会计制度的缺陷，使固定资产的资源配置得到最优化。但这意味着，高校在今后的财务管理工作中，不仅要对未来的固定资产进行认真盘点，还要对以前未核算的折旧固定资产进行重新核算。这不但增加了财务人员管理的难度和工作量，还提升了对国有资产的数量和质量的管控。

（三）财务会计功能突出

政府会计制度改革融入了财务会计核算的具体内容，将成本、费用等会计要素融入了政府会计，采用权责发生制对其进行核算。尤其是对固定资产和无形资产的核算内容，以前在进行会计核算时没有进行折旧和摊销，引入权责发生制后对其进行折旧和摊销，使得资产的实际使用情况和价值得到了真实的反应，进一步凸显了财务会计功能，对政府以及事业单位的成本费用进行了更准确的核算。

三、政府会计制度改革后对高校财务管理工作的影响

（一）对会计核算层面的影响

随着政府会计制度改革的深入，高校在财务管理工作过程中对会计核算层面的影响是相对明显的。首先，针对日常会计业务核算的处理，在制度未改革前会计进行核算时主要从收入和支出等方面对业务和资金情况进行核算，采用的是收付实现制；随着制度的改革加入了权责发生制，使得权责发生制和收付实现制共同工作。在权责发生制的影响之下，高校财务人员在进行核算时必须要对各类费用的发生情况进行处理。其次，对于固定资产和无形资产的处理，制度未进行改革之前只需要对该资产的原值、市场价值等进行分析；而在制度改革后高校的财务人员必须对资产进行折旧和摊销，真实全面地反映资产的实际情况。再次，对往来款的核算内容进行了增加，在往来款核算的过程中加入了坏账准备的核算，高校对一些不需要上缴财政的应收款项必须要提取坏账准备真实准确地反映高校的资产情况。最后，对传统的基建会计进行了统一的核算，以往高校如果有基建项目都会单独建账进行核算，但在制度改革后会对基建账目进行统一核算，在一定程度上对基建项目的核算工作进行了简化，同时也从收付实现制和权责发生制的角度使得基建投资情况能够准确地反映出来。政府会计制度改革对会计核算的具体影响如表1所示：

政府会计制度下会计核算影响表　　　　　　　　　　　　　　　　　　　　表1

影响方面	具体影响内容
资产会计核算方面	调整长期股权投资科目 应收及其他应收增加了坏账准备 细化了存货内容 对资产核算范围进行了重新界定
会计核算方式方面	预算会计和财务会计核算同时进行
会计核算内容方面	细化了会计要素
会计报表方面	采用双报表模式，细化了报表的披露内容

（二）对财务管理方面的影响

从预算管理的角度来看，在政府会计制度改革之前高校进行预算编制和管理更加重视资金层面的管理，但在改革之后，高校的预算管理除了要关注预算的执行和资金的具体支出情况之外，还对预算

的执行反馈情况进行了高度重视，进一步全面地反映了高校财务预算管理方面的内容。从成本管理的角度来看，政府会计制度改革之后，从权责发生制的方面增加了费用等相关的会计要素要求，高校在日常资金支出管理的过程中要有成本管理的理念，同时针对高校实际业务开展和成本费用的支出情况，将成本费用的支出与教育业务活动关联起来，并且按照实际业务的情况进行分类，使得高校在财务管理时能够对各类业务活动的成本进行精确反映。从绩效管理的层面来看，政府会计制度改革后将绩效和预算管理两个部分的内容结合起来，以达到统一的目标。而且将绩效管理融入全面预算管理中，对预算编制和执行进行不断关注的同时，也对预算编制和执行的整个过程进行全面监控，将执行的结果进行评价，全面反映预算执行的具体情况。

（三）对财务报表方面的影响

政府会计制度改革的具体内容会通过财务报表的具体形式表现出来，首先在财务管理的过程中由于会计制度的不断改革，高校在进行财务管理工作时的具体目标有了一定的变化，高校的财务部门必须要根据实际的业务情况和资金支出情况，将所有的信息全面地披露在财务报表中并且要按照新的政府会计制度对报表进行编制和修改，使得财务报表能够全面地反映高校的资金支出以及业务开展情况，不断地提高了财务管理的效率。其次，在财务报表编制的过程中会严格地按照编制原则和核算模式来进行财务报表的编写，高校的财务部门必须要招聘更加专业的人员来进行工作，进而建立了更加专业的财务管理团队，逐步提高了财务管理的水平。

四、政府会计制度下提升高校财务管理质量的优化路径

（一）加强财务管理模式创新

政府会计制度的改革给高校的财务管理工作带来了一定的挑战，但也从管理模式和核算模式两个不同角度为高校财务管理提供了新的方向。在这样的情况之下高校的财务部门必须要对政府会计制度改革的具体内容进行不断了解和深度理解，在深入剖析的条件之下不断地提高自身的财务管理水平。高校的财务人员在进行财务管理时要针对高校的实际情况对财务管理的模式和方法进行不断改革，根据业务开展和教育情况主动地去迎合政府会计改革的内容，明确财务管理条件之下各部门及人员的权利和职责，让相关人员能够真正地了解财务管理的具体制度以及财务管理的内在含义，特别要注重成本核算，抓住成本核算的关键环节，夯实会计核算基础、明确高校成本核算对象和周期。

（二）建设高质量财务管理人员队伍

从高校财务管理的实际现状出发不断地完善其财务管理制度，结合自身资金支出以及业务项目等情况财务管理制度进行分别编制，并且要严格监控财务管理制度的执行情况和及时修正。除此之外，高校要不断强化财务人员的财务管理风险意识，能够对具体的管理以及核算内容进行重视并且能够根据高校的实际发展情况建立完善的风险管理体系，对财务管理过程中可能存在的各种风险进行预测，进一步降低高校财务风险。政府会计制度对高校财务管理人员也提出了较高的要求，高校财务的管理职责要随着时间的推移，由简单的会计核算职责逐步向监督高校财务行为、控制职能的综合会计功能过渡过来，将经济计划决策、资本筹集与控制、外部融资、预算决算等职能整合起来。在这样的前提下，高校的财务管理人才就必须要具备全面的管理水平，同时，也需要财务人员不断地优化自己的知识库，不断地提升自己的文化素质，以实现与时俱进、终生学习的目的。

（三）构建全面标准的内部控制财务管理体系

为合理规避财务问题，推动高校财务管理升级，高校应因情施策，不断推动高校内管理制度的建立。首先，要建立完善的内部控制管理平台，科学合理建立内控管理组织机制，提高财务管理能力；其次，要构建高等学校财务风险预警制度，通过积极组织开展高校资金存储管理自查工作，逐步健全资金存储业务流程，提高高校资金存储规范化程度和稳定性，并通过对职工工资发放、银行资金对账、高校收费管理等关键业务的过程再建，逐步明晰各级职责，实施管控举措，推动学校内部资金管

理过程的标准化；最后，建立健全新的高校财务规章制度，按内部管理要求，逐步修订岗位职责，通过资金管理体系化、管理制度流程化、业务流程岗位化，对重点业务如收费管理等进行流程重组，进一步细化了各层级的责任，实施了相应的防控措施，推动了高校内部控制的财务管理过程规范化。

（四）搭建业财融合的财务管理信息化平台

高校在实施政府会计制度时，首先要建立一个符合其自身特点的会计核算体系，建立一个智能的财务报销凭证，提高报账效率和质量。另外财务的公开，也为资产的清查提供了便利，确保高校资产的完整性和安全性。通过构建大数据系统及管理平台，利用数据技术进行智能化控制，可以推动业务与财务的整合。要时刻把"业财融合"的思想融入高校的各个方面，将预算管理平台、采购管理平台、资产管理平台、科研管理平台、绩效管理平台等与高校财务管理平台有效连接起来，更好地实现高校业务和财务信息共建共享，减少重复收集和录入数据的工作，从而实现高校财务管理的转型与升级。同时以预算管理为高校业财融合的切入点，内部控制发挥穿针引线作用，成本管理作为业财融合的关键点，对业财融合的高校财务管理体系进行构建。具体关系如图 2 所示。

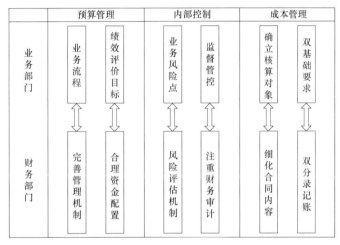

图 2　业财融合的高校财务管理体系关系图

五、结论

综上所述，政府会计制度的改革使得高校的财务管理工作面临着巨大的挑战，导致高校的财务管理人员在工作时必须要接受新的要求，但是也给高校的财务管理发展提供了明确的方向。因此，高校在进行财务管理时要了解政府会计制度改革的具体内容，结合自身工作真正地将政府会计制度改革的内容融入工作中去。特别是为了更好地实现财务管理的目标，财务管理人员需要学习现代化的管理理念，建立更加完善的预算和绩效管理制度，做好财务管理改革措施，搭建业财融合的财务管理信息化平台，保证高校财务管理工作更加有序、规范地进行，进而提升高校财务管理的水平。

参 考 文 献

[1]　卢进. 浅谈政府会计制度改革对高校财务管理的影响 [J]. 中国管理信息化，2022，25（13）：14-16.

[2]　刘纪良. 政府会计制度改革对高校财务管理影响的研究 [J]. 西北成人教育学院学报，2021（5）：109-112.

[3]　张楠.《政府会计制度》改革对高校财务管理的影响 [J]. 财会学习，2021（21）：4-6.

[4]　易进伟. 政府会计制度改革对高校财务管理的影响研究 [J]. 当代会计，2021（10）：87-89.

[5]　管鹏. 政府会计制度改革对高校财务管理创新影响研究 [J]. 商讯，2021，（9）：20-21.

[6]　李莹，宋媛，杜云翮. 基于业财融合的高校财务管理体系构建：以沈阳农业大学为例 [J]. 教育财会研究，2021，32（5）：8-11，45.